KB177520

카를 힐티(1833~1909)

시에나의 성 카타리나(1347~1378?) 이탈리아 성 도미니코 수녀회 수도녀. 신비적 영성 대표
'과녁이 맞혀 떨어지기 위해 있는 것이 아닌 것처럼 불행도 사람이 그것을 피하기 위해 세상에 존재하는 것이 아니다.'
많은 사람들은 불운이나 실패에 대한 공포 속에 살면서, 그것이 얼마나 좋은 것일 수 있는지 깨닫지 못한다.

gezeichen von Bollinger in Berlin 1814

KLINGER.

클링거(1752~1831) 독일 극작가·소설가. 러시아 육군중장. 희곡 《슈트름 운트 드랑》
'어떻게 하면 책략 없이 악과 싸우면서 세상을 살아갈 수 있을까'
이것은 '실제생활에서의 이상'에 대하여 짧은 말로 설명한 클링거의 논문 속에 들어 있는 말이다. 클링거는 괴테의 청년 시절 친구로 나중에 러시아 장군이 된다. 그는 그 무렵 부패한 궁정에서 늘 공명정대한 성품과 도덕적 용기를 굳게 지켰기 때문에 두터운 존경을 받았다.

행복 힐티는 인간이 행복을 추구하는 길에는 부·명예·향락·건강·문화예술 등 외적인 것부터, 양심·덕·일·사랑·종교 등 내적인 것까지 다양하다면서, 의식 있는 인간이 가장 열렬히 바라는 것이 행복의 감정이라고 말한다.

시지프스의 노동 힐티는 〈즐겁게 일하는 방법〉이란 글에서 '일이란 하면 할수록 재미있어지는 것'이라고 말하며 노동을 통한 행복론을 펼쳤다.

단테(1265~1321) 이탈리아 시인·신앙인. 《신곡》(1308~1321)

행복의 첫째 조건은 윤리적 세계질서에 대한 굳은 신앙이다. 이러한 세계질서 없이 인간의 책략과 폭력으로 움직이는 것이라면, 이런 사람들을 위해 단테의 지옥문 글귀를 전한다.

'우리는 슬픔의 입구/영원히 고뇌로 가는 입구/우리는 멸망의 겨레로 향하는 입구이다…/그대들 여기에 들어갈지니, 모든 소망을 버려라.'(《신곡》 지옥편 제3장)

에픽테토스(55?~135?) 힐티는 로마 철학자 에픽테토스의 어록에서 뽑아낸 진솔한 가르침을 통해 현대인들에게 행복하게 살아가는 지혜를 설파한다.

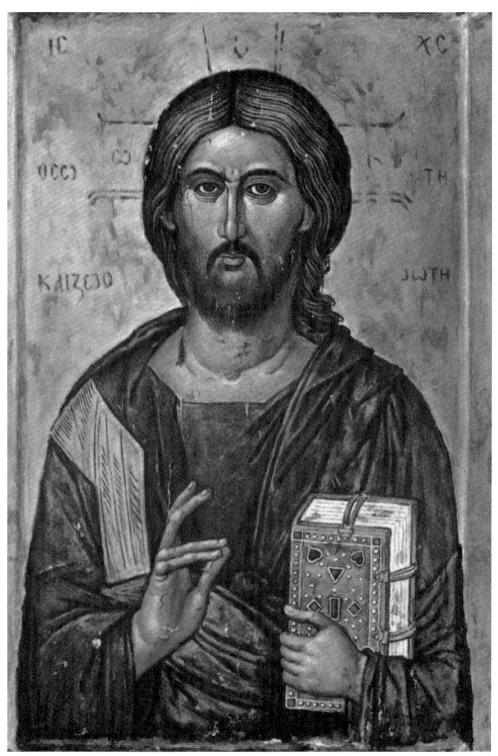

예수 그리스도 초상 힐티는 자신의 신앙 경험을 바탕으로 예수 그리스도의 가르침을 솔직히 받아들여 실행해 보라고 조언하면서, 그 가르침을 믿고 사는 기쁨을 주장했다.

Carl Hilty

Glück

Erster Teil

Leseklassiker

《행복론》(초판, 1891~1899) 표지 힐티는 이 책을 통해 어떻게 사는 삶이 진정 행복한 삶인가를 제시한다.

세계사상전집081
Carl Hilty
GLÜCK

행복론

카를 힐티 지음/곽복록 옮김

동서문화사

디자인 : 동서랑 미술팀

행복론

차례

즐겁게 일하는 방법

1

일을 잘하는 방법은 기술 가운데서도 가장 중요한 기술이다. 그 기술은 한 번 제대로 터득하기만 하면 그 밖의 모든 지적 활동이 매우 쉬워지기 때문이다. 그런데도 올바르게 일하는 방법을 터득한 사람은 그다지 많지 않다. '노동'이라든가 '노동자'에 관해 활발하게 논의되고 있는 오늘날에 이르러서도 실제로 그 기술이 두드러지게 진보하거나 보급된 것 같지는 않다. 도리어 될 수 있는 한 적게 일을 하거나, 혹은 일생 중 짧은 기간만 일을 하고 남은 생은 휴식을 취하면서 보내고 싶어하는 것이 일반적인 경향이다.

그렇게 본다면 일과 휴식은 겉보기에도 양립할 수 없고 대립하는 것처럼 보이는데, 과연 그럴까? 그래서 우선 이것부터 검토해야만 하겠다. 누구나 그렇듯이 부지런히 일한다고 해서 일할 마음이 솟아나는 것은 아니다. 그렇기는커녕 불행하게도 일을 싫어하는 생각이 널리 퍼져 있다. 그래서 대부분의 근대국가 국민은 너도나도 말로는 일을 좋다고 하면서도 실제로는 피하려 한다. 이렇게 되면 사회 개선 같은 것을 아무리 부르짖어 봐야 소용이 없다. 일과 휴식이 서로 대립하는 것이라면 사실 이 사회의 병폐는 도저히 나을 가망이 없는 것이다.

휴식을 취하고 싶은 것은 애초 인간의 본성이다. 아무리 하찮고 정신적으로 빈약한 사람이라도 그런 욕구는 가지고 있으며, 또 아무리 고결한 정신의 소유자라도 끊임없이 힘을 쓰는 것은 바라지 않는다. 아니, 내세의 행복한 삶을 상상하는 경우조차도 우리는 '영원한 안식'이라는 표현 말고 다른 표현을 생각하지 못한다. 일을 피할 수 없으며, 더구나 휴식이 일과 반대되는 것이라면, '네가 얼굴에 땀이 흘러야 식물을 먹고'[*1]라는 말은 잔혹한 저주의 말일 뿐이며, 이 세상은 눈물바다가 되어 버릴 것이다.

---

*1 창세기 3장 19절.

왜냐하면 그렇게 된다면 어떤 시대에든 '인간다운' 삶을 영위할 수 있는 사람은 극소수에 불과할 것이며, 그리고(사실은 그 점이 저주스런 것이지만) 자기와 똑같은 인간에게 강제로 노동을 시키고, 노예 상태에 매어놓음으로써만 인간다운 생활을 할 수 있기 때문이다. 사실 고대의 저술가들도 그렇게 생각하였다. 즉, 어떤 사람이 정치적으로 완성된 국가의 자유시민으로 살아가기 위해서는 많은 이들의 벅차고 희망 없는 노예적인 노동이 필요했던 것이다. 그뿐만 아니라 19세기에 이르러서도 여전히 어떤 공화국의 시민들, 성서를 손에 든 그리스도교의 성직자마저 앞장서서, '어떤 인종은 영원히 다른 인종을 위해서 일해야만 하는 세습적인 숙명을 짊어졌다'고 주장했다.

문화는 부(富)의 토대 위에서만 번영하며, 부는 자본의 축적에 따라서만 증대되고, 자본은 정당한 보수를 받지 못하는 자의 노동의 축적으로 생겨난다. 그 때문에 문화는 부정에서 생겨난다. 이것이 지금 논쟁의 중심이 되는 명제이다. 그러나 이 문제를 논하는 것이 여기서 말하고자 하는 목적은 아니므로 이 명제가 어디까지 옳으며, 확실하게 옳은 것인지를 지금 검토하지는 않겠다. 다만 진실이라고 여겨지는 점만을 확실하게 말해 두고자 한다.

즉, 모든 사람이 정당하게 일을 하게 된다면 모든 사회문제는 즉각 해결된다. 그 밖의 방법으로는 결코 해결되지 않을 것이다. 그러나 이것은 그저 강제한다고 해서 되는 것이 아니다. 또 비록 모든 사람을 강제할 수 있는 물리적 수단이 있다고 하더라도, 그것이 도움이 되지도 않을 것이다. 따라서 중요한 것은 사람들에게 일하는 즐거움을 고취하는 것이며, 그렇게 해서 우리는 다시 올바른 '교육'이라는 영역으로 되돌아가게 된다.

일하는 즐거움은 스스로 깊이 생각하고, 실제로 경험하는 데서만 생겨난다. 그것은 교훈으로도, 또 유감스럽지만 매일 증명되고 있다시피 실제적인 예에서도 결코 생겨나지 않는다. 그러나 경험은 스스로 시도해 보고자 하는 모든 사람들에게 다음과 같은 것을 가르쳐 준다.

인간이 바라는 휴식은 육체와 정신이 전혀 일하게 하지 않거나 게으름을 피움으로써 얻어지는 것이 아니며, 오히려 몸과 마음의 적절하고도 질서 있는 활동에 의해서만 얻어지는 법이다. 인간은 본래 일을 하도록 만들어졌다. 그러므로 그것을 제멋대로 바꾸려 했다가는 지독한 복수를 당한다. 물론 인간은 아주 옛날에 휴식의 낙원에서 추방을 당했다. 신은 인간에게 일할 것을 명했다. 그러나 또한 싫든 좋든 일에 따라오는 위안도 주셨다.

그러므로 참된 휴식은 오직 일을 함으로써만 존재하는 것이다. 즉, 휴식은 정신적으로는 일이 잘 진척되고, 주어진 임무가 결실을 맺어 가는 것을 봄으로써 얻어지며, 육체적으로는 매일 밤의 잠이라든가 매일의 식사와 같은 자연적으로 짬짬이 주어지는 휴식, 그리고 그 무엇과도 바꾸지 못할 일요일의 휴식 등 사막의 오아시스 속에서 참된 휴식을 얻는 것이다. 이러한 자연적 휴식에 의해서만 중단될 뿐인 끊임없는 유익한 활동 상태야말로 이 땅에서 주어지는 최상의 행복한 상태이다. 인간은 이것 이외의 어떠한 외적인 행복도 바라서는 안 된다. 아니, 우리는 한 걸음 더 나아가서 이렇게 덧붙일 수 있다. 그렇게 된다면 그때는 일의 성격 따위는 그다지 큰 문제가 아니라고.

단순한 놀이가 아니라 진정한 일이라면, 그것이 어떤 일이든 성실하게 몰두한다면 머지않아 흥미를 느끼게 된다. 인간을 행복하게 하는 것은 일의 종류가 아니라 창조와 성공의 기쁨이다. 이 세상에서 가장 커다란 불행은 일이 없고, 따라서 일생을 마칠 때 그 성과를 얻을 수 없는 삶이다. 따라서 노동의 권리라는 것이 있으며, 또 없어서는 안 되는 것이다. 이것은 온갖 인간의 권리 가운데 가장 근본적인 권리이기도 하다.

'할 일이 없는 사람'은 실제로 매우 불행한 사람이지만 이러한 불행한 사람이 세상에는 적지 않다. 더구나 하층계급보다 오히려 상류사회에 훨씬 많다. 하층계급에서는 생활을 유지하기 위한 필요 때문에 일에 쫓기지만, 상류계급에서는 잘못된 교육이나 편견 때문에, 또는 일부 계층에서는 인간다운 진정한 일을 모조리 배척하는 지극히 고루한 인습 때문에 거의 자손 대대로 이러한 불행을 짊어지도록 운명지워져 있다. 그들은 정신적인 황량함과 무료함을 안고 스위스의 산지와 요양소를 찾는 것으로 원기를 회복하려 하지만, 물론 그것은 헛일이다. 전에는 몸을 움직여서 일시적이나마 그들의 병폐인 게으름에서 회복되는 데 여름 한 계절만으로도 충분했다. 그러나 지금은 그러려면 겨울까지 보내야만 하게 되었다. 그래서 우리나라 스위스의 아름다운 계곡들은 병원으로 넘쳐나게 되었지만, 그 많은 병원들도 끝내는 안식을 모르는 수많은 사람들 때문에 1년 내내 문을 열게 될 것이다. 그들은 이리저리 휴식을 찾아서 돌아다니지만 어디서도 참된 휴식을 발견하지 못한다. 왜냐하면 일 가운데서 휴식을 찾지 않기 때문이다.

'너희는 엿새 동안은 일을 해야 한다.'*² 그보다 많아도 안 되고 모자라도 안 된다. 이 처방대로 한다면 현대의 신경증 대부분은 일을 하지 않았던 부모에게서 받은 유전적 저주의 결과가 아닌 이상 고쳐질 것이다. 그리고 요양원의 의사나 정신과 의사는 대부분 환자를 잃게 될 것이다. 무릇 인생은 '향락'을 위한 것이 아니다. 반드시 결실을 맺도록 일하고자 힘쓰지 않으면 안 되는 것이다. 이것을 깨닫지 못하는 사람은 이미 정신적인 건강을 잃은 것이다. 그런 사람이 육체적 건강을 유지할 수 있으리라 생각하는가? 육체적 건강은 타고난 체질에 따라서 올바른 생활 방식을 취할 때에만 유지될 수 있다. 우리의 수명은 70년, 건강하다 하더라도 80년 정도가 되겠지만, 육체적 건강은 고생하며 부지런히 일한 일생이었다 하더라도 얻기 힘든 존귀한 것이다. 시편의 구절은 이렇게 말하고 있으며*³ 본래의 의미는 어쩌면 그랬는지도 모른다.

여기서 미리 약간의 제한을 덧붙여 두는 것이 좋겠다. 어떤 일이나 다 똑같을 수는 없다. 그저 겉치레뿐인 일도 있다. 즉, 그저 겉치레가 목적인 일, 또는 겉치레에만 도움이 되는 일 따위이다. 예를 들면 '부인들의 수예'의 일부분, 특히 예전에 자주 볼 수 있었던 반쯤은 재미를 위한 무의미한 군인생활, 충분하지 않고 결국 아무 결실이 없는 피아노 교습 같은 '예술' 수업, 사냥이나 그 밖의 '스포츠', 그리고 자기 재산의 단순한 '관리' 등도 요컨대 이에 속한다. 똑똑하고 활동적인 사람이라면 뭔가 좀더 심리적 만족을 얻을 수 있는 일을 찾아야 한다.

또한 대개 기계를 사용하는 일이나 기계적이고 부분적인 일은 사람을 만족시키는 경우가 드물다. 공장 노동자에 비해 기술자나 농부가 훨씬 많은 만족을 느끼는 것도 이런 이유에서이다. 따라서 사회적인 불안은 공장 노동자에 의해서 세상에 모습을 드러낸 것이다. 공장 노동자는 자기 노동의 성과를 보는 경우가 거의 없다. 일을 하는 것은 기계이며, 그는 단지 이것에 종속된 도구에 불과하다. 아니면 언제나 작은 톱니바퀴나 그런 것을 만드는 일을 거들 뿐, 결코 시계 전체를 만들지 않는다. 더구나 시계가 즐거운 예술품이거나, 인간답고 진실된 일의 성과도 아니지 않은가. 이와 같은 기계적인 노동은 아무리 쓸모없는 사람이라도 지니고 있는 '인간 존엄'의 관념에 반하는 것이며, 결코 그 누구

---

*2 출애굽기 35장 2절.
*3 시편 90장 10절.

도 만족시키지 못한다.

이에 반해 자기를 잊을 정도로 일에 완전히 몰두할 수 있는 근로자는 가장 행복하다. 예를 들어 어떤 재료로 그것을 표현하고자 할 때, 정신을 온전히 그 대상에 집중하지 않을 수 없는 예술가라든가, 자기의 전문분야 이외에는 거의 아무것도 거들떠보지도 않는 학자라든가, 때로는 가장 좁은 활동 범위에서 자기의 작은 세계를 구축하고 있는 여러 종류의 '별종'조차도 더없이 행복하다.

그들은 모두 객관적으로 말해(어쩌면 잘못된 표현일지도 모르지만) 일을 하고 있는 것이다. 진실되고 유익하며 사회를 위해 없어서는 안 될 일을 하고 있지, 결코 놀이에 빠져 있는 것은 아니라고 생각한다. 그뿐 아니라 그들 가운데는 이처럼 끊임없이 힘들고, 어쩌면 건강에도 별로 좋지 않은 일을 하면서 상당한 고령에 이르는 사람도 적지 않다. 그러나 한편으로는 아무런 일도 갖지 않는 귀족적인 방탕아나 한가한 부인들(현대사회에서 가장 쓸모없는, 되도록 일을 하지 않으려는 인종 등 가까운 예를 들었지만), 그런 사람들은 늘 건강 유지에 쫓기고 있다.

오늘날과 같은 사회에 가장 필요하고 유익한 것은 모든 사람들의 심신의 건강을 위해, 또 그들의 행복을 위해서 일이 없어서는 안 된다는 인식과 경험이 세상에 널리 보급되는 것이다.

이렇게 볼 때 필연적으로 다음과 같은 결론이 나온다. 즉, 게으른 사람은 이미 우수하고 '높은' 계급으로 인정할 수 없으며, 그들은 올바른 처세의 길을 잃어버렸으므로 정신적으로 불완전하고 건강하지 못한 인간으로 생각해야 한다. 이러한 사고방식이 사회 전체의 흔들림 없는 확신인 관습으로 표현되어 나타난다면, 그때 이 땅에도 좀더 나은 시대가 도래하리라. 그때까지는 세상은 한쪽 그룹의 과다한 노동과, 다른 쪽 그룹의 지나치게 적은 노동으로 인해 고민하게 될 것이다. 이 두 그룹은 서로 원인과 결과를 이루어 제약하고 있는데, 어느 쪽이 더 불행한지는 의문이다.

게다가 우리를 더욱 의아하게 하는 것은, 이 원칙이 인류의 몇천 년 이래 경험을 바탕으로 한 것이며, 누구나 일하거나 하지 않거나 해서 날마다 그것을 시험해 볼 수 있으며, 또한 모든 종교와 철학이 늘 가르치고 있는데도, 어째서 그것이 널리 세상에 행해지고 있지 않은가 하는 점이다. 예를 들어 성서를 진지하게 받아들이면서도 성서에는 그다지 분명하게 쓰여 있지 않은 사형을 열심히 변호하는 한편, 일주일에 하루만 쉬라는 지극히 명백한 성서의 명령을 어기고, 전혀 일을 하지 않는 것은 아니지만 겨우 하루쯤 일하고는 나머지 엿새는 귀부인인 양 게으름을 피우면서도 이상하리만큼 태연한 '한가한 귀부인들'이 허다한 것은 왜일까. 이것은 주로 노동의 분배와 처리가 적당치 않아서이며, 그 때문에 노동은 때때로 감당하기 힘든 무거운 짐이 되는 것이다. 여기서 우리는 본론의 주제로 돌아오게 된다.

뭔가 일이 반드시 필요하다는 원리를 깊이 납득하였으나 하고자 하면 묘하게 장애가 생기는 사람들, 그것만 없다면 기꺼이 일을 하고 싶은 사람들을 위해 이제야 어떤 교훈을 줄 수 있을 것이다.

2

일에도 기술 분야와 마찬가지로 요령이 있으며, 그것을 터득하면 일은 훨씬 수월해진다. 일을 할 마음이 생길 뿐만 아니라 일을 할 수 있다는 것도 결코 간단한 것은 아닌데, 대부분의 사람들은 그것을 알지 못한다.

(1) 장애를 극복하기 위한 첫걸음은 그 장애를 아는 것이다. 일을 방해하는 것은 주로 게으름이다. 사람은 누구나 게으르게 타고 난다. 감각적으로 수동적인 보통의 상태에서 벗어나려면 꾸준한 노력이 필요하다. 선한 일에 게으르다는 것이 우리 본래의 근본적인 결점이다. 그러므로 천성적으로 일을 좋아하는 사람 따위는 있을 수 없다. 다만 성질이나 기질상 약간 활발한 사람이 있을 따름이다. 아주 활발한 사람이라도 천성에 따른다면 일보다는 다른 것으로 즐기는 방식을 좋아한다. 근면은 감각적인 게으름보다도 한층 강한 동기가 있어야만 생겨난다. 그리고 그 동기에는 늘 두 종류가 있다. 낮은 쪽의 동기는 욕정, 특히 명예욕이나 탐욕, 특히 생계를 위한 필요 등이다. 높은 쪽의 동기는 일 자체에 대한, 혹은 그 사람들을 위해 일을 해야만 하는 사랑이나 책임감이다. 이러한 고상한 동기는 훨씬 오랫동안 지속되기 때문에 결과에 구애되지 않는 특성을 지닌다.

그러므로 실패한다 해도 싫증을 낸다거나, 성공해도 만족하여 열의를 잃거나 하는 일이 없다. 그 때문에 야심가나 탐욕스런 사람은 때때로 매우 근면하지만, 한결같이 규칙적인 일을 해나가는 경우는 드물다. 그들은 대부분 평소 남을 상관하지 않고, 오직 자신이 일한 만큼의 좋은 결과를 얻게 되면, 일의 겉모습만으로도 충분히 만족한다. 상공업의 일부분, 또한 유감스럽지만 학문이나 예술의 일부분도 오늘날 분명히 그런 성격을 띠고 있다. 그러므로 지금 막 사회로 나가려는 청년에게 최초의 조언을 해준다면 먼저 다음과 같이 애기할 수 있을 것이다.

여러분은 어떤 일, 또는 어떤 특정한 사람들에 대한 애정과 의무감으로 일을 하라. 뭔가 인류사회의 커다란 문제에 참가하는 것이 좋다. 예를 들면 여러 민족의 정치적인 해방, 그리스도교의 전도, 방치되고 있는 하층계급의 생활 향상, 음주 습관의 폐지, 또한 아전인수이기는 하지만 국제간의 영원한 평화의 확립, 사회개혁, 선거법의 개선, 형벌 및 형무소의 개량 등이 있다. 오늘날 이와 같은 목적은 넘칠 만큼 많은데, 여러분도 그 중의 어느 것인가에 참가하는 것이 좋다. 그렇게 하면 여러분은 가장 손쉽게, 끊임없이 외부에서 주어지는 자극을 받게 되며, 또한 처음 한동안은 특히 중요한 일의 동지를 얻게 될 것이다. 오늘날 여러 문명국가의 국민 가운데 이와 같은 진보의 한 진영에 적극적으로 참가하지 않는 청년이 남녀를 불문하고 한 명이라도 있어서는 안 된다. 일찍부터 자신을 초월하고 자기만을 위해 살지 않는 것이 청년을 향상시키고, 강건하게 하며, 일에 굴하지 않는 힘을 주는 유일한 길이다. 이기주의는 언제나 약점이며, 여러 약점을 생산할 따름이다.

(2) 게으름을 억누르고 일을 하게 하는 데 가장 효과적인 수단이며 커다란 힘을 발휘하는 것이 생활습관이다. 평소에는 그저 우리의 육체적 성질에만 도움이 되는 이 커다란 힘을 마찬가지로 정신적인 방면으로도 도움이 되게 한대서 안 될 것이 없지 않은가.

우리는 실제로 태만, 욕망, 낭비, 무절제, 인색 등에 익숙해지는 것과 마찬가지로 또한 근면, 절제, 검약, 정직, 관대함의 습관도 기를 수 있다. 그리고 여기서 덧붙여 둘 것은, 어떠한 인간적인 미덕도 그것이 습관이 되지 않은 한 확실하게 내 것이라고 단언할 수 없다는 것이다. 때문에 서서히 근면의 습관을 기른다면, 나태의 저항은 점점 약해지다가 마침내는 일을 우리 삶에서 뺄 수 없게 된다. 그렇게 되면 이제 우리는 인생에서 대부분의 어려움을 면한 것과 마찬가지이다.

여기서 습관적인 근면을 쉽게 몸에 배게 하는 두세 가지 요령을 소개하면 다음과 같다.

우선 가장 중요한 것은 과감하게 시작하는 것이다. 일이란 책상 앞에 앉아서 마음이 일을 향하도록 하는 결단이 결국 가장 힘든 것이다. 일단 펜을 쥐고 최초의 한 획을 긋는다면, 혹은 괭이를 들고 한 차례 내려친다면 일은 훨씬 쉽게 되어간다. 그러나 어떤 사람들은 시작하기 전부터 늘 뭔가가 부족해서 단지 준비만 하면서(그 뒤에는 그들의 게으름이 감춰져 있는 것이지만) 좀처럼 일에 착수하지 않는다. 그러다가 정작 필요할 때는 시간이 부족하다면서 초조감에 사로잡혀 정신적으로뿐만 아니라 때로는 육체적으로까지 열이 나서 일을 방해하게 된다.

또 어떤 사람들은 특별한 감흥이 일어나기를 기다리는데, 사실 감흥은 일에 열중하고 있을 때 가장 일어나기 쉬운 법이다. 일이란 하는 동안에 미리 생각했던 것과는 달라지는 것이 보통이며, 또 쉬는 때에는 한창 일할 때만큼 충실한, 때로는 전혀 종류가 다른 착상을 얻는 일이 없다. 이것은 적어도 나에게는 경험적인 사실이다. 그러므로 중요한 것은 일을 뒤로 미루지 말 것, 또 신체의 컨디션이나 마음이 내키지 않는다는 등의 핑계를 대지 말고 날마다 일정량의 적당한 시간 동안 일을 해야 한다.

사도 바울의 말을 빌리면, 우리들 내부의 교활한 '옛 사람'이라도 어떻게든 정해진 시간만은 일을 해야 하며 그냥 놀고 있을 수는 없다는 것을 깨닫는다면, 오늘 필요한 일만은 어떻게든 해야겠다는 결심을 비교적 쉽게 하게 된다.

(3) 정신적이고 창조적인 일을 할 때, 일의 내용을 따지는 것이나 일을 시작하기 전의 서론 때문에 시간과 흥미를 잃어버리는 사람이 꽤 많다.

지나치게 응축되고 의미가 깊은, 또 대체적으로 너무 깊숙이 들어간 서론은 대부분 전혀 목적에 도움이 되지 않으며, 오히려 나중에 해도 될 말을 미리 해버리는 잘못을 저지르게 된다. 그러므로 서론이나 표제는 맨 나중에 만드는 것이 좋다. 그렇게 하면 보통 서론이나 표제가 저절로 만들어지는 법이다. 서론적인 것은 모두 나중으로 미루어 놓고, 자기가 실제로 가장 잘 알고 있는 본론부터 시작하면 훨씬 쉽게 일을 시작할 수 있다.

똑같은 이유로 먼저 서문이나, 또는 대부분의 경우 첫 장을 넘겨 버리고 읽는 편이 훨씬 읽기가 수월하다. 적어도 나는 서문을 맨 처음에 읽지 않기로 하는데, 본문을 먼저 읽은 다음에 그것을 훑어보았다고 후회한 적은 아직 한 번도 없었다. 하기야 개중에는 서문이 가장 나은 책도 없는 것은 아니지만, 그런 책은 대체적으로 그다지 읽을 가치가 없다.

우리는 다시 한 걸음 더 나아가서 이렇게 말해도 지장이 없을 것 같다. 즉, 무엇이든 서론과 본론을 구별하지 말고 가장 편한 것부터 시작하라, 여하튼 시작하고 볼 일이라고. 그렇게 하면 완전하고 체계적으로 하지 않았기 때문에 어쩌면 일의 순서로 볼 때 돌아가는 길이 될지도 모르지만, 그러한 단점은 시간을 번다는 점에서 보충하고도 남을 것이다. 유명한 학자 벤겔은 자기의 지식은 공부할 때 언제나 가장 쉬운 것부터 시작하는 습관 덕분이었다고 솔직하게 고백하고 있다.

이와 관련해 다음의 두 가지가 분명해진다.

첫째, '내일 일을 위하여 염려하지 말라. 내일 일은 내일 염려할 것이요, 한날 괴로움은 그날에 족하니라.'[*4]

인간은 상상력이라는 위험한 선물을 신에게서 받았는데, 이것은 우리의 실제 힘을 초월해 훨씬 넓은 활동범위를 지니고 있다. 상상력은 우리가 계획하는 일 전부를 반드시 해낼 수 있는 일로써 일시적으로 눈앞에 보여주지만, 인간의 능력은 그것을 차례로 하나씩 해나갈 수밖에 없다. 그래서 그 목적을 위해 언제나 마음을 새로이 다잡지 않으면 안 된다. 그러므로 언제나 오늘을 위해서 일하는 습관을 갖는 것이 좋다. 내일은 저절로 찾아온다. 그리고 그것과 함께 내일의 힘도 오는 것이다.

두 번째는 이러하다. 물론 일은, 특히 정신적인 일은 더더욱 차분하게 해야 한다. 그렇다고 해서 한마디도 빠뜨리지 않고 남김없이 읽겠다며 전부를 다 소화하려 해서는 안 된다. 그런 능력은 아무도 갖고 있지 않다. 가장 좋은 방법은 비교적 좁은 범위를 완전하게 해낸 다음, 그 밖의 넓은 범위에 대해서는 본질적인 요점에만 힘을 쏟는 것이다. 지나치게 많은 것을 바라는 사람은 그다지 성과가 오르지 않는 것이 보통이다.

(4) 일을 잘 해나가려면 원기와 감흥이 식어버렸을 때는 무리하게 계속하지 않는 것이 중요하다. 다만 처음에는 그다지 감흥이 일지 않더라도 시작해야 한다. 그렇지 않으면 아예 시작할 수가 없다. 그러나 일로 인해 어느 정도 피로를 느낀다면 서둘러 멈추어야 한다. 그러나 그 경우라도 결코 일 자체를 그만

[*4] 마태복음 6장 34절.

둘 필요는 없다. 보통은 그 특정한 일만 멈추면 된다. 왜냐하면 일을 바꿈으로써 필요한 휴식과 비슷한 정도의 기운을 회복하는 법이기 때문이다. 우리에게 그런 적응력이 없었다면 아마 거의 아무것도 할 수 없었을 것이다.

(5) 반대로 많은 일을 하려면 힘을 절약하지 않으면 안 된다. 그리고 힘을 절약하려면 특히 무익한 활동에 시간을 허비하지 않는 마음가짐이 필요하다. 우리가 무익한 활동 때문에 얼마나 많은 흥미와 정력을 없애고 있는지는 말로다 할 수 없을 정도이다.

우선은 신문을 샅샅이 읽는 것, 두 번째로 불필요한 모임이나 정치활동, 특히 '카페 정담'이라는 이름으로 널리 알려져 있는 쓸모없는 정치활동에 참여하는 것이 그것이다. 실제로 많은 사람들이, 예를 들면 아침에 가장 일하기 좋은 시간에 신문을 읽는 것으로 시작하고, 마찬가지로 밤에는 밤대로 무슨 모임이나 사교클럽, 때로는 도박 테이블에서 그날을 마치고 있다. 그들이 매일 아침에 신문을 구석구석 훑거나 몇 개의 신문을 본다고 해서 다음날까지 대체 어느 정도의 정신적 이익을 지속할 수 있을지는 아무도 정확하게 말하지 못한다. 그러나 그들은 대개 이렇게 신문을 읽은 다음에 왠지 일에 대한 흥미를 잃고, 다른 신문이 눈에 띄면 그것을 다시 집어들 것은 확실하다.

많은 일을 하려는 사람은 정신적인 잡일, 덧붙여도 된다면 육체적인 잡일까지도 조심해서 피하지 않으면 안 된다. 그리고 진짜 해야 하는 일을 위해 정력을 충분히 축적해 두어야만 한다.

(6) 끝으로 정신적인 일(우리는 늘 이것을 첫 번째로 염두에 두어 왔다)을 쉽게 하는 가장 효과적인 방법이 하나 있다. 그것은 되풀이하는 것, 다시 말하면 몇 번이고 되풀이하는 것이다. 정신적인 일은 거의 모두 처음에는 그저 그 윤곽이 잡힐 뿐이며, 두 번째부터 비로소 세부적인 사항이 눈에 들어오며, 이에 대한 이해도 한층 명백하고 정밀해지는 것이 보통이다. 그러므로 진정한 근면은 한 유명한 저술가가 말한 것처럼 '그저 쉼 없이 계속해서 일에 몰두하는 것이 아니라 머릿속의 원형을 눈에 보이는 형태로 완전하게 표현해 내겠다는 열망을 가지고 일에 몰두하는 것이다. 보통 말하는 근면, 즉 상당히 큰 재료를 구해서 일정 기간 내에 눈에 띄게 해내려는 노력은 오히려 일의 전제에 지나지 않으며, 이는 언제나 힘 쏟는 것을 쉴 줄 모르는 좀더 높은 정신적인 근면에 훨씬 미치지 못한다.'

우리는 더 이상 그 개념을 표현할 방법이 없다. 일하는 것을 이렇게 해석한다면 우리가 이 장의 첫머리에서 말했던 최후의 두려움은 사실상 사라질 것이며, 일의 연속성은 필요한 휴식에도 불구하고, 또한 휴식 동안에도 이루어지게 된다. 그리고 실제로 그 연속성이야말로 진정한 일의 흔들림 없는 이상(理想)이다.

일단 일에 몰두하는 진정한 근면을 알게 되면, 인간의 정신은 그치지 않고 일을 계속하는 법이다. 그리고 때때로 너무 길지 않은 이와 같은 휴식 뒤에, 알아채지 못하는 사이에 일이 진척되고 있음을 보는 것은 매우 놀랍다. 모든 것이 마치 저절로 된 것처럼 명료해지기 시작하고, 그 많던 문제들이 돌연 해결된 것처럼 보이기 시작한다. 처음에 머리에 입력해 둔 사상이 저절로 불어나 입체적인 모습을 띠며, 표현력을 얻기 시작한다. 그리고 새롭게 시작하는 일은 그 휴식 동안에 자연스레 성숙된 것을 힘들이지 않고 거둬들이는 것처럼 여겨지는 경우도 드물지 않다.

이것이 바로 일의 대가이다. 그 밖에 정당하게 일했을 때의 또 다른 혜택은 일을 한 사람만이 참된 즐거움과 휴식을 맛볼 수 있다는 것이다. 일하지 않은 뒤의 휴식은 식욕이 없는 식사와 마찬가지로 즐거움이 없는 법이다. 가장 유쾌하고, 그러면서도 가장 대가가 크고 싸게 먹히는 좋은 시간 소비법은 언제나 일이다.

교장 선생님,*5 선생님이 마지막에 이와 같은 논문을 특별히 학교 잡지에 기고하는 목적을 물으신다면, 나는 다음과 같이 대답하려 합니다. 교육의 요체는 본래가 학생을 이끄는 한편, 그들이 일(공부)에 대한 애착과 숙련을 얻게 하고, 다른 한편으로는 적당한 시기에 뭔가 위대한 일에 일생을 바칠 결심을 하게 하는 것이라고, 나는 생각합니다.

또한 오늘의 사회 실태를 보면 어떤 사회개혁이 일어나서 현재 일하는 사람들이 지배계급이 될 것이라고 기대하는 것 같습니다. 이것은 마치 지난 19세기 초의 사회혁명으로 근면한 시민이 게으른 귀족과 사제를 누르고 위에 올라선

---

*5 이 논문은 한 사범학교 교장의 의뢰를 받아서 그 학교의 기관지에 내기 위해 쓴 것이다.

것과 같습니다.

그러나 그 시민들도, 그들보다 앞선 사람들과 마찬가지로 다른 사람의 노동으로 안일하게 살려는 게으름뱅이가 되고 만다면, 결국 멸망할 수밖에 없을 것입니다. 미래는 일하는 자의 것이며, 사회의 주인은 시대를 불문하고 언제나 부지런히 일하는 자입니다.

에픽테토스

교장 선생님![1]

이번에 선생님의 청을 받고 고대의 한 스토아 철학자에 관한 논문을 기고합니다만, 저는 평소 그의 가르침에 특별한 교육적 가치가 있다고 인정하고 있으므로 이 글이 학교 기관지의 일반적인 경향과 모순되는 바는 없으리라 믿습니다. 선생님께서도 튜터의 예를 따라 인간적이고 교육적인 수업에 중점을 두고 있습니다만, 이 철학자도 그 가르침에 주안점[2]을 두고 있습니다. 또한 현재의 교육제도 전반에 관한 저의 의견도 한마디로 말한다면 무엇보다도 교사 및 학생의 개성 육성에 더욱 힘을 쏟아야만 한다는 것입니다.

모든 직업에는 저마다 그 방법이 있으며 또 반드시 있어야 한다는 것은 저도 충분히 인정합니다만, 교사라는 직업에는 특히 최하급에서 최상급에 이르기까지 모두 충분히 개성이 발달된, 생생히 살아 있는 인격이 가장 필요하며, 이것이 다른 미숙한 정신에 감화를 주어서 그러한 인격으로 길러내는 것일 테지요.

자주 독립적인 인격의 심각한 결핍이 차츰 현대의 특징이 되고 있습니다. 자의식이 발달한 사람, 학교 교육을 받은 사람, 또 그런 만큼 어쩌면 생활능력, 또는 적어도 직업능력을 갖춘 사람이 오늘날에는 확실히 과거 어떤 시대보다 많습니다. 그러나 개인의 독창성이 결여되었고, 더구나 그 경향이 차츰 전체로 파급됩니다. 이 독창성이야말로 우리를 다른 국민과 구별하는 것이며, 또한 저의 해석에 따르면 국민적 발전의 주요 조건입니다. 예를 들어 19세기 초에 그

---

[1] 편지의 수신인은 쿨 사범학교의 교장이다. 이 논문은 맨 처음 '뷰도네르 사범학교지'에 게재되었음.

[2] 에픽테토스는 자주 이렇게 말했다. 불결하고 불성실한 사람의 학문은 불결한 통에 든 포도주처럼 쓸모가 없다고.

라우뷴덴주의 '전서'에 쓰인 정치적 및 국민경제적 논문, 또는 그 과도기에 나왔던 정치적 팸플릿류(1887년)나 《정치연감》에 게재된 '평화의 천사', 1814년에 나온 《34인의 농부 대화》를 오늘날의 정기간행물과 비교해 보아야 합니다. 물론 당시에 이것을 쓸 수 있었던 이는 소수에 지나지 않습니다만, 전자 쪽이 형식과 내용 면에서 모두 뛰어나다는 것을 인정하지 않을 수 없습니다. 1800년 무렵에는 그라우뷴덴주의 주민 가운데 학교 교육을 받은 사람이 극히 적었으며, 오히려 실생활을 통해서 교육을 받았습니다. 그렇지만 오늘날 사람들에 비하면 훨씬 독창적이고, 또 많은 점에서 한층 사려가 깊었습니다.

이러한 예는 드물지 않습니다. 스위스의 문고에 기록된 당시의 보고, 제안 등 대부분을 첫 페이지에서 마지막 페이지까지 흥미 깊게 읽어 내려갑니다. 그 안에는 빛나는 정신과 식견으로, 읽는 사람의 가슴을 두근거리게 하지 않는 것이 단 한 편도 없습니다. 오늘날의 주보(州報)가 100년쯤 지나서도 그런 가치가 있을지 나는 지금 묻지 않기로 하겠습니다. 그것은 분명하게 드러낸 개성의 매력이며, 사회는 언제나 싫든 좋든 그것을 승인합니다.

되도록 많은 인격자를 양성하는 것, 이것이 미래 우리들 교직에 있는 자의 본분이리라고 저는 믿습니다. 그것은 어떻게 달성할 수 있을까요. 학교 교육만으로는 물론 안 됩니다. 만일 그렇지 않다면 우리는 현재 그와 같은 인격자를 과거 어떤 시대보다도 훨씬 많이 가졌을 것입니다. 그러나 실제로는 교육이 앞선 대국에서 인격자는 비교적 숫자가 적습니다. 그 이외의 사람은 모두 단순한 '당파'나 '집단'이며, 거기서는 단지 머릿수만이 사물을 대변하게 됩니다.

학교의 입장에서 본다면 저는 어쩌면 역설적인 의견을 가졌습니다. 즉, 인격은 자기 교육과 모범에 따라서 양성되는 것이며, 스스로 획득해야 하는 것이지 가르쳐 전수하는 것이 아니라는 의견입니다. 다만 이때, 학교가 어느 정도의 자극과 길을 제시하지 않으면 안 되는 것은 말할 것도 없습니다. 그리고 자기 교육을 달성할 수 있는 단 두 가지 '방법'은 스토아주의와 그리스도교입니다.

그리스도교는 신학자가 다룰 문제에 속하므로 저는 지금 이것을 상세히 말하고 싶지 않습니다. 다만 제 개인의 의견으로는 골든 파샤 같은 속인이 그 당시 영국의 다른 사제보다도 훨씬 설교를 잘했다고 봅니다. 그의 소책자인 《팔레스티나의 성찰》은 난해한 형식임에도 캘빈의 저서보다도 그리스도교에 대한 한층 더 정확한 이해가 담겼습니다. 그러나 인간 형성을 위한 지극히 좁은, 단 하나의 길은 결코 '만인의 길'은 아닙니다. 오히려 우리는 그 위대한 종교개혁자(캘빈)처럼 '이 길에는 일종의 신의 예정이 필요하다. 적어도 단순한 어린아이처럼 순진하고 소박한, 특별한 천성이 필요하다'고 믿고 싶을 정도입니다. 그러나 그러한 성격은 복잡한 현대인에게는 결여되어 있으며, 더구나 점점 잃어가고 있습니다.

이와는 반대로 스토아주의는 현재의 상태와 매우 닮은 시대의 소산이어서 현세의 행복, 모든 사람의 행복은 과연 가능할 것인가, 또 행복은 어디에서 오는가라는 깊은 사고에서 생겨난 것입니다. 그리고 이 문제는 오늘날 또한 많은 사람들을 고민하게 합니다.*3 스토아주의는 본래 어떤 초자연적인 것을 포

---

*3 여하튼 순전한 동물적 존재의 영역을 넘어선 인간은 대부분 현대에도 고대 말기와 마찬가지이며, 세상에는 어떤 도덕률이 존재하고 그에 따라서 각 개인의 고유한 가치도, 인류의 공동생활 가능성도 성립하며, 또한 이것이 언제나 각 민족의 문화적 가치를 재는 척도가 된다는 생각을 갖고 있다. 그러나 그 도덕의 규칙이 어떤 것인지, 또 그것은 어디서 권위를 인정받을 것인가 하는 문제에는 의견이 분분하다. 더욱 나쁜 것은 현재 도덕률의 일부가 이론적으로는 존경받고 있지만, 실제적으로는 절대로 지켜야 한다고는 생각하지 않는다는 점이다. 그것이 얼마나 심각한지는 가장 널리 알려진 두 가지 도덕률, 곧 모세의 십계 및 그리스도의 산상수훈과 세간의 관습을 비교해 보면 쉽게 알 수 있다.

모세의 제1계와 제10계는 대부분의 사람들이 거의 습관적으로 지키지 않는다. 오늘날 세상 사람들이 대체 어떤 신들을 섬기고 있는가를 말하기는 쉽지 않다. 아니, 오히려 쉬우리라. 경건한 신사숙녀들 대다수는 1주일에 6일의 노동을 하층계급 사람들에게만 적합한 것처럼 생각한다. 산상수훈의 복음도 확신을 가지고 이해하는 그리스도인은 극히 드물다. 또한 그 수훈 가운데 특별히 적극적으로 명령한 것이라도, 국법은 공공연하게 금지하지 않지만 오늘날 일반적인 여론은 태연히 그것을 금하고 있다(마태복음 5장 32·39·42·44절, 6장 19·34절 참조). 더불어 사도 바울이 로마인에게 보낸 편지(로마서) 제12장 16절~21절에 나와 있는 처세의 가르침을 나는 여기에 인용하고 싶지는 않다. 어떤 사람이 교만한 마음을 품지 않을 것이며, 신분이 미천한 사람들과 교제하겠는가. 그런데도 이것이야말로 인간 행복의 근본조건인 것이다.

일반문화와 질서정연한 법치상태에 바탕한 일종의 평균적 도덕이 내면적 윤리를 대신하고 있다. 이것은 마치 로마제국의 초기 몇 세기의 실정과 같으며, 당시와 마찬가지로 오늘날에도 많은 교양 있는 사람들이 일면적인, 혹은 편협된 세계관을 초월한 일반적 문화의 진보가 있다고 믿는다. 다만 유감인 것은 이처럼 인간관계의 기초가 확대되었음에도 불구하고 아직은 그것이 충분하고 확실한 것이 아니기 때문에, 보통 이러한 문화적 시기에 기대할 수 있는 일반적 복지가 개인이나 사회 전체에 주어져 있지 않다는 것이다. 오히려 반대로 대다수의 사람들이 오만과 두려움 사이에서 끊임없이 동요하고 있다. 이런 상황 아래서 성

함하지 않습니다. 또한 아무런 신앙도 요구하지 않으며, 언제나 보통의 상식에 호소할 뿐입니다. 그리고 현대의 우리들과 똑같은 사람들의 욕구에서, 즉 상류 사회에서는 단순한 미적 향락, 하층사회에서는 끊임없는 탄식과 마음고생을 수반하는 매일의 '호구지책 문제'보다는 조금은 높은 차원의 것을 바라는 욕구 에서 생겨난 것입니다.

스토아철학은 지금 기술한 두 가지 인생관, 세계관(미적 향락과 실리주의)과 대립됩니다. 그리고 그 철학은 생각할 수 있는 범위의 모든 경우에서 그 운명 의 변동과 전환으로부터 초연히, 내면적으로 확고하고 훌륭한 인격을 실제로 교육한다는 것을 적어도 두세 명의 인물에게서 실증하였습니다.

그렇게 주목할 만한 인물 가운데 가장 흥미를 끄는 것은 황제 마르쿠스 아 우렐리우스와 노예 에픽테토스입니다. 그들이 특히 흥미로운 것은 두 사람이 전혀 다른 처지인데도 이 철학의 효과를 동일하게 나타낼 뿐만 아니라, 그들 의 견해를 기술한, 깊이 음미할 만한 독자적 문장을 남겼다는 점입니다. 황제 의 저술은 오늘날 '고백록'이라 불리는데, 주로 자기 반성을 위해 쓰인 잠언집 으로, 그가 죽은 뒤에 그의 옷소매에서 발견되었습니다.

이 책은 세상에 널리 알려졌으며 쉽게 접할 수 있습니다. 그렇지만 그것은 황제의 바쁜 생활 속에서 우연히 떠오른 생각들을 체계적인 질서 없이, 또한 전혀 교훈의 목적도 없이 써 모은 것에 지나지 않습니다.

그에 반해 노예 에픽테토스의 어록은 그리 널리 알려지지 않았습니다. 독일 어로 새로 번역된 책이 과연 있는지조차 저는 모릅니다.*4 나의 장서 가운데 있는 것은 기껏해야 융켈의 불완전한 번역본(1826년)과 슐테스가 쓴 심플리키

실한 사람들은 묻혀진 참된 행복의 원천을 다시 발견하려 애쓰고 있다. 그래서 스토아적 경향의 철학과 종교부흥이 모습을 드러내는 것이다.

*4 최신 번역 가운데 하나를, 나는 이 논문을 쓴 뒤에 우연히 볼 기회가 있었다. 그것은 1884년 에 간행된 H. 슈티히의 번역본으로 이른바 《제요(提要 ; 요점을 간추려 서술한 책)》의 번역 이외에, 에픽테토스가 한 말이라고 전해지는 두세 가지 잠언이 실려 있다. 이것은 다른 고대 의 저술가, 특히 스토베우스에 의해 기술된 것이다. 이 잠언은 창의성이 풍부하다. 예를 들 면 '포도에는 세 가지 넝쿨이 있다. 첫 번째 넝쿨은 쾌락의 송이를, 두 번째 넝쿨은 술에 취 하는 포도송이를, 세 번째 넝쿨은 범죄의 송이를 열게 한다' 또는 '세상에서 가장 작은 것은 탐욕, 쾌락욕, 호언장담이며, 가장 커다란 것은 관용, 유화, 자비이다' 등이 그것이다.
특히 다음의 말은 철저하게 진실된 의미를 나타내고 있다. '금전, 쾌락, 혹은 명예를 사랑하 는 자는 인간을 사랑하지 않는다.'

오스의 옛 주석서 번역본(1778년), 그리고 슐츠가 쓴 아리아노스의 담화필기 번역(1808년)들입니다. 그래서 저는 오늘날까지 남아 있는 그의 저서 가운데 주요 부분을 선생님의 독자를 위해 쉬운 독일어로 소개하려 합니다.

이 철학가의 삶을 우리가 아는 것 몇 마디로 표현할 수 있습니다. 근대에 작고한 작가의 경우는 그들 내면의 가장 깊은 핵심이나 중요한 발전에 도달하기 위해서 그들이 걸어온 길, 즉 우리가 그들을 알고자 하면 언제나 새로 발간된 전기나 편지, 일기 등을 읽어야 하는데, 에픽테토스의 경우는 그렇게 힘들일 필요가 없습니다.

마찬가지로 오늘날 전해지고 있는 에픽테토스의 철학적 교리 또한 매우 간결합니다. 그리고 그것은 그의 철학의 실천적 효과를 매우 높여 줍니다. 사람은 철학이나 종교에서 많은 지침을 필요로 하지 않는 법입니다. 그보다 참으로 중요한 것은 자기가 지닌 지식을 굳게 믿고 결연하게 실천에 옮기는 것입니다. 걸출한 인물의 내적 삶의 역사를 더 잘 안다면, 그들이 많은 사람들보다 월등하게 인류의 지도자가 될 수 있었던 것은 참된 철학 또는 종교의 극히 적지만 확고한 원리 덕분이며, 또 일부는 유전에 의하며, 일부는 자기반성과 결심으로 얻은 좋은 습관의 선물임을 우리는 분명히 깨닫게 됩니다.

그런데 사람들이 보통 철학이라든가 종교라 부르는 것은 대부분의 사람에게는 장식품일 뿐, 실제 생활에 아무런 영향을 주지 않는 지식에 불과합니다. 만약 그렇지 않다면 가장 박식한 철학자나 신학자는 언제나 가장 우수한 인간이어야 하지 않겠습니까.

에픽테토스는 위에서 말한 유의 인격자였던 것 같습니다. 우리가 그에 대하여 확실하게 아는 것은 다음과 같습니다. 그는 기원 1세기 율리우스가 말기의 황제 시대에 프리기아의 히에라폴리스에서 신분이 낮은 집안에서 태어났습니다. 그는 젊은 시절부터 네로 황제의 피해방자(일설에 따르면 호위병)였던 에바프로디투스의 노예가 되어 때때로 육체적인 학대를 받다가 나중에 해방되었습니다. 그러한 학대의 후유증으로 그는 한쪽 다리를 평생 쓰지 못했습니다. 풀려난 뒤에도 그의 극빈한 생활은 계속되어 재산이라고는 의자 하나와 베개, 램프가 전부였다고 합니다.

그런 까닭으로 그는 꽤 나이가 들어서 결혼을 했는데, 그것도 한 친구가 남기고 죽은 아이를 돌보고 교육할 수 있었기 때문이라고 합니다. 어떤 까닭으로 철학자를 미워했던 도미티아누스 황제 시대에 에픽테토스도 로마에서, 이어 이탈리아 영토에서 추방되었으며, 그 뒤로 에피로스의 니코폴리스에 머물렀는데, 도미티아누스가 죽은 뒤에 비로소 귀국이 허락될 때까지 그곳에 머물렀습니다. 또한 일설에 따르면 그는 하드리아누스 황제의 친구였고, 마르쿠스 아우렐리우스 황제 시대까지 살다가 110살에 죽었다고도 합니다만, 애당초 이것은 그리 간단히 믿을 수는 없습니다. 그가 죽던 때의 기록은 명확하지 않습니다. 그러나 아리아노스 전기의 표제로 추측해 볼 때, 거기에는 어떤 특별한 사정이 있었던 것 같습니다.

후세의 그리스도교 저술가, 그 중에서도 성 아우구스티누스 등은 세네카, 마르쿠스 아우렐리우스와 함께 에픽테토스를 반쪽짜리 그리스도인이라고 합니다. 그의 주인인 에바프로디투스는 사도 바울이 골로새인과 빌립보인에게 보낸 편지에 등장하는 사람과 동일인이라는 억측마저 나옵니다.*5 그것을 증명하기가 불가능하다는 것은 잠깐 불문에 붙이고, 스토아 철학의 독자적 정신을 알려면 다음에 번역된 잠언을 한 번쯤 읽어보는 것으로 충분합니다. 그 기품 있는 말씨는 과연 그리스도교의 윤리적 정신에 접근해 있지만, 이 철학은 원래 그리스도교와는 전혀 다른 세계관을 바탕에 깔고 있기 때문에, 그리스도교의 소아적 순수를 기뻐하는 정신은 가지고 있지 않습니다. 두드러진 특색은 여러 대목에 나와 있는 여성에 대한 분명한 멸시인데, 그것은 순수하게 그리스적인 것이지 그리스도교와는 아무 관계도 없습니다. 이런 점을 제외하고 전체적으로 볼 때는 에픽테토스의 《제요》는 그 윤리적인 내용에서 당연히 최고의 지위를 차지할 만하며, 그리스도교의 윤리적 교의에 가장 가까운 고대 저서입니다.

이 때문에 그 책은 현재보다도 한층 널리 읽힐 가치가 있으며, 특히 학교에서 더 많이 읽게 되었으면 합니다. 스토아주의는 향상되고자 수도에 힘쓰는 청년의 영혼과 성격에 굉장한 매력을 주어 고무시킵니다만, 한편으론 그리스도교는 교육을 마친 사람의 꽤 풍부한 인생 경험과 특히 겸허함을 전제로 하기 때문에, 아직 공부 중인 청년에게는 적합하지 않은 점이 있습니다.

에픽테토스는 직접 쓴 책은 한 권도 남기지 않았습니다. 후세에 전해진 것

---

*5 골로새서 1장 7절, 4장 12절의 에바브라, 빌립보서 2장 25절의 에바브로디도.

은 모두 그의 제자들이 필기한 것입니다. 그 가운데 《강화집》 12권은 지금은 남아 있지 않으며, 다른 《어록(Diatriben)》은 앞에서 말했다시피 겨우 일부만 남아 있을 뿐입니다. 완전하게 보존되어 있는 것은 《제요(Enchiridion Epicteti)》뿐인데, 이것은 그가 제자들을 위해 했던 스토아주의 처세훈에 대한 강의, 즉 일종의 '요강'으로 중요한 대목만 뽑아 기록한 것입니다. 가장 오래된 심플리키오스의 주석에 따르면 이 책은 아리아노스가 집필한 것으로, 그는 '모든 철학 강의 중에서 가장 중요하고 필요한 것, 또는 가장 강렬하게 마음을 울리는 것을 골랐다'고 합니다.

이 소책자는 지금은 남아 있지 않은 헌사를 붙여서 안토니우스 피우스 황제 치하의 집정관 마리우스 발레리우스 멧사리누스에게 바쳤던 것입니다.*6

1

이 세상에는 우리의 힘이 미치는 것과 미치지 않는 것이 있다.

우리의 힘이 미치는 것은 판단, 노력, 욕망, 혐오 등 한마디로 말해서 우리 의지의 소산이다.*7 우리의 힘이 미치지 않는 것은 육체, 재산, 명예, 관직 등 우리가 한 일이 아닌 모든 것이다. 우리의 힘이 미치는 것은 그 성격상 자유롭고 금지되지도 않고, 방해받는 일도 없다. 그러나 우리의 힘이 미치지 않는 것은 무력하고, 예속적이며, 방해받기 쉽고, 타인의 힘 안에 있는 것이다.

그러므로 본래 예속적인 것을 자유로운 것이라 생각하고 남의 것을 내 것이라 생각한다면, 그대는 장애물에 부딪히고 비애와 불안에 빠져 마침내는 신을 원망하고 남을 탓하게 되리란 사실을 잊지 말라. 이에 반해 그대가 진실로 소유한 것만을 내 것이라 여기고, 타인의 것을 타인의 것으로 인정한다면 아무도 그대를 강제하거나 방해하거나 하지 않으리라. 그대는 아무도 원망하지 않고, 비난하지 않으며, 또한 아무리 사소한 일이라도 그대의 의지에 반하여 할 필요는 없으리라. 아무도 그대를 해하지 않으며, 그대는 한 사람의 적도 가지지 않으리라.*8 그리고 그대가 불리해지는 일은 전혀 일어나지 않으리라.

---

*6 이 책의 초판은 1528년에 베네치아에서 간행되었다.
*7 우리가 의지로 관여할 수 있는 모든 것을 가리킨다.
*8 우리에게 해를 가하는 자만이 진짜 적이다. 일반적 의미의 적은 대부분 매우 유익한 자이며, 때로는 없어서는 안 되는 것이기까지 하다. 그런 지혜와 경험은 '적을 사랑하라'는 매우

그러나 이런 높은 경지를 바란다면 어지간한 열성으로 탐구하는 것으로는 부족하며, 많은 것을 깨끗하게 포기하고, 그 밖의 것도 한때 뒤로 미루어야만 한다는 것을 잊지 말라. 만약 이러한 높은 경지에 도달하려 노력함[9]과 동시에 부귀영화마저 얻기를 바란다면, 어쩌면 그대는 부귀영화에도 쉽게 도달하지 못하리라. 왜냐하면 그대는 또한 높은 경지에 도달하는 것도 열망하기 때문이다.[10] 그리고 더 확실한 것은 행복과 자유를 얻는 유일한 근원을[11] 그대는 모조리 잃을 것이라는 점이다.

　그러므로 그대는 유쾌하지 못한 사상에 대하여 힘써 이렇게 말해주어야 한다. "너는 네가 지금 있는 것처럼 보이는 것(현실)이 아니라, 단지 생각하는 것(상상)에 불과하다"고. 이어 그대는 스스로 선택한 원칙, 특히 첫 번째 원칙을 좇아서 그것이 우리의 힘이 미치는지 어떤지를 살펴야 한다. 그리고 만약 우리의 힘이 미치지 않는 것이라면 다음의 말을 준비하라. "그것은 나하고는 상관이 없다."

2

　욕망은 내가 원하는 것을 얻게 될 것을 약속하며, 혐오는 내가 싫어하는 것

곤란한 율법을 쉽게 받아들이게 한다. 플루타르코스는 그의 저서 《도덕에 있어서의 진보의 징후》에서 다음과 같은 디오게네스의 말을 인용하고 있다. '구원을 필요로 하는 사람은 올바른 친구나 격렬한 적을 찾아야 한다.' 또한 그의 도덕적인 저서 가운데는 '적을 이용하는 법'에 관한 논문마저 있다. 이와는 반대로 조사(弔辭)에서 많이 쓰이는 '그는 적이 없었다'는 문구는 훌륭한 사람에게는 그다지 명예로운 말이 아니다.

[9] 이 스토아 학자는 참된 생활에 도달하기 위한 요건을 말하는 것이다. 즉, 참된 생활을 할 수 있으려면 먼저 어느 정도의 열성, 바꿔 말하면 신앙이 필요하다는 것, 그리고 사람은 동시에 두 주인을 섬길 수는 없다는 것을 강조하고 있다.

[10] 유명한 가톨릭의 성녀 제노아의 카타리나 피에스키 아테르노는 이에 관해 말하고 있다. "만약 애초부터 하느님이 선한 사람에게 무엇을 주었는지를 알았더라면 하늘나라의 일만 열심히 들으려 했을 것입니다. 그러나 하느님은 이기심 때문에 선으로 인도되는 것을 기뻐하지 않으시며, 신앙으로 은총에 이르기를 바라십니다." 그 때문에 인간은 일생 동안 늦든 이르든 눈에 보이는 현실의 재물을 버리고 좀더 나은, 다만 지금은 아직 잘 이해할 수 없는 재물과 보화를 얻게 되리라는 올곧은 믿음으로 살아야만 한다. 이것이 스토아 철학과 그리스도교에 공통된 피할 수 없는 '좁은 길'이다. 그러나 대다수 사람의 눈에 이는 매우 어리석게 보이는 것이다.

[11] 바로 끊임없는 영혼의 평정이다. 이것이 스토아주의의 최고 행복이다.

과 마주치지 않기를 바란다. 욕망에 속은 사람은 불행하지만, 참기 힘든 것과 마주친 사람은 더욱 불행하다는 것을 알라.

그저 그대의 힘이 미치는 것 가운데서 마음에 들지 않는 것만을 혐오하는 것이라면, 그대는 결코 혐오하는 것과 마주칠 염려는 없으리라. 그러나 병이나 죽음, 가난을 혐오한다면 그대는 불행해지리라. 그러므로 우리의 힘이 미치지 않는 것에 대하여 혐오의 마음을 품어서는 안 된다. 단지 우리의 힘이 미치는 것 가운데서 그 본성에 어긋나는 것만을 혐오해야 한다.

그러나 욕망은 당장은 피하는 것이 좋다. 만약 우리의 힘이 미치지 않는 것을 바란다면 그대는 기필코 행복을 잃게 될 것이므로. 우리의 능력 안에서, 더구나 우리가 바라기에 적합한 것을 그대는 아직 모르는 것이다.*12 바라고 원하든, 혐오를 하든 그대는 그저 조용히, 차분하게 자신의 태도를 결정하는 것이 좋다.

3

그대에게 기쁨을 주고 이익을 주는 것, 따라서 그대의 사랑을 받는 것에 관해서는 그것이 본래 어떤 성질을 갖는지 밝히기를 게을리해서는 안 된다. 이 경우 극히 사소한 것부터 시작하는 것이 좋다. 만약 그대가 항아리를 본다면, 그때 그대가 보는 것은 항아리라고 스스로에게 일러두는 것이 좋다. 그리하면 그것이 깨지더라도 마음의 평정을 깨뜨리는 일은 없으리라. 만약 그대가 처자식을 가슴에 안는다면, 그대가 애무하는 것이 한 인간임을 스스로에게 이르는 것이 좋다. 그리하면 그 사람이 죽더라도 딱한 처지에 이르는 일은 없을 것이다.

4

뭔가를 하려 할 때 먼저 그것이 어떤 종류의 일인지를 세밀하고 확실하게

---

*12 이것은 초심자로서 그렇다는 것이다. 여기서는 군이 속마음을 감추고 있다. 즉, 수양의 첫걸음은 언제나 사람이 실제로 소유하는 유일한 것, 자기의 의지를 자유롭게 하는 것, 때로는 스스로 섬기려 하는 것을 위해 이 의지를 봉사하게 하는 것 가운데 있다는 생각이 바로 그것이다. 15세기의 한 유명한 성녀는 솔직하게 이렇게 말하고 있다. "자기 의지는 모두 죄악입니다."

생각하라. 만일 그대가 목욕탕에 가려 한다면 목욕탕에서는 보통 어떤 일이 일어나기 쉬운지를 미리 생각해두는 것이 좋다. 남을 미는 사람, 성급하게 뛰어드는 사람, 욕설을 하는 사람, 어쩌면 도둑질을 하는 사람도 있으리라. 그러니 먼저 그런 일들을 머리에 새겨 둔다면 한층 확고한 태도로 대처할 수 있으리라. 즉, "나는 지금 목욕탕에 가려 한다. 그리고 거기서는 끝까지 이성에 적합한 태도를 지니겠다"라고.

어떤 일에 대해서든 이와 같이 처신하는 것이 좋다. 그리하면 목욕 중에 어떤 일이 일어나든 그대는 즉각 이렇게 생각할 것이다. "나는 이 일(예를 들면 목욕)만을 바랐던 것은 아니다. 더불어 자유와 품성을 지키길 바랐다. 그러나 지금 이 사건 때문에 분노를 느낀다면, 나는 그것을 잘 지키지 못하는 것이리라."

5

사람을 불안하게 하는 것은 사건 자체가 아니라 그 사건에 관한 그 사람의 생각이다. 그러므로 죽음이란 원래 그 자체로서 두려운 것은 아니다. 그렇지 않았다면 소크라테스도 죽음을 두려워했을 것이다. 죽음은 두려운 것이라는 선입견이 오히려 두려운 것이다. 따라서 우리는 어떠한 일로 말미암아 방해를 받거나 불안하거나, 혹은 고민을 하게 된다면 결코 남을 탓해서는 안 된다. 오히려 책망해야 할 것은 우리들 자신, 특히 우리의 생각이다. 자기가 불행하다고 해서 남을 책망하는 것은 교양이 없는 사람이나 하는 짓이며, 자신을 책망하는 것은 미숙한 사람이고, 자신도 다른 사람도 책망하지 않는 것이 교양인, 완전하게 교육을 받은 사람이 취할 태도이다.

6

자신의 것이 아닌 아름다움을 자랑해서는 안 된다. 만약 자만해서 '나는 아름답다'고 했다면 그건 그런 대로 보아 넘길 수 있다. 그러나 그대가 '나는 아름다운 말을 가지고 있다'고 자랑한다면, 그대는 말의 아름다움을 자랑하는 것이 된다. 그 경우 도대체 무엇이 그대의 것이란 말인가. 사고방식이 바로 그대의 것이다. 생각하는 방식에서 잘못이 없다면, 그때 비로소 그대는 충분히 과시해도 좋으리라. 왜냐하면 그 경우에 그대는 실제로 자신의 좋은 성질을

자랑하는 것이 되기 때문이다.*13

7

항해를 하다가 배가 가끔 항구에 들어가고 그대는 물을 길러 상륙을 한다면, 도중에 조개껍질이나 알뿌리를 줍는 것은 지장이 없으나, 그런 때에도 생각을 배로 향하고, 조타수가 부르지는 않는지 끊임없이 돌아보지 않으면 안 된다. 그리고 만약 그가 부른다면 즉시 모든 것을 팽개쳐야만 한다. 그렇지 않았다가는 순종하지 않는 양이나 도망친 노예처럼 묶여서 배에 내동댕이쳐질 테니까.

마찬가지로 인생에서도 그대에게 처자식이 생겼다면 그것을 기꺼워하는 것을 말리지는 않는다. 그러나 조타수가 부를 때는 모든 것을 내던지고 서둘러 배로 향해야지, 결코 어떤 것도 돌아보아서는 안 된다.

그대가 이미 노인이라면 이제 배에서 멀리 떨어져 있지 말아야 한다. 조타수가 부를 때 배에 타지 못할 우려가 없도록 말이다.

8

세상 모든 일이 그대가 바라는 대로 되기를 바라서는 안 된다. 오히려 세상 일이 일어날 테면 일어나라고 바라는 것이 낫다. 그렇게 하면 그대는 행복하리라.*14

---

*13 이와 같은 외면적이고 우연한 소유물에 대한 과시는 교양이 부족한 사람들의 특징이다. 특히 청년을 교육할 때는 이러한 과시를 철저하게 없애야만 한다. 현대의 한 재치 있는 사제는 다음과 같은 의견을 말하고 있다. '고귀함', 아니 가장 외적인 표현으로, 예를 들면 아름다운 옷 같은 것조차도 쉽사리 사람을 '어리석게 하는' 힘을 갖는 법이라고. 그러므로 정신 생활에서는 특별한, 이른바 '상류계급'에 계급적으로 틀어박혀서 생활하기보다는 오히려 하층 사람들, 즉 일반민중과 교제하는 편이 훨씬 유익하다. 이러한 교제는 자기 정신의 폐쇄성과 국한성을 어느 정도까지는 막아주기 때문이다. 또 그러한 교제는 애초부터 일정한 관용을 조건으로 하기 때문에 정신은 사상의 궁핍에서 벗어날 수 있다. 그러나 그러한 사상의 궁핍은 폭 좁은 교제로는 처음에는 그렇지 않더라도 세대를 거듭하는 동안 반드시 나타나는 법이다.

최근에는 국민 일반의 병역의무 덕택에 각 계급간의 접촉이 쉬워졌는데, 이것은 특히 상류계층 사람들에게 유익한 영향을 준다. 예를 들면 지금의 왕실의 인기 등도 주로 이에 밑받침된 결과이다.

*14 이것은 완전히 스토아적인 체념이다. 그러나 이 포기는 종교적인 바탕이 없다면 특별한 경

의지가 스스로 질병을 불러들이지 않는 한, 병이 육체에 장애를 일으킨 것이지 의지에 장애를 일으킨 것은 아니다. 절름발이는 다리에 장애가 있는 것이지 의지의 장애는 아니다. 어떤 일이 그대의 몸에 일어날 때마다 반드시 그렇게 스스로에게 이르도록 하라. 그러면 어떠한 일도 그대에게 장애를 가져오지 않음을 알게 되리라.

우를 제외하고는 정신적으로 느슨해지는 일을 피할 수 없을 것이다. 이 가르침은 결과로 본다면 그리스도교와 비슷하지만, 그에 도달하는 과정에서 본다면 다르다. 인생의 진지함에 적합한 두 가지 인생관, 즉 그리스도교와 스토아주의의 차이는 간단히 말하면 이러하다. 스토아주의는 인생의 고난을 부정하고, 항상 훌륭한 정신력으로 그것을 멸시하려 애쓴다. 그러나 그리스도교는 인생의 고난을 현실적인 존재로서 충분히 인정하지만, 또한 어떤 힘을 인간에게 부여해서 좀더 높고 좀더 내적인 행복을 약속하며, 그것에 의해서 그런 고난을 견디기 쉽게 해주는 것이다. 아니, 오히려 그것을 무의미하게도 한다. 대개 개인적인 일들은 그리스도교에서는 주요한 문제가 아니며, 당연히 건설되어야만 하는 영혼의 왕국이야말로 참으로 중요하다. 이 위대한 사업에서 행복 따위는 작은 일에 불과하며, 행복이 희생된다 해도 어쩔 수 없는 일이다. 이 두 가지 구원의 길과 자주 비교되는 불교는 오로지 필연적인 고난을 참아내고, 모든 고통의 감각이 한 번은 반드시 끝나는 날이 온다고 그저 소극적으로 기다리라고 가르치지, 인생에서 즐거운 활동으로 그 고난을 극복하라고 권하지는 않는다. 이러한 길들 가운데 하나로써 자신과 인류를 위해 염세주의와 취생몽사(醉生夢死)에서 벗어나는 길을 연 사람들은 모두 존경받을 만하다. 결국 이상의 다섯 가지 길이 옛날부터 인류가 걸어온 길이다. 그러나 유감스럽게도 이 가운데 마지막인 취생몽사, 즉 아무 뜻 없이 흐리멍덩하게 보내는 생활방식이 가장 많은 사람들이 지나는 길이다.

우리가 구태여 유대교에 대해 여기서 언급하지 않는 것은 유대교를 그리스도교의 자연적, 역사적 근간으로서 존경과 애정으로 바라보기 때문이며, 또한 부자연스럽게 중단된 유대교의 발전이 앞으로 반드시 회복되리라 믿기 때문이다. 친첸도르프 백작의 시에 "오, 유대인이여! 우리는 그대들을 사랑하며, 그대들의 삶을 기뻐한다"고 한 것은 그러한 사상을 표현한 것이다. 그러나 오늘날 그런 사상은 참으로 기묘한, 특히 그리스도교의 입장에서는 전혀 이유가 없는 적대감에 이따금 자리를 내주고 있다. 그런데 옳지 못한 길과 마찬가지로 중도에 그만두는 길 또한 좋지 못하다. 벵겔의《에스겔서에 관한 단상》제15장 및 요한복음 15장을 보라.

"마음이 변하지 아니하고 올바른 그리스도교 신자는 포도나무 가지가 사람들에게 커다란 이익을 가져다 주듯이 대단히 유익하다. 그러나 그리스도교 신자이면서 다시 속세로 돌아가는 자는 이미 이 세상에서 아무 쓸모가 없으니, 이는 마치 포도나무를 떠난 가지가 불에 타는 것 이외에 아무 쓸모가 없는 것과 같다."

10

어떤 일이 일어날 때마다 스스로를 돌아보고, 그것에 대항할 만한 얼마만한 힘을 지녔는지를 생각해야 한다. 아름다운 사람을 보면 그대는 이에 대항할 힘으로써 내부에서 자제력을 발견할 것이다. 곤란한 일에 부딪히면 끈기를, 모욕을 받았다면 인내를 발견할 것이다. 이와 같이 스스로를 단련시킨다면 더이상 여러 가지 생각으로 인해 마음을 어지럽히는 일은 없을 것이다.

11

어떤 일에 대해서는 '나는 잃어버렸다'고 말해서는 안 된다. '나는 돌려주었다'고 말해야 한다. 그대의 아들이 죽었다면 그것은 돌려준 것이다. 그대의 재산을 빼앗겼다면 그것 역시 돌려준 것이다. 그것을 빼앗은 자는 분명 악인이다. 그러나 애당초 준 사람이 누구의 손을 거쳐서 그것을 되찾는다 한들 그대에게 무슨 상관이 있으랴. 그가 그것을 그대에게 허락한 동안은 남의 것으로서 소유해야 한다. 하룻밤 머무는 나그네가 여관을 그렇게 여기듯이.

12

지혜의 올바른 진보를 바란다면 다음과 같은 잘못된 생각을 먼저 버리지 않으면 안 된다. "재산을 부주의하게 다룬다면 마침내는 생계의 방도를 잃을 것이다. 자식을 벌하지 않으면 자식은 악인이 되리라." 불안한 마음으로 사치스럽고 방탕하게 살기보다는 두려움과 근심 없이 죽는 편이 낫다. 내가 불행해지기보다는 자식이 악인이 되는 편이 낫다.*15

---

*15 여기서 분명하게 이와 같은 스토아주의의 견해에 따라다니는 철학적 이기주의가 나타난다. 우리는 단지 자신만을 위해서 사는 것은 아니다. 또한 자기 완성만을 위해서 사는 것도 아니다. 그뿐 아니라 자기 완성이라는 것이 애당초 타인에 대한 배려 없이는 성립되지 않는다.

그러나 고대 철학의 밑바탕에는 대체로 어떻게 하면 최고의 행복을 찾을 수 있을 것인가 하는 문제가 항상 깔려 있다. 개인에게 최고의 완성이라는 문제도 고대 철학으로부터 상당히 멀어진 문제이며, 단순히 행복의 수단으로서만 고찰되어 왔을 뿐이다.

그러나 그리스도교의 사상은 이것과 다르다. 그리스도교는 원래 개인의 행복에는 관심이 없으며, 개인의 완성도 문제시하지 않고, 오히려 이 땅 위의 왕국, 또는 그 재산과 보물과는 전혀 다른 '영혼의 왕국'을 실현하기 위해 일하는 것을 목표로 삼고 있다. 그리고 그것은 인간의 내면을 변화시킴으로써만 달성할 수 있는 것인데다가 그 변화마저도 자기가 할 그러므로 가장 작은 것부터 시작해야 한다. 그대의 기름이 쏟아지거나 포도주를 도둑맞거나 하거든 그때는 이렇게 말해야 한다. 그만한 값으로 마음의 평정을 샀다고. 그만한 값어치로 영혼의 평화를 샀다.*[16]고. 어떤 것도 그냥은 사지 못한다. 만약 그대가 부리는 심부름꾼을 부른다면 또 이렇게 생각해야 한다. 그는 내가 부르는 소리를 듣지 못했는지도 모른다. 또는 들었다 하더라도 그대가 바라는 대로 움직이지 않을지도 모른다고. 이것은 심부름꾼으로서 적합하지 않다(고 그대는 말하리라. 과연 그럴지도 모른다). 그러나 그대는 심부름꾼 때문에 마음을 어지럽히지 않는 것이 합당할 것이다.

일은 아니다.

이에 반해 고대의 철학자는 이성적인 여러 원리의 획득과 그것에 의한 끊임없는 훈련을 통해 모든 것을 자기의 힘으로 이룩하려 했다. 따라서 그들의 행복은 오히려 소극적이며, 인생에 반드시 따르는 재앙을 주관적으로 되도록 적게 하는 것이다. 이는 어떤 위대한 사업에 참가함으로써 얻게 되는 적극적이고 커다란 행복감에 비추어 본다면, 분명히 존재하는 이 세상의 모든 고민도 별것이 아니라고 생각되는 행복감(히브리인에게 보내는 편지, 요한복음 11장 25~27절)은 아니다. 따라서 고대 철학자의 겸손은 일종의 오만이고, 물론 작은 허영보다는 낫겠지만 동포에게 반드시 호감을 주지는 않는다. 소크라테스의 두 차례의 변명 연설 등이 그 좋은 예이다. 따라서 그리스도교의 가르침은 다음과 같은 요구로 시작된다. "때가 찼고, 하느님의 나라가 가까웠으니 회개하고 이 기쁜 소식을 믿으라(마가복음 1장 15절). 그것은 너희를 행복의 땅으로 초대하며, 그럴 자격을 얻게 하고, 그리하여 나날의 삶의 노고도 이제 돌아볼 필요가 없게 되리라."

우리가 결코 지나쳐서는 안 될 것은 그리스도교의 근본적 사상에 따르면 구원은 어떤 교리에 의해 이루어지는 것이 아니라 단 한번 일어난 역사적인 명확한 사실에 기초하여 행해진다는 사실이다. 이것은 요한복음 11장 25~27절, 6장 47절, 고린도전서 15장 17절, 요한복음 5장 1절, 사도행전 16장 31절을 참조하라. 사실에 바탕하지 않는 종교적 견해는 모두가 철학이다. 철학은 약간은 인간이 제멋대로 구성한 것이므로 이것을 인정해도 좋고, 그렇지 않아도 된다. 그리고 인정하지 않을 경우, 그 사람에게 철학은 전혀 존재하지 않는 것과 같다. 그러나 사실, 즉 역사상의 사건은 승인 여부와 상관없이 엄연하게 존재한다.

근대 철학은 행복보다 오히려 힘을 요구한다. 또 힘의 근원인 모든 사물에 대한 이해와 지식에 특히 빨리 도달하기 위한 열쇠(하기야 현대의 어떤 문학사가가 말했다시피 그것이 결코 맞는 열쇠는 아니지만)를 찾아내려 애를 쓰고 있다. 추상적 철학은 그 점에서 지금까지 기만적이었음을 스스로 드러내고 말았으므로, 지금은 그 열쇠를 자연과학과 통계학에서 찾으려 하고 있다. 철학에서 위로와 희망을 찾는 일이 무익하다는 것을 현대의 대표적 철학자, 예를 들면 하르트만 등이 선언했다.

*16 'apatheia'와 'ataraxia', 즉 '냉정'과 '침착'. 여기에서 스토아철학의 원리를 요약한 다음과 같은 말이 도출된다. 'sustine et abstine'(참으라, 그리고 단념하라)

13

만일 지혜가 자라기를 바란다면, 남이 그대의 외면만 보고 사물을 분별하지 못하는 어리석은 자로 여기는 것을 참을성 있게 견뎌야만 한다. 박식하다는 소리를 듣기 바라서는 안 된다. 설사 남이 그대를 상당한 사람이라 여긴다 해도 그대는 그것을 믿지 말라. 그대는 알아야 한다. 내적인 결의와 외적인 사물, 이 둘을 동시에 얻기는 쉽지 않으며, 어느 한 가지를 열심히 추구하는 자는 반드시 한동안 다른 것은 제쳐놓아야만 한다는 것을.

14

만일 가족이나 친구가 영원히 살기를 바란다면 그대는 어리석은 사람이다. 왜냐하면 자신의 힘이 아닌 것을 자신의 힘이라 생각하며, 자신의 소유가 아닌 것을 소유하고 싶어하기 때문이다. 마찬가지로 자녀가 어떠한 잘못도 저지르지 않기를 바란다면 그대는 어리석기 짝이 없는 사람이다. 그대는 잘못이 실수가 아니라 뭔가 다른 것이기를 바라기 때문이다. 반대로 할 수 있는 것만을 할 때, 그대는 어떠한 잘못도 저지르지 않고 목적을 달성할 수 있다.

만물의 창조주는 바라는 바를 얻고, 바라지 않는 것을 피할 수 있는 사람을 일컫는다. 누구든 자유롭기를 바라는 자는 타인의 힘에 속한 것을 바라서는 안 되며, 겁을 내서도 안 된다. 그렇지 않으면 그는 타인의 노예이다.[*17]

15

잊지 말아야 할 것은 인생을 살 때, 잔치 자리에 있는 것처럼 행동해야 한다는 것이다. 진수성찬이 그대 앞으로 오거든 팔을 뻗어서 그 가운데서 조금의 분량을 가져오라. 그대가 좋아하는 것이 한동안 돌아오지 않는다고 해서 억지로 그것을 가지려 해서는 안 된다. 그것이 그대의 자리로 올 때까지 기다려라. 처자식이나 신분이나 부에 관해서도 마찬가지로 처신해야 한다. 그리하면 그대는 언젠가는 신들의 손님이 되리라.

그러나 그대 앞에 나온 것을 아무것도 받지 않고 태연히 흘려 보낸다면, 그대는 곧바로 신들의 손님이 될 뿐만 아니라 오히려 신과 함께 통치하는 자가

[*17] 절대 자유는 오직 하느님만을 섬기고, 다른 어떠한 것도 섬기지 않는 것이다. "Deo servire libertas" "신을 섬기는 것을 자유라 한다."

될 것이다. 그와 같이 행동함으로써 디오게네스, 헤라클레이토스, 그리고 그 밖의 여러 사람들은 그들에게 부여된 신인(神人)이라는 이름에 진정 걸맞게 될 것이다.

16

어떤 사람이 자식을 멀리 여행을 떠나보낸 것 때문에, 또는 재산을 잃은 것 때문에 슬퍼하는 것을 보았을 때, 이 사람이 외적(外的)인 사물을 잃었기 때문에 불행해진 것이라고 멋대로 지레짐작해서는 안 된다. 오히려 그대는 마음속으로 이렇게 말하도록 명심해야 한다. "그를 괴롭히는 것은 그런 불행한 사정이 아니다(왜냐하면 다른 많은 사람들은 그런 일 때문에 괴로워하지 않으니까). 그것에 대해 그가 가진 관념 때문에 괴로워하는 것이다"라고. 비록 그와 함께 울어야 할 때라도 이성 있는 말로써 그를 위로하기를 게을리 하지 말아야 한다. 다만 명심할 것은 그대도 함께 진심어린 탄식을 해서는 안 된다는 것이다.

17

그대는 자신이 한 희곡에서 작가가 등장시켜서 연출하려 하는 일정한 역할을 맡은 등장인물임을 잊지 말아야 한다. 그 역할이 짧으면 짧은 역할을, 그 역할이 길다면 긴 역할을 연기하는 것이다. 작가가 그대에게 가난뱅이의 역을 맡기려 하거든 그것을 훌륭하게 연기해야 한다. 역할이 절름발이, 관리, 또는 보통 시민이었더라도 마찬가지이다. 왜냐하면 주어진 역할을 훌륭하게 연기하는 것이 그대의 할 일이며, 그것을 선택하는 것은 다른 사람의 일이기 때문이다.

18

까마귀가 울어서 불행을 알려주거든 그에 대한 상상으로 스스로를 불안하게 해서는 안 된다. 도리어 잘 분별해서 재빨리 이렇게 믿어야 한다. '나에 대해서는 아무것도 구체적으로 알리는 것이 없다. 다만 나의 보잘것없는 육체나 얼마 되지 않는 재산, 혹은 나의 명예나 아내나 자식에 대해 알리고 있는 것이다. 내가 그렇게 되기를 바란다면 나에게 모든 것은 행복의 예언이 되리라. 왜냐하면 어떤 일이 일어나든 그것에서 유익함을 끌어낼 힘이 나에게는 있기 때

문이다.*18

19

이길 가망이 없는 전쟁을 일으키지 않는다면 질 염려는 없다. 매우 존경을 받는 사람, 대단히 세력이 있는 사람, 혹은 높은 명성을 떨치는 사람을 보았을 때, 그대는 자기의 상상에 속아서 그들을 행복하다고(질투하면서) 생각하지 않도록 조심해야 한다. 진정한 행복은 우리의 힘이 미치는 곳에만 있는 것이므로 질투나 선망은 무의미하다. 그대는 장군이나 시장, 집정관이 되고 싶은 것이 아니라 자유로워지기를 바라는 것이 아닌가. 그러나 자유에 이르는 길은 우리의 힘이 미치지 않는 것을 모두 가볍게 여기는 데에 있다.

20

그대를 학대하는 것은 그대를 매도하거나 때리는 사람이 아니라 그것을 굴욕이라 생각하는 그대의 생각이다. 누군가가 그대를 화나게 했다면 그것은 그대의 생각이 스스로를 자극한 것이다. 그러므로 우선 사건이 일어난 순간에 그 생각 때문에 정신적 혼란을 일으키지 않도록 힘써야 한다. 나중에 깊이 생각할 여유가 생기면 그대는 반드시 자제할 수 있을 것이다.*19

21

죽음이나 추방 같은, 그 외에 두렵게 생각되는 모든 것을 날마다 눈앞에 떠올려야 한다. 그렇게 하면 비천한 생각도 나지 않으며, 격렬한 욕망도 일어나지 않으리라.

---

*18 시에나의 카타리나도 비슷한 말을 하였다. '용기 있는 사람에게 행복과 불행은 오른손과 왼손 같습니다. 그는 양쪽 손을 다 사용합니다.'

*19 이것은 진실이다. 모욕을 당한 순간에 증오심이 영혼까지 침투하게 해서는 안 된다. 나중이 되면 그것을 이겨내기가 쉽다. 그러나 영혼에 일단 증오심을 심게 되면 그것을 뿌리뽑는 데 엄청난 노력이 든다. 무릇 '적'이란 흥분한 순간에 생각하는 것처럼 그렇게 해로운 것이 아니다(친구도 그다지 유익하지 않은 것처럼)라는 말은 약간의 경험을 쌓은 사람이라면 누구든지 증명할 수 있다. 그들은 독립적으로 행동하는 것 같지만 사실상 대개는 단순한 도구(악의 도구)이며, 이쪽에서 그들을 증오의 대상으로 삼지 않는다면 그들은 그 악의를 아주 조금밖에는 실행하지 못하는 법이다.

지혜를 배우고자 한다면 남에게 웃음거리가 되리란 것, 특히 많은 사람들이 "저 녀석은 갑자기 철학자가 되어 나타났어. 어째서 우리에게, 그것도 어릴 적부터 저 녀석을 잘 아는 우리에게 잘난 척 으스대는 표정을 짓는 거지?"라는 비웃는 말을 들을 것을 각오해야 한다.

결코 오만한 태도를 보여서는 안 된다. 단지 그대가 최선이라 생각하는 것을, 마치 신이 지령을 내린 그 자리를 찾아가듯이 지켜라. 그리고 그것을 지킨 채 동요하지 않는다면 처음 그대를 비웃던 자도 나중에는 반드시 찬탄을 하리란 것을 확신하라.*20 그러나 그들에게 양보한다면 그들은 그대를 두 배로 비웃을 것이다.

23

그대의 마음이 만일 그대를 떠나서 외부로 향하고, 세간의 분위기에 영합하려고 한다면, 그때 그대는 올바른 마음 상태를 잃어버린 것이다. 늘 철학자인 것에 만족하라. 누군가가 그대를 철학자라 생각하기를 바란다면 먼저 자신이 그렇게 생각하게 해야 한다. 그것으로 충분하다.

24

'나는 명예도 없이, 권력도 없이 평생을 끝마쳐야만 할 것'이라는 생각으로 마음을 어지럽혀서는 안 된다. 명예가 없는 것이 불행이라 하더라도, 아무도 그대를 그 불행으로 몰아넣지 못한다. 이것은 그대가 남의 명예를 욕되게 할 수 없는 것과 마찬가지이다. 명예로운 지위를 얻는다든가 잔치에 초대를 받거나 하는 것이 그대에게 그렇게나 중요한 것인가. 결코 그렇지 않다. 그렇다면 어째서 그것이 그대의 불명예란 말인가. 또 그대가 힘이 미치는 것에 대해서는 세력을 가지며, 최대의 명예를 획득할 수 있는 한, 어찌 그대가 무력하게 산다

---

*20 소리 높은 비난이나 비웃음에는 자기의 마음속 동요를 어물쩍 넘기려는 의도를 숨기는 경우가 종종 있다. 이것은 꽤 나이를 먹으면 자연스럽게 구별하게 되는데, 보통 젊은 사람들은 익히기 힘들다.
    번역의 《천로역정》은 제2장에서 '약한 마음'이라 이름한 인물을 빌려서 처음에는 자기를 개선하려는 시도, 다음에는 그에 이어서 일어나는 의기소침이라는 이중의 비웃음을 지극히 해학적으로, 생생하게 묘사했다.

고 할 수 있겠는가.

그러나 내 친구들은 나에게서 도움을 받을 수 없다고 그대는 말하려는가. 그렇다면 도움을 받는다는 것은 대체 무엇을 말하는가. 그들은 그대에게서 돈을 얻지는 못하리라. 또 그대는 그들을 로마 시민이 되게 해줄 수도 없으리라. 그러나 그런 것이 그대의 힘이 미치는 일이며, 타인의 힘에 속하는 일이 아니라고 누가 말했는가. 또 자신이 소유하지 않은 것을 어떻게 남에게 줄 수 있단 말인가. 바로 그 때문에 남에게도 줄 수 있을 만큼 사람은 재산을 가져야 한다고 말할 텐가. 양심이나 정직, 기품을 손상하지 않으면서 재산가가 될 수 있다면 부디 그 길을 가르쳐 달라. 나도 재산가가 되고 싶다. 그러나 진짜 재산이 아닌 것을 얻기 위해서 나에게 진짜 재산을 버리라고 한다면, 그대들은 자신이 얼마나 부조리하고 사려가 없는지 스스로도 알 것이다. 금전과 성실한 친구 중에 그대는 어느 쪽을 택하겠는가. 그러니 나를 도와 친구를 택하는 자가 되라. 그리고 이 특질을 잃을 만한 일을 감히 하라고 나에게 요구하지 말라.

그러나 그렇게 한다면 조국은 나에게서 도움을 받을 수 없게 되리라고 그대는 말하리라. 그에 대한 대답으로 나는 말하겠다. 그대는 어떤 도움을 의미하는 것인가. 과연 조국은 나에게서 전당도, 목욕탕도 얻는 일은 없으리라. 그렇지만 그것이 어쨌다는 것인가. 조국은 대장간에서 신발을 얻을 수는 없으며, 신기료장수에게서 무기를 얻지는 못한다. 그대가 조국을 위해 타인을 충성스런 시민으로 길러낸다면, 그것도 또한 조국에 득이 되는 것이 아니겠는가. 확실히 그렇다. 그렇다면 그대는 조국에 결코 무익하지 않은 것이다. 그러나 나는 조국에서 어떠한 지위를 차지하면 좋겠느냐고 그대는 말할 것이다. 그대가 충성과 양심에 비추어 만족할 수 있는 지위를 차지하면 된다고 나는 대답할 것이다. 그렇지 않고 그대가 철면피이며 충실하지 못하다면 어떻게 조국에 득이 될 수가 있겠는가.[21]

---

[21] 여기서 가볍게 언급하고 있는 사상은 깊은 의미를 지닌다. 실천적으로 보아서 스토아학설 가운데 가장 잘못되어 있다고 생각되는 것은 마음에 끊임없는 평정을 유지하는 방법이다. 그러나 스토아철학이 그 끊임없는 평정심을 최고의 선이라 인정하는 것은 잘못되지 않았다. 스토아학파의 현자들은 그 목적을 이루기 위해 철학적인 자기 향상에 한결같이 노력한다. 그러나 많은 경우, 그것은 거의 오만에 가깝게 보였다. 그렇기 때문에 그들은 고대에도 종종 비난을 받았다. 또한 그들은 자기의 감정을 철저하게 억누르려 애를 썼는데, 그것은 극단적인 경우 시니시즘에 빠져들었다. 또한 세상으로부터 완전히 동떨어짐으로써 그것을

이루려 했다. 그러나 인간의 심리를 아는 사람이라면 누구든 그렇게 해서 얻어진 만족은 모두가 단지 철학적 만족, 즉 끊임없는 반성과 자기 만족이라고 설명하려는 부단한 결심으로 도달할 수 있는 것임을 부정하지 않으리라. 인생의 실제적이고 객관적인 행복과 자연스런 평정심이란, 우리의 견해에 따르면 봉사의 삶, 병역의 의무에 비교할 수 있을 만한 봉사의 삶에 의해서 얻어진다. 즉, 적당한 시기에 일생을 어떤 위대하고 진정한 사업에 바쳐야 한다. 그것은 사람에게 창조적 활동을 불러일으키며, 그러한 활동 없이는 참된 행복은 생각할 수 없다. 그것은 박해에 맞닥뜨린 사람을 침착하게 하고, 혐오에 대항하는 의지력을 주며, 이 세상 최대의 폭군인 공포에 빠뜨리지 않고, 단호하게 자기의 의견을 굽히지 않으며, 고생을 마다 않고, 또한 자기의 잘못(이것은 사람이 자기의 일을 충실히 하는 한, 크게 문제가 되는 것이 아니다)에 강한 인내심을 갖게 한다. 그리하여 또한 사람은 확실하고 전혀 잘못이 없는 자기 판단에 도달하게 되는데, 그 자기비판이야말로 모든 위대한 사업에 따라다니는 광기로부터 사람을 구원해 준다. 그렇게 함으로써 사람은 또한, 자기의 몸을 바치는 일의 적이자 아군인 모든 사람들과, 혹은 사회와의 적당한 접촉을 유지하게 되며, 노년이 되어 대개 어떠한 명백한 성과를 남긴 일생, 따라서 결코 잃은 것이 아닌 일생을 돌아보면서 마음 편하게 노후를 즐길 수 있는 것이다.

러셀은 그의 희곡의 주인공 지킨겐을 통해 이렇게 말한다.

"우리는 인생을 그 위대한 목적에게서 빌리고 있다. 실제로 그 공장에서는 인류는 단지 노동자에 불과하다. 나는 내가 할 수 있는 모든 것을 해왔다. 정직하게 부채를 갚은 사람처럼 몸이 가볍고 자유로움을 느낀다."

이것이 근대 스토아주의의 사고방식이다. 그리스도의 사명을 올바르게 이해한 최초의 인물이 이스라엘의 성직자가 아니라(그렇기는커녕 당시 최고의 성직에 있었던 사람조차도 그를 어떻게 생각해야 좋을지 알지 못했다), 오히려 로마의 장교였다는 것은 결코 우연이 아니다(마태복음 8장 9절, 11장 3절). 근대의 민중 지도자 가운데 가장 힘들고 위험한 처지에 있었던 크롬웰은 1655년 1월 22일 제2 혁명의회에서 이렇게 말하였다.

"비록 어떠한 고난이 있더라도 우리는 신의 힘에 의지해서 대항할 수 있으리라. 나는 신의 덕택으로 어려움에 길들여져 왔다. 신을 믿어 아직 배반당한 적이 없다. 나는 이 사실을 여러분과 그 밖의 사람들에게 말할 때 속으로 웃고, 노래할 수가 있다."

크롬웰의 이 말에는 다른 점에서 주의할 것이 한 가지 있다. 모든 '봉사'는 그 자체로서 엄격한 것이어서 만약 남을 위로하고, 부드럽게 하는 요소가 그것에 더해지지 않으면 실제로 사람을 엄격하게 하는 법이다. 그리고 이 요소야말로 그러한 위인이 모든 어려움 속에서도 속으로 웃고, 노래하게 했다. 반대로 이 요소의 결핍이 지난 18세기 최대의 '국가의 종'(프리드리히 대왕)에게 그 활동적이고도 성공한 삶의 끝에 '짐은 노예들을 지배하느라 지쳤다'는 비통한 절규를 하게 했다. 인류에게만 봉사하는 고귀한 사람들은 모두 심하게 지치는 법이다. 이것이 그 자체로서는 크게 존경할 만하고, 경우에 따라서는 숭고하기까지 한 생각, 이른바 '휴머니즘'의 결점이다. 구약성서의 예언자 몇 사람은 이미 이 사상을 꽤 명백하게 기술하였다(예레미야 17장 5∼9절, 이사야 40장 29∼31절, 호세아 14장 4절).

크나큰 어려움으로 가득 찬 이 세상에서 활동적이고 공적인 생활에서 흔쾌히 견뎌 나간다는 점에서는 현대 사회 쪽이 전체적으로 고대 사회보다 낫다. 다만 현대의 가장 훌륭한 철학자들은 이미 교수직에 있는 것이 아니라 오히려 대부분이 가벼나움의 선조(앞에서 기

잔치 자리나 인사 자리, 또는 상담을 요청받는 경우에 누군가가 그대보다도 먼저 받는 일이 있을 것이다. 그러나 그것이 잘한 일이라면 존경을 받은 사람을 위해 축하의 뜻을 표하는 것이 좋다. 그러나 그것이 잘한 일이 아니라면 그대는 그것을 받지 못한 것을 조금도 슬퍼해서는 안 된다. 어찌됐든 자기 능력에 없는 것을 얻을 때에는 타인이 한 것과 똑같은 것을 하지 않고 타인과 같은 보수를 얻을 수는 없다는 것을 잊지 말라. 바꿔 말하면 지위가 높은 분께 문안드리지 않은 사람이 문안한 사람과 똑같이, 바치지 않은 사람이 바친 사람과 똑같이, 또한 아첨을 하지 않은 자가 아첨을 한 자와 어떻게 똑같이 은총을 받을 수 있겠는가. 대가를 치르지 않고 공짜로 얻으려 한다면 그대는 옳지 못하며, 또한 탐욕스러운 사람이 된다.

샐러드는 얼마 정도에 팔릴 것인가. 아마도 1그로셴쯤이리라. 그런데 지금, 어떤 사람이 자기가 갖고 있는 1그로셴을 내고 그 대가로 샐러드를 받았다고 하자. 그대는 돈을 내지 않고 아무것도 받지 않았다고 치자. 그러나 그대는 그 사람보다도 결코 적게 가진 것이 아니다. 그는 샐러드를 갖고 있고, 그대는 돈을 갖고 있다. 이것은 다른 일에서도 마찬가지이다. 그대가 어떤 사람에게 초대를 받지 않았으나, 초대자가 그것에 대신할 만한 것을 그대 역시 그에게 주지 않았던 것이다. 그는 실제로 찬사에 대해, 애를 쓴 것에 대해 초대를 판 것이다. 그것이 유리한 것 같으면 그대는 그 대가를 지불하면 된다. 그러나 주지 않고 받으려고 한다면 그대는 탐욕스럽고 어리석은 자이다. 그렇다면 그대는 초대받는 것 대신에 아무것도 가진 것이 없는가. 아니, 그대는 분명 칭찬하고 싶지 않은 사람을 칭찬하지 않았다는 사실을 갖고 있다.*[22]

술했던 장교)의 예를 본받아 군복을 몸에 두르고 있다. 아니면 군복을 몸에 두르고 있기 때문에 그런지도 모른다.

*[22] 여기에는 다음과 같은 사상이 감춰져 있다. 즉, 보통 사람은 자연스럽게 자기의 이익을 추구하는 법이며, 그들의 사고나 행동도 주로 손해에 대한 공포나 향락에 대한 즐거움으로 결정된다. 그들 행동의 이런 동기가 정신적으로 의식적인지 무의식적인지, 외형적으로 조잡한지 품위 있는지는 큰 문제가 되지 않는다. 그것은 오히려 그들 행동의 비자주성의 정도 차이를 나타내는 것에 불과하다. 가장 성가신 것은 의식적으로 선택된 동기, 즉 철학적 이기주의이다.

진정한 철학이나 종교는 그러한 이기주의로부터 인간을 해방하는 것을 목적으로 한다. 철학은 자기의 힘과 이성적 반성으로, 또한 종교는 다른 이의 힘으로 그것을 하려 한다. 그리

우리는 확실한 일에 대해서는 이성의 목소리를 분명하게 들을 수 있다. 예를 들면 남의 아이가 항아리를 깼다면 누구든지 즉각 속으로 말하리라. 그것은 흔히 있는 일이라고. 그러므로 자신의 항아리가 깨졌을 때에도 남의 항아리가 깨졌을 때 취하는 태도와 똑같은 태도를 취해야 한다. 그리고 더 중대한 일에도 이를 적용해야 한다. 남의 아내나 자식이 죽었다면 누구든지 '그것은 인간의 운명이다'라고 말한다. 그러나 자기 가족 가운데 한 사람이 죽었다면 누구나 '아, 슬프다, 나는 왜 이다지도 불행하단 말인가!'라고 탄식하며 슬퍼한다. 그러나 우리는 이와 똑같은 일이 남에게 일어났을 경우 우리가 어떠한 감정으로 그것을 받아들이는지를 기억해야 한다.

과녁이 맞아서 떨어지기 위해 있는 것이 아닌 것처럼 불행도 사람이 그것을 피하기 위해 세상에 존재하는 것은 아니다.*23

<hr/>

고 다른 이의 힘에 대한 신앙은 우선 자기의 의지를 바치고, 신앙을 위해 완전하게 자기의 의지를 멸할 것을 전제로 하는 법이지만, 대부분의 사람은 그 용기와 결과에 대한 믿음이 부족하다. 따라서 복음서는 '신앙을 얻으면 반드시 구원을 받으리라'고 말하고 있다. 대체로 의지를 버리지 않는 신앙은 인간의 완성을 위해 전혀 가치가 없으며, 인간을 자연 그대로의 상태로 남게 한다. 올바르게 신앙이라 불릴 수 있는 것은 원래 하나의 선물이며, 의지적 충성에 대해 계속 주어지는 보수이다. 인간은 아무리 노력을 해도 자신에게 신앙을 부여하지는 못한다. 우리에게 신앙을 '주입하려'는 현대 종교 교사들의 노력이 얼마나 효력이 없는지는 늘 경험한다. 그러나 인간이 신앙을 갖지 않는다는 것은 지식을 갖지 않은 경우보다도 한층 더 각자의 책임이라 해도 과언이 아니다. 왜냐하면 그 사람은 어렵사리 가진 힘을 이용하지 않고 그 대가를 지불하려고도 하지 않기 때문이다. 그런 의미에서 신앙이라는 것은 역시 자신의 행위이며, 올바른 회심은 모두 자기의 행위로 시작되는 것이다. 이것을 명확하게 하는 것이 효과적인 종교 교육의 임무이다. 인간이 의지를 버릴 때는 그때마다 반드시 설명할 수 없는 인간 본성의 이상한 법칙에 따라서 새롭고 한층 명료한 인식과 확신이 저절로 생겨나는 법이다. 이와 같은 방법에 의해서만 진정한 내적 인식이 얻어질 수 있다. 이것이 곧 스웨든보르크가 말한 '깨달음'이며, '학자가 이해할 수 없는 것이다'. 비슷한 예를 들면 이 과정은 자동저울과 비슷하다. 효과가 나타나게 하려면 반드시 그 한 조각의 자아를(다른 것으로는 절대 안 된다) 먼저 던져 넣지 않으면 안 된다(요한복음 5장 30·44절, 9장 25·39절, 11장 40절, 7장 17절 참조).

*23 이것은 분명 명언이다. 앞에서 말한 시에나의 카타리나의 말과 일치한다. 대부분의 사람은 세상에 불운이나 실패라 불리는 것에 대한 어리석은 공포 속에 살면서, 그것이 얼마나 좋

다른 사람이 그대의 육체를 마음대로 할 수 있는 힘을 멋대로 아무한테나 준다면, 그대는 몹시 화를 낼 것이다. 그러나 그대가 누군가와 엉뚱하게 싸움을 시작해서 그것 때문에 마음이 어지럽고 불안에 빠졌을 때, 그 사람에게 그대 마음을 그의 마음대로 하는 힘을 준 것을 그대는 어째서 꺼리지 않는가.

무슨 일을 하려면 반드시 무엇이 먼저여야 하는지, 또 어떤 일이 일어나는지를 먼저 자세히 살펴야 한다. 그런 다음에 비로소 시작하는 것이 좋다. 그렇게 하지 않고 필연적인 결과를 잘 생각해 두지 않으면, 처음엔 기꺼이 일을 시작하겠지만 어려움이 생기면 부끄럽지만 손을 뗄 수밖에 없을 것이다. 예를 들면 그대는 올림픽 경기에서 상을 받기를 원한다. 나도 어떻게든 그것을 받고 싶다. 뭐니뭐니해도 그것은 명예로운 일이니까.

그러나 그런 일에는 무엇이 먼저고, 이어 무슨 일이 일어날지를 먼저 깊이 생각한 다음에 시작해야 한다. 그대는 혹독한 훈련을 계속하고, 강제적인 규칙에 따라서 식사를 하며, 맛있는 음식을 피하고, 엄중한 명령을 좇아서 일정한 시간 동안 추위와 더위를 무릅쓰고 훈련해야 한다. 차가운 음료를 마셔서는 안 되며, 아무렇게나 포도주를 마시지 않아야 하며, 한마디로 말해 의사에게 몸을 맡기듯이 지도자에게 자신을 맡기지 않으면 안 된다. 그런 다음 그대는 경기장에 나가야만 한다. 경기에 나가게 되면 그대는 손이나 발목을 삐거나 먼지를 많이 마시거나, 어쩌면 잔뜩 얻어터진 다음에 최후의 패배를 당하는 일이 있을지도 모른다. 이런 것들을 깊이 생각해 본 다음에도 여전히 마음이 내킨다면, 그때 비로소 선수가 되는 것이 좋다. 그렇지 않으면 그대는 한 때는 역사(力士)를, 어떤 때는 검투사 흉내를 내고, 어떤 때는 나팔수, 어떤 때는 배우를 연기해 보는 어린아이와 같이 행동하는 것이 되리라. 지금 그대는 힘 센 장

은 것일 수 있는지를 깨닫지 못한다.

대체 무엇이 행복인지, 또한 어떻게 그것을 알 수 있는지에 대해서는 다양한 의견이 있다. 그 가운데 가장 실용적인 것을 들면 다음과 같다.

(1) 날마다 자기의 운명에 흔쾌히 따를 수 있는 사람은 행복하다.

(2) 매일 밤, 잠자리에서 내일 아침에 다시 깨어나는 것을 기뻐할 수 있는 사람은 행복하다.

사인가 싶으면 다음에는 검투사이고, 그 다음에는 연설자이며, 또 다음에는 철학자이지만, 사실은 아무것도 아니며, 단지 원숭이처럼 그때마다 보는 것을 흉내낼 뿐이며, 계속해서 여러 가지가 그대의 마음에 드는 것이다.

즉 그대는 확신과 정확한 전망을 통해 일을 시작한 것이 아니라 경솔함과 쉽게 깨어나는 욕망으로 시작했던 것이다. 만약 23명의 사람이 한 철학자를 만났거나 '유프라테스*24는 굉장한 웅변가로군! 웅변으로는 그를 따를 자가 없다'고 하는 말을 듣거나 한다면, 그들은 자기들도 철학을 연구하려 나설 것이다. 어떤가, 그대, 어떤 일이 무엇을 요구하는지를 먼저 정밀하게 생각하고, 다음에 그대가 과연 그것을 감당할 수 있는지 여부를 관찰해야 한다. 그대가 5종 경기(검술, 달리기, 멀리뛰기, 창던지기, 레슬링)의 선수라든가 역투사(力鬪士)가 되려 한다면 자신의 팔이나 다리, 허리를 잘 살펴보라. 누구나 몸이 모든 일에 적합하게 생기지는 않았다. 어쩌면 그대는 철학자가 되려 하면서 지금까지처럼 마시고 먹거나, 화를 낼 수 있다고 생각하는가. 그보다도 그대는 밤을 새워 공부하고, 친구도 만나지 않고, 노예한테까지도 경멸을 당하며, 모든 것으로부터 즉, 명예, 관직, 법정, 그 밖의 온갖 업무로부터 물러서야 한다. 그것들을 대신해 냉정, 자유, 불굴(스토아학파의 선)을 얻기 바라는지 깊이 생각해 보라. 그렇지 않으면 그대는 어린아이와 마찬가지로 혹은 철학자, 혹은 재무관, 혹은 연설가가 되려고 하며, 마지막에는 로마제국의 총독까지 되고 싶어할 것이다. 그러나 이러한 것들은 혼자서 다하지는 못한다. 그대는 선한 사람이든 악인이든, 어쨌든 하나의 통일된 인간이 될 수밖에 다른 도리가 없다. 그대는 자아(自我)의 가장 뛰어난 부분(깨달음, 이성, 정신)을 완성하든지, 외적인 면을 완성하든지, 내부를 고려하든지, 외부를 고려하든지, 결국 철학자가 되든지, 속인이 되는 것 외에는 방법이 없다.

30

의무는 사람과 사람의 관계에 의해 정해진다. 사람은 아버지를 공경하며, 모든 일에 있어 아버지에게 양보하고, 아버지가 꾸중하거나 때리거나 하더라도 참아야 한다. 그러나 아버지는 악인이라고 그대는 말하리라. 운명은 그대에게

---

*24 당시 시리아의 스토아학자.

훌륭한 아버지를 주었는가. 아니다. 그저 한 사람의 아버지를 주었을 뿐이다. 그대의 형제가 그대에게 부정한 행동을 했다고 치자. 그때는 그와 그대의 관계를 생각하라. 그가 무엇을 하는지를 보지 말라. 오히려 그대가 어떻게 행동하면 이성적으로 행동할 수 있는지에 마음을 쓰라. 그대가 괴로움을 당하고 싶지 않다고 생각할 때, 아무도 그대를 괴롭히지 못한다. 그대가 스스로 괴로움을 당했다고 생각할 때에만 그대는 괴로움을 당한 것이다. 마찬가지로 이웃, 시민, 지도자 등의 명칭이 무엇을 의미하는지를 생각하는 습관을 들이면, 그대는 이 사람들에 대한 의무를 자각할 것이다.*25

31

종교에 관하여 가장 중요한 것은 신(神)에 대한 정확한 관념을 갖는 것이다. 즉, 신은 존재한다는 것,*26 그리고 세계를 좋게, 나아가 올바르게 지배하고 있다는 것, 그대는 신을 따르도록 정해져 있다는 것, 신의 지도는 최고 결의의 명령이므로 수용하고, 기꺼이 그 명령에 따라야 한다는 것 등이 그것이다. 그리하면 그대는 신에게서 버림을 받은 듯이 신을 탓하거나 원망하거나 하지 않을 것이다. 다만 이것은 그대가 자신의 힘이 미치지 않는 것은 단념하고, 오직 힘이 미치는 것 안에서 선악을 식별할 때에만 가능하다. 왜냐하면 어떤 일에 대하여 선악을 판단한다면, 자기가 바라는 것을 얻을 수 없는 경우, 또는 자기가 바라지 않는 것과 맞닥뜨리는 경우 그대는 반드시 창조자를 비난하고 증

---

*25 다른 사람과 사이좋게 지낼 수 있는 사람은 타인에 대해 무관심할 수 있는 사람이거나, 혹은 복음서에 나왔듯이 7번의 70배만큼 타인을 용서하겠다고 굳게 결심한 사람이다. 첫번째 경우는 두꺼운 갑옷 속에 마음이 갇혀서 사는 사람이다. 두 번째의 경우는 반성을 거듭하는 동안에 차츰 습관이 되어서 마음이 상처받지 않게 되어 있다. 즉 '화를 내보아도 이내 그만두어야 하는데 다시 화를 낸다는 것은 바보짓이다'라고 생각한다. 이 두 가지 행동 방식의 중간 길은 모두 어리석다.

*26 우리는 무엇보다도 신이 존재한다는 사실을 실제로 믿기만 하면 된다. 이 사실은 어쩌면 우리가 알 수 없는 것이며, 또한 알아서도 안 되는 것이다. 왜냐하면 신이 존재한다는 것에 대한 증명은 모두 불충분하기 때문이다. 여기서 출발해서 그리스도교나 염세주의, 허무주의로 논리는 필연적으로 나뉘어 간다. 그렇지만 인간 천성의 선량함과 나약함 때문에 대개의 인간은 자연히 이 양극단의 중간 어디쯤에서 일생을 보내게 된다.
에픽테토스도 수많은 사람들이 무엇 때문에 하느님을 믿지 못하는지 그 진정한 이유를 설명하고 있는 것이다.

오할 것이기 때문이다. 모든 생물은 자기에게 해롭다고 생각되는 것, 또 그 원인이 되는 것을 피하고 혐오하는 반면에 자기에게 유리한 것과 그 원인을 탐구해 찬미하는 성질을 갖고 있기 때문이다. 때문에 손해를 입었다고 믿는 자가 그 손해를 입혔다고 생각되는 자에게 만족을 느끼지 않는 것은 손해 자체를 기뻐할 수 없는 것과 같다. 그렇기 때문에 비록 아버지라 하더라도 그가 자식에게 재산이라 생각되는 것을 주기를 거부할 때는 아들에게 원망을 듣는 것이다. 폴리니케스와 에테오클레스가 서로 원수가 된 것도 그들이 독재권을 재물로 생각했기 때문이다.

그러므로 농부나 뱃사공이나 상인, 혹은 처자를 잃은 자가 신에 대하여 불평을 말하게 되는 것이다. 그들에게는 행복과 종교가 함께 있기 때문이다. 올바른 욕구와 올바른 혐오를 지닌 자만이 참된 종교를 가질 수 있다.

그러나 관습에 따라서 제물을 바치는 것은 누구나 해도 되는 일이다. 다만 깨끗한 마음으로 사심 없이 해야지, 게으름을 피우거나 인색하거나 신분에 맞지 않거나 해서는 안 된다.*27

32

그대가 점쟁이에게 점을 치러 간다면 그 사건의 결과가 어떻게 될지를 몰라서 점쟁이에게 물으러 간다고 생각된다. 그러나 그대가 철학자라면 점쟁이에게 가기 전에 사건이 대강 어떠한지를 이미 알고 있을 것이다. 우리의 힘이 미치지 않는 일이라면 그것은 필연적으로 흉한 일도 길한 일도 아닌 것이 된다. 때문에 점쟁이를 찾아가더라도 유쾌해질 것도 불쾌해질 것도 없다. 그렇지 않으면 그대는 점쟁이에게 가는 데 기가 죽을 것이 틀림없다. 오히려 무슨 일이 신상에 일어날 것이라는 예언을 들어도 태연하며, 그것이 어떠하든 그대와는 무관하다는 확신을 가지고 가는 것이 좋다. 그대의 신상에 일어날 일을 바르게 이용하는 것을 아무도 방해할 수 없기 때문이다.*28 조언자를 찾아가듯 서둘러 하느님에게로 가라. 그러나 그때, 그대에게 뭔가 조언이 주어지거든 어떤 조

---

*27 이 마지막 한 구절은 앞의 문장과 잘 연결되지 않는데, 이것은 아마 아리아노스가 자기의 지혜로 덧붙인 것 같다.

*28 "하느님을 사랑하는 자 곧 그 뜻대로 부르심을 입은 자들에게는 모든 것이 합력하여 선을 이루느니라." (로마서 8장 28절)

언자가 그대를 불렀는지를 생각하고, 또한 그 조언에 따르지 않을 때는 누구에게 불복종하게 되는지를 생각해야 한다.

점쟁이에게 가도 되는 경우는 소크라테스의 계명에 따라서 우연이 사건을 지배하고 있고, 앞일을 판단하는 데 이성도 경험도 도움이 되지 않을 경우에 한한다. 따라서 그대가 친구를 위해, 또는 조국을 위해서 위기에 맞서야 하는 때에는 그것을 해야 하는지 여부를 점쟁이에게 물어볼 필요는 없다.*29 왜냐하면 점쟁이가 그대에게 제물에 흉한 조짐이 있다고 한다면 그것은 죽거나 팔다리가 잘리거나 추방을 의미하는 것이지만, 이성은 그런 사정 아래서도 친구를 돕고 조국을 위해 감히 위험을 무릅쓰라고 명령하기 때문이다. 때문에 오히려 더 위대한 예언자인 아폴로를 존경해야 한다. 그는 친구가 죽음을 당했을 때 황급히 도우러 가지 않은 자를 신전에서 쫓아냈다.*30

33

다음의 구절에는 바른 처세훈(處世訓)이 집약되어 있다.

(1) 그대는 모범이 되기에 충분한 인물을 마음에 그리면서 사생활에서나 공적 생활에서도 그를 거울삼아 살아가도록 하라.

(2) 많은 경우에 침묵을 지켜라. 아니면 오직 필요한 것만을 말하라. 그것도 되도록 짧은 말로 하라.*31

---

*29 "조짐은 오직 조국을 구하기 위해서만 존중된다." 분명한 의무가 있는 경우에 여러 사람에게 묻거나 의논하는 것은 도망칠 길을 찾는 거짓된 마음이 있다는 증거이다. 오늘날 그리스도교의 시대에도 자칭 독실한 신자가 많이 있어서 무엇을 해야 하는지 잘 아는 경우에도 여전히 성서를 열어 보거나 목사에게 묻곤 한다.

*30 이와 같은 나쁜 친구가 나중에 델포이에 가서 신탁을 청해 다음과 같은 명령을 받았다. "죄인이여, 그대가 더럽힌 이 성스러운 땅을 떠나라. 그대는 그때, 죽어 가는 친구를 구하지 않았기 때문이다."

*31 모든 종파와 시대를 초월하여 진정한 성자(聖者)는 항상 두 가지의 똑같은 성질을 가지고 있다. 그들은 매우 단순하며, 또한 대단히 친절하다. 성녀 테레사는 자서전에서 성자 한 사람(알칸타라의 페트루스)을 다음과 같은 특색 있는 말로 표현하고 있다.
"내가 그를 알았을 때, 그는 꽤 나이가 들어 있었다. 그리고 마치 나무뿌리가 뒤엉킨 것처럼 야위고 쇠약했다. 아주 성스럽고 거룩한 사람임에도 불구하고 그는 굉장히 친절했다. 그리고 말을 시키지 않는 한 침묵했다. 그는 뛰어난 이성(理性)의 소유자였으므로 그의 이야기는 무척이나 재미있었다."
이 사람은 테레사의 내적 삶이 가장 힘든 시절에 테레사를 깊이 이해해 주었던 유일한 사

(3) 특별히 필요한 경우 말고는 되도록 대화에 참여하지 않는 것이 좋다. 화제도 시사문제, 시합, 경마(競馬), 경기,*32 음식 등 일반적으로 화제가 되는 것을 피하고, 특히 타인에 대해서는 칭찬도 헐뜯지도, 또는 비교하는 말도 하지 말아야 한다.

(4) 가능하다면 그대의 대화로 동료를 언제나 품위 있는 화제로 이끌어야 한다. 또한 전혀 알지 못하는 사람들 사이에서는 침묵을 지키는 것이 좋다.

(5) 되도록 웃지 말아라. 여러 일로 웃는 것도, 지나치게 웃는 것도 좋지 않다.

(6) 가능하면 맹세는 하지 말아야 한다. 꼭 해야만 한다면 최소한에 머물러야 한다.

(7) 속된 무리나 교양 없는 사람들과의 연회*33는 피하라. 그러나 도저히 피할 수 없을 경우에는 속된 풍속에 빠지지 않도록 주의하라. 왜냐하면 어떤 사람이 불순할 때, 그와 교제하는 사람은 아무리 순결한 사람이라 해도 반드시 더러워지기 때문이다.

(8) 음식, 의복, 주거, 사용인 등 육체에 관한 모든 것은 꼭 필요하거나 어쩔 수 없을 때에만 이용하라. 사치의 범위에 속하는 것은 모두 피하라.*34

(9) 성교는 될 수 있는 대로 억제하라. 아니면 법률상 허용된 방법에 따라서 행하라. 그러나 이것을 행하는 사람에게 불쾌함을 보이거나 비난하지는 말아야 한다. 또한 그대가 성교를 억제하는 것을 자랑해서도 안 된다.*35

람이다.

그러나 어떤 시대에나 무뚝뚝하고 화를 잘 내는 성자와 화려한 성자가 있었다. 이러한 성자들은 믿지 말아야 한다. 그들은 고작해야 반밖에는 거룩하지 않다. 왜냐하면 그들은 아직 자기가 추구하는 죽음을 완전히 벗어나 있지 않기 때문이다. 그렇지 않다면 그들은 죽음이 얼마나 어려운지를 알고, 모든 일에 인내심이 강했어야 한다. 그들에게 가장 좋은 것은 언제까지나 세상에 알려지지 않고 침묵하며 사는 것이리라. 그리스도교의 문헌 가운데는 요한계시록 3장 1~2절이 그들에게 해당한다.

*32 오늘날이라면 연극, 정치, 선거, 신문기사 등도 이에 들어갈 것이다.

*33 나는 제례나 축전도 여기에 포함시키고 싶다.

*34 인생의 진정한 쾌락은 이러한 것들과 관련이 없다는 것을 염두에 둔다면 한층 쉬워질 것이다. "우리의 진정한 기쁨은 참으로 필요한 것이 채워졌을 때에만 생겨난다."

*35 이는 분명 이 문제의 중대성에 대하여 정확한 관념을 가지지 못한 이교도의 가르침으로 보인다. 다만 부분적으로는 마태복음 19장 11·12절과 일치한다.
반대로 교회의 독신제는 단지 위선의 위험뿐만 아니라 오만의 위험도 내포하고 있다. 원래

(10) 누가 그대에게 "누구누구가 네 험담을 하더라"고 하거든 변명을 하지 말고 이렇게 대답해야 한다. "그는 내가 가진 다른 결점을 몰랐던 것이다. 그렇지 않았다면 단지 그 한 가지만을 들었을 리가 없다."*36

(11) 극장에 자주 가는 것은 필요하지 않다. 따라서 이것 또한 피해야 한다. 그러나 사정이 어쩔 수 없어 가야만 하는 경우에도 특별한 흥미를 보여서는 안 된다. 어느 쪽에도 편들어서는 안 된다.*37 거기서 행해지는 것 이외에 아무 것도 바라지 말며, 실제로 이기는 자가 이기게 놓아두어야 한다. 그리하면 그대는 자신의 철학적 견해에 아무런 지장도 받지 않을 것이다. 배우의 이름을 부르거나, 웃거나 박수갈채를 하거나, 흥분하거나 하는 것은 모두 삼가야 한다. 또한 귀가한 다음에는 수양에 이익이 되지 않는 한, 극장 안에서 일어났던 일에 대하여 많이 이야기해서는 안 된다. 그렇지 않으면 결국 그대는 연극을 찬미하는 것이 되기 때문이다.

(12) 많은 사람들*38의 강연에 생각 없이 경솔하게 가서는 안 된다. 그러나 그대가 그곳에 간다면 진지하고 품위 있는 태도를 지키고, 언제나 타인에게 폐를 끼치지 않도록 주의하지 않으면 안 된다.

(13) 어떤 사람, 특히 고귀한 사람과 대화를 하고자 할 때는 소크라테스나 제논이라면 이런 경우에 어떤 태도를 취했을까*39를 생각하라. 그리하면 상황에

중요하지 않은 덕을 매우 커다란 공적인 것처럼 생각하고, 그 밖의 덕이 없는 약점을 임금님의 이 외투로 감춰버리기 때문이다.

*36 이것은 자기도취에 빠져 있지 않은 사람들에게는 험담이나 비난 때문에 괴로워하지 않을 좋은 방법이다. 칼라일은 날카로운 어투로 이렇게 말하고 있다.
  "심적 만족을 얻는 가장 좋은 방법은 나는 교수형에 처해 마땅한 사람이라고 스스로 생각하는 것이다. 그리고 이것은 어쩌면 사실일지도 모른다. 그리하면 만족은 극히 자연스럽게 생겨난다."
  오늘날 일반에 퍼져 있는 불평불만은 확실히 이와 같은 올바른 자기평가를 하지 못한 데서 비롯된 것이다.

*37 남자 배우나 여자 배우에 대하여 개인적인 흥미를 나타내지 말라는 것이다. 그러나 이것은 오늘날 교양 있는 사람들 사이에서조차 때때로 행해지고 있다.

*38 궤변가나 수사학자를 가리킨다. 그러나 우리는 현대에도 많은 종류의 강연자나 '강단설교자'를 여기에 포함시켜야 한다.

*39 즉 비굴해지지 말며, 사정에 따라서는 더 어려운 일이기는 하지만 걸맞지 않은 오만한 태도에 빠지지 말고, 상대의 신분에 맞는 존경심을 가져야 한다. 제논은 높고 귀한 사람과 교제할 때 언제나 교양 있는 사람다운 기품을 갖추었다고 한다. 그래서 안티그노스 왕은 일

즉각적으로 대처할 때 당황하는 일이 없을 것이다.

⒁ 높고 귀한 사람을 방문할 때는 그가 자리에 없을지도 모른다는 것, 면회를 사절할지도 모른다는 것, 그대의 면전에서 문이 닫힐지도 모른다는 것, 또한 그대에게 별로 주의하지 않을지도 모른다는 것을 미리 각오해야 한다. 그래도 여전히 그를 방문하는 것이 그대의 의무라고 생각한다면, 어떠한 대우를 받든 견디지 않으면 안 된다. 그리고 결코 방문한 보람이 없었다는 등의 말을 하지 말아야 한다. 그것은 겉으로 보이는 사실에만 구애받는 교양 없는 사람이나 할 것이다.

⒂ 모임의 자리에서 그대가 한 행동이나 모험에 대해 장황하게 말하지 않도록 주의해야 한다. 왜냐하면 그대가 헤쳐온 위험을 회상하는 것은 그대에게는 유쾌할지 모르지만 남이 듣기에는 그다지 유쾌하지 않기 때문이다.

⒃ 남을 웃기는 것도 삼가는 것이 좋다. 그것은 속된 것으로 흐르기 쉬우며, 친구의 존경심을 줄어들게 하는 성가신 성질을 가졌기 때문이다.

⒄고상하지 못한 화제에 열중하는 것도 위험하다. 만약 그대 앞에서 그런 이야기가 나오거든 사정이 허락하는 한 그 이야기의 책임자에게 비난을 퍼부어야 한다. 만일 그렇게 할 수 없다면 침묵하거나 얼굴을 붉히거나, 진지하게 기분이 나쁘다는 내색을 해서 그런 이야기에 대한 불만을 표시하는 것이 좋다.

34

육체적 욕망의 그림자가 마음에 솟아오르거든 다른 육체적 상상의 경우와 마찬가지로 그것에 마음을 빼앗겨서는 안 된다. 오히려 그 실행을 잠시 연기해야만 한다. 그리고 깊이 생각할 시간을 가져서 두 가지 중요한 시기, 즉 쾌락을 즐기는 때와 그 향락 뒤의 후회로 스스로를 격렬하게 비난하게 되는 때를 생각해야 한다. 또 그대가 그 욕망을 잘 억제했을 때 얼마나 기쁨을 느낄 것이며,

---

생에 단 한 번 이 철학자와 대화할 때 낭패했다고 고백했을 정도였다.

제논은 기원전 340년부터 260년경까지 살았던 사람으로 280년 이후 철학 교사로서, 또한 스토아학파의 건설자로서 아테네에 살았는데, 그는 그리스인이 아니라 키프로스섬의 항구 도시 키티온 출신의 페니키아인이었다. 그는 여러 가지 점에서 스토아학파 현자의 모범을 보였으며, 아테네인이 그를 위해 세운 기념비에는 '그의 삶은 그의 가르침과 완전히 일치했다'는 비명이 새겨졌을 정도였다. 그는 자기의 가르침에 따라 고령에 이르러 자살로 삶을 마쳤다고 한다.

스스로를 얼마나 대견하게 여길지를 생각해 보라. 그리고 그렇게 해도 지장이 없겠다고 생각되더라도 그 감미로운 매력에 마음을 빼앗기지 않도록 주의하라. 유혹과 싸워서 이겼다는 자의식 쪽이 훨씬 낫다는 것을 깊이 생각해 보라.

35

반드시 해야 한다는 확고한 신념을 가진 일을 할 때, 비록 대중이 그에 대해 달리 생각하더라도 공공연하게 그 일을 하기를 주저할 필요는 없다. 그대가 올바르게 행동하지 않는다면 그 행동이야말로 주저해야 할 것이며, 올바르게 행동하는 것이라면 그대를 부당하게 비난하는 사람들에 대하여 주저할 것이 무엇이 있겠는가.*40

36*41

37

만일 그대가 자신에게 적당하지 않은 역할을 맡는다면 그로 인해 불명예를 안게 될 뿐만 아니라, 그대가 명예를 다해 왔을 다른 역할도 소홀히 하게 된다.*42

---

*40 특히 공화국 국민에게 이것은 가장 좋은 교훈 가운데 하나이다. 공화국을 정략가들의 수중에 맡기게 되는 가장 큰 원인은 자기들끼리 있을 때는 그들을 비난하면서 감히 공공연하게는 반항하려 하지 않는, 선량한 국민들의 우유부단함이다. 때문에 종종 파렴치한 소수가 다수를 지배하게 되는 것이다.

*41 이 구절에는 상당히 복잡한 철학적 삼단논법과 지극히 통속적인 응용이 포함되어 있다. 예를 들면 연회석상에서는 자기의 배만 채우지 말고 주인이나 합석한 손님에 대한 예의도 고려해야 한다는 것 등이다. 그러나 이러한 예를 보더라도 우리는 일반적인 예의범절의 진보를 분명하게 알 수 있다.

*42 이 말은 확실히 진리이며 또 자주 일어나는 일이다. 대부분의 사람들이 인생의 적당한 시기에 자기에게 적합한 역할을 발견한다면 분명 도움이 될 것이다. 16세기 프랑스의 한 성직자는 이 점에 관해 많은 사람들의 비슷한 결점을 다음과 같이 표현하고 있다.
"구원은 우리의 일을 변경함으로써 성취되지 않는다. 구원은 지금까지 자신을 위해서만 해왔던 일을 하느님을 위해 함으로써 이루어진다."

우리는 길을 걸을 때 못을 밟거나 발이 접질리지 않도록 조심하는데, 마찬가지로 자아의 가장 선(善)한 부분*43이 손상되지 않도록 주의해야 한다. 어떤 행동을 하건 그때마다 이를 염두에 둔다면 우리의 행동은 한층 안전할 것이다.

육체가 바라는 것이 소유의 척도(尺度)인 것은 발이 신발의 척도인 것과 마찬가지이다. 여기에 머문다면 그대는 절도(節度)를 지킬 수 있으리라. 그러나 일단 그것을 넘어서면 그대는 반드시 깊은 수렁에 빠질 것이다. 예를 들면 신발에 대해서도 그러하다. 발의 요구를 일단 넘게 되면 우선 도금된 신발, 다음에는 빨갛게 물들인 신발, 이어 수가 놓여진 신발을 원하게 된다. 왜냐하면 물건은 일단 척도를 넘으면 한도가 없기 때문이다.*44

여자는 14살이 되면 남자들에게서 숙녀라 불린다. 여자들은 자기의 아름다움*45 외에는 쓸모가 없다는 것을 알기 때문에 화장에 열중하고 모든 희망을 외부의 매력에 걸기 시작한다. 그러므로 예의범절이나 얌전함 외에는 명예를 얻을 방도가 없다는 것을 자각하게 되는 것은 당연한 일이다.*46

---

*43 "사람이 만일 온 천하를 얻고도 제 목숨을 잃으면 무엇이 유익하리요"(마태복음 16장 26절). 그러나 이만큼 빈번하게 일어나는 일은 없다. 사람들은 대개 영혼의 문제보다도 '배를 채우는 문제'를 더 중요시한다.

*44 그러나 우리는 의식이 만족한 뒤에는 싫증을 낸다. "더 이상의 것은 모두 인위적인 욕구이며, 그것은 원래 척도가 없는 법이며, 한정된 돈으로 터무니 없는 곳까지 올라가려 하는 법이다(바이에른의 왕 루드비히2세)." 이것이 사치의 가장 큰 위험이며, 또한 사치가 사람에게 내면적인 손상을 입히는 이유이기도 하다.

*45 원전에는 좀더 거친 말투로 되어 있다. 여자가 일반적으로 많은 남성의 마음에 들고싶어한다는 생각은 분명 옳다.

*46 중세의 그리스도교적 스토아주의자인 토마스 아 켐피스는 그의 저서 《그리스도를 본받아》에서 한 걸음 더 나아가 남자는 여자와의 교제를 피하고 '오직 모든 경건한 부인을 하느님께 인도하라'고 충고하고 있다. 그러나 이것은 그리스도의 가르침에 어긋난다. 다음과 같이 말하는 것이 옳을 것이다. 우리는 타인에게 올바르게 호의를 보이고, 그 사람의 아름다움을 탐구할 때에만 어떤 사람에게도 해를 입히지 않고 교제할 수 있다. 이런 마음이 없으

41

지나치게 오래 육체적인 일, 예를 들면 음식이나 그 밖의 것[*47]에 구애되는 것은 품성이 비천하다는 증거이다. 이러한 것들은 모두 쓸모없는 것으로 취급해야 한다. 시간과 정력이란 오로지 정신을 위해 쓰지 않으면 안 된다.

42

누가 그대에게 심술궂은 짓을 하거나 험담을 하거든 이렇게 생각하라. 그는 스스로 옳다고 생각하기 때문에 그렇게 행동하거나 말하는 것이라고. 그는 그대의 생각에 따르는 것이 아니라 자신의 생각에 따르는 것이다. 만약 그의 생각이 틀렸다면 그는 스스로를 속임으로써 자기가 손해를 입을 것이다. 왜냐하면 어떤 사람이 옳은 결론을 틀렸다고 생각한다면 그것은 그 추론의 대상을 해하는 것이 아니라 오히려 잘못을 저지른 그 사람을 해하기 때문이다. 이것을 염두에 둔다면, 그대를 모욕하는 사람에게 부드러운 태도를 취할 수 있을 것이다. 그러므로 그 경우에는 언제나 이렇게 말하라. 그는 그렇게 생각한 것이라고. 그는 자기 생각대로 행동하고 말하는 것이라고.[*48]

43

모든 사물은 취할 수 있는 두 가지 측면을 가지고 있다. 한 가지 측면에서 볼 때 그것은 견디기 힘든 것이지만, 다른 측면에서 볼 때는 견딜 수 있는 것이다. 예를 들면 형제가 그대에게 뭔가 좋지 않은 일을 했다면, 그가 그대를 모욕했다는 것으로만 보아서는 안 된다. 그것은 그를 판단하는 기준으로 그대가 붙잡아서는 안 되는 것이다. 오히려 그는 그대의 형제이며 어린 친구라는 측면

면 어떠한 교제도 반드시 자기의 정신에 좋지 않은 결과를 가져올 것이다. 이 전제 아래서는 극히 어린 사람들은 제외하고, 보통의 사교적인 교제에서는 남녀의 성별은 그다지 중요하지 않다. 허영심이 많고, 경박한 사람들과의 교제는 모두 피하도록 평생 노력해야 한다.

[*47] 에픽테토스는 너무나도 당연하게 여겨지는 어투로 이 점을 상세히 논하고 있다.

[*48] 그 사람이 확실히 옳거나 아니면 얼마쯤 옳다면(이것은 사람들이 보통 생각하는 것보다도 자주 일어나는 일이다), 그것 때문에 그에게 화를 낼 이유는 없으며, 또한 그의 생각이나 행동이 잘못되었다면 오히려 그를 가여워해야 한다. 그 일로 마음을 어지럽히지 않는 이상 그것은 조금도 그대를 해하지 않는다. 적을 온화하고 정당하게 대함으로써 어제의 적이 종종 오늘의 친구가 되는 예는 많다.

으로 다루어야 한다. 그렇게 하면 그대는 붙잡을 수 있는 곳(손잡이)에서 사태를 파악한 것이 된다.

44

다음과 같은 논리는 잘못되어 있다.

"나는 너보다 부유하다. 따라서 나는 너보다 낫다."

"나는 너보다 달변이다. 그러니 나는 너보다 훌륭하다."

올바른 논리는 다음과 같은 것뿐이다.

"나는 너보다 부유하다. 그렇기 때문에 나의 경제상태는 너보다 낫다. 나는 너보다 달변이다. 그러므로 나의 말솜씨는 너보다 낫다."

그렇지만 그대 자신은 재산도 아니거니와 말솜씨도 아니다.

45

어떤 사람이 평소보다 목욕을 빨리 마쳤다고 하자. 그때 그가 한 행동이 좋지 않다고 해서는 안 된다. 오히려 그는 일찍 목욕을 했다고 말해야 한다. 어떤 사람이 포도주를 많이 마셨다고 하자. 그럴 때 그의 행동이 잘못되었다고 해서는 안 된다. 그는 많이 마셨다고 말해야 한다. 왜냐하면 그가 그렇게 하게 한 이유를 알지 못하면서 그의 행동이 잘못되었음을 어찌 그대가 알 것인가. 그렇게 함으로써 그대는 단지 사물의 일부분에 대해서만 명확한 관념을 가지며, 다른 불명확한 부분에 맹목적으로 따르는 것을 피할 수 있다.*49

46

스스로를 철학자라 칭해서는 안 된다. 또한 속된 무리들 사이에서 철학적인 원리에 관해 말해서도 안 된다. 오히려 그 원리에 따라서 행동해야 한다.*50 예

---

*49 이 마지막 문장의 뜻은 아마 이럴 것이다. 즉, 그렇게 함으로써 그대는 충분히 알지 못하는 일에 대해서 경솔하게 판단을 내리는 일을 피할 수 있다. 어떤 일에 대해 지나치게 많이 재단(裁斷)하면 그것을 당하는 사람뿐만 아니라 재단하는 사람에게도 커다란 화가 될 수 있다. 그러므로 재단하는 사람들은 그들이 의무로 속박당하지 않은 경우는 언제나 마태복음 7장 1절의 글귀(남을 판단하지 말라. 그러면 너희도 판단을 받지 않으리라)를 감사한 면제로서 해석해야 한다.

*50 이것은 종교에서 더 분명하게 적용할 수 있다. 종교에 대해 많이 듣는 대신에 종교를 본다

를 들면 연회석상에서 식사 예법에 관해 말하지 말고 그저 예법에 따라서 식사를 하면 된다. 소크라테스도 그런 방식으로 쓸데없는 말을 삼갔다는 것을 기억하라. 철학자의 집으로 가르침을 받으러 가고 싶어한 사람들이 소크라테스의 집으로 갔다. 그러자 소크라테스는 그들을 집으로 데려가서 자신이 무시당하는 일을 감수했다.

그러므로 속된 인간들 사이에서 대화가 철학의 원리에 이르거든 침묵하라. 왜냐하면 그대가 아직 충분히 소화하지 않은 것을 토해낼지도 모르는 위험이 있기 때문이다. 그때 누군가 그대를 향해 "너는 아무것도 모르는군" 하고 말하더라도 그것을 개의치 않는다면, 그대는 이미 올바른 길에 있다는 것을 알아야 한다. 목장의 양이 어떤 풀을 먹었는지 양치기에게 보이기 위해서 먹은 풀을 토해 내지 않고 그것을 소화해 젖을 만들어내듯이, 마찬가지로 그대는 속된 사람들에게 철학의 이치를 말하지 말고, 그대가 진정으로 소화한 것에 한하여 그 철학의 이치에서 생겨나는 행위를 실제로 보여야 한다.

47

간소한 생활에 익숙하다고 해서 그것을 자랑해서는 안 된다. 그대가 물만 먹는다고 해서 어떠한 경우에도 나는 물만 먹고 산다고 공언해서도 안 된다. 오히려 가난한 사람들이 얼마나 곤궁하게 살아가고 있는지, 그들이 얼마나 많은 것을 참고 견디는지를 생각해야 한다. 그대가 고생과 인내에 익숙하고자 한다면, 홀로 해야지 모두의 앞에서 보여서는 안 된다. 조각상을 안거나 하지 말라.*51 심하게 목이 마르거든 한 모금의 냉수를 물었다가 다시 뱉어내고, 그것을 아무에게도 말하지 말라.

48

속인(俗人 : 철학자가 아닌 사람)은 모든 이해득실이 자기에게서가 아니라 늘 외부에서 생겨난다고 믿는다. 그러나 철학자는 모든 이해(利害)가 자신에게서 출발한다고 믿는다. 어떤 사람이 지혜의 길에서 앞서 있다는 증거는 대체로 이

면, 사람들은 훨씬 커다란 믿음을 보일 것이다.
*51 명성을 바라는 스토아학자는 엄동설한에 조각상을 안고 그들이 얼마나 한기를 견딜 수 있는지를 세상에 보이려 했다.

러하다.*52 즉, 그는 사람들을 비난하지 않으며, 또한 칭찬도 않고 어떤 사람에 대해서든 불평을 하지 않는다. 자기가 어떤 사람이며, 뭔가를 아는 것처럼 남에게 말하지 않는다. 어떠한 장애물에 부딪치거나 저항을 받으면, 그 책임을 자신에게 돌린다. 누군가가 그를 칭찬하면 속으로 그 칭찬한 사람을 비웃는다. 남이 그를 비난해도 자신을 변호하지 않는다. 그는 마치 회복기의 환자가 겨우 회복되기 시작한 신체를 아직 안심할 수 없으므로 다시 악화되지 않도록 조심하는 것처럼 주의 깊게 자기 길을 간다. 그는 모든 욕망(바람)을 버린 것이다. 그리고 단지 우리의 힘이 미치는 것, 더구나 그 본성(本性)으로 돌아가는 경우에만 그것을 혐오한다. 그의 의지활동은 언제나 절도(節度)를 잘 터득하고 있다. 다른 사람이 자신을 어리석고 아무것도 모르는 자로 여기든 말든 전혀 개의치 않는다. 한마디로 말하면 그는 자신에 대해서 마치 적이나 배신자를 대하듯이 끊임없이 경계를 게을리 하지 않는다.

49

크리시포스*53의 저서를 이해하고 해석할 수 있다고 자랑하는 사람이 있다면 이렇게 말하라. 크리시포스의 글이 난해하지 않았다면 그는 아무것도 자랑할 것이 없었으리라고.*54 그러나 나는 무엇을 추구하는 것인가. 자연을 배워

---

*52 내적 진보의 이와 같은 증거를, 플루타르크는 스토아학자를 반박했던 〈사람은 자기의 도덕적 진보를 어떻게 알 수 있는가〉라는 논문에서 기술하고 있다. 또 크롬웰의 종군 설교사인 리처드 벅스터도 여러 나라 말로 번역되어 있는 그의 유명한 저서 《성자의 영원한 평화》(제8장)에서 그것을 말하고 있다. 고대부터 전해오는 메네데무스의 말은 한층 간결하게 그 요점을 기술하고 있다. "아테네의 고등학원에 인생철학을 배우러 오는 풋내기 학자는 스스로를 현자라 여기며, 나중에는 자신을 철학자(지혜를 사랑하는 사람)라 부르고, 다음에는 담론가, 마지막에는 단순한 인간이라 칭하게 된다"는 말은 정곡을 찌르고 있다.
내적 진보의 실천적인 증거를 처음으로 가르친 사람은 제논이었다. 그의 말로는 꿈이 곧 그것이며, 꿈속에서도 부정한 일을 용서하지 않고 행하지 않으며, 또한 그것을 기뻐하지 않는 사람이 덕이 있는 사람이다. 그런 사람은 상상력도 감각 능력도 이성으로 완전하게 정화되어 있는 것이다.
*53 크리시포스는 난해함으로 알려진 스토아학자 제논과 클레안테스의 제자였다. 그의 저서는 700권에 이른다고 하는데 오늘날에는 단편밖에 남아 있지 않다. 특히 그는 유명한 변증가로서 신이 만약 변증법을 필요로 한다면, 크리시포스의 변증법 외엔 없다고 했을 정도로 뛰어났다.
*54 오늘날의 이른바 '학문적 해설'도 대부분은 다른 사람이 난해한 글을 썼다는 사정에 기초

서 그것에 따라야 한다. 그래서 나는 누가 나에게 자연을 설명해줄 것인지를 묻는다. 크리시포스야말로 적임자라는 말을 듣고 나는 그를 따르기로 한다. 그러나 나에게는 그의 글을 이해할 능력이 없다. 좋다, 그렇다면 나에게 그 글을 해설해 줄 사람을 찾아보자. 여기까지는 아무런 문제가 없다. 그래서 해설자를 찾았다면 나는 그의 해설을 이용해야 한다. 바로 이것이 중요하다. 내가 단지 해설 자체에(그가 해설할 때 보인 박식함에)만 감탄하고 해설의 기술만을 습득한다면, 나는 그저 문법가가 되었을 뿐 결코 철학자가 된 것은 아니다.*55 단지 다른 것은 호메로스 대신에 크리시포스를 해설할 수 있다는 것에 불과하다. 누군가 내게 크리시포스를 강의해 달라고 했을 때, 내가 그의 격언에 가까운, 또한 그에 일치하는 행동을 보이지 못한다면 오히려 낯을 붉히는 편이 나을 것 같다.

50

여기서 논하고 있는 스토아학파의 교리를 법률을 지키듯이 굳게 지켜라. 만약에 이것을 어길 때는 죄를 지은 것처럼 생각하라. 그러므로 남이 어떻게 생각하든 개의치 말라. 그것은 그대와는 아무런 상관도 없는 일이다.

스스로를 최대의 선(善)을 지닐 자격이 있는 자로 생각하라. 더 이상 어떤 것에도 의지하지 않고 비이성적으로 행동(이성의 분별을 그르치게 하는)하기를 그만두는 것을 그대는 언제까지 미룰 것인가. 그대는 이미 그것을 좇아서 심신을 수련할 교리를 들었다. 그대는 그것을 승인했다. 그런데 아직도 어떤 스승을 기다리는 것인가. 그리고 그를 만날 때까지 자기 개선을 미루려 하는가. 그대는 이제 청년이 아니라 어엿한 어른이다. 그대가 여전히 자기 일을 제쳐놓고 게으르게 하루를 보내고, 언제나 미루기를 거듭하며 계획에 계획을 쌓고*56 그날부

한 것이다.

*55 '예술이 스러질 때, 학문은 번성한다. 거기서 또한 기술자의 일이 번창한다. 왜냐하면 지식은 예술이 아니기 때문에.'

*56 "마음은 은혜로써 굳게 함이 아름답다(히브리서 13장 9절)." 이 말은 이하의 논의에 승복하지 않는 사람이라도 모두 긍정할 것이다. 여하튼 그처럼 마음을 굳게 정하는 것은 어떤 사람의 인생에서나 단숨에 되는 것이 아니라 단계를 거쳐 그렇게 되어 가는 것이다. 그러나 삶이 가치를 지녀야만 하는 이상, 이것은 언제고 한번은 일어나야 하는 것이다. 그 경우에 중요한 것은 마음이 확고하게 정해지는 것이지 그저 머리로만 이론을 받아들이는 것이 아

터 자신을 소중히 하겠다는 날을 하루하루 미룬다면, 그대는 언제까지고 아무런 진보에 도달하지도 못하고 교양 없는 자로서 일생을 마치게 되리라.

때문에 그대는 스스로 완전한 인간으로서, 또 진보하는 인간으로서 살아갈 자격을 지닌 자라고 생각해야 한다. 그대가 옳다고 생각하는 것은 어겨서는 안 될 법률처럼 지키도록 하라.[*57] 어려움이나 모욕을 만나거든 지금이야말로 싸울 때이며, 이미 올림픽 경기는 시작되었으므로 1초의 망설임도 허용되지 않는다[*58]고 생각하라. 패하거나 그만두거나 하면 그대의 진보는 저해되고, 그 반대의 경우에는 점점 촉진된다는 것을 생각하라.

니다. 인간의 가장 깊은 확신은 온전히 그 천성이 되어야 하는 것이므로, 언제까지나 만든 것이어서는 안 된다. 그렇지 않으면 자신에게 만족을 줄 수도, 타인에게 감화를 끼칠 수도 없다. 그러나 이 신앙은 그리스도교의 견해에 따르면 어떠한 논증이나 거기에서 도출된 식견의 결과가 아니라, 우선은 하느님에게로 기울어진 마음이 있고(여호수아 24장 23절), 나아가서는 하느님에 대한 의지의 결정이 있어서 거기에서 자연스레 생겨나는 결과이다. 따라서 그리스도교의 인생관은 적어도 의지를 가진 인간에 대하여 불신앙(不信仰)을 그 사람의 책임으로 돌린다. 의지 없이는 책임문제가 생겨나지 않기 때문이다. 이러한 모든 철학, 모든 종교의 출발점에서 그리스도교와 스토아철학은 완전히 일치한다. 스토아철학도 의지를 우리의 힘이 미치는 것으로 본다. 이것을 부정할 때는 도덕의 모든 관점이 무의미해지며, 그 문제에 관한 모든 논의가 끝나버리기 때문이다. 그에 반해 그리스도교는 거기에 더하여 각자의 자력에 의한 신앙이 아니라 오직 유일한 하느님에게로 '마음을 돌리는 것'만을 요구한다(이사야서 45장 22~24절). 마음을 돌리는 것이 실제로 사람을 이롭게 하려면 어디까지나 정직하고 성실하지 않으면 안 된다. 골든 장군은 이를 수단에서 그가 한창 어려움에 처했을 때 영국노예금지협회의 한 회원에게 보낸 편지에서 쓰고 있다.

"벗이여, 내 삶을 진정으로 그리스도교의 가르침에 합치시켰더라면 그대를 만족시켰을 것이네. 많은 사람들의 그리스도교는 천박하고 무력해서 아무런 도움이 되질 않네. 그들에게는 훌륭한 점심식사가 중요할 것일세…… '오, 불쌍한 노예들이여!'라고 말했던 입으로 '연어 한 조각 더 어떠십니까?'라고 한다네."

[*57] 요한복음 13장 17절, 7장 17절 참조. "너희가 이것을 알고 행하면 복이 있으리라." "사람이 하느님의 뜻을 행하려 하면 이 교훈이 하느님께로서 왔는지 내가 스스로 말함인지 알리라."

처음에 진리로서 인식한 작은 일을 즉각 실천에 옮기는 것, 이것이 보다 커다란 인식에 도달하는 유일한 길이다. 먼저 모든 것을 이해한 다음에 실행하려는 사람은 결국 시작하지 않은 것이 된다.

[*58] 아우구스티누스는 그의 《고백록》 제8권 12장에서 이러한 망설임의 모습을 분명하게 묘사하였다. 그 망설임은 마음의 방향을 바꿈으로써만 없앤다고 했다. 따라서 종교의 첫 번째 요구도 '이해하라'거나 '배워라'가 아니라 '의욕을 가져라', '그대의 정신을 지금까지와는 다른 곳으로 향하게 하라'는 것이다. 이사야서 45장 22·55절, 마태복음 3장 2·4·17절.

소크라테스는 이렇게 무슨 일에 대해서나 오직 이성만을 듣고 좇으려 힘썼기 때문에 마침내 완전한 인간이 되었다. 그대 또한 비록 소크라테스가 될 수는 없다 하더라도 소크라테스처럼 되고자 하는 사람으로 살아야 한다.

51

철학의 가장 중요한 제1부분은 처세 규칙이 들어 있는 곳이다. 예를 들면 '거짓말을 해서는 안 된다'는 것이다. 제2부분은 이 규칙의 증명 부분으로 '거짓말을 하면 왜 안 되는가' 하는 것이다. 제3의 부분은 앞의 두 부분을 확증하고 설명하는 부분으로, 예를 들면 왜 이것이 증명이 되는가, 증명이란 대체 어떠한 것인가, 혹은 추론이란 어떠한 것인가, 모순이란 무엇인가, 무엇이 정확한 판단이며 무엇이 잘못된 판단인가 하는 것과 같다. 따라서 제3의 부분은 제2부분을 위해 있고, 제2부분은 제1부분을 위해 있으므로, 가장 중요하고 전체를 요약한 것은 물론 제1부분이다. 그러나 우리는 이것을 거꾸로 하고 있다.*59 우리는 보통 제3부분에 머물러 모든 노력을 여기에 집중하며, 제1부분은 완전히 팽개치고 있다. 그래서 거짓말을 해서는 안 된다는 것을 알면서도 거짓말을 하게 되는 것이다.

52

다음과 같은 생각을 우리는 늘 명심하고 있어야 한다.*60
(1) 그러면 나를 이끌어라, 오, 제우스여, 오 그대, 운명이여
그대의 눈길을 내게로 향하도록 명령하는 곳으로.
나는 곧장 그것에 따르리라. 만약 따르지 않는다면
나는 비겁한 것이다. 그래도 기필코 이것에 따라야만 하리니.*61

---

*59 참으로 진실이다. 철학의 모든 연구는 헤겔 이래 이 거꾸로 된 것에 괴로워한다. 따라서 우리 시대는 철학 연구에 싫증이 나서 오히려 이것을 경시하게 되었다. 마찬가지로 법학이나 신학도 이와 같은 형식적인 구성으로 기울어 참된 법률도, 진정한 신학도 손해를 입었다.

*60 첫 번째의 것은 제논의 제자이자 크리시포스의 스승인 클레안테스의 시이고, 다음 것은 에우리피데스의 비극 속의 말, 마지막의 것은 유명한 소크라테스의 말이다. 아뉴토스, 멜레토스 및 류콘은 소크라테스를 고소했던 사람들이다.

*61 영국의 격언은 이것을 다음과 같이 표현하고 있다.
"독자여, 그대들이 이미 오래된 이야기를 믿고 있는만큼, 명령을 받아 견뎌야만 하는 것을

(2) 필연을 기꺼이 따르는 자,

그 사람이야말로 현자요, 하느님을 아는 자이다.

(3) 크리톤이여, 그것이 만약 하느님의 뜻이라면 그대로 맡겨두어라.

아뉴토스와 멜레토스는 나를 죽일 수 있으리라,

그러나 나를 상하게 하는 일은 그들도 하지 못한다.

* * *

이상과 같은 스토아철학의 여러 원리는 내 생각에는 그다지 설명이 필요치 않다. 적어도 그것을 알 뿐만 아니라 적용하기 위해서 생각해 보려 하는 사람들에게는 더더욱 그러하다. 그의 주요 명제는 처음엔 어쨌든 믿으면 나중에는 반드시 경험으로 증명되겠지만, 주요 명제는 대강 다음과 같다. 즉, 덕은 이 세상에서 유일한 복이며, 악덕은 유일한 재앙이다. 또한 내적 재물은 결코 잃는 일 없이 인간의 능력 안에 있는 것이며, 온갖 우연이 허락되는 외적 재물[*62]보다 훨씬 낫다. 덕[*63]은 지혜이고 악덕은 어리석음이며, 둘 사이에는 어떠한 과도적 단계도 존재하지 않는다. 인간에게 최고의 것은 이 도리를 통찰하는 이성(nus)이며, 다음에는 이것을 실행하고 확보하는 의지력(thymos)이고, 마지막으로 이 두 가지 정신력에 의해서 올바른 범위 내에 머무는 욕구의 능력이 생겨나는 것이다.

이처럼 고상하고 자주적인 견해의 약점은 무엇보다도 다음의 점에 있다. 즉, 이 견해를 수용하려면 이미 높은 수준의 이성과 의지력을 필요로 하는데, 그러나 이것을 평생 실행하려면 그것들이 한층 더 필요하다. 더구나 그 힘은 사람이 끊임없이 자신의 내부에서 새롭게 만들어내지 않으면 안 된다. 지금으로 말하자면 기계가 작동하는 데 마찰이 너무 많으면 그것만으로도 이미 효용은 반감되는 것과 같다. 스토아주의는 끊임없이 뼈를 깎는 고통을 수반하는 어려운 작업이며, 인생에 대한 절망에 빠뜨리기 쉽지만, 그래도 스토아주의자는 이

　　　자진해서 받아들이고 견뎌라."

[*62] 이것은 'Adiaphora', 즉 사소한 일이다. 또 제논은 그 전에 이미 '병은 재앙이 아니라'라고 했던 주장이 반발을 받으리란 것을 알았다. 그러나 '굽은 나무를 똑바로 세우려면' 반대쪽으로 강하게 구부려야만 한다고 생각했다.

[*63] 이 지혜의 덕은 나중에 더 나뉘어 4개의 유명한 철학상의 덕(인내, 절제, 용기, 정의)이 되었다.

절망을 조금도 잘못된 것으로는 생각하지 않는다.

'출구는 열려 있다'(Exitus patet, 자살은 허용된다). 짐이 너무 무겁다고 생각한다면 언제든 그것을 내버려도 되는 것이다. 이 거친 요구에 대응하는 것으로서 한편으로는 자기 혼자만 어진 현자라 자만하고, 또한 이 요구에 견디지 못하는 자(우매한 대중)에 대한 절대적인 경멸과 무시가 있으며, 그 결과로서 남의 결점이나 의견 차이에 대한 철저하고도 완고한 냉담함과 무관심이 있다. 하기야 이것은 그렇지 않아도 사람의 정(情)으로서 빠지기 쉬운 법이기는 하지만. 스토아주의는 마치 하나의 병영과 같아서 거기서는 인류의 뛰어난 몇몇 사람들이 언제나 엄격한 의무를 다함으로써 그에 대한 대가로 다른 사람들에 대한 지배와 높아진 계급의식을 가진다.

반대로 그리스도교는 똑같은 결과에 도달하기 위해서 전혀 다른 길을 간다. 그리스도교는 인간이란 교양의 여부를 불문하고 자기 내부에서 그와 같은 숭고한 힘을 전개하지는 못한다고 생각하고, 그 힘은 어떤 사실에 대한 신앙의 결과로서 외부에서 직접 주어진다고 약속한다. 구원은 역사적이지 철학적이지 않으며(즉, 사유 과정이 아니며), 다른 역사적 사실과 마찬가지로 단 한번 일어난 취소할 수 없는, 인간의 의견에서 독립된 순전한 사실에 기초한다. 구원(救援)은 이 사실의 승인이며 신앙이고, 이것을 달라고 손을 내미는 사람에게는 반드시 주어지는 어떠한 것, 더구나 모든 사람에게 똑같이 즉, 교양이 있는 자나 없는 자에게도, 현명한 사람이나 어리석은 사람에게도, 상당한 덕이 있는 사람이나 난폭한 죄인들에게도 똑같이 주어지는 것이다.

자기 힘에 의한 덕을 그리스도교는 믿지 않는다. 그리고 하느님의 뜻에 따르는 삶은 그에 앞서서 본래 이기적으로 태어난 자연적 존재(그것이 고상한지 험악한지는 실질적 구별이 없다)의 완전한 개조를 요구한다. 그러한 변화에 의해서 전에는 결실이 없는 노력이었던 것이 지금은 새로운 본성에 순응함으로써 자연스럽고 쉬워지게 된다.*64

이 두 가르침의 결론은 특히 다른 사람들에 대한 태도에서 분명하게 볼 수 있다. 그리스도교의 견해는 주로 성숙한 인생관의 소산이며, 일찍이 '인생의 길

---

*64 예를 들면 이사야서 55장, 갈라디아서 5장, 로마서 3장 및 8장, 특히 요한복음 3장을 참조하라. 로마교회는 그 점에서 얼마간 떨어져 있다. 그러나 종교 개혁가들은 적어도 이 입장을 회복하고자 의도했다.

의 한가운데*⁶⁵서 경험한 내적 투쟁의 결과임을 부정하기 힘들 것이다.*⁶⁶

그러나 그 중간 시기에 한편으로는 소년들이 자각 없이 길러 왔던 그리스도교의 전체 분위기가 그들을 이교적이고 야비한 악덕에서 보호해주기는 하지만, 다른 한편으로는 이 시기에 이미 고전 철학, 고전적 학업이나 사고방법이 시작되어 끊임없는 자기 연마와 의지 단련을 목적으로 하는 자기 교육이 시작되는 것이다. 고전 교육을 받지 않은 그리스도교 신자는 때때로 이와 같은 자기 교육이 결여된 탓으로 그리스도교 자체에 연약하고 감정적인, 때로는 참으로 불쌍히 여겨야 할 만한 겉모습을 부여하게 된다. 그리고 그 겉모습 때문에 그리스도교는 자칫 의연하고 남자다운 것, 따라서 한층 자각적인 사람들의 눈에 비난할 만한 것으로 비친다. 그러나 그리스도교의 본래 성질은 결코 그와 같지 않으며, 반대로 다른 어떠한 종교보다도 남자다워야 하는 것이다.*⁶⁷

그리스도교는 또한 인류의 엘리트(선택받은 사람)뿐만 아니라 인류 전체를 동물적 상태에서 안전한 자유와 평등의 좀더 높은 삶으로 높일 것을 약속할 수 있는 유일한 가르침이다. 그리고 이 약속을 고전적 철학보다 한층 높은 차원에서, 또한 한층 넓은 범위로 이행한다.

그리스도교와 스토아철학의 공통점은 이들 가르침이 양쪽 모두 인간의 의지에 높은 가치를 두고 그 의지만이 본래 인간의 참된 소유이며, 따라서 이것은 외부의 강요로는 선으로 향하게 하지 못하는 것*⁶⁸이라는 점, 또한 어떠한 도덕적인 세계질서의 존재에 대한 확고한 신념을 명령하고, 이 세계질서는 그 원리에서 잠시라도 이탈하는 것을 용납하지 않으며, 감히 그렇게 하려는 인간

＊65 단테의 《신곡》 지옥편 제1장.

＊66 주일학교에서 교육을 받은 조숙한 그리스도교 소년은 생활경험으로 인해 신앙이 확고해지기 전에 자칫 의혹이 생기기 쉽다. 또한 고귀하고 거만한 그리스도교 신자라는 것도 비논리적이고 기묘한 현상이다.

＊67 예를 들면 자살을 단호히 배척하며, 다른 어떠한 철학보다도 다른 사람을 위해 달갑게 희생할 것을 강하게 권한다.

＊68 신명기 5장 29절, 10장 12절, 창세기 4장 7절, 2장 17절, 이사야 44장 22절 참조.
스토아철학과 그리스도교의 차이는 스토아주의에서는 인간의 올바른 의욕은 자신에 대한 끊임없고 엄격한 강제인 데 반해 그리스도교는 인간의 내적인 변화에 따르는 하나의 바람직한 필연이라는 점이다. 이에 관해서는 모세5경에 대한 히르슈의 이스라엘 주석을 지적하지 않으면 안 된다. 이것이 우리 주석보다도 더 훌륭하다.

의 건방짐에 대해서는 확실하고 극복하기 힘든 응징을 한다는 점이다.[*69]

스토아철학과 그리스도교의 일치점은 위에 기술한 두 가지 점에 기초하지만, 더 많은 결론이 나타나 있다. 특히 위의 두 확신에 공통되는 견해, 즉 선(善)을 이룰 수 있다는 것(이것은 물론 모든 사람들이 바라는 것이다)이 곧 선의 대가이며, 악을 행하지 않을 수 없다는 것(마음속의 반항과 두려움에도 불구하고)이 곧 이 세상에서 악의 징벌이라는 견해 속에 나타나 있다.[*70]

스토아주의의 도덕은 현대의 많은 사람들에게 종교적 신앙보다 훨씬 친해지기 쉽다. 종교적 신앙은 사람들이 때때로 그러기를 바라는 것처럼 이 땅의 생활은 약간 지나치게 미묘한 빛을 띠어서 본래 말로 나타낼 수가 없으며, 따라서 억지로 말로 나타내는 것(하물며 그것을 체계화하는 것)은 이 종교의 빛을 흐리게 할 위험이 있다.[*71] 그러나 도덕은 일반적인 상식, 공동생활의 자연

[*69] 이것은 실천적인 견지에서 보아 가장 문제가 되는 점이다. 그러나 다행히도 이 원리는 각 개인의 체험에 의해, 또는 역사상의 민족 경험에 의해 증명된다. 옳지 못한 행동에는 그 본래의 속성으로 벌이 내재하며, 따라서 그 질서를 깨는 자에게는 절대적이고도 틀림없는 벌이 내린다는 확신에 도달할 때는, 어떤 유명한 성서 주석가가 말했다시피 즉각 '하느님의 명령은 부드러운 인상을 띤다'는 것이 된다. 즉 사람은 하느님의 명령을 준엄한 계명으로 보지 않고 그것이, 하느님이 독이 되는 것을 제거해 주는 '진정한 예방처치'로 인정하게 되기 때문이다(베를레부르크판 성서, 누가복음 4장).
이렇게 되면 누구나 자기 일생의 중요한 일이 결정된다. 그는 이미 모든 감정 가운데서 가장 불쾌한 것인 공포와 근심으로 대부분을 점령당하는 일상생활의 '거칠고 음산하며 어두운 숲' 속에 머무르려 하지 않는다. 거기서 빠져나올 힘을 찾을 만한 곳을 탐색한다. 물론 이 힘을 찾아내려면 단테가 《신곡》의 아름다운 제1장에서 노래한 것처럼 자기 내부에서 금전, 명예, 쾌락 등을 즉각 극복하는 시도가 필요하다. 그러나 이것을 인간의 힘으로 이룩해 내는 것은 굉장히 어려우며, 현대의 가장 순정한 스토아주의자의 한 사람인 스피노자조차 그의 인식 형성에 관한 논문에서 이렇게 말한다.
"나는 그것을 지극히 명료하게 이해했음에도 불구하고 탐욕, 육욕, 명예심을 완전하게는 버릴 수 없었다." 따라서 "너 자신을 알라"는 유명한 격언은 인생의 행복에 도달하는 방법으로서는 전혀 효과가 없다. 동시에 자기를 개선할 확실한 수단을 찾지 못했는데, 자기 자신을 안 사람은 분명 염세주의에 빠질 것이 틀림없다.
칼라일은 "네 할 일을 알고 그것을 행하라"고 했는데, 이 말이 훨씬 낫다. 만약 자기 개선의 강한 충동을 획득하기 전에 하느님의 은총으로 자기 인식을 빼앗기고, 그 대신에 자기 찬미라는 한 봉지의 약이 주어지지 않는다면, 오늘날의 염세적 세계관은 어쩌면 에픽테토스 시대를 능가하는 것이 되리라.

[*70] 1740년 4월 프로이센의 프리드리히 빌헬름 1세에게 보냈던 친첸도르프의 편지 참조.

[*71] 쇼펜하우어는 언젠가 말했다. "우리의 사고가 말을 발견하자마자 그것은 이미 가장 깊은

스런 필요, 또 때로는 인간의 건전한 이기주의에 호소할 수가 있다.*72

　아니, 그렇기는커녕 우리가 이미 시사했다시피 다음과 같은 의문을 제기해도 부당하지는 않을 것이다. 심신이 급속하게 성장하는 인생의 시기, 즉 온갖 위대한 것, 아름다운 것을 추구하는 뜨거운 노력, 아니, 일종의 야심이 무엇보다도 청년에게 강력한 자극을 주어 물질적이고 동물적인 생존으로 떨어지는 것을 막을 필요가 있을 듯한 과정의 중간에 있는 시기에는 오늘날에도 여전히 종교보다 스토아철학 쪽이 효과적인 교육수단이 아니겠는가.*73

　이러한 의미로 천사들은 《파우스트》의 마지막 막에서 노래한다.

　"영혼의 세계에서 존귀한 한 분이 악에서 구원을 받았습니다. 끊임없이 노력하기를 게을리 하지 않는 사람은 우리가 구원할 수 있습니다."

　　뿌리에서부터 진실을 잃는다." 이 생각에는 유감스럽게도 상당히 많은 내적 경험이 포함되어 있다.

*72　고대 철학에 대해 최후의 의문을 던진 것은 그리스도교의 사도 요한이다. 에픽테토스가 살아 있을 무렵, 그는 첫 번째 편지의 제5장 5절에서 그것을 기술하고 있다.

　　"세상에서 승리하는 자는 누구인가?"(요한1서 5장 5절)

　　이 의문의 의미는 그리스도교 신앙의 경향, 이른바 각 개인을 철학자로 교육할 뿐만 아니라 난폭하거나 타락한 민족 전체도, 또한 교양이 있는 사람과 마찬가지로 어리석은 사람도 마찬가지로 최고의 목표에 도달하게 한다는 그 경향을 고려할 때 분명해진다.

　　고대 철학은 그와 같은 의미의 물음에는 대답하지 않은 채로 끝나 있다. 이 철학에서는 언제나 단지 철학자와 전혀 개선의 여지가 없는 일반민중이 있을 뿐이다. 이와는 반대로 근대의 철학은 대체로 사도 바울이 '세상'이라 부른 것의 정복을 아직 한 번도 추구한 적이 없는 것은 물론, 여전히 일정한 목적을 가지는 세상과 타협하려 애쓴다. 오히려 많은 경우 이 철학은 세상으로부터 정복당하는 것 외에는 아무것도 바라지 않는다고 말해도 과언이 아니다. 하물며 에픽테토스의 힘든 싸움을 따라하거나 하는 경우는 전혀 없다.

*73　특히 '학교의 종교 교육'보다도 효과적이지 않겠는가. 다만 우리는 이 종교 교육에 대해서 쿨의 주립학교 이래로 잊기 힘든 기억을 가지기는 했지만. 오늘날의 도덕 교육은 당시의 뛰어난 고전적 교양의 대표자들에게 힘입고 있다.

　　그러나 가장 가까운 길이 아니란 것은 나도 안다. 친첸도르프는 1788년 제1회 베를린 강연에서 이에 관해 다음과 같은 적절한 인용을 했다. "신앙으로 가는 가장 가까운 길은 그리스도를 받아들이는 일이다"(요한복음 1장 12절). 현대의 교양 있는 사람들 가운데 쉽게 그리스도를 받아들일 수 있는 사람은 그렇게 하는 것이 좋다. 그러나 단순한 교회적 형식으로 그렇게 하지 않도록 주의해야 한다. 마태복음 19장 26절, 16장 17절, 11장 25절, 7장 21~23절, 22장 11~12절 참조.

본래 지니고 있는 자기의 고귀한 천성을 배신하고 비겁하게 사는 사람은 구원하기 힘든 동물의 세계로 타락해서 그것과 멸망의 운명을 함께한다.

고전적 교양이 청년의 고상한 소질 발달에 좋은 자극을 주는 것은 경험에 비추어 보아도 자명한 것인데, 그럼에도 오늘날에는 오히려 그 적합성과 필요성이 지극히 실용적인 이유에서 전에 없이 강하게 부정되고 있다. 그러나 이와 같은 시대에도 여전히 그러한 교양을 추구해 노력하는 사람들 앞에 아직 잘 알려지지 않은 이 철학자의 모습을 드러내는 것은 결코 부적당하지 않다고 생각한다. 왜냐하면,

"위인의 생애는 우리에게 가르침을 준다,
우리도 고귀하게 살 수 있음을.
그리고 그가 죽은 뒤에는
시간이라는 모래 위에 발자국을 남기는 것을.
다른 허약한, 의지할 바 없는 형제는
인생의 거친 바다를 건너다가
어쩌면 그것을 보고
새로이 용기를 불러일으킬 발자국을."

어떻게 책략 없이 악과 싸우면서 세상을 살아갈 수 있을까

오늘날 수많은 사람들, 아주 사려 깊은 사람들조차도 근본적으로 의심할 수 없는 사실이라고 여기는 것이 있다. 바로 이상주의가 존경할 만한 사고방식이며 특히 청년의 교육에는 유익하지만 세상에 나온 뒤의 실생활에는 그다지 도움이 되지 않는다는 것이다. 그들은 이렇게 말한다. "이상주의는 이론으로서는, 또 교육을 위해서는 확실히 많은 장점을 지니고 있겠지만, 실제로는 세상의 모든 일들이 '서로 격렬하게 맞부딪치기' 때문에 이론과는 다르다." 그래서 그들은 인생을 둘로 나누어 그 중 한 부분에서는 아름다운 사상이나 감정에 젖어도 될 뿐만 아니라 오히려 그렇게 하도록 장려할 정도인데, 다른 부분에서는 그 아름다운 꿈에서 돌연 깨어나 되도록 현실과 타협을 해야 한다는 것이다.

그러나 칸트는 이미 100년 전에 그의 짧은 논문에서 당시 널리 행해지고 있던 명제, 즉 '이론상으로는 정당하겠지만, 실제로는 쓸모가 없다'는 명제는 생각이 있는 사람에게는 적합하지 않다는 것과 웃어 마땅한 잘못을 포함한다는 것을 논증했다. 그러나 오늘날의 철저한 '현실주의자'는 이번엔 이러한 생각마저 버리고 '생존경쟁'이라는 야만스런 사고방식에 도달했다. 경쟁의 세계에서는 이기주의와 염치없는 행동이 허용될 뿐만 아니라 현실에 주안점을 두는 합리적인 세계관에 의해서 많든 적든 명령을 받는다. 현대의 현실주의자는 말한다. "따라서 현재 이 세상에 있는 생활물자는 모두를 만족시키기에는 부족하므로 안락하게 생활할 수 있는 사람은 소수에 한하며, 대다수 사람은 싫어도 어쩔 수 없이 불행한 삶을 살아야 한다. 그러므로 이와 같은 세계질서가 모든 사람에게 공평하고 좋은 질서인지 아닌지는 애초부터 문제가 될 수 없다. 그것은 오히려 냉혹하고 불합리한, 옳지 못한 세계질서라고 해야 할 것이다. 그러므로 이것은 자기 의지와는 무관하게 이 세상에 태어난 개인의 능력으로는 변경시키지 못한다. 따라서 개인은 하다못해 자처해서 쇠망치가 될지언정 모루는 되지 않도록 노력하는 길밖에 없다."

이것이 오늘날 교양 있는 많은 사람들이 가진 처세술의 핵심이다.

그렇게 되면 결국 도덕 교육의 필요성은 없어지는 셈이고, 학교에서의 종교나 도덕 수업은 죄다 팽개치고, 생 쥬스트의 독창적인 제안대로 정부의 풍기단속 명령이나 매일 거리에 내다 붙여 종교나 도덕 교육을 대신해도 좋다는 것이 된다.

그런 방식으로 가다가는 청년들은 대단히 영악해지고 실리적이 되어서 빨리 돈을 벌어 출세하는 것만을 생각할 뿐, 방해가 되기만 하는 고상한 마음 따위는 내다 버리고 되돌아보지 않게 될 것이다. 그러나 실제로는 그 때문에 그들 대다수는 정신적으로나 육체적으로, 또 도덕적으로도 일찍 스스로를 망치고 만다. 또 그 밖의 사람들은 결국 노력할 가치가 없는 것, 즉 잃어버리기 쉬운 재산을 위해 안타깝게도 청춘시절을 잃고 후회하지만 이미 때는 늦다. 재산이란 것은 항상 무한한 경쟁자와 싸워서 지켜야 하며, 더구나 그 경쟁에 성공을 하든 실패를 하든 어차피 회한을 남기는 데 불과하다. 그렇기 때문에 만족하는 사람도, 행복해지는 사람도 없는 것이 당연하다. 오늘날 이미 표면에 나타나 있듯 오로지 '실제적'이기만 한 사고방식의 최종 결말이 바로 이것이다.

우리는 이상주의를 하나의 신앙, 내적 확신과 같다고 생각한다. 즉, 이 신앙과 확신은 이 세계가 성립하기 위해서는 절대적으로 필요함에도 불구하고 증명될 수 없는 것이며, 또한 실제로 이 확신을 가진 사람에게는 애당초 아무런 증명도 필요치 않은 법이다. 게다가 누구든지 배워서, 즉 머리로 이해하는 방법으로는 도저히 그에 도달할 수 없다고 생각한다.

이것은 조금도 이상한 일이 아니다. 우선은 인간 이성의 합리성은 경험이 있어야 비로소 증명될 수 있기 때문이다. 마찬가지로 종교상의 진리도 또한 그 신앙의 결과로 얻어지는 윤리적인 힘이 증거가 되지 않는 한, 우리에게 끝내 증명될 수 없을 것이다. 하나의 힘이 진정한 힘이 되려면 그것은 반드시 실제적인 것이어야 한다. 그것 외에 실재성의 증거가 되는 것은 있을 수 없다. 우리의 감각기관인 지각으로도 무조건은 아니지만, 일정한 정상적 관계의 바탕 위에서는 그것을 신뢰해 착각에 빠질 우려가 없다는 것이 경험으로 확인되어 있지 않다면, 우리는 결코 그것을 믿지 못할 것이다. 남을 믿게 하는 것은 경험이다. 자기도 경험해 보고 싶다는 바람과 기분이 생기게 하는 것은 그 경험을 한 사람들의 증언이다.

'실제생활에서의 이상주의'에 대하여 이와 같은 증언을 짧은 말로 설명하는 것으로, 괴테의 청년시절의 친구 가운데 나중에 러시아의 장군이 된 폰 클링거의 짧은 논문이 있다. 지금은 거의 읽히지 않게 된 그의 저서에 위에서 든 것과 같은 표제로 수록되어 있다. 그것은 짧은 문장에 지나지 않지만 다음과 같은 중요한 내용이 담겨 있다.

"어떻게 하면 책략 없이 악과 싸우면서 세상을 살아갈 수 있을까."

(1) 우선 그(즉 그러한 행동방식을 시도하려 하는 자)는 세상의 온갖 '행복을 만드는' 일을 티끌만큼도 생각해서는 안 된다. 엄격하고 굳세게, 공명정대한 길을 걷고, 두려워 말며, 또한 자신의 처지를 돌아보지 말며 의무를 다하고, 어떠한 행위도 개인적인 욕심으로 더럽혀지는 일이 없도록 마음을 청결히 유지해야 한다.

모름지기 정의와 공정에 관한 한, 일의 크고 작음과 중요도를 따져서는 안 된다.

(2) 두 번째로 청렴결백을 유지하려면 세상에서 빛을 내려는 욕망을 버리고 천박한 허영심과 마음을 어지럽히는 명예욕, 권력욕을 버려야 한다. 사람들은 끊임없이 그러한 욕망에 휩싸여서 사회의 무대 위에서 온갖 어리석은 짓을 하고 있다. 그 때문에 함께 일하는 상대나 동료에게 깊은 상처를 입히고, 가장 강직하고 순결한 덕행, 아니 가장 훌륭한 덕행조차도 다스리지 못하는 심한 욕망에 사로잡히게 된다. ……

(3) 세 번째, 그러한 마음의 소유자는 그저 자기의 의무가 요구하는 경우에만 사회의 무대에 서야 한다. 그 밖의 경우에는 한 사람의 은자로서 가족과 몇몇 친구 속에, 책 속에, 정신의 왕국 속에서 살지 않으면 안 된다.

이렇게 함으로써만 사람들이 그것 때문에 날마다 정력을 쏟아가며 악착을 떨고, 하찮은 일 때문에 타인과 충돌하는 번거로움을 피할 수 있다. 또 이렇게 해야만 그의 독특한 생활방식을 세상이 허락한다. 그는 실제로 사람들 사이에 자리를 차지하지 않으며, 자기의 가치로 세상을 압박하는 일 없이, 의무를 다한 뒤에는 물러나서 다시 조용히 살고 싶다는 염원 이외에 바라는 것이 없기 때문이다.

그런데도 여전히 그가 남에게 질투심을 일으키게 하고 증오심을 부른다면, 그것은 모두 비난자가 스스로 공표하기를 달가워하지 않는 일, 적어도 그의 코 앞에서 드러내놓고 비난할 수 없는 일에 근거한 것이다.

그러므로 이 경지에 도달한 사람은 이 세상에서 많은 것들을 성취할 것이다. 그가 생각지 않았던 것, 목적으로 의도하지 않았던 것도 저절로 성취할 것이며, 마침내는 세상 사람이 넓은 의미에서 행복이라 부르는 것마저 얻기에 이르리라. ……

(4) 다음과 같은 사람의 얘기를 덧붙이고자 한다. 그는 모든 자의적이고 개혁적인 의욕과 그러한 조짐에 대하여 엄격하게 경계해야 한다. 단순히 의견만을 가진 사람들과 의견에 관해 다투어서는 안 된다. 자신의 일을 그저 조용히 마음속으로 깊이 생각하고 반성하지 않으면 안 된다.

나는 내 힘과 소질이 허락하는 한 내 성격과 정신을 펼쳐 왔다. 더구나 그것을 진지하게, 나아가 성실하게 수행했으므로 세상 사람들이 행복이라 부르고 번영이라 일컫는 것을 저절로 얻었다.

나는 자신을 타인보다 훨씬 혹독하고 가차없이 관찰하고 다루어 왔다. …… 나는 결코 연기를 하지 않았다. 또 연기를 하고자 하는 마음도 생기지 않았다. 나는 늘 내가 획득한 성격을 거리낌 없이 드러내 왔기 때문에, 지금은 내가 변하거나 나와 다른 행동을 할지도 모른다는 걱정을 전혀 하지 않게 되었다. 사람은 더 이상 자신을 유혹할 염려가 없어졌을 때에만 타인의 유혹에 대해 안전할 수 있다. 많은 직무가 나에게 맡겨졌다. 그러나 나는 그 직무들을 다한 뒤에는 남은 시간을 깊은 고독과 최대한의 절제 속에서 지냈다.

＊ ＊ ＊

특히 정치적 삶을 영위하는 사람에 대해 중요한 체험록을 쓴 저자는 이것에 아무런 철학적 기초도 부여하지 않았다. 그는 단지 자기의 변화무쌍한, 반쯤 모험적이기까지 했던 경력[1]의 결론으로서 이것을 쓴 것이다. 그래서 이 문

---

[1] 프리드리히 막스 폰 클링거는 1752년에 마인 강가에 있는 프랑크푸르트의 한 가난한 가정에서 태어나 기젠에서 가까스로 대학과정을 마친 뒤에 떠돌이 연극단의 전속 작가가 되었다. 그 뒤에 바이에른의 계승전쟁 때 의용군으로 참가했으며, 이어 러시아의 파울 대공(나중의

장은 실생활과는 거의 관계가 없는 철학자나 신학자의 서재에서 나온 것보다도 우리에게 훨씬 큰 가치가 있다.

이 귀중한 체험록을 일부러 추상적인 것으로 바꿔 얕게 해보아도, 달리 우리들의 이해를 깊게 하지는 못할 것이므로 두세 가지의 순수하고 실제적인 주석을 덧붙이는 것으로 그치겠다.

제1절에 대하여— 진정한 의미의 이상주의는 분명 우리가 현실로부터 완전히 멀어져서 몽상의 세계에 틀어박힘으로써 현실을 속이거나, 일부러 현실을 무시하거나 하는 것에 있지 않으며, 오히려 보통 행해지는 것보다 한층 깊게 세계를 파악하고, 그것을 자신의 내부에서 극복한다는 점에 있다. 왜냐하면 우리들이 이미 하나의 작은 세계이고, 확고한 원리와 좋은 습관으로 먼저 이 작은 세계를 극복하지 않는 한, 어쩌면 세계를 극복하는 일은 불가능하기 때문이다.

클링거가 제1절에서 말하려 하는 것은 '성공'에 대해서인데, 성공에 관한 올바른 판단은 이상에서 자연히 생겨난다. 대단한 성공을 거두었다 할 만한 현

황제)의 선생 겸 여행 수행원이 되었고, 알렉산더 1세 밑에서 귀족 유년생도단, 황실시동(侍童)단 및 귀족여학교의 수장이 되었다. 또한 돌퍼트 대학의 관리자가 되었다. 이처럼 다양하고 어려운 지위를 맡아 배우, 왕자, 독재 군주, 귀족의 시동, 신분이 높은 집안의 딸들, 외교관이나 대학교수 등 대하기가 힘든 사람들과 교제하고, 특히 카탈리나 2세의 궁정처럼 완전히 부패하고 성질이 포악한 야심가로 가득 차 있는 궁정에서 늘 공명정대한 성품과 도덕적 용기를 굳게 지켰기 때문에 당시 사람들의 두터운 존경을 받았다.

괴테는 《시와 진실》에서 그에 대해 다음과 같이 말하였다.

"훌륭하고 강한 성품을 굳게 지켜간다는 것도, 그것이 세속적이고 실무적인 삶에서 여전히 지속되고, 많은 사람들의 눈에는 엄격하게, 아니 때로는 무리하게까지 보일 만한 방식으로 관습을 깨어 나가는 조치가 적당한 시기에 일어나 확실하게 그 목적을 달성한다면 그것은 점점 가치 있는 것이 될 터이니 클링거의 경우가 그러했다. 왜냐하면 그는 순종의 덕 없이 (그것은 원래 독일 국민의 타고난 덕목은 아니었다) 높은 지위에 오르고, 그 지위를 잘 지키며, 최고 비호자의 칭찬과 애호를 받아 계속 일할 수 있었다. 더구나 그는 결코 옛 친구들과 자기가 걸어온 길을 잊지 않았다."

또한 괴테는 만년에 클링거의 저술을 연구했다. 그러면서 "그것은 나에게 특이한 인물의 흔들림 없는 활동을 특히 강하게 상기시켰다"고 말하였다. 이와 같은 삶으로 시종일관하여 행복과 명예를 얻게 한 철학은 끝없이 존경받아 마땅하다.

독일 시인 가운데 클링거는 슈트룸 운트 드랑(질풍노도) 시대의 한 사람에 속한다. 사실 이 명칭은 그의 희곡 《슈트룸 운트 드랑》에서 유래한다. 그러나 그의 작품은 오늘날 거의 읽히지 않으며, 단지 문학사에 실려 있을 뿐이다.

대인 가운데 한 사람(티에르)은 그의 생애의 어느 시기에는 상당히 열심히 성공을 바라고 노력했지만, 다음과 같은 주목할 만한 말을 했다.

"주의(主義)를 내세우는 사람에게 성공은 아무래도 상관없다. 다만 빈틈없이 살아가려는 사람에게만 성공은 필요한 조건이 된다."

이 말의 의미는 달리 말하면 이러하다. 즉, 무사히 세상을 산다는 것을 보통 '성공'(좀더 적절하게는 프랑스어로 succes, 잘 되어간다는 뜻)이라는 이름으로 많은 사람들이 목표로 하고 있는 것과 혼동해서는 안 된다. 그것은 전혀 다르다. 성공을 목표로 살아가는 사람은 마음의 안정, 나와 타인에 대한 정신적 평화, 또한 많은 경우 자존심도 애초부터 단념하지 않으면 안 될 것이다. 인생에서의 참된 성공, 즉 인간으로서의 최고의 완성과 참으로 쓸모있는 활동에 도달하는 것은 때때로 외면적 실패를 필연적으로 수반하는 법이다.

즉, 클링거가 '세상을 산다'고 한 것은 마지막에는 승리를 거두는, 또는 대체로 승리를 거두었다고 할 만한 평생에 걸친 성실한 활동을 말한다. 이것은 용기 있고 정직한 사람만이 바랄 수 있다. 끊임없이 성공하는 것은 오직 겁쟁이에게만 필요하다. 아니, 우리는 한 걸음 더 나아가 이렇게 말할 수 있다. 즉, 일 자체가 중대한 의미가 있는 것일 경우, 성공의 최대 비밀은 실패에 있다고. 커다란 매력을 가지고 오랫동안 국민의 기억에 남을 만한 사람들은 결코 성공을 통해 이와 같은 위대한 인생의 목표에 도달한 것이 아니다.

시저나 나폴레옹만 하더라도 어쩌면 브루투스나 워털루의 패전, 세인트 헬레나섬이 없었더라면 그저 한 폭군으로서 역사에 전해졌을 것이다. 오를레앙의 소녀도 나라를 위해 목숨을 바치지 않았더라면, 활발하지만 흔한 보통 처녀에 불과했을 것이다. 한니발도 카르타고 전쟁에서 이겼더라면 한낱 아니꼬운 인간이었을 것이다. 수라 장군이나 아우구스투스 황제는 로마 역사상 가장 성공한 사람들이지만, 그들의 전기를 읽은 사람은 속으로 혐오의 감정을 억누르지 못한다. 워싱턴은 가장 인기 있는 영웅은 아니었다. 로버트 리 장군*[2]은 후세의 역사에서 명예의 영광에 싸여 빛나고 있지만, 율리시스 그랜트 장군은 그렇지 못하다. 또한 에이브러햄 링컨이 죽은 뒤에 그처럼 존경과 사랑을 받는 것도 그의 비극적인 최후 때문이다. 영국의 찰스 1세 같은 거짓된 배신자가 오

---

*2 미국의 남북전쟁 당시 남군의 장군. 패배해 북군의 그랜트 장군에게 항복했으나, 고결한 인격으로 국민의 존경을 받아서 나중에 워싱턴대학 총장이 되었다.

늘날 많은 사람들에게 존경을 받는 한편, 근대 역사상 가장 영웅적인 인물이었던 크롬웰은 오히려 미움을 받고 있다. 만약 크롬웰이 단두대 위에서 쓰러지고, 찰스 1세가 성공을 거두고 죽었다고 한다면, 그 역할은 반대가 되었으리라. 황제 프리드리히 3세의 일생도 한 예이다. 그리고 앞으로, 현대보다도 좋은 시대가 되었더라면 그것은 더 한층 좋은 예가 되었으리라. 이와 같은 실례 가운데서 가장 확실한 것은 그리스도의 십자가이다. 그리스도의 십자가는 당시의 사형대를 전 세계에 명예의 표시로 만들었고, 세계 제국인 로마마저도 이것 때문에 몰락했다. 그리스도교의 유례 없는 성공은 신학적으로가 아니라 그저 인간적으로 해석하더라도 당시 학자들이 만약 이 교리를 승인했더라면 가능했을 것 같지 않다.

인생의 참된 목적에는 모두 이와 같은 실패가 약간이나마 얽히는 법이다. 그러니 젊은 독자 여러분이여, 그대가 일상의 평범한 삶 속에서 자기의 일생을 잃지 않으려면, 실패를 각오하지 않으면 안 된다. 그러나 이와 같은 불운은 이제 불행이라는 흔한 이름을 지니지 않고 오히려 '십자가'라는 가시관을 쓰고 있는데, 이것은 분명히 관이어서 왕관으로서의 성질을 잃지는 않는다.

제2절에 대해— 여기서 우리는 '야심가'는 모두 그들이 바라는 진정한 목적에 도달하지 못한다는 말을 덧붙여도 될 것이다. 끊임없이 한 점을 향해 쏟아 붓는 인간의 주의와 정력이 이룩해내는 성과는 확실히 경탄할 만하다. 그 실례는 어디서나 눈에 띈다. 그러나 이런 사람들은 원래 부(富)나 명예, 권력이나 학식을 얻으려는 것이 아니라 그러한 자격을 행복을 얻기 위해 없어서는 안 될 전제조건으로 생각한다. 부로 인해 행복해지기는커녕 불행을 느끼게 되리란 것을 누군가가 그들에게 충분히 납득시켰더라면, 그들은 십중팔구 그러한 노력을 하지 않았을 것이다. 그들이 기어오르려는 사다리의 아래 칸에 있을 때는 윗칸에 선 사람에 대한 질투에 휩싸인다. 이 질투는 감정 가운데서 가장 꼴사나운 법이며, 자기 눈에도 자신이 지독히 비열하게 보인다. 또한 그들이 조금 위쪽으로 오른 다음에는 다시 밑에서 뒤따라오는 자에 대한 공포심으로 끊임없이 괴로워한다. 그들은 경쟁자가 생각하는 것, 꾀하는 것을 경험상 잘 알고 있기 때문이다. 당파를 조직해 자기 신변의 안전을 도모하려 해도, 그 사람들 속에서 배신자가 나와서 낙오할 듯한 사람을 떨어뜨

릴지도 모른다.

그래서 그런 계속적인 불안감을 향락으로 얼버무리려 하다가는 그로 인해 자기의 지위를 지키기 위해 가장 필요한 자격을 잃게 된다. 게다가 성공의 기회도 그리 흔할 리는 없다. 10명의 야심가 가운데 기껏해야 하나 정도가 바라던 목적을 이루는 데 불과하다. 더구나 그런 '행운아'도 살아 있는 동안에 그 행복을 누리지 못하는 것이 보통이다. 그러한 예는 날마다 어떤 신문에든 나올 정도로 많기 때문에 구태여 여기에 인용할 필요는 없을 것이다.

이미 고대 이스라엘의 한 예언자는 이러한 보통의 삶과 노력의 결과가 결코 만족을 주지 못한다는 것을 고전적인 말로 기술하고 있다.

"너희가 지금 어떻게 살고 있는지 생각해 보아라. 너희가 농사는 많이 짓지만 거두는 것은 별로 없다. 너희가 먹기는 해도 배부르지 않다. 마셔도 만족하지 못한다. 입어도 따뜻하지 않으며, 많은 임금을 받아도 찢어진 자루에 넣어두는 것과 같다."[*3]

이기적인 노력보다 더 사람을 지치게 하는 것은 없다. 그때에 나오는 힘이란 병이 났을 때 오르는 열과 다를 바 없으며, 그것은 힘의 원천을 집어삼킨다. 끊임없이 새롭게 하는 건전한 힘은 어떤 크나큰 목적을 위해서 하는 비이기적인 활동에서 생겨나는 법이며, 이러한 경우에만 세상 사람들로부터 정당한 도움을 받을 수 있다. 이것이 어떤 사람들은 줄곧 일하고 몸보신도 않는데 건강을 잘 유지하고 오래 사는 데 반해, 어떤 사람들은 일년 내내, 아니면 반년을 쓸데없이 온천탕에서 살아야만 하는 이유이다. 현대의 많은 '신경증'적 증상은 대부분 이러한 원인에서 생겨난 것이며, 단지 정신과 의지를 건전하게만 하면 낫는다.

제3절에 대해— 어느 정도 고독을 사랑하는 것은 차분한 정신의 발전을 위해서도, 또 참된 행복을 위해서도 절대적으로 필요하다. 인생의 어떠한 우연에도 좌우되지 않고, 실제로 도달할 수 있는 행복은 어떤 커다란 사상으로 살면서 끈질기고 착실하게 일을 계속하는 삶 속에서 발견되는 법이다. 이것은 자연히 무익한 '사교'를 배척하는 것이 된다. '그 밖의 것은 모두 공허하고 무의미하

[*3] 학개 1장 5·6절 참조.

다.*4 이러한 방식에 의해서만 사람은 차츰 '기분'의 지배에서 벗어나며,*5 이제는 타인을 거의 의식하지 않고, 그들의 의견이나 기호의 변화를 평온한 마음으로 바라볼 수 있게 된다. 그리하여 자기의 기호에 관한 한, 그리고 자기 직업의 의무에 반하지 않는 한, 사람들 사이에서 존중받기를 바라기보다는 오히려 그것을 피할 수 있다.*6

제4절에 대해— 이 마지막 절에는 클링거 인생 철학의 개요가 들어 있다.

---

*4 알다시피 괴테는 이 글에서 진실한 것은 '사물에 대한 관심'이며, 그 밖의 것은 '단지 공허하고 무의미하다'고 말하고 있다. 그러나 이 사상이 완전히 옳은 것이려면 '사물'이 의미하는 바를 더 정밀하게 규정할 필요가 있다고 생각한다.

*5 행복하게 살려는 사람은 무엇보다도 자기의 '기분'에서 완전히 벗어날 필요가 있다. 실제로 인간의 마음이란 자신을 아는 사람이라면 누구나 경험하듯 "어떤 때는 기고만장한가 하면 순식간에 의기소침해지는" 전혀 종잡을 수 없는 것이다. 그래서 금세 변하기 쉬운 마음의 지도(地圖)를 따르기보다는 오히려 우리의 마음 상태가 평정한 때에 자기의 사상과 행동으로 정한 원리원칙을 따르는 편이 좋다. 마찬가지로 타인과 교제할 때에도 그들의 기분을 그다지 높게 평가하지 말고, 계속 지속되는 성격만을 고려하는 편이 진정한 처세술이다. 여하튼 순간적으로 결정했다가는 불행한 결과를 낳을 듯한 지극히 힘든 사건에 맞부딪쳤을 때는 침묵을 지키든지 아니면 '글쎄 어떨까요, 생각 좀 해보겠습니다'라는, 어느 쪽에도 기울어지지 않는 판단 방식으로 부드럽게 말하는 편이 오히려 사건의 해결에 도움이 되는 경우가 많다. 이와 같은 마음의 깊은 고요함, 이른바 표면의 얕은 움직임과 반대되는 깊은 평정함은 경험에 비추어 보아도 분명한 의무가 있는 한 결코 굳센 행동을 방해하지 않고, 변하지 않는 결심의 원천이 되는 법이다.

이상은 물론 주로 친구끼리의 교제에 관한 것이다. 그러나 적은 어떻게 다루어야 할 것인가(그들의 방식으로 이에는 이를 드러낼 것인지, 아니면 나의 방식으로 적어도 증오나 복수심 없이 이에 대응할 것인지). 이 점에 대해서는 의로운 사람들 사이에서조차 의견이 분분하다. 그러나 대체로 이렇게 말할 수 있다. 즉, 진심으로 하느님을 믿는 사람은 결코 심하게 적을 두려워하는 일이 없지만, 하느님을 믿지 않는 사람은 적을 두려워하는 법이다. 인간에 대한 공포와 신에 대한 외경은 같을 수 없다. 신앙이 없이는 모든 사람에게 관용과 단호한 태도로 대하는 것은 불가능하다.

*6 이 마지막의 것이 인간의 행복에 있어서 중요한 점이다. 그러나 이것이 올바른 형태로 행해지는 경우는 극히 드물며, 많은 사람들은 무수한 경험에도 불구하고, 또 그리스도의 지극히 명료한, 아니 오히려 엄격하다 해도 좋은 말(누가복음 16장 15절, 12장 29절, 고린도전서 1장 26~28절, 갈라디아서 2장 6절 참조)에도 불구하고 여전히 경건함과 부귀영화의 감정이 연결될 수 있다고 믿는다. 참으로 놀랄 만하다. 성서의 이와 같은 적극적인 말을 완전히 무시하는 사람들이 그리스도가 한마디도 언급하지 않았던 사형이라든지 음주의 절대 금지, 또는 그와 비슷한 중요하지 않은 일에 열중하는 것이다.

사람의 인생 경험은 자세히 들여다보면 각기 다른 것처럼 보이지만 대체적으로는 모두 비슷하다. 일부는 신분의 상하를 불문하고 의식적으로 또는 무의식적으로 동물적 생존을 계속할 뿐, 짧은 일생 동안 생리적 자연이 요구하는 길을 걸으면서 다른 어떤 사명도 자각하지 않는다. 그러나 어떤 사람들은 마음을 채우지 못하는 인생관에서 벗어날 길을 찾는다. 이렇게 뭔가 좀더 나은 것을 추구하는 사람들의 인생 행로를 단테는 《신곡》 제1장에서 아름답게 묘사하고 있는데, 이와 같은 발전은 위대한 사람들의 내적인 삶을 이야기할 때 늘 좋은 화제가 된다. 세속적 삶에 대한 불만, 좀더 나은 것에 대한 동경이 그 출발점이 된다. 여기서 이성이 미로의 출구를 원하며, 마침내는 '바쁘게 다니느라 지쳐서' 평화에 도달하기 위해 어떠한 대가를 치르더라도 세속의 길에서 벗어나려고 결심하게 된다. 그렇게 결심했을 때, 사람은 자기가 구원을 받았다고 생각하고 바른 길에 도달하는 것에 따르는 내적인 편안함을 느낀다. 그는 분명 진정한 의미에서도 바른 길에 다다른 것이다. 왜냐하면 그가 지금까지 자기의 의지로 거역해 왔던 새로운 정신적인 힘에 대항해, 지금은 순수하게 마음을 열고 그 영향을 수용하게 되었기 때문이다.

그러나 지금, 실제로는 제2의 단계로서 사도 바울이 말하는 옛 사람과 새로운 사람*7과의 사이에 오랜 세력 다툼이 시작되게 된다. 이미 옛 사람과 새 사람 둘 다 사람의 내부에 현존하기 때문에, 새 사람이 어중간하게 끝나지 않도록 충분히 길러낼 필요가 있다. 그러나 좀더 나은 것을 바라고 노력하는 사람들도 대부분 제2의 단계에 머문다. 이것이 곧 인생의 바른 길을 가고자 하면서도 타인에게 감화를 끼치는 일이 충분하지 못하며, 인간관계를 향상시키는 데 그다지 도움되지 않는 이유이다. 하기야 인간관계의 향상 같은 것은 보통 그다지 중요시되지 않기 때문이기도 하지만 말이다. 정신생활의 제3의 단계가 실현되었을 때 비로소 모든 인간관계가 올바른 질서를 찾아낼 것이다.

이 제3의 단계야말로 참된 결실을 맺는 단계이며, 정신적 왕국을 세우는 공동작업이다. 그리고 이 왕국은 어쩌면 광대한 건축물에 비유되거나, 또는 엄격한 군무와 비교되는 것이 보통이다. 개인에게 만족을 주는 상태는 오직 이것뿐이다.

---

*7 에베소서 4장 22·24절.

사람은 단지 자신만을 위해서 살며, 아무리 고상한 의미라 하더라도 자기 수양에만 전력하는 동안에는 얼마간 이전의 이기주의에 씁쓸함을 떠올리게 되거나, '인간은 노력하는 만큼 방황하는 법'이라고 한 괴테의 말이 의미하는 마음속 어두운 그늘을 느끼는 법이다. 이러한 자신을 위한 노력은 언젠가는 그만두지 않으면 안 된다.

　"진리를 추구하는 영원한 노력이 진리를 소유하는 것보다 낫다"고 한 레싱의 유명한 격언보다 더 진실하지 못하고 아무런 위로도 되지 않는 것은 없다. 그 것은 마치 영원히 목말라 하거나 영원히 얼어 있는 편이, 갈증을 풀 샘을 찾거 나 만물을 길러내는 햇빛을 쬐는 것보다 감사하다고 주장하는 것과 마찬가지 로 불합리하다.

　이처럼 종교적인, 또는 철학적인 불안과 반대되는 상태는 언제나 심리적 만 족을 느끼고 힘이 넘치는 상태이다. 다만 그 힘은 겸허한 마음, 그리고 자기 만 족을 완전히 내다버린 마음 상태로 나타나며, 어떠한 자연적 고난에도 견딜 수 있는 법이다. 이것이 어쩌면 인간 존재가 도달할 수 있는 최고의 단계일 것 이다. 물론 이 행복을 누구에게나 이해시키는 것은 불가능하다. 늘 자기 일만 을 생각하지 않아도(로테가 '내 일에는 마음을 쓰지 않는다'고 한 것처럼) 되며, 꼭 눈에 보이지 않더라도 어떤 효과가 반드시 있다는 확신을 가지고 차분히 자기 일에 정진하는 곳에 이 행복이 있다. 그 길을 벗어나지 않고 계속 걸어갈 용기는 제3단계에서는 이제 예전처럼 열에 들뜬 상태에도 견딜 수 있을 만한, 그리고 두세 경우에는 실제로 발열을 수반한 어떤 흥분상태가 되어서는 나타 나지 않는다. 오히려 겉보기에는 아주 냉정한 모습을 보인다. 이것은 마치 움직 이지 않는 중심점(나의 길과 운명에 대한 흔들림 없는 신뢰)과도 비교될 수 있으 며, 모든 일, 특히 타인의 비평 따위에 조금도 동요하는 경우가 없다.

　지금까지 말한 것은 똑같은 경험을 하지 않은 사람에게는 얼마간 공상처럼 들리는 결점이 있다. 그 때문에 청년 교육에 즈음하여 이와 같은 얘기가 나오 지 않는다고 해서 심하게 탓할 수는 없다. 왜냐하면 이런 일에는 확실히 공상 이 끼어들 소지가 많고, 또한 적어도 불순하다고 하는 것은 매우 잘못된 길로 이끌 우려가 있기 때문이다. 오직 공명정대한 사람에게만 하느님은 허락하신 다. 클링거는 확실히 그런 사람 가운데 하나였다.

그러므로 이러한 것들 모두가 '이상주의'라 불리는지 어떤지는(다만 영리한 사람들은 처음부터 그렇게 함으로써 문제를 깨끗하게 정리하지만) 미정으로 놔두자. 어쨌든 이 주의는 굳게 믿어 흔들리지 않는 사람들에게는 세상에서 행해지고 있는 인생관의 어떤 것보다 만족을 주는 것처럼 보인다. 적어도 이것을 확신하려면 많은 역사적 지식도, 또는 인생에 대한 특별한 통찰도 필요치 않다. 그러나 우리가 걱정하는 것은 대다수 독자는 클링거보다 오히려 아그립바 왕*8을 따르고자 하리라는 것이다. 실제적 '성공'은 아그립바에게는 결코 약속되지 않았는데도 말이다.

　클링거 같은 사람들의 풍요로운 내적 삶을 독일의 어떤 시인은 다음과 같은 말로 잘 묘사하였다.

　　빛과 그림자는 항상 함께 있고,
　　잘못 또한 없지는 않도다.
　　그러나 안에서 빛나는 광명은
　　밖의 어둠을 밝게 하나니.

　　절실하게 완성을 염원하지만
　　이 세상에서는 끝내 얻지 못하리니.
　　그런데도 완성만을 구하기를 그치지 않는 자는
　　그 영혼에 평화를 얻지 못하나니.

---

*8 사도행전 26장 28절.

좋은 습관

신중한 사람이라면 누구든지 자기가 수양을 하거나 남을 교육하는 경우에 늦든 이르든 한 번은 반드시 겪어야 하는 중대한 경험이 있다. 바로 모든 행위, 아니 한 걸음 더 나아가 모든 사상을 떠올렸을 때는 이미 유형적인 인상이 뒤에 남아서 뒤이어 일어날 똑같은 행위나 사상을 쉽게 하며, 만일 같지 않다면 그것을 곤란하게 하는 경향이 있다는 것이다.

"악은 언제나 악을 낳는다. 이것이 바로 악의 저주이다."(실러)

마찬가지로 선행에 반드시 뒤따르는 주된 대가는 선은 언제나 선을 낳으며, 그래서 그 선행자에게 언제까지나 계속해서 이익을 가져다 준다는 것이다.

한번 일어난 일은 더 이상 되돌릴 수 없다는 사실은 참으로 두려운 것이다. 이것은 늘 인간생활의 비극적 배경이 되어 있다. 우리가 아무리 믿지 않고, 또 인정하고 싶지 않아도 한번 일어난 일은 영원히 그대로이다. 그러므로 진실의 역사도 언제나 뚜렷하게 비극적인 성격을 띠지, 결코 축복과 원만으로 끝나는 희극은 아니다.

그러나 일단 인생을 이와 같이 진지하게 생각하기 시작한다면 누구든지 금세 깨닫겠지만, 중요한 문제는 그저 사상이나 신앙이 아니라, 다시 말해 인간의 영혼에는 닿은 적도 없는 외면적인 신앙고백을 하는 것이나 그저 교회에 소속해 있다는 것이 아니라 정말로 중요한 것은 습관의 문제이다.

교육의 목표는 선한 성향을 지닌 인간을 길러내는 것이다. 언제라도 선과 악을 잘 생각해서 선택한다는 것으로는 충분하지 않다. 인간에게 휘몰아치는 감정은 그렇게 할 짬이 없다. 오히려 이것저것 생각하지 않더라도 그 자리에서 선을 실행하는 성향이 있어야 한다.

이상적인 삶이란, 선은 습관적으로 분명히 행하며, 악은 그 사람의 본성에 반하기 때문에 대부분 육체적으로 불쾌하게 느끼는 그런 삶이다. 이렇게 되지 않는 한, 모든 덕이나 신실(信實)한 마음은 아직 좋은 의도에 머물 뿐이며, 실제로는 선의 길로 통하는 것과 마찬가지로 악의 길로도 쉽사리 통한다.

그렇다면 삶의 가장 좋은 습관이란 어떠한 것인가. 그 가운데 두세 가지를 굳이 체계를 세우지 않고 기술하고자 한다. 왜냐하면 오늘날의 사회는 '체계적'인 도덕론에는 얼마간 질려 있으므로 순수하고 실천적인, 그리고 경험적인 말이 오히려 사람들의 주의를 쉽게 끌리라고 생각하기 때문이다.

(1) 가장 중요한 규칙은 소극적으로 나쁜 습관을 버리려 노력하기보다는 평소 좋은 습관을 기르도록 힘써야 한다는 것이다. 왜냐하면 내적 삶에 있어서도 그저 방어적이기보다는 공격적인 편이 정신적으로 훨씬 즐겁기 때문이다. 즉, 공격적이라면 승리할 때마다 기쁨을 느끼지만, 단순한 방어는 쓸데없이 많은 힘을 소모할 뿐이기 때문이다. 이 경우에 중요한 것은 언제든지 행동으로 나설 수 있는 결심이다. 개인의 삶의 행로에 대해서도 볼테르가 국가에 관해 했던 말이 딱 들어맞는다. "내가 보는 바로는 모든 사건은 성패의 한순간에 달려 있다."

(2) 두 번째로 공포심을 갖지 말라는 것이다. 이것을 강한 종교적 근거 없이도 얻을 수 있는지는 여기서 깊이 연구할 생각은 없다. 공포라는 감정은 인간의 감정 가운데서 가장 불쾌한 것이며, 그래서 이 습성에서 벗어나지 않으면 안 될 뿐만 아니라 가장 쓸모없는 감정이기도 하다. 두렵다고 해서 그 두려워하는 일이 일어나는 것을 막지는 못하며, 오히려 그에 대항하는 데 필요한 힘을 미리 써버리게 된다. 우리가 인생에서 마주치는 대부분의 일은 결코 멀리에서 바라보는 것만큼 그렇게 두려운 것이 아니며 견딜 수 있는 일이다. 특히 인간의 상상력이, 고통이 지속되는 것을 실제보다 훨씬 크게 그리고 오래 상상하는 것이다. 뭔가 힘든 일이 일어났을 때는 그것은 3일 동안 계속될 뿐 그 이상 이어지지는 않는다고 미리 생각해 두면, 대개는 그것이 맞아 들어가거니와 어쨌든 한층 침착하게 임할 수 있다.

철학적인 근거에 입각해 가장 좋은 공포 예방법은, 모든 공포는 우리의 내부에 뭔가 옳지 않은 것이 있다는 증거라고 확신하는 것이다. 그것을 찾아내

제거하면 된다. 그렇게 하면 공포는 사라지는 법이다.

(3) 공포의 동기가 되는 것은 일반적으로 인생의 재물(財物) 문제이다. 그러므로 되도록 젊은 시절에 하찮은 것보다는 조금이라도 나은 것을 고르는 습관, 즉 양립하지 않는 두 가지 것을 동시에 바라지 않는 습관을 길러야 한다. 이른바 '실패한 인생'은 모두 이 두 마리 토끼를 동시에 쫓는 어리석음에서 시작된다.

우리의 견해에 따르면 사람은 자유롭게 인생의 목적을 선택할 수 있을 뿐만 아니라, 또한 진지하게 한 길로, 그리고 그것과 양립하지 않는 기타의 모든 노력으로 얻으려 한다면 무엇이든지 얻을 수 있는 법이다. 사려 깊게 행동하면 쉽게 도달할 수 있는 최상의 인생 보물은 견고한 도덕적 확신, 훌륭한 정신적 교양, 사랑, 성실, 일에 대한 능력과 일의 즐거움, 심신의 건강, 그리고 알맞은 정도의 재산이다. 그 밖에는 가치가 없거나 아니면 이러한 것들과는 비교할 만한 가치가 없다. 이것들과 양립할 수 없는 것이 부(富), 커다란 명예와 권력, 그리고 끊임없는 향락이다.

이 세 가지의 것, 즉 금전, 명예 및 향락은 보통 사람이 가장 많이 추구하고 때때로 쉽사리 손에 넣기는 하지만, 언제나 다른 보물을 버림으로써만 얻는 것이 가능하다. 오히려 우리는 신속하게 결단을 내려서 마음속에서 그것들을 물리치고 다른 보석으로 바꿔 놓아야 한다. 그렇지 않는다면 종교적 혹은 철학적 기초에 바탕한 내면적 인간의 교육 따위를 논하는 것은 무의미하다. 모든 것은 겉치레가 되고, 이도 저도 아닌 것이 되며, 위선이 된다. 그러나 가장 우수한 사람들조차도 그들의 결심이란 대개 어쩔 수 없이 그때 그때 하는 단편적인 체념에 불과하다. 한 번은 반드시 그렇게 해야만 한다는 것을 미리 각오하고, 영원히 사라지지 않는 괴로움을 대신해 결연하고도 신속한 결심을 젊은 시절에 하는 현명한 사람은 거의 없다.

(4) 명예나 온갖 향락만을 좇는다면 그 사람은 결국 제3자에게 종속된 노예가 되고 만다. 따라서 우리는 사랑으로 이것을 대신해야만 한다. 사랑은 명예나 향락과는 달리 언제라도 우리가 자유롭게 다룰 수 있는 것이다. 이렇게 대신할 것이 없었다면 마태복음 12장 43~45절에 기록되어 있듯이 두렵고 참기

힘든 공허함만이 남게 될 것이다.

우리는 어떠한 대가를 치르더라도 자신을 위해 습관적으로 모든 사람들을 사랑하도록 노력해야 한다. 사람들이 사랑할 가치가 있는지 없는지를 묻지 말고 말이다. 왜냐하면 그 가치를 정확히 판단하기는 매우 힘들기 때문이다. 뭐니 뭐니 해도 인생은 사랑 없이는, 특히 청년시절이 지난 뒤에는 더욱 비참한 법이다. 냉담함은 쉽사리 증오로 변하고, 이것은 인간의 생존에 심한 독을 끼친다. 또 삶이 죽음보다 못한 것으로 생각된다.

미워해야 할 것은 어디까지나 사물이지 인간이 아니다. 선악을 판단해 공정함을 잃지 않는 것은 너무도 힘든 일이다. 공정하지 못한 판단은 언제나 잘못 판단한 그 사람을 가장 강하게 괴롭히는 법이다.

여러분은 이론적으로든 경험에 의해서든, 무엇에 의해서도 사랑을 등한히 해서는 안 된다. 또한 사랑할 가치가 있는지 어떤지를 문제삼아서도 안 된다. 이것이 늘 마음의 평화를 유지하고, 사람이 보통 싫어하게 되는 사물이나 인간에 대해 줄곧 관심을 갖는 유일한 수단이다.

아울러 사랑은 상당히 영리하다. 사랑은 스스로 욕심내지 않으며, 모든 악인을 속인다. 그러나 친애하는 독자여, 만약 여러분이 시인과 함께 다음과 같이 하고 싶다면 한동안 그렇게 해보는 것이 좋다.

> 나를 사랑하는 사람을 사랑하고
> 나를 미워하는 사람을 미워한다.
> 나는 늘 그렇게 해 왔으니
> 새삼스레 그 길을 버릴 생각은 없다.

백문(百聞)이 불여일행(不如一行)이다. 그러나 여러분은 많은 미움과 만나고, 사랑과는 아주 조금밖에 만나지 못하리라.

(5) 위에서 들었던 것 가운데 특히 마지막의 어중간한 도중하차는 안 된다. 오히려 모든 잔꾀를 버린 전면적인 결심만이 효과가 있다. 그러나 습관은 그와 반대로 커다란 습관을 지탱하는 것이다. 말하자면 그것을 가능하게 하는 자잘한 많은 습관이 있다.

그러한 작은 습관 가운데 하나는 복음서가 이미 권하고 있는 것, 즉 '죽은 이를 장사지내는 것은 죽은 이에게 맡기는 것이 좋다'*¹이다. 매장은 죽은 사람이 가장 잘 할 수 있는 일이며, 우리는 오히려 하찮은 일에 나서거나 악과 싸우는 일을 피한다면, 그저 파괴하는 일 대신에 뭔가를 건설할 수 있다. 파괴는 애초 건설한 자에게만 부여되어야 할 기념비를, 많은 위대한 파괴자가 얻는 것만큼이나 필요한 것이기는 하지만 언제나 종속적이다.

(6) 그러나 우리는 결코 타인에게 속아서는 안 된다. 그것이 비록 겉보기에 그런 것뿐이라 하더라도 안 된다. 오히려 교활한 자들에게 우리가 언제나 그들의 생각을 꿰뚫어보고 있으며, 그들이 애초 무엇을 원하는지를 알고 있다는 것을 보여주어야 한다. 이와 같이 타인의 마음을 읽는 것은, 눈을 멀게 하는 이기주의에 빠져 있지 않다면 누구나 할 수 있는 일이다.

그러나 이런 필요한 방위와는 달리 전체적으로는 타인을 선의로 해석하고 그 사람에게 선이 있음을 가정하고 대하는 편이 훨씬 유리하다. 그러면 그들도 또한 그렇게 되려고 노력하고, 그로 인해 실제로 좋아질 뿐만 아니라 우리도 불쾌함을 느끼지 않아도 된다. 분명히 악인임을 알 수 있는 사람과의 교제는 정신적으로 해로우며, 신경이 날카로운 사람에게는 불쾌함으로 인해 몸에 손상을 가져오기도 한다. 요컨대 그것은 여러 의미에 있어서 건강하지 못하다.

(7) 악을 혹독하게 꾸짖거나 비난할 필요는 없다. 대부분의 경우 악이 폭로되는 것만으로 충분하다. 그렇게 되면 그 사람은 겉으로는 반항을 하더라도 반드시 양심의 가책을 받게 마련이다. 그러므로 우리가 비난해야 할 사람과 이야기할 때는 냉정하게, 감추지 말고, 또한 구태여 부드러운 표정을 보이거나 할 것도 없고, 그저 깨끗하게, 인간적인 노여움 없이 말해야 한다. 분노가 상대를 나아지게 하는 경우는 거의 없기 때문이다.

(8) 깊은 애정 없이는 덕이 있는 사람이라도 무료해지기 십상이다. 신교도에게 자주 있는 타입인데, 예의는 바르더라도 마음속으로는 생각이 다른 사람에

---

*1 누가복음 9장 60절.

대해서는 애정이 없는 사람들이 특히 청년의 마음에 얼마나 강한 혐오감을 일으키는지는 가늠할 수 없을 정도이다. 청년들은 때때로 이와 같은 차가운 도덕의 표본 같은 사람과 사느니 방탕자와 함께 사는 것을 훨씬 좋아한다.

(9) 모든 사람에 대하여 한결같이 친절하기는 불가능한 일이라고 생각할지도 모른다. 좋다. 그렇다면 처음에 구별해도 상관없다. 그러나 세상의 약자, 즉 가난한 사람, 부족한 사람, 교양이 없는 사람, 어린이(동물이나 식물마저도)를 먼저 생각해야지, 훌륭한 사람들을 앞세워서는 안 된다. 특히 그대의 '겸손한 태도'에 대한 감사 따위를 바라지 말고, 그들의 사랑을 자신의 사랑과 마찬가지로 존중한다면 그대는 행복감을 느낄 것이다.

처음부터 분명하게 냉정한 태도를 취해야 하는 것은, 우선 남을 감복시키고 싶어하는 사람, 다음에는 모두에게 '알고 지내는 사이'가 되고 싶어하지만 자기의 호기심을 채우기는 해도 허영심을 채울 수 없다는 것을 알면 바로 팽개쳐버리는 문명적 식인종 계급이다. 마지막으로는 귀족, 부자, 그리고 '귀부인'에 대해서인데, 이들 세 계급의 사람들은 친절한 사랑을 언제나 오해하기 십상이다.

우리는 이러한 작고 좋은 습관을 좀더 많이 들 수 있을 것이다. 만약 독자가 그러한 것이 좀더 많이 있다고 해도 우리는 그것을 조금도 이상하게 생각하지 않는다. 오히려 위에서 든 여러 항목에 덧붙일 것을 권한다.

여러분도 쉽게 알 수 있듯이 좋은 습관의 완전한 목록을 미리 만드는 것보다 하나의 좋은 습관부터 실제로 시작하는 것이 훨씬 효과적이다.

* * *

좋은 습관을 실천할 때의 어려움은 타고난 욕심을 제거하는 것이다. 지금까지 언급해 왔던 것은 아무도 의심하지 않겠지만, 그럼에도 불구하고 그것들의 실행을 실제로 방해하는 것이 바로 이 욕심이다. 누구든지 자기 자신을 아는 사람은 싸우지 않겠지만……, 누구나 좋고 나쁘다는 점에서 두드러진 편견을 가지는 법이며, 이것은 때때로 글자 그대로 '미치광이 짓거리'에 가까운 데가 있다. 이것은 하나의 힘으로 제거되어야 한다. 그리고 이것이야말로 모든 철학이나 종교의 문제이며, 오래전부터의 숙제이고, 더구나 새로 태어날 인간에 대하여 항상 새롭게 다음과 같은 문제를 던진다. "선과 올바름으로 사람들을 이끌고, 정신적으로 건강하게 하는 힘, 올바른 삶의 길에 반드시 필요한 이 힘을 어디서 찾아내면 좋을까."

그런데 이 점에 관해서는 잘 알려져 있다시피 오늘날에도 많은 다른 의견이 있다. 단테는 《신곡》 연옥편의 유명한 27장에서 올바른 길을 찾는 사람을 사려 깊은 이성을 통해 천국의 문으로 이끌 뿐만 아니라 불의 산꼭대기까지 데려가고 있다. 여기는 이미 지상의 삶에서 마지막 목적인 지상 낙원이 시작되는 곳이며, 그 이상의 탐구는 모두 쓸모없게 되는 장소이다. 그렇지만 이 점에서 우리는 중세의 대시인이자 철학자인 단테의 크나큰 모순을 발견하게 된다. 즉, 천사가 세상의 영혼들을 대양을 넘어서 이 산의 기슭으로 데려올 뿐만 아니라, 다른 천사는 그 영혼들이 이미 '은총의 문'을 지난 다음에도 다시 돌아가려 하는 것을 몇 번이나 말려야 한다. 그리고 그 영혼들은 오직 하느님의 전능한 기적에 의해서만(따라서 안내역을 맡은이의 이성은 여기서는 매우 삼간다 하더라도 쓸데없는 역할을 연기하는 것에 불과하다), 다이아몬드 위에 앉아 있는 제3의 천사가 허락하지 않으면 아무도 그것을 넘지 못하는 지점에 도달한다.

그러나 그러한 윤리적 역학의 문제는 이 논문의 주제가 아니거니와 또한 자신의 경험 이외의 방법으로 근본적으로 이해할 수 있는지 알 수 없다.

자기 교육은 오로지 어떤 중대한 인생목적을 추구하며, 이에 반하는 모든 것을 멀리하려는 의지, 단호한 결심과 함께 시작되는 법이다. 그러면 뒤이어 저절로 능력의 탐구가 시작된다. 주저하지 말고 모든 길에서 이것을 찾고, 뒤이어 얻은 힘을 그 길이 옳다는 유일한 증거로 인정하려 결심한다면, 마침내 그 힘을 찾아낼 수 있다.

지속적이고 평온하며 윤리적 힘을 부여하지 않는 것은 참된 것이 아니다. 이와 같은 힘을 부여하는 것은 적어도 그 안에 어떤 진실을 반드시 간직한다. 이것은 인류를 위해 지금까지의 철학 이상으로 가치가 높은, 미래의 모든 철학의 첫머리를 장식할 명제이다. 이것 이외의 것은 인간을 올바른 길로 이끌지 못한다.

* * *

죽음은 삶의 고통을 끝나게 한다.
그러나 삶은 죽음 앞에서 두려워 떨고 있다.

생은 단지 죽음의 어두운 손을 볼 뿐
자기 앞에 놓인 술잔을 보지 않는다.

그와 같이 마음은 사랑 앞에서 두려워 떤다.
마치 몰락에 떠는 듯이.

그 까닭은 사랑에 눈뜰 때
어두운 폭군인 자아는 죽어야 하기 때문이니.
그대는 그를 밤새 죽게 하여
서광 속으로 자유롭게 걸어가라.

세상의 아들이 빛의 아들보다 지혜롭다

이 말의 진실성을 의심하는 것은 아니지만 이상주의에 대한 비난, 즉 이상주의는 이론으로서는 아름다울지 모르지만 실제로는 좀처럼 실행하기 힘들다는 소리를 자주 듣는 것은 다른 어떠한 것보다 이 말에 근거한 것임을 지적하지 않을 수 없다.

세상을 사는 지혜와 이상주의가 일치하지 않는 법임이 일단 명확해지면, 이 세상에 태어나서 살도록 숙명지워져 있는 사람의 대부분은 이 세상살이의 지혜를 반드시 필요한 것으로 선택할 것이다. 더구나 이상주의를 포기할 때는 유감스럽다는 듯 곁눈질로 그것을 흘겨볼 것이다. 지혜는 세상살이를 위해, 빛은 오직 저 세상을 위해서만 있다! 그래서 향락적 이기주의라는 암초를 원만히 넘긴 사람들이 이 걸림돌에 걸리는 것이다.

분명히 이 위험한 말*¹에 내포되어 있는 것은 이른바 세속적인 아들에 대한 충분한 인정이다. 그리스도의 말씀을 보더라도 그들은 일반적으로 직업적인 성직자나 바리새파 신자처럼 심하게는 다루어지고 있지 않다. 마태복음 21장 31절의 "세리들과 창기들이 너희보다 먼저 하느님의 나라에 들어가리라" 하는 말 같은 것, 즉 성서의 어디에도 세속적인 아들에 대해서는 쓰여 있지 않다. 그들은 대개 자기가 무엇을 추구하는지를 알며, 그 목적을 위해 근면과 인내로써 모든 장애를 극복하고 추구하려는 사람들이다. 이 점에 있어서는 '빛의 아들'은 적어도 초기 단계에는 그들에 미치지 못하는 경우가 많다. 세속적 아들은 또한 좀더 높은 것, 좀더 나은 것을 받아들일 능력이 없는 것이 아니다. 그들은 선한 씨앗을 뿌려도 아무런 소용이 없는 단단한 바위가 아니다. 다만 그 땅에는 다른 잡목이 우거져서 힘들여 씨앗이 싹을 틔워도 잘 자라지 못할 뿐이다. 여하튼 그들은 역사적으로 진리의 신봉자를 십자가에 매달거나, 화

---

*1 누가복음 16장 8절.

형에 처하거나 한 것이 자기들이 아니었다는 것을 정당한 이유를 들어 주장할
수 있다.

그러므로 우리가 세속적 아들이라고 했다 해서 그들을 일률적으로 악인이
라거나, 또는 덕이라 불리는 것에 대해 둔감한 사람들이라고 생각해서는 안
된다. 반대로 그들은 대개 겉보기보다 선량하다. 그 중에는 자기의 훌륭한 생
각을 일부러 감추고 있는 '역 위선자'도 적지 않다. 그들에게 결여된 것은 선량
해지려 하는 용기뿐이다. 즉, 윤리적인 세계질서라는 것이 있어서, 그것을 신뢰
하는 자를 도와 '생존경쟁'의 어려움을 확실하게 극복하게 해준다는 굳은 신념
이 없는 것이다. 그것을 실제로 보장한다는 것은 눈에 보이는 형태로 존재하는
것이 아니므로 어렵다. 반대로 세속의 길을 버리는 사람은 어쩌면 자기도 세상
에게 버림을 받아서 자기가 선택한 길이 과연 좀더 나은 길이었는지 의문스러
워하면서 앞으로의 삶을 보내야만 한다는 생각이 있다.

이 길을 단지 듣거나 입으로만 말하거나 하는 것이 아니라 실제로 직접 밟
아 왔던 사람들이 모두 그렇게 말하고 있다. 요컨대 세속의 아들이란 그저 보
통의 단순한 사람들에 불과하며, 그들은 이론적으로는 대단히 아름답고 숭고
해도 실제적으로는 가기 힘들 것 같은 길을 가기보다는 오히려 잘 알려진 보
통의 길을 가고 싶어하는 사람들이다.

'빛의 아들들'이 무엇인지를 설명하기는 더 힘들다. 복음서는 그에 관해 두
세 가지의 암시를 하고 있다. 예를 들면 요한복음 12장 36절, 17장 3절, 18장 37
절이 그것이다. 그러나 그러한 의미의 '빛'이란 대체 무엇인가. 그것의 원천은
어디에 있는가. 또 어째서 그 빛이 인간에게 들어오는 것인가. 여기까지 오면
우리는 이내 '우주의 일곱 가지 수수께끼'*2 가운데 가장 커다란 것 앞에 서게
된다. '인간은 어디에서 와서 어디로 가는가. 금빛 별 저편에는 누가 살까.' 일반
적으로 알기 쉽게 말하면 그저 이렇게 말할 수 있을 뿐이다. 빛의 아들들이란
심상치 않은 것에 대해 민감하며, 나아가 찾고 구하기를 그치지 않는 사람들
이다. 그들은 먹고, 마시고, 내일은 죽는다는 것 이외에 좀더 나은 것이 있기를
바라며, 이 그침 없는 바람과 의지에서 출발해 차츰 신앙으로, 그리고 마지막
에는 확신에 도달하는 사람들이다.

---

*2 뒤 부아레몽의 《우주의 일곱 가지 수수께끼》를 보라.

또한 빛으로 가는 길을 시사하는 것은 마태복음 5장 8절이며, 특히 누가복음 11장 36절도 있는데, 이것은 아직 아무도 제대로 해석한 적이 없다. 그러나 보통의 경우 이것 이상으로 논증을 진행시켜서는 곤란하다. 그렇지 않으면 세속의 아들들은 실제로 그것을 들을 용의가 없으며, 적어도 모든 것이 과장이라고 생각하기 때문이다. 쉽게 말해서 총독 펠릭스나 아테네인*³처럼 '다음에 다시 듣도록 합시다'라고 하는 것이 고작일 것이다. 그러나 그들은 선배들처럼 어쩌면 이런 불쾌하고 마음의 평화를 교란할 뿐인 '무엇 한 가지 확실한 결론이 나오지 않는' 논의가 다시 화제로 오르지 않도록 조심할 것이다. 유감스럽지만 종교를 가르친다는 것은 사실상 아무런 효과도 없는 일이다. 세상에서 종교라 불리는 것, 즉 본래 전혀 알기 힘든 것에 대한 믿음과 이 길의 선구자에 대한 사랑과 동경에 기초한 것, 이것은 실제로 가르칠 수 없다. 기껏해야 사람들에게 일종의 기초 지식을 주고, 혐오감과 고집스런 무능력을 없애고 가르침으로 그 기초 지식을 유지할 수 있을 뿐이다. 그러나 이렇게 무능력함이 나타나는 원인은 이상적인 것을 받아들이기를 거부하는 삶의 방식에 있을 뿐만 아니라, 그에 못지않게 종교를 하나의 교리, 아니 강의나 학습으로 배울 수 있는 일종의 과학으로 간주하는 견해이다.

그러나 여러분은 물을 것이다. 그러면 이러한 빛이 세상을 사는 지혜보다 나은 점은 어디에 있느냐, 세상살이의 지혜는 누가 뭐래도 확실하며, 다른 방법으로는 좀처럼 손에 넣지 못하는 인생의 보물을 획득하지 않느냐고 말이다. 대답은 이러하다.

빛이 훌륭한 점은 첫째, 사람은 빛에 의해 진리를 터득하고, 그로 인해 정신의 완전한 평화를 얻는다. 이 행복은 레싱이 "진리는 인간이 바라서는 안 되는 것이다"라고 했던 유명한 말에서 알 수 있다시피, 그러한 인생의 행복과는 거의 정반대이다. 즉, 뭐라고 형언하지 못할 참된 행복이며, 이것을 단 한 조각이라도 소유한 사람은 더 이상 이 땅의 어떠한 보물과도 그것을 바꾸려 하지 않을 만한 것이다. 왜냐하면 결국 중요한 것은 어떤 보물을 소유하느냐가 아니라 이것을 소유함으로써 행복을 느끼느냐의 여부이기 때문이다. 재산을 탐내는 자, 명예를 좋아하는 자, 향락에 빠지는 자도 역시 그들이 추구하는 것을 목적

---

*3 사도행전 24장 25절, 17장 32절.

으로 여겨 바라는 것이 아니라, 그들의 눈으로 보아서 목적을 위해 없어서는 안 될 수단으로서 그것을 바라는 것인데, 그 목적이란 역시 행복이다.

그러나 그들은 이 점에서 잘못 생각하고 있다. 그들은 바라는 것을 실제로 손에 넣더라도 마음의 만족을 얻지 못한다. 이것은 세계질서의 참된 숭고함 때문이며, 바른 눈으로 보는 사람은 반드시 이로써 세계질서라는 존재를 느낄 것이다. 그들이 바라던 것을 얻는 것, 즉 그들의 성공 자체가 그들의 벌인 것이다. 어쩌면 이것은 이해하기 힘들지도 모른다. 그러나 독자여, 다시 한번 이 이치를 깊이 생각해 보라. 이것을 우선 과학적 가설로 가정한 다음, 이것이 과연 참인지 아닌지를 인생에서 실제로 관찰해 보라. 이것이 실제 자연과학에서 가장 쉽게 진리에 도달하는 방법이다.

두 번째 이와 같은 진리의 영(우리는 '빛'의 뜻을 그렇게 해석해도 좋으리라)은 세상의 모든 영리함보다도 훨씬 영리하며, 이 진리의 영혼만이 세계의 진실의 법칙과 일치하기 때문이다. 그래서 이 영을 지닌 사람은 그다지 영리하지 않아도 세상을 잘 살아가며, 대개는 영리한 사람보다도 훨씬 능숙하고 원만하게 살아가는 것이다. 결국 그들은 양심의 불안 없이, 다시 말해 생존의 가장 커다란 기쁨을 괴롭히는 지극히 불쾌한 감정 없이 살아갈 수 있는 것이다. 여하튼 이들은 인간에 대해, 또 일어나는 일에 대해 초조와 공포, 걱정하는 마음을 갖는 경우가 적다. 이러한 종류의 감정은 그 사람들과 같은 마음의 소유 방식이 아니고서는 도저히 피할 수 없는 것이다.

마지막으로, 진리의 영을 가진 이들은 마음의 평화를 가질 뿐만 아니라 타인과도 평화롭게 지내는데, 이것은 인생을 끊임없이 고통스럽게 하는 분노, 증오, 질투하는 마음이 없기 때문이다. 이러한 마음에 따르려 하지 않고, 또한 따를 수 없는 사람들조차 사실은 같은 패거리보다도 이러한 '이상가' 쪽을 사랑하는 법이다. 또한 이상가의 행동이 어디까지나 진지하며, 단지 반대되는 것을 감추고 덮는 외투가 아니고, 남을 모욕하는 오만함을 수반하지 않는다는 것을 알게 된다. 이렇게 해서 플뤼에의 니콜라우스나 아시시의 프란체스코, 시에나의 카타리나, 또 가까이는 골든 파샤 등이 국민에게서 사랑을 받았으며, 그들의 삶을 꿈에도 따르려 하지 않던 수많은 사람들이 그들의 죽음을 깊이 슬퍼하고, 국민의 불행으로 여겼던 것이다. 그에 비하면 현대의 가장 성공한 정치가가 받는 존경 따위는 보잘것없는 것이다. 위에 든 사람들은 이 세상의 보배를 거의 모두 단념하고, 또 그것을 추구하는 경쟁도 버림으로써 그들 국민의 진실한 왕이 되었고, 인류 전체의 영웅이 될 수 있었다.

우리는 공포도 걱정도 없고 진리, 행복, 자기 자신과의 평화 및 모든 사람들과의 평화, 그들에게서 받는 성실한 존경과 친애, 이러한 것들이야말로 이 세상의 참된 보물이라고 생각한다. 이와 같은 보물에 비하면 많은 부나 명예, 외면적인 향락은 너무 가볍다. 설령 위에 든 것들의 효과가 마찬가지로 확실하며, 지금 말했던 공포라든가 걱정, 경쟁 같은 고통스런 첨가물 없이 그것이 실현될 수 있다 하더라도(실제로 그것은 결코 있을 수 없는 일이지만) 역시 마찬가지이다.

또한 이들 이상적인 보물은 확실하며, 누구나 가까이할 수 있다는 장점이 있다. 단지 우리는 그런 의욕을 가지면 되는 것이다. 다만 진지하게, 마음을 다해 이것을 바라지 않으면 안 된다. 섣부르게 이 세상의 지혜를 추구한다든지, 속세의 경쟁에 뛰어들지 말아야 한다. 그리하면 많은 증인이 자기의 체험으로 증언하고 있다시피 그 이상적인 보물들을 틀림없이 획득할 수 있다. 다만 단숨에 얻을 수 있는 것은 아니다. 대개의 경우, 한 번 내지 여러 번 인생 행로의 위기를 넘은 다음에야 비로소 도달할 수 있다. 이 위기는 사실 어떤 것보다도 죽음과 닮아 있으며, 거기서는 지금까지 가슴에 품었던 인생의 희망을 모조리 내던져야만 한다. 이것이 이 길에서 가장 힘든 점이다. 그 밖의 점에서는 이 인생의 길은 어떠한 세속의 길보다 훨씬 편안하고 유쾌하며, 또한 이 길을 가면 반드시 좀더 나은 동료와 만나게 된다. 이 길은 그리스도가 비유한 바와 같이 확실히 일종의 멍에이겠지만, 그러나 비교적 부드럽고 가벼운 멍에임은 직접 그 멍에를 써본 사람들이 예외 없이 증언하는 바이다.

겉으로는 그것이 어떻게 보이더라도, 이러한 삶의 마지막에 후회를 하고, 다른 길이 좀더 낫고 좀더 행복했을 것이라고 말한 사람은 지금까지 단 한 사람도 없다. 반대로 솔로몬 왕의 시대부터 지금까지 얼마나 많은 사람들이 보통의 처세술에서 힘들이지 않고 성공을 거두고, 가장 성공한 삶의 마지막에서 모두 '헛된 꿈'이었다고 한탄하는가! 이 하나의 경험적 사실만으로도 이미 사람들에게 결정적인 영향을 끼칠 것이라고, 우리는 믿고 싶다. 만약 인간의 지혜가 이보다 높은 지혜(그것은 보통의 내기보다도 훨씬 높은 것을 거는 한 단계 큰 내기를 선택한다)에 도달하는 것을 얼마나 방해하는지를 모른다 하더라도 말이다.

우리는 단순히 영리한 사람을 비난할 생각을 갖고 있지는 않다. 오히려 여러분이 위에서 언급한 갖가지 근거를 충분히 음미하고, 또 인간이 생존의 여러 조건에 따라 처해 있는 상황을 관찰한 다음에, 영리함을 선택하든지 아니면 얼마간 고매한 지혜를 채택하든지, 그것은 독자의 자유에 맡기겠다. 70년, 80년의 기나긴 인생을 겪고도, 그리고도 아직 한 번도 이 두 가지 가운데 어느 것을 택할지 정하지 않은 사람은 확실히 가장 어리석은 사람일 것이다. 그러나 기묘하게도 오늘날 '교양 있는' 사회의 사람들 대부분이 이처럼 어디에도 닿지 않는 어리석은 사람들이다.

시간을 만드는 방법

'시간이 없다.' 이 말은 정식으로 정해지지 않은 의무나 일을 하고 싶지 않을 때 사람들이 가장 보편적으로 쓰는 편리한 구실일 뿐만 아니라, 사실상 지극히 타당하고 그럴듯하게 보이는 핑계이다. 시간이 없다는 사실은 확실히 부정할 수가 없다.

그런데도 여전히 이것은 하나의 구실인가? 나는 조건부이기는 하지만 주저 없이 '그렇다'고 대답하고 싶다. 그리고 주로 어떤 이유에서 시간이 없어지는지, 또는 어떠한 방법으로, 적어도 어느 정도까지 필요한 시간을 만들 수 있는지를 보이고자 한다. 그래서 나의 설교는 신학자들의 설교처럼 3단계가 아니라 2단계로 나뉘어 있다. 읽을 시간도 없는 독자를 안심시키기 위해서 미리 한마디 해둔다면 말이다.

일반적으로 누구나 공감하는 시간 부족의 첫 번째 이유는 시간 그 자체의 성격에 있다. 시간에는 뭔가 차분하지 않고 쉼 없는, 끊임없이 안달하는 성질이 있어서 세상을 버린 사람이 아닌 이상 누구라도 시간에서 벗어나지 못한다.

시간과 함께 생활하려는 사람은 시간과 함께 달리지 않으면 안 된다. 만약 우리가 현재의 세계를 적당한 높이에서 내려다보고, 더구나 개별적이고 세밀한 것까지 정밀하게 관찰할 수 있다면, 그것은 정신 없이 돌아다니는 개미떼의 모습일 것이다. 이러한 쉼 없는 운동 속에서는 밤낮을 가리지 않고 질주하는 수많은 열차를 보는 것만으로도 관찰자의 머리는 혼란스러울 것이 틀림없다. 그리고 시간의 움직임에 열심히 참가하는 사람들은 거의 모두 얼마간 이러한 혼란스러움을 경험한다.

그렇지만 자신이 왜 하루종일 바쁜지 전혀 모르는 사람이 상당히 많다. 또 대단히 큰 일이 기다리고 있기라도 한 것처럼 바삐 길을 서두르고, 전철 안이나 극장에서 남을 밀치는 사람들도 많다. 결국 그들은 전체의 흐름에 따르고 있는 것이다. 실제로 시간은 지상에서 가장 고귀하고 얻기 힘든 것이다. 왜냐하면 시간과 자주 비교되는 돈을 많이 가진 사람조차도 오늘날에는 시간을 갖고 있지 않다. 또 사도 바울처럼 돈을 경멸하는 사람들도 언제나 우리에게 '시간을 충분히 이용할' 것을 권하고, 때때로 그 태도에 뭔가 독려하는 데가 있어서 일찍이 소년시절부터 우리를 고민하게 한다.

그런 까닭으로 오늘날의 사회는 일하는 사람들을 무자비하게 대한다. 사람들은 소나 말처럼 쓰러질 때까지 내몰린다. 그러다 쓰러지면 즉각 '다 쓴' 상태가 된다. 뒤를 이을 새것이 얼마든지 대기하고 있기 때문이다!

그런데 이렇게 악착같이 일한 결과는 대단한 것이 못 된다. 인간 활동의 많은 분야에서 오늘날처럼 조급하고 지나친 노동 없이도 오늘날보다 훨씬 많은 일을 이뤘던 시대와 사람들이 있었다. 오늘날 어디에 루터 같은 사람이 있는가. 그는 믿을 수 없을 정도로 짧은 시간에, 지금까지도 그보다 더 우수한 것이 없을 정도로 훌륭하게 성서 번역을 해냈다. 그런데도 그 일을 마치고 나서 그는 조금도 지치지 않았다. 적어도 반년, 1년의 휴식이나 휴양도 필요로 하지 않았던 것이다. 오늘날의 학자 가운데 루터처럼 필생의 저작이 몇백 권의 책을 능가할 만한 업적을 남긴 사람이 있는가. 예술가 중에 그림도 그리고, 건축도 하고, 조각도 하며 시도 지었던 미켈란젤로나 라파엘로 같은 사람이 있는가. 또는 해마다 피서지에도, 온천에도 가지 않고 90세라는 고령에 달해서도 여전히 일할 수 있었던 티치아노 같은 사람이 있는가. 따라서 현대인의 짜증과 신경질의 원인을 현대인이 과거 사람들보다 많이 일을 한다거나, 또는 좀 더 탁월한 업적을 보인다는 데서 찾는 것은 불가능하다. 어쩌면 그다지 많이 쉬지 않더라도, 그리고 안달하지 않고 살아도 뭔가를 이룩해낼 수 있음이 분명하다.

그러기 위해 가장 필요한 것은 자기의 의지 없이 다른 사람들의 흐름에 휩쓸리지 않고, 그 흐름에 저항해 자유인으로 살아가려는 결심이다. 일이든 향락이든 결코 노예가 되어서는 안 되는 것이다.

그런데 현대인에게 분배된 노동과 그에 못지않게 자손을 위해 주의 깊게 돈을 모으려는 '자본가적'인 사고방식이 자유인으로 살아가는 것을 어렵게 하는 것은 부정할 수 없다.

따라서 우리의 문제도 또한 문명에 이른 인류가 다시 평등한 노동과 평등한 소유에 도달하기 전에 반드시 지나지 않으면 안 될 혁명과 밀접한 관련이 있다. 그리고 이것은 이 문제의 커다란 배경이 되어 있는데, 여기서는 더 이상 깊게는 다루지 않겠다.

다만 일을 해야 하는 때에만 일하고, 나와 가족을 무거운 짐으로부터 되도록 빨리 해방시키기 위해서만 일하는 사람들이 특히 교양 있는 계급에 있다. 또 '나는 모자에만 깃털이'[*1] 필요한 신분이다'라고 의기양양하게 공언하는 사람들이 있는 한은, 몇 안 되는 사람들이 너무 많은 시간을 가진 때문에 너무나 시간이 없는 많은 사람들이 항상 존재한다.

그러므로 현대를 사는 우리로서는 단지 작은 수단을 취하는 방어적 태도가 특히 문제가 된다. 그것은 다음과 같다.

(1) 시간을 만드는 가장 좋은 방법은 1주일에 6일(5일도 7일도 아닌)간, 일정한 낮(밤이 아니다) 시간에 규칙적으로 일하는 것이다. 밤을 낮 삼고, 일요일을 일하는 날로 하는 것은 시간과 일할 힘을 얻지 못하는 가장 나쁜 방법이다. 또한 몇 주 혹은 몇 달에 걸친 '휴식'도 글자 그대로 완전히 일을 멈추는 의미라면 오히려 생각해 볼 일이다.

규칙적인 일이야말로, 특히 중년 이후에는 정신과 육체의 건강을 유지하기 위한 가장 좋은 방법임이(부인들을 위해 '또한 아름다움도' 유지하는 방법이라고 덧붙여야겠다.[*2]) 의학적으로도 현재보다 훨씬 명확하게 증명되는 시대가 올 것이라 나는 기대한다. 게으름은 일보다도 더 사람을 따분하게 하고, 신경을 과민하게 하며, 건강의 진정한 기초인 저항력을 약화시킨다.

물론 일을 지나치게 할 경우도 있다. 일을 할 때 얻는 성과, 즉 완성하는 것만을 중시하고 일 자체를 사랑하지 않는 경우가 그러하다. 이런 경우 적당한 선을 유지하기는 매우 힘든데, 옛 선인이 탄식하여 이렇게 말한 바 있다.

"일은 각자의 분에 맞게 주어져 있다. 그러나 그것을 지키지 못하는 것이 사람의 마음이다."

[*1] 깃털 펜, 일이라는 상징적 의미도 들어 있다.
[*2] 이 논문은 애초 남녀 청중을 대상으로 했던 대학 강연이었다.

그러나 자연은 일에서 생기는 피로를 경고자로서 우리들 옆에 세워놓는다. 항상 적정한 정도를 유지하려면 어렵게 생각할 것 없이 경고자에게 물어보면 되지, 흥분제 따위로 속이거나 해서는 안 된다.

(2) 규칙적인 일을 쉽게 하려면 일정한 직업이 있어야 한다. 직업은 반드시 정해진 일이라는 의무를 수반하기 때문이다. 그러므로 국가소설(슈타츠 로망, 국가를 무대로 한 소설)이나 사회주의적 작가가 일의 일반적인 조직을 군대 형식을 좇아 상상하는 것은 그럴싸하다. 군대에서는 일의 질서나 의무가 가장 까다롭기 때문이다. 직접 경험한 사람이라면 누구나 알겠지만, 병역에 종사할 때만큼(물론 과로의 경우는 별개지만) 신체 상태가 좋을 때는 없다. 군대에서는 하루의 각 시간별로 질서 정연하게 할당된 임무, 따라서 할까 말까 망설이느라 방해를 받을 여지가 없는 임무가 있으며, 또한 아무도 미리 다음날의 일에 대해 생각할 여유가 없다.

현대의 많은 부자들이 불행한 것은 그들이 직업이 없기 때문이다. 흔히 말하듯 그럴 필요가 없다 하더라도 말이다. 안과의사가 된 독일 공작의 실례를 들면, 그들 대부분은 항상 불만을 느끼고 있는 아마추어 학회에서 위로를 받는다. 오늘날 특히 여성을 사로잡고 있는 향학열 중 일부는 직업적 활동을 찾는 인간 본성의 충동 외에 다른 이유가 있다고는 도저히 생각되지 않는다.

(3) 오늘날 자주 거론되는 또 하나의 문제는 일을 위해 하루의 시간을 어떻게 나누는가이다. 많든 적든 기계적인 일에 종사하는 독신자, 혹은 일이 과중하다고 여겨 되도록 빨리 마치고자 애를 써야 하는 사람들에게는 소위 영국식의 그침 없는 방식이 적합할 것이다. 그러나 이런 방식으로는 정오에 충분한 휴식을 취하는 우리 스위스의 방법처럼 정신적인 일을 완수해 내지 못한다. 누구든지 6시간 내지 8시간을 계속 일하거나, 혹은 아주 잠깐 쉬는 것만으로는 정신적으로 능률을 올리지 못한다. 그렇다고 해서 휴식을 1시간, 또는 그 이상으로 늘리면 다음 단계의 근로 시간이 대단히 짧아지므로, 이름만 다를 뿐 실질적으로는 아무것도 달라진 것이 없다. 그러나 현재의 방법으로라면 10시간 내지 11시간, 즉 오전에 4시간, 오후에 4시간, 저녁에 2시간 내지 3시간 일하기는 쉽다. 우리 동료들은 대개 그 평판 좋은 8시간 노동으로는 도저히

해나갈 수 없으니 통상 우리는 '노동자'라 불릴 명예를 갖지 못한 것이지만.

(4) 그 다음으로 중요한 것은 지나치게 자신을 소중히 여기지 말라는 것이다. 바꿔 말하면 시간, 장소, 위치, 의욕이나 기분 등을 갖추기 위해 오랜 틈을 주지 말라는 것이다.

의욕은 일을 시작하면 저절로 솟아나는 법이어서 초반에 있기 쉬운 권태조차도 그것이 신체적인 원인에서 온 것이 아닌 이상, 일에 대해서 수동적이 아니라 능동적인 태도가 되면 금세 사라진다.

"결심이 섰다면, 당장에 할 수 있을 만한 일의 앞 머리채를 있는 힘껏 움켜잡아야 합니다. 그렇게 하면 결단코 그것을 놓으려 하지 않을 것이므로, 싫어도 앞으로 나아가는 법입니다." (괴테 《파우스트》)

우리가 만약 실생활에서 사도 바울이 말하는 우리 내부의 '옛 사람'에게 지금 무엇을 하고 싶은지 또는 하고 싶지 않은지를 줄곧 묻는다면, '옛 사람'은 항상 성실한 일에는 찬성하지 않고, 종교적인 또는 도덕적인 선량한 원리로 충분하다고 할 것이다.

인간 내부의 악한 부분은 선량한 부분의 최고 명령에 불평 없이 따르도록 길들여져야 한다. 군대와 같은 규율로서 그렇게 해냈을 때, 인간은 비로소 바른 길에 서는 것이다. 그때가 되어야 비로소 자기의 삶을 얻은 것이지, 잃은 것이 아님을 알게 된다.

미리 생각을 정리한다든가, 일에 대해 깊이 생각하거나 하는 것은 대개의 경우, 일을 피하려는 구실이다. 특히 담배 따위에 불을 붙이려 하는 때는 더더욱 그러하다.

가장 좋은 생각은 한창 일할 때, 그것도 전혀 대상이 다른 일을 할 때 떠오르는 경우가 많다. 현대의 어떤 유명한 설교가는 완전한 진리라고는 할 수 없지만 이런 독창적인 말을 했다.

"성서에는 일을 하지 않는 사람에게 천사가 나타난 예가 한 번도 없다."

(5) 이것과 밀접하게 관련된 것은 자투리 시간의 단편적 이용이다. 사람들

은 대부분 일에 착수하기 전에 어떤 것에도 방해받지 않는 무한히 펼쳐진 시간을 갖기 바라기 때문에 시간이 없다. 여기에는 우선 이중의 자기 기만이 감추어져 있다. 왜냐하면 대부분의 사람의 생활에는 좀처럼 쉽게 정리되지 않는 일이 있을 뿐만 아니라, 일하는 능력에 한계가 있어서 아주 오랜 시간을 틈도 없이 채울 수는 없기 때문이다. 진정으로 뭔가를 해내야 하는 정신적인 일의 경우, 처음 한 시간 혹은 반 시간이 가장 좋은 시간이라고 해도 과언이 아니다.

그러나 아주 커다란 사업은 별개로 치더라도 보통의 일에는 모두 15분이면 충분할 준비나, 정리를 위해 기계적으로 행해지는 무수한 부차적인 일이 있어서 주된 작업 시간과 정력을 빼앗게 된다. 이것을 막으려면 자투리 시간을 이용하는 것이 좋다. 사실 이 자투리 시간의 이용과 '오늘은 이미 시작해도 소용없다'는 생각을 완전히 없애는 것이 일생의 업적을 반쯤 결정짓는다 해도 지나치지 않을 것이다.

(6) 그리고 시간을 절약하는 중요한 방법 중 하나는 일의 대상을 바꾸는 것이다. 일의 변화는 거의 완전한 휴식과 같은 효과를 낳는다. 이 방법에 어느 정도 숙달되면(그것은 깊은 생각보다는 연습에 의해서 얻어진다), 우리는 거의 하루 종일 계속 일을 할 수 있다.

언제나 우선 한 가지 일을 끝낸 다음에 다음 일에 착수하는 것 역시 나의 경험으로는 잘못된 것이다. 반대로 예술가는 때때로 많은 계획과 시작한 일을 신변에 늘어놓고, 그때 그때의 억누르기 힘든 기분에 따라서 이것에 혹은 저것에 매달리는데, 이것은 옳은 방법이다.

아울러 이것은 자기 억제를 위한 훌륭한 방법이기도 하다. 왜냐하면 옛 아담은 종종 우리 내부의 좀더 선한 인간을 설득해, 자기는 원래 게으른 사람이 아닌데 지금은 공교롭게도 어떠어떠한 일에 마음이 내키지 않는다고 말한다. 그럴 때 우리는 스스로를 향해 이렇게 말해야 한다. "좋아, 그렇다면 다른 일을 시작하자." 그러면 마음이 내키지 않는 것이 단지 특정한 일에 대해서인지, 아니면 일 자체에 대해서인지를 금세 알 것이다. 결코 스스로에게 속아서는 안 된다.

(7) 다른 한 가지는 재빨리 일을 할 것. 그리고 단순히 겉모습에 개의치 말고 어디까지나 내용에 무게를 두라는 것이다. 재빨리 완성한 일이 가장 좋으며, 또한 가장 효과적이라는 것이 나의 지론인데, 어쩌면 일을 하는 대부분의 사람들이 자기의 경험상 이 의견에 찬성하리라 생각한다. 나는 호라티우스가 자작시를 퇴고하는 데 9년이나 걸렸음을 안다. 그러나 그것은 자기의 시를 대걸작으로 존중하는 사람이 아니면 불가능한 일이다.

철저하다는 것은 철저하게 규명되어야 할 진리에 관해서는 대단히 좋고 필요한 것이다. 그러나 거짓 철저함도 있다. 이것은 애써 연구할 가치가 없으며 거의 알 수 없는 그다지 중요하지 않은 일, 자잘한 일이 뒤엉킨 것에 말려드는 것이며, 따라서 끝나지 않는 법이다. 그러나 이것이 때로는 박식이라는 위대한 후광을 발하는 경우가 있다. 왜냐하면 많은 사람들의 의견에 따르면, 학문의 대상이 아주 높고 원대해 눈에 보이지 않는 목적을 지니지도, 아무 이익도 바라지도 않으며, 또는 어떤 저자가 일생 동안 단 한 권의 책을 위해 머리를 쥐어짜내는 경우에야말로 비로소 진정으로 학문적인 것이기 때문이다.

진리란 어떤 부문에 있어서든 대체적으로 단순한 법이며, 때로는 전혀 학문적으로 보이지 않으므로, 보기 좋고 아카데믹한 성격을 부여하기 위해서는 필연적으로 여기에 속해 있는 것 위에다 뭔가를 덧붙여야 한다. 학자 집단에 들어가려면 대개 누구나 지금까지 아직 알려지지 않은 어떤 세기의 밑바닥에 숨겨져 있는 사실들을 긁어모으는 일을 해야 한다. 이것은 사실 자기에게나 타인에게 전혀 무익한 일이지만, 그렇게 함으로써 먼저 학자의 주식을 사지 않으면 안 된다. 라자르는 《어둠의 인간》이라는, 헤라클레이토스에 관한 유명한 저술을 완성한 다음에도 일생 동안 지력과 식견을 내내 지녔는데, 이것은 매우 드문 일이며, 누구에게나 주어지는 축복이 아니다. 대부분의 사람들은 그와 반대로 학계의 승인을 바라는 저술에 매달리는 동안에 육안의 시력뿐만 아니라 더 가치 있는 마음의 시력마저 잃어버린다. 그래서 목표에 도달했을 때 그들은 쓸모없는 인간이 되는 것이다.

(8) 한 가지 효과적인 시간 절약법은 모든 일을 '가령'이나 일시적으로가 아니라 곧장 빈틈없이 하는 것이다.

오늘날 이렇게 하는 사람은 극히 드물다. 내 생각으로는 그 잘못은 많은 사람을 피상적으로 훑어보게 하는 데 길들인 신문에 있다. 신문 논설의 끝맺음에는 곧잘 '이 문제는 다른 기회에 언급하겠다'고 한다. 그러나 그것이 일찍이 실행된 예가 없다. 그리고 현대의 독자도 또한 똑같은 행동을 하고 있다. 그래서 그는 전에 읽은 것을 이용하려면 다시 한번 처음부터 읽어야만 한다. 지금은 거의 전문용어가 되다시피 한 성급한 '속독'으로는 아무것도 머리에 남지 않는다. 그러므로 거기에 소비된 시간은 잃어버린 시간이다.

따라서 오늘날 사람들은 근본적으로는 거의 아무것도 알지 못한다. 그리고 일이 있을 때마다 이미 10번이나 읽은 것을 다시 11번째 연구하지 않으면 안 되는 실정이다. 아니, 하다못해 자기가 쓴 것만이라도 다 기억하면 좋겠다는 사람들마저 있을 정도이다.

(9) 이것과 외면적으로 연관되는 것은 질서와 근본을 읽으라는 것이다. 질서가 정연하면 사물을 탐구하는 것에 누구나 경험하다시피 시간뿐만 아니라 일에 대한 흥미를 잃지 않으며, 연구 대상을 차곡차곡 정리해 갈 수 있다. 또 원본을 읽는 가장 큰 이익은 그 논지를 정확히 알고, 그에 대해 자기의 철저한 판단을 내릴 수 있다. 두 번째 이익은 원본은 대개의 경우, 그에 대해 쓴 책보다 훨씬 간결할 뿐만 아니라 한층 흥미진진하고 기억하기 쉽다는 점이다. 주워들은 지식은 원본만큼 진정한 용기와 자신감을 주지 않는다. 현대의 학식이 고대 학문에 비해 크게 뒤떨어지는 점은, 타인이 어떤 문제에 관해 무엇을 알며 무엇을 생각했는지를 아는 데 그친다는 점이다.

* * *

그러나 시간을 만드는 기술의 요점은 위에서 든 것이 다가 아니다. 시간을 만드는 것은 요컨대 모든 무익한 것을 우리 삶에서 몰아내는 것이다. 그런데 현대 문명이 요구하는 많은 일들이 사실은 무익한 일에 속한다. 그래서 지금부터는 독자가 각자 적당히 선택해 채택한다면 나는 그것으로 만족한다. 예를 들면 다음과 같다.

가장 무익한 것은 때와 상관없이 맥주를 마시는 것이다. 비스마르크 덕분에 일반적이 된 아침의 한 잔은 특히 좋지 않다. 맥주 양조가가 어쩌면 오늘날 최대의 시간 도둑일 것이다. 그리고 맥주를 지나치게 마시는 것에 대해서는 이미 다른 알코올에 대해서 행해지다시피 단호하게 배척되는 날이 반드시 올 것이다.

다음으로는 신문을 지나치게 많이 읽는 것이 일반화되어 있다는 점이다. 오늘날 '교양 있는' 사람들이 신문 이외에는 아무것도 읽지 않고, 온갖 장식과 설비를 갖춘 집에 한 질의 양서도 갖지 않은 경우가 있다. 그들은 자기 사상을 오로지 신문과 잡지에 의존하며, 그래서 신문과 잡지는 차츰 이러한 독자를 목표로 편집한다.

이들은 신문을 무턱대고 읽고, 또 신문만을 읽는 것은 정치적 관심이 있기 때문이라고 변명한다. 그러나 이 말이 사실인지 알려면 신문의 어느 면이 가장 많이 읽히는지를 보면 된다. 또 신문을 읽는 시간이 언제가 되든 괜찮을 리 없다. 매일 아침, 가장 좋은 시간을 한두 가지 신문으로 보내 버리는 사람은 그 날 하루의 일에 대한 흥미를 잃게 된다.

거기다가 축제와 모임이 있다. 오늘날 무슨무슨 모임을 주관하는 사람은 제대로 일을 할 시간이 없다. 그들은 실제로 그럴 필요가 없다. 왜냐하면 그들은 대중의 어깨에 올라타 자기의 힘 대신 대중의 힘을 빌리기 때문이다.

또 축제에 대해서는 생각해낼 수 있는 모든 기회를 찾아낼 뿐만 아니라, 축제 그 자체가 시간을 잡아먹는다. 예를 들면 축제를 위해 3, 4일 또는 몇 주를, 그리고 그 준비를 위해 몇 달을 허비하고도 충분치 않은 것이다. 그러나 그 때문에 필요한 '노동'은 기껏해야 반나절이면 충분하다. 그러므로 유능한 사람은 여기에서 손을 떼고 '반 놀이 삼아 하는 축제꾼'만이 남게 될 것이다. 그들은 시간이 충분하며, 축제는 그들을 위해 행해지는 것이다.

현대의 일부 인사들은 그럴듯한 구실 아래 많은 시간을 낭비하는데, 그 구실이 바로 예술이다. 음악만은 얼마간 별개지만, 예술은 그들이 실제로 하는 예술이 아니라 그저 수동적으로 받아들이는 것에 불과하다. 오늘날 많은 사람들은 그들이 본래 가졌던 이상주의 정신이나 아름다움, 위대성에 대한 감각을 고상한 이 향락에다 모조리 발산시키고 있다.

솔직히 말하면 현대 부인사회의 일부는 예술을 받아들이고 즐길 목적만으로 교육되고 있다. 그리고 이런 교육의 결과로 나중에 정말 필요한 일(오직 그것만이 사람을 내면적으로 만족시킬 수 있는)에 쓰고자 할 때는 오히려 힘든 싸움과 쓸데없는 우회도로를 거치지 않으면 안 되는 것이다.

게다가 사교와 관련해 아무런 목적 없는 방문 습관이 있다. 이 예의도 옛날에는 실제로 의미가 있었고, 개인적인 교제로 서로간에 정신적 자극과 참된 우정을 얻었지만, 오늘날에는 한낱 허례에 불과하게 되었다.

연극에 대해서는 많은 말을 하고 싶지 않다. 연극이 진정한 목적을 충족시키려면 현재 상태에 머물지 않는 철저한 개혁이 필요하다. 아울러서 현대의 문화적 요소 가운데서 두세 가지를 든다면, 유물론적 철학의 천박하고 대중적인 저서, 프랑스의 속되고 악한 소설이나 희곡 등에 대해서는 오늘날 교양 있는 사람들, 특히 대학 관계자들은 '나는 그러한 것을 모른다'고 공언할 용기를 가져야만 한다.

그렇게 하면 우리는 아마도 뭔가 진지하고 일반적인 교양에 진정으로 도움이 되는 것을 날마다 읽을 수 있는 시간을 가질 수 있을 것이다. 그것은 정신력을 강화하기 위해 필요하며, 그럼으로써 우리는 시대의 정신적인 움직임과 접촉을 유지할 수 있을 것이다.

덧붙여서 여러분이 '시간 때우기 대학 강연'에 대해 불평을 하지 않도록 두 가지만 언급해 두겠다. 하나는 로테가 '개인적인 일을 갖지 않는다는 것은 노력할 가치가 있는 목적이다'라고 했던 것처럼, 우리는 어쨌거나 그렇게 하려고만 한다면 개인적인 관심과 처리를 대폭 줄이는 대신에 좀더 넓은 사상 속에서 살아갈 수 있다. 그리고 그것은 기분 좋은 법이다.

두 번째는 좀더 실리적인 목적을 갖는 것인데, 그것은 '그대가 배운 것, 그대에게 맡겨진 것을 끝까지 지키라'는 것이다. 고대 이스라엘의 잠언은 그것을 한층 소박하게 표현하고 있다. '자기 밭을 가는 사람은 먹을 것이 많거니와 쓸데없는 일을 좇는 자는 지혜가 없다.'[*3]

우리와 직접 관련이 없는 일이라도 사회적으로 어떤 의미가 있고 조금이라도 문화에 도움이 되는 것이라면, 일생에 한 번은 그것의 본질과 핵심에 대한 명확한 개요를 얻고자 노력해야만 한다. 그런 다음 그것에 깊이 손을 담그지 말고 가만히 내버려두는 것이 좋다.

나는 이 시간 때우기에 대해 다음의 말로 끝맺으려 한다. 우리는 결코 무익

---

*3 잠언 12장 11절 참조.

한 일을 스스로에게 주어서는 안 된다. 그러나 오늘날 그런 경우가 많다. 예를 들면 통신, 위원회, 보고 등의 형태로 무한히 존재한다. 어쩌면 강연도 그러하다. 그것은 시간만 요구하는데다가 아무것도 얻는 것이 없기 마련이다.

사도 바울조차도 아테네 사람들에게 설교할 때, 그들이 단지 뭔가 '신기한 얘기'를 듣고 싶어할 뿐, 진지한 것이나 진정으로 마음을 움직이는 말은 되도록 듣지 않으려는 것을 경험해야 했다. 그리고 그의 설교는 많은 사람들에게서 비웃음을 당했다. 아주 호의적인 사람마저도 '이런 얘기는 다음에 언제 다시 듣기로 하자'고 선심이라도 쓰듯 말했다. 그렇기 때문에 이 사건의 보고자는 사도의 말을 들은 사람들 가운데 그 지방의 한 재판관과 숙녀가 변하지 않는 진리를 얻었다고 특별히 기록했던 것이다.

그럼 여러분에게 묻겠는데, 현대의 강연도 또한 방향이 정해진 영속적인 식견과 결심으로 여러분을 이끌 것인가, 아니면 단순히 '아카데믹'하기만 한 것은 아닌가.

지금까지 언급한 것이 오늘날 응용 가능한 시간절약법이다.

이러한 방법들을 이용하는 사람이 있다면 나는 이렇게 덧붙이려 한다. 시간이 남을 만큼 있지 않다는 것은 우리가 지상에서 도달할 수 있는 행복의 가장 중요한 요소라고. 인간의 행복에서 가장 커다란 부분은 끊임없이 계속되는 일과 그것에 기초한 축복으로 이루어진다. 그리고 이 축복은 마지막으로 일을 기쁨으로 바꾸기 마련이다. 이렇게 바른 일을 발견했을 때보다 유쾌한 기분이 되는 경우는 없다. 행복해지고 싶다면 무엇보다도 바른 일을 찾아야 한다. 실패한 삶은 대개 전혀 일이 없거나 일이 너무 적거나, 아니면 바른 일을 갖지 못한 데에 근본적 원인이 있다. 흥분하기 쉬운 인간의 심장은 활발하며 심적 만족을 주는 자연스러운 운동 속에서 가장 평온하게 고동치는 법이다. 다만, 우리는 일을 자기가 섬기는 우상으로 삼아서는 안 된다. 오히려 일로써 신께 봉사하지 않으면 안 된다. 이것을 명심하지 않는 사람은 노년이 되어서 정신과 육체의 착란에 빠지게 된다.

그러나 보통은 어떤 신앙인에게나 평생 그를 저버리지 않고, 어떤 불행 속에서도 늘 그를 위로해 주는 두 가지의 것이 있다. 바로 일과 사랑이다. 이것을 버리는 사람은 자살보다 더한 행동을 하는 것이다. 그들은 자기가 팽개친 것이 무엇인지를 전혀 모른다. 우리는 일이 없는 휴식의 삶에는 견디지 못한다. 인생의 가장 높은 약속은 아셀에게 주었던 모세의 축복이다.

'네 발자취는 쇠와 구리로 새긴 것처럼 남으며, 네 힘은 너의 나이와 함께 계속되리라.'

사람은 이것 이상 더 바라서는 안 된다. 그러나 이보다 나은 것을 가졌다면 감사해야 한다. 그러나 이와 같은 끊임없는 일 속에서 만족을 찾으려면 야심이 없어야 할 것이다. 야심은 원래 일을 좋아하지 않는 것이 아니라, 되도록 빨리 겉모양일망정 성공을 보고 싶어하는 것이다. 이러한 야심이야말로 자식들을 희생물로 바쳐야만 하는 현대의 몰렉 신(인신 제공을 요구하는 가나안 사람의 신)이며, 다른 모든 원인보다도 훨씬 더 육체적 정신적으로 젊은이의 힘을 소모시킨다. 이것은 보통 물질적인 바탕 위에 세워진 짧은 인생이라는 관념과 결부되어 있다. 이 인생관에 따르면 누구든지 가장 뛰어난 자만이 승리를 거두는 무자비한 생존경쟁 속에서 짧은 세월 동안에 성공을 이루어내야만 하는데, 그렇게 되면 더 이상 안정되고 행복한 일 따위는 거의 문제가 되지 않는다. 실제로 시간은 너무 짧고, 일을 하는 데는 너무 오랜 시간이 걸리게 된다.

하찮은 일이나 쓸데없는 일을 위해서는 시간을 낼 수 없지만, 옳은 일이나 진실한 일을 위해서는 언제든지 충분한 시간이 있다고 말하는 것이 진정한 일이다. 그런 일은, 이 세상의 한정된 삶은 단지 삶의 일부에 불과하기 때문에, 일이 무한히 연속되는 것임을 터득할 만한 세계관의 토대 위에서 가장 빠르게 성장하기 마련이다.

바로 여기에서 최고의 사명을 다할 용기가 생겨나고, 개인적 혹은 현세적인 최대의 어려운 고비나 장애도 견딜 수 있는 인내가 생겨난다. 또한 어떤 세계관으로 볼 때는 지극히 정당하게 보여도 영원한 것 아래서는 곧 모든 가치를 잃을 것을 조용히 거부할 수 있는 것이다.

이것이 또한 괴를리츠의 철학자[4]가 말한 참으로 아름답고, 또 현재와 같은 소란스러운 시대에 사람의 마음을 한층 가라앉히는 구절의 의미이다.

---

*4 야코프 뵈메. 친구에게 보낸 기념시의 한 구절이다. 이 시는 그의 전집에는 실려 있지 않다. 그의 저서 《역사적 보고》 부록 참조.

지금 이 순간을 영원으로 보며
영원을 지금으로 본다.
그런 사람은
모든 분쟁에서 벗어날 수 있다.

행복

1

철학적인 견해로는 어떻게든 반대가 가능하겠지만, 인간이 의식에 눈뜨는 최초의 순간부터 의식이 사라질 때까지 가장 뜨겁게 바라고, 또 바라기를 그치지 않는 것은 뭐니뭐니해도 역시 행복의 감정이다. 그리고 행복은 이곳 지상에서는 찾지 못한다는 것을 확신하는 순간이야말로 인간에게 가장 뼈아픈 순간이다.

행복이라는 문제는 인류 각 시대에게 근본적인 특성, 이른바 경향을 부여한다. 새로 일어난 젊은 민족이 행복을 희망하던 시대, 혹은 인류 전체가 새로운 철학적·종교적 방식으로, 또는 경제적 방식으로 세계 개선의 비밀을 발견했다고 믿었던 시대는 활기에 넘쳤다. 그러나 현대처럼 이미 자주 응용된 바 있는 방식들이 모두 환상에 불과했다는 경험이 널리 민중의 머리 위를 압박하는 시대는 음울하다. 오늘날에는 사리분별을 할 수 있는 사람들조차도 이렇게 말한다. '행복'이라는 단어에는 '우울한' 여운이 있다고. 그렇게 말할 때 행복은 이미 도망가 버린다. 그러므로 행복은 원래 그저 무의식 속에만 있기 마련이다.

그러나 우리의 생각은 다르다. 행복은 반드시 얻을 수 있다고 믿는다. 그렇지 않다면 행복이라는 말을 함으로써 도리어 불행의 자각을 깊게 하느니 그냥 침묵하고 불행을 견디는 편이 나을 것이다. 분명한 것은 행복이 화제가 되는 때면, 늘 과연 행복을 얻을 수 있을까 하는 의구심의 가냘픈 탄식이 동시에 들려오는 것처럼 느껴진다는 것이다. 또한 행복에 관한 잘못된 관념조차도 때로는 필요한 것처럼 느껴지는 것 역시 분명하다. 그렇지 않다면 개인이든 사회든 진정한 행복의 기초로 꼭 필요한 정도의 정신적 및 물질적 발전에 이를 수 없을 것이다.

행복의 문제에서 찾아볼 수 있는 가장 큰 모순은 바로 이 점에 있다. 우리는 경험에 의해서 행복을 가져온 적이 없는 많은 일들을 알아두지 않으면 안 된다. 이른바 저 세상의 최대 시인과 함께 고뇌의 거리를 지나 어두운 오솔길을 걷고, 몸소 정화(淨火)산의 가시밭길을 지나서야 비로소 '그토록 많은 가지로 인해 죽을 고비를 넘겨가며 바라 마지않던 달콤한 과일'이 최후에 '모든 염원을 가라앉혀 주는' 것이다.*[1]

이것은 배워서 알 수 있는 것이 아니지만 도달할 수는 있다. 이 길, 특히 마지막 부분은 누구나 아무런 도움 없이 자기 혼자서 넘어가야만 한다. 어쩌면 가는 도중에 혼자 힘으로는 도저히 극복하지 못할 것 같은 몇 가지 난관에 맞부딪칠 수도 있다. 그런 때는 커다란 내적 위기 끝에 놀랍게도 '금빛 날개를 지닌 독수리'가 나타나서 지친 그를 곤경에서 벗어나게 해 줄 것이다.*[2]

본래 자세히 고찰할 수 있는 것은 그저 수많은 그릇된 행복을 향한 길뿐이

---

*1 단테 《신곡》 연옥편 27장.
"그토록 많은 가지로 인해 죽을 고비를 넘겨가며 바라 마지않던 달콤한 과일은
네가 그토록 바라던 염원을 모두 들어주리라.
…………
올라가기 바라는 나의 마음 초조하니
내게는 문득 날개가 돋아 날아가는 심정이 되었노라."

이것이 기나긴 여정의 끝이라는 것, 그리고 참으로 행복한 삶은 단테의 천국과 마찬가지로 삶의 한계 저편에 있다는 것, 이 점에서 우리는 염세주의자에게 양보해도 좋다. 어쩌면 그 염세주의자는 우리의 생각에 반대해서 '바라 마지않던' 마음에도, 또 '영혼에 보랏빛 날개가 달린' 것처럼 느끼는 감정에도 참된 행복이 없다면, 그의 염세관이 옳다는 결론을 이끌어낼지도 모른다. 행복한 상태는 우리가 알 수 있는 것의 저편에 있지만, 우리는 여전히 행복에 도달할 수 있다. 사람들이 일반적으로 '나이를 먹는다'고 하는 말은 끊임없이 진보하는 것이지 퇴보하는 것이 아니다. 이것이 인간에게 허용된 행복이다. 이미 청년기가 지난 사람들은 이것이 어떤 의미를 지니는지 잘 알 것이다.

*2 단테 《신곡》 연옥편 9장.
그때 나는 꿈속에서
금빛 날개를 지닌 한 마리 독수리가
날개를 펴고 하늘을 날다가
춤추며 내려오는 것을 보았다.
…………
그 독수리는 잠시 선회를 하다가
번개처럼 빠른 기세로 내려와서
나를 붙들어 화염의 세계까지 올라가는 것 같았다.

이 '인생의 단계'에 대해서는 나의 《행복론》 제2권 8장에 플루타르코스와 관련해 서술되어 있다.

다. 그런데 새로운 세대들은 이 길을 늘 반복하면서 채워지지 않는 동경을 안고 헤매는 것이다.

인류가 행복을 추구하는 이 길들은 외적인 것에는 부(富), 명예, 삶의 향락 일반, 건강, 문화, 과학, 예술 등이 있으며, 내적인 것으로는 부끄럽지 않은 양심, 덕(德), 일, 이웃 사랑, 종교, 위대한 사상과 사업에 종사하는 삶 등이 있다. 이들 외적인 수단은 누구나 쉽사리 손에 넣을 수 있는 것이 아니어서 인류의 행복을 구축하지 못하는데다가, 고상한 정신의 소유자에게는 양심의 부끄러움을 수반하는 향락 이외의 어떠한 것도 주지 않는다는 점에서 이미 커다란 결점을 지닌다. 이처럼 날마다 몇백만 명이 자기 주위에서 인생의 재물을 즐기면서 몰락해 가고 있다는 생각을 한다면, 마음이 천박한 사람이 아닌 다음에야 누구나 아픔을 느낄 것이다. 그리스도가 '옳지 못한' 재물신(맘몬)에 대해 언급하고, 부자가 천국에 들어가기 힘들다는 것을 알리고, 사람에게서 명예를 받은 자는 신앙에 들어가기 어려우며, 사람들에게서 존경을 받는 사람은 모두 '신 앞에서는 미움을 받는다'고 설파한 것도 요컨대 그러한 감정에서이다. 이것이 아시시의 프란체스코나 그의 앞뒤로 이어지는 많은 사람들을 움직여 온갖 희생을 치르면서 부의 족쇄에서 벗어나고자 결심하게 했던 논리적 사고의 기본 줄기였다. 사실 부(富)라는 족쇄는 정신에 커다란 구속이 되기 마련이고, 이것을 완전하게 벗어날 수 있는 사람은 극히 드물다. 많은 재산의 소유와 관리, 혹은 큰 명예나 권력을 수반하는 지위는 거의 행복과는 반대로 마음을 딱딱하게 굳어지게 한다. 정신의 공허함을 안고 스위스의 산들을 찾고, 적어도 일시적으로라도 그 공허함을 채우려 하는 사람들이 해마다 늘어나는 것을 보면서, 우리는 전율하지 않을 수 없다.

단순한 물질적 향락보다 얼마간 괜찮다는 미적 향락도 위에서 언급했던 '가장 현실적인' 행복의 요소에 비해 크게 다르지 않다. 또 실제로 이 둘 사이에 경계선을 긋는 것은 결코 쉽지 않다. 미적 향락자도 그들의 위대한 모범인 괴테가 자기의 삶과 작품에서 증명했다시피 때로는 다른 생각(물질적 향락에 대한)으로 바뀔 때가 있다.*3 실제로 그들 새로운 유파는 사실은 미적이지 않은

---

*3 《파우스트》 참조.

많은 것을 이론상의 억지를 써서 미적이라고 주장하는 위험한 길마저 걷고 있다. 이렇게 행복을 추구하는 사람들에게는 이런 종류의 행복에 대한 모든 조건을 비할 데 없이 훌륭하게 갖춘 그들의 우상(괴테)을 떠올리라는 말만 해두기로 하겠다.

"결국 내 삶은 고생과 일 말고는 아무것도 아니었다. 나의 75년 생애에서 정말로 즐거웠던 것은 4주일도 채 되지 않았다 해도 과언이 아니다. 내 삶은 끊임없이 끌어올리려 애를 써도 영원히 굴러 떨어지는 돌멩이였다."

75년 동안에 겨우 28일의 행복이다! 미적 향락을 즐기는 사람이 볼 때는 빈궁의 연속으로밖에 여겨지지 않는 고백이다. 게다가 고생으로 가득한 삶을 보낸 정직한 날품팔이조차도 생애의 마지막에 이런 슬픈 증언은 하지 않을 것이다.

인간의 본성은 결코 향락을 즐기도록 만들어져 있지 않다. 오히려 늘 일을 하도록 태어났다. 향락은 그것이 가장 높고 좋은 것이라 하더라도 일하는 틈틈이 소량만 복용하는 약이고, 기분 전환용일 뿐이다. 그 약을 지나치게 복용하는 사람은 스스로를 속이다가 결국은 혼이 나고 만다. 인간에게 본성의 기쁨을 주는 것은 모두 인간 천성의 요구에 의한 것이다. 그러나 이 요구는 올바른 계기에 의해서 일깨워지는 법이지, 결코 제멋대로 만들어내지 못한다. 인간 운명의 대부분이 바로 이 점을 뒤덮고 있는데도 오늘날 새시대의 사람들은 이런 생각을 거의 믿지 않게 되었다. 그러나 옛날에는 그 단순하고 자연스런 삶의 기쁨을 다분히 감상적인 의미로 지나치게 찬미하기는 했다. 그뿐만 아니라 현대 문학 및 미술 전체의 미적 수준의 저하는 너무나도 분명해서, 이제 더 이상 오늘날의 문화 국민 가운데 교양 있는 계급을 만족시키지 못한다. 그들은 이러한 과학, 문학, 미술이 '한창 꽃핀' 곳에서 도망치기를 바랄 테고, 그 대신에 건강한 야성미가 넘치는 작품을 기꺼이 받아들이는 시대가 올 것이다. 오스트리아의 시인 로제거는 이에 대해 다음과 같은 미래상을 묘사하고 있는데, 반드시 엉터리라고 할 수는 없다.

"오늘날 해를 거듭하면서 도시에서 시골로, 산지로 한창 사람들이 이동하고 있다. 그러나 산들이 단풍드는 계절이 되면 그 사람들은 다시 도시의 돌담 속으로 돌아간다. 그래도 부유한 도시인이 농부의 땅을 사서 스스로 경작하고, 노동자는 들판을 개간해 경작지로 만드는 때가 올 것이다. 그들은 유식한 척하기를 그만두고 육체 노동에서 기쁨과 건강을 발견할 것이다. 그들은 다시 옛날의 독립되고 명예로운 농민사회의 성립을 인정하도록 법률을 만들 것이다. 그리고 사람들은 더 이상 '무식한 농부'라는 틀에 박힌 말을 듣지 않게 될 것이다."

자연으로 돌아가서 소박함을 사랑하는 취미의 시대가 다시 다가오고 있음은 확실하다. 그것은 18세기 말에도 일어났던 일로 당시의 프랑스 왕비 마리 앙트와네트는 트리아논의 별궁에서 궁정 신하들과 함께 양치기의 흉내를 내기도 했다. 이와 비슷한 일을 오늘날에도 신사 숙녀 사이에서 분명히 찾아볼 수 있다. 그들은 여름에 거친 털옷을 입고, 징이 박힌 등산화를 신고, 자연적인 인생관을 기르려 시도한다. 그리고 실제 이러한 차림으로 농부나 알프스 주민의 생활법을 익혀 권태에 찌든 심신이 허락하는 한도 내의 행복을 느낀다.

걱정 없는 삶이란 것도 엄밀하게 생각하면 결국은 평생 걱정이란 것을 몰랐던 사람의 이상에 불과하다. 적당한 정도의 걱정(이것은 본래 걱정이 아니다), 그리고 거기서 해방되는 것, 이것은 인간의 행복에 있어 극히 중요한 부분을 이룬다. 세상 경험을 쌓은 사람들의 말에 따르면, 인생에 있어서 정말로 참기 힘든 것은 악천후의 연속이 아니라 오히려 구름이 없는 날의 연속이다.

이렇게 물질적으로 나아지는 것으로 행복을 추구하는 사람보다 도리어 의무의 이행, 덕, 부끄럽지 않은 양심, 일, 공공사업, 애국, 넓은 의미의 인간애, 또는 교회적인 사고방식 등에 의해 '파란 꽃'을 찾아다니는 사람들이 훨씬 지혜롭다.

그러나 요즘 염세 사상의 기조는 대부분 그와 같은 방법을 선택해도 행복은 쉽사리 달아나고, 좀처럼 예상했던 대로 행복이 얻어지지 않는다는 경험을 근거로 한다. 실제로 현재 곳곳에 퍼져 있는 거리낌 없는 '현실주의'는 대부분 이것에 의해서 행복해질 수 있다는 확신의 결과가 아니라, 그 밖의 방법에 대한 절망으로 인한 것에 불과하다고 보아도 틀리지 않는다. 왜냐하면 일이나 덕은 영혼의 평화를 가져오지 않으며, 공공사업도, 선행(善行)도, 애국도 결국은 속임수이기 때문이다. 또한 종교도 전혀 헛소리는 아니더라도 대부분 객관적 현실성이 없는 형식에 불과하다면, 그때는 "내일 죽을 터이니 먹고 마시자"*4

---

*4 고린도전서 15장 32절.

가 되는 것이다.

우리는 학자들의 논법과는 달리 위와 같은 사고방식의 결론만을 부정하려는 것이지 현대의 좋은 점을 왜곡할 생각은 없다. 그 좋은 점이란 갖가지 단순한 헛소리에 반대하는 명백한 진리애(眞理愛)이다. 이러한 진리애 역시 행복을 추구한다. 그러나 그 행복은 누구나 반드시 도달할 수 있는 구체적인 사실로서의 객관적인 행복이어야지, 결코 머리로만 생각한 것이어서는 안 된다. 이것은 정당한 생각이며, 2천 년의 역사에도 아직 전례가 없었다. 우리도 또한 이러한 행복을 원한다. 누구든지 인생의 올바른 길을 가려는 사람은 먼저 모든 우상을 가차없이 내던져야 한다. 출신 집안, 환경, 습관 등에 의해 얻은 편견을 모조리 버리고 없애는 것이 참된 행복으로 가는 첫걸음이다. 현대에는 극히 드문 행복한 사람 가운데 한 명인 멕시코의 국왕 막스가, 진리가 아닌 것, 혹은 편견을 버리면 반드시 행복감이 뒤따른다고 한 말은 옳다. 이것 또한 확실히 그 어두운 길의 표지판이며, 이것이 없으면 우리는 어쩌면 올바른 길을 전혀 찾아내지 못할 것이다.

"행복은 세상에 있다. 그러나 우리는 그것을 알지 못한다.
아니, 알고는 있지만 그것을 존중할 줄을 모르는 것이다."

(괴테 《타소》)

덕은 행복이 아니다. 먼저 청렴한 로베스피에르가 기렸던 그 우상을 버려라. 덕이란 인간의 자연스런 마음에 있지 않다. 항상 자신에게 만족하기 위해서는 덕의 관념 따위는 필요치 않거니와 지극히 편협한 두뇌로도 충분하다. 허영심이 아무리 강한 사람이라도 결국은 자신에게 만족하지 않는다. 허영심은 대체로 자기 가치에 대한 판단의 불확실성에서 생기는 법이며, 끊임없이 타인의 확인을 필요로 한다.

항상 의무에 충실한 사람의 부끄럽지 않은 양심은 부드러운 휴식을 주는 베개라는 격언이 있다. 우리는 그런 양심의 소유자에게 축복을 보낼 것이다. 그러나 아직은 그런 이를 만난 적이 없다. 우리의 의견에 따르면 지금까지 단 하루라도 자기의 의무를 완전하게 수행할 수 있었던 사람은 한 사람도 없다. 이에 대해서는 지금은 더 이상 언급하지 않겠다. 독자 가운데 한 사람이 '나는 그런 사람'이라고 한다면 어쩌면 그럴지도 모른다. 그러나 우리는 그와 친해지고 싶지는 않다. 사람은 의무를 이행하는 점에서 진보하면 할수록 점점 더 의무에 대한 감각과 식별력이 날카로워진다. 그뿐 아니라 의무의 범위가 그에게는 객관적으로 넓어진다. 그래서 우리는 자신을 '죄인의 우두머리'라고 했던 사도 바울의 심정도 충분히 이해한다. 그것은 정직한 고백이지 결코 거짓된 겸손이 아니다.

사랑, 그리고 사랑과 관련된 공적·사적인 모든 선행(善行)은 매우 훌륭한 것이다. 우리는 사도 바울이 편지에서 사랑을 모든 진실한 삶의 시작이자 마지막이라고 했던 유명한 말을 잘 알고 있다. 그러나 그는 또 비록 천사 같은 혀로 말하고, 재산을 남김 없이 가난한 사람에게 베풀며, 인류를 위해 자기 몸을 태운다 해도, 여전히 사랑을 갖지 못한다고 생각했는데, 이것은 그 어떠한 설명보다 사랑이 어떤 것인지를 잘 보여준다. 사랑은 원래 신의 성품 가운데 일부라서 인간의 마음에는 생겨날 수가 없는 법이다. 진정으로 사랑을 가진 사람은 그것이 자기 소유가 아님을 분명히 알 것이다. 그러나 인간의 마음에 있는 사랑의 희미한 그림자라도 인간에게 행복을 주기는 한다. 그러나 그것은 단지 어쩌다가이며, 또한 항상 타인의 의지에 기댄 사랑의 갚음이라는 불확실한 전제 아래 존재한다. 그리고 마음과 신뢰 모두를 사랑에 근거하는 것이야말로 언젠가는 유대 예언자의 무서운 말*5을 마음 깊은 곳에서 듣고 사랑에서 미움으로 옮아가는 일이 쉽게 일어나게 한다. 우리가 오늘날 많은 사람들에게서 듣는 증오에 대한 찬미는 날마다 몇백만의 사람들이 반복하는 비통한 사랑 경험의 결과인 것이다.

일도 인간 행복의 커다란 요소 가운데 하나이다. 아니, 일 없이는 단순한 도취가 아닌 진정한 행복감은 절대로 주어지지 않는다는 의미에서 본다면, 가장 커다란 요소이기까지 하다. 사람이 행복하려면 '1주일에 6일은 일을 해야만' 한다. 또한 '자기 이마에 땀 흘려 빵을 먹어야만' 한다. 이러한 두 전제를 피하는 자는 행복을 추구하는 사람 가운데 가장 어리석은 사람이다.

하는 일이 없으면 이 세상에서 실제로 행복은 없다. 소극적으로 받아들이면 이 말은 옳다. 그렇다고 일 그 자체가 행복이며, 모든 일이 반드시 행복을

---

*5 예레미야 17장 5절.

수반한다고 생각한다면 오산이다. 인간의 공상이 다른 이상을 알아서 그렇다는 것이 아니다. 어쩌면 누구나 끊임없는 일로 가득 찬 천국이나 지상낙원을 상상하기는 어려울 것이다. 또한 자기의 일에 만족하는 것은 바보가 아니라면 불가능한 일이다. 사실 이렇게 말해도 될 것이다. "현명한 사람일수록 자기 일의 결점을 잘 알며, 그날의 일을 마치고서 '봐라, 모든 것은 잘 되었다!'고 할 수 있었던 사람은 아직 한 사람도 없었다." 따라서 소리 높여 노동을 찬미하는 뒷면에는 대개 자신이나 타인을 일로 내몰지 않고는 배기지 못하는 채찍 같은 것이 감춰져 있다. 대단한 자부심을 가지고 스스로 '노동자'라 일컫는 사람들도 모두 결국은 되도록 '정규 노동시간'을 줄이고 싶어한다. 만약 일 자체가 행복과 같은 의미라면 그들은 되도록 일하는 시간을 늘리려 애쓸 것이다.

행복을 추구하는 사람들 가운데 가장 묘한 사람은 행복을 염세주의에서 찾으려는 사람들일 것이다. 그런 사람들이 적지 않다. 더구나 그들이 가장 비천한 인간인 것도 아니다. 그러나 대개 여기에는 일종의 과대망상이 있다. 모든 것을 내팽개치고 자기를 포함해 모든 것을 악이라고 선언하는 것은 꽤나 장엄하게 들린다. 그런 악 가운데서도 자기가 악임을 통찰하고 그것을 고백하는 사람이 사실상 최선의 인간이라는 것이다. 실제로 그가 타인에게서 악인 취급을 받는 것에 만족한다면, 그런 대로 그는 어떤 선(善)을 향한 올바른 통로에 있다고 할 수 있겠다. 그러나 영속적 상태로서의 염세주의는 대부분의 경우 철학의 찢어진 외투에 지나지 않으며, 그 찢어진 틈새로 인간의 허영심이 얼굴을 내밀고 있다. 엄청나게 먹어대는 이 괴물을 부양하지 않고는 도저히 행복이라는 목표에 다가갈 수 없는 것이다.

가장 불행한 사람은 그저 어떤 종교에 소속함으로써 행복을 얻으려 하다가 결국은 속았음을 깨닫고 크게 실망하는 사람들이다. 오늘날 그런 사람들은 무척이나 많다. 왜냐하면 모든 종교단체가 실제로 이룰 수 있는 것 이상을 약속하고, 똑같은 그물로 온갖 종류의 물고기를 잡으려 하는 경향을 가지고 있기 때문이다. 지금은 고인이 된 겔쳐 교수는 그의 저서에서 이렇게 말하고 있다.

"교회에 나가는 사람들 대부분은 일주일에 한 차례 최고의 은총을 신께 구걸하러 가는 궁정 근무자와 같다. 인류에 대해서도 이와 똑같은 궁정 근무자가 있다. 이 사람들은 때때로 인류에게 봉사하고, 그들의 표현에 따르자면 사회를 위해 선행을 행하는데, 이것은 남는 시간에 마음 편안하게 이기심을 기르기 위한 것이다."

이 방면에서 이처럼 뛰어난 사람의 풍부한 경험에 우리는 감히 반대할 생각은 없다. 그러나 어떠한 '혼란스러운' 가운데 행하는 것이라 하더라도 사람이 하느님께 봉사하고 하느님을 신뢰하는 한, 하느님도 결코 사람을 외면하지 않으리란 것을 우리는 믿는다. 또한 매우 빈약한, 또는 온갖 불순한 것이 뒤섞인 종교적 노력이라 하더라도, 일시적으로라도 정직하게 이것에 매달리면 역시 그 사람에게 무신론보다는 많은 행복을 주리란 것도 믿는다. 그러나 이와 같은 '하느님의 관용 아래서 사는' 단순한 사람들의 특권은 물론 더 높은 분별력을 갖춘 사람들에게까지는 미치지 않는다. 분별력 있는 사람들은 그리스도교가 이미 2천 년 동안이나 고민하고 있는 철저하지 못한 병으로부터 그리스도교를 해방시킬 의무를 지고 있다. 그리고 교회의 여러 형식이나 예식, 혹은 '종교학' 등에 만족하지 않아야 하는 의무 또한 지고 있다. 특히 종교학은 아직 아무도 행복하게 한 적이 없거니와 그것을 이해하지 못한 민중에게는 빵 대신 돌을 주는 것과 같다.

이와 같은 사정임에랴. 행복으로 가는 이 길도 또한 끝내는 환멸로 가득한 길이 될 것이다. 그런데 이 환멸을 사람이 일반적으로 자신에게나 남에게 감히 고백하지 않기 때문에 좀처럼 가벼워지지 않는다. 왜냐하면 이 지점에서는 더 이상 평화와 행복으로 돌아가는 길을 찾을 수 없기 때문이다.

지금까지 언급한 것은 그렇게까지 중요하지 않은 몇 가지 수정을 가하고, 또 두세 가지를 결합하면 인류가 행복을 추구해 왔던 길이다. 비록 역사 속에서 그 길들을 인정하지 않는다 하더라도 우리는 모두 각자의 인생 경험에 의해서 많든 적든 그것을 알 수 있을 것이다. 그러나 인간은 이 길에서는 끝내 행복을 찾아내지 못했다.

2

절대 제외시킬 수 없는 행복의 첫째 조건은 윤리적 세계질서에 대한 굳은 신앙이다. 이와 같은 질서 없이 세계가 단지 우연에 의해, 또는 약자에 대해서는 거의 잔혹할 정도로까지 혹독한 자연법칙에 의해 지배되거나 인간의 책략과 폭력에 의해 움직여지는 것이라면, 개인의 행복 같은 것은 더 이상 문제가 되지 않는다. 또 이런 세계질서 속에서는 사람은 폭력을 휘두르거나, 폭력을 참고 견디든가, 쇠망치나 모루가 되는 것 외에 다른 방법이 없다. 이것은 어느 것이나 고상한 사람과는 어울리지 않는 비참한 상태인 것은 말할 것도 없다. 이러한 인생관은 여러 국가 사이에 벌어지는 끊임없는 전쟁, 혹은 전쟁의 준비로 끝을 맺는다. 그리고 그들의 정치교과서는 마키아벨리의 《군주론》이다. 이 경우 불완전하나마 유일하게 가능한 구제책은 쇠의 폭력으로 지배되는 세계국가의 건설이며, 이것은 전 세계의 이른바 문화국민을 포함하여 적어도 그들 사이의 전쟁을 불가능하게 하는 것이다. 황제시대의 로마제국, 또는 나폴레옹 1세의 주된 생각이 이와 비슷한 것이었다.

인간을 개인적으로는 동물로, 정치적으로는 '노예'로 끌어내리는 이런 인생관의 진리는 조금이라도 고상한 정신을 지닌 사람이라면 부정할 것이 틀림없다. 비록 역사가 늘 반복되고, 그 무가치함과 어리석음을 문자로 확실하게 나타내어 알리지 않더라도 말이다. 그래도 윤리적 세계질서의 존재는 아직 충분히 증명되어 있지 않기 때문에 이러한 인생관을 버릴 수 없다고 생각하는 사람들을 위해서, 우리는 단테의 지옥문에 기록된 글귀를 전한다.

"우리는 슬픔의 거리 입구
우리는 영원한 고뇌로 가는 입구
우리는 멸망의 겨레로 향하는 입구이다. ……
그대들 여기에 들어갈지니, 모든 소망을 버려라."[6]

《신곡》 지옥편 제3장

이에 반해 윤리적 세계질서를 교리화하는 것은 불가능하다. 고대인의 견해

---

[6] 이러한 전제 아래 단테의 지옥에 관한 여러 묘사를 살펴보면, 오늘날의 현실주의적 인간의 삶과 매우 비슷한 데가 있다. 그것은 온통 가이벨(19세기 독일의 시인)의 시에 나타난 대로이다.

"미소를 잊느라
거기까지 내려갈 것 없다.
내가 노래하는 모든 괴로움, 모든 고민, 공포와 아픔을
나는 이 땅에서, 이곳 플로렌츠에서 찾았노라."

에 따르더라도 하느님은 볼 수가 없다. 또한 그리스도교는 이런 종류의 복잡한 논의를 깨끗하게 물리치고 있다. 다만 하나 열려 있는 길은 산상수훈*[7]에 나와 있는 길이다. 이 길을 갈 용기를 자기의 내부에서 느끼는 사람은 시도하는 것이 좋다. 그러나 그저 지식만 바라는 사람은 결코 힘으로 하느님의 베일을 벗기지 못한다.*[8]

행복으로 가는 길은 여기서부터 열려 있다.*[9] 문은 열려 있어도 '아무도 그것을 닫지 못하리라'*[10] 그 이후는 깊은 곳에 어떤 흔들림 없는 한 점이 생겨나 끊임없는 평화와 확신을 얻을 수 있다. 그것들은 폭풍을 만나도 쉽게 사라지지 않으며, 점점 그 힘이 증대된다. 전에는 오만했거나 낙담했던 마음이 이제 강하게 굳어진 것이다. 그 다음은 일상적인 여러 감정과 사건에 그다지 무게를 두지 않도록 조심하기만 하면 된다. 그리고 결연하게 흔들림 없는 신념으로 생활하고, 감정 속에서가 아니라 활동 속에서 행복을 깨닫는 매일의 대가를 바라도록 노력해야 한다. 이렇게 하면 비로소 올바른 일이 생겨나는 것이다. 그것은 이제 사람이 늘 벌벌 떨면서 섬기는 우상이 아니며, 또한 자신을 숭배하는 우상도 아니다. 오히려 인간의 가장 자연스럽고 건전한 생활이며, 이러한 생활은 게으름에서 생겨나는 많은 정신적인 장애로부터 단숨에 구해낼 뿐만 아니라, 또한 게으름이 원인인 수많은 육체적인 병도 고치는 것이다. 이 즐거운 일은 이 세상에 존재하는 것 가운데 가장 건전한 것이며, '이것에 의해 앙상하게 시든 가지에서도 다시 움이 트는' 것이다. 올바르게 일해서 흘리는

---

*7 마태복음 5~8장.
*8 '신학'이란 것은, 우리의 의견에 따르면 원래가 불가능한 것이다(마태복음 11장 27절). 또 교회에서는 다양한 명칭을 부여하고 있어도 단지 한정된 가치밖에는 지니지 않는다. 사람은 모두 저마다 개인적으로 신과의 끊임없고 직접적인 교통을 가지는 것이 필요하며, 특히 진실한 신 이외의 온갖 신들은 전혀 필요치 않은 법이다. 그 다음부터는 그저 조용히 예언자 미가의 말을 지키는 것으로 만족할 수 있다(미가 6장 8절, 주께서 원하시는 것은 법을 지켜서 실천하고, 변함 없는 사랑을 베풀며, 네 하느님과 맑은 정신으로 동행하는 것 아니냐).
*9 이것을 시편 119편 45절은 다음과 같은 말로 표현하고 있다.
"주님의 가르침을 따르기에 자유로이 걸어갈 수 있습니다."
요즘에는 개신교보다 가톨릭 쪽이 이러한 즐거운 마음을 훨씬 많이 가진 것 같다. 이러한 즐거운 마음은 본질적으로는 신의 세계 질서에 대한 견고하고 의심의 여지가 없는 확신에 기초한 것이다.
*10 요한계시록 3장 8절.

땀이야말로 항상 새롭게 태어나는 끊임없는 힘과 쾌활한 정신의 비밀이며, 그
것들은 서로 작용하여 진정한 행복감을 만든다. 사실 건강은 최근의 의학 연
구에 의해서 알려진 바와 같이, 원래는 피할 수 없는 적에 대한 뛰어나게 강한
저항력이다. 그러나 이 저항력도 순수하게 물질적인 성질은 아니라서 도덕적
성질도 동시에 지닌다. 따라서 다양한 도덕적 속성에 의해 영향을 받는다.

윤리적 세계질서의 존재에 대한 확신, 이 질서 속에서 일하는 것, 이 두 가
지는 내적으로 불가분의 관계이다. 여기에 앞으로 언급할 세 번째의 것을 추
가하면 이 세 가지 이외의 것은 부차적이어서 그다지 중요하지 않다. 그것들
은 진지하기만 하다면 개인의 삶에 있어서 각자의 필요에 따라서 매우 자연스
럽게 나오는 법이다.

다음으로 두세 가지 경험에 기초한 것을 언급해 두겠다. 이것은 각자의 생
애 대부분에 걸쳐 적용할 수 있는 것이다.

우리는 인생에서 항상 용기와 겸손함을 가져야 한다. 이것이, 이상하게 들리
는 사도 바울의 말, "나는 약한 때에 강하다"*11의 의미이다. 그런데 이 가운데
하나만으로는 사람에게 오히려 불리한 결과를 초래하게 된다.

기쁨은 직접 추구해서는 안 된다. 그것은 생활만 올바르다면 자연스럽게 생
겨나는 법이다. 다만 단순하고 돈이 들지 않는, 필요에 의해 얻어지는 기쁨이
최상의 기쁨이다.

무릇 인간은 단 두 가지를 제외하고 모든 것을 견딜 수 있는데, 그 두 가지
란 걱정과 죄이다.

참된 선(善)은 모두 작은 일로부터 시작된다. 어떠한 선도 처음부터 가장 좋
은 모습을 보이지는 않는다. 바른 길을 가는 사람이 밟아야 할 길은 모두 열
린 문 사이를 지난다.

타인과의 교제는 원숙한 사람들에게도 역시 어려운 문제이자, 생각하게 하
는 점이 있다. 결코 타인을 미워해서는 안 된다. 또한 숭배해서도 안 된다. 그들
의 의견, 요구, 판단 등을 지나치게 중시해서도 안 된다. 그들을 심판해서도 안
되고, 심판당해서도 안 된다. 그들 중에서도 특히 거만한 자, 아니 일반적으로

---

*11 고린도후서 12장 10절.

그렇게 말해도 되겠지만(직업상 그런 것이야 별개로 하고) 신분이 높은 사람, 귀족, 부자, 부인 등과의 교제를 바라서는 안 된다. 오히려 실례가 되지 않는 한 되도록 피하는 것이 좋다. 작은 일에 대한 즐거움, 또한 여러 부류의 평범하고 아무것도 아닌 사람들에 대한 기쁨은 가장 큰 기쁨 가운데 하나이다. 그리고 늘 아래쪽으로 눈을 향하고 있으면 오히려 많은 괴로운 생각을 하지 않아도 된다. 세상에 대해 항상 만족할 수 있는 가장 좋은 방법은 많은 것을 기대하지 말고, 두려워하지 않는 것이다. 그리고 세상에 존재하는 선을 인정하고, 악을 무력한 것, 영속적이지 않은 것, 마침내는 자멸하는 것으로 보는 것이다.

마지막으로 하고 싶은 말은 대체로 이 땅의 일은 그다지 중요하게 여기지 말아야 한다는 것이다. 우리가 '하늘에 머리를 두고'*12 살고 있다면 땅 위의 많은 것은 아무래도 상관없는 것이 된다. 중요한 일만 잘 되어 간다면 그 밖의 작은 일에 대해서 크게 신경 쓸 필요는 없다. 작은 일을 중요하게 생각하기 때문에, 특히 사람이나 사람의 판단을 중요시하기 때문에 쓸데없이 마음 아파하는 사람이 훌륭한 사람들 중에도 많다. 그들은 그 때문에 자신의 일상적인 일을 훨씬 어렵게 하고 있다.

이와 같은 '처세훈'은 여기에다 얼마든지 덧붙일 수 있다. 그러나 그것들은 이미 언급했던 것처럼 본래 쓸모없는 것이다. 왜냐하면 위에서 말했던 토대에서 극히 자연스럽게, 더구나 저마다의 필요에 따라서 생겨나기 때문이다. 그러나 이 경우에 중요한 것은 그 토대인데, 이것이 없으면 아무리 귀중한 처세훈이라도 실행하지 못한다. 우리는 세상의 '교훈', 또는 그에 관한 훌륭한 저술을 그다지 존중하지 않는다. 이들 교훈은 어떤 신념으로부터 흘러나왔으며, 이 신념은 또한 어떤 인생관에서 나온 필연적 산물이다. 그러므로 그 인생관이야말로 우선(종종 진정한 죽음을 통해) 획득해야만 하는 것이다. 또는 그러한 교훈은 말이 아름답고, 귀에 잘 들어오며, 일기나 표어로 쓰면 훌륭하게 보이겠지만 사람의 마음을 바꾸지는 못한다.

---

*12 이것은 샤를르 스클레턴의 말이다. 사람은 자신도 스스로 심판해서는 안 된다(고린도전서 4장 3절). 단순히 우리의 지식뿐만 아니라 우리의 존재 자체가 이미 불완전한 조립물이기 때문에, 고대 철학의 '너 자신을 알라'는 위대한 말은 일단 추악한 허영심을 초월한 사람에게는 성가신 짐이기도 하고, 또 실제로 바보 같은 일이기도 하다. 그보다는 자기의 의무를 알고, 그것을 충실하게 해냄으로써 자신을 잊는 것이 좋다. 이러는 편이 훨씬 나으며 인간적 행복을 얻기 위해 꼭 필요한 것이다.

우리는 격언 수집가를 위해서 재료를 제공하는 대신에 독자에게 또 하나의 중요한 진리를 알리고자 한다. 즉, 불행은 인간의 삶에 항상 따라다니기 마련이라는 것이다. 역설적으로 말하면 불행은 행복을 위해 필요하다는 얘기가 된다. 또 한편, 실제적인 경험이 나타내는 바와 같이 불행은 피하고 싶어하기 마련이므로 인간은 무슨 수를 써서든 이것과 타협하지 않으면 안 된다. 삶에서 도달할 수 있는 것은 오직 운명과의 완전한 화해뿐이다. 이것은 그 '흘러넘치는' 것 같은 확실한 마음의 평화이며, 그리스도도 그의 제자들에게 오직 이것만을 약속하고 있다. 사도 바울이 힘들기 짝이 없던 삶의 마지막에 깊은 감정을 담아 토로하는 것도 바로 영혼의 평화이다.

그러므로 참된 행복이란 외부의 형편 따위에 좌우되지 않는다. 스토아 철학은 무감각을 기름으로써 외부 상황의 문제를 해결하려 하다가 이루지 못했지만, 그것은 다른 방법으로 효과적으로 해결할 수 있다. 인간은 이 땅의 삶에서 괴로움과 불행을 피하지 못한다. 반드시 그것들과 타협하지 않으면 안 된다. 그와 같이 하는 데에 먼저 도움이 되는 것이 깊이 생각하는 것이다. 다음은 일시적인 감정을 초월하여 흔들리지 않는 신념을 갖는 것이다. 불행은 세 가지 목적을 지니며, 동시에 3단계로 이루어져 있다. 첫째는 벌인데, 이것은 여러 행위의 자연스런 결과로써 그 행위 자체에 존재한다. 따라서 벌이 행위의 뒤를 따르는 것은 마치 논리적 결론이 논리적으로 확실한 것과 다르지 않다. 두 번째는 정화이다. 이것은 인간이 불행으로 인해 좀더 커다란 진지성과 진리에 대한 좀더 큰 감수성을 얻음으로써 성립한다. 세 번째는 자기 시련과 강화이다. 이것은 자기의 힘과 하느님의 능력을 경험함으로써 이루어진다. 이러한 경험을 여러 번 되풀이함으로써 인간은 자기 안에 올바른 용기가 생겨나게 한다. 그러나 이것은 오만과는 거리가 멀고 오히려 겸손함에 가깝다.

한마디로 말해 인격의 깊이, 또는 우리가 많은 사람들에게서 바로 느낄 수 있는 여유 있는 기질 등은 멋지게 불행을 견뎌온 사람만이 갖는 것이어서, 그렇지 못한 사람들은 아무리 '굽이 높은 신을 신어도' 흉내내지 못한다. '환란을 기뻐한다'[13]는 사도 바울의 말은 그의 다른 많은 말과 마찬가지로 불행 속에 어떤 힘이 감추어져 있으며, 얼마나 깊은 내적 행복이 감추어져 있는지를 직

---

*13 로마서 5장 3절.

접 경험하지 않은 사람은 그 참뜻을 이해하지 못한다. 불행 속의 행복은 인간이 그것을 올바르게 느끼고 받아들인다면 일생 동안 잊지 못하는 법이다.

착한 사람에게는 행운이 따라야 한다고 생각하지만 착한 사람이 좀처럼 운 좋게 살지 못한다는 것은 분명 인생의 수수께끼이며, 이는 많은 사람을 실망시켜 올바른 길을 버리게 한다.

> "전엔 신앙에 용맹스러웠던
> 예수의 증인
> 가난과 근심과 위험 속을
> 헤매는 것을 사람들은 보았다.
> 세상에는 어울리지 않는 존귀한 사람
> 어려움 속에서 세월을 보냈다.
> 신의 겨레의 왕
> 사람들은 그를 십자가에 못박았다."

(동포교회 찬송가)

실제로 그러하다. 그러나 친애하는 독자여, 여러분은 이것을 좋다고 하고, 이것에 대해 각오해야 한다. 그렇지 않으면 여러분은 평생 행복을 발견하지 못할 것이다. 행복은 '나아갈 길에 가로놓인 사자'이다. 대부분의 사람은 이것을 언뜻 보고는 되돌아가서는 오히려 행복에 못 미치는 뭔가에 만족한다.

그러나 우리는 경험상 이렇게 말할 수 있다. 즉, 향락과 마찬가지로 이 경우도 인간의 상상력은 현실을 훨씬 뛰어넘기 때문에 미리 상상한 것만큼 실제 고통이 큰 경우는 거의 없다. 또한 여러 고통은 '제각기 커다란 행복으로 들어가는 문'이라 해도 과언이 아니다. 스스로를 어느 정도 가차없이 다룰 것, 특히 좋든 싫든 상관없이 너는 해야만 한다고 스스로를 향해 말할 수 있는 용기가 참된 생활에는 꼭 필요하다. 진리에 대한 사랑과 정의에 대한 용기, 이것이 진정한 교육의 바탕이다. 이것이 없으면 교육은 아무 짝에도 쓸모가 없다. 천국에 들어갈 힘만 있으면 되므로 '힘을 쓰는 자, 그런 사람은 들어간다'[14]

---

*14 마태복음 11장 12절 참조.

행복을 얻기 위해서 인간은 모든 성질 가운데서 용기가 가장 필요하다. 이것은 틀림없는 사실이다.

그래서 우리는 현대의 한 재치 있는 여성이 사후에 출판된 저서*[15]에서 했던 말을 최후의 결론으로 인정하려 한다. "행복이란 신과 함께 있는 것이다. 이것에 도달하는 힘은 영혼의 목소리인 용기이다." 지상에는 이것 외의 행복은 없다. 만약 그렇지 않은 행복이 있다 하더라도 우리는 그것을 바라지 않을 것이다.

이러한 행복은 현실이며, 사실이다. 그 밖의 모든 행복에 대한 꿈처럼 상상이 그린 단순한 그림이 아니다. 젊을 때는 몰라도 적어도 나이를 먹으면 누구나 이러한 행복의 꿈에서 깨어나지 않을 수 없는 것이다.

진정한 행복은 우리가 끊임없이 자기의 힘을 분출하고, 늘 자신을 격려하며 강제해야만 하는 것은 아니다. 오히려 우리가 이 인생관을 믿고, 단호하게 실행하며, 우리가 버린 것을 되돌아보지 않는다면, 그때 행복은 저절로 생겨난다. 즉, 내적 평화의 흐름이 행복이며, 이 흐름은 나이를 먹음에 따라서 점차 강해지고, 우리 자신의 정신이 성숙해진 다음에는 다른 사람에게로 쏟을 수 있다.

우리의 삶이 가치가 있다고 하려면 반드시 이 목표에 도달해야 한다. 실제로 우리는 여기에 도달할 수 있다. 뿐만 아니라 한 번 결심해서 최초의 단계를 정복하면, 단테의 말*[16]처럼 올라가면서 커다란 기쁨마저 발견하게 된다.

---

* 15 기젤라 그림(괴테의 손녀)의 《고대 스코틀랜드》. 이것은 전체적으로 대단히 이색적인 희곡이지만 다음과 같은 섬광으로 가득 차 있다.

> "마음으로부터 이기심을 외면하고
> 영원을 파악하며
> 사랑에 이끌려서
> 지상의 것을 수단으로 보고, 그것을 지배한다.
> 이것만이 세상에 존재할 수 있는 행복의 상태이다."

(젤처가 자유롭게 인용한 것임)

* 16 《신곡》 연옥편 제4장
> "이 산을 오르려 하는 자
> 그 산기슭에서 커다란 어려움에 마주치리라.
> 그러나 올라감에 따라 어려움은 사라지고
> 그대를 힘들고 괴롭게 한 것은 마침내 즐거움이 된다.
> 이제 올라가기는 매우 수월해서

〈정화의 산〉의 산기슭 초입에선 진정한 행복을 위해서라면 어떠한 대가라도 치르겠다는 굳은 결심과 명백한 선언이 요구된다. 그렇게 하지 않고는 들어가지 못한다. 이보다 편한 길로는 아직 아무도 행복에 도달한 사람이 없다.

괴테는 다른 방법으로 행복을 추구한 사람들의 스승인데, 그는 75년 영고의 세월 동안에 겨우 4주일밖에 안락함을 발견하지 못했다. 삶의 마지막에 양심 고백을 하라고 했을 때, 이와 같은 빈약한 대답을 해서야 되겠는가.

그러나 우리는 이렇게 말하리라. 우리의 삶은 잘해야 70년, 또는 건강하다 해도 80년인데, 그 삶은 비록 고생과 노동으로 점철되었다 하더라도 여전히 존귀한 것이었다고.

이것이 행복인 것이다!

작은 배로 급류를 타고 내려가는 것처럼 되리라."

인간이란 무엇인가, 어디에서 와서 어디로 가는가
황금빛으로 빛나는 별 저편에는 누가 살까

이것은 온갖 의문 가운데서도 가장 커다란 의문이다. 매우 천박하거나 동물적인 사람이 아닌 이상 누구나 일생에 한 번쯤은 이 의문의 해답을 찾으려 한다. 그리고 벌써부터 이렇게 말해야 하는 것이 유감이지만, 오늘날 대부분의 사람들은 그 해답을 찾지 못한 채 세상을 떠난다.

중세의 한 사상가의 우울한 탐색적 말과 마주치는 경우가 이따금 있을 것이다.

"나는 살고 있다. 언제까지 살지 모른다. 나는 죽는다. 언제 죽을지 모른다. 나는 간다. 그러나 어디로 가는지 모른다. 그런데도 어떻게 아무렇지도 않을 것인가!"

어떤 사람들은 그런 어두운 생각, 즉 '결국 아무것도 되지 않는다'는 생각 따위는 곧 깨끗하게 머릿속에서 걷어치우고는 이렇게 말한다.

"내일 죽으리니 먹고 마시자."[*1]

오늘날 이런 사람들은 대단히 많다. 이른바 교양인 중에도 적지 않다. 그러나 그들은 교육 덕분에 당연히 좀더 깊이 있는 인생관에 대해서 어느 정도의 지식을 지녔을 것이다. 그럼에도 이들은 결국 표면적이고 헛된 자기 구제를 시도한 끝에 슬프게도 생애의 마지막 프로그램에 도착하게 된다.

거기서 그들은 이 프로그램을 되도록 오랫동안 연기(演技)하려 한다. 그러나 시간이 흐름에 따라서 필요한 건강이 허물어지기 시작한다. 그러면 그들은 무리를 지어, 언제나 그렇듯이 부인을 앞세워서 크나이프 목사, 메츠거 박사, 그 밖의 현대의 용한 의사를 순례하면서 잃어버린 건강을 되도록 빨리 회복하고, 다시 먹고 마시려 한다.

[*1] 이사야 22장 13절.

다른 사람들은 이러한 생활계획을 실행할 돈이 없다. 이런 사람들은 뭔가 다른 '노력'으로 급속하게 돈을 마련할 수 없음을 깨달으면, 다음에는 '배를 채우는 문제'를 인생의 유일한 '현실적' 문제로 제기하고, 새로운 '사회정책'에 의해서 모든 사람이 만족할 만한 해결책을 내놓아야 한다고 주장한다.

얼마간 깊은 생각을 하는 다른 사상가들은 이런 방법으로는 인간의 괴로움을 해결하는 것이 불가능하다고 깨닫고, 어중간하게 이런저런 시도를 한 끝에 왕 중의 가장 현명한 왕 솔로몬의 '모든 것은 헛되도다'라는 말에 봉착한다. 그러고는 거기서 방향을 바꿔 생존 자체에 대한 절망으로, 무(無)의 숭배로 향한다. 그들에게는 열반, 적멸, 생에 대한 망각이 인생의 목적이 된다. 그리고 이러한 삶의 명백한 부정에 대하여 끊임없이 항의하는 자신의 건전한 상식과 힘든 싸움을 한다. 이런 싸움이 몇 년 계속된 뒤에 마침내 인도 최대 현자인 석가를 따라 다음의 말을 읊조릴 수 있게 된다면, 그들은 뭔가 대단한 일을 해냈다고 믿는다.

> "내가 찾는 목수를 찾지 못한다면
> 끝없는 윤회가 내 앞을 가로막으리라.
> 참으로 끝없는 탄생은 고통이다!
> 목수여, 그대는 쉽게 알아채고
> 그래서 이제 다시는 집을 짓지 않으리.
> 그대의 대들보는 부러지고
> 그대의 지붕은 내려앉았다.
> 죽음으로 들어선 영혼만이
> 그나마 내 번뇌의 갈증을 적셔준다."*2

요컨대 이것이 이 철학의 결론이다. 인간의 생존을 위해서는 빛도 희망도 존재하지 않는다. 가장 좋은 것은 그 이치를 빨리 깨닫고 되도록 일찍 이승의 삶을 마치는 것이다.

그러나 인간의 정신은 강한 생활력과 생존욕구를 지니기 마련이어서, 지금

---

*2 석가의 감사기도이다. 삶을 사랑했던 그리스인들도 이러한 깊은 고통의 세계에 흔적을 남겼다. '신들에게 사랑받은 자는 일찍 죽는다'는 말 속에 그 흔적이 잘 나타나 있다.

일반에 '세기말'이라 불리는 일시적 쇠약상태는 별개로 하더라도, 이와 같은 전면적인 파산선고에는 만족하지 않는 법이다. 오히려 이러한 어둠 속에 빛을 가져오는 것이 철학의 영원한 사명이라 할 것이다. 물론 철학은 시종일관 그 사명을 다하려 시도했다. 그러나 아무런 진실이 없는 말로 표현했을 뿐, 고통받는 사람의 마음에 실제로는 어떤 위로도 주지 못했다. 때문에 이러한 형식주의적 철학은 헤겔에 이르러 정점에 도달한 이후 현재까지 사람들에게 아무런 만족을 주지 못하고 있다.

철학은 예로부터 주로 세계 그 자체에서 세계를 설명하려 시도해 왔다. 이것이 철학의 필요 전제라는 것은 오늘날에도 여전히 대체로 반대할 수 없는 근본원리의 하나로 간주되고 있다. 논리적으로 말하면 그것은 분명 옳겠지만, 그렇다고 해서 특별히 슬퍼할 것은 없다. 왜냐하면 애당초 인간이 자신을 조명하고, 자기 인생의 목적, 자기의 과거와 미래를 조명할 빛을 바란 것은 어디까지나 자신을 위해서이지 어떠한 학문의 성립을 위해서가 아니기 때문이다. 오히려 그와는 반대로 인간의 생활관계를 설명하고, 이것을 개선한다는 목적을 충족시키지 못하는 학문을 사람들이 경멸하는 것은 정당한 일이다. 그러므로 사람들이 철학에 대해 바라도 되는 것은, 철학이 이 목적에 따르는 것이고, 어느 정도까지 상식적이며, 생존의 가장 큰 문제에 관한 진리와 해명을 바라는 인간 영혼의 굶주림을 단지 공허한 말로, 애매한 말로 얼버무리려 하지 않는 것이다. 그러나 이것이 '신이나 마찬가지인' 플라톤에서 헤겔, 쇼펜하우어나 니체에 이르기까지 철학의 주요한 일이었다. 철학에는 제멋대로 발명한 엄청나게 많은 술어가 있다. 이 술어들은 보통 사람들의 이해력이나 언어능력으로는 빠져나갈 수 없는 울타리처럼 철학을 차단하고 있다. 그렇지만 일상적인 보통 용어법으로는 언어란 어떤 확정된 내용의 기호이지 결코 무(無)의 기호는 아니다. 지금 철학의 술어를 이와 같은 보통의 언어로 번역한다면, 가려져 보이지 않는 여신의 힘과 위엄을 둘러싸고 있는 베일은 벗겨질 것이다.

지금까지 추상적 철학은 실제로 '존재'도, '생성'도 만족스럽게 설명하지 못했다. 그러니 이 두 가지 근본개념을 결부시켜서 하나의 통일적 원리로 해명하지 못한 것이야 말해 무엇하랴. 그 대신에 철학은 언제나 어떠한 진실된 설명을 포함하지 않는 단순한 말로써 바꿔 쓴 것에 불과했다. 그러나 철학은 인간과학으로서 이미 몇천 년에 걸쳐서 존속해 왔으므로, 그 동안에 이 과제를 해결할 수 있었을 것이다. 아니면 철학은 더 이상 이들 근본개념을 더 해명할 능력이 없으며, 즉 이미 그 능력의 한계에 이르렀으며, 따라서 모든 존재와 생성에 대해 인간 지식이 도저히 근접하지 못하는 근원을 가정하는 것 외에 도리가 없음을 고백해야만 했다.

이러한 설명 대신에 우리가 늘 철학적 사상 계열의 첫머리에서 발견하는 것은, 증명되지 않은, 또한 증명할 수 없는 단순한 가정이다. 예를 들면 어떠한 '살아 있는 실체'가 가정되어 있고, 그것은 유일하고 불변한 것이라든지, 또는 아주 작은 구성요소(원자)의 무한량으로 되어 있다든지 하는 것이다. 그런데 이것은 이해하기도 어렵지만 우리의 의문에 대한 대답도 아니다. 우리가 정말로 알고 싶은 것은 그 물질이 크냐 작으냐 하는 것과 그것이 대체 어디에서 왔는지, 어째서 어떤 물질이 생명을 얻으며, 또한 생명을 낳을 수 있느냐 하는 것이다. 어쨌거나 원자가 단지 운동을 해서 감각이 되고, 사상이나 의지가 된다는 것은 확실히 하나의 비약이다. 그런데, 지금까지 그 누구도 이런 비약을 구체적으로 설명하려 시도한 적이 없다. 그 대신에 가장 유명한 연구자의 저서에는 우울하게도 'ignoramus, ignorabimus'(우리는 모른다, 앞으로도 알지 못하리라)*3라고 쓰여 있다. 또 우리는 이미 고대로부터 많은 어마어마한 말들로 유(有)와 무(無) 사이에는 적어도 생각할 수 있었던, 또는 생각할 수 있는 대립이 존재한다고 들어 왔다. 그러나 우리는 그런 말 대신에 우리와 관련이 있는 유일한 존재, 즉 우리의 눈앞에 있는 이 세계가 단순한 겉모양이 아니고 환상이 아니라면, 그것이 어떻게 성립됐는지를 알고 싶은 것이다. 하기야 세계는 우리의 상상 속에서만 존재한다는, 절망적으로 도망갈 길을 실제로 이미 발견해 놓았지만 말이다. 또한 '무'에 대해서는 우리는 이치에 적합한 아무런 관심도 갖고 있지 않다. '무'라는 것은 제대로 파악하는 것조차 불가능한 관념이며, 단순한 대립개념에 불과하다. 우리는 일단 그러한 개념을 세울 수는 있지만 더 깊이 탐구하지는 못하며, 인생을 위해 이 개념을 이용하는 것은 더 불가능하다.

그러나 우리가 늘 주위에서 보지만 그 궁극의 근원을 파악할 수 없는 사물에서 출발하지 않고, 다른 철학자들과 함께 의심할 필요도 없는 우리 자신의

---

*3 뒤 부아레몽의 《우주의 일곱 가지 수수께끼》.

자각적인 자아, 어떤 복잡한 사색도 필요 없을 뿐 아니라 직접 알 수 있을 것 같은 이 자아에서 출발한다면 어떨까? 그럴 때, 이 빈약한 자아는 자의식으로부터 세계로 한 걸음 내디디려 할 것인가? 아니면 스스로 세계의 수수께끼를 풀려 한다면, 즉각 그 자아가 얼마나 열심히 자기 이외의 확실한 설명 근거를 바라는지를 알게 될 것이다.

철학이 순수한 자연과학 앞에 완전히 무릎을 꿇고, 모든 생명을 '발전, 진화, 유전, 자연도태' 등으로 설명하려고 모든 존재는 어떤 원형질에서, 또는 단 하나의 원세포에서 저절로 발생한 것이라고 언명해도, 대체 누가 이 세포를 만들고, 이것에 무한한 생명력과 발전력을 부여했는가 하는 의문은 여전히 남을 것이다.

이것은 늘 정밀하고 실제적으로 사고했던 나폴레옹이 100년 전에 이집트의 별이 빛나는 매혹적인 하늘을 바라보면서 학자 몬쥬에게 '대체 누가 이런 것들을 만들었을까?'라고 물었다는 그 질문이다. 이 물음에 대해서는 추상적인 철학도, 실증적인 박물학도 오늘날까지 한 번도 대답하지 않았거니와 어쩌면 앞으로도 결코 대답하지 않을 것이다.

세계를 그 자체로, 또한 그 자체에 의해 설명하는 것은 도저히 불가능하다. 궁극적인 근거가 끝내 발견되지 않을 것이기 때문이다. 인간이 자신을 숭배하고, 타인에게서 숭배를 받는다는 것은 오늘날의 철학이 당면한 결과인데, 조금만 영리하다면 이 교만에 끊임없이 작용하는 제약을 느낄 것이다. 즉, 첫째로 자기의 힘과 수명이 대단히 제한된 것이라는 고통스런 의식에 의해서, 둘째로 인간 예찬으로는 벗어나지 못할 자신의 불완전성에 대해 도저히 어쩌지 못하는 감정에 의해서, 마지막으로 자기의 생활 내용으로는 자신을 이해하는 것이 불가능하다는 것으로 인해 자기의 제약을 느끼는 것이다.

보통 범신론적이라 일컫는 이 최후의 철학적 인생관은 스피노자 이래 철학계를 지배해, 헤겔, 쇼펜하우어와 괴테 이후로 지식계급이 추상철학에 골몰해 있는 동안은 일반인들을 지배했다. 그러나 이 철학적 인생관은 모든 인생관 가운데서도 도덕적으로 가장 해롭다. 이것은 '윤리적인 힘을 증발시키고', 선을 실현하고 악을 정복할 의지를 잃게 한다. 따라서 이 철학에는 늦든 이르든 어떠한 형태로든 조야(粗野)하지만 강력한 미신이 뒤따른다. 이미 우리는 최면술이나 강신설, 그 밖의 상식을 벗어난 교회 신앙의 형태로 그것이 시작되고 있음을 본다. 그리고 그 미신에서 새로이 철학적 사변의 계열이 시작되고, 몇백 년 뒤에는 다시 완전히 동일한 출발점으로 돌아가는 것이다. 그러므로 진리의 궁극적 형식은 어쩌면 한 개인의 추상철학적 혹은 신학적 사변이 아닐 것이다. 이것은 언제나 기만적이고 불만족스럽기 때문이다. 궁극의 진리는 오히려 많은 민족의 운명 속에 명료하게 나타나 있는 역사적 경험이다. 이와 같은 형태로, 실제로 추상철학보다 나은 철학이 이미 오랜 옛날부터 존재했던 것이다.

* * *

모든 사물의 근원을 그 자체로 설명하려 하지 않고, 오히려 인생 경험에 의해 설명하고, 세계 전체 및 각 개인의 창조자이고 유지자인 진정한 생명이 있는 영적 존재에게 그 근원을 두고 있는 철학은 이스라엘 철학, 즉 그리스도교의 철학이다. 현재 일반의 견해에 따르면 이것은 확실히 철학적 설명은 아니다. 이것을 철학적 설명으로 하면 그 근저를 다시 설명하지 않으면 안 된다. 특히 스스로 '신의 학문'이라고 대담하게 일컫는 과학도 사실상 신을 증명하는 것이 불가능하기 때문에 막다른 길에 이르렀다. 그것은 마치 철학이 세계와 인간을 그 자체로 설명하려 했다가 실패한 것과 같다. 일반적으로 본체론, 또는 신의 존재에 대한 증명이라 불리는 것도 사실은 아주 빈약해서 이것을 인정하려 하지 않는 사람을 전혀 납득시키지 못한다. 때문에 처음부터 이렇게 말하는 편이 훨씬 자연스러울 것이다. 즉, 설명하지 못하는 것이 신의 본질이다. 그렇지 않으면 신은 신이 아니며, 신을 설명할 수 있는 인간은 인간이 아니라고[4] 말이다.

신을 보는 것이 아니라 이 땅 위의 것과 인간을 올바른 방식으로, 이른바 신의 눈으로 보고 이해하는 것이 우리의 인생 목표이다. 따라서 글자 그대로 과학적 신학이라는 것이 성립할 수 있느냐 없느냐 하는 의문이 예로부터 제기되었던 것이다. 그리스도는 과학적 신학이라는 것이 있을 수 있다는 의견이 아니었다.[5] 또한 실제로 신학적 사변은 원래 그리스도에서 시작된 것이 아니라 바울에서 시작된 것이다. 바울은 특수한 유대적 총명함과 민첩함, 유대교 속에서

---

[4] 출애굽기 33장 20절, 요한복음 1장 18절.
[5] 마태복음 11장 27절, 요한복음 3장, 누가복음 10장 22절 참조.

이미 완성되어 있었던 교의론을 그리스도교의 논증에 응용했다. 그는 천부적으로 신학적 경향이 강했던 그의 민족을 설복시킬 필요가 있었던 것이다.

모든 존재 및 생성의 근원으로서의 신은 설명할 수도, 증명할 수도 없다. 또한 그래야 하는 것도 아니다. 오히려 우리는 우선 신을 믿고, 그 다음에 몸으로 경험해야 한다. 이것은 거듭 확실하게 말해두지 않으면 안될 명제이다. 그런데 이것은 만물에 대한 좀더 나은 학문적 설명을 바라는 인간들이 대개 여기서 발길을 돌리는 좌절의 돌멩이자 분노의 바위가 되고 있다. 여기서 발길을 돌리는 사람은 이미 어쩔 수가 없다. 물론 이쪽에서 자진해서 환영할 수는 없다. 확실한 무신론자를 우리는 철학적으로는 지나치지 않으면 안 된다. 그러나 이와 같은 요구는 철학적·종교적 영역뿐만 아니라 실제적·정치적 영역에서도 그 안으로 차츰 그림자를 감출 것이다. 다만 종교 문제에서는 믿느냐, 믿지 않느냐 하는 이 한 가지 점에만 초월하지 못할 장벽이 있다. 그리고 같은 국민, 비슷한 정도의 교양, 동시대인들, 나아가서는 같은 가족마저도 이 한 가지 근본적인 견해에 따라 나누어진다. 그 밖의 차이는 모두 화해할 수 있는 것이며, 화해의 길을 발견할 수 있을 것이다.

그러나 신앙에 관한 차이는 인간 의지의 자유라는 천성에 기초한 것이므로 언제까지나 계속되고 사라지지 않는다. '인간의 영혼은 본래 그리스도인이다'라는 테르투리아누스의 말은 글자 그대로 받아들이면 잘못이다. 위인의 삶 모두가 그것을 반증한다. 인간의 영혼은 단순히 그리스도인이도록 소명을 받았으며, 자기의 인생경험에 의해서 그리스도인이 될 수 있다고 하는 것에 불과하다. 테르투리아누스가 한 말의 의미도 어쩌면 이것일 것이다. 인간의 영혼이 본래 무신경한 것이지 결코 무신론을 혐오하는 것은 아니다. 인간이 신을 알 수 없듯이, 또 신을 경험할 수 없다면 신앙은 실제 신경계통의 흥분에 의한 일종의 허황된 생각일 것이다. 그리고 이렇게 되면 로마 총독이 바울을 향해 '너는 미쳤다'고 한 것은 정당했을 것이다. 이해할 수 없는 것을 거부하는 것이야말로 이성과 양심의 의무라고 생각했던 여러 시대의, 그 총독의 수많은 후계자들도 또한 마찬가지로 정당했을 것이다. 그러나 신은 그 사람 자신의 경험에 기초한 것 이외의 신앙을 인간에게 요구하지 않는다. 오히려 신은 개인의 경험과 인류의 역사 속에서 자신을 충분히 나타내 보이고 있다. 그러므로 인간은 불신앙의 죄를 스스로 책임져야 한다. 더구나 그 죄는 그 죄인 이외의 어떤 사람도 그 깊이를 알 수 없을 만큼 깊은 죄이다.

그렇기 때문에 자기의 결심을 잘 확인하고, 경우에 따라서는 자기의 경험에 따르는 것이 신앙으로 들어서는 첫걸음이다. 그런데 이것은 원래 인간의 의지 행위이다. 따라서 곁에서 누가 이것을 면제할 수도 없고, 또 말로 당사자가 자기의 체험으로 얻은 것 이상으로 확신을 줌으로써 쉽게 해 줄 수도 없다. 이러한 첫걸음을 이미 이스라엘의 예언은 적절하게도 '회심'이라 표현하고, 사람들에게 이것을 요구하였으며, 나아가 이 회심 직후에 저절로 생겨나는 깊은 내적 만족과 확신을 약속했던 것이다. 그리고 옛날부터 몇천의 사람들이 이 회심을 통하여 몸으로 그 효과를 증명했다. 즉, 정직하게 하느님께 마음을 의탁했는데도 오랫동안 어둠에 둘러싸여 남겨지거나 혹은 완전히 버림을 당한 적은 지금껏 한 번도 없었던 것이다. 이 자유로운 결심 속에 또한 인간의 '의'가 있다. 그리고 그 예언자의 말에 따르면, 사람은 이 의에 의해서만 구원될 수 있다. 이사야 1장 27절, 49장 9·24절, 또 로마서 10장 4절, 야고보서 4장 8절을 참조하라. 그는 또한 그 의 때문에 뭔가를 하지 않으면 안 되거니와, 그렇게 한다면 또 하나의 권리를 얻는다. 더구나 그 권리는 성서의 어디를 보아도 결코 어떤 때는 주고, 어떤 때는 주지 않는 단순한 은총이 아니라 적극적으로 약속되어 있는 것이다. 이사야 28장 16절, 30장 19절, 31장 5절, 40장 31절, 43장 1절, 49장 15절, 65장 24절.

그렇기 때문에 구약성서는 줄곧 이 관계를 쌍방에게 권리가 있는 계약에 비유하고 있다. 자기 쪽에서 이 계약을 정직하게 지키고자 하는 사람은 자기의 권리를 그다지 강하게 주장할 필요가 없다. 오히려 그가 해내야 할 의무는 단지 상대 계약자에 대한 순수하고 흔들림 없는 신뢰에 불과한데도[6] 여전히 자기의 의무 이행 책임을 충분하게 다하지 못하며, 따라서 늘 상대의 순수한 은혜를 필요로 한다는 것을 충분히 자각하는 것이다. 루터는 성서에서 강조하고 있는 이상으로[7] 이 은혜를 강조하고 있는데, 인간은 악으로부터 완전하게 구제되기 위해 필요한 끊임없는 회심의 노력과 자유의지에 따라 그 기반을 유지하는 힘을 때로는 얼마간 약화시켜야 할 때가 있다.

이러한 관점에서 본다면 세상은 개인 생활과 마찬가지로 명료하고 이해할

---

[6] 히브리서 11장.
[7] 로마서 3장 28절.

수 있는 것이 되어 다가온다. 한편으로는 세상을 창조하고 이것을 지배하며, 더구나 스스로는 '자연법칙' 따위에 결코 속박당하지 않는 자유로운 의지가 있음을 알게 된다. 그러나 그것은 '질서의 신'이자 법칙이지 결코 마음내키는 대로 지배하기를 원치 않는다. 이와는 대조적으로 다른 한편으로는 인간의 자유로운 의지가 있으며, 이것은 신을 따를 수도 따르지 않을 수도 있다. 인간이 악을 추구하는 것, 즉 신을 배신하는 것도 자기 책임 아래 저지를 수 있는 완전한 자유가 주어져 있기 때문인데, 그렇다고 신의 질서를 파괴할 힘까지 지닌 것은 아니다. 신의 질서는 모든 악을 선으로 바꿀 수도 있지만, 고의로 악을 저지르고 뉘우치지 않는 자는 별개이다. 인간의 삶은 올바르게 발전했을 경우, 영원히 변치 않는 신의 법칙에 따르는 자유로운 순종으로 나타나며, 또 신의 법칙에 의해 점차 높아져 가는 정신적인 생활질서를 향한 자기 교육이 된다. 그렇지 않으면 그 능력을 자기 책임 아래 차츰 상실하게 되는데, 이것은 이른바 자기 처벌이다. 인생의 행복은 신의 세계질서와의 내적 합일이며, 또한 신의 가까이에 있다는 감정이다. 그에 반해 불행은 신에게서 등을 돌리는 것이자 끊이지 않는 마음의 불안이며, 생애의 마지막에 아무런 수확도 남기지 않는 것이다.

그런데도 여전히 우리의 마음에 뭔가가 남아서 때때로 이렇게 항의할 것이다. 어쩌면 모든 것은 감각적으로 지각할 수 없는 단순한 '형이상학'이며, 요컨대 인간과 인간 삶의 목적을 위해 공상한 것에 불과하다고 말이다. 그럴 때는 그 반항의 목소리를 조용히 물리치지 않으면 안 된다. 이와 함께 차츰 드물어지고 또한 약해지고는 있지만, 그래도 아직 남아 있는 이기주의와 자잘한 일에 구애되는 생각의 유혹도 물리쳐야 한다. 좀더 높은 세계는 어디까지나 신앙이다. 그것은 차츰 신뢰할 수 있고, 많은 위안이 되는 신앙이 되어 일종의 내적 직관과 비슷한 것이 되기 시작한다. 그러나 한편 단순히 감각적인 것 위에 구축된 좀더 낮은 세계는 최선의 경우에도 완전한 지식을 주지 않으며, 또한 어떠한 경우에도 영혼에 평화를 가져다주고 신뢰할 만한 지식을 주지 않는다. 오히려 고상하고 사색적인 사람들에게는 불안한 의혹과 단단하게 묶여서 풀리지 않는 고통스러운 지식을 줄 뿐이다.

신에 대하여 가장 우수한 인식을 지녔던 원시종교도, 역사가 전하는 바에 따르면 이처럼 단순했다. 그것이 나중에 수많은 형식으로 뒤덮이게 된 것이다.

그러나 처음에는 그 형식마저도 단지 환난을 쉽게 막기 위한 '금지된 규칙'에 지나지 않았고, 본래 어디까지나 자유이며 정신이고 생명이어야만 한다는 것을 기계적으로 강제하는 것을 목적으로 하는 완고한 생활규칙이 아니었다.

이와 같은 형식주의를 탈피하여 신앙의 원시적 본질로 돌아간다는 것이 그리스도교의 역사적 설명이며, 그리스도의 사업이었다. (그 뒤의 모든 개혁도 또한 마찬가지이다) 그러나 유대 민족은 이러한 옛날로 돌아갈 결심을 할 수 없었는데, 만약 그것이 가능했다면 어쩌면 탁월했던 그들의 정신에 의해서 세계를 지배한 최초의 민족이 되어 있었을 것이다. 유대 백성을 위해서 보내졌다고 선언했던 그리스도마저도 점점 발달하던 형식주의로부터 그의 민족을 해방하고, 순수하게 정신적인 신에 대한 봉사로까지 그 민족을 높일 수 없었다는 것은, 어쩌면 세계사 최대의 비극인 동시에 인간의 자유 의지에 대한 가장 커다란 증명이기도 했다고 할 수 있겠다. 인간은 본래 형식주의로 기울어지기 쉬운 법이어서 그러한 경향은 그 뒤에도 점차 강해지기만 할 뿐이었다. "기르던 원목 올리브에 접목시킨 야생의 가지"인 다른 민족도 얼마간 다른 방법이기는 하지만, 역시 형식주의에 빠져들지 않을 수 없었다. 그래서 그들은 오늘날 역사적 토대에 기대어 간신히 그리스도의 가르침을 알게 된 개인의 영혼에게 이러한 형식주의에서 벗어나는 과정을 항상 반복해야 하는 것이다.

그러나 그리스도교의 흔들림 없는 진리와 위대한 생명력의 증거가 직접적인 적대자를 항상 정복해 온 것만은 아니다. 이것은 대단한 일이 아니며, 참된 진리인 이상 당연한 일이다. 그보다는 그것이 금빛 명료함과 마음을 상쾌하게 하는 힘을 지니고 인간적인 설교나 쓸데없는 설명, 불건전한 억지 주장, 그리고 그것들에 기초한 온갖 종류의 인간 예속 등이 쌓여서 토해내는 짙은 안개를 뚫으며, 혹은 진정으로 영속적인 인간 공동사회의 필요조건인 정치적 자유의 가르침으로서, 혹은 인간존재의 모든 문제를 실제로 잘 해결하는 진정한 철학으로서, 혹은 어떤 종류의 인생의 커다란 불행에 맞닥뜨려도 인간의 마음을 떠나지 않게 하고 그 불행에 대항하게 해주는 위안으로서 항상 빛을 발하는 것이야말로 그리스도교의 진리와 힘을 증거하는 것이다.

즉, 여기에 '도와 진리와 생명'이 있으며, 단지 머릿속의 환상이 아니라 역사에 뿌리를 둔 진실한 철학이 있다. 아울러 이 길은 많은 안내자나 동반자가 없는 편이 어쩌면 더 편할 것이다. 영혼은 때때로 너무 번잡한 '인도'가 없을 때

도리어 이 길을 잘 찾는 경우가 있다. 그렇지만 사람은 이미 어린 시절부터 그와 같은 지도를 받고, 오히려 그 지도 때문에 혐오를 느끼는 경우가 많다. 이 길은 무엇보다도 우선 깊은 안심에 이끌리고, 안심은 나아가 스스로 이 길을 찾는 용기와 무슨 일이 있어도 이 삶이 무익하게 끝나지 않으리라는 커다란 확신을 준다. 다음으로 또한 이 길은 정신적인 건강으로, 또한 그에 따라 육체적 건강으로 인도한다. 왜냐하면 육체적 건강은 정신적 건강에 의존하기 때문이다. 이것은 오늘날의 의학이 생각하는 것과는 반대이다. 인간을 건강하게 하고 건강을 유지하는 것이 임무인 의학은, 그저 물질적인 수단만으로는 결코 충분히 그 임무를 달성하지는 못한다.

이 길은 사회의 건강으로도 이어진다. 이것은 어떤 목적 아래 행해지는 대중의 끊임없는 선동에 의해서가 아니라, 대중을 구성하는 각 개개인이 건강해짐으로써 이루어진다. 그럼으로써 비로소 전체의 진정한 '치료'가 이루어진다. 그렇지 않으면 대개의 경우 사람을 속이는 희망에 지나지 않는다.

또한 이 길은 진리를 얻기 바라며, 그리고 모든 대가를 치르면서 성실하게 이것을 추구하는 사람들에게 내적 만족을 통해서 늘 분쟁의 여지가 없을 만큼 명백하게 스스로를 증명한다.

오직 이와 같은 세계관에 의해서만 한층 진보된 대규모의 정의와 평화가 가능하게 된다. 이 세계관이 없으면 사실상 끊임없이 참담한 생존경쟁과 국가적 이기주의의 자연적 횡포를 피하기 힘들어질 것이다. 이렇게 되면 항상 최강자만이 승리를 거두어 한동안 원하는 대로 강력한 지배를 할 것이다. 이것은 가난한 자와 약자의 지옥이다. 그렇지만 반드시 강자의 천국인 것도 아니다. 강자도 끊임없이 그들 세력을 잃을까 두려워하면서 살아야 한다. 만일에 그 힘을 잃을 때는 늑대의 습성대로 즉각 다른 자에게 당하는 것이다.

그러나 실제로 그렇게 되지 않는 것은 세계 역사의 새로운 페이지마다 신이 분명하게 보여주고 있다. 사람은 또한 악인이 결국 그들 자신의 한가운데서 악의 고개(사탄)를 발견하는 한편, '유화적인 사람들은 땅을 차지하고', 신의 축복을 받는다는 것을 일상생활에서 관찰할 수 있다. 인류가 확실히 좀더 좋은 쪽을 향해 끊임없이 진보하고 있다는 것이 신의 존재를 가장 확실하게 증거하고 있다. 신이 없다면 인류는 사실상 조금 선량했던 로마황제가 했던 듯한 현명한 전제정치에 의해 통치되었겠지만, 그 때문에 필연적으로 더 깊이 타락해 갔을 것이 틀림없다.

그렇기 때문에 역사를 배우고 자유를 사랑하면서도 하느님에 대한 신앙을 갖지 않는 사람은 확실히 비논리적인 존재이다. 하느님을 믿어야 비로소 사람은 자유의 길에 있어서 인류의 진보를 굳게 믿을 수 있으며, 새로운 시대가 오는 것을 기쁘게 맞이할 수 있다. 하느님에 대한 신앙이 없으면 결국 민중을 두려워하게 되며, 그 결과 필연적으로 국가 혹은 교회의 인위적 권력에 굴복해 생애를 끝마치게 될 것이다.

독재 군주국가의 한가운데에 오직 한 나라의 민주공화국(스위스)이 존립한다는 것은, 하느님이 없었다면 도저히 불가능한 일이다. 오늘날에는 옛날보다도 더 그러하다. 아우라에서 열린 스위스연방회의의 개회사에 "천지를 창조하신 주의 이름으로 우리는 가호를 받고 있다"고 한 것은 지극히 단순하고 소박하지만 깊은 진실을 담은 말이다.

정치적 자유가 없으면 종교적인 자유 또한 오랫동안 유지될 수 없으며, 결국 인간의 지배 아래 떨어질 것이다. '교회와 국가'의 관계는 풀리지 않는 모순이다. 반대로 교회적인 자유 자치단체와 시민적인 단체와의 병립은 서로가 가장 잘 보합할 수 있는 유일하고 적절한 제도이며, 또한 확실히 그리스도교의 장래 형식이기도 할 것이다.

세계는 여러 방면에서 진정한 자유로 인해 완성의 영역에 도달하지 않으면 안 된다. 어떠한 종류의 강제도, 폭력도 가해져서는 안 된다. 숭고한 윤리적 세계질서에 대한 각 개인, 나아가서는 세계 전체 민족의 자유의지에 의한 순종이야말로 세계사의 목적이자 목표이다.

그러나 이러한 인류의 유일하고 진실된 진보는 역사적으로, 즉 생활 속에서 달성될 수 있는 것이지 결코 철학적으로, 즉 단순한 사고에 의해서 가능한 것이 아니다.

친애하는 독자 여러분, 여러분은 이상의 것들이 실현되기까지는 어쨌든 이 모든 길들 가운데서 자신의 길을 선택해야 한다. 진리에 대한 자신의 인식을 위해, 진정한 행복을 위해서, 또는 여러분이 사는 사회의 복지를 위해서 그러하다. 이러한 길들을 사람들은 철학이라 부르고, 종교라 말한다. 그러나 이러한 것들이 진리와 행복으로 인도하지 않는다면 실질적인 가치는 아무것도 없는 것이다. 올바른 길을 찾지 못했기 때문에 심적 평화와 만족을 얻지 못한다고 운명을 탓하면서 세상을 비관할 것은 없다. 여러분은 오히려 현대의 염세주의를 철저하게 경멸하는 것이 바람직하다. 대개의 경우, 염세주의는 윤리적인 결함과 도덕적 약점에 기초한 것이기 때문에 결코 위대한 것이 못된다. 여기서 권한 길을 여러분이 아직 충분히 믿지 못한다고 해도 나는 이해한다. 아마도 여러분은 아직 진지하게 그 길로 갈 것을 시도하고 있지 않기 때문이며, 어쩌면 그 결론을 온전히 받아들이려 결심하지 않았기 때문이다.

때때로 철학적 명상에 빠져 어떠한 철학적 '체계'를 신봉한다거나(이것은 오늘날 아무런 도덕적 의무도 수반하지 않는다), 충분한 건강과 함께 인생을 즐기거나, 또는 오늘날 많은 사람들이 하는 것처럼 표면적으로는 아무런 모순도 없이 단순히 어떤 교회에 소속한다거나 하는 것은, 인생의 커다란 문제에 맞닥뜨려 스스로 깊이 생각하지 않고 독립적으로 확신을 얻는 것보다 확실히 쉽다. 그렇지만 인내심을 갖고 이러한 최후의 길을 걸어온 사람들은 끝내는 그들이 바라던 진실에 대한 기쁨, 죽음과 삶에 대응하는 힘, 자신과의 완전한 조화, 나아가서는 세계 전체에 대한 자기의 올바른 지위를 발견했다고 고백하고 있다. 여러분의 영혼도 의식적 또는 무의식적으로 이것을 바라고 있으며, 이것 없이 그 밖의 이 세상의 재물이나 향락으로는 여러분의 영혼은 결코 만족하지 못한다.

사람은 이미 육체의 건강을 위해서, 이른바 자기의 내적 외적인 행복을 위해서라면 다양한 것을 시도하지 않는가. 맨발로 돌아다닌다든지, 젖은 천을 감고 잔다든지, 혹은 순례, 기도주간, 그 밖에 이와 비슷한 '종교적 고행'을 쉽게 참고 견디지만, 그러한 것들은 단순히 신앙의 사소한 표현에 불과하다. 중요한 것은 그들은 무슨 일이든 하겠다고 각오하고 있다는 것이다. 이미 몇천의 사람들이 그들의 영혼을 구하기 위해서 실제 어떠한 고생이라도, 참으로 바보스럽기 짝이 없는 것도, 정신 및 육체의 극도의 노력도, 또 고문이나 죽음의 위험마저도 마다하지 않았다. 그러나 영혼을 구하는 길은 좀더 가까운 곳에 있고, 훨씬 간단하다.

마지막으로 종교개혁 시대의 어떤 학자가 이것에 대하여 했던 말을 들어보기로 하자. 하기야 그 자신은 이 길을 마지막까지 완전하게 걸었던 것은 아니다. 그는, 결국 중요한 것은 이 길을 아는 것이 아니라 이 길을 걷는 것이라는 훌륭한 증거이자 기념이 되고 있는 셈이다. 그는 그리스도의 입을 빌려서 말하고 있다.

"어찌하여 인간은 그처럼 어리석은가,
하느님의 말씀을 믿지 않다니?
나는 나의 약속을 굳게 지키고
그것을 완수할 힘을 충분히 지니고 있다.
그런데도 얼마나 어리석은 사람들이란 말인가,
언제나 나를 의심하다니?

나는 자애로운 마음을 그대에게 베푼다,
그런데도 왜 나를 찾아오지 않는가,
나야말로 모든 죄를 용서하는
확실하고 자유로운 장소이거늘?

그러므로 오, 인간이여, 부디 나를 잊고
그대의 감은 눈이 그대를 죽음으로 이끌더라도
나를 탓하지 말라, 나에게 하소연도 말라,
그대는 그대가 원하는 대로 처신했으니."

죄와 근심

1

행복에 이르는 길은 모든 사람에게 분명하며 누구에게나 열려 있는 길이다. 그런데도 그 길을 알고 있는 사람이 반드시 그 길을 발견한다고는 할 수 없다. 오히려 존 번연의 《천로역정》에 나오는 가엾은 '겁쟁이'처럼 일단 '무서운 늪'에 들어가면 바로 도망쳐 나오는 것이 보통이다. 인생의 참된 행복에 이르는 좁은 길에 대해서 악평을 하는 것은 주로 그런 사람들이며, 그 길을 실제로 가본 사람들이다. 그들은 이런 점에서도 이른바 현실주의자들과 공통점이 있다.

이와 같이 좋은 재능을 갖고 있고 처음에는 진지한 마음으로 출발하지만 중도에서 도망치는 사람들도, 진리를 깨닫고 진리를 위해 인생의 감미로운 환상을 단념할 만한 용기를 내지 못하는 것은 아니다. 이런 것을 이해하지 못한다면 그들에게 공평하다고 할 수 없다. 그러나 더 좋은 생활, 즉 더없는 행복을 가져다 줄 유일한 생활로 들어가는 진짜 입구에는 두 요괴(妖怪)가 서 있다. 그것은 밀턴이 《실락원》에서 이야기하고 있는 괴물[1]과 비슷한 것이다. 아무리

---

[1] 문 양쪽에 무서운 괴물이 앉아 있다.
'하나는 허리 부분까지 아름다운 여자의 형상을 하고 있지만
그 아래 부분은 흉측하며
죽음의 가시가 난 뱀의 형상이다.
비늘이 수북이 덮인 몸은 똬리를 틀고 있다.
그 몸통을 둘러싸고 쉴 새 없이 한 무리의 지옥의 개들이
체르베루스처럼 짖어 댄다.
……
또 다른 요괴는,
모습도 사지도 없는 것을 그렇게 부를 수 있다면
또한 그림자처럼 보이지 않는 것, 또는
그림자와 형체가 합쳐진 것을
물체라 부를 수 있다면.
이 괴물은 밤처럼 어둡고

기가 센 사람이라도 그 앞에 서면 자기도 모르게 떨리는 마음을 가눌 수 없다. 따라서 먼저 이 괴물과 대결하지 않는다면 아무도 그 길을 통과할 수 없다.

누구나 즐겨 글의 소재로 삼고 있듯이 우리의 행복을 방해하는 것 또는 그렇게 보이는 것, 그뿐 아니라 실제로 우리의 행복을 크게 제한하고 언제나 눈앞의 장애가 되는 것은, 무의식적인 유년 시절을 끝내고 이미 철이 든 사람이라면 누구나 알고 있는 무서운 두 가지 현실, 곧 죄와 근심이다. 이 두 가지를 제거하는 일이야말로 행복을 추구하는 인간이 모든 노력을 기울이는 핵심이며, 이것을 추구하지 않는 철학이나 종교, 경제, 정치란 있을 수 없다.

인간은 이 두 가지 커다란 적을 상대로 괴로운 싸움을 해나가야 한다. 첫 번째 적인 죄는 이미 인생의 이른 시기부터 시작되는 것이며 대체로 근심보다 빨리 시작된다. 또한 죄는 사람들이 상투적으로 어린이의 천진함이라고 생각하고 있는 시기보다 더 일찍 시작된다. 원래 이런 상투적인 말은 훗날의 험난한 인생행로를 위해 애써 '어린 날의 낙원'을 조금이나마 보존해 두고 싶다는 기분에서 만들어진 것일 뿐이다. '당신은 우리를 이 세상에 인도하여 이 가없는 자에게 죄를 짊어지게 하고, 그런 다음에는 괴로움을 맛보게 내버려 둔다.'[*2]라고 괴테는 '하늘의 힘'에 호소하고 있다. 이때 하늘의 힘이란 괴테의 인생관에 의하면 인간생활을 지배하는 가차 없는 운명을 가리킨다. 프로메테우스와 같은 장엄한 반항아조차 이 운명을 당해낼 수 없었다. 또한 그 후에 현대 여러 나라 국민들 사이에 일어나고 있는, 함부로 죄를 부정하려는 시도 역시 인간의 운명에 대해서는 아무런 효과가 없다. 이미 모든 사람의 마음에 흔들리지 않는 현실로서 하나의 감정이 살아 움직이고 있다. 그것은 의무와 죄가 존재하고 있다는 것에 대한 감정, 즉 죄는 의무를 잊어버릴 때 생길 뿐 아니라 의무의 망각 속에 내재한다는 감정이다. 그리고 이것은 어떠한 수단으로든(그렇다고 해서 단순히 철학적인 고찰만으로는 안 되지만) 막지 않으면 죄의

열 명의 복수의 여신처럼 지옥과 같이 무섭게 화를 낸다.
손에는 무시무시한 창을 휘두르고
머리로 짐작되는 곳에
왕관 비슷한 것을 썼다.'
《실낙원》 제2편 648~673)
[*2] 괴테 《빌헬름 마이스터의 수업시대》 하프 연주자의 노래.

결과는 죄를 지은 사람의 머리 위해 정확히 떨어진다는 감정이기도 하다.

인간 생존의 이 무쇠와 같은 기반에서 그것을 단순히 부정함으로써 탈출할 수 있다고 생각한다면, 용감히 시도해 보는 것도 좋다. 그러나 그러한 결심과는 관계 없이 생활의 모든 행위, 아니 모든 생각에도 하나의 의무이며 옳은 길이 있다. 이 길을 가지 않으면 죄가 된다. 그러므로 차라리 그러한 시도는 하지 않는 것이 좋다. 왜냐하면 이제까지 수백만의 사람들이 그런 사상이나 행위로 인하여 좌절하였으며, 당신 역시 좌절할 것이기 때문이다. '선악의 피안'과 같은 장소는 정신병원을 제외하고는 이 세상 어디에도 존재하지 않는다. 오늘날 재능 있는 많은 사람들이 정신병원에 입원하는 것도 어찌 보면 우연이 아니다. 만일 사람에게 의무와 죄가 있다는 이 진리를 진심으로 부정하려고 한다면, 인간의 정신은 반드시 미치게 된다.

이러한 말로 의무와 죄를 완전히 '설명'할 수 없다는 것은 나도 잘 알고 있다. 게다가 이 감정을 어떻게 설명하든 그것은 인간의 행복에 있어서 그다지 중요하지 않다. 다시 말하면 이 감정을 대대로 이어져 내려오는 미신으로 보든, 합리적인 해석에도 무너지지 않는 신앙으로 보든, 그것은 인간의 행복과는 무관한 일이다. 죄의 감정을 미신으로 본다 해도, 태초부터 인간 세상에 무거운 짐이 되어 온 이 마물로부터 인류를 해방시켜 줄 영웅은 아직 나타나지 않았다. 그와 같은 무력한 계획을 용감히 단행한 사람이 몇몇 있기는 했다. 그렇지만 그러한 시도를 한 사람들은 불행한 결말을 맞이했다. 자유롭고 명랑한 얼굴로 대담하게도 모든 의무와 죄를 부정하고, 원하는 것은 무엇이든 해도 좋다는 신념으로 이와 같은 내적 자각의 투명한 확신을 통해 진심으로 평생을 즐겁게 보낼 수 있는 사람이 있다면, 우리는 그 사람이 하는 말을 믿기 전에 먼저 그 사람을 만나보고 싶다고 생각할 것이다. 만일 그런 사람이 있다면 아마도 그는 고립된 존재일 것이며, 그와 다른 천성을 타고난 사람들에게는 견디기 어려운 존재가 될 것이다.

의무와 죄는 인격적이면서 초세계적인 하느님에 대한 믿음을 통해서만 온전히 이해할 수 있다. 모든 의식적 생물이 지닌 이 내면적인 법칙은 하느님의 의지에서 생기는 것이며, 하느님 '내재(內在)' 사상은 무신론이나 범신론(汎神論)의 별명과 같은 것이다. 물론 초월적인 신을 합리적으로 설명하려는 것은 헛수고이다. 초월적인 모든 것은 그 성질상 우리의 이해를 넘어선 것이다. 따라서 '하느님에 대한 증명'은 인간의 오성(悟性)으로는 결코 납득할 수 없다. 이러한 하느님에 대한 증명을 납득하고 싶어하지 않는 사람에게 하나님의 존재가 납득되지 않았던 것은 당연한 일이다. 따라서 그 문제에 한해서 무신론자들도 아직 납득한 적이 없다는 것은 당연한 일이다. 그런데 무신론자들 역시 스스로 자기의 '체계'를 어떠한 방법에 의해 이성적으로 증명하고 거기에서 발생하는 모든 의문을 해결하는 일이 불가능하다. 그러므로 인류가 존재하는 한 인간은 하느님의 존재를 증명하지도 못할뿐더러, 설령 하느님이 존재한다 해도 그것을 부정함으로써 자신의 생활 때문에 하느님을 배제할 수 없는 사태가 언제까지나 계속 이어질 것이다. 적어도 인간생활의 모든 문제 중에서 결정적인 문제(어쨌든 그것은 하나의 문제임에 틀림없다)는 아마도 다음과 같은 것이리라. 즉, 인간이 자기를 위해 하느님을 부정하려고 시도한다면 그것으로 기대한 대로 마음의 만족을 얻을 수 있는지에 대한 문제이다. 또 가장 오래된 하느님의 계시인 '나는 너를 애굽 땅, 종 되었던 집에서 인도하여 낸 너의 하나님 여호와로라. 너는 나 외에는 다른 신들을 네게 있게 말지니라'*³라는 절대적인 요구를 인정하고 받아들이느냐 마느냐의 문제이다.

위에서 논한 요구의 뒷부분에는 온갖 도덕이 포함되어 있다. 자신과 자기 생애의 목적에 대해 완전한 자각에 도달한 사람이 있다고 하자. 그런 사람이 만일 이 요구를 완전히 자유롭게, 또 자유로운 의지로 승인한다면 그것은 자기 생각으로 바꿀 수 없는 신의 질서에 대한 무익한 반항을 멈추고 먼저 자신이나 주위 세계와 조화될 수 있는 상태로 옮겨가게 됨을 의미한다.

그리하여 인류의 역사는 여러 국민의 자유의지가 점차 하느님의 의지와 부합하도록 발전해 가는 과정에 지나지 않는다. 그것을 사실상 부정하는 자는 자기 사명과 행복에 어긋나게 될 뿐 아니라 인류의 행복에도 어긋난다. 이와 같이 자신의 생명에 대해, 또는 하느님이나 인간을 향해 전투상태에 있다는 것이야말로 죄책감을 불러일으키는 것이리라. 죄에 대한 설명은 이 밖의, 또는 이 이상의 것은 없으리라고 생각한다.

---

*3 출애굽기 20장 2~3절.

또한 '악(惡)'이란 대체 무엇일까? 특히 그리스도가 '악에서 구하옵소서'라고 기도할 때, 악을 어떻게 해석했는지는 '신이란 무엇인가' 하는 물음과 마찬가지로 이 세상을 사는 동안에는 명확히 알 수 없을 것이다. 우리가 아는 것은 오직(그것도 단지 경험에 의해서만 아는 것이지만) 악의 힘에 빠지는 경우가 있다는 것이다. 그렇지만 우리를 지배하는 악의 힘은 사실 우리 자신이 악을 허용하는 것에 불과하다. 악이 우리를 지배하는 것은 주로 모든 속임수 또는 감각적·동물적 생활이 정신적인 생활보다 우세하기 때문에 일어난다. 이것은 섬세한 사람이라면 누구나 점차 쌓여가는 육체적 불쾌감에 의해 깨달을 수 있다. 이러한 불쾌감을 피하려면 기분을 전환하는 수밖에 없다. 마찬가지로 진리의 영혼이 어떤 사람 속에, 책 속에, 또는 집 전체에, 나아가 국민 안에 간직되어 있을 때는 기분 좋은 쾌감을 느낀다. 반대로 거짓 영혼 역시 그것에 물들 수 있는데, 그것은 마치 실내의 나쁜 공기처럼 건강에 해롭고 유독한 것으로 느껴진다. 사람은 누구나 사상에서는 그와 같은 모든 악에서 벗어나려고 노력할 수 있고, 또한 완전한 자유의지를 가지고 있다. 그러나 실제로 악이 그를 방면하고 자유롭게 해주는 문제는 전혀 별개의 것이며 대단히 중대한 문제이다. 이제까지 어떤 신학에 의해서도 이것은 명쾌하게 밝혀진 것이 없다.

이와 같은 견해를 훌륭히 표현하는 데 성공한 것은 유명한 자연과학자[4]의 유고(遺稿) 중에 있는 다음과 같은 시 안에서 찾아볼 수 있다.

주님은 다음과 같이 말씀하리라.
밝은 나라로 올라가
영원한 진리에 힘입어 몸을 수양하여라.
영원한 시간의 리듬을 타고
한없는 공간의 넓이를 내다보아라.
그러면 네 영혼의 눈에 있는
이 세상의 어두운 눈가리개가 없어진다.
너는 이미 이 지상에서 예감을 얻었다.
모든 생성(生成)의 근본은

---

[4] 카를 에른스트 폰 베어, 독일 동물학자, 1792~1876.

규제된 물질의 필연이라고
(너희들 지식에서는 그것을 '힘'이라 부른다).
지금이야말로 '필연'과 '당위(當爲)'는
나의 의지가 표현되는 것을 배우는 것이 좋다.
'필연'은 물질에게 주어지고
'당위'는 자유로운 생명에게만 주어진다.
'필연'은 노예의 사슬이며
물질에게 주어진다.
'당위'야말로 생명이 생겨난 그 장소로 돌아가자고
부르짖는 소리이다.

　그러므로 우리는 죄책감을 전혀 갖고 있지 않다고 주장하는 사람들과 이 문제에 대해 논쟁할 수 없으며 또한 원하지도 않는다. 실제로 우리는 그러한 사람의 영혼 속까지 꿰뚫어볼 수는 없다. 그들에 대해서는 다만 이렇게 대답할 수밖에 없다. 가령 죄를 모르는 사람이 있다고 하더라도 그런 사람은 극소수에 지나지 않으며, 사실 동물의 생활 수준에 머물러 있는 사람들이다. 동물에게는 도덕적인 의무감이 없기 때문이다. 따라서 죄라고 말할 것도 없이 자연의 본능이 시키는 대로 행동하는 것일 뿐이다. 이와는 반대로 만일 그 사람들이 한순간이라도 죄책감을 갖는 일이 생긴다면, 그것은 어떻게 된 일일까? 그들 역시 죄책감을 도덕적 세계 질서에서 설명할 수밖에 없을 것이다. 이 도덕적 세계질서는 우리의 힘으로 바꿀 수 없으며, 그것에 반항하는 행동도, 아니 그러한 생각조차도 용서받을 수 없다.

　나는 죄책감을 인정하는 사람들에게 말하고 싶다. 그런 사람들에게 중요한 것은 이 세상의 무거운 짐 가운데 가장 견디기 어려운 짐, 즉 죄의 짐에서 해방되는 방법이다.

　그런 사람들에게 먼저 이런 말을 하고 싶다. 당신의 생활 가운데에서 죄를 범해서는 안 된다. 당신에게는 죄를 범해서는 안 될 의무가 있으며, 또 그렇게 하지 않을 수 있다. 이렇게 말하는 이유는 처음에는 소홀히 여기고 지나치는 일이 훗날에는 대단히 큰일이 되기 때문이다. 이를테면 얼이 빠져 있는 영혼에 어디에선가 화살 하나가 날아들어 꽂히는 것과 같다. 처음 순간에는 저항하기 쉽다. 바로 저항하지 않고 우물쭈물하고 있다가는 금세 욕망이 솟구쳐 오르게 되고, 뒤이어서 도덕적 의식이 흐려지게 되며, 마침내 그것을 행동으로 옮기게 된다. 그 다음에는 반드시 절망이 뒤따르게 된다. 그리고 절망하고 나면 이제는 어떠한 구원도 믿을 수 없게 된다든가, 이미 벌어진 일들을 새삼스럽게 유물론 철학을 끌어다가 애써 변명을 하려고 한다. 어떤 경우가 되든 참된 정신생활은 죽어버리는 것이다.

유감스러운 것은 이 '처음에 저항하여라'는 충고가 몹시 허망한 말이라는 점이다. 왜냐하면 아무리 선을 행하려는 자유의지가 강하고, 언제나 혼자 힘으로 쉽게 저항할 수 있다는 대담한 신념을 가진 사람일지라도, 스스로 인생을 경험하면서 타인을 관찰하고 판단해 나가는 동안 인간에 대한 그런 요구를 점차 대폭적으로 철회하게 될 것이기 때문이다. 특히 이러한 요구야말로 숭고한 칸트 철학이 가진 결점이다. 처음에는 당당하게 고개를 쳐들고 외부의 도움을 전혀 빌리지 않고 '도덕의 오솔길'을 곧장 걸어갈 수 있다고 믿었던 사람들도 '인욕(忍辱)의 골짜기'라는 고통의 길을 통과하지 않을 수 없으며, 도덕적 의식의 감퇴를 경험하지 않을 수 없다.

그러므로 실제로 자연스럽게 사는 인간에게 중요한 것은 두 번째의 충고이다. 즉, '행복에 이르고 싶다면 어떤 대가를 치르더라도 네가 짊어지고 있는 모든 무거운 죄의 짐에서 벗어나라'는 것이다. 그곳을 빠져나가는 것이 분명한 길이다. 번쩍이는 검을 들고 다이아몬드 문지방에 서서 구원의 문 앞을 지키는 엄중한 문지기 옆을 통과하지 않으면 안 된다. 진정 영혼을 해방할 수 있는 길은 그 길뿐이다. 괴테는 《파우스트》 제1부에서 감동적인 진실함으로 죄를 묘사하였으며, 제2부에서는 일종의 자연적인 방법에 의해 죄에서 해방되는 길을 발견하려고 시도하였다. 그리고 이것이야말로 오늘날에도 많은 사람들이 추구하고 있는 길이다. 말하자면 자연의 향락에 의해 양심이 꾸짖는 목소리를 잠시 동안이나마 묵살한다거나, 그 고전적이며 낭만적인 양식의 예술이나 미의 매력 속에 물질적 인간의 완성과 그 속죄를 인정하려 한다거나, 또 문화 활동이나 그런 행동에 의해 억압된 마음을 앙양하고 대중의 갈채를 얻어서 한순간이라도 자기 마음을 기만하려고 하는 일들이 그것이다. 그러나 이런 모든 시도에도 불구하고 죄는 어두운 진실이며 완강히 사라지지 않는다. 저 위대한 시인조차도 믿을 만한 방법으로 죄를 없앨 수는 없었다. 회개하지 않는 자, 그러기는커녕 최후의 순간까지 삶을 향락하려고 억지를 부리는 자(파우스트)를 그래도 하느님의 사랑이 안아줄 것이라 믿는 것은 단순한 공상의 소산이며, 제멋대로 만든 시적 허구에 지나지 않는다. 그런 것에 대해서 프로메테우스 같은 영혼은 명예를 걸고 마지막 숨을 거둘 때까지 반항할 것이다.

그러나 또한 뉘우침만으로는 죄에서 해방될 수 없다. 하느님에 대한 믿음으로 가득 찬 영혼만이 죄로부터 해방될 수 있다. 단테의 위대한 시 《신곡》에서 호엔슈타우펜 만프레트의 그림자가 말하듯이 지금의 생애에 이르기까지 언제나 하느님을 생각하고, 교회의 절대명령이라 할지라도 그것을 거절할 수 있는 사람은 모두 하느님의 강력한 은총의 품에 안길 것이다.*5

그리고 이 경우 죄의 크기는 문제되지 않는다(위에 인용한 성서의 은총으로 충만된 부분이 말해주듯이). 인간의 관념이나 형법에 의해 판정되는 것이 아니라 전능하시고 완전한 정의에 따르는 심판자의 눈으로 판단할 때, 대체 인간의 죄의 크고 작음 따위가 무슨 의미가 있겠는가.

───────────────

*5 단테 《신곡》 정죄계(淨罪界) 세 번째 노래 118행.
'적의 칼이 다시 나를 찔렀을 때
나는 울면서 내 영혼을
기꺼이 죄를 용서해 주었던 그 재판관에게 맡겼다.
아아, 내 잘못은 크고 무서웠다.
그러나 하느님만은 은총의 품 넓고
하느님에게 돌아오는 자들을 하나하나 안아 주셨다.
클레멘테의 부추김을 받아 끊임없이
나를 추적했던 코센차의 양치기도
만일 성서의 거룩한 말씀을 깨달았더라면
지금도 내 뼈는 아직
무겁게 쌓아올린 돌의 비석으로 지켜져
베네벤트의 다리 옆에 있었을 것이다.
그러나 그는 불을 끄고
내 뼈를 왕토(王土) 밖 벨데골짜기 근방에 버렸기 때문에
지금은 내 뼈가 비에 젖고 햇볕에 바래고 있다.
그러나 영원한 사랑에 의해 소생된다는
기쁜 희망을 버리지 않는 영혼은
그들의 저주에도 멸망당하지 않을 것이다.'
이사야 55장, 욥기 42장 6~10절, 사무엘하 12장 13절, 누가복음 23장 43절, 요한복음 6장 37절, 시편 51 참조.

언제나 하느님에게 은혜를 바라는 용기를 지닌 사람은 그 은혜의 주요 부분들을 받고 있다. 왜냐하면 하느님의 분노는 주로 '어리석음에 대한 재판'이기 때문이다. 이 재판으로 무법자는 죽기 전까지 마음이 파멸되는 일 없이 계속 반항하면서 하느님에게 은총을 바라는 일조차 가로막히게 된다.

물론 교회는 시간의 경과와 함께 이와 같은 간단하고 명료한 속죄의 길에서 어느 정도 멀어져 버렸다. 그리고 때로는 죄에서 해방되기 위한 훨씬 적극적인 방법이 있다고 주장한다. 또는 외적인 행위로, 또는 적어도 하느님과의 화해에 관한 특정한 교의적 해석으로 속죄가 가능하다는 것이다.

그러나 생각해 보면 첫째로 모든 외적인 속죄 행위가 '선행'과 마찬가지로 마음이 하느님을 향하고 있는 결과로 자연스레 발생하는 것이 아니라면 아무런 가치도 없다. 게다가 마음에서 우러나오는 경우라 할지라도 반드시 보답이 돌아온다고는 할 수 없다. 그것이 유익하고 마음을 안정시켜 주는 것일지라도 말이다. '참회'라는 것은 실로 커다란 일이며 우리는 거의 그 뜻을 잊어버리고 있었지만, 그 본질은 회한의 슬픔 같은 것이 아니다. 그러한 회한의 슬픔은 죄로부터의 해방은커녕 잦은 '죽음을 낳을' 뿐이다. 참회의 본질은 훨씬 어렵고 드문 회심(回心)의 완전한 결의이며, 다른 한편으로는 회심을 위해서 자기 힘 이외의 힘이 필요하다는 확신이다. 그와 같은 다른 힘 없이는 회심의 의지조차도 단순한 '좋은 꾀'에 지나지 않는다.*6

그러므로 그리스도의 도움을 바라는 것은 적어도 그리스도 교회와 그 신자에게는 당연한 일이다. 그리스도는 하느님께서 역사적으로 눈에 보이는 방법으로 이 세상에 보내온 구원자이며, 따라서 그리스도를 거치지 않고 지나갈 수는 없다. 그러나 괴로움에 신음하는 영혼이여, 그렇다고 해서 당신이 골치 아픈 '그리스도론'을 읽을 필요는 없다. 또 실제로 믿을 만한 그리스도론은 하나도 없다. 이 구세주의 '본성'과 그에 의한 구원의 신비를 알고 있는 존재는 오직 하느님뿐이다. 이것에 관해 인간이 말로 설명한 것은 수천 년 동안 아무 결실도 맺지 못했다고 알려졌고, 실제로 누구도 당신을 위로할 수 없었다. 그러나 또한 이들 문제에 관한 인간적이며 선의에 바탕을 둔 오류는 그것만으

---

*6 특히 마리아 막달레나 베머의 아름다운 찬송가가 이에 대해 노래한다. '주여, 저의 죄의 깊이를 보여주옵소서. 그러나 주님만의 은총의 깊이도 보여주옵소서'(동포교회 찬송가 526번). 둘 중 한 가지라도 없다면 사람은 절망하거나 경박해질 것이다.

로는 아직 사람을 멸망으로까지는 이끌고 가지 않았다. 그러므로 실천적인 방법을 통해 확실히 다음 일을 경험할 수 있다. 즉, 마음속으로 오로지 '주여, 도와주옵소서' 하고 기도하기만 하면 하나의 길이 열린다는 사실을 말이다. 그런데 이 길은 이제까지의 모든 철학이나 교회의 만능주의, 인간이 한 가장 괴로운 속죄행위에 의해서도 열리지 않고 열 겹의 철문으로 굳게 닫혀 있었던 것이다. 인간을 위해 그 빗장을 열어준 것은 사실 복음서의 위대하고 절대적인 한마디였다. '내게 오는 자는 내가 결코 내쫓지 아니하리라.'*7

인간은 죄에 대해 다른 사람과 이야기해야 하는지, 또 타인에게 어떤 속죄를 해야 하는지의 문제는, 인간이 먼저 그와 같은 구원을 경험하고 끊임없이 파도쳐오는 불안과 공포 사이에서 신앙이라는 확고한 지반으로 옮겨줄 손을 꽉 붙잡은 다음의 일이다. 그 전에 속죄를 문제삼는 것은 무의미한 일이다. 많은 사람들이 제삼자 앞에서 하지 않으면 안 될 참회를 꺼리는 것은 이 점이며, 참회를 한 상대에 대해서 평생 정신적으로 예속되는 것을 두려워하기 때문이다. 그렇지만 고백을 하기 위해 어떤 사람에게 보내지는 일은 있을 수 있다. 말하자면 그리스도교는 그 본질적이고 초감각적인 면 이외에 역시 인간적·동포적인 공동체이기도 하기 때문이다. 즉, 그리스도교는 단순히 일반적인 테두리 안에 많은 영혼이 개별적으로 하느님이나 그리스도와 연결되어 상호간에 내적 유대도 없이 서로 떨어져 있는 것이 아니기 때문이다. 영혼에 교만한 마음이 있을 때에는 고백할 필요가 있다. 그런 경우에는 하느님 앞에서만이 아니라 사람들 앞에서도 교만한 마음을 없애는 일이 심리적으로는 필요한 일이다. 그뿐 아니라 하느님으로부터 고백을 듣는 사명을 받은 사람이 언도하는 용서는 많은 사람들을 안심시키는 힘을 가지고 있다. 단지 머릿속에서 행해지는 죄의 사함으로는(설령 그것이 아무리 진실되게 행해졌다 하더라도) 도저히 얻을 수 없는 깊은 안심을 준다.

그러므로 그런 사람을 알고 그 사람에게 고백하고 싶은 마음을 느낀다면, 그리고 신을 대하듯이 그 사람에게 정직하게 말할 결심이 서고 또 그의 지시를 무조건 받아들일 마음이 있다면, 안심하고 가도 좋다. 그렇게 한다면 고백하지 않은 경우보다 내적 생활에서 더 큰 진보를 좀더 짧은 기간에 이룰 수

---

*7 요한복음 6장 37절.

있을 것이다. 그러나 이들 전제조건 가운데 하나라도 결여되어 있다면, 그런 고백은 아무 도움도 되지 않는다. 하물며 현존하는 교회 형식 때문이나 상대방에게 경의를 표하기 위해 그 참회를 통속적인 것으로 만든다면, 그것은 가장 신성한 것을 모독하는 결과가 될 것이다. 또 이렇게 함으로써 자신이나 존경하는 상대방에게 커다란 손해를 주게 된다. 이와 같은 아주 불순한, 또는 반쯤 불순한 영혼의 교류나 영혼의 지도 관계가 원인이 되어, 뛰어난 재능을 타고났던 성직자나 종교 저술가들이 차마 눈뜨고 못 볼 정도로 타락하는 사태가 때때로 일어나게 되는 것이다.

여기서 결심을 굳혀라. 아직 그럴 여유가 있고, 너를 부르는 소리가 들리기 때문이다. 그 소리가 누구를 통해, 또 어떤 방법으로 들리든 신경 쓸 필요가 없다. 내부에서 들리는 소리든, 외부에서 들리는 소리든, 우연한 것이든, 계획된 것이든, 설교에서 들었든, 책이나 신문에서, 또는 다른 어떤 감명에 의해서든 그것은 문제되지 않는다. 〈욥기〉에서는 이 부르는 소리가 '두 번, 세 번' 모든 사람들에게 들려온다는 것을 경험을 통해 깨달은 사실이라고 말한다. 그러나 이러한 소리는 다른 어떤 소리보다도 특별한 모습이라는 것이 보통이다. 중요한 것은 소리의 형식이나 방법이 아니라 그 소리가 사람의 마음속 심금을 울리느냐에 달려 있다. 즉, 인간의 생활이나 사고의 일상적인 음계와는 다른 음계를 가진 이 소리에 마음이 움직이느냐 마느냐의 문제이다.

따라서 다시 한번 그 부르는 소리를 분명하게 들었다면, 그때야말로 일어서지 않으면 안 된다. 게다가 시간을 두지 말고 곧장 일어서야만 한다. 그때는 네가 어디에서 무엇을 하고 있든지, 작업 중이거나, 길가에 서 있거나, 집회에 있거나, 또는 극장 안에 있거나, 그 밖에 어떤 장소에 있든 간에 곧바로 그 소리를 따라 일어나야 한다. 모든 죄를 생활에서 씻어버릴 결심을 단 한순간이라도 머뭇거려서는 안 된다. 그렇게 하면 모든 것이 더욱 쉽고 분명해질 것이다. 그리고 죄의 직접적인 결과인 어두운 정신과 거짓 관념이 너에게서 떠날 것이다. 그러고는 '그리하여 나는 하느님 앞에서 평화를 얻은 하나의 영혼이 되었다'고 말할 수 있는 날이 올 것이다.

하늘과 땅을 덮으시는 권능의 하느님이시여,

간절히 원컨대 나로 하여금 노하게 마옵시고
격한 노여움으로 나를 벌하지 마옵소서.

나의 주이시며 지배자여,
당신의 날카로운 화살은 이미 내 가슴 깊숙이 관통하였으니
당신이 구원의 손을 내 머리 위에서 가로막아 버렸기 때문입니다.

당신이 성난 눈으로 나를 내려다보시는 것을
내 마음이 깨달았을 때부터
내 뼈와 육체는 건강을 잃어 갔습니다.
그로부터 긴 세월이 흘렀지만
내 가슴에는 평온함이 돌아오지 않았으며
짊어진 짐의 무게가 몸을 죄어 옴을 느낍니다.
지금 내 마음이 얼마나 무거운 짐에 짓눌려 있는지
나와 내 몸을 돌이켜보면
내 무거운 짐이 더욱 나를 짓눌러 가고 있음을 알게 됩니다.

아아, 나도 모르게 그만 잠에 곯아떨어진 모양입니다.
이제야 나의 어리석음이 내 눈을 일깨웁니다.
위험은 피한 것 같지만 악은 쌓여만 갈 뿐입니다.

나는 가엾은 존재가 되어
깊이 머리를 숙이고, 하루 온 종일
슬픈 얼굴을 하고 한탄하며 걸어갑니다.

왜냐하면 항상 나를 에워싸는
악령들의 비웃음과 유혹으로 인해
내 허리는 아파오고
내 육체는 병들었기 때문입니다.
죄에 몹시 얻어맞고 괴로움 속에 잠기면

나는 회한(悔恨)에 괴로워합니다.
이윽고 모든 위로가 사라지면
나는 신음하며 울부짖습니다.
사슬에 매인 사자와 같이.

아아 주여, 눈물로 흐려진 눈동자로
한숨을 쉬며 당신 쪽을 우러러보니
눈물은 마르고 목소리는 쉬어 있습니다.

나를 다스리는 힘을 잃어버리고 나니
내 가슴에는 위안도 솟아나지 않고
내 눈 속에 있던 모든 에너지와 총명함은 사라져 버렸습니다.

과거에는 아첨배로 보이지 않고
참된 벗으로 형제와도 같이 보이던 자들도
지금은 적이 되어 창과 투창을 던지며 공격해 옵니다.
과거에는 나에게 호의를 보였던 자들도
내가 넘어지는 것을 보자
다른 사람들과 똑같이, 아니 그들보다 더 빨리 도망쳐 버렸습니다.

내가 혼자라는 것을 안 적은
지금 부하들을 이끌고
참호를 뛰어넘어 내 보루로 덤벼듭니다.
그러나 성벽이 워낙 높아서
공격이 헛된 일임을 알자
적들은 욕설을 퍼부으며 나를 모욕합니다.
이윽고 나를 죽이려는 꾀를 꾸며
거짓과 배신의 술수로
낮이고 밤이고 성으로 쳐들어오려고 합니다.
그와 같은 살해 음모에 심장이 떨려 올 때

나는 귀머거리나 벙어리처럼 행동했습니다,
마치 공포의 비명조차 지를 수 없는 것처럼.

주여, 나의 모습을 알고 계시는 당신에게
모든 믿음을 바칩니다.
이 믿음이 배반당하지 않을 것을 굳게 믿습니다.
나는 알고 있습니다. 당신 위에 세워진 집은 안전하다는 것을.
당신은 나를 땅바닥에 내동댕이치지 않고
곤경과 공포로부터 해방시켜 준다는 것을.

나는 알고 있습니다. 적은 나의 명예를
위태롭게 할 힘이 없다는 것을, 또한 괴로움을 보고
개선가를 부를 만한 빌미도 찾을 수 없다는 것을.

나는 스스로 완벽한 인간이라는
헛된 환상에 떨어지지는 않을 겁니다.
도리어 나는 죄와 잘못의
노예라고 말하고 싶습니다.
그러므로 당신의 성난 매질이나
모든 고통이나 어려움이나 질책을
너무도 당연한 일로 여기고 참을 수 있음을 믿습니다.
그것을 견뎌낼 힘도 있으며
내 죄를 관대히 봐달라고 기도하길 원하지 않습니다.
오로지 주님이여, 지금의 저보다 앞으로의 저를 지켜주옵소서.

왜냐하면 나는 나쁜 죄로
양심의 가책을 느껴 몸이 찢기기 때문입니다.
그러기에 나는 회개와 참회에 정진하겠습니다.

그러나 내 적들이 그것을 알게 되었을 때

더욱 격렬하게 나에게 덤벼듭니다.
그 세력은 더욱 힘이 세어져 있습니다.

선을 베풀어도 악으로 갚는
그들이기 때문에 나를 비웃습니다.
지금 내가 당신에게 귀의(歸依)하는 것을 알고.

만군의 주시여, 나를 버리지 마옵소서.

바라건대 하느님이시여, 크나큰 은총으로
적으로부터 나를 구하옵소서.
주님으로부터 평화로운 휴식을 얻을 수 있기에.*8

2

죄와 근심이라는 두 가지 커다란 재난 가운데 어느 쪽을 자신의 생활에서 추방하겠느냐고 묻는다면, 아마 대다수의 사람들이 근심을 없애고 싶다고 대답하지 않을까? 그러나 그것은 잘못된 생각이다. 왜냐하면 죄는 근심의 근본적인 원인일 뿐 아니라 죄를 저질렀다는 느낌이 전혀 없다면 가슴을 짓눌러오는 근심을 견디는 일이 비교적 쉽기 때문이다. 그뿐 아니라 그런 경우에는 괴로움의 한가운데 있으면서도 오히려 마음 깊은 곳에서는 행복이 솟아나오면서 한층 하느님과 가까이 있음을 느끼게 된다. 또 인간의 정신은 우울한 시기에도 쾌활해질 수 있다는 말의 진실을 깨닫게 된다. 그러므로 '가장 커다란 재난'이 죄라는 것은 조금도 의심할 나위가 없다. 또 흔히 놓치고 넘어가기 쉽지만, 죄의 문제에서 부자와 가난한 사람 사이에 어떤 차별도 없다는 점이야말로 모든 인간의 운명에 평등이 존재하고 있다는 것을 보여준다.

그러나 반면에 이 두 가지 재난의 상호관계가 서로 거꾸로 된 경우도 드물지 않다. 즉, 살아갈 수 없다는 절실한 근심이 죄를 범하는 첫 번째 원인이 되는 경우이다. 그것은 나쁜 짓이나 책략을 꾸미지 않고 폭력도 쓰지 않은 채 양

---

*8 단테의 《7참회죄 시편》(아마 그의 마지막 작품이리라 생각된다), 칸네기서 및 비테 공역 《단테 서정시집(1842)》의 세 번째 노래.

심만 엄격히 지키면서는 도저히 격심한 '생존경쟁'을 이겨낼 수 없을 것이라는 걱정이다. 실제로 이것은 인간사회 현상에 원인이 있는 것이므로 '다른 사람들도 다들 그렇게 살잖아'라고 머리로는 생각한다. 그렇지만 이러한 근심은 기분이 암울해지면 다짜고짜로 사람을 덮쳐 오는 법이다. 또 이러한 생각만 없다면, 자신은 좋은 인간이 될 수 없을 거라고 생각하는 수많은 사람들도 착한 사람이 될 것이다. 이 미신은 오늘날 전보다 더욱 일반인 사이에 만연되어 있다고 생각된다. 이러한 생각을 타파하는 일이 바로 현대 그리스도교의 주요한 사명 가운데 하나라고 할 수 있다. 실제로 그리스도교가 성립된 시대에는 이 문제를 매우 진지하게 생각하고 괜한 근심에 빠지지 말라는 명령조차 했으며, 어떻게 하면 이 명령대로 실천할 수 있느냐에 대해서도 아주 적극적인 지시를 내린다.

그러나 이와 같은 지시는 물론 하느님에 대한 신앙을 전제로 한다. 신앙이 없으면 이러한 지시는 아무 도움도 되지 못한다. 그러므로 극복하기 어려운 근심이 있다는 것은 대부분 다른 사람 모르게 무신론에 빠졌다는 증거이다. 이 세상에 수많은 불가사의한 일 가운데에서도, 특히 신비한 것 가운데 하나는, 현명한 많은 사람들이 좀더 행복한 삶을 살 수 있을 텐데도 한평생 스스로 좋아하며 이러한 벌을 참고 견딘다는 것이다. 왜냐하면 하느님은 성실하며 믿을 수 있는 반석이기 때문이다. 이것이야말로 우리가 하느님에 대해 가장 분명히 아는 사실이며, 또 가장 쉽게 경험할 수 있는 것이다. 단 성실은 말할 것도 없이 상호적인 것이다. 우리의 성실은 어떤 행위나 참회를 하는 것이 아니라, 인생의 여러 어려움이나 부정에 부딪히면서 생기는 의문들을 그때마다 단호히 거부하는 일이다.

이것이 바로 그리스도교나 이스라엘의 계약 관념이 용감한 우리 독일인의 조상들 귀에 들어오기 훨씬 전에, 초감각적인 힘에 대해 그들이 품고 있었던 생각이다. 그리고 게르만 민족이 인간의 덕(德) 가운데 가장 아름다운 것이라고 생각했던 이러한 종족적인 특성을 그리스도교가 충분히 흡수하지 않았더라면, 아마 1500년이 지난 오늘날에도 우리는 옛 게르만의 신들에게로 돌아가고 싶다는 유혹을 느꼈을 것이다. 단지 옛날의 게르만적인 사고방식과 다른 것은 다음과 같은 점이다. 즉, 우리는 이미 이 관계를 하느님과 한 민족 전체의 계약이라고는 생각하지 않는다. 또 중세의 봉건법적인 추측에 의해 생각하려

하지 않고(적어도 개신교에서는) 개인적인 관계로 본다. 그리고 이 관계를 언제나 애매한 것으로 다루기 쉬운, 인간적인 추측을 배척한다. 이와 같은 신과 인간과의 개인적인 관계의 주된 가치는 바로 자기 감정의 완전한 순수함, 성실함, 변함없는 굳건함에 있다. 그 가르침을 믿든 믿지 않든 간에 누구에게나 상식적으로 분별할 수 있는 것, 또는 사변적·철학적으로 정의하기 쉬운 것, 또는 어느 교회의 교리에 따른 적절한 교의적 해석 등에는 그것이 결코 존재하지 않는다. 이런 것들은 모두 상대적인 자질구레한 일에 지나지 않는다. 우리에게 중요한 것은 성실한 하느님을 모시는 것이지 하느님을 설명하는 것이 아니다. 그리고 반대로 하느님 입장에서 보아도 역시 그 이치는 같다는 것을 우리는 믿어 의심치 않는다. 그러므로 인생의 어려움이나 근심에 부딪힐 때마다 절망하는 게르만인은 그 국민성과 역사를 배반하는 것이며, 권총을 손에 쥐지만 않았지 사실은 자살하는 것이나 다름없다.

신앙을 통해 근심에서 해방될 수 있다는 확신은 오직 경험에 의해서만 얻을 수 있다. 그런데 성서 속에서나 그 후에 쓰인 무수한 책이나 전기에서도 확고부동한 확신이나 믿을 만한 제삼자의 경험이 산더미처럼 기록되어 있다. 또 신앙 이외의 방법으로는 절대 근심을 없앨 수 없다는 명백한 실례도 상당수 기록되어 있다. 그렇다면 당연히 다음과 같은 의문이 생긴다. 즉, 신앙을 통해 근심에서 자유로워진 경험은 누구나 분명히 겪어보았을 것이고 또 경험해 보고 싶어서 참을 수가 없을 텐데, 왜 그것을 그토록 꺼려 하는 것일까? 근심 때문에 때로는 절망에 빠질 정도로 괴로운 사람이 왜 죽음 대신 그러한 경험을 시도해보지 않는 것일까? 만에 하나 그것이 잘 되지 않았을 경우 얼마든지 밧줄이나 권총이라는 최후의 도피처를 찾을 수 있을 것이다. 물론 신앙을 통해 근심을 없애는 것이 가능하다는 성서의 약속을 문자 그대로 받아들이는 사람은 신의 약속 외에 다른 부적당한 도움을 바라지 않는 사람이며, 자진해서 타인의 도움을 받으려 하지 않는 사람이다.

그러나 오늘날 그것을 시도하는 사람이 과연 몇 명이나 될까? 행복의 태양이 그들 머리 위로 빛나고 있는 동안에는 웃음이나 나태한 숙명론을 품고 그들의 '행운의 별'을 믿는다. 그렇지만 그런 숙명론을 품고 있으면서도 때로는 은근한 불안이 그들에게 숨어드는 일이 있다. 왜냐하면 '하느님에게 몸을 맡긴 사람은 하나의 받침대밖에 필요 없지만, 속세의 행복은 많은 받침대가 필요하기' 때문이다. 그런데 일단 불행에 떨어지고 이에 대한 아무런 도움도 받지 못하게 되면, 그들은 모든 일에 방황하기 시작하고, 불면증이나 불안감 같은 현대의 온갖 '신경성 질환'에 걸려, 이윽고 여기저기 요양소에 신세를 지게 되지만 결국 헛수고일 뿐이다. 왜냐하면 '이 세상의 슬픔은 죽음을 가져오기'[*9] 때문이다. 이런 병은 신경과 의사도, 물리치료법도 아무 소용이 없다.

이것으로 끊임없는 근심에서 벗어나는 길이 있다는 것을 알게 되었을 것이다. 동시에 다양하게 일어나는 근심(끊임없이 사람을 괴롭히지만 위로할 도리가 없는 근심은 별도로 치고)은 우리 생활에 필요한 것이라는 사실도 분명히 깨달아야 한다. 근심 없는 인간생활은 있을 수 없다. 때때로 걱정거리와 근심을 갖고 있으면서도 마음속으로는 걱정하지 않고 사는 일, 이것이야말로 진정으로 우리가 습득해야 할 생활의 기술이다. 그러므로 근심거리가 없는 사람들이 일부러 걱정을 사서 하는 것도 흔히 있는 일이다. 특히 일반적인 사람들의 사고방식에 의하면 부(富)는 사람을 근심으로부터 해방시켜 준다고 하지만, 부 자체에는 그런 힘이 없다. 오히려 그리스도가 말했듯이 그것은 하나의 '현혹'이다. 부에 대한 그의 경고를 가볍게 여기고 넘기기 쉽지만, 그것은 단순한 수식어가 아니다.

우리가 걱정거리를 갖고 있어야 하는 까닭은 주로 다음과 같은 세 가지 이유 때문이다. 첫 번째는 교만해지거나 경솔해지지 않기 위해서이다. 근심은 시계추이며 인간이라는 시간 진행 방향을 올바르게 조정해주는 것이다. 두 번째 이유는 타인에 대해 동정을 가질 수 있기 때문이다. 너무도 충족한 생활로 세상의 걱정이란 모르고 사는 사람들은 자칫 이기주의자가 되기 쉽다. 그들은 얼굴빛이 창백한 사람들을 동정하지 않을 뿐만 아니라 그러한 사람들을 버릇없는 사람, 또는 쾌적함을 방해하는 존재로 여기고 진짜로 증오하게 된다. 세 번째 이유는 하느님을 믿고 도움을 구하는 것을 우리에게 확실히 가르쳐 주는 것은 오직 근심뿐이기 때문이다. 우리의 소원을 들어주시고 그 결과 근심에서 풀려나게 되는 일이야말로 하느님의 존재를 확신할 수 있는 유일한 증거인 동시에 그리스도교가 진리라는 실증이며, 그리스도가 그렇게 하도록 권유

[*9] 고린도후서 7장 10절.

하고 있기 때문이다. 그러므로 나쁜 날이 사실은 좋은 날이다. 나쁜 날이 없다면 대부분의 사람들은 결코 참된 사상에 도달하지 못할 것이다.

게다가 근심에서의 해방, 즉 사람이 산처럼 무거운 짐을 내려놓는 승리의 날은 인생에서 가장 순수한 행복을 느끼는 순간일 것이다. 하느님이 진정으로 하느님을 믿는 자에게 깊은 은혜를 베푼다면, 그처럼 행복한 순간을 내려주실 것이다. 그래서 스펄전이 그의 상당히 아름다운 설교 안에서 이렇게 한 말은 옳다. "만일 하느님을 진심으로 믿는다면 하느님은 처음에 우리가 두려워하고 있었던 것보다 좋은 분이며, 다음에는 우리가 희망했던 것 이상으로 좋은 분이며, 마지막에는 우리가 원하는 그 이상으로 좋은 분이다." 근심은 하느님을 따르는 사람들에게는 그들이 이룩해야 할 사명이 있는 동안에만 지속될 뿐이다.

다소 역설적으로 진리에 대해 이야기하려면 이렇게 말하는 방법도 있을 것이다. 다시 말해 항상 온갖 자질구레한 일로 인한 괴로운 심정을 털어놓고, 날씨나 정치나 사회상태 등 이 세상의 모든 일이 맘에 들지 않는다고 말하는 사람들에게 느닷없이 이렇게 논박할 수도 있을 것이다. '자네에게는 너무 근심거리가 적은 거야. 좀더 근심거리를 만들도록 하게. 근심거리가 너무 많은 사람들에게 동정심을 베풀게. 그러면 자네의 병적인 불평불만은 완전히 사라지게 될 걸세. 적어도 지금 자네를 불행하게 하는 일에 대해 그다지 신경 쓰지 않게 될 것만은 확실하네.'

특히 정신적인 업무를 맡고 있는 사람들은 결코 근심거리가 없는 상태를 바라지 않을 것이다. 근심을 가진 사람들과 효과적으로 이야기를 나눌 수 없을 뿐 아니라, 그러한 사람들의 기분을 제대로 이해할 수도 없기 때문이다.

다시 한번 거듭 말하지만 끝날 줄 모르는 근심은 없으며, 구원은 반드시 존재한다. 만일 구원받고 싶지 않은 사람이 있다면 그는 근심을 벌처럼 견디는 것이 좋다. 그러나 때때로 생기는 근심들은 자신이 당연히 받아들여야 할 몫으로 기꺼이 받아들여 정신력과 의지력으로 극복해야 한다. '시온은 공평하게 죄 값을 받고 회개한 자는 정의롭게 보상받으리라.'[10] 이것은 그들이 진정으로 그것을 원하며 마땅히 해야 할 일을 정직하게 완수해냈을 때의 일이다. 그렇

---

*10 이사야 1장 27절 참조.

게 하면 하느님의 도움으로 내적 근심에서 해방되자마자 외부적으로도 근심을 벗어날 수 있게 된다.

'만일 네가 여러 가지 고민들에 대해 마음의 위로가 없는 날에도 마음을 굳게 무장하고 참아낼 수 있다면, 그리고 모든 크고 작은 괴로움이 덮쳐오는 것이 옳지 못하다고 불평하지 않고 어떠한 섭리 속에도 나를 옳다고 인정하고 나를 성스러운 존재라고 존경한다면, 너는 진정 평화에 이르는 큰 길을 걸어가고 있는 것이다. 머지않아 나의 얼굴을 환영하면서 다시 우러러볼 날이 올 것이라고 기대해도 좋다. 그것은 진실이다. 만일 네가 언젠가 자기 자신을 완전히 낮출 수 있을 정도로 수양을 쌓는다면, 그때부터 너는 이 세계의 순례자로서 가장 행복한 사람만이 얻을 수 있는 완전한 평화를 누리게 될 것이다.'[11]

다음으로 근심을 이겨내는 인간적인 다양한 보조 방법에 대해 말하고 싶다. 가장 좋은 방법은 인내와 용기이다. '어떤 괴로운 시기라도 하느님에게 의지할 수 있는 사람에게는 또다시 아침 해가 떠오를 것이다. 왜냐하면 하느님에게 자신을 맡기는 것은 새벽이 오는 것을 알리는 수탉의 울음소리와도 같기 때문이다.'[12] 사실, 어떠한 고난이라도 우리가 확고하게 자세를 갖추고 정직하게 받아들인다면, 곧 사라져 버리는 경우가 많다. 이것은 생생한 경험으로 터득한 진리이다. 더할 바 없이 소중한 소유물이라도 어쩔 수 없이 그것을 포기해야 할 때 비로소 그것이 자신의 것이 된다. 또 조금만 경험을 쌓아도 알 수 있듯이 우리가 만나는 사건에 대한 판단에서조차 처음에는 자주 잘못을 범하게 마련이다. 얼핏 보기에 자신에게 불리해 보이고 합당하지 못한 것처럼 여겨지는 일이 나중에는 자신의 목적에 딱 맞았다는 것을 알 수 있는

---

*11 토마스 아 켐피스 《그리스도를 본받아》 3장 25절.
*12 주교 자일러(1751~1832, 독일 가톨릭 성직자)가 쓴 《토마스 아 켐피스》(제5판 1817년, 520쪽)에 나오는 말. 토마스 아 켐피스는 다음과 같이 말하고 있다. '내 아들아, 불행한 때의 인내와 겸손은 행복한 때의 위로나 기도보다 나를 기쁘게 한단다. 남에게 난폭한 말을 들었다고 해서 왜 그렇게 네 마음에 상처를 받아야 하는 것이냐. ……불쾌한 일을 겪기 전에 너는 건실한 인간이었으며 남에게 현명한 충고나 격려를 해주곤 했다. 그런데 갑자기 어려움이 네 문 앞을 막아 서자 이제껏 비축해둔 용기와 현명함을 모두 상실해 버렸어. 너는 사소한 일에도 때때로 노출되는 너의 약점을 깨달아야 한단다.' '용기를 잃지 마라. 용감한 사람이 되어라. 적당한 시기에 위로가 널 찾아올 것이니라.'

일도 있다. 반대로 행운처럼 보이던 사건이 시간이 흘러 알고 보면 해롭지는 않더라도 전혀 이익이 되지 않는 일도 있다. 이러한 것은 실제 우리가 수도 없이 경험하는 것이다. 그러므로 근심이 많은 시절에는 이런저런 판단을 미루어 두는 것이 가장 현명하다. 또한 모든 어려움은 잠시 견디다 보면 바로 변화가 일어나거나 적어도 새로운 힘이 생겨나게 된다는 생각은 언제나 마음의 힘이 되어 준다.

그 밖에도 근심에 대한 비교적 사소한 대비책이나 적어도 근심을 완화시키는 방책이 두세 가지 있다. 이런 방법을 한번 침착하게 훑어보는 것도 보람 있는 일일 것이다. 왜냐하면 《파우스트》 제2부(11495~11500행)에서 단지 '근심'의 입김을 맞은 것만으로도 장님이 된다고 한 말은 진실이기 때문이다.

이러한 방법 가운데 가장 효과 있는 것은 일을 하는 것이다. 그것은 단순히 일에서 생기는 직접적인 결과물 때문만이 아니라 정신이 일어나지도 않을 일에 대해 공연히 끙끙 앓지 않도록 해주기 때문이다. 왜냐하면 근심은 대부분 근거 없는 공포로 이루어졌기 때문이다. 일은 용기를 주며 부당하고 해로운 '기분 전환법'이나 음주와는 달리, 올바른 방법으로 즉시 근심을 잊게 해준다. 현대에서 일은 단 하나 허용된, 유익한 '망각의 강'이다.

근심에 대처하는 두 번째 방법은, 하느님을 단순한 관념으로 생각하지 않고*13 살아 있는 인격으로 생각하는 사람에게만 적용되는 방법, 바로 기도이다. 게다가 다른 사람과 이야기하기 전에 먼저 하느님과 이야기하는 일이다. 스펄전*14이 이에 대해 했던 말은 참으로 옳다.

'기도에는 인간 사이에서도 성공을 거두는 비결이 숨어 있다. 이를테면 사람들과 제대로 이야기하는 기술이 바로 그것이다. 그렇게 하면 하느님은 그 사람들을 통해 실제적인 도움을 줄 것이다.'

---

*13 하느님이 존재한다면, 우리는 하느님의 사랑을 절대로 확신해도 좋다. 따라서 하느님의 존재를 의심하지 않는 한 우리의 운명에 절망할 이유는 없다. 그러나 '하느님은 존재하지 않는다고 속으로 말하는' 사람들은 언젠가 자신의 힘과 타인의 힘으로도 도움이 되지 않는 진짜 불행이 닥쳐오면, 불행을 '찌꺼기까지 모두 마셔버리지' 않으면 안 될 것이다. 현대는 이것을 구체적으로 증명해 보이는 특별한 사명을 받은 것이다. 시편 75장 9절, 이사야 51장 22절 참조.

*14 1834~1892, 영국의 개신교 설교자.

어떻든 간에 나는 여기서 기도에 관한 논문을 쓸 생각은 없다. 분명히 말할 수 있는 것은 기도를 하려면 먼저 신앙이 필요하고, 또 인간은 모든 의지와 정신력을 한 점에 집중해 신에게 귀의해야 한다는 점이다.*15 그렇게 하면 힘을 얻을 수 있다. 그러면 자주 신의 도움을 받는 경험을 하게 될 뿐만 아니라 사도 바울이 도달했던 논리적인 결론에*16 도달하게 될 것이다. 즉, 신은 인간에게 인생 최대의 보물(신앙)을 주면서 단지 생명을 유지하는 데 도움이 될 정도의 작은 보물을 거절할 리가 없다는 결론이다. 실제로 이제 겨우 진정한 인간이 되기 시작한 사람을 인도한 다음 그를 굶겨 죽인다는 것은 무의미한 일이기 때문이다.

그러나 확실히 우리는 소원이 받아들여질 때까지 기다려야 한다. 그뿐 아니라 때로는 오랫동안 문을 두드려야 하는 경우도 있다. 또는 바라던 것이 전혀 이루어지지 않는 경우조차 자주 있다. 그러나 첫 번째 경우에는 그렇게 기다리는 것도 소원이 정확히 전달되기 위해서 필요할 것이다(물론, 그것을 깨닫게 되는 것은 한참 후의 일이지만). 두 번째 경우에는 아마도 그 사람이 바랐던 것보다도 더 좋은 것을 받게 될 것이다.

근심에 대처하는 세 번째 방법은 경제적인 근심에 대한 것이다. 바로 만족할 줄 알며 검소함을 즐기는 일이다. 우리 현대인은 그런 점에서 멀리 벗어나

---

*15 야고보서 1장 6·7절, 4장 2·3절. 루터는 이에 대해 다음과 같이 말하고 있다. '내가 열심히 마음으로부터 기도하면 그때마다 기도가 충분히 전달되었다는 것을 알고 있다. 신은 때로는 그것을 늦게 들어주실 때도 있었지만 역시 들어주시는 때가 왔다.'
더 강력한 증언은 크롬웰이 의회 개회식에서 한 말이다. 이것은 《행복론》 제1부에 인용되어 있다.
대부분의 사람들을 기도로부터 멀어지게 하는 것은 단순히 하느님을 믿지 못하기 때문만은 아니다. 기도를 드리기 위한 특별한 형식, 가령 합장이라든가 무릎을 꿇고 앉는다든가 하는 것 때문에, 또는 특별한 기도 분위기가 필요하다는 잘못된 생각 때문에, 아니면 어린 시절 마음에도 없는 기도를 강요당했던 경험 등 기도에 대한 의심을 품게 만든 어리석은 교육 탓이기도 하다. 기도가 실현되기 위한 조건은 요한복음 15장 7절에 나와 있다. 또 시편 127장 2절, 요한1서 3장 22절도 참조하기 바란다. 우리의 기도는 언제나 감사로 시작해야 한다. 기도를 통해 우리가 소유하고 있는 것에 대해 깨달아 마음의 안정을 얻게 될 뿐만 아니라 '감사는 완전한 체험의 증거, 즉 이성으로까지 이행한 신앙의 상징'이기 때문이다.
*16 로마서 8장 32절 참조.

있다. 많은 사람들은 쾌락을 증대시키는 일이 인생의 참된 목적이라고 생각한다. 또한 어떤 종류의 사치는 교양이 요구하는 것이며 그 표현이라고 생각한다. 그러나 시민계급이 근심이나 그보다 더 좋지 않은 것을 자기 삶에서 없애고 싶다면, 검소한 생활양식으로 돌아가 쾌락의 철학을 스스로 버려야 할 것이다. 전에는 이러한 생활태도가 시민들의 장점이었지만, 지금에 와서 시민들은 사회의 최상층보다 훨씬 어그러진 인생관을 가진 군중이 되어 버렸다. 사실 사치를 위해 아무리 기도해 보았자 아무런 효과가 없다. 하느님은 사치하고 싶은 욕구를 위해 필요한 것이 아니라 그날 그날의 양식을 위해 필요한 것이다.

근심을 피하는 방법에는 앞에서 말한 것 이외에 그것과 직결되어 커다란 도움을 주고 있는 방법이 두 가지 있다. 첫 번째는 올바른 절약이다. 이것은 제대로 된 소유에서만 생겨나는 것이다. 옳지 못한 방법으로 얻은 돈이 제대로 절약되는 경우는 드물다. 또한 핵심을 찌른 격언처럼, 의롭지 못한 재산은 손자에게까지 전해지는 법이 없다. 그러므로 그 경우에 절약이란 아무 소용도 없다. 그러나 이 밖에도 절약이 오히려 해로운 경우도 있다. 돈을 너무 아끼고 살림살이에 인색한 것은 불필요한 근심을 낳는 원인이 되기 때문이다. 이 때문에 정신적으로 망가진 사람들의 수는 아마도 경솔하게 살림을 하다가 신세 망친 사람 수만큼이나 많을 것이다.

다음은 그것 자체로는 설명할 수 없는 축복(어쩌면 반대로 천벌)이다. 이것은 인간의 행위에 바탕을 둔 것이지만 확실히 도덕율법을 따르는 것과 관련이 있다. 이러한 요소를 빼놓는다면 수많은 정직한 사람들이 재산이나 확실한 수입도 없이 오랜 생애를 살아남은 일은 영원히 수수께끼로 남게 될 것이다. 누구보다도 자신의 대답이 궁할 것이 틀림없다.

끝으로 경제적인 근심을 없애는 방법을 한 가지 더 든다면, 불가사의하게도 규칙적으로 남에게 베푸는 일이다. 이것은 이미 고대 이스라엘의 예언자들도 알고 있었던 일이며, 현대에서는 특히 게오르그 뮐러*17나 스펄전에 의해 강조되고 있다. 헌금을 위해 저축해 둔 돈이 모든 수입의 10분의 1이 좋은가 어떤가 하는 문제는 아무래도 좋다. 그러나 수입의 일정한 비율을 헌금해야 하는

---

*17 1850~1934, 독일의 심리학자.

데 이것이 단순한 계획으로 그쳐서는 안 된다. 계획 같은 것은 언제나 인간이 타고난 탐욕으로 인해 버려질 수 있기 때문이다. 대체로 인간은 베푸는 일을 통해 가난한 사람들을 배려하게 되며, 동정심의 눈도 열리게 된다. 그렇지 않으면 가난한 사람들은 그에게 법적으로 자기와 가족을 위해 꼭 필요한 재산을 요구하는 귀찮은 존재로밖에 보이지 않게 된다. 반대로 이미 자기 것이 아닌 헌금을 준비해 놓은 사람은 그 돈을 적당히 쓸 수 있는 상대를 비교적 쉽게 발견할 수 있을 것이다. 때로는 그 눈 속에 있는 애원의 눈길을 발견하고 상대방이 말을 꺼내기 전에 미리 도움을 줄 수도 있다. 이것은 때때로 커다란 기쁨이 따르는 행운이기도 하다.

이러한 하나의 습관이라도 세상에서 폭넓게 행해지면 오늘날 세상을 시끄럽게 만드는 아무짝에도 쓸모도 없는 요설이나 잡문보다 사회문제를 해결하는 데 훨씬 도움이 될 것이다.

만일을 위해 마지막으로 스토아적인 방법을 들어보겠다. '만일을 위해 마지막'이라고 말한 이유는 지금까지 설명한 모든 방법을 다 실천했다면 이 방법은 필요 없기 때문이다. 스토아적인 방법이라는 것은 앞으로 일어날지도 모르는 최악의 사태를 미리 상상하는 것이다. 그러면 실제로 안심을 할 수 있게 된다. 적어도 에픽테토스*18가 말했던 것처럼 이 방법을 '권하기 적당한' 사람과 실제로 그 방법을 이용할 수 있는 사람에게는 확실히 그렇다. 그러나 다른 사람들은 반대로 이 방법을 통해 공연히 절망으로 이끌려 가게 되는 수도 있다.

그러나 위에서 말한 모든 방법이 반드시 바로 도움을 준다고는 할 수 없다. 오히려 근심의 정령은 때때로(특히 잠 못 이루는 밤에) '무장한 병사'처럼 습격해 저항할 틈도 주지 않을 정도이다. 그러한 경우에는 우선 근심의 원인이 무엇인지 조사해야 한다. 죄가 원인이라면 하루빨리 그 죄를 제거하는 것이 좋다. 뭔가 근거가 있는 원인은 없는가, 아니면 육체적인 성질을 가진 원인의 경우라면 수면이나 신선한 공기와 운동 같은 신체에 좋은 영향을 미치는 방법이나 일을 함으로써 근심을 없애려는 것이 좋다. 그러나 단순한 '기분 전환'에만

---

*18 55?~135?, 그리스 철학자, 스토아학파.

의존해서는 안 된다. 기분 전환 다음에는 근심이 두 배가 되어 돌아올 뿐이다. 때로는 훌륭한 격언, 예를 들면 사도행전 18장 9절, 또는 이사야 28장 16절, 25~29절, 30장 15절, 40장 31절, 49장 15절 등도 우리에게 용기를 준다.

그러나 근심의 원인이 단순히 장래에 일어날 것을 염려하는 괴로움이 아니라 현실로 인한 괴로움일 경우에는 다음과 같은 반성이 도움이 될 것이다. 즉, 우리는 하느님에게서 주어진 것을 짊어져야 한다는 것, 그리고 하느님의 허락 없이는 아무 일도 일어날 수 없으며, 모든 일들이 우리 자신조차 모르고 있는 우리의 진정한 힘에 부응해서 정해져 있다는 확신을 가지고 있어야 한다는 것이다. 근심에 빠졌을 때 이 확신이 우리를 지탱해 주는 힘이 된다. 이 생각을 저버리는 것은 밧줄 하나를 잡고 낭떠러지에서 매달려 있는 사람이 그 밧줄을 놓아버리는 것과 같다. 괴로울 때에 우리는 '하느님'에게 호소를 해도 상관없다. 단, 자신에게 호소하거나 다른 사람에게 장황하게 호소해서는 안 되며, 우리의 이성에 따라 행동해야 한다. 그러나 이성만을 따라서는 좋지 않으며, 또 이성이 흥분 때문에 흐려져 있을 동안은 바로 이성에 따라서는 결코 안 된다. 이러한 전제조건을 따른다면 많은 것을 참아낼 수 있을 것이다.

때로는 지금 말한 방법도 소용이 없을 때가 있다. 그런 때야말로 성격을 강철과 같이 단련해야 할 시기이며, 그 기회는 절대 놓칠 수 없는 인생의 한 시기이다. 이러한 경우는 적어도 짧은 기간, 곧 한 달 동안, 1주일 동안, 사흘 동안, 아니 단 하루라도 좋으니 오로지 참아볼 것을 권한다. 그 기간이 지나고 나면 전보다 한층 강해진 자신을 발견하는 것도 어렵지 않을 것이다. 얼핏 보기에 피할 수 없다고 생각되는 것에 순응하고, 특히 타인의 도움을 구하지 않고 기대도 하지 않게 된 그 순간부터, 이미 상황은 호전되기 시작한다는 것도 우리는 자주 경험한다. 이때 괴로움은 그 목적을 다하게 된다.

끝으로 한 가지만 더 덧붙여 두도록 하겠다. 가혹한 시련 가운데에서는 위로하는 말이 하나같이 의심스럽고 믿음이 가지 않는 것으로 여겨지고, 또는 그런 것은 자기와 같은 고통을 맛보지 못한 사람들의 한가한 소리로 들린다는 것은 우리도 잘 알고 있다. 그것은 사실이기도 하고 그렇지 않은 경우도 있다. 그러나 그렇게 생각될 때도 역시 자신이나 가족을 위해서라면 참을 마음도 나지 않고 또 참을 수도 없는 일을 다시 하느님의 영광을 위해 참으려 노력해 보아라. '네가 절망에 내몰려 자살을 하든가 아니면 다른 경솔한 죄를 저지르고 싶은 기분에 빠질 경우에는 절대 그런 짓을 하지 말고 하느님에게 의지하라. 그것은 세라핌[19]이나 케루빔[20]이 하느님에게 드리는 것 이상의 영광을 하느님께 드리는 일이 될 것이다. 네가 병들었을 때, 슬퍼할 때, 또는 죽음에 가까워졌을 때에 하느님의 약속을 믿는 것이 바로 하느님을 찬양하는 일이다'라고 스펄전은 말하고 있다.

'하느님에게 영광을 드린다'거나 '하느님을 찬양한다'거나 '하느님의 이름을 높이 받든다'고 하는 말들은 지금의 우리에게는 이해되지 않으며 공허한 상투어가 되어 버린 성구(聖句)에 불과하다. 순순히 죽고 싶을 때, 더욱 이 세상에 하느님의 영광을 드러내고 하느님을 위해 살아가려고 하는 것은 인생의 사명 중에서도 가장 고귀한 것이다. 그리고 그 사명을 끝까지 위임받은 사람은 그것을 한탄해서는 안 된다. 사명을 받고도 그것을 조금도 기뻐할 수 없다면 스스로를 부끄러워해야 할 것이다. 그러나 이 사명이 천성적으로 영웅적인 성격을 타고난 사람에게 주어졌을 경우, 그는 비로소 성취된 존재가 될 것이다. 이리하여 더욱 확실하게 하느님에게 가까워졌다는 감정은 그 생애의 가장 괴로운 시기에도 용감하게 자신을 극복해 낼 수 있게 한다. 따라서 나중에는 이 어려웠던 때야말로 가장 아름다운 때이며, 참된 행복은 모두 그것의 선물이라고 생각할 정도이다.

* * *

죄와 근심은 인생에서 밀접한 연관성을 갖는다. 그러므로 그것들은 행복의 길을 가로막는 복합적인 장애물로서 여러분 앞에 나타날 것이다.

일반적으로 먼저 죄를 생활에서 없애야 한다. 그런 다음에야 비로소 근심을 추방해버리는 일도 본격적으로 생각할 수 있다. 왜냐하면 진정으로 근심이 없는 상태는 인간이 지닌 자연스러운 성향이 아니며, 또 행운이라는 외적 환경의 산물도 아니다. 그것은 어렵게 얻은 더 나은 행복이다. 욥은 이전의 우연한 행복에서 좀더 나은 행복으로 인도되었던 것이다. 시편 제23장에 아름답게 묘사되어 있는 것처럼, 우리는 그러한 영원히 변치 않는 확실한 행복에 도달해야 할 것이며, 또한 도달할 수 있다. 즉, 죄와 근심이라는 문지기가 서 있는 문

---

* 19 seraphim : 치품 천사. 구품천사 가운데 상급 중의 가장 높은 천사..
* 20 cherubim : 지식을 맡은 천사. 구품천사 가운데 상급에 속하는 천사..

을 일단 통과하면 바로 행복으로 갈 수 있다.

그때 천국은 우리 앞에 열리고
지옥은 우리 뒤에 남는다.
우리는 믿고, 사랑하고, 희망하는 것을 얻고
기쁨과 평화와 안식을 얻게 될지니
모든 기도는 이루어지고
모자란 것은 가득 채워진다.
지금과 영원을 통해 진실한 구원이야말로
잃는 일 없이 우리의 소유이다.

나의 백성들을 위로하라

우리 시대의 여러 가지 해악을 접하면서도 스스로 그다지 괴로워하지 않는 사람들은, 대부분 그런 해악에 대해 고찰을 한 끝에 곧잘 파울 게르하르트[1]의 유명한 시구를 인용하여 위로로 삼는다. '하느님이 세상을 다스려 모든 것을 행복하게 하시도다.'[2] 과연 이 시인이 지금 일반적으로 해석되고 있듯이 '모든 것을'이라는 말을 강조했는지 아닌지 우리로서는 알 수 없다. 그러나 그리스도교가 이런 종류의 낙천주의가 옳다고 인정하지 않는 것만은 확실하다.

인간의 어리석음과 사악함에도 불구하고 결국 모든 것이 잘 될 리가 없다. 아니, 도리어 인간 세상의 모든 것이 끝날 때까지 선과 악, 정의와 부정이 공존해 갈 것이다. 이것은 마태복음 13장 24~30절, 37~42절에서 그리스도가 명확하게 확언하고 있는 부분이다.

그리스도교의 이상주의는 피상적인 낙천주의와는 다르다. 오히려 그리스도교의 이상주의가 믿는 것은 다음과 같은 점이다. 즉, 이 세상에 있는 모든 참된 선(善)은 그것과 반대의 인생관이 갖고 있는 권력이나 폭력에 비하면 지극히 눈에 띄지 않는 모습으로 존재할 뿐이지만, 그런 대립하는 힘에 눌리지 않고 언제나 모든 적에 대항해 승리한다. 이것이야말로 그리스도교 신자가 받을 수 있는 은혜이며, 설령 그것이 매일 경험하는 현실적인 사실에 의해 부정되더라도 그들은 전혀 염려하지 않는다. 또 성서 안의 수많은 말들은 자칫 이 가르침에 의해 외부적 권력이나 명예를 얻을 수 있을 것처럼 세속적 욕심에 가까운 뜻으로 해석될 수 있다. 그렇지만 성서에 나오는 말의 의미는 원래 앞에서 말한 이상주의이며, 종교개혁의 항전 시기에 만들어진 가장 아름답고 유명한 두세 가지 노래의 의미 역시 그럴 것이다.

---

*1 1607~1676, 독일 종교 시인.
*2 이것은 '너의 길과 너의 마음을 괴롭게 하는 것을 하느님에게 맡겨라'라는 말로 시작되는 빼어난 위로의 노래 가운데 한 구절이다.

그런데 그리스도교가 '이 세상'이라고 부르고 있는 것의 힘은 강력하며, 게다가 위로는 고상한 무신론 철학이 분수를 넘어 활개를 치고, 아래로는 몹시 잔인한 이기주의라는 가장 비천한 본능에 이르기까지 이 세상을 구성하고 있는 모든 요소들이 긴밀하게 결합되어 있다. 또한 인간의 마음은 매우 불안정하며 때로는 잘난 체를 하다가도 때로는 겁을 집어먹고 두려움에 떨기도 한다. 선을 위한 도구로 여러 모로 힘쓰는 사람들의 생애조차 사명이나 사고방식 전반에 있어 절망에 빠질 때가 있다. 그러한 절망에 대해 하느님은 '두려워 마라, 잠자코 있지 마라' 하며 매번 두려움을 없애도록 하는 것이다.

하느님의 뜻에 의하면 하느님은 그의 백성들의 인생에 쉽게 행복을 주려는 생각이 조금도 없다. 우리는 흔히 자기 방식대로 생각하기 쉽지만, 그것을 멈추고 하느님의 생각에 따라 생각하는 것이 허용된다면 그렇게 하는 것이 좋다. 인간은 무엇보다도 두려움을 가져서는 안 된다. 왜냐하면 올바른 인생은 모두 전투이며 언제나 평안하지만은 않기 때문이다. 그러나 인생은 두려움 없는 전투, 선을 위해 신뢰할 만한 지도를 받으며 영웅적인 정신을 갖고 임하는 전투여야 한다. 영웅적 정신이야말로 모든 인간적 성격 가운데 가장 뛰어난 것이며, 이 지상에서 주어지는 가장 커다란 기쁨이다.

그 전투는 선과 악이 겨루는 세계사적인 전투이며, 모든 개개인은 인생에서 그 전투의 완전한 결말을 지어야 한다. 그러나 인류 전체로 생각해 보면, 이 전투는 세상의 종말에 이르러 비로소 우리가 모르는 방법으로 해결이 나게 된다. '나라가 큰 전쟁이 일어났을 때와 마찬가지로 개인적인 인생 경험의 전초전에서 중요한 문제는 하느님에게 뿌리를 내린 신앙이 과연 최고의 도덕적 힘인지, 또 그것은 악의 세계적인 힘, 특히 이기심이라는 근본악의 힘을 정복할 만한 힘을 갖고 있는지에 대한 것이다. 이 점에서 승리할 수 있다면 그 승리는 전체적으로도 유리한 것이 된다.[3] 게다가 이 개인의 승리는 아마도 우리가 알 수 있는 것 이상으로, 또 언젠가 이 세상에서 경험해야 하는 것 이상으로 전체를 위해 유리할 것이다. 하느님과의 결합이 지상 최고의 힘이라는 것, 그것

---

[3] 이 말은 그라이프스발트에서 에톨리 교수가 실시한 욥에 대한 강의에서 따온 것인데, 더 이상 함축성 있는 말은 없을 것 같다. 또 춘더의 《사도시대》(취리히 발행, 1886년) 26쪽의 말도 적절하다.

이 인간 생활에서 확증되어야 한다. 그러나 그렇기 때문에 하느님과의 결합을 자유의지를 갖고 추구해야 하며, 또 언제나 자유의지를 유지해야 한다. 이것이 인생에서 중요한 문제이다.

이른바 '자손 대대에 이르기까지의 전투'에서 얻는 기쁨은 현대의 많은 그리스도교인이 품고 있는 불평이나 반쯤 절망스러운 기분과는 뚜렷하게 대조적이지만, 그러한 기쁨에 이르기 위해 가장 손쉬운 외적인 방법은, 이 전투에서 자기 기분에 따라 싸우는 것이 아니라 군대에서와 같이 명령대로 정확하게 행동하는 것이다. 그러나 참된 기쁨은 내적 근거 없이는 영원히 지속될 수 없으며, 그 때문에 인간 안에는 하느님이 머물러 있어야 한다. 하느님은 신성을 해치지 않고 우리에게 다가올 수 있도록 스스로 노력할 수 있을 뿐 아니라 때로는 '애걸'까지 하며 우리를 부끄럽게 만든다. 신성한 것과의 대립이 사라진 곳에 인생의 참된 기쁨이 있고, 이 지상에서 주어진 가장 커다란 위로가 있다. 이러한 '하느님과의 평화'는 결국 변함없이 성실한 우정이 될 수 있으며, 인간의 영혼은 반드시 그러한 평화를 경험해야 한다. 그렇지 않으면 마음의 행복이란 것이 어떠한 것인지 알 수 없다. 외적인 행복도 요컨대 이 내부적 행복의 결과에 지나지 않는다.

일단 하느님은 좋다고 인정하면 곧 기쁘게 그런 사람들에게 호의를 베푼다. 오늘날 많은 청렴한 사람들의 종교가 된 철학적 무신론의 진짜 근거도 사실 이런 데에 있다. 그들은 마음속으로는 그렇게 하고 싶다고 생각하고 있어도 다른 식으로는 생각할 수 없다고 믿어 버린다. 인간의 소박한 자연적 논리로 보더라도, 하느님을 믿으면서도 자기 내부에 머물러 절대적으로 지배받는 것을 거부한다는 것은 부조리라는 것을 잘 알 수 있다. 그러나 많은 회의주의자들은 단지 말로만 하느님에게 봉사하는 것을 부끄러이 여기고, 일단 인생의 계산에 하느님을 넣고 보면 인간 내면에 당연히 버려야 하는, 버리고 싶지 않은 많은 것들을 '모조리 태워 버리는 불'로서 하느님이 존재함을 꿰뚫어보게 된다. 이것은 회의주의자들의 고귀한 성품을 보여주는 실례로 매우 칭찬할 만한 일이다. 그러나 신앙은 분명히 인간의 의지의 문제이지 이성의 문제는 아니다. 이러한 의지와 의지에서 생기는 모든 결과까지 포괄해 결심하는 것은 어려운 일이다. 이런 결심은 인간이 스스로 하지 않으면 안 되는 것이며, 어떠한 은총도 대역(代役)이 있을 수는 없다.

하느님이 인간에게 '깃드는' 것이 가능하기 위해서는 일단 원리적으로 향락과 부(富), 명예 그리고 인간에 대한 의존심을 버려야만 한다. 이것을 일단 버렸을 때 자연스럽게 사람의 마음에서 사라지는 것은 공포와 분노, 고통스러운 무력감과 불안이다. 이러한 것들은 '하느님이 없는 사람들'에게 반드시 주어지는 상속재산이며 그 특징이다. 이것이 진짜 길이며, 그 험악한 길모퉁이를 빈약한 철학적 고찰이나 '주여, 주여라고 외치는 것'으로 피할 수 있다고 생각하는 사람들은 결국 가장 심하게 속은 사람들이다.

공포는 아마도 인간의 감정 중에서도 가장 괴롭고 무가치하면서도 피하기 어려운 감정일 것이다. 왜냐하면 인생의 참모습은 전쟁이며, 전쟁에 대한 본능적인 공포는 누구나 스스로 이겨낼 수 없기 때문이다. 단지 좀더 높은 관점에 서는 것이 마음속에서 공포를 극복할 수 있게 해준다.

공포를 이런 식으로 극복하는 것이 과연 고대 스토아학파나 근대 칸트 철학에서 가능한 일일까 하는 문제는 여기에서 취급하지 않기로 한다. 그런 것에 트집잡을 생각은 없다. 다만 내가 말하고 싶은 것은 공포를 극복하기 위한 확실한 지름길이 있다는 것이다. 게다가 이 길은 그다지 높은 교양이나 강한 성품도 필요 없으며, 또 단순히 철학적 교양을 가진 정신적인 귀족들뿐만 아니라 모든 사람들을 위해 열려 있다고 할 수 있다. 만일 그렇지 않았다면, 그리고 그리스도교가 가난한 사람들이나 낮은 사람들을 속세의 번뇌에서 구원하지 않았더라면, 이른바 '초인(超人)의 도덕'이 이미 이 세상을 지배했을 것이다. 그 당시(니체 시대) 이 도덕은 하마터면 이 세상의 지배권을 장악할 뻔한 정세였기 때문이다.

단지 그리스도와 함께 종교적 감정에 잠기려는 감상적인 어린 양의 행복도, 또는 그리스도교란 끊임없는 괴로움과 전투의 연속이라고 해서 그 눈물의 계곡을 그려보는 것도 모두 과장된 것이다. 그리스도교의 길은 결코 그런 것이 아니다. 도리어 다른 길보다 실제로 훨씬 쉬운 길이다. 왜냐하면 이 길은 단지 용기 있는 사람을 원할 뿐 아니라 용기 있는 사람을 만들기도 하기 때문이다. 그리고 이런 사람들은 가련함도, 또 너무 과도한 향락도(설령 그것이 정당한 것을 즐기는 일일지라도) 멀리하면서 동시에 어떤 경우에도 겁쟁이처럼 속세를 등지는 길을 취하지 않고 이 세상의 한가운데서 선(善)의 깃발을 높이 들고 선의 승리에 절대로 절망하는 일이 없는 사람들이다.

이와 같은 용기는 오늘날 우리에게 가장 필요한 것이며, 그것은 참된 그리스도교 신자임을 보이는 분명한 표지이다. 그 모든 것이 하느님의 높으신 힘에 지배되고 있는 자연의 여러 힘에 대해서도, 또 일상생활의 근심에 대해서도, 나아가 하느님의 허락 없이는 하느님과 적대할 수 없는 인간에 대해서도 우리는 조금도 두려워하지 않는 사람이 될 수 있다. 병이 들었을 때나 어떤 일에 번뇌하며 좋은 결과를 얻을 수 있는 희망이 아예 없어졌을 때도, 자신의 모든 행동을 하느님에게 맡기고 믿을 수 있다는 것, 이것이 '하느님에게 봉사한다'는 뜻이다. 이것에 비하면 그 밖의 '하느님 섬기기'(예배)에 따르는 소란은 단지 제2의적(第二義的)인 가치밖에 없다. 그러므로 이러한 용감함을 다분히 갖추고 있던 루터는 다음과 같이 말했다.

"이 세상에서 줄 수 있는 온갖 재물로도 충당할 수 없는 곤경에 처했을 때, 어떻게 사람의 마음을 만족시키고 위로하면 좋은가 하는 단계가 되면 이성은 대처할 방법을 모른다. 그러나 거기에 그리스도가 나타난다면 외적인 방해물은 그대로 내버려 두고 자신의 힘을 스스로 기르고 겁을 모르는 마음으로 무장하고, 초조함을 대담함으로, 불안정한 양심을 온건하고 조용한 양심으로 바꿀 것이다. 그러므로 이 세상 사람들이 모두 겁을 먹을 것 같은 대상, 예를 들면 죽음이나 죄의 공포, 또는 이 세상의 위로나 재물로도 도저히 감당할 수 없는 곤경에 처한다 해도 이와 같은 사람은 담담히 용기를 잃지 않으며 명랑하다. 이것이야말로 영원히 참된 평화이며, 마음이 그리스도와 굳게 맺어지는 한 영원히 지속되며 파괴되지 않는 평화이다."

더욱이 하느님은 '성실'하시며 어떤 사람에게도 그 사람의 능력 이상의 시련을 겪게 하지는 않는다. 아니 그뿐 아니라 우리의 육체적 또는 도덕적인 생명이 엄청난 위험에 처했을 때는 우리의 눈을 가려주고 그런 위험이 지나간 후에야 우리가 그것을 눈치채게 하는 일이 비일비재하다.

물론 이러한 것을 경험한 적이 없는 사람은, 불행의 캄캄한 어둠에 에워싸여 있음에도 하느님에게 마음을 바치는 사람의 마음은 어찌하여 조용하고 밝으며 기쁨 한 점조차 잃지 않을 수 있는지 도저히 이해하지 못한다. 그러므로 하느님을 사랑하는 사람은 때때로 믿을 수 없을 정도의 고난을 이겨내고 조그만 햇빛만 비쳐도 내면으로부터 몸과 마음이 금방 살아나는 것이다. 그러나 그렇지 않은 사람들은 '재앙에 의해 멸망'하게 된다.

그러나 참된 용기는 서서히, 게다가 괴로운 나날 속에서 배울 수 있는 것이며, 올바른 인생관을 얻거나 인격이 커지는 것도 주로 수난의 선물이다. 그러므로 진정으로 중요한 인물이면서도 많은 어려움을 겪지 않고 인생을 살아온 사람은 없을 것이다. 성서는 때때로 이러한 고난을 용광로의 불에 비유하고 있는데, 참으로 옳은 말이 아닐 수 없다. 그 불은 질 좋은 금속이 많이 함유되어 있는 경우에만 대단히 높은 열까지 오를 수 있으며, 그 불에 의해 어떤 사람의 안에 있는 순금이 남김 없이 모습을 드러내는 것이다. 조그마한 괴로움을 피하고 싶어하는 사람은 하느님의 가장 큰 선물을 버리고, 일부러 가치 없는 일로 만족하는 것과 같다. 왜냐하면 사람은 아무리 큰 어려움에 처해도 두려워할 필요가 없기 때문이다. 두려움을 품고 있는 동안 그 사람 내부에는 쫓아내야 할 부정한 것이 아직도 들어 있는 것이다.

두려움이 사라지는 것과 함께 노여움도 없어진다. 노여움은 대체로 숨은 두려움에 지나지 않기 때문이다. 화를 내는 사람은 용기 있는 사람이 아니라 두려워하고 있는 것이다. 십중팔구 그렇다. 특히 이른바 '화난 성자(聖者)들', 즉 이 세상의 생명을 마치기 전에 그들의 열의와 증오의 힘으로 그리스도교를 구원하지 않으면 안 된다고 생각하고 끊임없이 열광해서 선동을 하는 사람들은, 사실 겁쟁이에다가 안일하며, 만사에 적응해 버리고 특히 세상에서 고귀하다는 것과 언제나 타협해 버리는 인간의 한 변종에 지나지 않는다. 이 두 사람의 태도는 공포라는 동일한 원인에서 생기는 것이다.

그러나 신앙에 정진한 사람들이 아직 자신이 약하다는 감정에 언제나 괴로워하는 경우가 많다. 우리는 이런 기분이 사도들 가운데에서도 가장 용기 있는 사람인 바울의 편지에 기록되어 있다는 것을 알고 있으며, 또 모두 경험을 통해서도 알고 있다. 이 감정은 대체로 다음과 같은 별난 성질을 가지고 있다. 나약한 상태는 불시에, 게다가 최상의 내적 생활이 계속된 뒤에 나타나는 것이 보통이며, 그때 영혼은 짓눌려 절망에 빠지는 경우조차 있다.

이 점에 대해서는 그러한 마음이 짓눌린 사람을 위로하기 위해 먼저 다음과 같은 말을 할 수 있다. 즉, 이 세상에서 강력한 것은 항상 어딘가 거칠고 천하며 신앙심을 갖추고 있지 않다. 그리고 이런 성질은 오늘날에도 여전히 모든 사람의 힘을 지닌 거인과 같은 자신만만한 인물에게서 볼 수 있는 것이지만,

우리는 유감스럽게도 그러한 인물이 하느님의 마음에 들리라고는 도저히 생각할 수 없다. 더구나 그리스도교는 결코 그러한 거인이나 반신(半神)을 만들어내고자 하는 종교가 아니다.

다음으로 약한 감정이 교육적인 목적을 갖고 있다는 것도 쉽게 인정할 수 있다. 교만, 그리고 교만의 배다른 형제이면서도 훨씬 천한 허영심, 이 두 가지를 뿌리째 근절해 버리려면, 일정 기간 끊임없이 이어지는 곤혹스러운 운명에 압도되어, 그 결과 발생하는 심각하고 지속적인 약한 감정을 이용하는 수밖에 없다. 교만한 사람이나 허영심이 강한 사람은, 제대로 된 인간이 될 운명을 갖고 있다면 평생에 한 번은 철저하게 이러한 연옥(煉獄)의 불 속을 빠져 나와야 한다. '여호와께서는 높이 계셔도 낮은 자를 굽어 살피시며 멀리서도 교만한 자를 아심'*4이기 때문이다.

분명 하느님은 교만한 자를 가까이 하지 않는다. 그러므로 이러한 약한 감정이 내적 진보와 관련이 있는 경우에도 조금도 낙담할 이유는 없다. 사도 바울은 갈라디아인이 훌륭한 내적 생활에서 참으로 천박한 종교관으로 후퇴한 것을 보고서도 '너희가 다 믿음으로 말미암아 그리스도 예수 안에서 하느님의 아들이 되었으니'라고 감히 단언하고 있지만, 이것은 나약한 신앙심으로 인해 그와 같은 의혹에 빠졌을 때 도리어 위로가 된다. 신앙을 완전히 잃지 않는 한 그와 같은 나약함도 그저 일시적 단계에 지나지 않으며, 이 단계가 보통 의미에서의 좋은 시기보다도 도리어 결실이 풍성한 경우가 많다. 약함은 결국 하나의 힘이 될 수 있다. 자기가 강하다고 느끼는 감정은 그런 기분에 도취되고 싶어하는 인간의 오만 탓이며, 진정한 내적 진보를 촉진하기보다는 오히려 방해하는 것이다. 가장 용기 있는 사람이란 가장 자신감 있는 인간이 아니라 이 세상의 모든 힘을 능가하는 위대한 힘을 흔들림 없는 거점으로 삼고 있는 인간이다.

자신의 약함을 아는 사도 바울이 파란만장하면서도 영광과 승리로 가득 찬 생의 마지막에서 그의 신앙의 아들인 디모데에게 이러한 용기를 갖도록 권하고 있는데, 본래 이것은 어떤 자연적인 힘이 필요한 것은 아니다. 충분히 시

---

*4 시편 138장 6절.

련을 겪어 온 사람에게 이러한 마음의 용기가 갖추어진다면, 그때야 비로소 지금까지 때때로 불안의 파도에 흔들리고, 때로는 의기소침해진 영혼에도 성서의 약속대로 평화와 흔들림 없는 행복이 찾아오는 것이다. 가장 먼저(이것이 가장 중요한 것이지만) 내적인 행복이 찾아온다. 그것은 세계의 어떤 문학과도 비교할 수 있을 만큼 아름답고 웅대하게 이사야 제40장(그 첫머리의 한 구절 '너희는 위로하라, 내 백성을 위로하라'에서 나는 이 표제어를 선택했다)에 묘사되고 있는 것과 같은 행복이다. 즉, '내 백성이 화평한 집과 안전한 거처와 조용히 쉬는 곳에 있으려니와', 어미새가 아기새를 지키듯 하느님이 지켜주시고, 길 위에 사자가 기다리고 있지도 않고 어떤 일도 결실 없는 일이 없으며, 지극히 어리석은 자라도 헤매는 일이 없는 그러한 성스러운 진보의 길을 가는 행복이다. 더구나 그 행복과 더불어 그 백성의 자손을 위한 복과 그들이 노년에 이르기까지의 복을 약속받으며, 모든 적에게 가장 공정한 복수를 하시고, 나아가 모든 소원이 언제나 이루어지고, 그리고 마지막으로는 '넘치는 물길'처럼 넘칠 정도의 환희가 주어지고 '어미가 자식을 위로함과 같이' 위로받을 것이다.

그리하여 언제나 슬픔과 기쁨이 엇갈리는 생애의 마지막에 이 '위로받는 사람'에게 주어지는 것은 맑고 흐림 없는 사랑이며, 이것이야말로 모든 인간이 손에 넣을 수 있는 최고의 것이다. 그렇게 되면 어떠한 기쁨도 하느님을 소홀히 할 수 없으며, 어떠한 고뇌도 사람을 초조하게 할 수 없다. 기쁨과 슬픔도 햇빛과 비와 같이 똑같은 존재로부터 주어지는 것으로 받아들일 수 있다. 더구나 그것을 감사하는 마음으로 받아들인다는 것은, 이제는 스스로 타인에게 은혜를 베풀 사람이 된 하나의 생명으로서 슬픔과 기쁨 어느 것 하나도 없어서는 안 되기 때문이다.

그 밖에 또 외적인 행복도 그것이 어떤 의미에서 하느님에게 인도받은 사람의 진정한 행복과 일치할 수 있는 한에서만 받을 수 있다. 게다가 어떤 경우이든지 다른 인생관에서 얻을 수 있는 것보다 훨씬 높고 확고한 지반에 서 있게 된다. 그뿐 아니라 이런 사람들은 그들의 실천이나 사상에서 잘못을 저질렀을 때조차 모든 일이 좋은 방향으로 진행된다.

이러한 것은 실제로 먼 과거 시대의 사람들만을 위해 기록된 것일까? 또 직접 체험하고 경험한 것일까? 그러나 먼 시대라고 해도 그 사건이나 상황이 현대와 비슷할 뿐 아니라 강대국 사이에 에워싸인 약한 민족의 외적인 위험이 현대 못지않다는 것도 나타나 있지 않은가. 그러면 우리는 이것을 오늘날 여전히 우리의 일로 생각해도 좋은가. 당시의 하느님이 오늘날의 하느님이라고 한다면 확실히 그러하다. 그러나 오늘날의 하느님이 옛날 그대로인지 아닌지는 실제로 시험해 볼 수 있다.

우리는 또한 장래에 이것이 지금까지보다 더 일반적으로 시험될 것을 기대한다. 종교적 기반이 아닌 다른 방법으로 인간의 조용한 만족이나 바람직하고 건전한 일을 만들어 내려는 시도가 모두 실패했다는 것을 알고, 게다가 신경증에 걸린 인류가 다시 단순한 유물론적인 세계관이 가져다주는 것 이상의 참다운 안정과 심해지는 염세관에 대한 보호를 절실히 바라기 시작하면, 그러한 종교적인 시험이 일어나게 된다. 그러면 종교는(그것도 모든 압제적인 외적 권위를 버리고 다시는 그것을 받아들이지 않는 종교라야 하는데) 그러한 갱신(更新)의 시대를 위해 이미 구약의 한 예언자가 예고했던 지위를 국민의 생활에서 새롭게 자리매김할 수 있게 될 것이다. 그런데 오늘날 종교는 자주 한가한 사람들이나 세속적인 의미에서 행복한 사람들의 단순한 감정 유희가 되기 쉬우며, 어려움이나 근심으로 괴로워하고 구원의 수단으로서 종교를 필요로 하는 사람들에게는 편견 때문에 그 길이 닫혀 있다.

그러나 이렇게 종교를 필요로 하는 사람들의 대다수는 아마 머지않아 이 낡고, 지금에 와서는 거의 묻혀 버린 샘의 근원에 도달하게 될 것이다. 그러나 그들은 아직 샘에서 멀리 떨어져 있어, 마음을 편안하게 하는 인생관을 갈망하면서도 어디를 찾아가도 그 목마름을 해결하지 못하고 있다. 왜냐하면 '이스라엘에는 참 신이 없고 가르치는 제사장도 없고 율법도 없은 지가 오래였으나' '그때에 온 땅의 모든 주민이 크게 요란하여 사람의 출입이 평안하지 못하며, 이 나라와 저 나라가 서로 치고 이 성읍이 저 성읍과 또한 그러하여 피차 상한 바 되었나니, 이는 하나님이 여러 가지 고난으로 요란하게 하셨음이라.'*5

그러나 구원과 평화에 이르는 확고한 길을 가는 사람들이여, '그런즉 너희는 강하게 하라. 너희의 손이 약하지 않게 하라. 너희 행위에는 상급이 있음이라 하니라.'*6

---

*5 역대하 15장 3·5·6절.
*6 역대하 15장 7절.

* * *

우리의 희망인 사랑하는 스승이여, 영혼의 주여,

당신의 은총과 성심이 항상 우리와 백성 위에

모든 가정과 마음 위에 머물러 다스리옵소서.

슬픔의 구름을 뚫고 신앙의 눈길을 향하게 하옵소서.

우리가 멋대로 뛰어다닐 때, 우리는 멸망 속에 떨어지고

심연 속에 잠겼습니다. 주여, 구원은 당신에게만 있사오니

당신에 의해 노예의 몸에서 구출된 영혼은 행복합니다.

그저 당신의 손이 우리 몸에 닿을 때 우리들은 진정으로 자유롭습니다.

우리는 죄의 본능에서 해방되어 단단히 당신의 품안에 안겨

당신이 주신 사랑의 기쁨에 잠겨 어린 아이처럼 고향으로 돌아갑니다.

인간에 대한 지식

　일상생활에서 인간을 이해하고 올바르게 판단하는 것이 과연 중요한가를 진심으로 의심해 본 사람은 아마 단 한 명도 없을 것이다. 그러나 인간을 아는 것이 반드시 인간의 행복과 연결되는가 하는 질문에는 많은 의견들이 있어 왔다.

　어떤 사람은 인간에 대해 잘 모르기 때문에 인간을 사랑할 수 있는 것이라고 주장하는가 하면, 어떤 사람은 괴테의 《타소》에 나오는 인물처럼 인간에 대해 잘 모르기 때문에 인간을 무서워하는 것이라고 말하는 사람도 있다. 그러나 괴테는 조금 다른 생각을 갖고 있는 듯하다. 그는 인간을 아는 것만큼 흥미로운 일도 없지만, 자기 자신을 알려고 할 때는 신중해야 한다고 말한다.

　우리는 인간에 대해서는 자기 자신을 비롯해 대강의 것만을 알 수 있을 따름이라는 믿음을 가지고 있다. 인간의 영혼 깊은 곳에는 선과 악, 둘 모두를 행할 가능성이 존재한다. 그 아슬아슬한 경계점을 완벽하게 알고 있는 존재는 신(神)뿐이다. 초심자에게는 조금 이상하게 들릴지도 모르지만, 인간에 대한 지식은 염세관에 바탕을 둔 것이다. 아니, 오히려 염세관이라는 것은 좀더 깊은 인간애와 연결되어 있다고 할 수 있다.

　인간을 무엇인가 뛰어난 존재, 위대한 존재라고 생각하는 사람, 또 직업이나 소질뿐만 아니라 그가 가진 본래의 능력이나 실천에서 그렇다고 생각하는 사람은, 그 사람이 조금이라도 현명하다면 아마도 그 생애의 경험을 환멸로 차단해 버릴 것이 틀림없다. 그러나 가장 완전하게 인간을 아는 사람들(그리스도가 제일인자이다)은 항상 인간의 벗이라는 것도 역시 경험상 분명한 사실이다. 왜냐하면 이들 인간은 태어날 때부터 자유롭고 고귀한 존재가 아니라고 생각한다. 인간은 고귀한 인생을 만들어가야 할 사명을 가지고 태어났으며 자유를 쟁취해야 한다고 말한다. 그래서 인간이 수많은 결점을 가지고 있음에도 인간을 사랑할 수 있는 것이다. 아니, 오히려 그 결점이야말로 인간을 사랑할 수 있게 해준다. 이러한 사랑, 적어도 이 세상을 위해 존재하는 사랑에는 동정, 구원, 자비의 요구 등이 깃들어 있기 때문이다.

여기에서 인간에 대한 앎의 첫 번째 전제가 생겨난다. 인간을 알기 위해서는 관찰하는 사람이 자주성을 갖고 있어야 하며, 관찰하는 시선에서 이기적인 욕망을 없애야만 한다. 자신의 이익을 위해 다른 사람에게 많은 것을 원하는 사람은 늘 이해타산적인 계산에 눈이 어두워진다. 그리고 타인의 도움을 절실히 필요로 하는 사람은 인간을 두려워하게 될 것이다. 무언가를 받기보다 늘 베푸는 사람만이 공포와 지나친 애정에서 벗어나, 있는 그대로의 인간을 이해할 수 있다. 이러한 태도로 인간을 이해하는 사람은 나쁜 사람과 있어도 결코 인간을 혐오하지 않게 되며 인간을 참아낼 수 있다. 그렇지만 그렇지 않은 보통의 인간은 쉽게 인간 혐오증에 빠져버리고 만다. 만일 애정 없이 인간에 대해 철저하게 파악한 사람이 있다면, 그 사람이야말로 실제로 참을 수 없는 인간일 것이다. 자신은 인간에 대해 모든 것을 알고 있다고 자칭하면서 인간혐오자인 사람을 모두가 싫어하는 것은 너무도 당연한 일이며, 그것은 자기 방어의 권리에서 나오는 것이다. 그러므로 독자들이여, 여러분의 행복의 집을 인간에 대한 지식 위에 세우면 안 된다. 차라리 사람들의 행복을 증진시키기 위해 인간을 올바르게 판단할 수 있는 사람이 되고 싶다고 소망하라. 이러한 마음가짐 없이는 인간을 이해하는 기술에서 결코 큰 성과를 얻지 못할 것이다.

원래 사람은 인간에 대한 지식을 얻을 수 있다고 생각하는데, 그것을 얻는 첫 번째 방법(괴테의 견해와 상반된다)은 자신을 아는 것과 자신을 더 나은 사람으로 만드는 것이다. 두 번째는 자신을 위해서가 아니라 타인을 위해 인간을 이해하려고 결심하는 것이다. 마지막 세 번째는 앞에서도 말했듯이 인간에 대한 완전무결한 지식을 기대하지 말라는 것이다. 왜냐하면 인간은 매우 복잡한 존재이기 때문이다. 인간은 자신에 대해 아는 것이 거의 없으며 노년에 이르러서야 겨우 조금 알게 될 뿐이다. 거기다 개개인은 하나같이 모두 다르기 때문이다. 그러므로 우리가 경험을 통해 서로 다양한 결론들을 많이 얻었다면 오히려 그것에 만족해야 할 것이다. 나중에 그러한 결론 두세 가지를 독자에게 제공하여 자신이 그것에 대해 숙고하고 보충할 수 있게 되기를 바란다.

인간을 아는 진정한 비결은 되도록 허영심을 버리고 순수한 마음을 갖는 것이다. 이런 사람은 차츰 모든 가면을 꿰뚫어보는 예리한 눈을 갖게 될 것이다. 인간에 대한 지식을 얻기 어려운 이유는 '심리학' 같은 학문을 세세하게 습득하기 어렵기 때문이 아니라 오히려 자신의 자아를 버리기 어렵기 때문이다. 만일 우리가 어떤 사람에게 바라는 것이 있다거나 그 사람을 두려워한다면, 그 사람에 대해서는 결코 알 수 없게 될 것이다. 그 사람에 대해 얽매이지 않는 자유로운 태도로 그를 대할 수 없기 때문이다.

또 타고난 예언적인 능력도 결국 인간의 모든 관계와 그 원인 및 결과에 대한 날카로우면서도 정확한 판단력에 지나지 않는다. 이러한 통찰력은 자기 자신으로부터 고도로 벗어난 사람들이라면 누구나 갖고 있는 것이다. 인간의 이기심은 마치 안개의 베일처럼 본래 존재하고 있어야 할 분별력을 가려버리기 때문이다.

그러므로 인간을 정확하게 판단하고 그것을 바탕으로 이루어지는 교제는 많은 사람들이 믿고 있듯이 인간과의 수많은 만남을 통해 배울 수 있는 것이 아니라, 우선 하느님과의 만남을 통해 배울 수 있다. 하느님과의 만남을 통해 처음으로 우리는 선과 악 위에서 빛을 내리비치는 하느님의 올바른 눈으로 선과 악을 제대로 관찰할 수 있게 된다. 그러나 신을 믿지 않으면 늘 인간에게 기대를 걸지 않을 수 없으며, 그렇게 되면 다시금 그들에게 실망을 하지 않을 수 없다.

더구나 인간은, 특히 뛰어난 인간은 누군가를 숭배하고 싶은 욕구를 갖고 있다. 그러한 사람들 중에 감각을 초월하는 존재를 숭배할 수 없는 사람들은 자신의 공상 속에서 위대한 인물을 만들고 끊임없이 자신을 속이려 한다. 그리고 그 때문에 진정한 인간의 모습을 이해하는 데 필요한 감각들을 송두리째 잃어버리게 된다. 그뿐 아니라 숭배를 받는 사람이 살아 있으면서 자신도 인간에 대한 지식이 없는 경우에는 그 역시 피해를 입게 될 것이다. 신을 향한 신앙이 없는 사람은 위인 숭배에 빠지기 쉽다. 그것은 인간성이 가진 내적 및 외적 자유에 여러 가지 불이익을 주게 된다.

아무튼 이것은 누구나 시험해 볼 수 있다. 인간이 신과 평화 관계에 들어가면 흔히 세상에서 가장 존경하는 인간적 측면, 즉 그들에게서 무엇인가 이익을 얻는다는 측면에서, 인간에 대한 존경심은 순식간에 사라져 버린다. 그리고 만일 자신이 그에게 줄 것이 없어지면 그를 향한 존경심을 쉽게 끊어버리게 될 것이다. 그러므로 고대나 중세의 은둔생활이나 근대의 염세주의, 그리고 세계의 고통을 부르짖는 귀족주의에 대해 그 동기를 의심해 볼 만하다. 그 배후에는 대부분 사람들에게서 받지 못한 것에 대한 불만이나 사람들에게 주고 싶지 않다는 생각이 숨어 있을지 모른다. 사람들도 대부분 이것을 쉽게 눈치채므로 아무도 그런 은둔자들에게 그다지 호감을 갖지 않는다.

왜냐하면 인간은 타인의 이기심에 대해 예민한 본능과 내적으로 커다란 혐오감을 갖고 있기 때문이다. 아무리 단순한 사람이나 어린 아이, 하물며 동물조차도 상대방이 겉모습을 꾸미더라도 재빨리 그 속에 있는 이기심을 알아챈다. 그러므로 남에 대해서 좋지 않은(그래서 오래가지 못하는) 동기에서가 아니라, 다만 사람들에게 강한 감화를 주고 싶은 사람은 절대로 자신의 이익만을 생각해서는 안 되며, 또한 자기를 위해서만 요구하는 부분이 있어서는 안 된다. 이것이 자신의 소망을 이루는 가장 확실한 길이다. 아이들이 부모보다 할아버지 할머니를 더 친근하게 생각하는 것은 그들의 애정이 부모보다 이기심이 없기 때문이다. 부모는 아직 자신의 일들로 바쁘다.

아무리 유쾌하지 못한 염세주의자도 다른 사람의 사랑을 바란다. 이기주의자가 이기주의를 찬양하는 것도 결국에는 진심이 아니다. 그들은 자신의 방식을 바꿀 수 없는 것에 절망하고 있으며, 다른 사람들의 행동을 보고 배우며 살아갈 뿐이다. 그들은 사랑에 대한 허무맹랑한 말들에 대해 특히 잘 알고 있으며, 그러한 상투어에 대해서는 자신만의 상식으로 가치를 판단한다. 그러므로 이기주의자들을 상대로 사랑에 대한 이야기를 나누지 않는 것이 좋다. 그것은 오해만 불러올 뿐이기 때문이다. 그들과 이야기를 하려면 차라리 친절이나 일반적인 호의에 대해서만 이야기하는 것이 좋다. 호의라는 것은 언뜻 보면 사소한 것 같지만 알고 보면 매우 소중한 것이다. 호의는 이 세상을 혐오하지 않으며 살아가기 위해 없어서는 안 될 것이다. 그러므로 우리가 반드시 갖고 있어야 할 것이다.

저마다 다른 개인에 대해 그 사람을 알아가는 일에서 한 가지 중요한 것이 바로 그 사람의 태생을 아는 일이다. 특히 여성의 경우, 거의 대부분이라 해도 좋을 만큼 가문의 성격을 이어받게 된다. 아들은 어머니나 할머니의 성격을 물려받고, 딸은 반대로 아버지 쪽 성격을 물려받는다. 그러므로 '피는 물보다 진하다'라는 속담은 이런 점에 대한 정확한 지적이라 할 수 있다. 물론 그 혈통에 대해 자세히 알 수 없는 경우도 있다. 또 좋지 못한 가문이라도 신의 은총으로 그것을 극복할 수도 있다. 더구나 신의 은총이나 인간의 자유 의지가 아무 소용없을 정도로 '악질적인 유전'이 존재하지 않는다는 것도 확실한 사실이다. 이처럼 절대로 변하지 않는 숙명이 존재한다는 것을 인정하는 것은 인간이 범할 수 있는 가장 큰 신성 모독 가운데 하나이다.

이에 반해 위에서 말한 것처럼 제한된 의미에서 귀족적인 사고방식은 옳다. 예를 들어 적절한 자신감과 용기, 천성적으로 사람을 두려워하지 않는 성품이나 우아한 생활태도, 고상한 취미 등 어떤 사람의 개별적으로 뛰어난 특성들은 노예상태나 속박의 족쇄에서 이제 겨우 해방된 초기의 사람들에게는 흔히 생기지 않는 성품이다. 그러한 특성을 갖기 위해서는 반드시 유전적인 요소가 필요하다. 그러므로 정치적 또는 정신적 자유의 위대한 선구자들은 최하층 계급에서 나온 일이 거의 없으며, 대부분 교양 있는 중류층 출신들이다. 그뿐 아니라 귀족 계급 출신에서 나오는 경우도 자주 있다. 그러므로 고상한 교양을 갖춘 사람이 자신보다 낮은 신분의 사람과 결혼한다는 것은 큰 실수인 바, 자신의 자손에게 잘못을 저지른 것이라 해도 좋을 정도이다. 그 사람은 그 결혼을 통해 한 단계 뒤쳐지게 되기 때문이다.

이 경우 자신에 대해서나 타인에 대해서나 적당한 조치를 취할 필요가 있는데도 특히 부모나 교육자들은 이에 대해 곧잘 잊어버리는 경향이 있다. 타고난 성격을 완전히 바꾼다는 것은 누구에게나 불가능하다. 차라리 있는 그대로의 성격을 순화시키는 것이 훨씬 쉽다. 점액질(粘液質)인 사람은 좀더 영리하고 고상한 침착함을 발달시키고, 활발한 사람은 다른 사람을 위한 봉사적인 활동을 하고, 담즙질(膽汁質)인 사람은 위대한 것들을 보호할 수 있도록 한다. 이러한 천성을 잘못 판단하거나 성격을 고쳐보려고 애쓰다가는 도중에 포기해 버리고 결국 불행한 처지에 빠지게 된다. 도중에 포기하지 않았더라면 그와 같은 소질에서 무엇인가 완전한 것이 만들어졌을 테지만 말이다.

누군가의 참모습을 알기 위해서는 그 사람이 일하고 있을 때, 즉 남자라면 직장에서, 여자라면 집 안에서 일할 때 살펴보는 것이 가장 좋다. 또 남녀의 인격은 그들이 어려움에 처하거나 걱정스러운 일에 빠져 있을 때 잘 알 수 있다. 반대로 가장 사람을 알 수 없는 경우는 사교 모임이나 특히 온천이나 피서지 등에서 만났을 때이다. 이러한 장소에서 알게 된 사람은 나중에 사람을 잘못 판단했다는 것을 알게 되는 경우가 많다. 이것이 현대 사회의 불건전한 교제 방법이다. 서로 상대를 잘 알지도 못한 채 같이 살거나 식사를 하는 것만으로 그럭저럭 친구가 된다. 그런데 이 경우 너무 경계를 하면 거만하게 보이기 쉽고, 또 너무 개방적으로 행동하면 평소라면 피했을 관계를 맺게 될 위험이 있다.

사람을 알아가는 가장 쉬운 방법은 그 사람이 생애를 통해 노력하려 하는 진정한 인생 목표에 대해 아는 것이다. 만일 그 목표가 권력이나 향락이라면, 그 사람에게는 전폭적인 신뢰를 보내서는 안 된다.

사람은 노년에 이르면 삶의 모습이 전보다 훨씬 명료해진다. 참으로 경건한 사람은 노년에 찾아오는 온갖 어려움을 꿋꿋이 견뎌낸다. 그러나 거짓으로 경건한 사람은 초조해하거나 점점 형식적으로만 신앙을 나타낸다. 인색함, 질투, 소유욕, 명예욕, 분노, 때로는 숨겨진 관능적 쾌락에 대한 욕망이 이 세상을 지배하는 힘이 되어, 도저히 저항할 수 없는 폭력으로 설치다가, 결국 같은 시대의 사람들 앞에서 자신을 재판하는 난처한 상황에 빠진다. 아우구스투스*¹만큼 마지막까지 그 '역할'에 충실했던 사람도 드물 것이다. 그러나 이 위대한 배우조차 자신의 역할을 완벽하게 소화한 것은 아니었다. 마찬가지로 크롬웰*²의 마지막 기도문을 읽고 그를 위선자라고 생각하는 사람은 아무도 없을 것이다. 정말로 위선인 사람을 제외하고는 말이다.

마지막으로 인간을 알기 위해서는 고난이라는 것이 필요하다. 인간은 커다란 괴로움과 어려움을 겪으면 반드시 자신의 사상이 드러나게 된다. 자이라 사제 말처럼 '평소에 굳게 닫혀져 있던 마음이 열리게' 된다. 말하자면 타인의 고통을 즐기는 질투심이 드러나거나, 괴로워하는 사람을 돕는 의협심이 나타나

---

*1 로마 초대 황제, BC 63~AD 14.
*2 올리버 크롬웰의 《서간과 연설》 제2권 666쪽.

는가 하면, 다른 한편으로는 다른 사람의 곤경을 보고 그냥 지나쳐 버리는 냉담함이 나타나기도 한다. 이러한 경험을 평생 한 번도 철저하게 겪어 보지 못한 사람은 인간을 이해할 수 없다. 그러므로 아직 인생 경험이 부족한 사람이 인생의 첫 번째 단계에서 맺는 대인관계에서 빠지기 쉬운 가장 큰 위험은 지나치게 인간을 중시하는 일이며, 두 번째 단계에서의 위험은 인간에 대해 너무 무관심해지는 일이다.

끝으로 인간에 대한 지식에는 전혀 다른 원천이 있음이 확실하다. 그러나 이것을 모르는 사람에게는 바람직하지 않은 것, 한마디로 말해 신경과민 상태에서 얻을 수 있는 인간에 대한 지식이다. 사람들이 흔히 말하는 신경과민이 그것이다. 이러한 상태가 되면 다른 사람의 정신 상태를 확실하게 구체적으로 느낄 수 있다. 그 중 어떤 사람은 맑은 물처럼 병자의 마음을 가라앉혀주고 상쾌하게 만들어 준다. 또 어떤 사람은 병자의 마음을 흥분시키거나 불안하게 만들어 버린다. 이것이 바로 성서에 나오는 '신들린 사람'*3의 인간에 대한 지식이다. 이러한 신경 상태는 사람에게는 안 될 병적인 것이며, 어쩔 수 없는 경우를 제외하고는 모르는 것이 좋다.

인간에 대한 지식의 관점에서 경험상의 원칙 두세 가지를 들어보면 다음과 같다.

인간의 진정한 성실함이란 예의 바른 것과 같이 사소한 일에서도 그 사람의 태도로 자연스럽게 드러난다.*4 이것은 도덕적인 성품에서 생겨나는 것이다. 반면에 과장 섞인 성실은 단지 습관적인 성실이거나 한낱 꾀에 지나지 않는 경우가 허다하며, 그것만 가지고는 그의 성격을 밝혀낼 수 없다.

허영심과 명예욕이란 언제나 나쁜 징조이다. 왜냐하면 두 가지 모두 결국 자기 부정이라는 뿌리에서 생겨나는 것이며, 자기 내부의 불만을 겉모습을 치장하는 일이나 다른 사람의 호의적인 판단으로 채우려고 하는 것에 지나지 않기 때문이다. 철두철미한 염세주의자는 언제나 허영심이 강하다. 그들은 이 염세주의에 의해 사람들에게 조금이나마 이해받고 싶어하는 것이다. 이를테면

*3 마가복음 3장 11절, 5장 7절, 사도행전 16장 16~19절.
*4 누가복음 16장 10절.

자신의 방식을 보면 알 수 있듯이 자기는, 천하고 어리석은 민중들과는 원래 근본이 다른 인간이라는 것이다.

겸손이 지나친 사람, 특히 자기를 비웃는 태도는 결코 신뢰할 수 없다. 대체로 그런 사람의 배후에는 매우 강렬한 허영심과 명예욕이 숨어 있는 법이다. 정말로 겸허한 사람은 대부분 자신에 대해서 좋든 나쁘든 말을 많이 하고 싶어하지 않으며, 다른 사람이 염려해 주는 것을 조금도 바라지 않는다. 그와 반대로 자만심이 강한 사람은 자신을 깎아내리는, 언뜻 보기에 겸손한 방법으로 타인의 주의를 모으려고 한다. 그뿐 아니라 감쪽같이 상대방의 칭찬까지 받으려고 한다.

마음씨 좋은 친절은 착한 성격의 틀림없는 표시이며, 이에 반해 동물 학대나 욕지거리를 좋아하는 버릇은 나쁜 성격의 확실한 증거이다.

어떤 사람이 정말로 고귀한 마음을 가졌는지 아닌지를 알아내는 최고의 시금석 가운데 하나는 오랜 세월 동안 불행한 상태에 있거나 아주 절망적인 불행 속에 있는 사람에게 보이는 그 사람의 태도이다. 고귀한 마음을 갖지 못한 사람은 불행한 사람에게 질려버려 곧 그를 운명에 맡겨 버릴 뿐만 아니라 '저런 사람은 하느님과 단 둘에게 맡겨두는 편이 좋다'고 체면치레의 말을 하고 싶어한다. 이에 반해 그러한 불행을 참아내고 한결같이 동정어린 마음을 갖는 사람은 개인적인 욕심을 떠난 인간애의 가장 높은 시련을 이겨낼 수 있다.

이러한 사람들은 대부분 단순하고 가난한 사람들이며, 반대로 교양 있고 부자인 사람 가운데 이 시련을 이겨내는 사람은 거의 없다. 인간의 자연스러운 성품 가운데 가장 존경받는 것은 타고난 고귀함이다. 그런데 이러한 성품은 일반적으로 하층계급 사람들이 많이 갖추고 있으며, 이른바 '국민의 정예(精銳)'는 고귀함이라는 일반적인 어휘에서 생각하기 쉬운 계급에서가 아니라, 도리어 다른 계급에서 찾지 않으면 안 된다.

인간의 가장 나쁜 성질은 타고난 불성실이다. 이런 성질이 있다면 다른 좋은 성질들을 갖고 있더라도 아무 소용이 없으며, 오히려 그 사람을 점점 위험한 사람으로 만들 뿐이다. 한편 성실한 성질이 있으면 더할 바 없이 난처한 성질도 보충해 준다.

또 마음 밑바닥부터 비열한 사람의 가장 뚜렷한 특징은 은혜를 잊어버리는 것이다. 은혜를 모르는 사람은 은혜를 잊지 않는 고등동물 아래에 있는 존재다. 이런 비열한 성질 가운데 특히 보기 흉한 행동은, 처음부터 감사하지 않아도 된다는 듯이 은혜를 입은 것은 입은 쪽에서 달갑지 않은 친절을 참아준 것이기 때문에 친절을 베푼 쪽에게 오히려 명예이며, 그러므로 상대방이 은혜를 입은 것에 대해 감사해야 한다는 식으로 보이게 하는 경우이다. 대부분 은혜를 입고 감사해하는 사람은 고귀한 사람들뿐이다. 그 밖의 사람들은 은혜를 입었다는 무거운 마음에서 도망치기 위한 구실을 찾아내기에 바쁘다. 특히 빌린 돈을 갚는 경우, 비열한 사람은 그것을 마치 갚는 사람의 공훈으로 생각하고 빌려준 사람이 평생 그것을 은혜로 여기고 고맙게 생각해야 한다는 식이다.

사람을 제대로 평가할 때 가장 중요한 점은 그 사람이 가진 기량이다. 기량이라는 것은 좋은 교육이나 최고의 교양을 통해 전달해 줄 수 있는 것이 아니며, 결국 타고난 소질이다. 새끼 고양이는 아무리 사자와 닮았다 해도 결코 사자가 되지는 못한다. 인간에게 갖추어진 기량은 인생의 위대한 운명, 쓰라린 고난, 또는 훌륭한 교제, 특히 성실하고 뛰어난 천성을 가진 친구라든가, 올바른 결혼 등에 의해 그것을 좀더 키워나갈 수 있다. 그러므로 우리는 상대방을 멋대로 과대평가하고, 그 사람에게 지나치게 많은 것을 요구한 나머지 다른 여러 사람들에게 피해가 가지 않도록 조심해야 한다. 그들은 그와 같은 요구를 채워줄 수 없다. 그렇다 해도 그 사람들은 그 사람들 나름대로 선량하고 성실한 사람이며, 어엿한 인간이며, 그들이 실제 이상으로 잘난 듯이 보이려고 허세를 부리지 않는다면, 오히려 많은 일을 해내는 것도 가능할 것이다.

사람은 자신이 무조건 의지하고 싶다고 생각하는 사람, 또는 무조건 반대 입장을 고수하고 싶다고 생각하는 사람을 개인적으로 알려고 해서는 안 된다. 어느 경우이든 미리 품고 있던 생각과 모순된 상대방의 성질을 발견하면 당황하기 쉽기 때문이다. 마찬가지 이유에서 우리는 적을 개인적으로도 알아야만 한다. 동시에 친구와는 자주 만나지 않는 것이 좋다.

세상의 평가는 한 사람을 판단하는 절대적인 기준이 될 수 없다. 특히 유명한 사람은 명성으로 상상하는 것과 다른 경우가 많다. 그러나 대체적으로는 어떤 사람에 대한 세상의 판단은 거의 잘못되는 일이 없으며, 그 판단이 그 사람을 아는 중요한 요소가 된다. 착한 사람이 생애를 마칠 때까지 철저하게 오해를 받은 채 살다가 죽는 일은 있을 수 없다. 그런 오해를 받기 쉬운 사람에 대한 세상의 평가는 마치 수면(水面)과 같은 것이다. 늘 파문이 일기 쉬우며 다시 조용한 상태로 돌아가고자 하는 끊임없는 노력의 표현이다.

선량한 사람은 모두 귀족적인 천성을 갖고 있는 사람이라고 생각해도 좋다. 민주주의는 정치적인 신념에서는 정당한 것이지만, 인간이 타고난 소질로 볼 때는 그다지 유익하지 못하다.

뛰어난 소질을 타고난 사람은 고난에 처했을 때 그 인품을 가장 잘 알 수 있다. 왜냐하면 이때야말로 그의 근본에 있는 다양한 가능성이 한층 뚜렷하게 드러나기 때문이다. 보잘것없는 사람은 행복한 때나 그들이 좋아하는 오락의 종류로 미루어 그의 인품을 알 수 있다.

인간 혐오를 주장하는 사람은 틀림없는 이기주의자이다. 그런데 우리는 어떤 사람에게도, 아니 아무리 뛰어난 사람에게조차도 환멸을 느낄 때가 있다. 게다가 단순한 사람보다 오히려 교양 있는 사람에게 더 환멸을 느끼는 것이 일반적이다. 그러므로 일반적으로 사람을 절대적으로 신뢰해서는 안 된다. 가장 신뢰할 수 있는 우정이란 과거의 적대 관계에서 생긴 우정이나, 한 번(두 번은 안 된다) 깨진 적이 있는 우정뿐이다. 오직 그런 경우에만 친구의 단점을 알게 되고 오래도록 그것을 참을 수 있기 때문이다. 그러나 친구가 되려고 생각했는데 적이 되는 식으로 자주 변하는 것은 한심한 성격을 가진 인간이라는 증거이다.

곤경에 처했을 때 비로소 친구의 진가를 알게 되는 법이며, 또 그때 친구의 고마움을 표현하지 않는 친구와는 말없이 이별해야 한다는 것, 이것은 새삼 말할 필요도 없는 진부한 진리이다.

불행에 빠지자마자 놀랄 정도로 친구가 적어지는 이유는 무엇일까. 이것은 심리적으로 말하면 다음과 같이 설명할 수 있다. 그런 경우가 되면 마음이 비천한 사람은 도움을 주어야 하는 것을 두려워하고, 마음이 고귀한 사람은 그들에게 아무 도움도 주지 못하고 그저 동정할 수밖에 없는 것을 부끄럽게 생각하기 때문이다.

또 매우 호의적인 사람조차도 때때로 욥*5의 친구와 같은 실수를 저지르곤 한다. 즉, 모든 불행은 많든 적든 자기 책임이므로 그것에 대해 비난하거나 훈계하지도 않고 그 사람에게 괜한 동정심을 갖는 것은 적당하지 않다는 식으로 무의식 중에 생각하게 된다. 그러면 버릇없는 사람들은 이런 자기 판단을 말해 버릴 테지만, 세심한 사람은 말도 하지 않기 때문에 도리어 친구에게서 멀어져 버리는 것이다. 이런 모든 것은 특히 친척 사이에서 더 자주 일어나곤 한다.

질투심은 참으로 인생의 나쁜 동반자이며, 대부분 삶의 마지막에 가서야 겨우 사라진다. 그러나 질투란 위대한 사람들에게는 지나친 숭배에서 자기를 지키는 가장 필요한 방어용 무기이다. 지나친 숭배가 질투심 없이 그것으로만 존재한다면 그들에게 많은 피해를 입히게 되며, 또 그러한 숭배는 대부분 가치가 없다. 1그램의 진정한 우정이 마차 한 대만큼의 숭배보다 훨씬 낫다.

다음과 같은 마음가짐도 인간에 대한 지식을 얻기 위한 중요한 규칙 중 하나이다. 즉 당신은 있는 그대로의 자신을 그대로 보여주는 것이 좋다. 특히 악에 대해서는 하나의 주의(主義)로서 공공연히 그것을 증오하고, 그 미움을 표명할 수 있는 기회를 놓치지 마라. 그러면 상대방도 자신이 갖고 있는 예의를 더 확실히 보일 것이다. 특히 공인(公人)은 그 생활 전체가 '투명한 수정'처럼 모든 것이 사람들 눈에 투명하게 비쳐 보이도록 꾸밈없이 처신해야 한다.

인간이란 대체로 자신에게 있지도 않은 좋은 성품에 대해 말하고 싶어한다. 이와는 반대로 나쁜 성품에 대해서는 '마음에 가득한 것을 입으로 말함이

---

*5 욥기 6장 21절, 42장 10·11절, 잠언 18장 24절.

라*6는 격언이 딱 들어맞는다. 문란한 이야기나 그런 방면에서 세상의 위험에 대해 비난하는 도학자라 할지라도, 자주 그런 화제를 떠들어대기 좋아하는 사람은 언제나 그런 일에 은근히 강한 흥미를 느끼는 것이다. 또 자선이나 선행에 대해 말하는 사람들도 알고 보면 금전욕이나 소유욕의 소질을 갖고 있으며, 그것을 극복할 필요가 있는 사람들이다. 가장 나쁜 사람은 항상 성실이나 충성에 대해 말하는 사람이다.

하나의 전문분야에 열광하는 사람들은 대체로 그들의 감정을 북돋우지 않으면 그 전문분야에서 끝까지 견뎌낼 수 없다는 것을 처음부터 잘 알고 있기 때문에 열광하는 것뿐이다. 그러므로 그들은 대체로 정직하다고는 할 수 없다.

낮은 위치에 있는 사람들, 특히 아이들이나 단순하고 가난한 사람들, 그리고 동물들에게서 사랑받고 신뢰받는 것은 인간이 가진 최상의 징표 가운데 하나이다. 아이들이나 동물들에게서 사랑받지 못하는 사람은 신용할 수 없다. 부인들 또한 좋은 가치판단의 척도가 되지만, 단 여기에는 부인이 좋은 성품의 사람이라는 전제조건이 필요하다. 그렇지 않으면 정반대의 의미를 가진 척도가 되어 버린다. 낮은 위치에 있는 사람들과 늘 교제하는 것은 인생에 만족하는 데 큰 도움을 준다. 심한 염세주의자들은 모두 이와 같은 사람들을 멸시하고, 그들이 교제하기를 원했던 위대한 사람들에 대해서는 조금도 만족할 만한 점을 찾아내지 못했다.

젊은 사람들의 염세주의나 인간 혐오는 그것이 단순히 혀끝으로 하는 말이 아니라면, 그들의 정상이 아닌 품행을 입증하는 것이며, 반대로 순결하게 지켜진 청춘은 인생의 끝없는 기쁨의 원천이 된다.

우리가 올바른 인간인 이유는 사람들이 우리를 칭찬하기 때문이 아니라 '주님이 우리를 칭찬하시기' 때문이다. 이미 이런 일을 전에 경험을 해 본 사람은 다음과 같은 사실도 알고 있을 것이다. 즉, 인간이 하는 칭찬은 믿을 수 없는

---

*6 마태복음 12장 34절.

싸구려이며 언제나 사람을 거만하게 만들고 진리에서 멀어지게 하는 것이지만[7] 하느님의 칭찬은 결코 그렇지 않다는 사실을, 만일 경건하면서도 거만한 사람이 있다면 그를 향해 딱 잘라 말해 주어도 상관없다. "하느님은 결코 너희를 칭찬해주지 않았다. 너희들이 다만 스스로를 칭찬해주거나 다른 사람들에게 칭찬을 받았을 뿐이다."

거만은 어느 정도의 어리석음과 결부되어 있다. 허영심은 우스꽝스럽기는 하지만 밉지 않다. 그러나 거만은 타인에게 경멸 섞인 반항심을 불러일으키게 한다. 흔한 속담처럼 오만은 항상 몰락하기 바로 전에 나온다. 오만한 사람은 이미 승부에서 진 것이다. 이미 파멸을 향해 돌진하고 있다고 생각해도 틀림없다. 하느님에게 버림받자마자 우리의 마음은 잘난 체하고 뽐내는 법이기 때문이다.

스스로의 결점을 확실히 깨달아서 겸허한 마음이 되었을 때, 우리는 그 결점을 타인에게 들키지 않고 지내는 경우가 많다. 분명히 이런 결점은 우리가 깨달으려고 하지 않고 또 깨달을 수 없는 결점만큼 강하게 밖으로 드러날 염려는 없다. 이것이야말로 자신과의 싸움에서 얻은 최초의 보상이다.[8]

적절하고 호의가 담긴 비평은 누구에게나 필요하다. 실패하면 세상에서 가차 없이 비난받거나 질책을 받는 서민 쪽이 학교를 마치면 더 이상 비난을 받지 않는 높은 신분의 사람들보다 오히려 빠르게 향상되는 것도 이 때문이다. 비판을 하는 사람들조차 높은 신분의 사람에게는 중요하며 꼭 필요한 사람이라고 생각하게 하려고 비판하는 것뿐이며, 비판받는 당사자에게 아무런 고통을 느끼지 않는 점에 대해 멋대로 공격한다.

어쩔 수 없이 자신의 업적에 대해 말해야만 하는 경우, 침착하게 있는 그대로의 사실을 이야기할 줄 아는 것은 소중한 마음가짐 중 하나이다. 자신의 업적에 대한 자만이 지나친 나머지 (공개적으로 또는 은근히) 상대방의 반감을

---

*7 요한복음 5장 44절.
*8 단테 《신곡》 정죄계 제13곡 118~136.

사는 사람이 있는가 하면, 어떤 사람은 자신의 업적을 일부러 경멸하는 투로 내뱉고, 이런 일은 세상에 얼마든지 있는 흔한 일이며 이런 것이라면 따로 얼마든지 쌓아둔 것이 있는 것처럼 넌지시 암시한다. 가장 좋은 것은 되도록 자신의 업적에 대해 말하지 않을 것, 어떤 식으로도 자신의 업적에 대한 이야기로 화제를 돌리지 않는 것이다. 왜냐하면 허영심이란 금방 사람 눈에 띠는 것이며 아주 단순한 사람조차 그것을 느낄 수 있기 때문이다. 허영심이나 명예욕을 사람들에게 느끼게 하지 않기 위해서는 아예 그러한 성질을 완전히 없애버리는 것이 확실한 방법이 될 것이다.

겸손하지 못하거나 자신감에 가득 차서 조금도 부끄러움을 느끼지 못하는 젊은이는 성격적으로 결함이 있으며, 실제로 아무짝에도 쓸모가 없는 사람이든가, 아니면 너무 조숙해서 더 이상 발전하지 않는 사람이다. 겸손한 사람은 세상을 살아가기 힘들다는 일반적인 편견은 일시적인 성공을 바라는 것이라면 몰라도 그렇지 않은 경우에는 잘못된 생각이다.

세상에는 나쁜 소식을 전하는 역할을 맡고 싶어하는 사람이 적지 않다. 그것은 정말 괴상하고도 바보 같은 취향이다. 동기는 사람마다 다르겠지만 대부분의 경우 일종의 우월감과 관계가 있다. 그것은 다른 사람이 충격에 휩싸여 낙담하는 모습을 보고 싶다는 기분이며, 다른 사람의 불행에 희열을 느끼는 심술궂음과도 밀접한 관계가 있는 비열한 감정이다. 상대방은 이것을 본능적으로 알아챘다. 그래서 그때의 나쁜 추억은 그 기분을 느끼게 한 사람과 결부되어 오래도록 기억에 남는다.

아직 한 번도 커다란 고통이나 자아의 패배를 맛보지 않고 심하게 깨어져 본 적이 없는 사람은 아무 쓸모도 없다. 그러한 사람들은 어딘가 쩨쩨한 것, 거만하고 독선적인 것, 또는 불친절한 것을 그의 인품에 남겨놓고 있다. 그것 때문에 그들은 여느 때 공정한 정신을 큰 자랑으로 삼고 있음에도 하느님이나 사람들에게 미움을 받는 것이다.

친절한 성품을 가진 사람은 늘 조심하는 것이 좋다. 심술궂은 성품을 극복하는 것은 몹시 어려운 일이기 때문이다. 이러한 기질은 대부분 남을 비웃는 습관을 동반하므로 쉽게 발견할 수 있다.

이에 반해 주위 사람들을 즐겁게 해주는 사람, 언제나 한결같은 사람, 항상 친절하고 사냥한 사람, 결코 초조해하거나 남에게 억지로 강요하지 않는 사람, 타인의 행복을 기뻐하며 불행은 동정하고 위로해주는 사람, 이러한 사람은 대단히 기분 좋은 사람이다. 이런 사람이 되기 위해서는 다재다능할 필요는 없다. 오히려 너무 재능이 풍부한 사람은 공교롭게도 이런 성품이 부족한 경우가 많다. 그러나 이러한 성격이 갖추어져야만 다른 성품들도 유용한 가치를 가진 것이 될 것이다.

진정한 용기를 가지고 있느냐 없느냐는 보통 때에는 대단히 알기 어렵다. 그러나 알 수 있는 방법이 한 가지 있다. 용기 있는 사람이란 결코 오만한 기분으로 싸움에 임하지 않으며, 지고 난 다음보다 이기고 난 다음을 더 두려워한다. 왜냐하면 승리에는 반드시 상대에게 가해진 얼마간의 부정(不正)함이 포함되어 있기 때문이다. 그런데 겁쟁이는 이길 때마다 오만해진다. 사람들은 꿈을 통해 이러한 성격에 대해 알 수 있다. 꿈속에서는 누구나 있는 그대로의 자기 자신을 본다. 꿈속에서는 높은 의지의 지배에서 벗어나 단순히 감각적이고 심적 흥분을 통해 있는 그대로의 자신의 모습이 드러나기 때문이다.

어떤 사람의 교활함은 늘 그 사람에 대한 우리의 존경심을 낮추게 한다. 그 교활함이 우리에게도 쓰일지 모른다고 생각하기 때문이다. 이런 인간을 사랑할 사람은 아무도 없다. 그러므로 전체적으로 보면 그들은 승부에서 지는 것이다.

사람들은 저마다 자신만의 형상을 완성해야 한다. 어느 나라 사람인지 구분이 안 되는 사람은 불쾌한 현상이라 하겠다. 그래서 국경 근처에 사는 주민 가운데는 정체불명의 성질을 가진 사람이 대부분이다. 여러 나라 언어를 구사하는 것도 천재적이라거나 뛰어난 성격을 가진 표시가 아니다. 가장 이상한 사람은 하나의 문장 안에 여러 나라의 단어를 마구 섞어서 말하는 사람이다. 이러한 사람은 교양마저 부족하다.

사람의 외모에 그다지 중요한 의미를 부여해서는 안 된다. 관상학은 대체로 속임수 학문이다. 다만 얼굴의 상반부에 비해 하반부가 두드러지게 발달했다 거나, 턱이 빈약하다거나, 표정 없는 눈이라든가, 차분하지 못하고 무엇인가를 찾는 듯한 시선이라든가, 또는 비정상적으로 큰 목소리로 떠드는 여자는 그리 좋은 징조는 아니다. 부인들의 꾸밈없는 표정을 따라 하려야 할 수 없는 것은 다행스러운 일이다.

사진이 크게 보급된 것은 사람을 아는 데 있어 매우 해로운 것이다. 왜냐하 면 사람은 보통 사진을 바탕으로 사람들의 잘못된 이미지를 그리고, 이에 따 라 선입견에 사로잡히게 되기 때문이다.

누군가의 활동이 쓸모가 있느냐 없느냐는 대부분 동시대 사람들 사이에서 신임을 받고 있느냐 아니냐에 달려 있다. 그런데 이 신임장을 줄 수 있는 것은 하느님뿐이다. 그리고 그것은 일반적으로 뛰어난 사람의 경우에도 노년에 이 르러 처음으로 받게 되는 것이다. 모든 '집을 짓는 돌'을 우선 내던져 버리지 않 으면 안 된다. 이것이 단 하나의 올바른 길이며 어떤 종류의 야심적인 노력도 이것을 대신할 수 없다.

독창적인 사람과 사귀게 될 때는 보통 세 단계를 겪게 된다. 처음 단계에서 는 어느새 자신도 모르게 좋아져 버린다. 두 번째 단계에서는 그 사람의 특이 함과 모난 부분에 오히려 반발심을 느끼게 된다. 그러나 세 번째 단계가 되면 그의 인격 전체에 호감을 느끼게 된다. 반면 평범한 사람들과 사귀는 경우에 는 첫인상은 미약하지만 두 번째 인상은 개개인의 여러 좋은 성격 때문에 전 보다 좋아진다. 그러나 마지막에는 무언가 부족한 느낌이 남는다. 남에게서 받 은 첫인상은 이쪽에서 아주 매혹되지 않은 기분으로 보는 한, 정확한 것이라 고 하겠다.

특히 어려운 것은 종교에서 보는 인간에 대한 지식이다. 그것을 쉽게 알기 위해서는 요한1서 4장 1~6절과 5장 1~5절을 읽어보면 된다. 그렇다고 해서 철학적인 교양이나 훌륭한 총명함, 또는 인생 경험 등에 기초를 두고 있는 인간적인 아름다움이 전혀 문제되지 않는 것은 아니다. 아무리 경건한 것이라도 사람의 마음을 좀더 친절하게 만들지 못한다면 그것은 진실한 것이 아니다.

경건하지는 않지만 정신력이 강한 사람과 정신력이 강하지는 않지만(적어도 언제나 그런 것은 아니지만) 경건한 사람(정말로 경건한 사람이다, 그런 사람도 있다) 중에서 우리는 어느 쪽을 선택해야 할까? 이것이야말로 인간의 견해와 신의 견해가 일치하지 않는 부분이 아닐까, 나는 두려워진다.[9]

때때로 고결한 행동은 의무에 충실한 행동보다 쉬워 보인다. 아직 젊은 사람들에게는 특히 더 그렇게 보인다. 그렇다면 잠시 그렇게 행동하는 것도 좋다. 그러나 한편의 행동을 실천할 수 있게 되면 그 다음에는 다른 한편의 행동을 배우지 않으면 안 된다. 그렇지 않으면 당신의 생활은 그저 중간에서 적당히 끝나고 말 것이다.

죄에 대한 벌이 삼대, 사대에까지 미친다는 것은 하느님의 염려가 아직 그들 세대의 사람들에게 미치고 있다는 의미이기도 한다. 대부분의 인간이 겪게 되는 최악의 일이란 이러한 하느님의 벌이 아니라, 하느님이 그들을 버리고 앞으로는 모든 것을 그들의 본성과 의지에 맡기는 일이다.[10] 그래서 천벌이란 악인에게는 언제나 사면령이 되지만 행복의 연속은 영원한 벌이 된다.

기분이 잘 변하지 않고 어느 정도 냉담하며, 그렇다고 이기적인 것은 아니고 오히려 누구에게나 싹싹하고 상냥한 성격은 모두에게 사랑받기에 가장 좋은 성격이다. 이들은 특별히 '사랑받아야 할 사람'으로 통하며 세상 사람들에게 소중한 존재가 된다. 그렇지만 그 사람은 세상의 진보에 이렇다 할 실제적인 공헌을 하는 것은 아니다. 그렇기 때문에 어떤 사람들은 영리하게도 이러한 성격을 몸에 익히려고까지 한다. 그렇지만 이렇게 사랑받는 사람들은 결국 '자신의 재능을 썩혀 버리게' 되는 것은 아닐까? 그러나 그것은 또 다른 문제이다.

[9] 누가복음 5장 32절.
[10] 출애굽기 20장 5절, 누가복음 13장 8절, 마태복음 24장 38절, 사무엘상 15장 3절.

사람들과의 교제는 중요한 처세술이지만 이것을 이성적으로 만들어 나가려면 아무래도 인간에 대한 올바른 지식이 바탕이 되어야 한다. 왜냐하면 아무리 보아도 나쁜 사람이거나 거짓말쟁이로 보이는 사람과 사귀는 사람은, 아무리 나름대로 인간에 대해 잘 알고 있다 해도 결국 어리석은 사람이며 자기를 죽이는 사람이나 다름없기 때문이다. 이런 점에서 우리는 선조들의 사고방식과 많이 달라졌다. 오늘날의 교제는 100년 전과 비교해 덜 감상적일뿐더러 훨씬 성실해졌다. 이런 면에서 보면 인간의 천성이 선이냐 악이냐 하는 끝없이 되풀이되는 문제는 중요한 것이 아니다. 실제적인 문제로서 인간은 선과 악 어느 방향으로도 갈 수 있는 소질을 갖고 있으며, 우리에게 중요한 것은 사도 바울이 말했듯이, 결국 악과의 접촉이 피할 수 없는 것이라면 악에 정복당하지 않고 선으로 악을 이겨낼 수 있어야 한다는 것이다.

　이러한 것을 항상 염두에 두고 원칙으로 삼지 않는다면, 나쁜 사람이나 나약한 사람과의 교제를 피할 수 없는 이상 그들과의 만남은 고결한 사람에게는 재앙이 되며, 그 때문에 결국에는 인간 혐오나 고독벽에 빠지거나 아니면 진리에 무관심해지기 쉽다. 그러나 다행히 여기에는 경험에 바탕을 둔 하나의 원칙이 있으며, 그것을 잘 지키기만 한다면 적어도 교제가 훨씬 편해질 것이다. 그 원칙은 독자 스스로 보충해야 하는 것이지만 그것을 예로 들면 다음과 같은 것이다.

　사람과의 가장 좋은 관계는 대부분 만나는 사람에게 소박하면서도 자연스럽고 성실하며 친근한 태도로 대하는 데서 생긴다. 예를 들면 어른의 비열함을 아직 모르는 순수한 아이가 갖고 있는 그런 친근함이다. 우리는 여러 가지 괴로운 경험을 겪은 다음, 적어도 나이를 꽤 많이 먹고 나서야 다시 그와 같은 마음으로 돌아갈 수 있다. 좋은 의미로 말하면 그것은 제2의 유년시절인 것이다. 그러한 마음으로 돌아가면 나쁜 사람이라도 착하게 대할 수 있게 된다. 그러면 실제로 나쁜 사람도 착해질 수 있고, 또한 가장 좋은 시절에는 정말로 그렇게 되고 싶다고 바라게도 된다. 그 결과 나쁜 사람도 잠시 동안 자신의 본성을 잊고 자기를 좀더 선량하고 좀더 행복한 사람이라고 느끼게 된다. 이것이야말로 선이 이 세상에서 거둘 수 있는 최고의 승리이다. 악의 절멸이 승리는 아니다.

그렇기 때문에 인간의 일시적인 행동을 너무 무겁게 보지 않는 것도 중요하다. 왜냐하면 마음이 '은총에 의해 강해지기' 전까지 우리의 기분이 얼마나 변하기 쉬우며, 또 타인에 대한 우리의 판단이 얼마나 동요하기 쉽고 불안정한가는 누구든지 몸으로 경험하는 일이기 때문이다.

오래 지속되는 인간관계는 모두 상호적인 관계에 바탕을 두고 있다. 사람이란 늘 받는 것만 바라서도 안 되며, 또 늘 주는 것만 바라서도 안 된다. 그래서는 언제나 불만스럽게 끝날 수밖에 없다.

세상 사람들을 위해 크게 봉사를 할 수 있는 기회는 그렇게 흔한 것이 아니다. 이에 반해 누군가에게 사소한 즐거움을 주는 것은 언제 어디서나 가능하다. 그것이 단순히 친절한 인사일지라도 말이다. 이러한 행동은 햇빛과도 같이, 고독하고 기쁨이 적은 생활들을 밝게 비추어 준다. 그러므로 이러한 사소한 기회를 이용할 결심 없이는 단 하루도 시작하지 마라. 이러한 친절은 단순한 습관에 지나지 않으며 마음속에는 인도적인 신념을 갖고 있는 사람도 때로는 안타깝게도 이러한 습관을 갖지 못한 경우가 있다.

완전한 속물은 공포만 알고 사랑을 모른다. 그래서 더 이상 두려워할 것이 없어지면 불손해지고 다루기 어려운 인간이 된다. 이 사람들에게는 다음과 같은 격언이 꼭 맞는다. '언제나 선량하게 행동하라. 그러나 지나치게 친절하게 대하지는 마라. 그렇지 않으면 늑대들은 오만해지기 쉽다.' 그러나 이 말은 다른 사람들에게는 맞지 않는다. 오히려 적절한 친절이야말로 훌륭하게 보낸 생애의 가장 잘 익은 열매와 같다.

많은 사람들이 마음씨 좋게 행동하면서 억지로 주위 사람들의 칭찬을 받으려고 애쓴다. 그러나 이것이 잘 되는 일은 거의 없다. 왜냐하면 다른 사람들은 그러한 저의를 눈치채기 때문이다. 보통의 이기주의와 다소 겉모습이 다르더라도 결국 똑같은 이기주의가 그 배후에 있음을 알아채는 것이다. 그보다 눈에 띄지 않는 행동에 의해서도 좀더 공손하게 일관된 행동을 한다면, 그 편이 훨씬 더 그 목적을 이루게 할 것이다.

마음씨가 착한 사람인데도 언제나 비난하거나 반대하는 습관을 가진 사람이 세상에는 많이 있다. 부탁을 들어줄 때도 마찬가지다. 부탁한 사람은 언제나 거절의 대답을 듣게 될 뿐이므로 상대방은 이런 까다로운 사람과 사귀느니 차라리 경박해도 태평한 사교가와 사귀는 편이 훨씬 낫다고 생각하게 된다. 설령 상대방이 틀렸더라도 반드시 반대할 필요는 없다. 때로는 묵묵히 있는 것이 오히려 효과가 있는 경우도 있고, 상대를 화나게 만들지 않고 끝날 수 있다. 또 때로는 자기 주장을 펼치면서도 본심은 별로 그렇지 않은 사람도 있는데, 그의 경우 남들이 반대를 하면 고집불통이 되어 되돌릴 수 없는 말을 내뱉는 경우도 있다. 그러나 진리를 위해 어쩔 수 없이 반대해야 하는 경우에는 한 번 반대하는 것으로 충분하다. 일단 서로의 의견을 명확히 밝히고 확인된 다음에 여전히 논쟁을 되풀이하는 것은 쓸데없는 일이다.

'자신의 생각을 남에게 믿게 하고 싶은 사람은 정열을 배제하고 냉정하게 말하는 것이 좋다.' 나의 기억이 정확하다면 이것은 쇼펜하우어의 말이다. '냉정하게'라는 말은 조금 과장된 것 같다. 그러나 프랑스에서 쓰는 '언성을 높이지 않고 말한다'는 표현을 보면, 최상급이 아니라 보통급으로 말한다는 것은 좋은 습관이다.

'이웃에 대해서는 되도록 화제에 올리지 않는 것이 좋다. 왜냐하면 좋은 소문에서 시작해도 결국 험담으로 끝나게 되기 때문이다. 우리 이웃은 너무 자주 만지면 깨져버리는 유리컵 같은 존재이다'라고 성 마달레 패티는 가르치고 있다.

정중히 반대 의견을 말할 줄 아는 것은 중요한 교제 기술이다. 그러려면 특히 반대하는 이유를 상세히 밝힐 것, 또 편의적으로 '아닙니다'라고 말하지 말고 확실한 논거를 들어 상대방을 납득시키려고 노력하며, 명령하지 않는 것이 중요하다. 이와 같이 자기 이성에 호소하는 논리정연한 말을 들으면 누구든 자신을 존경하고 있는 증거라고 생각해 만족할 것이며, 때로는 상대방의 부정적인 결론에 대해서도 양해할 것이다.

때로는 중립주의가 오히려 원하는 목적에 적합한 경우도 있다. '한 번 생각해 봅시다'나 '그 문제에 대해서는 신중히 고려해 보는 것이 좋겠습니다'라고 호의를 보이면서도 결정을 늦춰두는 동안, 문제가 완전히 해결되는 경우도 흔히 있다. 그 동안에 상대방의 기분이 변하거나 일시적으로는 그러한 뜻이 자신에게는 천국같이 최고의 것이었는데, 이윽고 그 관심이 약해지기도 한다.

다만 부정(不正)한 일에 대해서는 방금 말한 것이 전혀 들어맞지 않는다. 그러한 경우 조금 기다리면 동의해 주겠지, 적어도 그것은 있을 수 있는 일이라고 생각한다든가, 상대방에게 이렇게 해석할 여지를 남겨주어서는 안 된다. 오히려 '처음부터 반대'하지 않으면 안 된다.

가장 좋지 않은 방법은 싫으면서도 어쩔 수 없이 양보하는 일이다. 이것은 이중의 짐이 된다. 그렇지만 나약한 사람은 언제나 이런 방식을 선택한다. 게다가 조금 고함을 질러대며 자신의 나약함을 감추려 한다.

인생에는 아무래도 좋은 일들이 수없이 많이 있지만, 그러한 일에 대해서는 언제나 남의 의견에 따르는 것이 좋다. 그러면 인생을 편하게 보낼 수 있고 좋은 친구도 쉽게 얻을 수 있다.

나이가 어린 사람과 사귈 때는 그들이 자기 지위를 알고 있을 경우에는 툭 털어놓고, 친절하고 정중하게 대하는 것이 가장 좋다. 그렇지 않은 경우에는 라틴 속담처럼 '따르는 사람은 부드럽게, 거만한 사람은 거칠게' 대하는 것이 좋다.

돈 많은 부자나 고귀한 사람들과 사귀는 일은 언제나 무척 어렵다. 왜냐하면 이러한 만남에서 생기는 것은 보호자와 피보호자의 관계이거나, 또는 모든 것이 상대방이 베풀어주는 것에 항상 신경을 쓰는 상태이기 때문이다. 이것은 좋은 친구 관계와는 상반되는 것이다. 우정이란 이해타산을 떠나 기꺼이 주고받는 것에서 성립되는 것이다. 더구나 부귀(富貴)란 것은 인생의 진정한 가치에 대해 사람을 무감각하게 만들며 인생이나 인간에 대한 시야를 좁게 만든다.

스스로 깊이 생각하는 대신 끊임없이 조언을 구하면서도 실제로는 그 조언을 따르지 않는 사람은 불쾌한 인간들이다. 결혼문제에 있어서는 그것이 좋다거나 나쁘다거나 쉽게 조언해서는 안 된다. 또 저술가에게 아직 출판도 하지 않은 책에 대해 자기 의견을 말해서는 안 된다. 그리고 자기 잘못은 전혀 깨닫지 못하고 '운명에게 박해당하고 있다'고 생각하는 사람과 사귀는 것은 좋지 않다. 예수 그리스도조차 그를 '재판관 또는 유산 분배인'으로 만들려 했던 사람들을 가볍게 물리쳐 버렸다.*[11].

마찬가지로 언제나 자신의 일과 남의 일을 반성하기만 하는 사람들도 불안정하고 믿음이 안 가는 인간들이다. 그러한 사람들은 언제나 허영심이 강하고 겁쟁이이며, 자기 평가도 타인에 대한 판단도 끝없이 흔들리고 만다. 그들은 아무도 사랑하지 않는다. 자신조차 사랑하지 않는다. 그래서 아무에게도 사랑받지 못한다. 이런 사람들을 피하라.

우직하고 뻔뻔스러운 사람을 대할 때는 세 가지 방어 방법이 있다. 일단 촌스러운 방법이지만, 자신의 품위를 떨어뜨리는 것이다. 그 다음은 냉담하게 행동하는 것인데, 이것은 인간적이지도 않을뿐더러 양심에 가책을 느끼게 한다. 그리고 다음이 유머이다. 이 마지막 방법만이 진정한 정신적 우월함을 나타내는 것이다.

부끄러움을 모르는 이기주의자는 뭔가 상대방에게 바라는 것이 있으면, 그렇게 하는 것이 오히려 상대방에게 이익이 되는 일이라고 은근히 암시하는 수법을 쓴다. 그것은 나중에 감사해야 하는 것이 그 밖에 모든 의무를 피하기 위해서이다. 이러한 수법을 그대로, 암묵적이라고 해도 관대하게 보아 주어서는 안 된다. 또 만일 그들의 요구를 들어주어야 한다면, 그 전에 침착하게 그 일을 정당한 근거 위에 다시 세울 필요가 있다.

거지에게는 언제나 베풀어야만 하는 것일까? 일반적으로 말하자면 그렇다고 생각한다. 이것에 대한 예수의 가르침은 적극적이다. 대부분의 경우 문제가 되는 것은 '어느 정도' 주어야 하느냐이다. 그것은 주는 사람 마음에 맡겨져 있기 때문에 어려운 문제이다. 거절을 할 때에도 가능하면 거지에게 친절하고 상냥한 말을 써야 한다. 부드러운 말씨도 적선이며 때로는 돈보다 더 가치가 있

---

*11 누가복음 12장 13~15절.

다. 이것은 배우지 않으면 절대 할 수 없는 중요한 기술이다.

이에 반해 베푸는 것을 즐거워하는 것은 습관이며, 어린 시절부터 이런 버릇을 가르쳐야 한다. 흔히 그렇듯 아이들에게 일방적으로 아껴 쓰는 것만을 가르치는 것은 좋지 않다. 아껴 쓰는 것이란 자신에게 해야 하는 것이지 타인에게 할 것은 못 된다.

이를 위한 한 가지 방법은 지갑을 가지고 다니지 않는 것이다. 지갑보다 주머니 쪽이 손을 넣기가 쉽기 때문이다.

사람과의 교제에서 생기는 많은 문제들은 선(善)에 대해 게으름을 피우거나 안일한 태도를 취하기 때문이다.

세상에서 인정받고 누구에게나 칭찬받는 사람들은 대부분 침착하고 의무감이 충실한 이기주의자들이다. 그들의 전철을 밟아서는 안 된다.

진정으로 고귀한 사람들, 즉 이러한 단순한 부르주아와는 달리 정신적인 귀족들은 항상 적이 있다.

결코 유쾌하지 않은 교제 상대지만 가장 도움이 되는 것이 적이다. 장래에 친구가 될 경우도 어쩌다 있기 때문만은 아니다. 특히 적으로부터 가장 많은 자기 결함을 솔직하게 지적받고, 그것을 고치도록 강한 자극을 받기 때문이다. 또 대부분의 적들은 상대방의 약점에 대해 가장 정확하게 판단하기 때문이다. 결국 우리는 적의 날카로운 감시 아래 살아갈 때야말로 극기, 엄격한 정의감, 자신에 대한 끊임없는 주의 등 중요한 덕목들을 알게 되고 또 실천하는 방법을 배우게 된다.

그러므로 예를 들어 어떤 사람의 추도사에서 칭찬할 생각으로 '고인은 한 사람의 적도 없으셨고'라고 말하는 것은 어리석은 칭찬이 될 것이다. 재능이 있는 인물은 적이 없는 인생을 걸어가는 법이 없다. 그러나 그 사람이 생애의 마지막에 이르러 '이제는 더 이상 단 한 사람의 적도 남지 않았다'라고 말할 수 있다면 훌륭한 일이다.

그렇다고 해서 적과 사귀는 것이 쉽다고 말할 생각은 없다. 오히려 반대로 적과 사귀는 것은 올바르게 인생을 살아가려는 사람에게 주어지는 가장 어려운 과제 가운데 하나이다. 특히 적의 편이 불의(不義)의 성공을 거두는 것을 오랫동안 계속 지켜보며 참는 것은 결코 쉬운 일이 아니다. 그것을 참아내기 위해서는 정의의 하느님을 믿어야 한다. 하느님은 부정한 사람들을 자기 도구로 이용해 그들에게 그러한 행동을 하라고 '명령'하면서, 한편으로는 하느님이 바라는 영역을 넘지 않도록 고삐를 당길 수도 있다. 이 믿음이 없다면 피해의식 없이 그들의 부정을 견뎌낼 수 없다. 그렇지만 자신을 잘 알고 있는 사람이라면 자신이 이미 이 기술을 갖춘 대가라고 주장할 사람은 없을 것이다.

이러한 능력을 습득하기 위한 가장 중요한 보조수단은, 스스로 실행하여 위로를 얻었던 경험은 별도로 치는 외에 불필요한 분노를 버리고 상대방에 대해 불공평한 판단을 내리는 것을 피하면서 어떤 경우든 증오의 뿌리가 마음에 자리잡지 못하게 하겠다는 진지한 결심이다. 이것은 모욕을 당한 처음 순간에는 쉽게 실행할 수 있는 것이지만, 일단 증오가 가슴속에 자리잡게 되면 훨씬 어려워진다. 마음속에 쌓인 증오를 털어내기가 어렵기 때문이다. 그러므로 무슨 일이 있어도(일곱을 일흔 배 할 정도로) 인간을 용서해야 한다고 미리 각오를 해두는 것도 큰 도움이 될 것이다. 이렇게 각오를 해두면 처음부터 용서하려는 마음이 들고, 진짜 증오심으로 상대방을 대하지 않겠다는 결심을 하기가 쉬워진다.

앞에서 말한 능력을 쉽게 습득하게 하는 생각들은 다음과 같다.

이 세상에서는 언제나 진리가 승리하지는 않는다. 특히 어떤 사람의 형상으로 나타나 그 사람의 약점이나 잘못이 마구 섞여 있는 진리는 바로 그것 때문에 절대로 승리할 수 없다. 그러나 하느님은 승리한다. 하느님의 의지를 거슬러서는 아무 일도 일어날 수 없다. 시련이 닥쳐왔을 경우에는 이것만이 진정한 위로가 된다.

하느님이 어떤 사람 주위에 보낸 적은 그들이 목적을 다하고 난 다음에는 반드시 제거된다. '사람의 행위가 여호와를 기쁘시게 하면 그 사람의 원수라도 그로 더불어 화목하게 하시느니라.'[12] 이것이야말로 인간이 하느님의 은총 안

---

*12 잠언 16장 7절.

에 있다는 것의 확실한 증거이다.

악과 만났을 때 그것을 용서하는 것보다는 아예 잊어버리는 것이 낫다. 용서에는 얼마간의 괴로운 뒷맛이 남아 있으며, 모욕을 준 사람을 초연히 내려다보려 하는 일종의 오만함이 달라붙기 쉽다.

원망, 한, 비뚤어진 추측 등은 언제나 편협한 마음의 증거이다. 그럴 바에는 차라리 복수를 하는 것이 좋다. 무력한 증오는 비천한 짓이며 적이 아니라 바로 자신을 해칠 뿐이다.

비록 적이 내리는 판단이 지나치게 날카롭고 일방적인 견해라 할지라도 거기에는 대부분 올바른 관찰의 핵심이 담겨 있다. 그러므로 적의 비판에 귀를 기울이는 것은 언제나 도움이 되는 것이다. 그러나 그것을 지나치게 높이 평가하거나 중요하게 생각해서는 안 된다. 특히 적의 판단에 위압당해서는 안 된다. 그것은 언제나 결점이 된다.

사람들의 입에 나쁘게 오르내리는 것은 괴로운 일이다. 그러나 토마스 아 켐피스가 말했듯이 사람의 험담은 '허무한 명예욕의 악마 같은 안개'로부터 우리를 지켜준다. 그러므로 우리의 마음을 속속들이 알고 계신 하느님에게 우리의 증인이자 심판자가 되어 달라고 요구하게 된다. 이렇게 해서 처음으로 하느님은 우리에게 빼놓을 수 없는 존재가 되고, 우리와 굳게 맺어지게 된다.

그러므로 상당한 명예를 얻고도 그 명예가 훼손되지 않는 사람이 되려면, 먼저 이러한 굴욕에서 빠져나오는 일이 특히 필요하다.

적을 미워하지 않게 되려면 하느님에 대한 의지를 통해서 뿐만 아니라 인간의 총명함에 의해서도 이룰 수 있다. 왜냐하면 지금의 적은 앞으로 친구가 될 수 있을 뿐만 아니라 적 덕분에 여러 가지 올바른 견해를 얻을 수 있기 때문이다. 처음에 너무 친절하게 구는 사람은 나중에 전혀 다른 말을 하는 경우가 있다. 특히 중대한 문제를 놓고 반대 의견을 제시하는 사람들은 언제나 부드럽게 다루어야 한다. 왜냐하면 그렇게 진지하게 의문을 갖고 반대하는 사람들은 가르쳐 주면 이해하기 때문이다. 전혀 아무 반대도 하지 않고 의견을 들으려고도 하지 않는 무관심한 사람들이야말로 가장 위험한 적이다.

적을 대하는 올바른 방법은 적을 전멸시키는 것이 아니다. 그런 방법은 대부분의 경우 불가능하다. 올바른 방법이란 적을 어루만져 달래는 일이다. 이것을 잊지 않은 사람은 심하게 남을 미워하지 않고 단지 사태를 악화시킬 뿐인 논쟁에서는 침묵으로 대처할 것이다.

그러므로 최대한 선량하고 침착한 마음으로 적을 대하는 것이 좋다. 마음의 평정을 잃으면 타인에게 호의적이지 못하고 불공평한 판단을 내리기 쉽다. 그렇지만 무리하게 상대방의 환심을 사기 위해 자신을 비하해서도 안 된다. 언제나 지나친 친절은 많은 사람, 많은 국민에게조차도 도저히 견뎌낼 수 없는 일이다.

따라서 인생관이 완전히 상반되는 상대와 불필요하게 자주 동석하지 않는 것이 현명하다. 그렇지 않으면 자신의 성격을 얼마간 잃어버리게 되거나, 아니면 그로 인해 두 사람 사이가 멀어져 버리기 때문이다.

그렇다면 대체 무엇을 증오해야 하는 것일까? 또는 모든 것을 이해하고 납득할 수 있다고 믿어야 하는가? 우리는 도저히 이러한 태도를 권할 수가 없다. 이 세상에는 미워해야 할 것이 굉장히 많다. 우리는 그것과 싸울 수 있어야 하며 싸워야만 한다. 그 첫 번째 대상은 절대적인 악이다. 즉, 하느님의 뜻을 일부러 거역하고 선을 박해하고 그것을 멸망시키려 하는 악령이다. 이러한 악령이 언제 어떤 모습으로 나타나든 그것을 공공연하게 미워하라. 그러한 악령은 인간 속에 들어가더라도 적어도 3대, 4대 안에 멸망한다. 다만 악령이 스스로 모습을 바꿔 인간의 자손에게까지 내려가는 경우는 좀 다른 문제이긴 하다. 그리고 이 경우도 실제로 일어날 수 있는 일이다.

신이 용서할 수 없을 정도의 사악한 사람을 돕는다거나 선과 악의 싸움에서 선한 사람을 도우려 하지 않고 둘 사이에서 어느 쪽도 편들지 않고 있고자 하는 것은 무거운 죄가 된다. 이러한 죄를 저지른 사람은 하나같이 그 보답을 받을 것이다.

─────────────

여성과의 교제는 매우 번거로운 문제이다. 왜냐하면 여성은 인간 내부에서 성장할 수 있는 가장 선한 것의 도구이기도 하고, 또 가장 악한 것의 도구이기도 하기 때문이다. 여성은 한편으로는 끝없는 향락욕의 도구이며, 또 고귀한 것에서 완전하고도 근본적으로 돌아서게 하는 도구이다. 이러한 모순은 여성들 중에서도 특히 젊은이들의 마음에서 일어나며 온 국민을 타락시키는 주요한 원인이 된다. 또 한편 여성은 사람이 그 자연적 소질을 뛰어넘어 좀더 자유로운, 좀더 좋은 인생관에까지 향상해 가는 데 가장 효과적인 도구도 된다. 그런데도 여성을 비판하는 대다수의 사람들이 그녀들을 통일된 성격을 가진 존재로 논하는 것은 잘못된 판단이다. 사실은 오히려 그 반대이다. 여성은 남성에 비해 더 뚜렷이 두 종류로 나누어져 있다. 게다가 보통 여자들은 남자에 비해 좋은 성질이나 나쁜 성질들도 거의 변하지 않고 그대로 보존되며 또 유전된다.

구약성서는 굉장히 특이한 장면 가운데에서 인류를 태초에 '하느님의 아들'과 '사람의 딸'로 구별하고 있다.*¹³ '사람의 딸'은 외적 매력에 부족함이 없으며 그것 때문에 오히려 저주를 받는다.

오늘날에도 이러한 구별은 여전히 존재한다. 따라서 먼저 충고하고 싶은 것은 '사람의 딸'과는 되도록 사귀지 말라는 것이다. 그녀들과는 결코 친밀한 관계를 맺지 않도록 조심하라. 그녀들이 가진 독특한 매력의 노예가 된 시인들이 그것에 대해 무슨 말을 할지라도.

그러나 다른 한편 여성과 남성과의 구별은 오늘날의 정치학이나 교육학이 목표로 삼고 있는 것처럼, 양성(兩性)에 대한 교육이나 특히 법률에서의 지위가 좀더 균등해진다면 그 격차가 매우 작아질 것이다. 그리스도교에서는 남녀 사이에 차별을 두지 않는다. 이미 구약성서의 기록에서도 여성(기혼여성)이 나라의 가장 높은 지위에 올랐음을 말해주고 있다. 그것도 오늘날같이 세습적인 권력에 의해서가 아니라 그 여성이 가진 정신적인 가치와 영혼에 의해 그 지위에 올랐음을 알 수 있다. 의심할 여지없이 '하느님의 영'은 모든 사람 안에 머무를 수 있으며, 이것이야말로 결정적인 것이며 육체적인 성질은 그다지 중요하지 않다.

여성의 성격은 보통 남성의 그것보다 알기 쉽다. 여성의 경우 나쁜 여자가 좋은 여자로 혼동될 정도로 타인을 오래 속일 수는 없다. 단지 남성들 쪽에서도 악이 지닌 사악한 관능적인 매력에 이끌려 선보다도 악을 선택하는 데 지

---

*13 창세기 6장 2절.

나지 않는다. 그러한 매력이 오래도록 자신을 행복하게 해줄 거라는 잘못된 기대를 갖고서 말이다. 그러므로 여성들이 영원히 스스로 바라는 존재를 언제까지나 볼 수 있는 방법은 단 하나밖에 없다. 실제로 그렇게 되는 것이다. 그러나 총명하고 선량하며 더구나 고귀한 여성이 된다는 것은 여성에게 있어 한층 어려운 일이다. 그 때문에 더욱 대단한 공적이기도 하다. 왜냐하면 여성들은 세상에서 인격으로 칭찬받지 않기 때문이다. 오히려 반대의 것으로 세상에서 더 높이 평가되며, 또 때로는 그것을 요구하고 있다는 것을 보아야 하기 때문이다. 그러므로 진정으로 고귀한 여성은 가장 뛰어난 남자보다도 높은 도덕적 완성의 단계에 서 있다고 할 수 있다.

인간에게 적용되는 일반적인 규칙 가운데 특히 여자들에게 적용할 수 있는 것을 열거한다면, 괴로운 일은 전혀 체험하지 않고 그저 인생을 향락하기 위해 만들어진 인간은 언제까지나 천박하고 평범하다는 것이다. 향락밖에 모르는 것이 많은 여성에게서 보이는 두드러진 특징이다. 오늘날 교양 있는 계층에서의 여성교육 전체의 방침은 한층 더 세련된 생의 향락이야말로 여성들의 생활에서 진정으로 노력해야 할 목표라고 믿게 만들었다. 이러한 인생관을 가진 결과, 세계 전체를 단지 아름다운 초원으로 보고 풀밭의 꽃을 따서 몸을 예쁘게 장식하기만 하면 된다는 소박하고도 무지한 이기주의에 빠지게 된다. 이런 점에서 여성은 자주 남성의 이기주의를 능가한다. 남성들이여, 이와 같은 여성의 순진함과 사랑스러운 외모에 속아서 그 실체를 지나쳐서는 안 된다.

여자의 성격은 꽃을 대하는 태도를 보면 잘 알 수 있다. 산책길에서 꺾을 수 있는 한 많은 꽃을 꺾고, 될 수 있으면 단 한 송이도 남겨두지 않으려는 소녀는 소유욕과 향락욕이 강한 경향이 있다. 한 송이의 아름다운 꽃이나 꽃다발을 화병에 꽂지도 않고, 그것으로 가난한 아이를 기쁘게 해주려 하지도 않고, 그저 한 번 보고 버려두어 말라버리게 하는 것을 아무렇지도 않게 하는 여자는 따뜻한 마음이 전혀 없는 사람이다. 그뿐인가, 꽃을 뜯어 갈기거나 뿌려 버리는 여성은 언젠가 그녀의 보살핌을 받을 사람들한테도 똑같이 이기적으로 대할 것이다.

창가에서 볕을 쬐고 있는 죄 없는 벌레를 손으로 눌러 죽이거나 길에 기어다니는 벌레나 곤충을 일부러 밟아 죽이는 여자의 마음은 더욱 보기 싫다. 그런 여자한테는 처음부터 접근하지 않는 것이 현명하다. 또 옷차림이 요란한 여자도 마찬가지이다. 진정한 숙녀란 복장에서도 너무 눈에 띄어서는 안 된다. 지나치게 화려해도 너무 수수해도 좋지 않다.

감정과 따뜻함을 가지고 대하는 것이 여성을 다루는 옳은 방법이다. 이성 (理性)만 가지고 교제를 할 수 있는 여성은 드물다. 또 그런 여성은 일반적으로 귀염성도 없을뿐더러 내면이 충실하지도 않다. 진짜 재능을 가진 여성은 비슷한 수준의 재능을 가지고 있는 남자를 만나면 그를 아주 행복하게 해 줄 수 있다. 그러나 그녀가 상대방 남자보다 더 우월하다는 기분을 계속 갖고 있으면, 그녀 자신은 결코 행복하지 못하다.

정열적인 여성은 죄를 짓지 않고 교제할 수 있는 남자들에게는 큰 행복이다. 만약 죄를 짓게 된다면, 이러한 여성은 주위 사람들에게 빛과 열을 주긴 하지만 자기 집도 남의 집도 태워버리는 불이 될 수 있다. 반대로 너무 조용한 여성은 갈수록 무미건조한 여성이 되기 쉽다.

여성이 가장 중요하게 여기는 것은 남자의 힘이다. 힘을 전혀 갖지 못한 남자를 여자는 절대 참지 못한다. 그래서 괴테의 《에그몬트》에 나오는 브라켄부르크 같은 숭배자는 여성들에게 인기가 없다. 여성은 자신을 학대하거나 경멸하는 남자조차 나약한 겁쟁이보다 존경할 정도이다.

높은 기품을 가진 여성이 불행하다고 느끼는 경우는 자신의 어리석은 선택 때문에, 또는 주위 사람들의 어리석음 때문에 약한 남자와 결혼해서, 남편이 세상에서 남자답게 행동하지 못하는 분풀이로 집안에서 자기 멋대로 행동할 때이다. 이런 집안의 폭군에 대해서는 뛰어난 여성일수록 자신의 몸을 지킬 줄 모르는 법이다. 오히려 강직하며 이기적인 여자들이 그런 남자를 제대로 통제한다. 단테는 이런 집안의 폭군을 위해 특별히 지옥의 벌을 만들어야 했다.

이렇게 해서 우리는 결혼 문제까지 도달했다. 결혼이란, 자기 집안 사람이 아닌 여성과의 결합이다. 현대가 퇴폐해진 주요 원인 가운데 하나는 여성의 향락욕과 잘못된 교육 때문에 교양 있는 수많은 남성이 결혼 때문에 어려움을 겪으며, 결국 결혼하지 않거나 결혼 적령기에 결혼하지 못하는 일이다. 또 여기에서 이른바 '문명화'된 여러 국민들 사이에서는 여성의 지위가 불리해지는 사태가 일어나게 되었다. 즉, 여성들은 더 이상 인격체로서 존중받지 못하고, 단지 '지참금'을 통해서만 값어치가 정해지게 되었다.

허영심 강하고 사치와 향락을 좋아하는 여성을 부양하기 위해 평생을 아득바득 고생하고 싶어하는 사람이 있을까? 그 돈이라면 얼마든지 쾌적한 생활을 할 수 있는데도 말이다. 이것이 오늘날 희생심 따위는 전혀 지니고 있지 않은 젊은 남자들 사이에 퍼져 있는 생각이다.

오늘날의 남성들은 대부분 결혼으로 자신의 경제 상태를 개선하려고 하며, 더 낮은 계급에서는 결혼으로 월급이 필요 없는 여자 노예를 얻으려고 한다. 반면 여성의 부모는 결혼을 통해 보잘것없는 것이라 할지라도 생명보험에 들어두는 셈으로 치며, 딸은 딸 나름대로 사회적인 출세에 뛸 듯이 기뻐하다가 결혼 후 권리가 없는 가련한 상태에 대해서는 잊고 만다.

이러한 오늘날의 사정을 살펴볼 때면 결혼이 과연 '신성한' 제도라 할 수 있는지 의문이 들 때가 상당히 많다. 교양을 갖춘 품위 있는 여성이 평범한 남자와 결혼해서 끝없는 폭력에 굴복하며 사는 것은 흔히 볼 수 있는 비참한 광경이다. 이것은 현대의 수많은 어머니들이 미혼인 딸을 데리고 있는 것을 수치라고 생각하기 때문이다.

그러므로 우리는 지금까지 몇 번이고 나온 제안에 찬성해야 한다. 그 제안은 다음과 같다. '결혼생활을 7년 동안 해본 다음에도 결혼할 가치가 있다고 생각하면 그때 결혼식을 거행해야 한다.'[14] 그러나 오늘날은 이러한 제안이 실시되고 있지 않으므로 좀더 진지한 마음으로 결혼생활을 시작하는 것이 좋을 것이다.

대부분의 여성이 결혼하고 싶어한다는 것은 납득할 수 있다. 왜냐하면 좋은 결혼생활을 하는 것은 여성이 내면의 모든 힘을 펼칠 수 있는 기회이기 때문이다. 그런데 여성들 가운데는 재빨리 자기 방어의 확실한 발판을 쌓는 이기적인 여성 쪽이, 한심한 남자를 위해 무한한 애정과 성실, 헌신, 정신과 생명을 낭비하는 선량한 여성보다 행운을 거머쥐는 경우가 오히려 많다. 이러한 사실은 인생의 어두운 경험 가운데 하나이며, 이것이야말로 하느님의 정의로움을 의심하게 만드는 일이다. 그렇기 때문에 여성은 자기보다 신분이 낮은 남자와 결혼하거나 전혀 교양이 없는 가정으로 시집가서는 안 된다. 또 도덕적으로 비

---

[14] 그라우빈덴 주에는 '신혼부부의 집 주위에는 7년 동안 악마가 배회한다'는 속담이 있다. 이것은 7년이 되어야 악마가 집 안으로 들어올까 안 들어올까를 알 수 있다는 의미이다.

난받을 여지가 있을 것 같은 남자, 인색하고 이기적인 남자, 성질이 좋지 않은 남자와 결혼해서는 안 된다. 또 다른 지방 남자나 국적이 다른 남자와도 결혼하지 않는 것이 좋다. 반면에 성실하고 좀더 나은 삶을 살고자 하는 남자에게는 신분이 좋은 고상한 여성과 결혼하는 것이 빨리 발전할 수 있는 가장 좋은 방법이다.

결혼생활에서 은근한 존경이나 우정을 바라는 것과 열렬한 애정을 구하는 것, 이 두 가지 중에서 어느 쪽이 더 나은 결혼이라고 할 수 있는가는 논쟁이 끊이지 않는 부분이다. 우리는 일반적인 원칙에서는 전자에 찬성한다. 그렇지만 후자를 모르는 사람은 인생이 무엇인지를 모르는 사람이다.

자신과 가장 가까운 생활권 안에 있는 성실하고 총명한 여성들, 이를테면 아내나 어머니, 자매, 딸, 그 중에서도 할머니나 손녀 등 사심 없는 사람들과의 교제는 인생에서 가장 미묘하고 순수한 기쁨 중 하나이다. 그것은 파묻힌 대로 있게 될 우리 내면의 다양한 성질들을 완성시켜 주는 것이다. 결혼은 언제나 행복하기만 하다고는 할 수 없지만, 늙은 독신자는 결혼하면 인간으로서 성숙했을지도 모르며, 독신인 상태에서는 성숙했어야 할 모습이 아직 되어 있지 않다는 것은 확실하다.

———————————————

친애하는 독자여, 인간에 대한 지식을 얻기 위해서는 너무 이론적인 방법에만 의지해서는 안 된다. 인간에 대한 지식이란 자신의 (거의 비통한) 경험을 통해서만 얻어지는 것이다. 어떤 일도 두 번 이상 경험하지 않겠다고 결심하라. 그런 사람이 현명한 사람이다. 단 하나의 실수도 저지르지 않는 사람은, 설령 그런 사람이 있다 하더라도 현명하다고는 할 수 없다.

인간에 대한 지식이 단순히 숫양과 양을 구분하고 앞으로는 양만 돌보는 일에 도움을 주어서는 안 된다. 그것은 오히려 남에게 속임당하지 않기 위해, 또 자신을 향상시키기 위해, 운명적으로 자신과 접촉하게 되는 모든 사람의 성격을 이해하고, 그들을 좀더 선하게 만들기 위해서도 도움이 되어야 한다. 왜냐하면 인간의 영혼이란 저마다 무한한 가치를 가진 것이어서, 노력을 아끼지 않고 도움을 주어야 할 가치가 있다는 생각을 버리면 그 사람은 이미 위험한 절벽에 서게 되어 다시 한번 완전한 이기주의로 떨어지고 말기 때문이다.

인간에 대한 지식을 얻는 마지막 방법은 모든 사람에 대한 사랑이어야 한다. 사랑만이 인간을 확실히 알게 하며 또한 인간을 버리지 않게 한다. 사랑이 없는 인간에 대한 지식은 언제나 불행하다. 그것이 시대를 불문하고 수많은 현명한 사람들이 빠졌던 깊은 우울의 원인이었다. 그런 경우 그들은 친구와의 교제를 포기하든가 독선으로 피신할 수밖에 없었다. 왜냐하면 인간을 안 다음 그들과 사귀기 위해서는 결국 두 가지 길밖에 없기 때문이다. 즉, 두려워하든가 사랑하든가이다. 그 중간에 있는 길은 모두 속임수이다.

마지막에 공포에 호소하는 사람, 또는 입으로만 사랑을 말하는 사람은 수도사 야콥스 데 베네딕티스의 말에 귀를 기울여 보라.

'내가 이웃을 사랑한다는 것을 알게 될 때는 그 사람에게 모욕을 받고 난 후에도 전보다 더 그를 사랑하게 되었을 때이다. 왜냐하면 모욕을 받고 나서 그를 전보다 덜 사랑하게 되었다면, 나는 전에 그를 사랑한 것이 아니라, 나를 사랑하고 있었다는 것을 증명하는 것이기 때문이다.'

＊ ＊ ＊

의심으로 괴로워할 때
인간의 영혼은 심하게 요동친다.
설령 용기 있는 자라 하더라도.
마음의 색깔은 혼탁하여 사라지지 않고
백과 흑이 교차하여
마치 까치의 양 날개처럼 얼룩진다.
밝은 천국과 어두운 지옥
두 가지 모두 인간의 마음속에 깃든다.
(진정으로) 마음이 성실하지 못한 사람은
완전한 구원을 잃는다.
그의 마음은 시커먼 악으로 가득 찬다.
그러나 성실한 사람의 마음은 하얗게
신앙의 인도를 받으며 하늘로 오른다.

교양이란 무엇인가*1

이스라엘의 왕정시대 후기 사람이며 그 자신도 독학자였으리라고 생각되는 한 예언자가, 이스라엘 국민을 향해 이제 곧 도래할 새로운 시대를 예언하고 다음과 같이 말했다.

'주님이 말씀하신다. 들어라, 내가 이 나라에 기근을 불러오는 날이 오리라. 그것은 빵의 기근이 아니라 주님의 말씀을 듣는 귀가 부족한 기근이다. 그 날에는 아름다운 여인도 젊은 청년도 갈증 때문에 기력을 잃어버린다. 단의 신이나 벨시바의 길에 의지하는 사람들은 반드시 쓰러진다. 결코 다시 일어날 수 없다.'

그 당시 '단의 신'이나 '벨시바의 길'이 무슨 의미였는지 충분히 조사해 볼 수는 없지만, 여기에서는 그다지 깊이 검토해 볼 필요는 없을 것이다. 다만 그것이 주님의 가르침과 대조적으로 쓰인 부분을 보면 그것들이 그 시대의 교양이었고, 그 후의 적절한 가르침이 아니라는 것이 밝혀지리라는 것만큼은 확실하다. 그리고 이 일은 그리스도교 시대 초기에 실제로 일어난 일이었다.

오늘날 일반적으로 잘 알려진 온갖 현상들은 이런 옛날의, 지금은 반쯤 잊어버린 말을 다시 한 번 떠올리게 한다.

한편에서는 비교적 쉽게 배울 수 있는 교양으로 권력의 지위에 오르고 싶어하는 저돌적인 노력이 온 국민들 사이에 널리 퍼져 있다. 그들의 사고방식에 의하면, 권력은 이러한 교양과 연결되어 있다. 또 대부분 사람들의 견해로는 권력은 어떤 종류의 지식의 획득과 결부되어 있다.

그러나 지금까지 교양 있는 사람들의 상층에서는 반대로 지식이 이렇게까지 발달한 것과, 또 앞으로 발달해 갈 결과에 대해 어떤 절망감이 퍼져 나가

---

*1 이 논문은 원래 젊은 상인 모임에서 강연하기 위해 썼었다. 오늘날에는 다른 회사보다 오히려 이러한 사람들이 강렬히 교양을 쌓고 싶어한 경우가 많았다. 그러므로 이 논문에도 이러한 특별한 목적으로 쓴 흔적이 얼마간 남아 있다.

고 있다. 이미 유명한 자연과학자 뒤 부아레몽은 '우리는 알지 못한다, 또한 알지 못할 것이다(ignoramus, ignorabimus)'라는 유명한 말로 분명하게 언명하고 있는 부분이며, 또 모든 학문이 점점 전문화되는 경향 속에 그것은 실제로 나타나 있다. 왜냐하면 이 전문화가 의미하는 것은 결국 다음과 같은 것이기 때문이다. 즉, 이제는 보편적인 학문 따위는 있을 수 없다. 더구나 인간의 능력이나 사고를 이해하려고 하는 일반적인 교양이라는 것도 없다. 있는 것은 개인의 전문적인 지식뿐이다. 그리고 그 지식의 저편에는 무지(無知)의 심연이 입을 벌리고 있다. 아무리 깊게 학문을 연구한 전문가라 할지라도 그 역시 지금 막 시작하는 이와 다를 바가 없다.

이러한 시대적 조짐을 바탕으로 성장을 계속해가는 문명국의 젊은 세대 사이에서는 그 이상으로 육체적이며 정신적인 피로가 짙어져 간다. 그것을 보고 있느라면 혹시 근대교육이 잘못된 것은 아닐까 하는 의심조차 일어난다. 근대교육이 평생 학문을 해나갈 수 있을 만한 심신(心身)의 힘이나 기쁨을 만들어내는 대신, 오히려 처음부터 그 능력을 완전히 무디게 만들고 매장해 버려 너무나도 나약하고 신경질적인 세대를 길러내고 있는 것은 아닌지 의심스럽다. 만일 이러한 세대가 야만적 풍조에 공격을 받는다면, 아예 그것에 대항하지 못할 것이다. 그것은 겉은 번지르르하면서도 더 없이 발달한 문화 때문에 골병이 든 그리스나 로마의 세속적인 교양이 그러했던 것과 같다.

여기에서 우리는 재빨리 우리가 가진 문제의 근원에 대해 생각해 보게 된다. 앞에서 이야기한 것처럼 대체로 지식이 유익하고 바람직한 것이라면 그것은 전문적인 학식 이상의 것, 아니면 개별적으로 결국 해석하지 않을 수 없게된다. 일반적인 교양의 최대 성과는 개인의 인격을 건전하고 강하게 발달시켜 풍부하게 하고, 정신적으로 충만한 인간생활을 할 수 있도록 만들어 주는 것이어야 된다. 이것이 없는 일반적 교양이란 개인을 위해서도, 국가를 위해서도 크게 가치가 없을 것이다.

만일 그러한 목적을 달성하지 못한다면, 교양은 오랜 기대를 저버리게 된다. 그러면 현대의 유럽인들에게도 이미 인류가 여러 번 겪었던 시대가 닥쳐올 것이다. 그것은 고도로 문명화된 여러 민족이 단순히 체력이나 정신적 활기, 독창력만이 뛰어난 미개인들에게 정복당하는 시대이다. 또는 너무도 세련된 공화국이 어느 개인의 완고한 의지에 의해 행해진 공격의 중압을 이겨내지 못했던 시기이다.

그러므로 '교양이란 무엇인가'라는 문제는 오늘날 우리 모든 세대의 생존이 걸린 문제이며, 특히 우리의 국가 형태나 조국의 중대한 문제이기도 하다.

1

우리는 많은 의미를 갖고 있기 때문에 오해를 사기 쉬운 '교양(Bildung)'이라는 단어를 일단 어원적으로 글자 그대로 해석해야 한다. 교양이란 원래 형상이 있는 그대로의 상태를 가능한 한 최상의 것으로 발전시킨 상태, 또는 적어도 발전을 향해 성장을 계속해가는 상태로 완성하는 것을 말한다.

성장의 첫 출발선에 선 인간은 미숙한 재료에 지나지 않는다. 그 일부는 여러 가지 작용을 하는 생명의 형성력에 의해, 또 일부는 사람의 손이나 지혜에 의해 처음으로 진정한 인간상이나 예술적인 완성품으로까지 만들어내야 한다.

그러나 서툰 조각가는 자신에게 맡겨진 돌을 잘못 쪼아서 예술품이 될 수 없는 돌로 만들어 버린다. 또 돌을 너무 섬세하게 쪼은 나머지, 조각으로서 없어서는 안 될 중량감이나 외부적 영향에 대한 저항력을 잃어버리는 경우가 있다. 그것과 마찬가지로 인간을 형성하는 기술에서도 잘못된 비뚤어진 교양이나 지나치게 세련되어 앞질러간 교양이 자주 문제되는 것은 우리가 평소 경험하는 슬픈 사실이다.

인간에게 해를 끼치지 않는 유익하고 참된 교양에는 근본적으로 세 가지 요소가 필요하다. 첫째로 타고난 관능성(官能性)과 이기주의를 좀더 높은 관심을 기울여 극복할 것, 둘째 육체와 정신의 모든 능력을 건전하고 균형 있게 발달시킬 것, 셋째는 올바른 철학적·종교적 인생관이다. 이 세 가지 가운데 어느 하나만 빠져도 그 사람이 가진 소질은 위축되거나 충분히 발달할 수 없게 된다.

(1) 참된 교양의 최종적인 목적은 '인간의 내부에 있는 감각의 중력(重力)'과 이기심에서 인간을 해방시키는 것이다. 이기심이란 모든 생물의 자기 보존에 대한 본능에서 시작되지만, 공교롭게도 인생의 목적과는 대립되는 것이다. 인간은 누구나 감각적인 존재로 이 세상의 생활을 시작하지만 그것을 본질적으로, 정신적인 존재로서 마무리해야 한다. 더욱이 바라고 싶은 것은 다른 세계

교양이란 무엇인가 211

에서도 혜택받은 조건에서 그것을 추구해 나아가야 한다. 그러므로 인간의 천성에는 이미 모순이 내재되어 있다고 할 수 있다. 즉, 현세에 존재하고 자연 현상에 집착하고 싶어하는 것과 인간의 가장 깊고 뛰어난 감정이 의심 없이 요구하고 또한 요구해야 하는 것, 이 두 가지 사이의 싸움이다.

인간은 현세에 존재하는 것에 뿌리를 내리지 않으면 발밑의 기반을 잃어버리게 될 것 같은 느낌을 받을 때가 있다. 그러나 그것에 뿌리를 내리면 좀더 나은 자아가 끊임없이 자신을 꾸짖으며, '너는 수행을 게을리하고, 네가 이룰 수 있는 일과 이루어야 마땅할 일을 아직도 이루지 못했어'라고 말한다.

이것은 반성을 시작한 사람이라면 누구나 자기를 상대로 시작해야 하는 싸움이며, 게다가 반드시 승리해야만 하는 전투이기도 하다.

내적 불만은 모두 관능 또는 이기심에서 생긴다. 그 불만의 근원을 찾아보면 반드시 이 두 가지가 근본 원인이 된다. 그러므로 인간의 정신적인 본성이 감각적인 본성에 대하여, 또 자유롭고 인간적이며 박애적인 사고방식이 편협하고 이기적인 사고방식에 대하여 결정적인 승리를 마음속에서 거두고, 또한 실천적인 면에서도 매일 새로이 승리를 거두는 것이 아니라면 인간의 진정한 행복이란 있을 수 없다.

이렇게까지 자신을 극복할 수 없었던 사람, 또 할 수 없을 것 같은 사람은 그를 둘러싼 세계에 대해서도 처음부터 참된 승부를 할 수 없다. 세상이란 그와 똑같은 이기주의로, 게다가 수천 배나 강한 힘과 수단으로 공격해 온다. 그렇게 되면 생존을 건 싸움에서 자신을 지킬 수 있는 길은 단 한 가지밖에 없다. 즉, 자신이 항상 다른 사람들을 다치게 하고 넘어뜨리던가, 아니면 다른 사람과 손잡고 이기적인 성격의 이익단체를 만드는 수밖에 없다.

이러한 생존을 위한 싸움이 인간적인 존엄성을 완전히 파괴하고 우리를 맹수로 만들려는 바로 이때에, 이것에 대항해 맞서는 것이야말로 진정으로 교양 있는 사람이 달성해야 할 가장 큰 임무이다.

교양 있는 사람들은 이러한 생존을 위한 싸움이 필요 없다는 것, 그리고 이 미로에서 빠져나오려면, 그때그때 가장 힘센 이기주의자가 선택한 슬픈 길과는 다른 길이 있다는 것을 스스로 실례를 들어 보여주어야 한다. 결국 이기주의자는 이 싸움에서 가장 유리한 경우라도 단순히 많은 동포들의 생존을 압박하고, 게다가 자신의 더 나은 자아를 잃어버리게 될 뿐이다.

그런데 그것을 실천하기 위한 첫 번째 방법은 이기주의적인 인생관을 가진 사람을 교양 있는 사람으로 인정하지 않는 태도이다. 현대의 문명국들 사이에는 이런 시각이 확산되고 있으며, 앞으로도 계속 그렇게 되어야 한다.

한편에는 이기적인 자기 보존 욕구와 짧은 생애 동안 되도록 관능적 쾌락을 탐하려는 입장이 있고, 다른 한편에는 인간애, 타인에 대한 배려, 정신적인 고양(高揚), 그리고 고귀한 영혼 등 모든 능력의 완성을 추구하는 입장이 있다. 이 두 가지 입장이야말로 이제 곧 전투 준비를 갖추고 맞서려는 두 개의 큰 진영이다. 여러분도 그 중 어느 쪽에든 반드시 참가하지 않을 수 없을 것이다.

(2) 진정한 교양의 두 번째 요소는 좀더 높은 목적을 따르기 위해 우리의 능력을 육체적으로나 정신적으로 올바르게 하고, 정신적인 능력을 바르고 건전하게 발달시키는 일이다. 우리는 이러한 뛰어난 인생관을 갖고 있으면서도 수도원이나 서재에만 틀어박혀 살아서는 안 된다. 되도록이면 그것을 일상생활이나 직업에서 효과적으로 발휘하도록 해야 한다. 물론 이런 우수한 인생관과 근본적으로 상반되는 직업만은 별개이지만.

철학이나 종교나 과학에서의 조금은 병적인, 도가 지나친 행동이 자칫하면 진정한 교양에 어긋나는 것도 바로 이러한 점 때문이다.

현실 생활에서 실증되지도 않고 실행될 것 같지도 않은 철학은 아무 쓸모도 없다. 매주 일요일 교회에서의 행사로 그치고 시장이나 가게에서 그 힘을 발휘하지 못하는 종교도 거의 효과가 없다. 지식 역시 자신이나 타인을 위해 생활을 한층 인간적으로 발달시키는 데 도움이 되지 못한다면 그다지 가치가 없다.

마찬가지로 병약하고 피로에 지치고 늘 신경이 곤두서 있는 육체는 강한 정신을 담기 어려울 뿐 아니라 지장 없이 일할 수도 없다. 현대 교양의 주요한 결함 가운데 하나는 육체와 정신 사이에 불균형이 발생하여, 그것이 직접적으로는 육체를, 간접적으로는 정신을 해친다는 점이다. 그것과 함께 또 하나의 결점은 현대 교육 전체가 참된 신념이나 참된 지식의 획득을 목적으로 하지 않고, 오히려 기억력의 대상이 되는 것들을 기계적으로 습득하는 것을 지향하고 있다는 점이다.

(3) 그렇지만 위에서 든 이상주의적인 경향이라든가 진정한 지식이라든가 신체의 건강함 등을 아무리 갖추었다 하더라도, 초감각적인 세계의 존재라는 확신에 바탕을 두지 않았다면 그것만으로는 아직 교양을 획득하는 데 아무런 도움이 되지 않는다. 왜냐하면 초감각적인 세계에서 나오는 여러 가지 힘의 도움을 빌리지 않고서는 결코 진정한 교양을 몸에 익힐 수 없기 때문이다. 자기 내부에 있는 관능적인 소질과 타고난 이기심은 만만치 않은 상대이기 때문에, 자신의 외부에 존재하는 힘의 도움 없이 자신만의 능력으로 이것을 정복하는 것은 불가능하다. 더구나 그것만으로는 싸우는 동기가 너무 빈약하다. 만일 이 인생이 단순히 찰나적인 동물적 삶에 불과하고 그 밖에 아무런 사명도 없는 것이라면, 인간은 대체 무엇 때문에 평생에 걸쳐 자신과 주위 세계를 상대로 처음부터 거의 가망 없는 괴로운 투쟁을 굳이 하려는 것일까.

타고난 고귀한 정신력을 가지고서도 일시적으로는 동물적인 존재 이상으로 자기를 높일 수 있다. 그러나 그러한 이상도 없는 인생관에 대항하여 어떠한 상황에서도 끈기 있게 전투를 지속하지 못하고, 계속되는 큰 시련을 만나면 자신에게 절망하기 쉬운 법이다. 그러므로 인간이 타고난 힘보다 뛰어난 어떤 위대한 힘이 인간의 생존에 힘을 줄 필요가 있다. 이 위대한 힘이야말로 인간이 스스로를 극복할 수 있도록 도와준다. 또한 자신의 선량한 자아를 배반하는 해악에 비하면, 어떠한 외적인 재앙도 더 이상 두려워하지 않아도 될 정도의 힘을 준다.

이러한 초자연적인 힘이 존재한다는 것, 그리고 이 힘을 합리적으로 증명할 수는 없지만 그것을 시험해 보고 경험할 수는 있다는 것, 이것을 가르쳐 주는 것이 바로 종교의 신비한 진리이다. 이러한 초자연적인 힘이 정녕 존재하는가를 구태여 시험해 보고자 한다면, 이 종교적 진리는 명백하고도 공공연한 비밀이 될 것이다. 그러나 향락욕이나 이기심을 아직 버릴 생각이 없고, 또한 어떤 값을 지불하더라도 세속적인 생활보다 더 나은 삶을 살고자 하지 않는 사람은 설사 그런 시도를 해 보았다 하더라도 그 힘을 완전히 몸으로 경험하지는 못할 것이다. 특히 그 경우에는 어떤 종교를 믿어도 아무 도움도 되지 않는다. 그런 사람은 매일같이 교회를 다닌다 해도 예전과 차이가 없는 인간이다.

그러나 그것을 시험해 볼 의지를 가진 사람이라면 그 힘에 자신을 맡길 수 있다. 그래서 새로 태어났다고 말해도 좋을 정도로 완전히 다른 인간이 될 수 있다. 그렇게 됨으로써 비로소 그 사람 내부에 있는 천부적인 재능이나 지식이 생생히 살아나 자신과 타인을 구원하는 데 도움을 주는 것이다.

이것이 진정한 교양에 이르는 길이며 인간이라면 누구나 이러한 행동을 시도해 보아야 한다. 그러나 단순히 이러한 길을 지향한다고 해서 교양을 갖출 수 있는 것은 아니다.

참된 교양의 증거는 첫째로 정신의 건강과 힘이 나날이 커져가는 것이며, 다음으로는 더 높은 총명함이 생기는 일이다. 그리고 마지막으로 그 사람의 기량이 독특한 크기를 갖게 된다. 그러한 기량은 다른 방법으로는 기를 수 없으며 섣불리 모방할 수도 없는 것으로, 이것이야말로 교양의 주요 성분을 이룬다.

그러나 이렇게 교양을 충분히 습득한 사람들 역시 여전히 자연 그대로의 인간이지만, 다만 조금도 허식이나 허영심이 없다는 점에서 다르다. 또한 그들은 야심이나 세속적인 재물욕에서도 완전히 벗어나 있다. 재물은 인간의 행복을 위해 중요한 것이 아니라 오히려 인간에게 끊임없이 재물을 추구하게 만들어 인간의 영혼을 잃게 만들 따름이다. 또 진짜로 교양 있는 사람은 염세주의나 수도사적인 은둔에 빠지지 않고 공포나 신경증, 초조감에서도 해방되어 있으며, 자기 본질의 가장 깊은 곳에서 맑고 침착하게 정신 건강을 간직하면서 결국 인간 생활의 최고 목표에 도달할 수 있다. 구약성서가 아름답고 또 바르게 말하고 있듯이 '그들의 날이 계속되는 한 그들의 힘도 그러하리니'인 것이다.

이러한 교양이 생각할 수 있는 가장 높은 경지는 모든 선과 고귀한 것을 향한, 이를테면 어떠한 혼돈에 의해서도 흔들림이 없고 또한 흔들리지 않는 완전한 헌신이다. 이러한 상태는 머리로만 상상이 될 뿐 아주 소수의 사람만이 도달할 수 있는 인간 영혼의 경지이다. 그곳에 도달하면 더 이상 감각적인 것이나 변화와의 싸움은 없어지고, 정신의 법칙에 대한 자연의 저항도 사라지게 된다.

이러한 상태가 완전한 것이 되려면 하느님의 힘을 기다려야 하며, 그것이야말로 '성(聖)스러움'의 경지이다. 그러나 우리 역시 이러한 상태를 추구하고 노력해야 할 사명을 갖고 있다. 인간을 그러한 상태로 인도하고 그 목표를 지향하도록 하는 것이 개체적으로는 참된 교육의 임무이며, 전체적으로는 세계사가 나아가야 할 길이자 목적이기도 하다.

2

그러므로 당연한 말이지만, 진정한 교양은 가짜 교양이나 불충분한 교양과는 비교할 수도 없는 것이다. 진정한 교양은 언제나 그것을 갖춘 사람의 인격에서, 그리고 타인과의 교제에서 그 영향이 명확히 드러나는 것이다. 아무리 불리한 환경에 있어도 그러한 교양을 가진 사람은 저절로 우러나오는 어떤 위대함에 의해 눈에 띄며, 같은 생활권 안에 사는 보통 사람과는 확연히 차이가 난다. 또한 진정한 교양은 자기 자신과, 또는 타인과의 조용한 평화를 이루어 낸다는 점에서도 눈에 띈다. 이러한 평화는 어떤 인생철학으로도 주어질 수 없다. 또한 이러한 평화는 타인에게까지 전염되는 쾌활함을 가지며, 그와 사귀는 사람이라면 누구나 반드시 그 평화를 느끼게 될 것이다.

따라서 가짜 교양이나 불충분한 교양의 가장 알기 쉬운 특징을 예로 들어보는 것도 전혀 무익한 일은 아닐 것이다. 우리는 자주 그러한 것들과 마주치게 될 것이므로 그것을 잘 알아두어야 한다. 특히 다음과 같은 것들이 있다.

(1) 생활방식이 사치스러운 점. 완벽하게 교양을 쌓은 사람들은 겉으로 드러나는 모습이나 주거와 음식에 큰 가치를 두지 않는다. 따라서 사치는 자신에게 어울리지 않는 것, 타인에 대해서는 부정(不正)한 것으로서 조심스럽게 피해야 할 것이다. 도가 지나친 사치나 열 손가락 모두 금반지를 낀다든가, 길게 늘어뜨린 시계 줄을 찬다거나, 빽빽할 정도로 가구를 갖추고 있다거나, 건강을 해칠 정도로 잔치를 벌인다거나 하는 일이 모두 교양 없음을 나타내는 확실한 증거이다. 그러한 증거를 보면 경계해야 한다. 왜냐하면 현명한 사람이라면 그것을 몰라볼 리 없기 때문이다. 그런 것에 현혹되는 것은 어리석은 사람뿐이다. 교양 있는 사람의 가장 확실한 외적인 특징은, 이런 의식주의 모든 면에서 전체적인 겉모습이나 생활태도에 일종의 기품과 여유로운 간결함이 드러난다는 점이다.

(2) 교양이 있는지 없는지를 쉽게 알 수 있는 특징은, 너무 외면적이긴 하지만 책을 갖고 있느냐 없느냐이다. 마음 편히 책을 살 수 있을 만한 경제력이

있는 사람의 경우는 특히 더 그렇다. 훌륭한 부인이 책 대여점의 더러운 책을 빌려 읽는다면, 교양을 충분히 갖추고 있지 않다고 보아도 틀림없다. 그 책에 수를 놓은 커버를 덮는다 해도 교양의 정도를 속일 수는 없다. 그저 그 부인이 자신의 결함을 의식하고 있다는 것을 나타낼 뿐이다. 호화로운 저택에 살면서 겨우 열두 권의 책을 읽지도 않으면서 아름다운 서가에 꽂아둔 것을 보았다면, 그 집 사람 모두를 교양 없는 사람이라고 생각해도 좋다. 서가의 책들이 모두 흔한 소설책뿐이라면 더욱 그렇다.

책을 많이 읽는 것은 실제로 오늘날 일반적인 교양에 반드시 필요하다. 완전한 교양을 갖춘 사람이 되기 위해서는 다음과 같은 것이 요구된다. 즉, 비교적 긴 생애를 보낸 사람은 우수한 문학작품은 남김없이 읽어야 하며, 그 밖에도 지식의 모든 분야에 대해 조금이나마 일반적인 올바른 개념을 익히고, '인간에 관한 것이라면 거의 모르는 것이 없다'라고 말할 정도가 되어야 한다.

'장사'를 하면서 어떻게 하면 그런 독서시간을 가질 수 있느냐고 묻는 사람이 있다면, 불필요한 일을 하지 말라고 대답하겠다. 예를 들면, 요리집이나 클럽, 사교적인 유흥이나 여러 신문 지면을 거의 모두 읽는 것 같은 시간 낭비, 거의 배울 것이 없는 극장, 너무 많은 음악회, 오후의 긴 시간을 낭비하는 스케이트, 그 밖에 여러 가지가 있다. 이처럼 누구나 자신만의 특별한 시간을 허비하는 듯이 느껴지는 일들을 모두 그만두는 것이 좋다. 광범위한 교양을 쌓으면서 동시에 모든 유흥을 즐기는 것은 처음부터 불가능한 일이다.

필요하다면 장사를 중단해도 무방하다. 그만큼의 이익은 있으며, 장사의 번창이라는 점에서 보아도, 교양을 갖춘 상인과 단순히 집요하기만 하고 속임수를 쓰는 잡상인 사이에 얼마만큼의 차이가 있는지 인생에서 머지않아 깨닫게 될 것이다.

(3) 또 교양이 결여된 사람의 특징은 떠들썩하고 조심성이 없는 태도에서 나타난다. 공공장소, 예를 들면 기차간이나 식당 등에서 큰 소리로 떠들거나 함부로 말하고 방자한 행동을 하거나, 일반적으로 많은 사람들이 모이는 장소에서 무례한 행동을 하는 따위가 그것이다. 이런 점에서 현대는 옛날과 비교해 교양이 모자란다고까지 생각된다.

이와 비슷한 특징으로 들 수 있는 것은 자기 자랑이나 호언장담이라고 생각하게 하는 것, 통틀어 말하자면 모든 허식과 허풍떨기 등이다. 예를 들면 자신의 사업적인 의의를 심하게 부풀려 선전하거나 신문에 과장된 광고를 내는 사업가들, 또는 겉에는 실크로 된 의상을 걸쳤으면서도 그다지 청결하지 않은 속옷을 입고 있는 여자들은 충분한 교양이 있는 사람이라고는 할 수 없다.

(4) 다음으로 교양에 필요한 것은 근면함이다. 근면은 교양을 얻기 위해 반드시 필요한 수단일 뿐 아니라 일하지 않는 나태함은 세상에서 말하듯이 '놀고 먹으며 살 수 있는' 신분의 경우에도 교양과는 정반대의 비열한 마음을 가졌다는 증거이다. 그러한 사람은 다른 뭔가의 품위 없는 일에서 기쁨을 발견하거나 일할 필요가 없다는 것을 어리석게도 자랑할 것이다. 그런 사람은 결국 친구로서도 대체로 마음이 조잡한 패거리이며, 옆에서 타인이 어려움을 겪고 있을 때 자기가 팔을 걷어붙이고 도와주면 되는데도 아무것도 모른다는 얼굴을 하고 있기 일쑤이다.

그러므로 게으름을 일삼는 사람은 겉보기에 아무리 품위 있는 모습을 하고 있더라도 내면은 교양 없는 비천한 인간임이 확실하다. 그런 사람이야말로 속이 빈 허수아비에 지나지 않는다. 뛰어난 교양을 가진 사람은 누구나 그 모습에 속지 않도록 하고, 그러한 인간에게 경의를 표하지 않아야 할 책임이 있다.

(5) 그러나 일에 미친 듯 지나치게 뛰는 것도 게으름과 마찬가지로 교양 없는 사람의 표시이며, 나태 못지않게 해로운 것이다. 그러한 광분이 자발적인 것일 경우, 이것은 진정한 교양의 거대한 두 적인 명예욕과 소유욕에서 생겨나게 된다. 또 이것은 그 사람이 교양이 아닌 다른 것에 최고의 가치를 두고 있다는 사실을 증명하는 것이다. 그러한 초조함이 단순히 나쁜 습관이나 다른 사람을 따라 하는 경우도 있고, 결국 마음의 평안과 침착함이 결여되어 있기 때문인 경우도 있다. 마음의 평안도 침착함도 결국에는 교양의 결과이기 때문이다.

어쩔 수 없는 경우가 아닌데도 휴일에도 평일에도 끊임없이 일하는 사람은 매일 아무 일도 하지 않는 사람과 똑같이 교양 없는 사람이라고 보아도 좋다.

(6) 금전관계에서 절대적으로 신뢰할 수 있는 사람, 금전에 대한 올바른 태도는 교양 있는 사람에게 절대로 빠뜨릴 수 없는 자격조건이다. 돈을 낭비하거

나 금전에 대해 심하게 경멸하는 것은 모두 교양이 없다는 표시이며, 또한 가난한 사람들에 대해 옳지 못한 것이기도 하다. 게다가 그것은 대부분 겉치레에 지나지 않는다. 또 지나치게 절약을 한다거나 사소한 일에서도 부정직한 것은 교양 있는 사람에게는 용서하기 어려운 일이다. 이것에 대해 성서는 이렇게 말하고 있다.

'지극히 작은 것에 충성된 자는 큰 것에도 충성되고 지극히 작은 것에 불의(不義)한 자는 큰 것에도 불의하니라. 너희가 만일 불의한 재물에 충성치 아니하면 누가 참된 것으로 너희에게 맡기겠느냐.'[*2]

돈을 인생의 목적으로서 존중하는 것은 아니지만, 좀더 높은 목적을 달성하기 위한 수단으로서 알맞게 평가하면서 엄격한 정직함으로 금전을 올바르게 사용하는 것은, 아마도 깊은 교양을 쌓은 사람이라는 가장 확실한 증거 가운데 하나일 것이다. 마찬가지로 무리하게 이익을 쫓고 부를 숭배하는 것은 틀림없이 교양 없는 인간임을 나타내는 것이다.

(7) 마찬가지로 교양이 없는 사람임을 확실히 보여주는 특징은 낮은 위치의 사람이나 가난한 사람을 대할 때 오만하게 구는 것이다. 이러한 태도는 흔히 자신보다 높은 지위의 사람이나 부자를 대할 때의 비굴함과 연결되어 있다. 이것은 갑자기 벼락부자가 된 교양 없는 사람 고유의 특징이다. 세련된 교양을 가진 사람은 언제나 예의 바르고 친절하다. 이들은 사귀는 상대가 자신보다 신분이 낮고 자신에게 의지하고 있는 사람, 가난한 사람일수록 더욱 정중하고 친절하게 대한다. 그러나 이것저것 요구하는 것이 많은 사람이나 위에서 내려다보고 싶어하는 사람을 상대할 때는 예의를 잃지 않을 정도로 소홀히 대할 것이다. 또한 상대방이 단지 부자라고 해서 존경하는 것은 앞에서도 말했듯이 자신이 전혀 교양이 없는 인간임을 보여주는 증거이다.

(8) 교양이 없는 것을 보여주는 사소한 특징은 많이 있다. 그러나 그것도 일부는 단지 나쁜 습관에 지나지 않거나, 또는 조금 결함 있는 교육의 결과이며, 반드시 그것이 교양 없는 증거라고 단정할 수는 없다. 따라서 여기에 넣어

[*2] 누가복음 16장 10절.

서 적당하다고 생각되는 것은 다음과 같은 것들이다. 예를 들면, 자신에 대해 함부로 말하는 것, 타인의 개인적인 일을 소문내는 것(험담을 하는 것), 수다를 즐기는 것, 침착하지 못하고 쉽게 흥분하는 태도, 필요하지 않은데도 이미 다 지난 일에 대해 끈덕지게 변명하는 것, 상대방이 아니라고 말해줄 것을 기대하고 스스로를 비난하거나 경멸하는 것, 지나친 친절, 또는 바보스러울 정도로 정중하게 구는 것 등을 들 수 있다.

특히 영국인들이 좋아하는 품위 있고 귀족적인 태도는 알다시피 침착함과 근엄함을 필요로 하는 것이지만, 이것은 무감동이나 냉담함에 빠지기 쉽고, 그렇게 되면 그것도 역시 결함이라고 할 수 있다. 참으로 교양 있는 사람은 늘 선(善)에 대해 감격과 열의를 갖고 있는 법이다. 이러한 마음이 없으면 설령 고상한 외모를 하고 있더라도 진정한 교양이 결여된 사람이다.

그러나 감격이 단순히 꾸민 것이 아니라 진짜일 때, 또는 초심자의 뜨거운 마음의 표현일 때는 감격의 표현 방법도 지나치게 강요적이거나 과장하는 일은 없을 것이라는 것도 확실하다. 일반적으로 너무 과장된 덕성은 역시 어느 정도 의심스러운 것이거나 적어도 유년기를 벗어나지 못한 것이다.

따라서 교양이란 본질적으로 인간의 내면적인 힘을 차츰 올바르고 진실한 것으로 발전시켜 나가는 일이며, 그 목적하는 바는 자신의 정신적인 본질을 향상시키고, 타고난 평범한 동물적 감각의 고삐에서 그것을 해방하는 것이며, 또 몸과 마음의 건강을 지키며 정신적인 본질을 좀더 높은 수준으로까지 육성하는 일이다. 만일 교양이 그러한 역할을 다하지 못한다면, 그것은 낮은 가치밖에 없는 것으로 전락할 것이다. 특히 교양 있는 계급에서는 교양이 반드시 그러한 역할을 다해야만 한다. 그들이야말로 가장 먼저 교양을 쌓을 의무를 갖고 있기 때문이다.

언제나 그저 '하층계급의 향상'을 부르짖는 것만으로는 충분하지 않다. 오늘날에는 진정한 교양으로 볼 때 개별적인 요점에서는 오히려 하층계급 쪽이 때때로 상류계급보다 더 뛰어나기 때문이다. 그러므로 오늘 같은 시대에 주로 필요한 일은 상류계급을 다시 한번 크게 교화시키는 일이다. 그들은 때때로 향락욕과 유물론적인 인생관에 빠져 인생의 좀더 높은 목적에서 시선을 피하고 있다.

그런데 여러분이 이러한 방법으로 진정한 교양에 도달하고자 결심한다면, 마지막에는 자신에 대해서도 인내심을 길러야 한다. 이것은 결코 하루아침에 이루어지거나 한 번의 결심으로 끝나는 것이 아니다. 물론 한번 확고하고 책임 있는 결심이 필요하며, 여러 가지 점에서 이 결심에서 게을러지면 그 때마다 다시 한번 새로이 결심을 다져야 한다.

진정한 교양은 진정한 미덕이 대개 그렇듯이 성장하는 것이다. 진정한 교양은 그 힘과 통찰력을 점차 키워가지만, 그렇다고 뭔가 마법의 힘으로 무리하게 그것들을 손에 넣을 수는 없다. 오히려 한번 교양의 길을 지향했다면 평생 그것을 계속해 나아가야 한다. 또한 진정한 교양이란 언제나 끝이 없으며, 오로지 하나의 올바른 인생 목적이며, 게다가 인생의 단 하나뿐인 바람직한 성과이기도 하다.

교양을 얻기 위해서는 여러 가지 면에서 시작할 수 있다. 순수하게 실천적으로 시작하고자 한다면 먼저 좋은 습관을 익히는 것부터 출발해야 하며, 또 철학적으로 하고자 한다면 생활방식에서 진리와 진리가 아닌 것을 사상적으로 인식하고 구별하는 일부터 시작해야 한다. 또 종교적으로 시작하고자 한다면 무한한 존재 및 그 존재에서 나오는 힘을 직접 구하는 것부터 시작해야 한다. 그 가운데 가장 쉬운 길은 의심할 나위 없이 종교적인 방법이다. 설령 그밖의 다른 길을 걸으려고 해도 마지막에는 종교적인 길에 다다르게 된다. 왜냐하면 이기주의의 극복, 특히 쾌락의 극복이야말로 진정한 교양을 쌓는 비결이자 출발점이며 그것을 여는 진짜 열쇠이기 때문이다. 그러므로 대단한 지식도 없고 상류층과 사귀는 일도 없는 매우 소박한 사람들이, 신분이 높은 신사나 학자보다도 더 진정한 교양을 갖추고 있는 일도 때때로 일어날 수 있다. 이러한 사람들은 교양의 본질적인 것을 학자나 신사보다 더 우수하게 갖추고 있으며, 그리하여 진정한 교양에 이르는 가장 쉬운 길을 걸어온 사람들이다.

늘 자신의 일에만 얽매이고 자신의 일만 생각하는 상태에서 벗어나야 비로소 인간은 정신의 자유를 얻고, 자신의 정신적인 능력 안에 있는 힘을 충분히 이용할 수 있게 된다. 그런 상태가 되어야 정신은 처음으로 자신에게 맞지 않는 일에서 얼마간 해방되고, 평소에는 근심이나 쾌락 때문에 영원히 감추어져 있을 일을 파악하고, 그것을 마음속에서 조용히 소화시킬 수도 있게 된다.

그러나 이러한 것은(이것은 반드시 말해두어야만 할 것이지만) 몸과 마음이 왕성하게 성장하는 청년 시절에는 확실히 어려운 일이다. 너무 빨리 그 자신을 완성시킨 사람은 오래 살지 못하는 법이다. 그들은 인생의 목표에 너무 빨리 도달해 버린 것이다. 인간도 동물이나 식물과 마찬가지로 결실을 맺기 전에 먼저 충분히 성장하고 힘을 기르기 위해 이기적 본능에 따라 행동하는 기간이 필요하다. 그런데 인간의 경우는 그 기간이 지나면 반드시 자연스럽게 어떤 전환기가 온다. 즉 주로 자신에게 구애되는 일이 더 이상 그만큼 자연스럽게 느껴지지 않게 되고, 더 고상한 성품의 사람이라면 누구나(아니 적어도 인간다운 존재라면 누구나라고 말해도 좋은) 자신에게서 해방되어 어떤 이념을 위해 살아가려고 하는 충동을 갖기 시작하는 시기가 오는 것이다.

이것이야말로 인생의 가장 결정적인 순간이다. 이 순간은 어떤 소수의 사람들에게는 생각지도 못하게 죽음을 맞이하고, 다른 생명으로 새롭게 환생하는 것과 비교할 수 있다. 그러나 많은 사람들에게 그것은 도리어 이제까지의 본성이 서서히 소리 없이 잠들면서 새로운 성질이 눈을 떠 형성되어 가는 것과 비슷하다.

그러나 일단 어떠한 방법으로든 이것이 시작되면, 인간 존재의 모든 현실적인 문제는 지금까지와는 다른 관점에서 재조명되면서 명료해지고 해결되는 것이다.

그러나 동물적이지 않은 사람에게 이러한 변화가 나타나지 않는다면, 영원히 치유되지 않는 갈등과 함께 죄의 감정이 남는다. 그리고 이 죄의 감정은 그 사람에게 이렇게 말할 것이다.

'너는 더욱 우수한 존재가 될 수 있었고, 꼭 그렇게 되어야만 했어.' 이 죄의식은 그 사람이 아무리 외적인 성공을 거두었다고 해도 결코 사라지지 않는다.

4

이상 위에서 말했던 부분에서 여러분이 제기할 것 같은 마지막 의문, 즉 '우리는 그 대신 무엇을 얻을 수 있습니까. 도대체 진정한 교양을 쌓으면 무슨 이익이 있습니까' 하는 의문도 해결하기로 한다.

여기에 대해서 이렇게 대답할 수 있다. 인간이 이룩할 수 있는 위대한 정신적인 진보는 우선 하나의 신앙에 바탕을 두고 있다. 인간은 먼저 자신이 알고 있는 것을 버리고 다른 것을 추구해야 한다. 그것도 오직 예감에 의해서만 그 곳으로 인도된다. 그것을 깨닫게 해주는 기관이 없기 때문에 아직 충분히 이해할 수 없지만, 그렇다고 해도 그것은 추구하지 않을 수 없는 것이다.

그렇지만 추구하고자 하는 용기만 있다면 그것을 달성할 수 있다. 이 목표에 도달한 사람은 누구나 그것에 대한 대가가 너무 컸다든가 그 때문에 너무 고생을 해서 괴로웠다고 생각한 사람은 없다.

이 세상에서 주어지는 덕(德)의 보상은 덕이 엄연히 존재한다는 것, 그것은 세상의 모든 힘에도 정복당하지 않고 인간생활을 완전히 채워주고 만족시켜 줄 수 있는 유일한 현실적인 힘이라는 것이다.

테니슨은 이것을 다음과 같은 시에서 아름답게 읊고 있다.

〈보상〉
전사의 명예, 웅변가의 명예, 가수의 명예,
그것은 끝없는 바다로 사라져가는 찰나의 목소리들로 보상받는다.
그러나 악과 싸우고, 이것과 다투고, 이것을 바로잡은 덕의 명예
아니, 덕은 명예를 바라지도 좋아하지도 않는다,
그러면 덕에게는 쉼 없는 진보와 흔들림 없는 존재의 명예를 주겠노라.
죄의 보상은 죽음이다. 덕의 보상이 먼지와 같다면
어찌 구더기나 파리의 목숨을 감수할 용기가 있을까.
덕은 더없는 행복의 섬을 바라지 않고, 의인의 조용한 자리도 바라지 않
으며
황금의 숲에서 쉬는 것도, 여름 하늘 아래에서 따뜻이 지내는 것도 바라
지 않는다.
그러면 덕성에게는 끊임없는 진보와 죽지 않는 보상을 주겠노라.

이렇게 우리 시대의 가장 뛰어난 사람의 판단에 따라서도 진정한 교양을 향해 노력하는 것은 고생한 보람이 있는 일이다. 그것을 실제로 바라는 사람은, 빈부와 학문의 유무를 떠나서 누구나 이 보물을 손에 넣을 수 있다. 분명 그리스도가 그 시대 사람들에게 한 말은 오늘날 우리 시대에도 적용될 수 있

는 말이다.

즉, 단순한 마음이나 겸허함을 가진 사람들은 내적으로 진정한 교양에 더 근접해 있고, 또 그 길의 도중에서도 지혜로운 사람이나 현명한 사람, 특히 부유한 사람들처럼 여러 가지 커다란 어려움에 부딪히는 일이 없다. 이러한 사람들은 진정한 교양과 양립할 수 없는 끝없이 많은 편견과 외적인 사물에 대한 집착을 떨쳐 버려야 한다.

그러므로 진정한 교양에 도달하기 어려운 사람도 있고 쉽지 않은 사람도 있지만, 진정한 교양에 도달하는 것이 전혀 불가능한 사람은 단 한 명도 없다. 다만 그 마음이 오로지 물질적인 재물에 집착하고 겉보기만의 문화에 만족하는 사람들은 예외이다. 그러한 문화는 아무리 내용을 장식하고 가치를 주장해 보았자, 도리어 본질을 잃은 겉모양이나 외형에 지나지 않는다.

이것을 이미 오랜 옛날에 중국의 철학자 공자가 적절하게 말하고 있다. 다음의 시는 그 소박한 번역문이다.

> 일류급 사람은 잠시만 배워도 현명해지고
> 이류급 사람은 현명해지기는 하나 오래 배우지 않으면 안 되고
> 삼류급 사람은 어리석음에 머물러 있고, 배우는 것은—오로지 말뿐이라.
>
> 《논어》 계자(季子) 16 참조

운명이 일찍부터 어떤 사람을 최상석에 예정해 놓았는지는 우리의 의지와는 전혀 상관이 없다. 또 다행스럽게도 그것은 그렇게 중요한 문제가 아니다. 그런 사람은 예외적인 존재이며 인류의 도덕적 천재이다. 그러나 이류의 자리에는 우리들 누구나 초대받고 있으며, 또 한번 그 길이 보이면 우리는 스스로 그 길을 걸어가라는 강력한 격려를 받는다. 사람이 이 인생에서 만나는 가장 비참한 일은 길을 가리켜 주었는데도 언제까지나 삼류의 자리에 머물면서, 그들의 존재가 자신에게나 타인에게 진실한 가치를 주지 못하고 끝나는 경우이다.

> 지혜를 얻은 자와
> 명철을 얻은 자는 복이 있나니

이는 지혜를 얻는 것이

은을 얻는 것보다 낫고

그 이익이 정금보다 나음이니라.

지혜는 진주보다 귀하니

네가 사모하는 모든 것으로도 이에 비교할 수 없도다.

그의 오른손에는 장수가 있고

그의 왼손에는 부귀가 있나니

그 길은 즐거운 길이요

그의 지름길은 다 평강이니라.

(잠언 3장 13~17절)

고귀한 영혼

칸트는 그의 짧은 논문*¹에서 다음과 같은 명제를 내세우고 있다. '일반적으로 피조물의 자연적 소질은 모두 완전하고 합목적적으로 발달하도록 정해져 있다. 그럼에도 불구하고 인간(지상의 유일한 이성적 피조물)만큼은 이성의 사용을 지향하는 소질이 개인 각자에게가 아니라 오직 인류로서만 완전하게 발달할 수 있다.'

이런 관점에서 생각한다면 실제로 그 목표가 저절로 실현될 리가 없으므로 필연적으로 다음과 같은 결론이 나오게 된다. 즉, 인류의 각 개인은 항상 인류가 좀더 높은 존재로 발전하는 것을 매개해야 할 사명을 지지 않으면 안 된다. 다만 그에 대한 전제로서 각 개인이 이 목적에 자신을 바치고, 그 대신에 다른 사적인 생활목적을 되돌아보지 않는다는 결의를 품어야만 한다. 나아가서 그러한 목적을 달성하려면 1대에 걸쳐서는 충분하지 않으며, 이 사명을 상속하는 것도 가능할 뿐만 아니라 한층 그 목적에 부합한다는 추론마저도 정당하다고 볼 수 있을 것이다.

그러한 목적을 실현하기 위해 모세의 입법은 실제로 웅대한 계획을 품고 있었다. 즉, 온 겨레의 일상 생활조건 속에서 한 부족*²을 특별하게 들어올려서 그와 같은 가장 고귀한 일에 헌신하게 했던 것이다. 특히 주목할 만한 것은 이 부족이 유독 엄격하게 재산 소유를 금지당했다는 점이다. 그들이 세습하는 것은 오로지 신뿐이었다. 그리고 모든 이스라엘인은 자기 수입의 10분의 1을 갹출해서(자기가 좋아하는 레위족의 누구에게든 그것을 줄 수가 있었다) 전체를 위해 그 부족을 유지하는 의무를 졌다. 과연 이런 제도가 근대국가 어딘가에서 실현될 수 있을지, 그리고 이 점이 중요한데 이 제도가 오랫동안 처음 생길 때의 취지대로 유지될 수 있을지는 의심스럽다. 그러나 어떠한 인간집단이든

*1 《세계 시민적 의도에서 본 일반 역사에 대한 이념》 1793년.
*2 레위족. 제사를 주관하는 족속.

그 집단을 유지하려면 소금이 필요하며, 그 소금이 없으면 쉽게 부패하는 것은 시대를 막론하고 변치 않는 진실이다. 이러한 소금이 내가 말하는 '고귀한 영혼'이다.

그리스도교도 어쨌거나 처음에는 모든 신자에게 그와 같은 마음가짐을 요구하려 했음이 확실하다. 그러나 그 뒤로 그리스도 교도 전체에 대한 요구는 계속해서 줄어들어 간다. 그렇더라도 우리는 누구에게나 행해지는 일반적 요구보다도 한층 엄격한 두세 가지 요구가 있다는 것을 강조하지 않으면 안 된다. 그러나 그 요구를 만족시키기 위해서 외적인 계급(카스트)제도라는 것은 결코 필요하지 않다. 필요한 것은 그 요구를 수용할 때 그것이 완전한 자유의지에서 나온 것이어야 하고, 나아가서는 진심으로 기뻐하는 마음으로 행해야 한다는 점이다. 게다가 그 경우 그러한 요구로부터 생겨나는 특권적 지위를 염두에 둔다거나, 그로 인해 거만해진다거나 하는 것은 엄격하게 금해야 한다.

따라서 이러한 의미의 귀족계급은 그 밖의 다른 귀족계급보다 장점을 지닌다. 즉, 모든 사람들이 그러한 귀족 무리에 힘들이지 않고 들어갈 수 있다는 것, 특히 누구나 그와 같은 고귀한 가족의 창시자가 될 수 있다는 것이다. 또한 그러한 귀족이 되기 위해서 많은 사람들이 동시에 몰려드는 일도 결코 없다. 오히려 누구든지 현대의 레위족에게 언제라도 기꺼이 그 자리를 양보할 것이다. 그들이 그러기 위해 세속적 이익을 둘러싼 열광적인 경쟁을 그만두려 결심하기만 한다면 말이다.

그러므로 고귀한 영혼이란, 인류 전체의 향상에 좀더 효과적으로 헌신하기 위해서 일반 사람들이 흔히 지향하는 삶의 이기적 향락을 근본적으로 단념하는 사람들을 말하는 것이다.

이 경우에 다음 두 가지, 즉 헌신과 향락을 조화시킬 수 있지 않을까 하는 그럴듯한 반론을 인정하지 않을 수 없다. 일부러 사실에 눈을 감지 않는 이상 둘 사이의 조화 같은 것은 경험으로 볼 때에도 있을 수 없는 일이다. 이 점에 관해서는 경험이 뒷받침되지 않은 판정은 남을 결코 납득시키지 못할 것이다. 마찬가지로 우리는 앞으로 그리스도교 전체가 변화하고 향상할 만한 일이 일어나리란 것을 아직은 믿을 수가 없다. 적어도 그리스도교계가 일시적으로나마 다시 젊어질 수 있다면 그것은 다음의 경우뿐이다. 즉, 스스로 신앙의 여러 요구를 진지하게, 글자 그대로 엄격하게 받아들이려 하는 사람들, 더 구체적으로 말한다면 현재의 그리스도교계를 형성하고 있는 대다수의 신자들이 할 수 있는 것 이상의, 적어도 오늘날 기대할 수 있는 것 이상의 진지함으로, 신앙의 여러 요구를 받아들이려 하는 사람들이 그리스도교의 넓은 범위에 걸쳐서 다시 형성되어갈 때이다. 거기서 발견될지도 모를 위험, 즉 거기서 다시 새로운 '바리새주의'가 생겨날지도 모른다는 위험도 없는 것은 아니다. 그렇지만 이 새로운 바리새주의는 완전히 개인적이며, 결코 외부로 드러나지 않는, 또는 결코 조직되지 않는 인생관에 머무를지도 모르므로 그럴 위험도 상당 부분 완화될 것이다. 오늘날 그리스도교의 발전 상황을 살필 때, 전체적으로 외적인 형식의 대대적 개선은 외면하고, 가장 먼저 다시 내면으로부터 출발해서 '눈에 보이지 않는 교회'로, 현실적으로는 이 세상의 것이 아닌 나라로 향하고자 하는 것이 특징인 것처럼 보인다.

그렇지만 이와 같은 교회의 문제를 자세하게 해명하는 것은 이 논문의 목적이 아니다. 그뿐 아니라 이 논문의 주된 취지에도 맞지 않을 것이다. 왜냐하면 자기 내부에서 개혁을 추진해 나아가는 것이야말로 무엇보다도 개개인이 해야 할 일이라는 것이 이 글의 취지이기 때문이다. 그래서 여기서 우리가 문제삼는 것은 다음과 같은 것이다. 즉, 가장 고귀한 영혼이 갖추지 않으면 안 될 성질이란 어떠한 것인가. 이러한 비범한 정신적 경향을 방해하는 주된 장애물은 무엇인가. 마지막으로 현대에서도 그와 같은 목표를 향해 노력하는 것이 가능한가. 또한 그럴 만한 가치가 있는가. 바꿔 말하면 '그것을 하려는 사람에게 어떠한 대가가 주어지는가' 하는 문제이다.

'고귀함'의 반대는 '불량'이라든가 '악성' 같은 것이 아니다. 물론 그것들은 결코 고귀한 것이 아니지만. 고귀하다는 것의 반대는 '비천하고 작은', '좁은', '소시민적'이라든가 생활의 사소한 목표밖에는 염두에 없으며, 그것도 자신이나 자기의 가까운 주변밖에는 생각하지 않는 것이다. 고귀하다는 것은 넓은 안목, 모든 사람에 대한 넓은 아량, 자신에 대한 무심함, 타인에 대한 배려 등이다. 고귀하려면 두려워하지 않을 것, 어떠한 상황 아래서든 이 세상의 뭔가에 위압당하지 않음이 반드시 필요하다. 하기야 그러한 성질은 참된 고귀함과 거짓 고귀함에 공통된 것이기는 하다(진정한 고귀함은 어딘가 사랑스러운 형식을 갖추고, 참으로 존경할 만한 것에 대해서는 마음에서 우러난 경의를 표하지만, 거짓 고귀함에는 그런 것이 빠져 있다). 더욱이 참된 고귀함에는 일종의 고결함도 없어서는 안 된다. 어떤 방면으로든 이제 동물이 아니라는 것, 단순한 육체적 존재에 이제는 결코 따르지 않는다는 것, 이것이 본래 우리의 사명이며, 이것을 우리는 먼저 이 세상에서 배우고 나중의 생활에서 그것을 완성해야만 한다. 인간이 제1대에서 그런 견고한 신념에 도달하는 것은 경험상 드문 일이지만, 일단 그 단계로 나아가면 고귀한 영혼에게는 비속한 것은 본성에 반하는 것이 되며, 또한 육체적으로도 혐오스런 것으로 느껴지기 시작한다. 그러나 영혼의 성장이 낮은 단계에 머무는 동안은 정신적으로는 비속한 것을 이미 극복했더라도 여전히 그것에 매력을 느끼고 유혹을 당한다.

그러면 고귀하지 않은 것을 하나하나 들어 보겠다. 먼저 허영이 그러하다. 그뿐 아니라 허영이 가득한 영혼은 더 비천하다는 것은 분명한 사실이다. 유독 호언장담을 하는 것이나 일반에게 하는 자화자찬, 또는 관대하게 보아 넘길 정도의 것이라 하더라도 모든 종류의 자기광고 등이 모두 그러하다. 이러한 경우 허영심은 부도덕은 아니라 해도 어쨌든 뛰어난 것은 아니고, 오히려 보잘것없고 속된 것이다.

다음으로 육체적 향락은 아닐지라도 어떠한 향락을 무턱대고 즐기는 것도 모두 고귀함이랄 수 없다. 고상한 인간은 언제나 향락을 초월해 있을 뿐 결코 향락에 빠지는 일이 없다. 비록 때로는 도덕적이고 죄가 없는 지극히 평범한 향락의 즐거움이라도, 그것이 겨우 한 단계만 올라가도 사치의 기쁨이 된다. 사치에는 이미 옳지 못한 더러움이 배어 있다. 왜냐하면 사치는 누군가 타인에게서 그 사람의 몫을 빼앗거나, 애초 사람들 사이에서는 안 될 불화나 분열을 일으키고 그것이 지속되도록 하기 때문이다. 스토아주의자가 극단적인 금욕주의에 빠지지 않고, 나아가 고상하고 간결한 생활방식을 취하는 것은 이미 유전적으로 고귀하게 태어난 영혼의 확고한 증거이다. 반대로 사치에 만족감을 느끼는 것은 벼락부자의 특징이다. 남의 돈을 빌려서, 그 결과 남에게 폐를 끼치면서까지 사치를 하는 것은 더할 나위 없는 비속한 짓일 뿐만 아니라 결국 악의 길로 빠져드는 경우도 드물지 않다.

자기 얘기를 자주 지껄인다든지, 특히 자기의 일*³이나 선행을 자랑하는 것은 결코 고귀하지 않다. 자기의 선행을 자만하는 것은 대개의 경우, 요란하게 떠들어댈 만큼 자격 있는 사람이 거의 없다는 점에서 보더라도 결코 고귀하다고 할 수 없다. 왜냐하면 아직 자기가 충분히 사용할 수 있는 것을 남에게 주는 사람은 드물며, 그저 쓰고 남는 것의 일부를 나누어주는 것에 불과하기 때문이다. 그러므로 그것은 그 사람이 정당하게 소유하고 있다고도 할 수 없을 만한 것이다. 진정으로 훌륭한 방법으로 선행을 하는 것은 대개 가난한 사람들뿐이다. 그들은 자기가 가진 모든 것을 주면서 서로 돕는 것을 당연한 일로 생각할 뿐, 주는 것을 명예라고도 생각지 않으며 받는 것을 수치라고도 생각지 않는다. 그렇지만 상층계급 사람들은 이따금씩 선행을 크게 자랑삼아 내보임으로써 가장 값싼 방법으로 그리스도교와 타협하려 애쓴다.

물론 또한 자기의 선행을 구태여 감추는 방식도 있는데, 이것은 나중에 발견되어 두 배의 칭찬을 받으려는 책략이다. 또 자선 시설에 기부함으로써 가난한 사람들과의 개인적인 접촉을 피하려는 것도 옳지 못한 일이며, 특히 그리스도교적이지 않다. 복음서는 그와 같은 단체에 대해서는 아직 아무것도 모르며(분명하게 그것을 배척하지는 않지만), 그저 간단하게 '원하는 자에게는 주라*⁴고 할 따름이다. 이 말에 덧붙여서 '상대를 상하게 하지 않는 것이 분명하다면' 정도의 것이라면 허용될 것이다. 실제로 줌으로써 상대에게 상처를 주는 일도 일어나기 때문이다. 굳은살이 박인 손이나 그다지 깨끗하지 않은 손을 잡는 것을 주저해 뒤로 물러서는 행동 따위는 진정한 고귀함과는 거리가 멀다.

또 대체로 변변치 못한 사람들을 경멸하는 것은 고귀하지 않다. 예를 들면 이 세상에서 진정으로 고상하다고 일컬을 만한 사람이 많이 섞여 있는 가난한 사람들이라든지, 어린이라든가, 그 밖의 온갖 핍박을 당하는 사람들, 나아가서는 동물에 대해서조차도 경멸하는 것은 고귀하지 않다. 특히 사냥은 고귀한 사람, 또는 자칭 고귀하다고 하는 사람들의 오락 가운데 하나이지만, 정말로 고귀한 것이라는 생각은 들지 않는다. 특히 전혀 위험하지도 않고, 어떠한 방어력도 없는 생물만을 죽이는 경우는 더욱 그러하다.

고용된 사람들에 대해서 언제나 진심으로 친절하게, 결코 거만하거나 비굴

---

*3 호세아 14장 4절.
*4 마태복음 5장 42절.

하지 않게, 친절하게 대하며, 또한 허물이 없지도 않지만 그러면서도 늘 아량 있게 배려하는 마음이 있다는 것은 참으로 위대한 기술이고, 더구나 1대에는 결코 습득할 수 없는 법이다. 그러나 이것은 언제나 고귀하다는 확고한 증거이다.

마지막으로 고귀한 영혼은 근본적으로 염세적인 기분에 빠지는 일이 없는 법이다. 염세주의자는 대개 너무 작게 타고난 영혼이며, 인생의 가장 좋은 보물을 얻기 위해 용감하게 분투할 줄도 모르고, 힘과 인내로써 그 보물을 손에 넣을 줄도 모른다. 그것을 얻지 못해 약이 오른 그들은 그런 인생 최고의 보물을 부정하려 하거나, 그것을 단념하는 것이야말로 인간이 도달할 수 있는 가장 높은 경지라고 말한다. 이런 것이 발전의 한 단계라면 모르지만 그렇지 않은 경우라면 그런 사람들은 언제나 생각이 좁고 이기적인 인간에 지나지 않는다. 우리는 이런 사람들에게 감탄과 경의를 보여서는 안 된다. 또한 '불평하는 사람'이나 무슨 일에건 비평하지 않고는 배기지 못하는 사람, 여성학대자, 또는 물건을 깜박했다거나 기차를 놓쳤다고 격분하는 지나치게 꼼꼼한 사람 등, 이런 사람들은 고귀하지 않은 사람이다.

반면에 가장 고귀한 것은 적을 사랑하는 것이다. 자기의 친구에게 잘해주거나 모든 사람에게 친절하고 공정한 것은 시민으로서는 장한 일이지만, 아직 고귀하다고는 할 수 없다. 헐뜯는 말도 태연하게 받아들이고, 적에게도 항상 공평할 수 있는 사람이야말로 순수한 정신을 가진 귀족이다.

고귀함의 완전한 전형은 그리스도이다. 많은 전기 작가들이 그리스도를 너무나도 외형적으로 깎아 내린 측면에서 그려내고, 게다가 유럽의 갖가지 견해를 사고방식이 다른 동양 세계에 들여놓는 것은 확실히 잘못이다. 그리스도가 보였던 고귀함의 전형은 어린 사람이나 가난한 사람, 학대당하는 사람이나 죄 있는 사람에 대한 더없이 부드러운 애정과, 당시의 모든 고위 인사, 부자, 권력자들에 대한 더없이 위대하고 침착한 자신감이 비할 바 없이 바르게 어울려 있었던 것이다. 더구나 이 자존심은 결코 반항적이거나 오만하지 않았다. 이것만으로도 이미 그리스도의 인격에, 순수하게 인간적으로 생각해서는 설명하기 힘든 각인을 새기는 것이다. 그 뒤로 그리스도의 이러한 전형에 따르는 것은 완전함을 추구하는 모든 사람의 과제이고, 이 전형을 원리적으로 거부하는 사람은 언제나 잘못된 이상을 추구하며, 더구나 그 목적을 이룰 수 없는 위험에 빠지는 것이다. 이와 같은 잘못된 이상을 추구한 대표적 인물이 스스로 고백하고 있다시피 모든 사람의 "가슴에는 두 개의 영혼이 살고 있다. 그 하나는 세차게 정욕을 태우며 뒤엉킨 관능으로 이 세상에 집착하고, 다른 하나는 앞뒤 가리지 않고 티끌 세상을 떠나서 고상한 선인의 세계로 오르려 한다" [*5]고 말한 괴테이다.

확실히 고상한 사람의 세계로 오르려면 늘 자신에 대한 강력한 태도와 천상의 세계에 대한 신앙이 필요하다. 마음에 깃든 두 영혼 가운데 비천한 쪽을 충분히 극복하지 못했던 이 위대한 시인은 그의 유명한 작품의 제2부에서 이렇게 말하고 있다. "눈을 깜박이며 하늘을 올려다보고, 구름 위에도 나 같은 사람이 있다고 공상하는 녀석은 바보이다. 그보다 대지에 단단히 발을 딛고 이 땅을 둘러보아야 한다. 이 세상은 할 일이 있는 인간에게는 숨기지 않는다." [*6] 이 말에 대해서는 다음과 같이 대답해야 한다. '고귀하려면 얼마쯤 어리석은 것도 필요하다. 더구나 이 어리석음은 인간의 그 어떠한 지혜보다도 영리하다'고.

진정한 고귀함을 방해하는 가장 커다란 장애는 참되지 않은 고귀함과 인간에 대한 공포이다.

오래 지속되는 인간의 단체에는 모두 어떤 종류의 '귀족'이 들어가 있게 마련인데, 그것은 그러한 것이 필요하다는 증거이며, 동시에 단체를 부패시키는 주된 원인이기도 하다. 역설적으로 말하면 귀족은 법적으로 그 존재가 인정되지 않는 경우에는 가장 순수하고 훌륭한 것이지만, 법적 권력을 쥘 때는 가장 사악한 것이 된다고 할 수 있겠다. 오늘날 이러한 상층계급에 속하는 사람들은 때때로 자기도취에 빠진 망상을 품고 살고 있는데, 그것은 계통적인 교육이 모든 훌륭한 식견을 가로막고 있기 때문이다. 즉, 그들은 사회에 대한 자기들의 책무는 그저 자기들이 생존하는 것뿐이라거나, 아니면 영국에서 말하는 '상류계급 1만 명' 외에는 자기들에게 사회 같은 것은 존재하지 않는다고까지 생각한다. 또 그들은 전체 삶 속에서 이른바 '아름다움'을 대표하면 그것으

---

*5 괴테 《파우스트》 제1부 1112~1117.
*6 《파우스트》 제2부 11443 이하.

로 충분하다고 생각하는데 그에 대한 구실로, 예를 들면 '장미는 자신을 아름답게 꾸미면 정원을 꾸미는 것이 된다'거나, '신분이 낮은 사람들은 일을 해서 지불하지만 고귀한 사람은 그 존재 자체로 지불한다'는 문구를 갖다 붙인다. 나중의 말은 좀 낫기는 하지만 역시 이따금 잘못 쓰이고 있다. 이 말은 올바른 의미로 해석하면 분명히 진리이다. 왜냐하면 고상한 행위는 고상한 존재에게서 저절로 필연적으로 생겨나는 법이며, 그러한 존재가 배후에 없으면 고상한 행위로 보이는 것도 단순한 위선에 지나지 않기 때문이다. 따라서 고상한 성질을 지닌 사람이 가지고 있는 가장 확실한 표시 가운데 하나는 그들이 행복한 사람들보다도 오히려 불행한 사람들 쪽을 좋아한다는 점이다. 그렇지 않은 경우는 신의 축복을 받은 진정한 귀족적 천성을 가지고 있는 것이 아니며, 비록 외적 지위가 어떠하든 그것은 평범한 것에 불과하다.

어딘가 오만해서 남이 근접하지 못하는 태도는 확실히 스스로를 높게 여기는 인간이 좋아하는 행동이며, 그들은 그것을 고귀하다고 생각한다. 그렇지만 신의 손길이 닿으면 결코 그렇게 되지 않는다. 신은 어떤 사람에게 은혜를 주려 할 때 오만한 태도를 버리지 않을 수 없는 상황으로 그 사람을 몰아간다. 왜냐하면 일반 사람들의 운명으로부터 멀리 떨어져서 그것에 대해 전혀 알지 못하는 반신(半神)들은 아무에게도 사랑을 받지 못하기 때문이다. 그들은 그런 '예외적 지위'를 얻은 대신에 참된 사랑을 알지 못하기 때문에 너무나도 값비싼 쇼핑을 한 셈이다.

그렇지만 참으로 이상한 것이 있다. 그것은 인간 사회의 가장 쓸모없는, 더구나 그 쓸모없음을 자랑하는 극락조와 같은 이들이, 그들의 존재 전체와 세계관 전체가 그리스도교의 기본이 되는 원리와 모순되는데도 여전히 그리스도교의 열성 신자로서 행동하고 있는 것이다.

그러므로 크롬웰의 말 그대로일 것이다. 즉 '그리스도가 염두에 두었던 일은 민중의 일과 일치한다'는 것이다. 그렇지만 통속적 의미의 고귀한 정신은 복음을 즐겨 듣거나, 그렇지 않으면 복음을 본래 정해진 목적과는 다른 목적으로 이용하려 시도하거나 할 뿐 그 이상으로는 나가지 않는다.

물론 이와 같은 타고난 귀족도 내적으로 고귀하지 않는 한 진정으로 고귀할 수는 없겠지만, 그들보다 더 고귀하지 않는 것은 하층 서민계급에서 귀족으로 벼락출세한 사람이다. 이런 사람은 대개 타고난 노예근성에서 아직 벗어나지 못했다. 또한 엄청난 부를 쌓아서 벼락부자가 된 거만한 귀족도 고귀하지 않은 것이 일반적이며, 그들에게는 자기의 재산이 정당한 것인지 아닌지에 대한 감정마저도 결핍되어 있다. 그런 사람에 대해서 데모스테네스는 이런 사람은 틀림없이 노예의 자식과 바꿔치기된 것이며, 자유로운 국가의 조직에는 전혀 맞지 않는 인간이라고 했다.

오만은(비록 재능이나 성공에 관한 오만이라 하더라도) 비천한 영혼을 가지고 있다는 움직일 수 없는 증거이다. 이에 반해 자만에 대해서는 무조건적으로 오만과 똑같다고 말할 수는 없다. 오히려 자만으로부터의 구제, 즉 겸손이 은총의 문 안에서 비로소 모든 잘못을 스스로 정화하는 사람에게만 주어지는 법이라고 한 것은 단테의 위대한 교훈문학의 커다란 사상적 특징이다. 즉, 그 전에는 자만보다도 더욱 영혼의 고귀함에 어긋나는, 그보다 더한 다른 비천한 죄를 막기 위해서 그 사람은 아직 자만이 필요한 것이다.

진정한 귀족은 신의 소명에서 비롯되는 것인데, 이 사실은 언제까지나 변함이 없을 것이다. 하느님은 이 세상에서 오직 하나의 올바른 '주'이고, 이 외에 다른 '주권'은 존재하지 않으며*7 신은 그에 적합한 능력이 있다고 인정하는 자를 직속 신하로 삼는다. 또한 개인주의, 즉 자기의 본성과 자유의지를 지니는 주권은 선하게 적용되는 한 모든 인권 가운데서 절대로 포기할 수 없는 권리이며, 어떠한 정치적 민주제도도 이 권리를 없애지 못하고, 또 없애지 않으리란 것은 확실하다.

이와 같은 개인주의를 배제하고 좀더 저급한 계급의식이나 군집의식을 존중하거나 또는 일반적인 평균 교양을 지향하는 것은 말할 것도 없이 야만을 의미한다. 그러나 개인주의를 획일적이고 이기적으로 단지 자기를 위해서만 널리 펼치는 것은 범죄 아니면 광기를 의미한다. 형식의 아름다움은 그것이 건강한 선(善)의 땅에서 꽃피는 경우는 각 개인 및 모든 세대의 교육에서 그 가치와 권리를 지니기 마련이다. 그렇게 되어야지만 형식의 아름다움은 남자다운, 바꿔 말하면 고대적 의미의 덕이나 중세적 기사도의 완벽한 표현이 된다. 오늘날에는 그런 것은 단지 일반적이고, 세계 시민적인 '신사적'(gentlemanlike)이라는 형태로밖에는 남아 있지 않지만, 그런 형식에 있어서도 여전히 정신적 내용

---

*7 마태복음 23장 9~12절.

이 없는 공허한 틀에 지나지 않는 경우가 적지 않다. '온후함(gentleness)은 남자다움(manfood)과 결혼할 때 인간을 만든다'. 그렇지 않으면 인간은 생겨나지 않는다.

"인간을 두려워하면 덫에 빠진다, 그러나 주를 신뢰하는 자는 평화롭다"고 어떤 현명한 잠언 시인은 말하였다. 이것은 대단히 좋은 경험을 한 것과 비슷한 수준의 말이다. 인간을 두려워하는 것은 언제나 나쁜 길로 이끌게 마련이며, 또한 언제나 사소한 일에 연연하고 비속하다. 그렇지만 올바른 행동을 하는 한 반드시 신이 자신을 지켜준다고 믿어도 된다. 눈에 보이지 않는 신을 위에 모시고 있지 않다면, 물론 아무도 언제나 두려움 없이 지내지는 못한다. 아무리 지위가 높은 사람이든 권세가 지극한 사람이든 모두 그러하다.

인간에 대한 공포와 결부되어 파생하는 갖가지 작은 악덕이 있다. 증오, 질투, 복수심, 원한, 심술, 타인에 대한 옳지 못한 판단 등이 그것이다. 더없이 비속한 이 모든 것들은 공포의 결과이다. 금전이나 재물을 향한 끝없는 추구, 즉 소유욕은 오직 자기 혼자만을 위해서 긁어모으려는 미치광이 같은 성향에서 온다기보다는 때때로 '생존경쟁'에서 한 자리를 차지하고 그것을 유지하려는 (만약 신이 계시지 않는다면) 정당한 필연성에서 생겨난 것이다. 더구나 이 자리는 우연한 사건이나 타인의 행복을 시샘하거나, 또는 증오하는 사람들의 우세한 대군의 공격에 대해서도 충분히 안전하다고는 말할 수 없는 것이다. 만약 그러한 공포가 없었다면, 아니 하다 못해 소유욕에서 오는 공포만이라도 이 세상에 없었다면, 어쩌면 세상에는 완전히 재산이 없는 사람도 없고 사회문제도 일어나지 않을 것이다.

이와 같은 희망이 끊긴 상태를 개선하고자 한다면, 한편으로는 정당하게 주어진 행복의 몫을 받아보지도 못하고 단 한 번뿐인 짧은 인생을 보내야만 한다는 공포를 안고 있는 사람들을 그 공포에서 해방시켜 주어야만 한다. 그들은 그 공포 때문에 무리하게 행복을 점령하려는 반미치광이 같은 노력에 어쩔 수 없이 내몰릴 것이기 때문이다. 다른 한편으로는 현재 세상에 있는 재물을 모두에게 분배하면 모두가 가난하고 참혹해지지 않을까 걱정하는 사람들을 그런 불안에서 벗어나게 해 주어야 한다. 이 두 견해의 대립을 어떻게든 조정하려는 것에 오늘날의 노력이 모아지고 있으나 애당초 헛수고이다. 그런 사고방식은 원래 어떠한 고귀함도 지니지 않은 것이다.

확고한 신앙의 토대 위에 서서 공포에서 해방되고, 그래서 완전히 고귀해진 영혼은 아름답기는 하지만 오늘날에는 극히 드물다. 오늘날 극히 적은 사람밖에는 이 목표에 도달하지 못한다. 더구나 그것도 심각한 회의에 빠지거나, 커다란 고뇌를 겪거나, 멀리 돌아서 가거나 하지 않으면 그곳에 도달하지 못한다. 몇몇 사람들은 선구자들에 의해서 그 길에 익숙하고, 이미 어떤 단계에서 시작해서 단지 앞으로 나아갈 노력만 하면 되는 경우도 있지만, 그렇더라도 여전히 목표에 도달하는 사람은 적다.

새로 태어나는 아이들은 모두 그러한 높은 사명을 분명하게 지고 있건만, 나이가 들면서 대개 이 사명을 달성하는 것이 차츰 불가능해지는 것은 참으로 슬픈 일이다. 그렇기는 해도 이러한 최고의 목표에 도달해야만 하는 사명을 띤 많은 사람들 가운데 단 한 사람이라도 그 사명에서 벗어나려는 자가 있다면, 그에게는 무서운 저주가 내릴 것이다.

그러나 첫머리에서 언급했다시피 이 세상에는 고귀한 영혼만 있을 수는 없다. 만약 그렇게 된다면 실로 '영원한 평안의 상태'일 테지만 말이다. 고귀한 사람들뿐인, 그리고 '그 밖의 것을 받아들이지 않는' 사회가 있다고 한다면 그것은 내세(來世)일 것이다. 물론 우리가 내세라는 것을 상상할 수 있을 때의 이야기이다. 그러나 시대의 흐름이라는 그때그때의 사악한 신 '바르'에게 무릎을 꿇지 않는 사람, 자기의 자연적 성질에 따라서 '생을 향락으로 일관하는' 것 (그것이야말로 야수성이다)을 원치 않는 사람이나 신이 언제까지나 이 땅에 머무르기를 바라 마지않는 사람, 그런 사람들이 적어도 몇 명쯤은 항상 있어야 한다.

모든 사람은 다 고귀한 사람이어야 할 사명을 띠고 있다. 특히 그리스도 교단에 속하는 사람은 더더욱 그러하다. 사실 근면한 사람만이 '선택받은 사람'이 될 수 있다 하더라도 그것은 누구나 될 수 있는 선량한 사람(엘리트)이다. 이러한 종류의 귀족은 항상 존재할 것이며, 여러 국민의 정치생활에서 민주적 체제가 우세해지면 우세해질수록 가까운 장래는 고귀한 사람들의 손에 돌아올 것이다. 만약 이 귀족들이 진정한 사람이라면 늘 신에 의해서 인정되고 수

호될 것이다. 민중 속에 전혀 기반을 갖지 않은 귀족은 분명히 거짓된 또는 퇴화한 귀족이므로 제거당하는 것이 당연한 결과이다.

진정한 귀족계급에게는 일반의 법과는 다른 한결 엄격한 법이 적용된다. 평범한 영혼이 갖는 행복이나 향락에 대한 욕구 이상의 것이 진정한 귀족에게는 요구되는 것이다. 진정한 귀족이 줄곧 고귀한 심성을 갖는 것은 오로지 고뇌에 의해서이므로, 만약 그들이 완전하게 고뇌로부터 해방되거나 속된 동기에서 출발한 어떤 일에 성공하거나, 그것을 관대하게 보아 넘기기라도 한다면 그것은 그들에게 오히려 좋은 일은 아니다. 고뇌의 정화력을 믿고 고뇌의 필연성을 믿는 것은 참된 윤리학의 핵심이자 중심점이다. 비록 그 윤리가 그 밖의 점에서는 철학적 기초 내지는 종교적 기초 위에 서려 한다 해도 그렇다.

운명 가운데 가장 고귀한 운명은 기꺼이 참고 견딘 고뇌이며 거기서 많은 사람들을 위해서 생겨나는 축복이다. 그리고 오늘날 거창하게 신앙을 고백하는 많은 사람들보다도 종교 같은 것은 조금도 알려고 하지 않는 사람들 쪽이 왜 내적으로 종교에 더 가까운가 하는 수수께끼를 푸는 열쇠도 바로 이 점에 있다. 고뇌를 자진해서 받아들이고 그것을 자신보다 나은 본질을 세우기 위해서 이용할 수 있는 사람은 고상하고 패배하지 않는 사람이다. 이런 사람은 설령 그의 지성이 고정적으로 행하는 신앙고백에 반대된다 해도 근본적으로는 역시 종교적 본성의 소유자이다. 어떠한 종파에 속하든지 뛰어난 신앙을 지닌 사람들에게는 실제로 모든 제한을 초월해 암묵적 일치가 존재하는데 그것도 바로 이 한 가지 점에 있어서이다.

그러므로 고귀한 영혼은 엄연히 이 세상에 존재하며, 어쩌면 결코 끊이지 않을 지극히 많은 부정을 견디지 않으면 안 된다. 또한 자기의 운명, 타인의 운명에 있어서 마주치는 부정에 좌절하는 일이 있어서는 안 된다. 그뿐 아니라 어리석은 인간이라는 따위의 평판을 받더라도 그것을 크게 마음에 두지 말아야 한다.

가장 뛰어난 재능을 가진 사람이 반드시 가장 큰 일에 적합하다고 말할 수는 없다. 이스라엘의 대예언자가 신의 이름으로 이렇게 묻고 있는 것은 대단히 의미 있다. "나의 종 이외에 누군가 소경이 있는가. 누군가 내가 보낸 심부름꾼

같은 귀머거리가 있는가."*8

마찬가지로 그리스도도 자주 하느님의 나라에 들어가려면 어린아이 같아야만 한다, 영리한 사람보다 영리하지 않은 사람이 어린아이에 가깝다고 말하고 있다.*9 이와 같은 일이 종교개혁 시대에 대단히 많은 사람들에 의해 실증되었다. 그들은 그 시대의 현명한 사람들이었지만 신앙의 문제에 대해서 '지식인다운' 공정함과 자유로운 입장을 버릴 결심을 하기가 어려웠다. 왜냐하면 학자들은 이 문제는 '다른 관점으로도 고찰할 수 있다'는 것을 분명하게 알았기 때문이다. 이것이야말로 오늘날에도 여전히 많은 지식인들이 꽁무니를 빼는 어려움이다. 그들이 볼 때는 그리스도교가 조금만 시대의 요구에 순응하고, 도덕적인 준엄함을 느슨히 하고, 또한 증명할 수 없는 초감각적 일들에 대한 절대적인 신앙을 요구하는 것을 얼마간이라도 버리려 한다면, 그리스도교는 지식인이 받아들이기에 매우 좋은 상황이 되리라는 것이다.

확실히 그리스도도 당시에 자기의 사명을 실제로 일어난 것과 '다르게 해석할' 수도 있었을 것이다. 또 그가 받은 시련이 하늘의 높은 사명을 띤 사람이라면 누구든지 일생에 한 번은 만나게 되는 일이며, 그 사람은 그것이 일어난 장소와 날짜를 들 수 있을 만한 사건이었다. 이 경우에 그 사람이 올바른 길을 걷고, 그 뒤에 전 세계의 반대에 부딪쳐도 그 길을 고수하고 갈팡질팡하는 일이 없었다면 다행이다. 결국 '전 세계'는 단 한 사람을 상대로 해서라도 역시 굴복시키지 않을 수 없었던 것이다. 오늘날에도 우리는 가장 큰 문제라고 할 만한 것도 못 되는 일에 대해서조차 때때로 다음의 대담한 말이 진실임을 경험한다.

"너의 뜻을 지켜 흔들리지 않는 것이 세상을 만들어낸다."*10

---

*8 테니슨 《성배》.
*9 마태복음 11장 25절, 18장 3절.
*10 동요하는 이 시대에
　　나까지 흔들리는 것은
　　단지 화를 더하게 할 뿐.
　　자기의 뜻을 지켜 흔들리지 않는 자만이
　　세상을 만들어낸다.
　　　　　　　　—괴테의 시 〈헤르만과 도로테아〉의 마지막 시구

그러므로 이 세상에는 항상 그런 사람들을 위한 좌석과 또한 그들이 있어야 할 필요가 있다. 그래야 그들은 자신에게 어울리는 몫을 맡는 것이다. 물론 그러려면 갖가지 어려움을 겪지 않을 수 없거니와 실제로 어려움을 전혀 겪지 않는 것은 그들에게 필요하지도 않고 또 좋은 것도 아니다.*11

　마지막으로 이러한 사람들과는 다른 쪽에 서 있지만, 대단히 총명한 어떤 사람이 한 말은 매우 옳다.

　"생존경쟁에서는 가장 위가 항상 여유가 있게 마련이다." 단지 아래쪽의 중간쯤 되는 좌석만이 초만원인 것이다.

　그러므로 젊은 독자여, 아니면 지금까지 행복을 찾고 구했으나 채우지 못한 독자 여러분이여. 지금 당장 최고의 것을 향해 노력하라. 첫째, 그것은 가장 확실하고도 최상의 것이다. 왜냐하면 그것은 신의 의지이며, 또한 그대에게 내린 신의 소명이기 때문이다. 둘째, 그것은 모든 목표 가운데 가장 만족을 얻을 수 있는 것이며, 다른 목표는 모두 많은 고통과 환멸을 수반하기 때문이다. 마지막으로 그것은 똑같이 승리의 영예로운 관을 향해 사람들과 경쟁하면서도 우정과 서로 간의 도움이 필요한 유일한 목표이다. 그리고 마침내 그 목표에 도달했을 때, 그대를 맞이하는 것은 선망자나 은밀한 적이 아니라 성실한 친구와 동지, 즉 고귀한 영혼뿐이다. 사람은 그와 같은 사람들과 함께가 아니면 참되고 평안하며 행복하게 살지 못한다.

* * *

　행복은 사냥꾼처럼 쫓기만 하면 반드시
　잡을 수 있는 것이 아니다.
　용기와 체념으로
　맞서 싸워야만 한다.

---

*11 욥기 5장 17~26절, 마가복음 19장 28~30절.

초월적 희망

1

이 땅에서 우리의 삶은 더없이 축복을 받은 경우에도 뭔가 수수께끼 같은 부족함을 남기고 끝나는 것이 보통이다. 바꿔 말하면 소질과 그 완성, 사명과 그 달성 사이에 설명하기 힘든 모순을 지닌 채 끝나는 것이다. 그러나 그래서는 안 된다고 한다면 이 땅에서의 삶은 모든 생명의 끝이 아니며, 또한 우리 운명의 결론일 리 없다는 것이 된다. 이것은 이 문제를 깊이 생각하는 사람, 즉 이와 같은 문제를 외면하고 죽음은 엄연히 존재하는 절망적 숙명이라며 쉽사리 이것을 수용하지 않는 사람이라면 누구나 분명하게 알 것이다.

그러므로 사색하는 인간으로서 계속되는 생명을 믿지 않는 자의 삶은 모두 깊은 죄로 끝나는 것이다.*[1] 몸과 마음의 힘의 감퇴는 내세의 희망을 모르

---

*1 아무 희망도 갖지 않은 사람에게서 볼 수 있는 이러한 인생 최후의 모습은 이미 고등동물에게도 나타나고 있다. 늙은 개는 조용하고 신경질적이 되고, 전에는 짜증이 심했던 말도 완전히 풀이 꺾이고, 새도 나이가 들면 더 이상 노래하지 않게 되며, 늙은 암사슴이나 사자는 가련하고 쇠약한 모습이 된다. 교양이 높은 사람의 경우 미래의 생명을 믿을 수 없다면, 그의 만년은 흔히 자연에 묻혀 사는 형태가 되기 십상이지만, 여하튼 이것도 역시 고독한 사색적 존재의 가련한 최후이다. 현대의 어떤 유명한 의사는 만년의 편지에서 그에 대해 다음과 같이 쓰고 있다.

"나는 항상 가족들에게 어떤 편지에나 자신이나 나의 기분에 대해 이리저리 연극을 해 보여야만 합니다. 때문에 언젠가 이런 구속으로부터 벗어날 수가 있다면 즐거우리라 생각합니다. ……인간이란 아무리 좋아하는 상대라도 기껏해야 1시간 가량이지 그 이상은 곁에 없었으면 하고 바랍니다. 그래서 가족에게도 아무도 오지 말라고 당부해 놓습니다. 인생에서 나의 기쁨은 바다나 섬, 하늘이나 월계수 등을 바라보는 것입니다. 하루종일 사랑하는 태양이 내 방과 마음속으로 비쳐듭니다. 그러면 나는 행복합니다. 분명 당신도 대학에서 이루어지는 헤르만 그림의 〈노년에 대하여〉라는 아름다운 강연을 아실 테지요(이것은 야곱 그림을 잘못 안 것이다—역자 주). 이것은 키케로의 《노년론》과 견줄 만한 것입니다. 그 강연에서 그림이 한 말은 모두 내 심정과 정확히 일치합니다. 인간의 세계는 이렇게 해서 차츰차츰 우리의 다리 아래로 가라앉아 가는 것입니다. 우리는 하늘과 땅이 우리와 함께, 우리의 곁에, 우리의 아래와 밑에, 즉 어디에나 있음을 봅니다. 한편 우리는 자기가 바위나 숲,

는 마음을 불쾌함과 때로는 불안감으로 채운다. 이것은 이 세상에서 그 어떤 행복한 경우에 있더라도 벗어나지 못한다. 사람이 한 일은 죽은 뒤에 남는다거나, '육체는 티끌로 돌아가더라도 위대한 이름은 후세에 전해진다'고 생각해 보아도 인생의 무상함은 역시 위로되지 않는다. 그렇게 되면 어떤 사람은 억지로 더욱 열렬하게 활동을 계속해서 꺼져 가는 인생 최후의 몇 분간을 다 이용하려 한다. 그것은 자기를 위해 뭔가 기념될 만한 것을 남기고, 또 자기의 죽음에 대한 세상 사람들의 애도를 한순간이나마 확보해 두려 하기 때문이다. 그런 한편으로 노년에 이르는 사람들 가운데는 이미 잠들어 있던 향락욕이 불가항력적인 힘으로 모든 방면에 눈떠서 얼마 남지 않은 생명의 불꽃을 다시 태우려는 경우도 있다.*2 그러나 어떤 경우든 생명이 계속될 것이라는 희망을 가질 수 없다면, 결국은 제어하기 힘들게 닥쳐오는 알지 못하는 것 앞에서 주저앉거나, 죽음의 문제 따위는 전혀 생각하지 않으려 애쓰거나, 기껏해야 죽음은 피치 못할 운명이라며 스토아식으로 참고 따르는 것이 고작이다. 다만 그러한 생명 존속의 희망을 가질 수 있는 경우에만 죽음은 친절하고 엄숙한 사자(使者)이며, 지친 나그네에게 여행길이 끝났음을 알리고 한 걸음 한 걸음 힘들

폭풍이나 파란 하늘처럼 자연의 한 조각으로서 모든 것 안에 나뉘어 있음을 느낍니다만, 동시에 그에 의해 우리 자신을 자연 전체로도 느끼는 것입니다. 즉, 대우주의 한 조각으로서가 아니라 우주 전체로서 느끼는 것이지요."

마찬가지로 매우 성공적인 삶을 보낸 현대의 유명한 어느 기술자의 추억담도 다음과 같은 말로 끝나고 있다.

"나의 일생은 아름다웠다. 그것은 주로 풍부한 성공으로 축복을 받은 노력과, 유익한 일의 삶이었기 때문이다. 그런데도 마지막으로 나의 일생이 끝으로 치닫고 있음에 대한 슬픔을 기술하는 것은 내가 사랑하는 사람들과 헤어져야만 하는 고통과, 자연과학 시대의 충분한 발달을 위해서 앞으로는 협력할 수 없다는 고통 때문이다."

월터 폰 데어 포겔와이데가 임종 때 지은 시에 있는 다음과 같은 말을 참조했으면 한다.

"슬프다, 내 모든 세월은 어디로 사라져 가는가."

나이든 시인들이 자기의 삶에 깊은 종교적(어쩌면 그들 스스로가 반드시 충분히 자각하지 않는다 하더라도) 기반을 지니지 않을 때는 종종 슬픈 인상을 주기 마련이다. 대개 노년이란 모든 천박한 인생관에 대해 내려지는 잔혹한 심판이다.

*2 특히 이와 같은 현상에 대해서 최근에는 'Johannistrieb'(6월의 요하네 축제 무렵에 나오는 두 번째 싹. 늘그막의 사랑이라는 의미)이라는 완곡한 문구가 고안되었는데, 그것은 참으로 한탄스러운 일이다. 스펄전은 그의 설교에서 자기의 교구에서 경험한 커다란 과실은 모두 젊은 사람들이 아니라 오히려 이렇게 이미 노년에 접어든 사람들이 한 것이었다고 술회하고 있다.

여 올라온 정상에서 이제 곧 넓디넓고 새로운 세계를 볼 수 있는 때가 가까웠음을 알려준다. 이와 같은 희망을 갖지 않은 사람들에게 죽음은 중세풍의 죽음의 춤을 연기하는 추악한 해골에 지나지 않는다. 아니면 적어도 클레멘스 브렌타노의 멋지고 아름다운, 그러나 깊은 비애가 감도는 시처럼 가차없이 베어 쓰러뜨려 가는 잔혹한 잔디깎기 기계이다.[*3]

여기서 비로소 인간 사이의 모든 차별 가운데 가장 중요한 것이 확연하게 드러난다. 인생의 끝에 다가가면 '마음이 깨끗한 어리석은 자'가 오히려 당당한 승리를 거두는 것이다. 왜냐하면 다른 사람은 모두 가을 낙엽 하나하나에 희망 없는 멸망의 감정을 느끼는데, 그는 벌거벗은 나무에서도 이미 새롭게 싹이 트는 부드러운 봄을 보기 때문이다. 그리고 생애의 마지막 날에 '너는 흙이니 흙으로 돌아갈 것이다'[*4]라는 도저히 어쩌지 못할 죽음의 선고를 들을 뿐만 아니라, 또한 '일어나서 빛을 비추어라. 구원의 빛이 너에게 비치었으며, 주의 영광이 아침 해처럼 너의 위에 떠올랐다'[*5]라는 생명의 말도 듣는 것이다.

2

죽음의 문제는 인생 문제 가운데서 가장 중요한 것이다. 이에 대한 사람들의 태도는 각자의 성격을 확연하게 드러낸다. 이 문제에 관한 그 사람의 생각을 알아두면, 그의 인생관 전체를 명료하게 짐작해 볼 수 있을 것이다.

또한 죽음에 대한 공포는 모든 철학의 가장 좋은 시금석이다. 죽음의 공포를 극복하지 못하는 철학, 아니면 기껏해야 인생의 무상함에 관한 암울한 고찰로 이끄는 데에 지나지 않는 철학은, 우선 실제적으로도 대단한 가치를 지니지 않으며, 철학으로서의 목적을 충족한다고도 할 수 없다. 그러나 이와 같은 철학은 그 자체로서 이미 이성에 필적하지 못한다. 애당초 죽음이라는 것이 없다면 어떻게 합리적인 인간적·사회적 상태를 생각할 수 있겠는가. 실제로 뛰어난 인물이라도 지나치게 오래 산 까닭에 동시대 사람들에게 분명한 재앙이 되었던 예는 적지 않다. 죽음은 원래 조화(造化)의 조화(調和)를 흩트리는

[*3] '그것은 죽음이라 불리는 잔디깎기 기계이다.'
[*4] 창세기 3장 19절.
[*5] 이사야 60장 1절.

격렬한 불협화음 같은 재앙이 아니라 오히려 행운이기까지 하다. 즉, 선과 악이 싸워야만 하는 이 세상이 어떻게든 존립할 수 있으려면 죽음 없이는 생각할 수 없다.[*6]

어떤 사건이 일어나든 '마음이 흔들리지 않게 된' 사람이라도 그 동안의 실패나 고통이 때로는 무겁게 밀려와서, 이 땅은 그저 스쳐 가는 곳에 불과하며 언젠가는 이런 생활에서 '구출'될 것이 틀림없다고 생각하게 되는 것만은 확실하다. 아무리 행복하게 사는 사람이라도 그런 기분을 모르는 사람은 없다. 비록 자기 운명에 만족하는 사람이라도 자기 민족이나 나아가 몇 백만의 사람들을 생각하면 도저히 만족할 수 없을 것이다. 왜냐하면 사람들의 생활이란 단지 결핍과 자신의 잘못된 모습의 기나긴 연속에 불과하며, 거기에서 구제하려는 모든 시도마저 비웃음을 당하기 때문이다. 이런 심정을 독일의 옛 시인 하인리히 폰 라우헨베르크(1455년)는 다음과 같이 노래하고 있다.

이 세상의 할 일을 끝내고
고향으로 돌아가고 싶다.
고향에는 죽음이 없는 삶이 있고
고뇌가 없는 완전한 기쁨이 있으니.
거기서는 천 년도 하루 같으며
슬픔도 없고 다툼도 없다.
내 마음아, 있는 힘껏 용기를 내어
그 어떤 보배보다 나은 보배를 구하거라.
그러나 이 땅에 머물지는 못하리,
비록 오늘이든 내일이든.
그러면 이 땅에 신의 축복 있으라,
저기 천국으로 나는 여행을 떠나노라.

그러나 이것 역시 올바른 죽음은 아니다. 사람은 '목숨을 다하고 죽을'[*7] 수도 있으며, 노년은 만성적이고 끊임없이 위중해져 가는 불치병 같은 것은 아

---

*6 창세기 3장 22절.
*7 마가복음 15장 39절. 스펄전의 《구약성서 원전에 관한 설교》 참조.

니다. 그렇기는커녕 이 세상에서 가능한 것보다도 한층 고귀하고 순수한 생명을 향한 끊임없는 진보이자 발전일 수도 있다. 이 경우에 죽음이란 단지 현재 생활과 비슷한 내세로 가는 자연스럽고 무리 없는, 또한 어떠한 논리에도 어긋나지 않는 이행에 불과하다. 즉, 이 땅의 생활이 단지 계속 이어지기만 하면 되는 것이다. 과일은 익어서 땅으로 떨어지지만 그것은 유용한 수확을 위해서이지 썩기 위해서가 아니다.

게다가 사후에 다시 깨어나는 일이 없다고 가정하더라도 현세에서 죽은 뒤 부활을 믿었던 사람이 잘못 생각했다고 난처해할 것은 없다. 그들은 그러한 환멸을 의식하지 않고 그저 일반 사람들과 운명을 함께하면서 사라져 갈 따름이다. 그런데 반대로 부활이 실제로 있다고 한다면, 그것을 믿지 않았던 사람에게는 그것이 즐거운 일일 리가 없다.

실리적으로 말한다면 신앙의 이익은 다음과 같은 점에 있다. 즉, 신앙을 가진 사람은 만일 그 신앙이 착각이었다 하더라도 신앙을 갖지 않은 사람보다 현세에서나 죽은 뒤에 불리해지지 않으며, 또한 그 신앙이 올바른 경우에는 더욱 이익을 얻게 된다.

3

여하튼 생명이 지속되는 것에 관한 우리의 희망은 어디까지나 희망이지 증명될 수 있는 확실한 사실은 아니다. 그러나 이것은 물론 근거 있는 생각이다. 첫째, 이것은 다음과 같은 근거에 바탕한다. 즉, 인간에게는 다양한 소질과 능력이 주어져 있건만 그것들을 충분히 펼치기에는 인간의 일생이 너무나도 짧다. 그러므로 그 소질과 능력이 죽은 뒤에 한층 발달하는 것이 아니라면 그 소질과 능력은 목적 없는 것이 될 것이다. 특히 젊어서 죽는 사람들에 대해서는 확실히 그러하다.

두 번째로 우리는 이 확신에 대해 그리스도의 명백한 증언을 가지고 있다. 내세가 없다면 그리스도의 인생관 전체가 커다란 착각 위에 서게 될 것이다. 인격의 부활은 그리스도교가 우리에게 주는 가장 확실한 약속 가운데 하나이다. 이 약속이 없으면 그리스도교는 대단히 의심스런 진리와 인생 가치를 지닌 것에 불과할 것이다. 물론 그것은 그리스도교의 신앙 곳곳에 있는 바와 같이 글자 그대로의 의미로 '육체의 부활'은 아니다. 적어도 많은 사람이 이해하고 있는 그런 의미의 것이 아니라, 그리스도 자신이 가르치고, 사도 바울도 때때로 널리 알렸던 그런 의미의 부활이며, 그것만이 우리를 만족시킨다. 왜냐하면 부활할 때 우리의 개성을 잃고 싶지 않거니와, 욥이나 프로이센의 공주가 말한 것처럼 '전혀 다른 사람'이 되어 부활하고 싶지 않지만, 만약 그렇게 된다면 우리의 이 생명이 존속하는 것이 아니게 되고, 부활의 문제 전체가 무의미해진다. 그렇다고 해서 '우리 육체의 허약함'을 그대로 지닌 채 내세에서 살고 싶지 않은 것도 확실하다. 그러므로 어떤 경우에나 인간의 모든 존재를 깊게 뒤흔들 만한 강렬한 변화가 반드시 필요하다. 이런 변화를 위해 가톨릭 교회에서는 특별한 준비단계를 인정할 정도이다.

이와 같이 변화한 내세의 생활에 대해 우리는 자세한 것은 전혀 알지 못한다. 특히 내세에서 삶을 이어가는 사람들이 어느 정도까지 현세의 상태에 관한 의식을 갖는가 하는 것, 이것은 내세에서 계속 사는 이상 논리적으로 당연하며, 그렇지 않다면 생명의 계속은 아니겠지만, 이것 역시 우리는 알지 못한다. 나아가 내세 사람들이 이 세상에 남아 있는 가족들과 어느 정도로 유대를 유지할 수 있는가 하는 것도 모른다. 그러나 그런 것이 가령 우리에게 계시된 경우가 있다 하더라도*8 현재 우리의 지각기관으로는 포착할 수 없을 것이다. 마찬가지로 내세의 '영원한 영광'에 대해서도 인간은 원하는 대로 즐겨 공상해 왔으나 그에 관한 모든 묘사는 전혀 있을 수 없는 비유, 또는 지극히 불완전한 비유를 빌려서 표현된 공상에 불과하다. 그것은 마치 우리가 현재의 평안에 대해 지닌 관념과는 도저히 맞을 것 같지 않은 '영원한 평안'에 관한 상상과 똑같다. 그러나 내세의 모습은(우리는 그렇게 기대해도 된다) 인간의 모든 이해를 초월해서 위에서 기술한 모든 비유가 묘사하고 있는 것보다도 한층 위대한 것일 수 있다.

그렇지만 내세의 모습을 이해하고 파악할 수 있는 사람은 이미 정신적 본질이 그것에 적합하고, 시간과 함께 멸망해 가는 모든 것에서 충분히 안정되어 있는 사람으로 한정된다는 것은 확실할 것이다. 바꿔 말하면 만약 모든 사람에게 내세가 존재하며, 더구나 이 세상에서 무가치한 것을 위해 살고 자신의 능력을 영원한 것을 파악하기 위해서 충분히 발달시키지 못한 사람들마저도

---

*8 고린도후서 12장 4절.

죽음에 의해 무(無)로 돌아가는 경우가 없다고 한다면, 반드시 저마다 그 사람이 본질적으로 속하는 요소 속에서 계속 살 것이고, 그 요소는 이제 반대 성향에게 방해를 받지 않고 충분히 자신을 펼치게 될 것이다.

그렇다면 지금 기술한 바와 같이 내세의 새로운 상태가 그대로 '영원히 지속'되는지, 아니면 내세에도 현세와 비슷한 각각의 생활단계가 있어서 모든 사람들에 대한 정화, 이른바 '만물경신*⁹'이 이루어지는지의 여부, 이것은 아무도 대답하지 못하는 문제일 것이다. 특히 악인에 대해서 영원한 벌이 있는지 어떤지는 어쨌든 선한 사람이 영원히 진보한다는 것만큼 우리에게 그다지 중요한 문제인 것 같지는 않다. 또한 그것을 믿고 안 믿고의 차이는 악인의 태도에 그다지 중대한 영향을 미치지 않는다.

악인이 받는 결정적인 벌은 사람들의 눈에는 보이지 않는 법이며, 그렇기 때문에 자칫 이 세상에 신의 정의가 존재하는가마저 의심하기 십상이다. 그러나 그 벌은 시편 37장 73절, 욥기 15장에 나와 있는 것처럼 대개는 즉각 나타나기도 하지만, 오히려 그보다 더 큰 벌은 악인에게도 꽤 착해지는 순간이 있어서 그때만큼은 좀더 나은 인간이 되길 원해도 이미 그렇게 될 수 없다는 것이다. 악인은 언제까지나 열등한 성질의 노예가 되지 않으면 안 되고, 어떤 참된 수확도 없고, 내세에 대한 희망도 없이 생명을 잃어야 한다. 그들에게는 내세에 계속해서 산다는 것이 그저 두렵기만 할 것이다.

그러나 악인이 그 같은 벌을 받는다 하더라도 선인(善人)이 이 세상에서 겪는 고통이나 결핍에 비해 아직 충분히 균형이 맞지 않는다고 생각된다면, 다음과 같은 것도 고려해 봄직하다. 즉, 악인들은 인간의 사랑과 성실성을 경험한 적이 없다. 다시 말해 자기 이외의 최상의 것, 이 세상이 제공하는 최상의 것을 모른다. 만약 이것이 없다면 그 밖의 이 세상에 재물 따위를 산더미처럼 가진 사람조차도 실로 하찮은 것으로 생각될 것이다. 아무도 사랑하지 않고, 아무에게도 사랑받지 않는 자는 세상의 기준으로 보면 비록 행복의 무릎에 안겨 있더라도 버림받은 불쌍한 사람이다. 그뿐 아니라 이런 불행한 사람들은 어쩌면 그들에게도 가끔 주어질 사랑마저도 이해하거나 존중하지 못하고, 자기의 어리석음 때문에 다시 그것을 잃게 되어 있다. 그러므로 인생에 있어 최

---

*9 사도행전 3장 21절.

고의 보배, 즉 하느님의 곁에 가까이 있는 것과 활기찬 삶을 보내면 반드시 좋은 결과를 얻을 수 있다는 확신, 또 서로 간의 존경 없이는 성립하지 않는 사랑과 성실 같은 보배를 악인은 결코 손에 넣는 일이 없다. 그 이외의 재물은 악인이 부족하다는 생각을 품고 많은 사람들의 질투와 증오를 끊임없이 두려워하면서 향락하는 데 쓰면 된다. 그러는 것도 여전히 향락이라고 부를 수 있다면 말이다. 또한 세상에서 행복이라고 하는 것을 선망해서는 안 된다. 그런 것은 대개 남이 그것을 행복이라고 착각하기 때문에 행복해 보이는 것에 불과하다. "그들에 대해 말하기를 그만두어라, 그냥 보고 지나쳐라."*10

현재 생활과 본질상 신앙의 근거로써 필요하고, 따라서 납득할 수 있는 것은 단지 다음의 것뿐이다. 만약 신앙이 없었더라면, 바꿔 말해 우리의 감성적 지각으로는 포착할 수 없는 초감각적인 것에 대한 믿음이 없다면 우리는 인생의 목적을 달성할 수 없다는 것, 또 신앙이 있으면 본래 거기까지 발전할 수 있고, 따라서 거기까지 발전하는 것이 당연한 우리의 사명인 듯한 단계에까지 실제로 향상할 수 없다는 것이다.

다음으로는 그런 단계에 도달하려면 좋고 싫음과 같은 인간적인 감정에 기초한 애정보다는 한층 강력한 사랑의 힘이 필요하다는 것, 그리고 이러한 강력한 사랑의 힘이야말로 어쩌면 생명을 창조하고 유지하는 요소이며, 나아가 죽음도 극복하는 요소라는 것이다. 마지막으로 이러한 신앙, 이러한 사랑이 주어졌다 하더라도 여전히 '하느님의 백성에게는 아직 안식이 남겨져 있다'는 즐거운 희망이 없다면, 이 땅의 삶에서 온갖 방향에서 밀려드는 거대한 장애를 견뎌 나갈 수 없으리라는 것이다.

4

죽은 뒤에 생명이 계속 이어지는지에 대해 우리가 아는 것 가운데서 가장 신뢰할 수 있는 증언은 그리스도의 부활이다. 그것은 역사적으로 증명되어 있으며, 더구나 당시의 수많은 '역사적 사실' 이상으로 훌륭하게 증명되어 있는

---

*10 단테 지옥계 제3가 51행. "악인은 신의 호의가 자기에게 주어져 있지 않음을 매일처럼 느끼는 법이다"라고 한 것이야말로 이미 이 세상 자체가 악인에게는 지옥이라는 것을 보여준다. 그러나 '악인의 행복'은 그렇지 않은 사람들에게는 그 행복을 보는 것이 중대한 신앙의 시련이기 때문에, 우리는 그것을 단호하게 극복하지 않으면 안 된다(욥기 21장 참조).

사실일 뿐만 아니라*[11] 철학적으로나 도덕적으로도 요청받는 증언이기도 하다. 만약 그리스도의 부활이 사실이 아니라면 2천 년의 세계 역사 전체가 하나의 착각이다. 게다가 고의적인 속임수에 기초한 것이 될 것이다. 따라서 그리스도의 부활은 참된 그리스도교의 기초임과 동시에 모든 초월적 희망의 토대이고, 또한 언제까지나 그러할 것이다.

그렇게 추측하면 죽은 뒤에 계속되는 삶은 우리가 흔히 상상하는 것보다 훨씬 현세의 삶과 닮았을 것이다. 따라서 죽음은 우리가 생각하는 것보다 훨씬 사소한 사건이며, 그 올바른 의미를 이해한다면 아무래도 상관없는 일이라고 할 수 있겠다. 어찌 되었든 죽은 뒤에도 진보는 계속 이루어질 것이고, 말 그대로의 의미인 영원한 안식도, 또한 영원한 향락도 아닐 것이다. 영원한 향락이 있다고 한다면 그것은 그다지 고상한 것은 아닐 것이다. 또한 영원한 안식이라는 것도 이미 현세에서도 매우 지친 순간에나 즐겁다고 생각될 뿐, 새로운 힘이 생기면 이제는 필요 없다고 할 수 있는 것이다.

오히려 그 반대이다. 왜냐하면 신에게 인도되는 모든 사람은 생애의 만년에 이르러 모든 향락욕이 사라졌을 때, 그때 비로소 자기가 추구해야 할 인생목표에 대해 올바른 통찰을 얻고 분명한 인식을 갖게 되는데, 이런 인식과 함께 끝없는 활동력과 활동의욕이 솟구치는 것이다. 이것은 생명의 발전 단계에 있어서 생명 그 자체가 돌연 중단하는 따위의 일은 있을 수 없으며, 생명은 반드시 존속한다는 것, 그리고 그 생명의 존속 방식은 단지 현세에 있어서의 최상의 것을 한 단계 강화한 것임을 나타내는 가장 확실한 증거이다. 이것은 때로 우리의 상식에 비추어도 지극히 명백한 사실이다. 그러므로 노년이 되어 점점 더 활기에 넘치기 시작하는 이 활동이 돌연 소멸하는 따위의 일을 생각하는 것은 무의미하며, 세계 질서가 단순한 우연에 기초한 것이 아닌 한 세계 질서에도 어울리지 않는다. 그와 같은 단순한 우연에 기초한 세계 질서가, 그것도 몇천 년 동안 계속되고 있다는 것은 있을 수 없는 일이다.

친애하는 독자여, 그러므로 생명은 미처 어찌할 수도 없이 차츰 소멸해 가는 것이라는 어둡고 어리석은 생각도, 또한 생명을 너무 하찮게 여기는 태도

---

*[11] 고린도전서 15장 6절 참조.

도 모두 그대의 삶에서 몰아내야 한다. 인생은 될 수 있는 대로 빨리 팽개쳐야 하는 '슬픈 골짜기'가 아니라 우리 모든 존재의 소중한 시기, 어쩌면 가장 소중한 한 시기이며, 그 동안에 우리의 존재 전체가 앞으로 나아가는 삶이 되는지, 아니면 서서히 실현되는 죽음이 되는지 결정되는 것이다. 현대의 많은 마음 약한 자들은 되도록 빨리 죽어서 싸우지 않고 편안하게 '천국으로 가고' 싶어하는데, 가보면 예상이 빗나가서 현세(現世) 이상으로 축복받지 않은 처지에서 새삼 싸움을 시작해야 할지도 모른다.

또 '죄 없는' 어린아이들이나 그리스인의 생각에 따르면, 신들의 특별한 축복으로 일찍 죽은 어린 사람들도 조금도 부러워할 것 없다. 오히려 그들은 처음부터 다시 시작해야 한다. 우리는 이러한 싸움이나 가지각색의 어려움을 극복하고 완성에까지 도달하지 않으면 안 되며, 이러한 완성이야말로 현세에서의 우리의 임무이다. 오직 고난에 의해서만 우리의 굳게 닫힌 마음이 완전히 열려서, 좀더 높은 세계관의 존귀한 씨앗을 받아들이게 된다. 이 씨앗은 우리의 마음속에 뿌려져서 먼저 싹을 틔우고, 그 다음 성장하고 꽃을 피워 마침내는 결실을 맺지 않으면 안 된다.*[12] 이러한 생명의 과정은 촉진할 수도 없고 피하지도 못하며 반드시 통과해야만 한다. 그러므로 우리는 애초 죽음을 두려워하지도 않지만, 그렇다고 죽음을 열망하는 것도 아니다. 다만 지금까지 수월하게 지나왔고, 이제 영원히 다시는 체험하거나 참고 견딜 필요가 없어진 일을 당연히 기뻐할 뿐이다.

오직 의문과 수수께끼로 가득 찬 현세의 생활에 해결을 준 것은 죽은 뒤의 생명이 존속된다는 사상이다. 그 사상을 굳게 믿게 되면, 전체의 일부에 지나지 않는 이 짧은 기간 동안에 경험하는 즐거움이나 괴로움이 많든 적든 그런 것은 아무래도 좋은 것이 된다. 전에는 너무도 중요했던 많은 일이 마치 허물처럼 우리에게서 떨어져 나가버린다. 이러한 생명존속의 사상 없이 현재 있는 그대로의 부정이나 고뇌, 정열로 가득한 현세에 대해서만 정의롭고 전능한 신을 믿으려 해도 그것은 애초 불가능한 일이다. 그러므로 내세를 믿느냐의 여부로 우리의 인생철학 전체가 좌우되는 것이다.

---

*12 마가복음 4장 28·29절.

나는 내세에서도 생명이 계속될 것이라 확신하지만 그것이 어떤 형태의 것인지는 모른다. 그러나 어쩌면 그것은 현세의 생활 가운데 가장 청순한 순간과 비슷하다는 것, 그리고 전혀 다른 정신상태로 느닷없이 비약하는 것이 아니라 어디까지나 이어진 지속이라는 것만은 확실할 것이다. 거기서는 이미 현세에서 원숙했던 것만을 받을 수 있다. 그러므로 현세와 내세의 차이는 어쩌면 일반적으로 생각하는 것보다도 훨씬 작을지 모른다.

그러나 단순한 과학자들은 육체적 기관의 한 작용에 불과한 듯한 영혼이 불멸할 리 없다고 주장하는데, 옳은 말이다. 우리의 본질 가운데서 자연과학적으로 파악할 수 있는 성질의 것은 불멸일 수가 없어서, 물질적 세계의 다른 성분과 마찬가지로 반드시 사멸로, 즉 해체와 변형으로 향한다. 그러나 인간의 내부에는 뼈와 근육, 힘줄, 혈관, 신경계와는 다른 것이 있고, 이 다른 것이 다시 다른 형태로 몸을 지닌다는 것은 있을 수 있다. 우리의 의견으로는 이러한 사고방식이 정신적 생명이 갑자기, 그것도 완전하게 사멸한다는 것보다 훨씬 납득하기 쉬울 것 같다.

따라서 죽음 그 자체는 두려울 것도 없고, 바람직하지 않은 것도 아니다. 그런데도 죽음을 심하게 두려워하는 사람은 분명 지금껏 올바른 인생길을 걷고 있지 않은 사람이다. 두려운 것은 단지 노년이 되어서 과거를 되돌아보고 자기의 일생이 잘못되었으며 아무런 이로움도 없었음을 깨달을 때, 용서받지 못할 커다란 죄만 쌓았음을 깨달았을 경우뿐이다.

또 멸망하는 것은 우리가 아니다. 멸망하는 것은 이 세상이다.*13 이 위대한 사상이야말로 불확실한 미래에 대해 생겨나는 모든 공포를 뛰어넘게 한다. 그저 지적인 견해로는 결코 밝게 할 수 없는 어둠 속에서 찬연하게 빛나는 또 하나는 다음과 같은 사상이다. 즉, 우리가 이미 이 땅에서 신뢰할 만한 친구임을 안 만물의 주는 내세에서도 또한 이 세상에서와 똑같은 분임에 틀림없으며, 다만 우리는 지금보다 더 밀접하게 맺어지고 나아가 밝게 그 모습을 알 수 있다는 사상이 그것이다.

마침내 마지막이 되어 다른 것이 이미 우리의 뒤로 가라앉아 버린 후에도

---

*13 이사야 51장 6절, 요한1서 2장 17절.

우리는 여전히 신의 목소리를 들을 수 있을 것이다. 이것은 이 세상의 어두운 출구에 다가가 본 적이 있는 사람이라면 누구나 아는 일이다.

그 다음부터는 이제 한 발짝에 불과하다. 그리고 '나는 이 항구의 모래사장을 지나면 나의 뱃길 안내자를 만날 수가 있으리라.'[*14]

＊　＊　＊

수난일의 깊은 어둠 뒤에 밝은 부활절의 아침이 온다,
고난과 죽음과 울적함과의 싸움에서 찬란한 승리를 거두고서.
묘비는 부서지고 어두운 입구는 크게 열려 있어
그리스도는 죽음에서 다시 살아나 그와 함께 모든 그리스도인의 희망도 되살아났다.

그의 피로 얼룩진 수난 위에서 부활의 증거는 휘황하며
미래의 땅은 열리고 지옥문의 빗장은 부러졌다.
그는 죽음에서 다시 살아난 최초의 사람으로 묘의 문을 빠져나와
잠들어 있는 모든 사람들에게도 깨어나라고 명하셨다.

이제 우리의 신앙은 헛되지 않고 우리는 이제 죄 가운데서 살지 않는다.
지금이야말로 기꺼이 전세계에 이 복음을 알릴 수 있는 때이다.
최초의 분이 살아나셨다. 그래서 다시 만날 날을 고대한다,
편안히 주의 품안에서 죽은 다른 사람들도 다시 살아나리라고.

아담에게서 모든 사람이 죽은 것처럼 그리스도에게서 모든 사람이 살리라.
그리스도와 똑같이 깨끗해진 몸으로 무덤에서 일어나리라.
한 사람에 의해서 죽음이 온 것이라면 한 분에 의해서 생명이 오리라.
전에는 죽어야 했던 인간도 이제 영원한 모습을 나타낼 수 있으리라.

[*14] 테니슨의 서정시.

사는 것에도, 죽는 것에도, 또한 죽은 자를 장사하는 것에도
작은 희망조차 가질 수 없는 사람들은 앞으로 우리와는 다를 것이다.
사랑하는 사람이 죽었을 때, 우리는 슬픔으로 가슴 떨려도
사랑하는 사람을 잃었기 때문에 마음이 떠는 일은 없으리라.

현세에서 신 속에서 자신을 발견한 사람은 저 세상에서도 그러하리라.
진정한 사랑에 의해 맺어진 것은 그로써 영원으로 이어진다.
이승에서 믿었던 것은 반드시 볼 것을 알고, 희망으로 준비한 것은
순간의 이 세상이 지났을 때, 반드시 받게 된다.

(목사 에플러 작)

그리스도교 서설

　지난 몇 세기 동안 대대로 이어져 내려온 그리스도교의 근본적인 결함은 어쩌면 그리스도교가 그리스도 교도라고 이름한 사람들에게 이미 오래전에 진정 살아 있는 확신이 되지 못한 것, 바꿔 말하면 '휴머니티'라든지 '문명' 같은 단순한 일반적 개념에 불과해진 것일 것이다. 그렇기 때문에 해마다 많은 사람들이 형식적으로 교인의 숫자 안으로 들어오는데도 평생 그리스도교가 무엇을 요구하는지를 올바르게 이해하지도 못하고, 또 그리스도교가 주는 약속을 확신하지도 못하며, 하물며 그 요구와 약속을 자기의 의무로서 굳게 지킬 결심과 의지를 갖는 따위는 더더욱 하지 못한다. 이른바 여러 '그리스도교' 국민과 비그리스도교 국민과의 차이는 대개는 고대 세계의 '그리스인'과 '미개인'의 차이와 비슷하다.

　오늘날 그리스도교 신앙은 그리스도교 내부의 특별한 신조가 되어버렸다. '그리스도교' 국가에서조차도 그리스도 또는 초대 신자들이 품었던 적이 없는 확신이나 세계관이 그리스도교의 참된 신앙과 같이 정당한 것으로 허용되고 있다.

　이것이 이른바 '세계종교'로까지 성숙한 모든 종교 앞에 가로놓인 운명인지는 지금 결정하지 않아도 된다. 그렇지만 모든 종교적 요구를 느슨하게 함으로써 세계종교를 만들어낸다는 것이 애당초 그리스도교 본래의 생각이나 사명 속에 있었는지는 확실히 의문이다. 가령 그리스도교가 어떠한 형태로든 역시 문명의 위대한 수단이었고, 지금도 실제로 여전히 그렇다는 것을 인정하더라도 역시 그런 의문을 품지 않을 수 없다.

　다만 이러한 발전과정이, 한탄스럽기는 하지만 피하기 어려운 운명으로서 초대 그리스도 교도의 마음속에 있었던 것만은 확실하다. 또한 그리스도교가 로마 제국 내의 여러 이단적인 종교에 대해 형식적으로 승리를 거두고, 그럼으로써 로마의 국가종교로까지 발전했기 때문에, 과거 그리스도가 당시 팔레스티나의 로마 총독 앞에서 단호하게 거부했을 법한 요소*¹가 그리스도교 안에 들어가기에 이른 것도 확실하다. 그 이후로 '교회' 또는 '국가에 대한 교회의 관계'라 불리면서 여러 국민의 사상 속에 커다란 영역을 차지했던 일들은 원시 그리스도교의 원전에 어떠한 적극적인 근거를 지닌 것이 아니다. 오히려 원시 그리스도교는 인간이 발달해서 일정 목표에 이르고, 그 결과 현재 같은 세속 시대가 종말을 고하는 날을 훨씬 가까운 것으로 상상한 듯한 대목이 여럿 있다.*² 그러나 신의 나라는 철저하게 인간 의지의 자유 위에 구축되는 것이며, 따라서 신의 나라가 각 개인, 또는 한 나라의 국민, 또는 한 시대에 얼마나 빠르고 강하게 실현되어야 하는지, 또는 실현할 수 있는가 하는 것도 오직 인간 의지의 자유에 달려 있는 문제이다.

신의 나라가 실현되어야 한다는 것, 그것은 개개인이 이 땅에서 사는 동안에 실현되는 것이지 '교회'에 의해서만 실현될 수 있는 것은 아니라는 것이 특히 프로테스탄트 교회 사람들의 엄숙한 신조이다. 교회는 신의 나라를 언제나 단체로 표현하며, 각 개인을 총 숫자라는 단순한 숫자로서 전체 속에 집어넣고, 그리하여 인간의 모든 행위를 심판하는 최후의 심판을 안전하게 통과시키려 기도(企圖)한다. 그러나 이러한 프로테스탄트의 신조에도 불구하고 많은 그리스도교 단체 가운데는 그저 그 단체에 소속되어 있다는 것만을 중요한 일로 여기거나, 매주 일요일에 2시간의 예배를 염두에 두는 것으로 교단의 기본 조건에 충실하다고 생각하는 사람들로 가득 차 있다.

이렇게 말하면 이제 이 논문 표제의 의미가 뚜렷해질 것이다. 즉, 이것은 교의상(敎義上) 무엇이 그리스도교의 교리에 중요한가를 문제삼는 것은 아니다. 그런 것은 그것을 연구하는 것을 직분으로 하는 사람들에게 기꺼이 맡기고 싶다. 이 논문이 문제삼는 것은 그리스도교의 가르침을 받아들이고 그것을 이해할 수 있으려면 어떤 전제가, 결국은 인간 정신, 특히 인간 의지의 어떠한 성질이 요구되는가 하는 것이다. 이러한 의미에서 이것은 '서설'이라 할 수 있다. 만약 독자 중 누군가가 이것을 읽은 뒤에 저자가 서설이라고 하면서 그리스도교의 본질적 내용 자체를 논하고 있다고 해도, 구태여 그런 견해를 배척할 생각은 없다. 어쨌든 그러한 견해는 이 논문이 다루고 있는 신앙의 여러 전제를 너

---

*1 요한복음 18장 36~38절.
*2 데살로니가전서 4장 17절, 데살로니가후서 2장 7절.

무 어렵다거나 그리스도 교회에 들어가는 데 필요하지 않은 것이라고 공언하는 경우보다는 독자를 상하게 하는 일이 훨씬 적을 것이다.

그리스도교로 들어가기 위한 예비단계는 이러한 짤막한 말로 쉽게 나타낼 수 있다.

(1) 하느님을 단순한 책상 위의 철학적 개념으로 생각지 말고 현실의 존재로 생각할 것. 그리고 그에 따른 당연한 귀결로서 하느님만을 경외하고 하느님에게만 봉사하고, 하느님 이외에 어떠한 우상도 숭배하지 말며, 특히 인간이나 재산, 명예를 숭배하지 말아야 한다.

(2) 주위 사람들을 사랑할 것. 그것도 그리스도가 우리에게 알기 쉽고 매우 실제적으로 말했던 것처럼 '나 자신을 사랑하는 것처럼' 그 사람들을 사랑할 것.*3 때로는 나 자신보다 더 많이 사랑하는 것처럼 보이면서 실제로는 자기를 더 사랑하는 경우도 있는데, 그래서는 안 된다.

(3) 인생을 향락에 바치지 말 것. 설령 이른바 '가장 고상한' 향락이라 해도 안 된다. 고뇌나 단순한 금욕에도 헌신하지 말고 하느님의 뜻에 맞는 행위에 자신을 바쳐야 한다. 그런 행동은 도덕적인 힘만으로는 불가능하고, 하느님의 도움과 은혜로만 이루어낼 수 있음을 확신하고 행동해야만 한다.

(4) 이러한 모든 것들을 과연 인간이 할 수 있는지 의심스럽게 생각될 경우에는 인간에게 중요한 것은 단지 의지뿐임을 믿어야 한다. 신앙을 얻기 위해서 인간이 바칠 수 있는, 아니 바쳐야 하는 유일한 것은 바로 이 의지임을 믿어야 한다.

우리의 생각에 의하면 지금까지 살펴본 것이 그리스도교의 '서설'이다. 누구나 자각이 있는 나이에 이르렀을 때 길을 선택해야 한다. 이것은 보기보다 넓고 처음엔 즐겁지만 마지막엔 반드시 불만을 느끼는 길 대신, 진정으로 그리스도교로 들어가고자 결심했다면 그전에 먼저 충분하고도 깊게 생각해야 하는 것들이다.

이러한 것을 깊이 생각하지 않는 사람, 또는 인간의 도덕적 향상은 그 본성

---

*3 마태복음 19장 19절, 레위기 19장 18절 참조.

에 기초하는 것이어서 어떤 초감각적 근거가 없어도 가능하다고 믿고 자기 힘에 의존해서만 행동하는 사람, 이런 사람들은 복음서에 나오는 날씨가 좋은 동안에만 쓸 수 있는 집을 나쁜 지반 위에 지은 사람이나, 저택을 짓기 시작했지만 완성할 수 없었던 사람과 같다.*4

이와는 반대로 위에서 언급한 신앙적 요구를 지나치게 성가신 것으로 보는 견해도 있는데, 그런 생각에서 생겨나는 것은 기껏해야 폐병이나 빈혈이라도 걸린 듯 반쯤 맥이 빠진, 늘 자기 양심의 요구를 피하기만 하는 것이다. 또 그렇기 때문에 항상 불만이고 위선적인, 어쨌거나 타인에게 거의 매력 없는 그리스도교이다. 그런 그리스도교를 우리는 많이 알고 있다.

이들 신앙상의 요구를 '설명'하기 위해서 많은 말을 동원할 필요는 없다. 그리스도교는 이 요구들에 대해 명확하게 대답하지 못하는 것이 아니다. 인간의 의지 가운데 그런 요구에 따르려는 결단이 없을 뿐이다. 인간의 의지는 그 요구를 다른 식으로 설명하고 싶어하는 것이다.

물론 신을 믿는 것은 그리스도교의 첫째 가는 가장 중요한 전제조건이며, 이것 없이는 그리스도교는 전혀 성립하지 않거나, 아니면 전혀 별개의 세계관에 따른 공허하고 위선적인 명칭에 불과하게 된다. 나아가 '하느님'이라는 말이 모든 사물의 총괄적 실재 또는 절대적 실재를 나타내는 명칭으로 간주되거나, 아니면 신이란 본래 이 세계의 사물에게 아무런 영향도 미치지 않으며, 이른바 근원적 창조를 담당하는 우주법칙으로서만 절대 불변하게 존재한다는, '이신론(理神論)'의 신봉자가 받아들이는 것처럼 단순한 사실 자체를 가리키는 것에 불과하다고 생각한다. 이 경우에도 마찬가지로 그리스도교는 성립하지 않는다. 이러한 우주법칙 자체가 대체 어디에서 왔는지, 그것이 왜 생생하게 활동을 계속하지 않는지의 의문에 대해서는 아무도 대답할 길을 알지 못한다.

물론 '살아 있는' 신을 설명하는 것도(이미 수도 없이 말한 바와 같이) 불가능하다. 신에 대한 모든 설명, 또는 모든 증명은 긍정적이든 부정적이든 모두 불충분한 것이다. 그런 것에 시간을 들이는 것은 보람 없는 일이다. 그러나 신은 설명할 수 없는 것이기는 하지만 경험할 수 없는 것은 아니다. 오직 신의 '계명'을 지키는 사람들만이 신을 경험할 수 있다. 신의 계명을 지키는 일에 열심이

---

*4 마태복음 7장 26절, 누가복음 14장 28·29절.

지 않은 사람들은, 아무리 신을 믿는다고 단언하더라도 무신론자로 간주하는 것에 아무 문제가 없다. 마찬가지로 우리가 볼 때는 오래전에 신앙을 잃은 것 같은 사람들도 신은 어쩌면 아직 당신을 따르는 것으로 아는 경우도 있을 수 있다.

신을 경험하는 것은 다음과 같은 결과로 나타난다. 우선 그리스도가 든 것처럼 정신의 편안함, 만족스러움, 진리를 향한 목마름이 가라앉는 것, 정신과 내적 생명에 일종의 강화(强化)가 생기는 것 등으로 나타난다. 내적 생명이 이와 같이 강해진다는 것은 다른 어떠한 방법에 의해서도, 예를 들면 철학이라든가 그러한 대상(신)에 대한 추상적 사변 등에 의해서도 이루어질 수 없는 것이다. 다음으로 마음이 쾌활해지는 것으로 나타나게 되는데, 이것 역시 다른 길을 선택해서는 도저히 이처럼 충분하고 지속적으로 달성되는 경우가 없다. 마지막으로 생명 전반이 한층 강해지는 것으로 나타나기 시작한다. 이것은 때때로 육체 및 정신의 건강을 낳는 원인이 되며, 따라서 다양한 축복의 근원이 되기도 한다. 그러한 축복은 개인에게든, 국민 전체에게든 오직 신의 신앙에 기초해서만 부여되는 것이다.

이러한 축복은 특히 다음과 같은 점으로 나타난다. 즉, 모든 상황이 겉으로 볼 때 저절로 그렇게 되어 가는 것처럼 보이지만, 항상 참된 선(善)을 행하고 내적 삶이 촉진되며, 외적 삶이 보호되고 위험을 피하게 되며, 반대로 나쁜 길로 발을 들여놓거나 악한 행동을 하려고 해도 수월하게 되지가 않는다. 악한 행동이 성공한다는 것은 오히려 악인에게 내려지는 가장 흔한 벌이며, 그들은 그 성공 때문에 점점 더 비뚤어지고 회개에 방해를 받게 된다. 또 이 점이 단순한 '행운'과, 겉모습만 비슷한 축복과의 분명한 차이점이다.

매우 영리한 사람도 때로는 이해하기 힘들 정도로 아무 까닭도 없이 행운을 믿으려 하는 경우가 있는데, 그러나 이런 경우 언젠가는 반드시 행운에게 깨끗하게 외면당하게 마련이다. 더구나 그것도 대체로 그들이 결정적으로 행운을 자기 것으로 했다고 믿어 기고만장해진 그 순간에 일어난다. 세상 사람들도 그러한 단순한 '행운아'에게는 진심을 다하지 않으며, 그저 행운 자체에 집중할 뿐이다. 이에 반해 축복을 받고 있는 사람에 대해서는 비록 그에게 거스르고 싶어도 거스르지 못한다.

축복에 대해서는 특히 구약성서에 강한 확약과 본보기가 수도 없이 나와 있다. 그러므로 일반적으로 '신의 계명'을 설명하기에는 신약성서만으로는 충분하지 않고, 또한 성서가 그것을 바라지 않아서 오히려 신약성서는 항상 구약의 지식이 전제되어 있다.

"너희는 내가 세운 규례와 내가 명한 법도를 지켜라. 어떤 사람이든 이것을 지키기만 하면, 그것으로 그 사람이 살 수 있다"[*5]는 말은 이러한 약속들의 '총계'이다. 왜냐하면 신의 계명은 모든 생명의 원리 자체이며, 그것을 무시하는 것은 죽음의 영역을 의미하기 때문이다. 이것은 직접 시험해 볼 수 있으며, 시험해 보아도 지장이 없다. 다만 신앙을 원하는 절실한 바람으로 하지 않으면 안 된다. 또한 두세 번 충분하고 확실하게 경험한 뒤에도 거듭 그렇게 해서는 안 된다. 그러나 그것을 시도할 생각조차 하지 않는 사람들은 '그들에게 앞장서서 가는' 다른 신들을 자기들을 위해서 만들 수밖에 다른 도리가 없다.[*6]

이와 같은 '우리에게 앞장서서 가는' 다른 신들이란 대개는 인간이다. 아니면 어떤 형태를 취한 인간 정신의 소산[*7]이며, 오늘날에는 이른바 르네상스 시대와 마찬가지로 특히 예술의 형태를 취한 인간 정신의 소산이다. 그렇지만 이 예술이라는 특수한 방향에서 가장 세련된 문화는 어떠한 야비한 도덕과도, 아니 모든 도덕관념의 결여와도 맺어질 수 있는 것이라는 점, 따라서 예술이란 결코 인간 최고의 노력이나 성과일 수 없다는 것, 이것을 우리는 다시 한번(확실히 오늘날 자칫하면 그럴 위험이 느껴지지만) 경험해야 하는 것은 아니다.

특히 훌륭한 재능을 타고난 사람이라든가 세속적 의미로 중요한 사람뿐만 아니라 가장 사랑할 만한 사람, 가장 선량한 사람이라 하더라도 그들을 결코 우리의 우상으로 삼아서는 안 된다. 신약성서뿐만 아니라 구약성서도 구별하기 쉬운 올바른 한도를 다음과 같은 명령으로 매우 실제적으로 규정하고 있다. 즉, 우리는 단지 신만을 '모든 것에 우선하여'[*8] 사랑해야 하며, 인간은 그러나 '나 자신과 같이' 사랑해야지 그 이상이어서도 이하여서도 안 된다고. 이렇다면 아무리 단순한 사람이라도 손쉽게 가늠할 수가 있다. 긴 생애 가운데

[*5] 레위기 18장 5절.
[*6] 출애굽기 32장 1절.
[*7] 호세아 1장 4절.
[*8] 신명기 6장 4절, 7장 3·9·16절.

가끔 감격에 넘쳐서 '하늘까지 닿도록 환호성을 지르고 싶은' 순간에는 그런 사랑 방식으로는 너무 모자란다는 느낌이 들 때도 있겠지만, 전 생애에 걸쳐서 생각하면 그런 사랑 방식도 우리들 누구나 하기는 힘든 일이며, 그러는 것이 이웃 사람들에게는 훨씬 고마울 것이 분명하다.

'인간에 대한 신뢰'가 사라지자마자 나타나는 반대 현상은(그렇게 말해도 처음에는 진실인 것처럼 여겨지지 않지만) 자비심이다. 이것은 일반적으로 인간에 대한 '애정'이라 불리는 것과는 다른 것으로 훨씬 우수한 것이다. 또한 우리의 본성에는 전혀 존재하지 않는 것이어서 배우지 않으면 안 되는 것이고, 보통은 상당히 괴로운 과정을 거친 다음에야 비로소 알 수 있다. 그러나 자비심을 지닌 사람은 장래에 '하느님의 나라에 합당한'*9 사람이 될 것은 확실하다.

인간의 영혼과 신의 영혼이 성실하게 결합하는 것이야말로 그리스도교의 기초가 되어야 한다. 이 결합을 가장 방해하는 것이 인간과 그 사업을 우상시하는 것이며, 나아가서는 재산이나 명예, 생활 향락주의이다. 특히 좋지 않은 것은 복음서가 적절하게 지적한 바와 같이 '부(富)'에 대한 현혹*10이다. 즉, 재산과 행복을 동일한 것으로 생각하는 흔한 착각이다. 이러한 착각에서 깨어나는 것은 때로는 몸과 영혼을 모두 희생해서 손안에 넣은 것을 바라볼 때, 또 비교적 수월하게 얻은 경우라도 그것이 그만큼 고생할 가치가 없는 것이었음을 발견하는 때이다.

지금 가령 우리가 현대의 무신론적 사회주의자 가운데 한 사람이라고 한다면, 우리는 가장 위험한 적인 그리스도교의 성실한 신자에게 그들의 주(主)이고 스승인 그리스도의 두 가지 말을 들이대며 비난할 것이다. 바로 마태복음 6장 19·24절, 또 누가복음 14장 33절에도 들어 있는 것으로, 이를 따르기만 하면 그 이상의 수고 없이 사회문제는 저절로 해결되기 때문이다. 그렇지만 똑같은 성서의 말 속에는 그것과 모순되는 관습법이라 할 만한 것으로 거의 효력을 잃은 것이 많으며, 적어도 이곳저곳의 집회 등에서 많은 출석자에게서 '신앙을 위한' 것을 거의 포함하지 않는다는 이유에서 묵살당하는 성구(聖句)가 적지 않다.

---

*9 누가복음 9장 62절.
*10 마태복음 13장 22절.

그리스도의 이와 같은 말은 누구나 당장 도달할 수 있는 것을 가리키는 것이 아니라 우리가 노력해야 하는 목표와 이상을 나타낸 것임을 분명하게 인정하지 않으면 안 된다. 그러나 우리는 항상 눈을 그리로 향하고 그곳에 도달하려는 확고한 의지를 가져야 한다. 그렇지 않으면 복음서의 다른 말도 우리를 유익하게 하지 않고 오히려 전혀 존재하지 않는 것이나 마찬가지가 되기 때문이다.

그러므로 실제적으로 말하면 결코 재산에 '마음을 바쳐'서는 안 된다. 또 재산을 생활의 가장 중요한 것, 노력의 최대 목표로 생각하거나 재산의 많고 적음에 따라 사람이나 신분을 가늠해서는 안 된다. 때로는 하느님을 위해서, 또는 공익을 위해서 재산의 일부를 나누고, 필요하다면 재산의 전부를 내던지는 것을 망설이거나 싫어하거나 해서는 안 된다. 여하튼 그런 요구를 받았을 때 그렇게 해낼 수 있는 사람만이 신의 나라에 적합한 자유로운 인간이라 할 수 있다. 사람은 생애의 여러 시기에 이러한 시련과 마주치게 마련이며, 아직 한 번도 그와 같은 시련을 받은 적이 없다면 그 사람의 내적 삶에서나 또는 신의 은혜라는 점에서 보더라도 결코 좋은 징후랄 수는 없다. 그러한 시련은 때로는 그저 그 사람의 의지를 시험하기 위한 것이어서, 의지의 순종이 나타나면 신은 그에게 굳이 실행까지 요구하지는 않거나, 아니면 일반적으로 그 시련을 한층 견디기 쉽게 끝마치게 한다.*11 그러나 또 때로는 욥의 경우처럼 재산의 전부를 실제로 잃게 하는 때도 있다. 더구나 그것이 마지막에 배(倍)가 되어서 반드시 보상을 받는 것도 아니다. 그렇기는 하나 만약 그 사람이 어찌할 바를 모르고 끝도 없이 어리석은 짓만 하지 않고 신에게 위로를 청한다면, 항상 그에 대한 완전한 위로만큼은 주어지는 것이다.

끊임없이 그러한 각오를 하고 더구나 스스로 시험해 보려면(아직 그리스도교에 들어갈 결의를 하지 않은 동안이라면) 때로는 이른바 폴리크라테스와 같은 시도를 해보는 것도 적절할지 모르겠다.*12 다만 이 시도가 애당초 진지한

*11 고린도전서 6장 7·12절, 20장 13·14절.
*12 폴리크라테스(실러의 담시 《폴리크라테스의 반지》에 따르면 이 그리스의 전제군주는 자기의 운명을 알기 위해서 가장 아끼는 보석이었던 반지를 바다에 던지지만, 예상과는 어긋나게 그 반지는 다시 그의 손으로 돌아와 불길한 조짐이 된다. 왕은 나중에 비참한 최후를 맞게 되었다.)에게 과연 반지가 그의 소유물 가운데서 가장 소중한 것이었는지 아닌지 나는 이미 학생 시절부터 의혹을 품었다. 반지보다는 오히려 그는 나라의 지배권을 내던져야 했을 것이

것일 때의 이야기지만 말이다. 시험삼아 그대가 특별히 소중하게 생각하는 소유물을 버려 보라. 만약 운명이 그대를 부(富)의 신 맘몬의 노예가 되게 하지 않고 신의 은혜를 입은 자유로운 인간이기를 바란다면, 그와 같은 시련이 저절로 그대에게 찾아올 것이다. 그리고 그 시련이 어떻게 해서 그대에게 왔는가에 연연하지 말고 그대가 과감하게 재물을 포기할 수 있다면, 그때 그대는 이 세상의 영혼이 인간을 옭아매는 가장 강한 형틀로부터 자유로워지는 것이다. 그런 다음에는 그대가 포기하고 남은 재산에 대해서도 전보다 무관심해질 것이다. 물론 이러한 재산 문제에 대해서는 확실히 단순한 행위보다는 정신이나 의지가 더 중요하다. 사람은 '가지지 않은 것처럼 가질' 수도 있다(다만 그 경우에 자기 기만을 할 여지가 상당히 크지만). 만약 인간이 어떠한 것도 자기의 단순한 향락을 위해서나 사치를 위해서 쓰지 않고 모조리 유익한 일에 쓰고, 또 자자손손 먼 미래까지 생각해 그저 무의미하게 재물을 모으지 않는다면, 그리스도가 하신 말씀의 취지에 적합한 사람이라고 믿어도 좋다. 적어도 우리는 그런 태도를 취하는 사람에 대해 돌을 던질 마음은 없다.

사치를 완전히 끊으려면 그렇게 하려는 굳은 결의가 중요하다. 또한 이를 위한 효과적인 수단으로는 이미 다른 논문에서도 설명했다시피 계획을 세워서 남에게 주는 것이다. 또 되도록 금전을 세고 확인하는 것은 하지 말 것, 그리고 대체로 직업이나 생활환경에 필요한 질서를 어지럽히지 않는 한 금전 따위에 마음을 쓰지 않는 것도 한 가지 방법이다. 왜냐하면 돈이란 것은 원래 철학의 그릇된 주장과도 닮은 좋지 않은 매력을 지니고 있기 때문이다. 둘 다 그 매력에 너무 깊게 빠져들면 쉽게 발을 뗄 수가 없게 되는 법이다.

명예는 많은 사람들에게 황금숭배와 마찬가지로 강한 족쇄가 되게 마련이다. 즉, 인간으로서 또 시민으로서의 명예는 결국 언제나 동시대인의, 또 대부분은 후세 사람들의 판단에 맡겨야 하는 법인데, 그런데도 이런 명예를 지나치게 깊이 마음에 두거나 남에게 존경을 받을 만한 높은 지위를 얻고 싶어 안달하는 것은 모두 마음의 자유를 옭아매는 족쇄가 된다. 지금까지 전에 없었을 정도로 심한 모욕을 받은 한 사람으로서 바울은 고린도전서 4장 3절 이하

다. 그랬다면 또 다른 최후를 맞았을지도 모른다.

에서 명예에 관해 매우 좋은 말을 남기고 있다. 또한 실제로 전혀 죄가 없는데 시민들의 존경을 잃는 경우는 흔히 생각하는 것보다도 매우 드문 일이다. 그와는 반대로 신이 예전의 적들과 화해시켜 친밀한 관계를 맺게 하고, 과거의 모멸 대신에 이사야 60장 14절의 예언과 같은 일이 휘황하게 나타나는 경우도 있다. 그렇지만 그리스도교를 받아들이려 한다면 먼저 참고 견디는 것을 할 수 있어야 한다. 그러므로 자기 쪽에서는 전혀 존중하지도 않는 상대에게까지 존경받기를 바라는, 지나치게 신경이 과민한 그리스도교 신자는 세상과 세상의 평판에 아직도 완전히 무관심해지지 않았음을 나타내는 것이다.

실제로 명예 있는 지위는 이 세상에 있는 것 가운데 부(富)에 버금갈 정도로 신앙에 위험한 것이다. 복음서도 이에 대해서는 손톱만큼의 의혹도 남기지 않는다. 완전한 자기 의지로, 더구나 줄곧 안달하며 바라서 일부러 그런 위험에 다다른 사람이 자기의 가장 좋은 생명, 가장 가치 있는 생명을 잃게 되는 것은 당연한 이치이다. 이에 반하여 직업이나 평생의 운명 때문에 어쩔 수 없이 그런 명예 있는 지위에 있으면서도 어디까지나 그리스도 교인이 되기를 열망하는 사람, 또한 언제까지나 신자이기를 바라는 사람은 항상 마음이 해이해 짐을 경계하며, 때에 따라서는 모욕을 받더라도 오히려 그것을 감사하다고 여길 만한 충분한 까닭이 있다. 다행스럽게도 이 세상에는 그러한 굴욕이 모자라는 경우는 거의 없다.

보통의 지위에 있는 사람들이 신앙에 들어가려 할 때, 대부분 가장 어려워 하는 것은 향락하던 버릇을 극복하는 일일 것이다. 더구나 부자나 귀족보다는 오히려 신분이 낮은 사람들이 향락 버릇에서 벗어나기가 어렵다. 왜냐하면 신분이 높은 사람들은 물질적 생활의 향락이 아무런 가치가 없음을 경험으로 쉽게 배우기 때문이다. 특히 현대에는 때때로 하층계급에서 생활의 향락을 추구하는 방종한 갈망을 발견할 수 있다. 이러한 갈망은 유독 이 계급에서 배양되는 무신론적인 사고방식과 결부되어서, 이따금 인간성을 야만성으로까지 퇴화시켜 동물이나 다름없게 한다. 그것도 고등동물이 아니라 글자 그대로 짐승처럼 되는 것이다.

그러나 유감스럽게도 이 점에서도 사회의 상층부 사람들이 솔선해서 나쁜 실례를 보이는 경우가 있다. 그들은 공인(公人)들의 향락욕과 경솔함을 한탄하지만, 만약 밑에 있는 사람들이 자기들을 몰아세우는 것과 똑같은 열망에 주인들이 빠져 있는 것을 보지 못한다면, 그 사람들의 경향도 상당히 고쳐질 것이 틀림없다.

향락이 생활의 원리가 되거나 관능(가장 넓은 의미의)이 인생을 지배하게 되는 경우는 초감각적 사물에 대한 모든 신앙은 틀림없이 죽고 만다. 관능의 지배력과 초감각적인 것을 향한 신앙이라는 두 가지 힘은 한 인간 속에서 오래도록 함께 존재하지는 못하며 언젠가는 한 쪽이 자리를 내놓아야 한다. 관능적 요소의 힘에 대항하여 강력하게 이것을 극복해 나아가는 정신적 힘을 지닌 사람은 다행이다. 왜냐하면 향락욕을 극복할 때마다 반드시 바로 그에 대한 대가를 받으며(다른 도덕의 길을 선택했을 경우 반드시 언제나 이렇게 되지는 않지만), 정신적 생명의 힘이 높아지거나 때로는 넓은 의미에서의 정신적 진보가 나타나거나 한다. 우리는 분명 이렇게 말할 수 있을 것이다. 인간의 내적 삶의 커다란 진보는 대개 체념에 의해 시작되며, 체념에 의해 정신적 진보라는 보상이 생겨난다고.

향락욕에는 온갖 종류의 그럴듯한 이름이 붙어 있거나 또는 실제로 고상하거나 조잡한 형태를 띠고 있는데, 이런 것에 속지 말아야 한다. 아무리 생각해도 향락욕이란 것은 우리 성격 속에 있는 요소 가운데 동물성에 가장 가깝다. 더구나 그것이 비천한 성격의 것임은 항상 이기심과 결부되어 우리의 이기적 욕망을 위해 타인을 속여 빼앗는 것과 이어지는 것을 보아도 금방 알 수 있다. 고대 세계의 향락에는 아직 얼마간의 소박함이 있었으나 향락에 눈뜬 현대인에게는 그 소박함마저 결여되어 있다.*13 만약 일반 사람들이 향락욕을 좀더 높은 관심으로 극복하지 못한다면 이제 인류는 과거 시대로 역행하게 될 것이다. 그것은 이제까지 들어본 적이 없는 일이며 도저히 있어서는 안 되는 일이다.

향락욕과 함께 부(富)나 명예에 대한 욕망도 죽어버린다. 부나 명예도 얼마쯤은 향락을 위한 수단일 뿐이며 자기 목적이 아니기 때문이다. 그런 욕망을 대신하는 것으로는 일에 대한 희열이 있다. 일은 모든 악에서 인간을 구원해주는 가장 좋은 방법이며, 일이 없으면 악은 다양한 방법으로 끊임없이 인간을 둘러싸고 유혹한다. 향락욕을 생활원리로 하지 않는다면 사람은 싫어도 일

━━━━━━━━
＊13 요한복음 3장 19절.

을 할 수밖에 없다. 그렇지 않으면 이 세상은 너무나 재미가 없기 때문이다. 그러나 향락욕이 행위의 가장 깊은 동기가 된다면, 일은 언제나 그저 향락을 얻기 위한 수단(더구나 매우 혐오스런 수단)으로 간주될 것이다.*14

그러나 향락을 단념하면 우리는 강하게 바라지 않아도 저절로 아름다운 자연과 아침저녁의 상쾌한 변화나 계절의 변화, 가정생활, 참된 우정, 고귀한 예술과 학문, 자국민의 삶과 번영, 나아가서는 순수한 동물의 세계, 특히 인류의 모든 영역에서 행해지는 위대한 활동과 선한 행위 등을 즐기게 되는데*15 이와 같은 발랄한 감수성은 아직 손상되지 않은 감정의 표시이며, 특히 청춘 시절을 맑게 보냈음을 나타낸다. 즉, 인생의 참되고 청순한 희열을 느끼는 감각을 오염된 향락으로 일찍부터 둔하게 해버리지 않았음을 증명하는 것이다.

또한 육체적 생활을 과도하게 억압하는 것도 분명 내적 진보에서는 이롭지 않다. 하물며 그것은 신의 명령도 아니다. 오히려 그런 과도한 억압은 인간이 하는 행위에 불과하며 대단한 가치를 가진 것도 아니다. 이에 대해서는 가장 오래된 성서 원전의 총명한 주해자가 참으로 옳은 말을 하였다. 즉, 인간은 그들의 힘을 깊이 고려한 하느님의 적절한 명령을 늘 과장해서 받아들이는 경향이 있다. 예를 들면 신앙의 복종을 시험하는 최초의 시련에 관한 구약성서의 이야기에서, 하느님은 인간에게 선악을 아는 나무에 손을 대서는 안 된다고 말한 것이 아니라 단지 그 나무의 열매를 먹어서는 안 된다고 명령했다. 그런데 인간은 그 명령에 이른바 '울타리 계명'(나무에도 손대지 말라고 한 명령)을 덧붙임으로써 유혹자 사탄을 위해 그가 원하는 상태를 만들어냈다. 즉, 인간은 단지 그 나무에 손을 댄 것만으로는 죽지 않았으므로 하느님의 말씀이라 칭하는 것이 거짓말임이 사실로 분명해졌다.

실제로 부모가 자녀들에게, 또는 교회가 신자들에게 극단적이고 불필요한 수많은 명령을 내리면서 그것이 실행되지 않아도 가볍게 지나치는 것도 역시 마찬가지이다.

하느님의 명령은 모두 실행 가능한 것이므로 그것을 모두 정확하게, 글자 그대로 순종하여 지킬 것, 그러나 '인간이 만든 계명'은 가벼이 여겨 거부할 것, 그것 외에 현대의 여러 그리스도 교파가 다시 새롭게 되살아나는 길은 없을

*14 히브리서 12장 1절.
*15 빌립보서 4장 4·5절.

것이다.

또한 고난이나 금욕을 즐기는 마음의 경향도 위험하다. 이것은 때로는 은밀한 명예욕과 결부되는 경우가 있는데, 그러한 때에는 더더욱 위험하다. 그런 경우는 단지 작은 악마가 어쩌면 한층 무서운 악마에 의해 쫓겨나는 것에 불과하다. 인간은 자기의 목숨을 내던져서는 안 된다. 자기 안의 모든 힘을 조금씩 없애거나 죽게 방치하거나 해서도 안 된다. 단지 육체적 쾌감을 지나치게 중시하거나 너무 날뛰게 해서는 안 된다는 것이다.*16

이 점에서도 그리스도가 간소함과 절도에 있어서 흉내내지 못할 본보기이다. 더구나 사정에 따라서는 사치스러울 정도의 경의마저 고스란히 받았으므로, 확실히 그 때문에 글자 그대로의 금욕을 지키고 싶어하는 사도는 그리스도에 대한 신앙을 잃어버렸을 정도이다.*17 아무리 신앙이 앞선 그리스도 교도라도 어디까지나 자연스럽고 인간다운 생활방식을 가져야지 은둔자나 주행자*18 같은 생활을 해서는 안 된다. 그리고 인생의 가치와 사명을 향락에서도, 고뇌나 금욕에서도 찾지 말고 오로지 신의 의지와 위탁에 따르는 것에서 구해야만 한다. 자주 인용되는 말이지만 브룸하르트*19는 현명하게도 이렇게 말하고 있다. "사람은 두 번 전향하지 않으면 안 된다. 한 번은 자연의 생활에서 종교적 생활로, 다음에는 종교적 생활에서 다시 자연의 생활(그것이 올바른 것일 때)로 돌아가야 한다." 그러나 처음의 종교적 생활이 지나치지 않으면 때로는 한 번으로 끝나는 수도 있을 것이다. 이러한 두 번의 전향에 너무 오래 시간이 걸려서 그 동안 조금도 남에게 유쾌한 느낌을 주지 않는 사람도 적지 않다.

지금까지 말한 것은 향상시키려 노력하는 인간의 참된 행복을 방해하고, 진정한 그리스도교로 들어가는 것을 가로막는 적이다. 그런데 이 모든 적으로부터 마지막에 그를 자유롭게 할 수 있는 것은 그 사람 자신의 힘이 아니다.*20 이른바 '옛날의 아담'은 이 말이 쓰였던 당시와 마찬가지로 오늘날에도 '젊은

---

*16 로마서 13장 14절.
*17 마가복음 14장 4~10절, 요한복음 12장 4절.
*18 기둥머리에 정좌한 고행자.
*19 1779~1838, 독일의 목사.
*20 신명기 8장 17·18절, 여호수아 24장 19절.

멜란히톤*²¹에게는 너무나도 벅찬' 것이다. 그 사람이 비록 아무리 훌륭한 의도를 가졌다 하더라도 하느님이 그 때문에 보내신 조력자(그리스도)의 도움을 구하려 하지 않는 한, 그러한 의도도 전혀 도움이 되지 않는다. 조력자도 그 사람이 도움을 받기 위해 자기의 의지를 완전하게 다 바치지 않는다면 도와줄 수 없다. 이와 같이 자기의 의지를 다 바치는 것은 자연적, 주아적(主我的)인 존재의 올가미로부터 스스로를 해방시키는 사업에서 인간 스스로 해야 하는 의무인 것이다. 그 밖의 모든 것은 하느님이 그 사람 위에 행하실 것이다.*²²

이것을 특히 단테는 《신곡》의 정죄계 21곡(58~69행)에서 분명하게 말하고 있다. 그는 한 영혼이 마침내 정죄의 산의 가장 높은 곳에 올라갈 때, 그 산이 기쁨에 떠는 모습을 다음과 같은 시로 나타내고 있다.

> 영혼이 새로운 청순함과 아름다움을 가졌는데
> 더욱 높이고자 하는 의지를 알았을 때, 산은 그렇게 떤다.
> 이 기쁨의 함성은 영혼의 더욱 높은 향상을 촉구하니
> 오직 이 의지만이 청순함의 증거가 된다.
> 의지는 자유롭게 영혼을 재촉해 전진할 준비를 하게 하고
> 영혼에 성장의 확고한 힘을 부여한다.
> 첫 번째 영혼은 그러기를 바라는 마음은 있으나, 죄 있는 자는
> 신의 뜻에 따라 여전히 괴로워해야만 함을 알고
> 오랫동안 기꺼이 고뇌를 바랐다.
> 나는 이 괴로움 속에 있기를 5백 년
> 이제 진정 높은 곳을 향해 나아가려는 의지가
> 드디어 해방되었음을 느낀다.

자기의 내적 삶을 잘 아는 사람이라면 누구든지 자기 안의 온갖 욕망이 당연히 갖가지 고뇌를 초래한다는 것을 충분히 알면서도, 처음 오랫동안은 선(善)을 바라는 일부의 의지가 그러한 욕망과 줄곧 싸워야만 했던 것을 인정할 것이다. 그럼에도 불구하고 영혼이 욕망을 이겨내지 못한다면, 영혼은 근본적

＊21 1497~1560년, 독일의 인문주의자.
＊22 신명기 5장 29절, 6장 4절.

으로 지금까지의 상태에 머물기를 희망하고 있는 것이다. 그런데도 여전히 영혼이 자유로워지고 싶은 충동을 가졌다면, 영혼이 전진하려는 의지를 자기 안에서 찾아내는 아름다운 날이 신의 은총으로 오게 된다. 그때 영혼은 자유로워지며, 나중에 생각하면 어째서 그토록 오랫동안 망설일 수 있었는지 이해하지 못할 정도이다.

그렇지만 이러한 충분한 의지가 생겨나기를 무작정 기다리는 것은 잘못이다. 그리스도교도 많은 다른 사물과 마찬가지로 연구에 의해서가 아니라 그것을 시험해 봄으로써 배울 수 있는 것이다. 반대로 그리스도교에 관해 쓸데없는 논의를 거듭하는 것은 그 정신에 가장 크게 위배되는 것이다. 또한 학문적으로 파악하려 해도 그리스도교는 알기 어렵고, 의아한 것이 되기 십상이다. 그것은 다른 학문과 다를 것이 없는 하나의 '학문'으로서 연구를 사명으로 하는 사람들에게 맡겨도 된다. 대체로 그러한 학문은 인간의 내적 진보에 아무런 공헌을 하지 못한다. 의심할 것도 없이 그리스도교는 복음서에 성령이라 불리는 그 영을 통해서만 완전하게 이해되는 것이다. 성령이 어떤 것인지 우리는 알지 못한다. 우리가 알 수 있는 것은 오직 그것이 아주 현실적인 현상이며, 우리의 생활에 그 작용이 다양하게 나타나고 세간에서 가장 중요한 보물로 간주되는 것, 없어서는 안 될 향락으로 생각되는 것에 대하여 차츰차츰 우리를 무관심하게 하는 힘을 지닌 것이라는 점이다. 우리는 이러한 자유에 도달할 소명을 받고 있다. 과연 그것을 달성할 수 있을지 전에는 확실히 의아하게 여겼던 적도 있지만, 지금은 그리스도교의 신앙으로 그것이 가능해졌다. 그렇기는 해도 그리스도교를 단지 '재미있다'고 생각하거나, 이따금 인간과 인간의 타고난 힘에 관한 그리스도교 본래의 냉정한 견해보다 오히려 그 과장된 견해 쪽을 재미있다고 생각하거나 하는 것만으로 끝나지는 않는다. 무엇보다도 그것을 실제로 시작하지 않으면 안 된다. 그러면 신앙의 진보는 저절로 생겨나는 것이다.[23]

그러므로 영혼이여, 그대는 도저히 만족할 수 없고 가망 없는 흔한 세속적 삶의 미로를 벗어나, 행복을 향한 여러 길 가운데 가장 간단하고 최상의 길

＊23 이사야 30장 21절, 에스겔 36장 27절.

을 걷고 있다. 그러면서도 여전히 망설이고 그리스도교의 현관으로 실제로 들어가기 힘들어하고 있다. 어쩌면 그것은 그대가 아직 충분히 신뢰를 기울이기 힘든 사람들이 그곳에 와글대고 있는 모습을 보기 때문일 테지만, 그렇더라도 그대는 결심을 굳히고 과감하게 들어가야 한다. 얼마 안 있어 과감히 그렇게 할 만한 가치가 있음을 알게 될 것이다. 이 길에서 다시 되돌아가는 사람은 거의 없으며, 또한 이 길을 끝까지 간 사람으로서 일생을 헛되이 살았다거나, 너무나도 괴롭고 참기 힘든 삶이었다는 등 바보 같은 소리만 하는 사람은 몇천 년 이래로 아직 한 사람도 없었다.

그렇지만 행복에 도달하려고 다른 수많은 길을 걸었던 사람 가운데 오늘날 슬퍼 탄식하지 않는 사람이 대체 얼마나 있는가.

대체로 인간의 영혼에는 이미 초감각적 사실의 신앙으로 확실하게 마음이 향하고 있는 경우에도, 여전히 때로는 자기의 생각이나 희망의 현실성에 대해 진지한 의혹이 솟는 경우가 있다는 것은 진실을 고백하는 사람이라면 누구든지 부정하지 못한다. 또한 타인이 이따금 빠져드는 이러한 의혹을 격렬히 비난하는 사람은 결코 신앙이 견고한 사람이 아니란 것도 사실이다. 그런 사람은 때로 이런 타인을 규탄하는 열의로 도리어 자기 마음에 싹트는 의혹을 애써 억누르려는 것에 불과한 경우도 있다. 그렇지만 그런 회의적 순간에도 여전히 다음의 것만큼은 의심할 수가 없다. 즉, 현세 및 내세에 걸친 커다란 문제에 대해서 그리스도교 이상의 확실성을 가진 것은 어디에도 존재하지 않는다는 것, 그리고 '자연과학'이 아직은 불확실한 개개의 결론에 만족해서 그 이상의 여러 문제, 예를 들면 전체적으로 본 만물의 연관이라든가 인류의 삶과 번영을 크게 좌우하는 도덕적 세계법칙 등에 관한 문제를 인류의 사상으로부터 몰아낸다고 해서 될 일이 아니라는 것은 확실하다. 이런 방법은 결코 오랫동안 성공하지 못한다. 오히려 이러한 변변치 못한 목표에 모든 것을 국한하는 단순한 현실주의 시대 뒤에는, 반드시 아직 천박해지지 않은 사람과 관능적 세계에 완전하게 빠질 수 없는 사람들의 마음에 새삼 그리스도교의 진위를 확실히 하고 싶다는 충동이 억누르기 힘든 강렬한 힘으로 솟아오를 것이다. 즉, 그리스도교야말로 인간을 행복하게 하는 진정하고 유일한 진리라는 그 높은 자부심이 과연 정당한가, 또 그것이 어디까지 정당한 것인가를 검토하려는 것이다.

독자 여러분, 그대들도 이와 같은 충동을 많든 적든 느끼고 있을 것이다. 그렇지 않다면 그러한 충동에서 태어난 이 책을 손에 드는 일은 없었을 것이다. 여하튼 그런 충동을 쉽사리 뿌리쳐서는 안 된다. 그것은 그대의 본질 가운데 좀더 좋은 부분에서 나온 것이기 때문이다.

다음과 같은 조언을 받아들이기 바란다. 먼저 그리스도교의 서설, 즉 그리스도교가 자명하다고 하는 전제조건을 더 면밀하게 검토하라. 그리고 그대가 지닌 능력 안에서 그 조건에 따라서 살고자 결심할 수 있다면, 그 다음에 비로소 그리스도교의 교의를 배워라. 이것과는 반대되는 행동양식이 일반적으로 행해지고 있다. 우리 학교나 교회의 종교 교육에서 일반적으로 지시되는 방법 또한 그러하다. 그러나 그런 길을 걸을 때, 때로는 여전히 '길 위에 사자'가 웅크리고 있는 경우도 있지만 이 논문에서 권하는 좁은 길에는 그런 무서운 것은 나오지 않는다.

말할 것도 없겠지만 그대는 항상 결심할 준비를 게을리 해서는 안 될 것이다. 왜냐하면 오직 '승리를 얻는 자만이 이러한 것들을 계승할 것'이기 때문이다. 결단을 내리지 않는 사람은 완전히 신앙이 없는 사람과 마찬가지로 아무리 형편이 좋게 되는 경우에도 그 인격적 생명의 몰락이 머지않아 확실하게 예기될 뿐이다.*24

---

*24 요한계시록 2장 11절, 21장 3~8절, 22장 17절.

인생의 단계

우리의 내적 삶을 몇 가지 단계로 나누어 설명하거나, 수많은 역(驛)이나 체류지를 지나면서 온갖 장애물에 부딪치거나 하는 여행에 비유해서 기술하려는 의도는 옛날부터 있어 왔고 실제로 이치에 맞는 방법이다. 그럼에도 불구하고 그런 글 가운데 현대의 요구, 특히 교양 있는 계급의 요구에 적합한 것은 좀처럼 눈에 띄지 않는다. 또한 전부터 대부분의 설교가 인간 존재가 도달할 수 있는 이상적인 상태를 꽤 상세하게 묘사해 보인 반면, 그곳에 이르는 길은 확실하게 제시하지 못했던 것이 결함이었다. 그러나 본래 이런 일을 하는 것, 그것도 얼마간 개인적인 길 안내를 하는 것이야말로 교회가 현대인들을 위해 해야 하는 사명일 것이다. 이것이 바로 '영혼 돌보기'라는, 우리로서는 좀 받아들이기 어려운 이름으로 불리는 교회의 일이다. 그러한 영혼 돌보기가 아직은 어쨌든 행해지고 있는 경우라도 지금의 교회에서는 그것이 너무나도 영업적으로, 아니 직업적으로 되고 말았다. 자유와 개성이 유달리 중요한 내면적인 일들에 있어서조차 일종의 기술이 만들어져서, 그에 관한 용어도 원래는 좋은 의미를 지녔었는데 지금은 대부분의 사람들에게서 그런 의미는 사라져 버리고 말았다. 아마도 머지않은 장래에 다른 표현으로 바뀔 것이 틀림없다.

마음의 단계적 발전을 기술한 것으로 지금도 남아 있는 것 가운데 고대 때부터 유래하는 것이 하나 있다. 그것은 그리스의 철학 교수(오늘날의 표현방식에 따르자면)인 플루타르코스가 쓴 것이다. 그는 기원 50년 무렵 보이오티아의 카이로네이아에서 태어나 120년부터 130년 사이에 로마에서 생을 마쳤다. 로마에서는 여러 가지 일을 했는데 그 가운데는 황제 하드리아누스의 스승이었다는 사실도 전해지고 있다. 100종이 넘는 크고 작은 그의 저서 가운데 오늘날에는 《영웅전》 정도밖에는 읽히지 않고 있다. 이것마저도 학교 같은 데서 좀 더 많이 읽혔으면 좋으련만 그다지 읽는 것 같지 않다. 그의 다른 저서는 보통 《플루타르코스 도덕론집》이라는 표제 아래 일괄되어 있다. 그 중 가장 읽을 만한 것 가운데 하나는 트라야누스 시대의 집정관 소시우스 세네키오에게 바쳤던 〈도덕적 진보는 어떻게 인정되는가〉라는 논문이다. 스토아학파 사람들은 원칙을 받드는 현자(賢者)와 그 반대인 악덕자(惡德者) 밖에는 인정하지 않는데, 이와 대조적으로 플루타르코스는 그 논문에서도 알 수 있다시피 대체로 키케로파의 절충주의의 의미에서 절충주의였다. 어떤 독자든 금세 알 수 있듯 이 논문에는 특히 깊이가 빠져 있다. 그러한 깊이라는 것은 당시 아직 거의 세상에 알려져 있지 않았던 그리스도교에 의해 비로소 도덕 속으로 편입되었고, 그 뒤로도 그리스도교에 의해서만 편입되었을 것이다. 그러나 그의 논문에는 인생에서 좀더 고귀한 것을 지향하는 자연적이고 건전한 상식이 풍부하게 들어 있다. 그리고 이러한 건전한 상식을 청년의 가슴속에 키우는 것이 이른바 '고전적 교양'의 무엇과도 바꾸지 못할 주된 목적이었다.

이런 종류의 저서로 비교적 후세의 것으로는 영국의 청교도 시대의 작품인 번연의 《천로역정》과 그보다 약 100년 전에 쓰인 융 슈틸링의 《향수》가 있다. 원래 훌륭한 사람들의 전기는 동시대인이나 후세 사람을 위해 인생의 길 안내 역할을 해야 할 것이다. 그렇지만 유감스럽게도 이런 종류의 저서 가운데 뛰어난 것이나 완전하게 진실된 것은 거의 없다. 왜냐하면 전기 작가는 그들이 묘사하는 인물의 가장 내밀한 체험을 안다고 할 수 없으며, 더구나 그런 체험은 종종 작은 사건인데도 커다란 결과를 수반하기도 하고, 전기 작가가 그 체험의 의미조차 충분하게 이해하지 못하는 경우도 있기 때문이다. 한편, 그러한 것을 이야기할 수 있을, 자서전도 대개는 저자의 허영심에 의해 더럽혀져 있고 때로는 전기 가운데서 가장 진실성이 적은 것이 되고 있다. 따라서 이런 종류의 저서에는 개인적인 성격이 강하게 나타나고, 인생의 올바른 길을 걷는 '방법'이라는 것은 거의 존재하지 않는다고 여겨도 아무런 문제가 없을 것이다. 또한 이 경우에도 가장 도움이 되는 것은 어쩌면 훌륭한 사람들이 가끔 남긴 지극히 실제적인 말일 것이다. 그것은 지금까지 많은 사람이 걸었던 길이면서도 아무도 잘 알지 못하는 인생의 길에서 여행자가 지치면 힘을 북돋워주고, 또 지금의 길을 계속 걷는 것이 불안해지고 예상했던 방향에서 벗어난 것 같을 때의 혼란스러움을 풀어주는 데 그나마 도움이 될 것이다.

이 경우 가장 먼저 말할 수 있는 것은 어떠한 인생 행로에나 모두 단계가 있다는 것, 그리고 가치 있는 일생이라면 목장을 졸졸 흐르는 맑은 개울처럼 전혀 변화가 없는 것이 아니며, 인공의 운하처럼 시작부터 끝까지 일직선으로 달리는 것도 아니라는 사실이다.[*1]

그러나 어떠한 인생 행로도 다른 사람과 완전히 똑같은 과정을 밟지는 않으며, 언뜻 꽤나 자연스럽게 보이는 단계마저도 이따금 순서를 거꾸로 밟는 경우가 있다. 예를 들면 청년시절에는 노숙(老熟)했던 사람이 나이가 들면서 비로소 정신적으로 청춘을 맞는 예도 있다.

하지만 내적으로 건전한 삶이라면 분명하게 인정할 수 있을 만한 어떠한 발전을 반드시 수반할 터이고, 그 발달 도중에 일시적인 비약이나 중단이 일어나는 일도 없다. 그러나 또 매우 모범적으로 보낸 삶도 거의 존재하지 않으며, 어떤 사람의 일생에나 피하면 피할 수 있었던 실수가 있고, 나중에는 이미 메울 수 없는 틈새가 있는 법이다.

왜냐하면 인생의 각 시기가 저마다 목적과 임무를 지니기 때문이다. 나무는 먼저 봄에 성장을 해야 하고 마지막에 꽃을 피워야 한다. 봄이 가기도 전에 벌써부터 열매를 맺어서는 안 된다. 예를 들면 요즘처럼 자연의 성장을 일부러 억제하고 속성으로 많은 수확을 노려 재배된 나무에 열린 과실은, 충분히 자란 과일나무에서 익은 과실만큼 품질이 좋지 않으며 어쩌면 영양가도 떨어질 것이다.

따라서 인생의 각 시기는 그 시대에 고유한 성과를 축적하여 이것을 인격 속에 남기지 않으면 안 된다. 유년기에는 어린아이다운 순수함을 남겨야 하며, 이것 없이는 아무도 타인에게 좋은 영향을 줄 만한 완전한 인간이 되지 못한다. 또한 청년기에는 활동력을 낳는 신선함과 정신의 고양을 남겨야만 한다. 장년에는 남녀 모두 여러 사상과 감정의 원숙함, 일을 하면서 단련된 성격의 견실함을 남겨야 한다. 이러한 경우에만 노년은 단순히 위안이 없는 쇠퇴기가 아니라 오히려 우리 삶의 있는 그대로의 과거를 조용히 긍정하며, 다가올 장래를 달관하고 나아가 앞으로의 위대한 발전을 위해 준비하는 시기가 될 수가 있으며, 이것이 노년에 어울리는 사명이다.

이와 같은 시기 가운데 어느 하나를 뛰어넘거나, 또는 흔한 일이기는 하지

[*1] 신명기 8장 2~5절, 욥기 5장 17절 이하.

만 지나치게 서둘러서 그 시기의 특질을 충분히 이용하지 않은 사람은 나중에 그것을 되돌리려 해도 그것은 거의 불가능하다. 아니 절대로 불가능하다. 그런 사람은 늘 대번에 알 수 있는 결함을 지니고 있게 마련이다.

그것을 방지하는 것이 비교적 젊은 시절에는 교육이 하는 일이지만, 나는 여기서 그에 대해 언급할 마음은 없다. 그러나 나이가 들어가면서 그것은 자기 교육의 주안점의 하나가 된다. 인간은 생애의 참된 성과를 주로 자기 교육에 힘입으며, 타인이 그를 위해 해주는 것도 도저히 그것에는 미치지 못한다.

사람의 일생을 그 일반적인 성격에 따라서 보통 행·불행이라든가 행운·불운이라고 부르는 면에서 본다면, 모든 생애가 대개 세 개의 확실한 시기로 성립되어 있다. 그 가운데 제1기와 제3기는 매우 비슷하지만 중간의 시기만은 다르다. 이것은 경험이 가르치는 것이다. 괴로운 불행을 청년기에 겪은 사람은 비교적 쉽게, 또 비교적 혜택을 받고 성공한 장년기를 맞이하게 마련이지만, 그렇다고 흐리지 않은 만년을 맞기는 어렵다. 그 반대로 황금의 청춘시절은 거의 항상 중년기의 폭풍과 분투의 삶의 전조로 나타나지만 온화한 인생의 석양으로 이어지는 것이 보통이다. 이와 같은 상황은 이들 세 개의 커다란 구분 속의 단계적인 작은 구분에도 역시 들어맞는 경우가 많다.

이 가운데 어느 경우가 좀더 행운인지는 결정하기 힘든 문제일 것 같다. 왕성한 실행력과 활동 욕구를 지닌 사람, 말하자면 '이 세상에서 생활의 흔적을 영원히 없애지 않겠다'*²고 염원하는 사람은 성공한 장년기에 더 커다란 가치를 두고 싶어할 것이다. 그러나 태양처럼 밝은 성격의 사람에게는 구름 없는 청년기가 필요하지만, 또한 충분히 강력한 사람이 되어야만 한다면 역시 거친 중년기도 필요하다. 그래야 노년기가 되어 인간의 운명이 허락하는 모든 면에서 원숙하고, 완성된 삶의 모습을 보일 수 있는 것이다.

인간은 자기도 올바른 길에 이르고*³ 또한 타인의 무거운 짐에 대해서도 이해할 수 있으려면, 언젠가 일생에 한 번은 충분한 고생을 하지 않으면 안 된다. 그렇게 하는 데 가장 적합한 때는 뭐니뭐니 해도 힘이 있는 시기이다. 유년기를 즐겁게 보내면 그 남은 빛이 평생 꺼지지 않는 법이지만, 그 반대의 경우

---

*2 《파우스트》 제2부 제5막.
*3 베드로전서 4장 12·13·17·19절, 5장 6절.

는 쓰디쓴 불쾌감이 역시 평생을 통해 그림자를 드리운다. 또한 나이가 들어서 처음으로 가장 괴로운 일을 견뎌야만 한다면 이것도 또한 힘든 일임에 틀림없다.

인간은 이러한 운명을 스스로 만들어내지는 못한다. 적어도 이 점에서는 인간이 자기 운명을 갈고 닦는 사람이 아닌 것은 확실하다. 그렇다고 인간이 맹목적으로 지배하는 운명의 뜻대로 무조건 따르는 노예도 아니다. 이것은 힘든 청년기 뒤에 여전히 고생을 피할 수 없는 노년이 온다고 운명적으로 예정되어 있는 경우에도, 사람은 충분히 자각한 체념과 용기 있는 인내심으로 이와 같은 운명 속에서도 가장 좋은 면을 집어 올릴 수 있다는 뜻이다. 또 즐거운 유년기를 보낸 경우는 그것이 언제까지나 계속되지 않았음에 감사하면서 자기의 성격을 단련하는 데 필요한 그 다음의 질풍노도의 시기로 들어갈 수 있다. 이렇게 생각하면 신을 사랑하는 자에게는 어떤 종류의 것이든지 인생의 모든 일들이 득이 될 것임이 틀림없다.*4는 말이 이 운명의 경우에도 완전히 들어맞는 것이다. 그러나 사색하는 사람들의 인생 행로에는 신의 도움을 빌려서 많은 고뇌에 견디느냐, 아니면 그런 도움 없이 찰나적인 향락으로 고뇌를 잊고 지낼 것인가는 스스로 결정할 문제이다. 이러한 인간의 운명에 대한 니체식의 무력한 반항은 아무런 도움도 되지 않는다.

요컨대 인간은 자기가 타고난 소질과 전혀 다른 사람이 되지는 못한다. 한 인간이 모든 것을 두루 갖춘 사람이 될 리도 없거니와, 실제로 다방면에 재능이 있는 사람조차도 그렇게 되려면 대개는 사상의 깊이를 희생하고서야 가능하다. 교육이 인간의 소질을 올바르게 판단하는 경우는 드물다. 그러므로 교육이 저지르기 쉬운 실수를 바로잡기 위해 우리가 몸소 자기의 소질을 적당한 때에 올바르게 판단하는 것이 인생에서 가장 결정적인 시기의 주요 과제이다. 이 시기는 순조롭게 진행될 경우 30대 초반 무렵인데, 대개 이 무렵에 우리는 타인에게서 받은 교육의 최종단계를 마치고, 단테가 말하는 '우리 생애의 나그넷길의 한가운데서*5 선악의 어느 쪽인가를 향해 자기 교육을 시작하는 것이다. 인생의 이 순간에 어떤 사람들은 청년기의 몽상이라느니 본바탕이나 교육에서 오는 편견이라느니 하면서, 자기의 미래 모습을 다양하게 그려 왔던 것

---

*4 로마서 8장 28절, 욥기 42장 10절.
*5 《신곡》 지옥편 제1곡 첫머리의 문구.

가운데 어떤 것도 될 수 없음을 깨닫고 마음 깊이 아픔을 느끼고 절망적이 되어 향락이나 겉치레뿐인 것을 좋게 된다. 그런 한편, 다른 사람들은 거기서 출발해 자기 고유의 세계를 정복할 수 있을 만한 근거지를 찾고, 나아가서는 요람에서 들었던 노래처럼 감미로운 것은 아니지만 분명하게 옳은 것임을 아는 사명을 줄곧 추구한다.

그러나 청춘의 꿈을 가벼이 해서는 안 된다. 꿈은 대개 그 사람의 아직 자각되지 않은 소질에 따른 것이며 따라서 그 사람의 사명과도 일치하는 경우가 많다.*6 즉, 인간의 사명도 처음에는 단지 공상적인 미래의 모습으로 나타나게 마련이다. 다만 그런 꿈이 진정으로 그 사람의 내부에서 생겨난 경우에 한하는 것이지, 잘못된 교육의 결과이거나 또는 능력의 유전에 관한 그릇된 믿음의 소산인 경우는 별개이다. 왜냐하면 능력이 유전하는 경우는 극히 드물며, 위인의 자녀가 다시 위인이 되는 경우도 거의 없기 때문이다. 그것은 부모와 비교당하기 때문에 못해 보여서이기도 하지만, 또 정신세계를 대대로 지배하는 왕조라는 것을 좋아하지 않는 세상 사람들의 질투심 때문에 그렇게 되는 경우도 적지 않다. 이 점에서는 모두가 공화주의자인 것이다. 다른 한편으로는 특별히 뛰어난 사람이 되면 자식의 교육에 신경을 쓸 만한 여유가 좀처럼 없기도 하지만, 또 그럴 여유를 만들려고도 하지 않기 때문이다. 그래서 그런 가정에서는 어머니가 그 환경을 잘 이해하고 교육의 책임을 떠맡아서, 대체로 무척이나 주문이 많을 유명한 남편이 이것저것 해달라고 하지 못하게 하지 않으면, 자녀들이 평범한 가정에서보다도 훨씬 팽개쳐지는 경우가 많다.

자녀들, 특히 아들의 교육과 성격 형성에 있어 가정에서는 어머니가 결정적인 요소라는 점, 또한 아들은 일반적으로 아버지보다 어머니를 닮게 마련이라는 것은 새삼스럽게 말할 필요도 없다. 이에 비해 그다지 알려져 있지 않은 것은, 남자아이가 성격이나 소질 면에서 이따금 어머니의 형제와 닮는다는 것, 그리고 자녀들을 기르는 데 어머니 쪽의 할머니가 가장 적임자이지만 경우에 따라서는 가장 위험하게 되기도 한다는 것이다.

몇 대에 걸쳐서 이기주의로 똘똘 뭉쳐온 집에는 천벌이 내린다는 예언은 틀림없이 맞다. 또한 부모에게 냉혹했던 사람은 자기 자식의 불효로 앙갚음을 당

---

*6 창세기 37장 5~9절.

하며, 반대로 부모에게 많은 애정을 바쳤던 사람에게는 평생 특별한 축복이 따른다는 경험도 틀림없는 사실이다.

적당한 시기에 인생의 새로운 단계로 들어가는 것에 대해서는 지금까지의 단계가 올바르게 이용되었다면 그다지 걱정할 필요는 없다. 그 경우 인생의 새로운 단계는 저절로 찾아온다. 다만 그것에는 진심어린 요구와 좀더 앞으로 나아가고 싶다는 명확한 의지가 반드시 필요하다. 이러한 의지가 없으면 비록 앞선 단계로 올라가도 행복해지지는 않는다. 우리는 분에 넘치는 큰 임무를 맡지는 못한다. 만약 그러면 그 임무 자체가 뭔가 공허한 것으로 여겨져서 인생의 뒤떨어진 방면에 동경을 갖거나 한다. 반대로 신에게로 인도되는 사람은 그 다음에 자기가 무엇을 해야 하는지, 어떤 일에 쓰일 것인지 미리 알지 못하는 것이 보통이다. 그것을 미리 안다는 것은 어쩌면 견딜 수 없는 일인지도 모른다. 그러나 그런 온갖 개인적인 생활 방식을 두루 경험한 사람은 인간의 개인적 생활에서도 그와 같은 좀더 높은 인도가 존재한다는 것을 결국 확신하게 된다. 신은 인도할 때 적어도 어떤 사람들은 그 '이름에 의해서 알지만'*7 다른 사람들은(그것도 완전히 자기가 초래한 결과이지만) 개인이 아닌 오직 무리로 다루어질 뿐이다.

마지막으로 인생 전체가 먹고 마시고 다음 날에는 죽는*8 것인 사람들에게는 정신적 단계 같은 것이 애당초 있을 리 없다. 그런 단계는 다른 여러 생물과 마찬가지로 단순한 자연적 존재로부터 탈피해 진정한 정신적 삶에 반드시 도달하고자 결심하는 사람들에게만 존재하는 것이다.

이런 사람들 때문에 토마스 아 켐피스는 그런 정신적 삶에 이르는 가장 확실한 길을 다음과 같은 대화에서 보이고 있다.

"아들아, 너는 자신을 완전히 부정하는 데까지 나아가지 않으면 정신의 완전한 자유를 얻지도, 또 지키지도 못한다. 이기적으로 뭔가에 집착하는 사람, 자기 자신을 사랑하는 사람, 탐욕스럽게, 또는 진기한 듯이 외부 세계에 열중하는 사람, 관능에 매달리기를 원하고, 그리스도의 나라를 넓히기를 바라지 않는 사람, 아직 기초가 없는 것을 줄곧 세우면서 굳히려는 사람, 이들은 모두

---

*7 출애굽기 33장 17절.
*8 고린도전서 15장 32절.

노예의 사슬에 묶인 사람들이다. 왜냐하면 하느님으로부터 태어나지 않은 것은 모두 멸망으로 가기 때문이다. '모든 것을 버려라, 그리하면 모든 것을 얻으리라'는 짧지만 의미심장한 말에 의지해야 한다. 모든 욕망과 이별하라. 그리하면 너는 평안을 얻으리라. 이 말을 잊지 말고 밤낮 가슴에 새겨야 한다. 이 말을 실현할 수 있으면 그때 모든 것을 이해할 것이다."

"주여, 그러나 그것은 하루에 할 수 있는 일이 아닙니다. 또 아이들의 놀이도 아닙니다. 그 말씀의 껍질 속에 하느님을 바라는 자의 완전함의 핵심이 들어가 있습니다."

"아들아, 아까 한 말로 너를 겁먹게 하거나 용기를 꺾거나 할 생각은 없다. 오히려 네가 더욱 높은 목표를 향해 기어오르도록, 또한 진심으로 그것을 바라는 마음을 갖도록 격려하기 위해서이다. 만약 네가 자신에 대한 맹목적인 사랑을 남김없이 버리고 내가 너에게 준 아버지께서 내리신 지시에 바로 따를 준비와 각오가 되었다면, 나는 만족함으로 너를 볼 것이며 네 삶은 평화와 기쁨 속에서 지나게 될 것이다. 왜냐하면 네가 자기도취로 인해 멋대로 이것저것 바라지 않고, 깨끗하고 남긴 바 없이 마음의 저 밑바닥부터 너의 하느님께 의지하고, 너의 모든 바람을 아버지의 손에 맡기면 그 순간부터 네 마음은 편안해지고 너 자신이 하느님과 하나가 되었음을 깨달을 것이기 때문이다. 그것은 하느님의 마음에 드는 것보다 더 맛좋은 것, 더 기분 좋은 것이 아무것도 없음을 알게 할 것이다."

"이와 같이 순수한 마음으로 정신을 하느님에게까지 높이고, 어떠한 피조물도 함부로 사랑하거나 미워하지 않게 된 사람만이 기도의 선물을 받을 힘을 얻으며, 또한 그럴 가치가 있는 사람이 된다. 왜냐하면 빈 그릇을 발견했을 때, 여호와는 그것에 축복을 담아주시기 때문이다. 따라서 자기의 마음을 쓸데없는 것에 대한 애착에서 벗어나게 하고 철저한 거부로 스스로 죽는 것이 완전하면 할수록 더 빨리 이 은혜는 주어진다. 그리고 차츰 깊게 스며서 해방된 마음은 점점 더 높이 끌어올려지는 것이다."

"이때 그 사람의 눈은 뜨이고, 이때 그 사람은 황홀감으로 경탄하며, 그때 그 사람의 온 마음은 넓어진다. 이제 주(主)의 손길은 그 사람과 함께 있으며 그 사람은 완전히, 나아가 영원히 자신을 주의 손길에 맡겼기 때문이다. 보라, 온 마음으로 하느님을 바라고 쓸데없는 것에 집착하지 않는 사람은 이와 같이 행복할 수 있다."

1

이 대화에서 오간 말은 모두 완벽한 진리이다. 다만 그것은 하루의 일도 아닐뿐더러 일생의 한 시기의 일도 아니다. 그것은 어디까지라도 성장해 갈 수 있는 과정이며, 거기서 뭔가 올바른 것과 유익한 것을 탄생시키려 한다면 그 과정을 자기 마음대로 촉진해서는 안 되고, 서서히 네 개의 커다란 단계로 구분되어 가며 각각의 단계에서 충분하게 성숙해 가지 않으면 안 된다. 거기서는 어느 것도 강제되어서는 안 된다. 성장이 촉진되는 것은 오직 고난의 시기를 통해서만이다. 각각의 단계에서 일어나는 그때 그때의 일들은 대개 전반부가 좀더 힘들지만, 그 다음부터는 비교적 쉽고 빠르게 끝을 향해 다가가게 마련이다.

첫 번째 단계는 이른바 철학을 바라는 시기이며, 세상에 흔해 빠진 세계관에 불만을 느끼기 시작하는 때이다. 그것은 결국 예언자 호세아의 말*⁹ 또는 누가복음 15장 17절에 나와 있는 것 같은 불만으로까지 높아진다. 두 번째 단계는 이사야 45장 22절에서 바라고 있는 영원한 초자연적 진리로 방향을 바꾸는 시기이다. 세 번째 단계는 새로운 삶의 시기이며, 이것은 많은 작은 시기를 거쳐 서서히 형성되어야 한다. 마지막 단계는 예언자 스가랴*¹⁰의 '해질녘이 되어도 빛이 있다'는 약속이 주어지는 시기이다.

첫 번째 단계를 마쳤을 때 젊은이들은 이상을 바라는 순결한 정신을 가지고, 양심에 부도덕의 낙인을 찍히는 일이 없으며, 근로의 의욕과 직업상의 유용하고 많은 지식을 갖추고 있어야만 한다. 두 번째 단계에서 이것을 올바르게 통과하려면 세 가지 중요한 것의 획득에 노력해야 한다. 즉, 시민으로서의 지위와 품위 있는 결혼, 건전한 종교적·철학적 인생관이 그것이다. 세 번째 단계는 인생이라는 싸움에서 자기의 힘을 실증하는 시기이며, 일생의 진정한 일을 해야 하는 시기이다. 네 번째 단계는 진실한 성과를 거두어 인생의 최후를 장식하는 때이고, 이 세상의 삶으로부터 더욱 광대한 활동권으로 옮겨가는 단계이다.

---

*9 호세아 2장 7절.
*10 14장 7절.

이와 같은 정신의 발전과정이 주로 자기 교육에 기초하는 것은 처음부터 분명하다. 그리고 일반적으로 자기 교육이 시작되는 것은 비교적 성실한 사람이라면 누구든지 '이 세상의 거짓'에 질려서, 마치 단테가 그 위대한 시의 첫머리에서 '인생의 길 한가운데서 나는 어두운 숲을 헤맸다'고 한 기분의 상태로 빠져드는 때이다. 아니면 성 테레지아*¹¹가 '내 영혼은 이 세상의 꿈에 빠져 있었습니다. 그러나 이 죽음의 잠에서 나를 흔들어 깨우는 것이 주님이셨습니다. 이제 다시는 그것에 빠지지 않도록 나는 주님께 기도합니다'라고 했던 기분이 드는 시기이다. 그 시기까지 교육이 할 수 있는 것은 내적 삶에 관하여는 단지 준비나 예방하는 성격의 것에 불과하다. 즉, 청년을 유물론적 세계관이나 형식적인 종교로부터 떼어놓는 것이다. 이 두 가지는 청년이 나중에 진정한 철학적·종교적 확신에 도달하는 것을 방해하는 것들이다. 오로지 자연과학적인 교육을 받은 아이들이라든가, 또는 너무 어린 시절부터 귀에 못이 박히도록 그리스도교에 대해 듣거나, 그리스도교의 용어나 종교적 의식에 기계적으로, 때로는 지긋지긋해 하면서 따르도록 훈련을 받아온 아이들이 나중에 정신적 평화의 길을 찾아내는 인간이 되는 경우는 극히 드물다.

어린 영혼을 부도덕의 추악함에 물들지 않도록, 그리고 인생을 단순히 감각적으로 해석하지 말고 좀더 순결한 삶에 마음을 향하게 하는 것이 특히 교육의 임무이다. 왜냐하면 나중에 참된 종교라는 귀한 나무가 뿌리를 내리고 번성해야 할 토양을 관능의 힘보다 더 황폐하게 하는 것은 아무것도 없기 때문이다. 영혼의 활력은 관능의 힘 때문에 수그러들어서 어떻게든 회복하려 해도 매우 힘이 들며, 회복되더라도 부분적으로밖에는 하지 못한다. 여기서 우리는 이미 다른 곳에서 언급했던 생각으로 되돌아오게 된다. 즉, 적어도 장래 고등교육을 받고자 하는 청년 남자를 교육하려면(우리의 생각으로는 그들의 어머니나 첫 번째 여교사에게도) 고전적 교양은 없어서는 안 될 뿐만 아니라, 이는 일반적으로 흔한 종교 교육이나 도덕 교육보다도 중요하다는 것이다. 이러한 고전적 철학의 학습단계를 성실하게 보내기만 하면, (이 단계는 마지막이 아니며, 또한 마지막이어서는 안 되므로) 그리스도교는 저절로 수월하게 들어오는 것이다. 또한 그리스도교는 성립 당시의 세계사에도 나타나 있는 바와 같이 고전

---

*11 1515~1582년, 스페인의 수녀.

적 토양 위에서 가장 아름다운 결실을 맺는다. 고전적 교양을 갖춘 정신이 단순한 교회주의에 빠지거나, 저속한 무취미나 반 놀이 삼아 하는 신앙에 빠지거나 하는 경우는 결코 없을 것이다. 이와 같은 것은 그리스도교 초기의 위대한 모습과는 심하게 모순되지만, 그럼에도 그리스도교의 통속적인 해석에는 딱 달라붙어서 그리스도교의 신용을 크게 해치고 있다.

한편 그리스도교가 은둔적인 요소를 포함한다는 것은 의심할 바가 없지만, 이 요소는 나중의 자기 교육의 경우에는 어떨지 몰라도 앞으로 여러 정신적 능력을 키우려는 젊은 사람들의 교육에는 그다지 유익하지 않다. 그뿐 아니라 이렇게 말할 수도 있다. 먼저 육체적 쾌감(이것은 결코 최고의 인간적 감정도 사명도 아니지만), 그리고 인간으로서 향상하려는 일종의 충동(이것은 나중에 그리스도교가 가르치는 참된 겸허함에 의해서 억제되지만), 이 두 가지는 청년의 성장에 자연스러운 요소, 아니 필요한 요소이다. 그러므로 이 시기에는 그리스도교 시대의 모범이나 이상보다는 오히려 고전시대의 모범(물론 구약성서의 그것도 포함해서) 쪽이 더 적당하다. 다만 고전적 교육에는 그것을 받는 사람들에게 적합하거나, 아니면 그런 교육을 받으면서 동시에 그들을 높여 가는 어느 쪽인가가 필요하다. 그렇지 않으면 고전적 교육을 받았기 때문에 오히려 때로 자기의 운명에 불만을 품게 되는 경우도 없지 않다. 원로 플라티히가 "젊은 시절에는 실컷 날뛰는 게 좋다. 다만 나쁜 짓은 안 되겠지만"이라고 소박한 말로 표현하고 있는데 이것은 맞는 말이다. 그런 시기를 젊은 시절에 갖지 않은 사람은 종종 너무 늦게 그런 시기가 찾아온다. 그것도 한층 나쁘고 한층 음험한 형태로 말이다.

교육이 젊은이들의 마음에 이상을 추구하는 정신을 심고, 나아가 좋은 생활 습관을 익히게 하며, 모든 속된 것에 대한 혐오감을 기르는 데 성공한다면, 그것으로 교육은 가장 본질적인 임무를 다한 것이 된다. 현대의 교육은 그 이상의 것을 바라고 있지만, 실제로 이루어낸 것은 그것에 한참 모자란다.

특히 인생의 제1기 끝 무렵에 젊은이들은 두 가지를 확실하게 이해해야 한다. 첫째, 인간은 현재의 자연법칙의 범위 안에서 진지하게 바라는 모든 것을 이룩해낼 수는 없다는 것. 다음으로 중요한 것은 그것을 적당한 때에 시작하고 초지일관 계속할 것, 특히 동시에 두 마리 토끼를 잡으려고 해서는 안 된다는 것이다. 부자나 유명 인사, 학자, 또는 덕이 있는 사람이 되려면 어떤 경우든 하나의 목적에 노력을 응집해야 하며, 그에 이은 부차적인 목적은 허용되지 않는다. 그러므로 인간은 우선 자기가 바라는 것이 무엇인지를 알고 되도록 빨리 올바른 것을 선택하지 않으면 안 된다. 그렇게 하면 '인간은 커다란 목적을 지님에 따라서 저절로 성장하는'*12 것이다. 이러한 큰 목적이 없으면 교육이라는 인공적 온상에서 인간을 만들려 해도 소용이 없다.

인생의 초기에는 결코 부당한 것이 아닌 이러한 주관주의가 나중에 어떻게 종말을 알릴지 그 시기에 대해서나, 또 원인에 대해서도 분명하게 결정을 내리기는 힘들다. 그러한 변화는 보통 뭔가 어렴풋한 예감이라든지 문득 떠오른 강한 감명으로부터 시작되기 마련이다. 이따금 그것은 다른 사람이 아무렇지도 않게 말한 것 같은 별것 아닌 말이나, 독서를 하면서 주운 사소한 말 등에 의한 감명에서 시작될 수 있다. 때마침 적당한 시기에 읽는 책은 오늘날에는 대체로 그 사람을 좀더 높은 삶으로 이끌기 위한 도구이다. 이것은 욥기 33장 29·30절에 쓰여 있는 대로이다. 때로는 영혼이 높아진 순간에 현재 살고 있는 단계와는 전혀 다른 단계로 자기가 옮겨가는 것을 생생하게 느끼는 경우도 있다. 마치 나그네가 산 속에서 자주 경험하는 것처럼, 그러한 영혼은 지금까지 본 적도 없는 아름다운 땅을 금세 눈앞에서 바라보게 되는데, 그곳은 지금 서 있는 곳에서 무서우리만큼 깊은 못 너머로 멀리 떨어져 있고, 그곳을 건너려면 계곡 아래의 다리를 건너야만 한다.

또한 그 시기에 이미 색다르고 혹독한 인생경험을 하는 경우도 있는데, 그것이 어떤 것이든 꼭 필요한 경험은 아니다.*13 이에 관해 신비주의 저술가들은 다음과 같이 말하고 있다. 즉, 신과의 친숙한 결합에는 세 가지가 있다. 첫째는 이미 구약성서에도 나와 있는*14 지극히 정상적인 결합으로 귀의와 성실한 사랑을 통한 결합이다. 이러한 결합의 길은 항상 열려 있어서 신의 뜻에 거역하는 자기의 의지 외에는 차단하는 것이 없다. 이 경우에도 신과의 사이에 의지의 일치가 다시 성립되기만 하면 즉각 그 결합은 회복된다. 두 번째는 기도에 의한 이상한 결합이다. 그러나 이 기도는 일부러 바치는 것이어서는 안

*12 실러 《발렌슈타인》 가운데의 말.
*13 고린도후서 12장 1~4절.
*14 창세기 4장 7절, 신명기 6장 4~5절.

된다. 그런 것보다 훨씬 크고 올곧은 존경과 사모의 마음으로, 신이 기도에 대하여 주시는 대답을 인내심 있고 겸허하게 기다릴 수 있는 마음이 필요하다. 세 번째의 결합은 한층 감각적이고 대개는 전혀 생각지도 않게 일어나는 신의 접근인데, 이것은 셋 가운데에서도 내적 진보에서 가장 필요하지 않고 또한 중요하지도 않은 것이다.

이 첫 단계의 끝은 사람을 만족시킬 수 없거니와 또한 만족시켜서도 안 된다. 주관주의란 것은 원래가 항상 불만으로 끝나는 것이며, 영혼의 성품이 고귀하면 할수록 그만큼 빠르게, 그만큼 밑바닥에서부터 불만에 빠져드는 것이다. 게다가 거의 수수께끼 같은 외적 실패가 거듭되기 마련인데, 이스라엘의 한 예언자는 그 이유를 구체적으로 들고 있다.*15 어떤 사람이 잘못된 길로 들어서려 할 때, 항상 가시덤불이 방해한다든지 또는 이스라엘의 아름다운 비유*16를 빌리자면 '가시덤불 속에 피어난 백합꽃'처럼 오직 위로만 똑바르게 뻗을 수밖에 다른 도리가 없다고 한다면, 그것이야말로 신의 진정한 은혜이다. 이것은 청년기의 고뇌이지만 나중에 다시 생각하면 가장 감사할 만한 일이다.

그러나 그러한 불만 때문에 영혼은 일종의 우수에 갇혀버린다. 탁월한 사람들 가운데 청년기에 일시적으로라도 우울하게 고민하지 않았던 사람은 극히 드물 것이다. 괴테마저도 다음과 같이 묘사한 감정을 가지고 살았다.

어째서 그렇게 잠자코 생각에 잠기는 것인가, 무슨 일이 있는가. 망설이지 말고 말하게.
"나는 만족하고 있다. 그런데도 즐겁지가 않다."

괴테 《차메 크세니엔》 중에서 '욥'

용기 있는 청년이라면 누구나 아는 것이지만 인생은 언제나 '조용히 뭔가 생각에 잠겨' 있기 위해서 있는 것이 아니다. 또한 애절한 슬픔이나 영혼의 힘을 마멸시키는 염세주의로 바짝 여위기 위해서 존재하는 것도 아니다. 그런 것은 피하지 못할 과정적 상태이며, 그 속에서 새로운 생명이 태어나야만 한다. 그러나 누구나 느끼다시피 그 사이에는 우선 하나의 죽음이 가로놓여 있다.

*15 호세아 2장 6절.
*16 아가서 2장 2절.

여기서 죽음이란 이기적 삶을 지향하는 자기 의지를 내다버리는 것을 가리킨다. 그러나 자기의 의지를 버린다는 것은 인간에게는 매우 힘든 일이다. 그래서 칼뱅도 이 사실을 근거로 어떤 사람들은 이렇게 참된 존재로 나아갈 수 있지만, 어떤 사람들은 오히려 그것을 잃도록 예정되어 있다는 형식적인 예정설을 세울 수 있었던 것이다. 그렇지만 영원한 생명의 싹을 안에 지닌 사람에게는, 죽음은 목적이 아니라 생명의 새롭고도 좀더 높은 발전을 위한 수단이다. 이 희망을 옛날 욥이 지켜냈듯이 강한 끈기를 가지고*17 확보할 수 없는 사람, 그것도 감각적인 세계에서는 조금도 만족할 수 없는 사람은 끊임없이 자기의 무덤을 파는 어두운 금욕주의에 빠지거나, 일기나 편지 속에서 자기의 생활고와의 헛된 대화를 계속 쓰거나, 열반을 바라는 불교적인 막연한 동경에 빠지거나, 그 밖에 인간 정신의 다양한 방황의 포로가 되고 만다. 이러한 모든 방황은 올바른 길을 불가능한 것이나 공상적인 것으로 간주한다는 점만으로도 여하튼 일치하는 것이다.

인생의 이 시기의 표어는 여하튼 '돌파하라'이다.

2

인생의 중반 무렵이 되면, 지금까지 이루었던 모든 것에 대하여 불만을 느끼는 순간이 찾아온다. 더구나 그 불만은 이따금 최상의, 가장 성공한 생활과정 가운데 있는 사람들에게 더 일찍 찾아온다. 또한 교양 있는 계급 사람들 쪽이 다른 계급의 사람들보다 그것을 경험하는 경우가 많다. 왜냐하면 다른 계급 사람들은 끊임없는 생존경쟁에 쫓기느라 그런 불만을 느끼지 못하고 지나가며, 또한 불만에서 벗어나는 방법을 오히려 생활고로부터 배우기도 한층 쉽기 때문이다.

또한 이 시기에 한 번 세속적 삶에서 벗어나는 문에 섰던 적이 있는 사람에게는 인간사 모든 것이 글자 그대로 헛된 것으로 여겨진다. 그런 사람은 비록 가장 훌륭한 업적을 올렸더라도 두 번 다시 세속적 삶과 친해질 수는 없을 것이다. 그러므로 그것을 피하려면 이 세상의 지혜에 따라 그와 같은 기분은 단지 병적인 것이므로 씩씩한 생활감정으로 극복해야만 한다는 신념을 다시 가

---

*17 욥기 19장 25절.

질 필요가 있다. 물론 이러한 병적인 기분은 반드시 극복해야겠지만, 그러려면 우선 이기적인 성질이 진정으로 죽지 않으면 안 된다. 이 이기심의 죽음이란 것이야말로 인간생활에 있어서 거의 모든 것을 결정할 만큼 중요한 것인데, 다만 그렇게 되어 가는 과정은 사람에 따라 반드시 똑같다고는 할 수 없다.

그렇지만 고귀한 영혼을 지닌 사람이 모두 똑같이 느끼는 것이 있다. 바로 '좀더 나아지길 원한다'는 마음만으로 진보하는 것은 아니며, 자기 자신의 안에도, 주위의 세계에도 날마다 새로운 장애가 생겨난다는 것, 그리고 자기의 천성에는 인간에게 적합한 삶을 상상할 만한 상상력은 있어도 그것을 달성할 힘은 없다는 감정이 그것이다. 때로는 이러한 정신상태가 몇 년 동안이나 계속되는 경우도 있다. 그 상태의 말기가 되면 다음의 시에서 노래하고 있는 사상이 솟아난다. 이 과정이 등산에 비유되고 있는 것이다.

〈등산〉
주여, 당신의 힘에 기대어 저는 힘껏 했습니다.
제가 받았던 이 세상의 보물을 내던졌습니다.
생명을 다한 나무가 도끼에 잘려 넘어져
이제 삶은 죽음에 집어삼켜져 어쩔 도리도 없는 상황입니다.

주여, 당신의 말씀에 따라 믿고 행했습니다.
신앙이야말로 그 동기이자 보증이었습니다.
봉우리마다 짙은 아침 안개가 덮여서
저 멀리 볼 수가 없나이다.

저는 지금까지 왔습니다—돌아서지 못합니다.
길은 오로지 위로 위로만 올라갑니다.
뒤돌아보면 보이는 것은 오직 어둠뿐
빛과 출구를 찾으려면 전진할 수밖에 없나이다.

제 마음은 한동안 쉬어야 하지만
그러나 지금 뒤로 했던 골짜기를 돌아보아야만 합니다.

하찮은 이 세상의 행운을 버리고
자, 출발합시다, 마침내 마지막 봉우리를 확인하기 위하여!

그렇다고 이런 등산이 다 계획했던 대로 진정한 절정에 도달하는 것은 아니다. 가장 뛰어난 사람들조차도 그렇다. 그러므로 우리는 여기서 다시 예정설을 믿고 싶은 유혹에 휩싸이기 쉽다. 때로는 특히 뛰어난 사람들이 다른 산의 정상에 이르는 경우도 있지만, 그것은 고귀한 회의주의의 경우이다. 예를 들면 고트프리트 켈러*18가 다음과 같은 감동적인 말을 한 것이 그것이다. "우리는 일생에 한 번은 참된 죽음의 사상에 길들여지지 않으면 안 된다. 그러나 정신을 바짝 차리고 있으면 그로 인해 더욱 악한 인간이 되는 경우는 결코 없다." 그 말은 확실히 사실이지만 그것으로 진리와 영원의 생명에 대한 갈증이 풀리고 완전하게 만족한 인간이 될 리는 없다. 아무리 훌륭한 회의철학이라도 거기까지는 도달하지 못하는 것이다. 테니슨의 '성배'에 표현된 회의 사상은 좀 더 강한 것이다.

우리들 대부분이 방황하는 귀신불의 뒤를 따라가다니
그때, 내가 과거 말했던 모든 나쁜 말
내가 전에 품었던 모든 악한 생각
내가 행했던 모든 나쁜 짓들이 깨어나 외치리라,
'성배를 찾는 것은 아직 네 몫이 아니다'라고.

이와 같은 회의 사상은 매우 착실하고 성실한 사람들조차도 극복할 수 없을 것이다. 만약 이 영국 시인이 그의 헤아리기 어려울 정도로 깊이 있는 시에서 부여하고 있는 다음과 같은 해결이 없었더라면 말이다.

밤의 환영도, 낮의 환영도
꿈꾸는 대로 무수하게 찾아오리라.
마침내는 그가 딛는 대지도 대지로 보이지 않고

---

*18 1819~1890년, 스위스의 작가.

그의 눈에 비쳐드는 빛도 빛이 아니며
그의 이마에 부는 바람도 바람은 아니며
환영이 된다. 아니, 그의 팔다리조차도 환영이 된다.
그때, 그는 자신이 죽지 않았음을 느끼고
자신이 환영이 아님을 깨닫고
더욱 고귀한 신도, 되살려 내시는 분도
모두 환영이 아님을 깨닫는다.

거의 2천 년을 계속해서 이미 몇백만이나 되는 교사와 저술가의 정신을 움직여 왔던 것, 그리고 지금도 여전히 막대한 돈과 노력을 아끼지 않고 해외로 전하며, 아직 그것을 모르는 여러 민족에게 널리 설파하고 있는 것이 오히려 그 본고장에서, 더구나 세계에서 가장 교양이 높은 여러 국민에게 알려지지 않았다는 것은 참으로 기묘한 일이다. 그렇지 않으면 우리는 과연 그리스도교의 정신, 아니 그 의의가 유럽 여러 나라에서 점차 널리 알려지고, 나아가 속속 승인되고 있다고 주장할 수 있을 것인가, 또한 주장하려 할 것인가.

아니, 그렇지 않다. 어떤 사람은 그리스도교 세계의 한가운데에 있으면서 마치 옛날 로마 총독처럼, 그리스도교라는 것은 '이미 죽었건만 살아 있다고, 바울이 주장하는 예수라는 사람'에 대한 그다지 해롭지 않은 미신이라고 생각한다. 또 어떤 사람들은 그것을 사교단체로 여기고 사회생활을 하려면 속하지 않으면 안 되지만, 그 이상의 관심을 기울일 필요는 없다고 생각한다. 또 다른 사람들은 그것을 종교가의 정치 정도로 여기고, 대개는 외적인 이유에서 경의를 표하거나 혐오하기도 한다. 또 어떤 사람들은 그리스도교는 신학이라 불리는 학문이며, 이것에 정통하려면 매우 오랜 기간의 연구와 많은 시험을 필요로 한다고 생각한다.

그런데 정작 '교의 체계'의 세부 목록 문제가 되면 학자 사이에서도 의견이 나뉘어 신앙이란 무엇인가, 은총이란 무엇인가, '그리스도의 희생'의 의의는 무엇인가, 구원의 예정이라든가 영겁의 벌이나 '만물경신*19' 같은 것이 있느냐 없느냐, 구원에 이르는 사다리란 어떤 것인가 하는 문제로 의견이 좀처럼 일치하

---

*19 사도행전 3장 21절.

지 않는다. 최고의 진리를 추구하겠다는 결연한 정진과 동시에 지극히 건전한 상식 없이 이러한 신학적이고 철학적인 사색의 미궁으로 뛰어드는 사람은, 누구든지 그 가운데 어떤 한 가지를 잃는 분명한 위험을 저지르는 것이 된다. 그러므로 현대에도 수많은 교양 있는 사람들이 그리스도교를 더욱 깊게 파고들어 검토하기를 그만두어 버린다. 왜냐하면 그런 것을 해보았자 쓸데없는 수고와 논쟁, 그리고 회의를 낳아 자연스런 인생 향락의 염원을 어쩔 수 없이 잃게 될 것처럼 생각하고, 결국은 전보다 나은 확신을 얻지도 못한 채 그저 어떤 인간적 예속에 이를 뿐이라고 보기 때문이다.

지금 그리스도교는 신자 대부분에게 단순한 교회의 가르침이고, 학교의 가르침이며, 어쩔 수 없는 동안에만 그것을 귀에 담는 것이다. 교양이 있는 사람들은 여하튼 겉으로는 세계사가 된 사회생활의 이 형식에 순응해 나가려 하지만, 내면적으로는 가능한 한 빨리 이 가르침에서 벗어나려 한다.

이에 대한 간단한 대답은 이러하다. 즉, 우리는 그리스도교 없이 지나갈 수도, 또한 다른 것으로 대체할 수도 없다는 것이다. 만약 그리스도교가 그 시대에 세상에 출현하지 않았더라면 문명세계는 어떻게 되었을까. 그것은 알 수 없는 일이며 그런 것에 집착하는 것은 쓸데없는 일일 것이다. 그렇지만 현재는 그리스도교를 문명세계에서 떼어내는 것도 무시하는 것도 불가능하며, 현재 존재하는 것, 더구나 학문적으로 완전하게는 해명하기 힘들지만 고려하지 않을 수 없다는 것만은 확실하다.

물론 알 수 있는 모든 것을 정밀하게 탐구하면서 알 수 있는 것의 범위를 되도록 넓히는 것을 과학에 맞서서 거부할 수는 없다. 그것은 과학의 권리이자 의무이다. 그뿐 아니라 학자 가운데는 인간에 관한 모든 것을 알아낼 수 있으며, 언젠가는 세월과 함께 모든 것이 밝혀지리라는 추정을 학문적으로 당연하게 여기는 사람이 있다. 학문 연구의 용기와 인내는 주로 이 추정을 바탕으로 생겨나는 것이다. 그렇지만 인간의 본성을 실재하는 모든 것과의 관계에서, 또 모든 사물과의 관련에서 과연 완전하게 규명할 수 있는지를 의심하는 것도 역시 금지해서는 안 된다. 아니, 오히려 이 점에서 확고한 입장을 지키고, 특히 과학의 결점 많은 지식과 단지 가설을 가지고 초감각적인 일들에 관한 내적 확신을 대신하려는 오만을 거부하는 것이 교양 있는 사람들의 의무이다.

인류가 과학과 과학의 부단한 진보를 높이 평가하는 것은 당연하지만, 그렇다고 해서 인류의 생활영역에서, 또한 우리 행위의 동기에서 과학적으로 증명할 수 없는 것을 남김없이 배제하게 된다면, 인류는 반드시 크게 퇴보할 것이 틀림없다. 현대의 많은 지식인이 안고 있는 이와 같은 이상은 잘못된 것이며 모두가 너무도 빈약한 이상이다.

우리의 지식은 나무토막을 짜맞춘 것이며, 앞으로도 영원히 그러할 것이다.[20] 우리는 단지 자신에 관한 것만도 다 알기는 어려우며, 마찬가지로 최선의 행위 가운데 가장 강한 동기조차도 결코 우리의 지식 영역에서는 생겨나지 않는다. 그렇지 않다면 가장 지식이 있는 사람이 항상 가장 완전한 인간이어야 할 텐데, 사실은 그렇지가 않다. 우리의 정신적 자아는 오히려 설명할 수 없는 것에 근거하고 있다. 그러므로 신앙에 관해서, 만약 설명할 수 없는 것을 정신적 자아로부터 빼앗기게 되면 그 결함을 어떻게든 미신으로 채우려 하는 것은 자주 경험하는 것이다.

그러나 그리스도에 대한 신앙은 신앙의 모든 대상 가운데서 역사적으로 가장 확실한 근거를 가지고 있으며, 인간적으로 가장 이해하기 쉽고, 또한 진리로서 개인적으로 가장 손쉽게 경험할 수 있는 신앙이다. 만약 그리스도에 대한 신앙이 어떤 사람에게는 오랫동안 지금 말했던 것 같은 장점을 조금도 보이지 않는다면, 그 원인은 그 사람이 신앙을 바라지 않는 데에 있는 것이다. 이에 대해 요한복음은 적절한 표현을 주고 있다.[21] 그러므로 루터가 다음과 같이 말한 것도 지극히 당연하다. "하느님을 믿고 하느님을 섬긴다는 말도 각자 제각기 자기의 생각에 기초하여 제멋대로 해석을 내리므로 자연히 그 의미가 애매해지지 않을 수 없다. 그래서 하느님은 인간이 하느님을 오해하는 일이 없도록 일정한 장소, 일정한 사람에게 자신을 고착시켜 그곳에서 인간은 하느님을 발견하고, 하느님을 만날 수 있게 해 주셨던 것이다." 따라서 신앙 그 자체는 물론 어떠한 힘도 권능도 아니다. 그렇지 않다면 미신도 역시 힘과 권능을 지녔을 터이다. 그게 아니라 영적인 일에서 참된 힘은 모두 신의 것이다. 그러나 신앙은 이 하느님의 힘에게 부름을 받아 그 힘이 지상에 나타날 수 있게 하는 것이다.

---

[20] 고린도전서 13장 9절.
[21] 요한복음 1장 5·12절, 3장 18~20절.

그리스도교가 부서지지 않는 마음의 소유자, 마음으로부터 겸허해지지 않는 사람에 대해서는 아무런 작용도 미치지 않으며, 고작해야 공허한 형식에 머무르는 것 또한 사실이다. 한편, 그리스도교가 교직이라든가 그 밖의 특별한 지위나 영예를 얻으려는 꿈과 이어질 때, 그 사람을 타락시키는 것도 확실하다. 외적인 생활에 있어서는 엄청난 손실로 간주되는 것, 즉 '파멸한 존재'라든가 일생의 설계 전체에 걸친 틈새는, 내적 생활에서 보면 결코 손실이 아니다. 오히려 그것은 그리스도에 대한 신앙의 가장 굳은 지반(地盤)이다. 이와 같은 상태인데도 절망하고 자기가 얼마나 구원에 가까이 있는지를 깨닫지 못하는 사람들이야말로 모든 인간 가운데서 가장 불쌍한 사람이다.

이러한 상태에서 진정으로 선(善)을 행하는 능력이 인간에게 생겨나기 시작한다. 즉, 그것은 신의 앞에서도 통용되는 참된 '정의'*22에서 생겨나는 선이며, 앞에서 인용했던 그 시인이 다른 시에서 그것을 다음과 같이 노래하고 있다.

〈아침바람〉
이제 새로운 생명의 말씀이
이 성스러운 책에서 내 마음으로 부어졌다.
오만한 자존의 나무는 시들어
저주의 팔을 내젓는다.

높은 산에서 바람은 산들산들 불어오고
골짜기의 물 흐르는 소리도 들려온다.
동쪽 하늘은 벌써 새벽빛으로 밝아오니
오, 주여, 저도 이제 믿는 자가 되었나이다.

성스러운 군대에 들어가
허름한 한 졸개라도 되리라.
인생의 수수께끼는 어느새 풀리고
하늘은 이 땅으로 내려온다.

---

*22 창세기 15장 6절, 로마서 5장 1절.

신의 빛과 이슬을 받아서
새싹은 줄기가 되고, 줄기는 이삭이 되어
마침내 맑게 개인 파란 하늘 속에
황금빛으로 빛나는 묵직한 이삭을 드리우니.

무수한 전투 속에서 지냈던
나의 일생도 허무하지는 않으리.
내가 가는 길의 끝은 밝고
유쾌한 성공의 관으로 장식되리.

위로, 위로, 더욱 더 밝은 정상으로
수많은 진리는 나를 인도하리니.
이제 갈 길이 보이기 시작한다.
길은 한가로운 방황—더 이상 모험이 아니리.

그 다음의 길은 사람들이 보통 말하는 것보다도 훨씬 쉽다. 왜냐하면 이제 인간은 스스로 그것을 해낼 만한 힘과 지식을 충분히 가지고 있지 않은 일을 요구당하는 경우가 없기 때문이다. 게다가, 이제는 구름 한 점 없는 희망의 기쁨과 무슨 일이든 쉽게 할 듯한 특별한 개인적 인도가 부여되기 때문이다. 그러나 반면에 이 길은 처음에 생각했던 것보다도 훨씬 힘든 길이기도 하다. 왜냐하면 인생이 그렇게 쉽게 끝날 리도 없고, 아니 오히려 이제 겨우 시작되었을 뿐, 앞으로 점점 더 많은 사건이 끝도 없이 밀려들 것이기 때문이다. 더구나 이들 사건은 모두 그 당사자에게 전 같으면 도저히 견디지 못했을 정도로 분명하게 자신의 본성을 드러내 보이며, 지금까지 관대하게 보아 왔던 자기의 실수를 일일이 날카롭게 지적하게 하는 목적을 지니고 있다. 왜냐하면 '정의를 실천해야 시온은 살아 남으며, 회개하는 자가 정의를 실천할' 것이기 때문이다. 그러나 이러한 것들은 모두 다음에 올 인생의 시기에, 아니 때로는 인생의 마지막 시기가 되어야 비로소 일어난다. 그 전에는 생기려 해도 결코 생길 수 없는 일이다.

단테가 '새로 태어남'이라고 했던 이 단계와 그 이전의 생활과의 차이는 처음에는 그다지 크지 않은 것처럼 느껴진다. 특히 늘 현실보다 높은 곳으로 비약하기 쉬운 공상이나 큰 결의에 반드시 따라붙는 열광이 기대하는 만큼 그 차이는 크지 않다. 게다가 이기심의 노예로부터 해방된 영혼조차도 때로는 옛날 생활을 되돌아보면서 '이집트의 고기 솥'*23을 동경하는 마음이 되는 것도 있을 수 있는 일이다. 왜냐하면 실제로는 지금까지 맛보아 왔던 '인생 향락'은 천천히 조금씩 빛이 바래는 것에 불과하기 때문이다.*24

그렇더라도 여전히 본질적인 차이가 있다. 우선 불안정한 미래에 대한 두려움이나 우울한 마음이 엷어지며, 또 자만심과 의기소침 사이에서 끊임없이 동요하는 것도 차츰 적어지게 된다. 이런 심리적 상태에 있는 동안은 결코 안정된 마음은 생겨나지 않는다. 그러나 이제는 마음속에 항상 평안하고 흔들리지 않는 확고한 점 하나가 존재한다. 마음의 깊은 바닥이 견고해지고 지금까지처럼 만족을 추구하는 끊임없는 갈망은 이제 사라져버린다. 그 결과, 나와 타인에 대한 인내력이 저절로 강해지고, 타인에게 의존하는 일도 적어지게 된다. 또한 모든 사물의 본질을 꿰뚫는 안목이 한층 확실해지고, 거기에서 또한 진정한 인생의 지혜도 생겨난다. 마지막으로 이것이 주안점인데, 지속적인 죄의 감정이 없어진다. 왜냐하면 그러한 감정이 마음에 생겨도 언제라도 즉각 제거할 수 있기 때문이다. 그리고 자기가 올바른 길을 걷고 있으며, 끊임없는 전진을 계속하고, 그리하여 모든 생애를 훌륭하게 마칠 수 있다는 확신을 가질 수 있다. '올바른 자의 길은 새벽녘의 빛과 같다. 차츰 빛을 더하여 한낮이 되는*25 것이다.

또한 인생의 이 단계 초기는 보통 다양한 시련으로 가득 차 있으며, 이로써 끊임없이 그 기반을 굳히거나 확고하게 할 기회가 주어진다. 싫어도 시련은 곧 멈추지 않는다. 왜냐하면 신앙이라는 것은 지금 한 말에도 불구하고 일단 성립하면 영속하여 변하지 않는 전통적인 것이 아니라, 매일 매시간 새롭게 창조

---

*23 출애굽기 16장 3절.
*24 민수기 11장 5·6절.
*25 잠언 4장 18절.

해 나가야 하는 것이기 때문이다. 늘 발랄하게 현존하는 신앙이 아니면 '마왕 아폴리온'*26이 자기를 배반한 부하를 다시 빼앗아 올 때, 그 공격에 저항해 승리를 거둘 수는 없었을 것이다.

이와 같은 '이 세상 영혼'의 힘은 매우 강대하다. 다행스럽게도 우리는 이것을 실생활에서 천천히 조금씩 경험해 가는데, 만약 그렇지 않았다면 누구든지 이 영혼과 맞서 싸울 용기를 잃을 것이다. 그러나 그보다 더 강대한 힘이 있다. 그것은 신의 힘이며, 곧 진정한 그리스도교에 의해 인간의 마음속에 살면서 작용하는 힘이다. 대개 가장 오랜 기간에 걸쳐서 계속되는 이 기간에서 중요한 것은 굳은 인내와 용기이다. '그대의 관을 아무에게도 빼앗기지 않도록 그대가 가진 것을 굳게 지켜야 한다.*27 그리고 일단 쟁기를 들었다면 뒤를 돌아보아서는 안 된다.*28

이 시기에 가장 주목해야 할 것은 신의 지배와 자유가 인간에게 합치하는 것이다. 신은 바라는 바를 인간에게서 이룩해 낸다. 만약 인간의 의지가 함께 한다면 그 일은 쉽게 이루어지지만, 반항하거나 다른 길을 가려 하거나 하면 그 일은 어려워져서 고난을 통해 이루어지게 된다. 그러나 이 세상의 어떠한 힘도 이제 그것을 방해하지는 못한다. 그러나 그럼에도 인생의 이 단계에서는 모든 원칙도 교의도 전혀 도움이 되지 않으며, 모든 초감각적인 일들이 단순한 꿈이나 공상의 장난인 것처럼 보이기 시작하는 긴 기간이 있게 마련이다. 이것은 위험한 시기이며, 그러한 때에는 마음을 다해 평정을 유지하고, 적극적인 행동은 모두 삼가야 한다. 그런데도 여전히 어쩔 수 없이 행동하는 경우에는 저 스페인의 시인과 함께 이렇게 말하는 것이 좋다. '인생이 진실이든 꿈이든 나는 올바르게 행동하지 않으면 안 된다'라고 말이다.*29

특히 이 신념은 인간의 영혼 속에서 다음과 같은 완전한 확신이 있어야 한다. 곧 신의 영원한 질서라는 것이 존재하며, 인간이 (행동의 자유는 허락되어

---

*26 요한계시록 9장 11절.
*27 요한계시록 3장 11절.
*28 누가복음 9장 62절 참조.
*29 칼데론 작 《인생은 꿈》. 프랑스의 훌륭한 격언도 이와 똑같이 말한다. '어떤 일이 있어도 할 일을 해라.' 인생에서는 이러한 변하지 않는 철칙이 유일한 구원인 것 같은 순간이 있게 마련이다. 암흑은 대개 단호한 저항에 부딪치자마자 물러나는 법이다. 미가 7장 8절, 야고보서 4장 7절, 에베소서 6장 12·13절, 베드로전서 5장 8·9절.

있으므로) 모든 힘을 기울여서 이 질서에 도전해 보아도 전혀 소용이 없다는 것, 다음에는 모든 실제적 성공이나 진정한 행복도 오직 인간의 자유로운 의지와 이 신의 질서와의 자유로운 합치에서만 성립한다는 것, 또한 이것과는 반대로 신의 질서를 어기는 경우 그때마다 반드시 벌이 뒤따라오지는 않는다 하더라도 벌은 그 행위 자체 속에 있기 때문에 신의 은총을 기다리지 않으면 결코 제거되지 않는다는 것 등에 대한 확신이다. 이 확신에 이르면 베를레부르크 성전이 말하는 것처럼 '신의 계명도 부드러운 얼굴을 하고, 우리는 계명의 친구가 되어서 그것을 신의 적절한 보조수단이나 예방조치로 여기게 된다. 신은 그러한 것으로 우리와 신과의 교제나 결합에 방해가 되는 것을 없애시는 것이다.'

이와 같은 신념이 굳어졌을 때, 그것을 기반으로 비로소 외부를 향해 효과적인 활동을 시작할 수 있다. 그 전에는 너무 일러서, 그때문에 대개는 잘 되지 않게 마련이다.*30 단순한 교의는 구원이 아니다. 그 가르침에 따르는데도 인간적으로 어떤 변화도 일어나지 않고, '주여, 주여' 말하면서도 신에게서 멀리 떨어져 있는 듯한 가르침은 결코 구원이 아니다. 구원이란 우리가 신에게 의지를 바칠 때 우리에게 생겨나는 어떤 사실적인 일이다.

그러나 그와 같은 사실적인 구원이 일어날 수 있으려면 우선 우리는 자신의 것에서, 즉 여러 형태를 띤 이기심에서 벗어나야 한다. 이것은 여러 단계를 거치고 수많은 십자가를 지면서 서서히 이루어지는 힘든 작업이다. 왜냐하면 지성이나 정조를 기르는 데 필요한 여러 가지를 수용할 수 있으려면, 우리는 자기를 버리고 완전히 비워야 하기 때문이다. 그러나 온갖 것을 수용한다 해도 구약성서에서 말하는 만나*31처럼 정확히 하루치씩만 받을 수 있지, 한 번에 다 주어지는 것은 아니다. 새로운 삶을 경험하지 않은 교활한 '옛 사람'*32이라면 날마다 주어지는 신의 축복으로부터 되도록 벗어나기 위해 오히려 한 번에 다 받기를 바랄 것이다. 그러나 그것이야말로 '전보다 더 심하게 속는*33 일이 될 것이다.

---

*30 요한복음 14장 12절.
*31 출애굽기 16장 15절. 이스라엘 백성들이 사막을 유랑할 때 하늘에서 내리신 음식.
*32 로마서 6장 6절.
*33 마태복음 27장 64절.

올바른 선물을 충분하게 받을 수 있도록 우리를 교육하는 것이 신에 의한 지금까지 생활지도의 의의이다.*34 그렇게 되어 비로소 행위는 축복으로 가득 차게 되는 것이지 그 전에는 아니다. 그렇게 되면 또한 이른바 '사회문제'라는 것이 그 사람이 소홀히 할 수 없는 과제가 된다. 이것은 단순히 우리 시대만이 아니라 모든 시대의 인간의 문제이기도 하기 때문에, 지금까지 항상 존재했고 또 인간과 함께 영원히 존재하며 없어지지 않는 문제이다. 그러나 이 문제의 해결은 교회나 국가에 의해서 가능한 것이 아니며, 한없는 개인의 도덕적 힘과 개인적 사랑에 의해서만 이루어질 수 있다. 각자가 정해진 활동 범위에서, 특히 자기에게 부과된 임무를 다해야 하며, 맡김 받은 소질을 땅속에 묻거나 바꾸거나 해서는 안 된다.*35 이것이 그 사람 일생의 외적 임무로서 결코 그것을 회피하거나 게을리 해서는 안 된다. 그 임무를 다했을 때, 또 다한 뒤에야 비로소 그것을 타인에게도 가르치고 일생에 걸쳐서 이 사랑의 가르침이 지상에서 유지될 수 있도록 협력해야 한다. 사람은 일단 금전이나 명예, 향락에 이미 커다란 의미를 인정하지 않게 되면 많은 여가가 생기므로, 그것을 채우기 위해 진심으로 할 일을 추구하게 된다. 그렇지 않으면 따분한 나머지 뒤로 돌아갈 위험에 빠지기 때문이다.*36

요컨대 이 시기는 주로 일과 싸움의 시기인데, 순조롭게 가면 일은 어려움 없이, 차츰 즐겁게 저절로 진행되는 한편, 자기 안에도 또 다른 사람의 안에도 기세를 떨치고 있는 반신적(反神的)인 것과의 싸움에서도 점점 안전하고 여유 있게 승리하게 되며, 결국 이 시기에도 '안식일의 휴식이 신의 백성을 위해 아직 남겨져 있는'*37 것이다. 신은 그들이 바라 마지않는 마지막 날을 줄 것이다. 그러나 그것은 이것과 다른 인생목표를 품었던 많은 거만한 사람들의 마지막처럼 슬픈 종말은 아니다.

'젊은 시절에 1,000개의 돛을 올리고 배가 떠났던 항구에, 간신히 남아서 돛 단배에 늙은 몸을 싣고 지금 조용히 돌아오는'*38 것이어서는 안 된다. 오히려

---

*34 시편 81장 1절.
*35 마태복음 25장 24·25절.
*36 〈그리스도교 서설〉 및 마태복음 1장 43~45절 참조.
*37 히브리서 4장 9절, 로마서 6장 14절.
*38 실러의 짧은 시 〈기대와 실현〉. 그의 고상한 인간주의가 이와 같이 '파산'한 것은 그것이 인생의 가장 좋은 길 안내가 아니었음을 모든 사람들에게 확실하게 보여주고 있다. 실제로

내가 한 일, 괴로웠던 일을 모두 감사하고, 신의 은총에 의해서 도달할 수 있었던 것에 만족하며, 앞으로 한층 커다란, 한층 훌륭한 활동을 편안한 마음으로 전망하면서 임종의 침상에 닿기 전에 지금 미리 일생의 청산을 마치고, 그에게 아직은 그다지 중요하지 않은 내세에 대한 이행을 어느 노 시인의 말처럼 차분하게 기다려야 한다.

나의 길은 지금 끝나려 한다. 오, 현세여, 너는 이제 개의치 않는다.
천국이야말로 더욱 그리우며, 노력하여 그곳으로 들어가지 않으면 안된다.
나그넷길을 이미 마쳤으므로 내가 진 짐은 그리 무겁지는 않다.
신의 평화와 은총에 감싸여 기쁨 가운데 나아간다.

4

노년은 대개 갑자기 시작되기 마련이다. 그것도 뭔가 특별한 사건, 예를 들면 병 같은 것과 함께 찾아오는 경우가 많다. 이것은 군대에서 '전초'라 부르는 것과 똑같은 역할을 한다. 또한 노년이 되면 지금까지 감추어져 있었던 여러 인간 사이의 다른 점과 그들 삶의 결과의 차이 등도 역시 갑자기 나타나는 경우가 많다. 어떤 사람은 전보다 더한 탐욕으로 인생의 가을에 나머지 과실을 향락하려고 노년의 비참한 모습을 속속들이 드러내는 일도 적지 않다. 또 어떤 사람은 뜬세상의 일 모두를 헛되다면서 염세적 절망에 몸을 맡기는 경우도 있는데, 이와 같은 절망은 항상 인류의 대환락 시대 말기에 찾아오는 법이다. 그렇지만 좀더 성실한 사람들은 나이든 지금에야 비로소 다음과 같이 말한다.

나는 어디로 가야 하는 것일까,
내 마음속 깊이

모든 철학은 지키지도 못할 것을 약속한다. 오직 참된 그리스도교만이 약속하는 것을 글자 그대로 다하는 것이다. 그리스도교는 언제까지나 그대에게 다음과 같은 말을 들려주지만은 않을 것이다.
"저녁이 되고 아침이 되었다. 나는 단 한 번도 멈추어 서지는 않는다,
그러나 내가 바라는 것, 원하는 것은 언제까지나 감추어져 나타나지 않는다."

영원히 변치 않는 자 나타난 뒤에
이 세상의 쾌락은 모두 하찮게 보인다.
나는 하얗게 칠해진 거짓에도
세상의 맛없는 음식에도 질렸다.
나의 텅 빈 물독을 안고
신의 도시여, 당신의 샘으로 가기를 원하노라.

　세상에는 온 종일 빈둥거리면서 보내는 사람이 있는가 하면 쓸데없는 일에 정성을 쏟는 사람도 있다. 이런 사람도 고용되어 그날의 일이 끝나면 먼저 와서 일한 사람들과 똑같은 임금을 받게 된다. 이것은 일을 주는 주인의 자비 덕분인데, 그러나 이에 대해 오늘날에도 여전히 많은 사람들이 불만을 토하고 있다.[*39]

　이에 대한 반성이 일찍 이루어져서 제3기가 정신의 방향 전환이 아니라 단지 제2기 삶의 자연적 결과이고, 그의 완성이라면 더욱 좋을 것이다. 왜냐하면 참된 인생의 단계에는 원래 단테의 천국과 비슷한 데가 있어서 어느 단계에나, 심지어는 가장 아래 단계에조차도 최고의 단계에 속하는 것이 어느 정도 포함되어 있으므로, 좀더 많은 것을 갈망하지 않아도 그것에 희망을 걸고 있는 것만으로 영혼이 만족하기 때문이다.

　나이든 사람들의 생활에는 보통 세 가지의 사고방식이 나타나기 시작한다. 외적으로 축복받은 경우 노인의 보편적인 생각은 생활 향락자의 생각과 같다. 등급이 좋고 나쁜 차이는 있어도 여생을 될 수 있는 한 향락하려 하고, 때로는 우스꽝스러운 청춘으로 추락하는 경우마저 있다. 그런 성향의 뿌리는 이기주의이며, 그것은 아무리 품위 있는 모습을 보이려 해도 결국은 만나는 사람 누구에게나 불쾌한 느낌을 준다. 신분이 높고 하는 일도 없이 사는 사람들은 대개 이와 같은 만년을 맞이하는 법이다.

　다음으로 그보다 상당히 나은 인생의 종말은 일생의 중요한 시기를 바쁜 가운데서 보낸 사람들이 맛보는 한가한 시간이다. 비록 그것이 월계관의 칭찬 위에서 누리는 편안함이든, 또는 한층 흔한 경우로 쌓아놓은 재산 위에서의

[*39] 마태복음 20장 1~16절.

휴식이든 말이다. 특히 상황이 잘 된 경우는 별장이나 은둔처에서 모든 집안 식구들의 존경을 받고 융숭한 시중을 받으면서 만년을 고상하고 한가로운 가운데서 보내고, 청년기나 대학시절, 여행이나 종군(從軍) 등의 추억에 빠지거나 때로는 회상록을 쓰기도 하고, 또는 기념축하연을 받거나 하는 유유자적한 노인 등이다. 이런 생활은 항상 결부되기 쉬운 다소의 허영심과 좀스러움을 빼면 죄가 없는 노년이라 할 수 있겠다. 이런 노인은 남을 방해하지 않는다는 이유에서도 일반적으로 세상 사람들은 그런 삶에 가장 많은 이해심을 보인다. 그러므로 그런 사람을 위해서는 세상도 기꺼이 훌륭한 장례를 치러 주고, 매장 당일의 신문에는 두셋의 합당한 추도사가 실린다. 그러나 그것으로 모든 일은 깨끗하게 끝난 것이다.

제3의 만년은 좀더 높은 생명으로의 전진이다. 늘 쟁기에서 손을 떼지 말고 결코 뒤를 돌아보지 말며*40 끊임없이 앞으로 도달해야 할 곳으로 눈을 향하는 생활이다. 본래 이런 인생관은 내세를 믿는 사람들만이 가질 수 있는 법이다. 다만 내세를 믿지 않아도 성실하게 일하는 사람들 중에도 그러한 인생관을 갖는 사람이 있기는 한데, 이런 사람들의 경우는 자기의 힘이 줄곧 쇠약해져 가는 것에 대한 슬픔에 휘감겨 있다. 어쨌든 이런 종류의 인생의 종말은 가장 가치 있는, 아니 사실은 이것만이 가치 있는 것이다. 때로는 여전히 어떤 고난을 수반하는 경우도 있는데, 그것은 싸울 힘을 유지하기 위한 것이다.

이상의 3가지 인생의 종말은 셰익스피어의 연극(베니스의 상인)에 나오는 3개의 작은 상자와 비슷하다. 첫 번째의 종말은 금으로 된 작은 상자에 들어 있는데, 겉은 가장 훌륭하지만 속은 비어서 결국은 내려오지 않는다. 은 상자에 들어 있는 두 번째의 것은 가치가 없지는 않으나 좀 '평범'하다. 세 번째의 종말은 대개 눈에 띄지 않는 모습을 하고 있으나, 인생의 의의를 잘 이해하고, 잘 활용한 생애의 최후를 장식하는 참된 관(冠)이며, 내세에서도 그 생명은 한층 훌륭하게 계속된다는 보장을 띠고 있는 것이다.

여하튼 인생의 마지막 단계에서 이루어야 하는 특별한 사명은 신의 가까이에서 완전하게 올바른 삶을 영위하는 것이다. 이것은 머리로 생각하기는 쉽지만 막상 글로 나타내려면 굉장히 어렵다. 그것을 직접 체험한 사람들이 써놓

---

*40 누가복음 9장 6절.

은 글도 여기에 이르면 갑자기 우리를 외면해 버린다. 그것은 그들이 쓰기 위해서 살지 않고, 행하기 위해서 살았던 사람들이기 때문일 것이다. 아니면 그런 생활은 그들의 단계에서는 당연한 것이며, 공적도 아니고, 끊임없이 주어지는 것을 겸허하게 받았을 뿐이라고 여겨지는 일들에 대해 직접 퍼뜨리기를 싫어했기 때문이리라. 이 시기의 목표는 자신을 위해서 뭔가를 더 받는 것이 아니라 이미 닦은 덕의 하나인 겸허한 마음으로 타인을 위해 축복을 가져오는 자가 되는 것이다.

이 마지막 단계가 시작될 때 일반적으로 최후의 큰 시련이 나타난다. 왜냐하면 신이 정말로 관심을 가질(이렇게 말해도 된다면) 만한 사람들은 그들 생애의 여러 단계에서 거듭 반복해서 새롭게 일종의 용광로 불을 빠져나가야 하기 때문이다. 그런 작열하는 불(火)만이 단테도 말한 것처럼 '영혼을 깨끗하게 씻어내는' 것이며, 아래 단계에서는 어쩌면 아직 필요할 듯한 가치 없는 성분을 그의 본질로부터 제거하는 것이다. 신을 향한 확고한 믿음은 인생의 이 마지막 단계에서는 이미 당연한 것이지만, 만일 그러한 믿음이 없었다면 때로는 이 마지막 시련에 도저히 견디지 못하는 경우도 있을 것이다. 그러나 이 시련은 이제 혹독한 일격의 10배의 효과를 지니게 된다. 만약 영혼이 제 발로 이러한 고난을 원하고, 신의 손이 그 고난을 이제 쓸모없다면서 제거할 때까지 권태를 느끼는 일이 없을 정도의 축복을 받았다면, 그것은 영혼이 진보했다는 더 없는 증거이다. 폴리니의 성 안젤라가 '인간은 이 단계에서 전에 자유의지로 자기 안에 기른 것이나 다름없는 결점을 지금은 죄의 대가 때문에 원치 않아도 한동안 자기 안에 갖고 있어야 한다'고 한 것은 심리적으로 정당하다.
이와 같은 시련으로부터 우선 철저하게 겸손하고, 이제 조금도 자만하지 않는 인간이 태어난다. 예를 들면 무엇이든 자기에게 주어진 것으로 만족하는 사람, 또는 자기는 더 이상의 것을 받을 가치가 없다고 여기고, 현재 상태보다 한층 나쁜 것도 정당하게만 일어난다면 그것도 자기에게 적합하다고 생각하는 사람, 나아가서는 신의 뜻이라면 어떤 일이든 달게 받을 수 있을 듯한 사람이 되는 것이다. 그러나 그런 것은(만약 그것이 모두 진심이고, 단지 입으로만 외치는 신심이 아니라면) 매우 힘든 일이며, 완전하게 그렇게 할 수 있게 되는 것은 잘해야 생애의 마지막 무렵이다. 왜냐하면 그 전에 이기심이 철저하게 다

타서 없어져야 하고, 또한 그 사람의 능력에 따라서 가장 가혹한 시련이 실제로 주어지거나, 적어도 그것에 무서워 떨게 할 필요가 있기 때문이다. 그때, 그가 신에 대한 신뢰를 잃지 않고 그 시련을 이겨낸다면, 다른 어떠한 방법으로도 도달하지 못할 정도로 신에게 가까이 갈 수 있다. 우리 현대인도 동감하고 이해할 수 있을 듯한 영혼 세계의 삶이 존재한다면, 그 사람은 그와 같은 심경에 의해 영혼들의 삶에 매우 가까이 있고, 죽은 뒤에 그곳으로 옮겨가는 것도 생각할 수 있으며, 또한 그것이 가능한 일로 여겨진다.

그러나 지상의 삶에서 이 마지막 어려움에도 불구하고 시련을 받는 사람을 위해서 이 세상에 이별을 고하는 그들의 고통을 가볍게 해줄 목적이 있는 것은 분명하다. 실제로 노인이 여전히 생에 강하게 집착하는 것을 보는 것만큼 불쾌한 느낌을 주는 것은 없으며, 또한 그보다 더 '범속'한 인상을 주는 것도 없다.

이런 경우에 주로 도움이 되는 방법은 결코 뒤를 돌아보지 않는 것이다. 왜냐하면 정죄계(淨罪界)에서는 '뒤를 돌아보는 사람은 뒤로 돌아가야만 하기' 때문이다. 또 일생의 한순간도 헛되이 보내지 않고 마지막 순간까지 힘차게 활동을 지속하는 것도 중요하다. 왜냐하면 노년기의 생활 목적은 열매를 맺는 것이지 휴식하는 것이 아니며, 또한 앞으로도 해야 할 일이 남아 있는 한 이미 끝마친 것은 무가치하다고 간주해야 하기 때문이다.

이와 같은 노년의 특징은 원숙함이다. 그것은 결코 우쭐해서 '거룩하고 성스러운' 체하는 것이 아니다. 우리가 이 땅에서 도달할 수 있는 성스러운 경지란 오직 신의 의지와 완전하게 일치하고, 신의 의지에 따르는 완전한 마음가짐이 되어 있는 상태이다. 따라서 우리들 자신 속에는 이미 선과 악의 승부는 존재하지 않는 상태이다. 또한 중세의 어떤 성녀는 성스러운 경지가 진짜라면 그 사람의 외부도 가지런한 법이라고 말하고 있는데, 그 말은 맞는 말이다. 왜냐하면 신은 '질서의 신*41'이며, 변화하는 자를 좋아하지 않기 때문이다. 특히 외적인 사항이 유별난 것에 대해 그러하다. 그러한 기이함을 자랑하는 '성자'는 완전한 가짜는 아니더라도 아직은 미숙한 성자임이 확실하며, 그러므로 그런

---

*41 고린도전서 14장 33절.

사람들과 함께 지내는 것은 반드시 쉽지는 않다. 그렇지만 노년의 이 마지막 단계가 되어서도 그 사람의 종교가 하다못해 남과 즐겁게 지내는 데 도움도 되지 않고, 변함 없이 주위에 대해 불쾌하고 까다로우며 방자함을 고치지 않는다면, 그런 종교는 결코 큰 가치가 없는 것이다.

또 노년의 원숙함을 나타내는 주된 특징은, 인생에 있어서 보통이라면 서로 배척하고 받아들이지 않을 것 같은 다양한 성질, 예를 들면 소박함과 총명함, 위엄과 순진한 쾌활함, 세련된 취미와 매우 간소한 것, 엄숙함과 온화함, 명쾌한 지성과 감수성 등이 하나로 융합되어 있는 것이다. 이러한 조화야말로 그 사람이 이 땅에서 가능한 한도의 완성에 이르렀다는 인상을 주는 것이다.

어쩌면 독자 중에는 어떻게 하면 나이가 들어도 여전히 젊음을 잃지 않을 수 있느냐고 묻는 사람이 있을지도 모른다. 이에 대한 정신적 방법으로 가장 중요한 것은 '항상 새로운 것을 배우는', 특히 뭔가에 흥미를 가지고 끊임없이 앞날의 계획을 세우는 일일 것이다. 그러므로 그리스도 교계의 대사도(大使徒) 바울도 죽기 바로 전에 이렇게 말한다. '나는 뒤엣것을 잊고 앞의 것을 향해 줄곧 몸을 뻗고, 목표를 향해 달리고, 그리스도 예수의 위로 내려주시는 하느님의 상여(賞與)를 받고자 노력하고 있다. 그러므로 우리 가운데서 완전한 사람들은 그와 같이 생각한다. 그러나 여러분이 다른 생각을 가졌다면 신은 그것도 보여 주실 것이다.'[42] 때문에 그 다음은 단순한 길이다. 인생의 마지막 표어인 순종이라는 것도 이미 그것에 포함되어 있다. 비록 가장 좋은 의미로 행해진다 해도 어쩌면 자신을 위해, 자기의 향상을 위해 하는 것은 모두 조금은 이기심의 뒷맛이 남기 마련이다.

노년이 되면 생활이 마침내 완전히 일종의 군대 근무가 되고, '신(神)의 수확', 즉 우리의 수확물이 아니라 신의 수확물이 되는 것이 아니라면 마지막 순간까지 그런 생활을 정신적으로 건전하게 유지하기는 어려울 것이다. 종교의 비밀은 인생의 모든 단계에 있어서 신의 곁에 있는 것이다. 그러나 그러려면 우선 우리는 신이 다가오는 것에 인내하는 것(도망치지 않고)을 배워야 하며, 다음에는 신의 곁에 가까이 있기를 바라고, 마지막에는 실제로 그렇게 할 수 있

---

*42 빌립보서 3장 13~15절 참조.

어서 '영원히 타오르는 불 속에서도 견디는'*43 것을 배우지 않으면 안 된다.

이와 같이 신의 가까이에 있는 것은 이 세상에서는 최후의 최후까지 고통 없이는 일어나지 않는 일이지만, 일의 성질상 당연한 것이고, 많은 훌륭했던 사람들의 생애가 그것을 보여주고 있다. 그들은 마지막 날에 늙은 시메온과 함께 다음과 같이 말했던 것이다. '지배자여, 이제야 겨우 당신은 종의 임무를 풀어 주시는군요.'

이 경우 앞에서도 암시한 바와 같이 가족에게 둘러싸여 시민들의 칭찬을 받으면서 세상을 떠나는 이른바 '행복한 죽음'은 결코 최상의 운명이 아니며, 또한 신이 보내는 최고의 칭찬을 의미하는 것도 아니다. 오히려 죽음 자체가 국민이나 인류를 위한 마지막 행위인 듯한 죽음만을 하느님은 가상히 여기실 것이다. 그러나 현대는 그리스도교의 정신이 대단히 쇠약하기 때문에 지금은 대다수의 사람들이, 아니 가장 경건한 사람들마저도 그런 것을 전혀 되돌아보지 않는다. 그러나 어떤 죽음 방법을 취할 것인가 하는 것은 그 전에 어떤 삶의 방식을 가질 것인가와 마찬가지로 뜻대로 되는 것은 아니다. 그러므로 모든 '인생문제' 가운데 이 마지막 문제에 대해서도 미리 하느님과 평화조약을 체결해 두지 않으면 안 된다.

인생의 최종점에 이르러서 이제 거의 다 걸어온 인생 행로의 전체를 되돌아볼 때의 영혼의 기분을 가장 잘 나타낸 것은 파울 게르하르트의 다음의 말일 것이다.

> "오로지 야곱의 하느님(여호와)과 그 구원을 앙망하는 자는 행복하다.
> 하느님께 몸을 의지하는 자는 다시 없는 몫을 얻어
> 최고의 선을 선택하며, 가장 아름다운 보물을 사랑한 것이다.
> 그 사람의 마음도, 그의 모든 본질도 영원히 흐려지는 일은 없다."

완성에 근접한 일생의 이 엄청난 아름다움은 영혼의 평안, 이제 어떠한 것에도 흔들리지 않는 평화이며, 신과 인간의 전투 끝에 마침내 '이긴'*44 평화이다.

---

*43 이사야 33장 14절.
*44 창세기 32장 28절.

여기까지 이르는 데 필요한 모든 종교의 요점은 아주 단순하다. 그것은 지금은 이미 일반에게 이해되지 않는 다음의 말에 잘 나타나 있다. 즉, 종교의 요점은 우리가 항상 주의 깊게 신과의 결합을 향해 문을 열어두는 것에 있다. 우리 쪽에서 말하면 신과의 결합을 방해하는 모든 것을 내버려 없애고, 신과의 결합에 대해서 끊임없는 선의를 가짐으로써 가능하다. 이것을 성서는 '신을 바란다'*45고 표현한다. 그렇게 하면 신도 또한 '생각지도 않게' 다가오셔서 '많은 선(善)한 일을 해주시는' 것이다. 성실하게 신을 바라는 마음만 있으면 비록 불완전하게밖에는 신을 알지 못하는 사람들에게도(대개 모든 사람들이 그렇지만) 신은 와 주시는 것이다.

만약 신이 와 주시지 않고, 또 옛날의 표현방식을 빌리자면 '우리와 하나가 되시는'(이것은 어떤 방법으로도 강요할 수는 없다) 일이 없다면, 모든 현존하는 형식, 또는 앞으로 생각할 수 있는 형식의 종교적 실천도 모두 사산(死産)으로 끝나고 말 인간의 재앙에 불과하다. 그리고 우리들 모두가 종교에 의해서 추구하고 있는 것, 곧 행복을 주지 않는 것이다.

* * *

"아멘, 하느님은 찬미해야만 하리,
우리의 영혼을 그리스도에게 향하게 하시니.
원하면 우리들 모두를 도우시고
다 함께 영원한 생명으로 들어가게 하소서, 아멘."

(동포교회 찬송가 제1212번)

---

*45 히브리서 11장 6절.

두 종류의 행복

  인간은 누구를 막론하고 행복(幸福)을 추구한다. 행복 이상으로 청년과 노인, 뛰어난 사람과 하찮은 사람의 구별 없이 모든 사람들에게 공통되는 바람은 없다. 다만, 행복의 내용이 어떤 것인가, 또 과연 이 세상에서 행복을 발견할 수 있는가 하는 점에서 사람들의 생각이 일치하지 않을 뿐이다.

  이 문제에 관심을 두고 있는 교양인들 중에는 동서고금을 막론하고, 우선 행복이란 과연 이 세상에서 실현할 수 있는 것인가 하고 의심하는 자가 적지 않다. 그들은 철저한 반항심을 품고, 적어도 생각할 줄 아는 인간은 인생에 대해 높은 요구를 가지기 때문에 오히려 행복한 생활을 영위할 수 없다고 주장한다. 이러한 철저한 염세관이 사상 생활을 압도적인 힘으로 지배하게 될 때, 한마디로 광기가 시작되는 것이다.

  이러한 사고방식은 인간의 본성에 행복을 추구하는 욕망이 존재한다는 것을 인정하면서도, 그것이 채워질 가능성을 부정한다. 만약 어떤 일이 인간이 가진 소망의 최종목표인 동시에 거기에 도달할 수 없는 것이 확실하다고 한다면, 인간이라는 존재는 더 이상 합리적인 의의를 가지지 않게 된다. 이런 사실을 확신을 가지고 진심으로 믿는다면, 그것은 이미 광기(狂氣)의 발단이다. 그렇게 되면, 문제는 그 상태가 그대로 계속 진행될 것인가, 아니면 방향 전환의 가능성이 있는가, 둘 중의 하나이다.

  반대로 그러한 염세관이 그저 일시적인 것이거나, 인생의 의의와 목적에 대해 아무런 확신을 가지고 있지 않은 것을 숨기기 위한 구실에 지나지 않을 때는 "우리는 어리석어서 올바른 길을 잃어버렸다"고 하는, 참으로 서글픈 진실을 뒷받침하는 것이 된다. 또 만약 염세관을 품고 있는 것을 은근히 자랑으로 생각하거나 그런 자신을 우월하다고 생각한다면, 그 오해는 더욱 더 절망적인 것이 된다.

  이러한 두 가지 정신적 방향에 대해 더 이상 고찰하는 것은 지금으로서는 아무런 이익이 없다. 그 어느 방향도 행복을 추구하려 하지 않거나, 적어도 행복을 원래 발견할 수 있는 곳에서 구하려 하지 않기 때문이다. 그들 스스로 '맘껏 삶을 즐긴다'고 하면서 실제로 요구하고 있는 대로, 생활의 개별적인 점에서나 전체에서나, 하고 싶은 대로 하게 내버려두는 수밖에 없다. 세계사도 역시 성공과 실패의 실례를 통해서만 사람을 교육하는 것이며, 이미 수많은 시대, 수많은 민족들이 실제로 자신들이 품었던 인생관의 결과를 역사상에 낱낱이 그대로 드러내어, 다른 사람들의 교훈이 되어 왔던 것이다.

이에 비해 훨씬 중요하게 여겨야 할 종류의 사람들이 있다. 그들은 더 뛰어난 것을 추구하기 위해, 또는 추구한다고 믿기 때문에, 이른바 '행복'을 너무나 하찮은 것으로 보고 있다. 하지만 이 견해는 겉으로만 그럴듯하게 보일 뿐, 조금만 깊이 생각해보면 다른 사실을 쉽게 알 수 있다. 바로 이들이 추구하는 것 역시 행복이지만, 다만 대다수 사람들이 간절히 바라는 것과는 다른 행복이다. 예를 들면 일반 사람들과 다른 인생의 목적과 활동 속에서 행복을 추구하거나, 행복을 대체로 이 세상의 삶의 저편, 즉 내세로 옮겨놓고 추구하는 것이다. 그것을 현세에서 추구하든 내세에서 추구하든, 이들이 원하는 것도 역시 행복이라는 사실에는 변함이 없다. 그들은 잘하면 얻을 수 있을지도 모르는 하찮은 행복을, 자신에게 있어 더 확실하고 더 큰 행복을 위해 희생시킨다는 점에서 다를 뿐이다. 이런 사람들을 위해, 오늘날 자주 이름이 거론되는 중세 그리스도교의 한 저술가가, 그들에게는 물론이고 아마 자신에게도 완전히 명확하다고는 할 수 없겠지만, 그 사상의 진정한 의미를 다음과 같은 말로 표현했다. "Duplex est beatitudo ; una imperfecta·quae habetur in hac vita, et alia, perfecta, quae in visione Dei consistit."

이 문장을, 그 정확한 핵심에 따라 해석한다면 이렇게 될 것이다. "행복의 종류에는 두 가지가 있다. 그 하나는 항상 불완전한 것으로, 이 세상의 온갖 보물을 그 대용품으로 한다. 또 하나의 행복은 완전한 것으로, 하느님 곁에 가까이 있는 것이 바로 그것이다." 이렇게 해석해야 비로소 이 문장은 완전한 진실이 되고, 또 거기에 입각하여 이 세상에서 실현될 수 있는 행복에 대해 합리적인 논의를 시작할 수 있다.

가치가 낮은 행복에 이르는 길은 이미 오래전부터 수없이 얘기되어 왔다. 더욱이 그러한 행복의 불확실성과 불완전성에 대해서는 거의 수수께끼처럼 모든 고찰을 기울여 왔다. 그러나 그 효과는 고작 후대 사람들에게 이미 환멸을 맛본 선인들의 교훈에 따르지 않는 것이 현명하다고 생각하게 하는 정도일 뿐이다. 그렇게 되는 원인의 하나는 교훈을 주는 사람들이 이 문제를 너무나 당연한 것으로 다루기 때문일 것이다.

재물을 가지는 것이 행복하다고 하는데 과연 사실일까? 그런데 그 재물을 적당히 관리할 수 없거나 올바르게 사용할 수 없을 때, 또는 재물이 올바르게 획득된 것이 아닐 경우, 게다가 그 재물을 잃어버릴까봐 끊임없이 전전긍긍하지 않으면 안 될 경우에는 분명히 재물은 행복이 아니다. 또 재물이 큰 경우 자칫하면 그렇게 되기 쉽지만, 재물 때문에 오만해지거나 게을러지고 아무 일도 하지 않고 탐욕과 인색에 빠진다면, 그야말로 불행해질 것이다. 이에 반해 재물이 모든 능력을 정상적으로 발달시키는 데 확실한 기초가 되고, 제대로 된 교육을 받을 수 있는 보장도 되며, 인간에 대한 공포와 종속에 빠지지 않게 하는 버팀목이 되고, 또 인간의 가장 고상한 성질인 친절과 동정심을 어려움 없이 발전시키며, 끊임없는 수련으로만 얻을 수 있는 어떤 완성에 도달하게 하는 수단이 되는 경우, 재물은 이른바 상대적인 행복이 된다. 이 말의 의미는 재물 자체는 더없는 행복도 아니고, 충분하고 확실한 행복도 아니라는 것이다.

명성은 행복일까? 고대의 사고방식에 의하면 명성은 행복이었고, 그보다 더 큰 행복은 없었다. 그러나 다음과 같은 경우에는 확실히 행복이라고 할 수 없다. 즉, 명성이 잃어버리기 쉬운 것이어서 끊임없는 불안이 뒤따를 때, 또는 그 소유자를 끊임없이 새로운 열병적 긴장상태로 내몰 때, 또 명성이 좋지 않은 길동무로서 질투심을 동반할 때, 혹은 그 명성이 의문의 여지가 없을 만큼 정당한 것이라고 할 수 없을 때, 따라서 그 사람이 뛰어나게 현명하고 자기에 대한 올바른 판단을 아울러 가지고 있는 한, 명성의 즐거움을 부당하게 얻었다는 감정으로 인해 모조리 또는 거의 사라져버리는 경우 등이다.

일과 활동은 파우스트가 제2부에서 말한 것처럼 과연 행복일까?[1] 아마 이

---

*1 제4막, 10181장 8행.

것은 일반적인 행복으로 가는 길 가운데 가장 좋은 지름길일 것이다. 단, 사람이 자신의 일을 올바르게 이해하고, 그 일 자체가 뛰어나게 선(善)한 것이며, 그것을 할 만한 힘과 기회가 늘 주어져 있는 경우에 한한다. 그런 경우에는 이스라엘의 잠언 시인*²이 말한 것처럼, 사람이 일을 통해 즐기는 것보다 더 좋은 것은 아마 이 세상에 없을 거라고 한 말이 대체로 맞을 것이다. 그러나 오늘날, 일하는 사람의 대다수가 과연 유쾌하고 행복할까? 반드시 그렇다고는 할 수 없다. 그러므로 일 자체가 그것만으로 사람을 행복하게 해주지는 않으며, 다른 것과 결부되어야 비로소 사람을 행복하게 해준다. 가장 성공을 거둔 행복한 활동가조차도 때때로 일이 끝나 휴식이 허락되는 날을 기다리는 것을 부정할 수 없을 것이다.

그럼 휴식이 행복일까? 그것이 일을 동반하지 않는 경우, 또 휴식하면서 그저 흔해 빠진 휴식의 욕구를 뛰어넘어 드높은 사상으로 마음을 기르는 것이 아닌 경우에는, 휴식도 결코 행복이 아니다. 그렇지 않다면 휴식은 청춘을 좀먹을 뿐 노화를 방지해 주지도 못한다. 뿐만 아니라 노년에도 건강을 유지하는 원칙은 가능한 한 안정적이고 적당하고 유익한 일을 계속하는 것 외에는 없다.

예술과 학문은 행복일까? 만약 자신이 원하는 대로 모든 것을 할 수 있는 힘을 가지고 있고, 또 그 지식을 가진 자(무릇 그런 일이 실제로 있을 수 있다고 한다면), 그러한 사람에게는 예술과 학문은 행복일 것이다. 그러나 예술과 학문의 광대한 영역에서 감정적으로 자신이야말로 가장 행복한 사람이라고 생각하고 있는 이는 실제로는 자기를 속이고 있는 포로일 뿐이다.

힘, 건강, 또는 개인적인 권력이 행복일까? 이 중에서는 힘이 가장 행복에 가깝다. 따라서 힘에 대한 간절한 욕구에 기초하여 새로운 철학이 확고한 힘의 도덕, 지배자의 도덕을 내세우는 것은 무리가 아니다. 그런데 힘과 건강을 실제로 가지고 있는 자가 그것을 가장 중요하게 여기는 일은 거의 없다. 오히려 힘에 대한 숭배는 자신의 무력감에 의해 좌절되어 스스로 비굴해진 영혼의 외침인 것이 보통이다. 또 더할 나위 없는 건강은 어떤 의미에서는 정신적으로 평범한 것과 이어지는 일이 드물지 않다. 이에 반해 인간의 마음에 깃드는 가장 심원한 사상과 감정은 고난 속에서 태어난다. 그 위에 힘과 건강이라

*2 전도서 제3장 13절.

는 이 두 가지 보물은 그야말로 간단하게 사라지는 것일 뿐만 아니라 절대적으로 스러질 운명에 있다.

권력은 페르디난트 라쌀레*³의 견해에 의하면, "그것이 고상한 목적을 위해 사용된다면 하늘이 내린 최고의 보물"이다. 따라서 자신의 힘을 가장 잘 자각하고 있는 사람에게도 힘은 항상 무언가의 조건에 얽매이는 보물이다. 그렇지만 그러한 고상한 목적은 무제한의 권력에 의해 지탱되는 것으로 보이는 경우에도, 아무런 장애 없이 달성될 수 있는 것일까? 또 권력에는 독재자적인 광기로 불리는 무서운 질병이나, 적어도 인간 경시 같은 것이 불가피하게 수반되는 것은 아닐까? 일찍이 권력을 장악한 사람들 중에서 가장 총명한 사람 가운데 한 명이었던 프리드리히 대왕은, 수많은 공적으로 장식된 생애의 마지막 순간에 임하여, "나는 노예들을 지배하는 것에 질려버렸다"고 술회했다.

고귀한 출신, 또는 비교적 상류층의 교양 있는 가정에 태어난 것도, 그 전통을 물려받기에 걸맞다고 생각되는 경우에 한하여 행복이라 할 수 있다. 그렇지 않으면, 그것은 오히려 끊임없이 쓰디쓴 자기비판의 근원이 된다. 또 그런 사람이 어쩔 수 없이 하층 계급으로 전락하거나 하층 계급의 사람과 결혼하지 않으면 안 될 경우, 대개 그 출생이 도덕적인 타락의 원인이 된다.

마지막으로 사랑은 행복일까? 그렇기도 하고 그렇지 않기도 하다. 왜냐하면 세상에서 가장 고상한 마음을 지닌 사람이라도 오로지 사랑에만 몸을 맡긴다면 그것 때문에 반드시 파멸하기 때문이다. 사랑은 그야말로 동서고금을 통해 수많은 비극의 주제가 되어왔다. 사랑은 정말 위대한 진실이기는 하지만 진실하지 않은 것으로 변할 수도 있고, 또 마음속에 깊이 스며드는 행복이기는 하지만 모든 것을 파괴하는 불행이 될 수도 있다. 이 사랑의 행복에 완전히 몸을 맡기는 사람의 심정이 깊고 순수할수록, 그 사람은 확실히, 그리고 완전하게 불행해질 것이다. 죽음에 의해 이 괴로운 경험에서 벗어나지 않는 한은 말이다. 이것은 결코 비관론이 아니며, 마음이 따뜻하고 뛰어난 재능을 가지고 태어난 무수한 사람들이 경험한 인생의 진실이다.

지금까지 말한 여러 가지 종류의 행복에 반드시 따라다니는 결함은, 이들

---

*3 1825~64년, 독일 사회민주주의의 창시자.

행복에는 항상 무언가가 부족하다는 것, 또는 쉽게 채울 수 없는 조건이 수반된다는 것, 적어도 그 행복들은 모두 너무 불안정하여 자칫하면 잃어버리기 쉬운 위험이 있기 때문에, 때때로 행복을 손에 넣어도 그 매력이 깎여버린다는 것이다. 또 진정으로 마음이 고상한 사람들에게 이런 종류의 행복을 맛보는 데 장애물이 되는 것은, 그것이 모든 사람에게 똑같이 주어지는 것이 아니라, 항상 우연하게 행운을 얻은 극소수의 사람들에게만 주어진다는 점이다. 이 사실 때문에 이런 종류의 행복에는 부정(不正)하다는 낙인이 찍히고, 그것 때문에 고상한 성품의 사람들은 그런 행복을 누리는 것을 싫어하게 되는 것이다.

그래서 대부분의 사람들은 더 이상 자신의 행복에 기대를 걸지 않고, 그저 타인의 행복에만 주목하며, 공상을 통해 그것을 과장되게 생각한다. "그 맹목의 생명은 점점 더 눈이 어두워져서, 타인의 운명은 모두 행복으로 생각하며 질투한다. ……그러나 그들에 대해 얘기하는 것은 그만두고, 다만 보고 지나쳐라."[4]

이것은 인생의 고난 속에서 마음이 좁게 위축된 사람들의 슬픈 운명이다. 그러나 '마음이 넓은 사람들'[5]도, 아니 특별히 그런 사람들이야말로 행복을 향한 올바른 길을 찾아내지 못한 경우, 역시 다음과 같이 고백하지 않을 수 없다.

"나는 어두운 이마를 숙인다,
눈앞에 죄악이 떠들썩하게 지나갈 때.
대부분의 사람들은 내가 혐오에 사로잡힐 거라고 생각하고
더욱더 나를 가엾게 여긴다.

그러나 이것은 나의 지난 삶이
불길하게도 다시 되살아난 것이다.
아, 암흑의 힘이 아직 파괴되지 않은 것을 느끼고

---

[4] 《신곡》 지옥편 제3곡 47·48·51행.
[5] '마음이 넓은 사람'이란, 아리스토텔레스가 《니코마코스 윤리학》 4권 7, 8장에서 애착을 담아 그렸던 이상적인 인간을 가리킨다.

두려움에 떤 적이 몇 번이던가!"*6

2

반드시 행복을 얻기를 원한다면, 먼저 암흑의 힘이 확실하고도 영원히 타파되지 않으면 안 된다. 그리하여 나와는 다른 견해를 가진, 최근에 사망한 한 독일 저술가가 말한 "인생은 보강 공사를 필요로 한다"는 말이 극히 올바른 것이 된다. 다만 그는 그 보강을 잘못된 곳에서, 즉 인간의 생활 속에서 구하고 있다. 그러나 그러한 보강력은 항상 발견되는 것이 아니어서, 노년과 질병, 고독과 곤궁에 처했을 때 힘이 주어지지 않을 뿐만 아니라, 어려운 상황은 서로 합세하여 몰려오기도 하는데, 그런 경우에는 원래 가장 강한 정신조차 완전히 굴복할 때가 있다. 우리는 모든 어려움에 대해 항상 철저하게 준비되어 있는 도움을 필요로 한다. 우리는 자신의 행복을 언제든지 얻을 수 있고, 또 누구나 얻을 수 있는 것 위에 쌓아가지 않으면 안 된다. 우리가 필요로 하는 것은 자기 속에서 나오는 힘이 아니다. 자신의 힘으로 충분하다면 힘의 부족을 그렇게 통감하지 않을 것이다.

인생에 있어 진정한 보강 공사는 하느님 가까이 있는 것과 일이다. 그리고 그 결과로 자연히 모든 피조물에 대한 사랑이 생긴다. 다만 이것은 처음부터 손쉽게 얻을 수 있는 것은 아니다. 또 그 밖의 것은 모두 인간의 마음을 완전히 만족시키기에는 너무나 하잘것없다. 실제로 옛날부터 대부분의 사람들이 그러한 하찮은 것으로 인생을 헤쳐 나가려고 시도해 왔다. 인생의 길을 걸어가면서, 처음부터 그 행복을 쌓는 데 도움이 되지 않는 기초를 한 번도 구하지 않았던 사람은 아마 드물 것이다. 오히려 대부분의 사람들은 차례차례 그러한 시도를 거듭한다. 그리고 어느 것이나 불충분하다는 것을 알면 우울증에 걸리게 된다. 그들에게는 생애의 마지막 갈림길에 서서, 다시 한번 완전히 다른 기초 위에서 시도해보려는 용기가 없는 것이다.

---

*6 아네테 폰 드로스테의 시집에서. 죄를 각각 파악하여, 이것에 도전하면 죄는 오히려 힘이 커질 뿐이다. 죄의 영역 안에서 싸운다면, 죄는 바로 그리스 신화의 거인 안타이오스처럼 이길 수 없는 것으로 보일 것이다. 죄를 이기려면 먼저 인간의 존재와 정신의 방향 전체가 바뀌지 않으면 안 된다. 이 점에 참으로 쓸데없이 많은 노력이 이루어지는 원인이 있고, 또 그러한 경험 속에서 우리에게 얘기되는 것이 과장되는 이유이기도 하다.

그런데 하느님을 진심으로 믿는 것은 원래 결코 쉬운 일이 아니다. 인류는 하느님을 믿는 것을 항상 어려운 일로 생각해 왔다. 또는 그것을 쉽게 하기 위해 기이한 수단을 생각하기도 했다. 우선 소극적으로 말할 수 있는 것은, 어쨌든 그러한 믿음 없이 해나가는 것은 곤란하다는 것이다. 지극히 질서정연하게 만들어져 있는 우주 전체를 생각해봐도, 우주를 창조하고, 또 언제 어느 때라도 다시 해체되어 혼돈으로 돌아갈 위험으로부터 우주를 지키고 있는 영(靈)이 존재하지 않는다면, 우주의 질서를 설명하기 어렵다. 그러나 우주에 존재하는 모든 것의 궁극적인 근본을 '우주법칙'이나 '자연법칙', 또는 그 밖에 무언가의 비인격적인 명칭으로 표현하려 할 때도, 이들 '법칙'은 어떤 정신적인 요소, 일종의 뛰어난 지혜의 의미로 이해되지 않으면 안 된다. 그렇지 않으면 그 명칭들은 완전히 무의미한 것이 되고 말 것이다.

그러나 그렇게 생각해도 여전히 자연의 영은 인간의 혼과 혼의 깊은 곳에서 나오는 요구를 만족시키는 것은 아니다. 범신론적인 하느님, 정확하게 말하면 존재하는 모든 사물의 총체인 자연에는, 우리가 가장 이해하기 쉽고 필요로 하는 하느님의 속성이 하나도 들어 있지 않다. 정의와 인내와 동정과 사랑이 자연의 어디에 깃드는 것일까? 자연은 동정을 모른다. 자연은 강자를 보호하고 약자를 멸하며, 약자에게는 죽은 뒤의 생명 존속의 희망조차 허용하지 않는다. 우리가 인간의 가장 좋은 성질로 간주하고 있는 희생심과 고결과 동정에 대해서도, 자연은 아무런 이해도 하지 않고 존중도 하지 않는다. 그러한 하느님보다는 있는 그대로의 인간 쪽이 훨씬 나을 것이다. 어떠한 형태의 것이든 범신론은 그 필연적인 결론으로서 힘의 예찬, 즉 도덕성에 관계 없이 강자를 무조건적으로 숭배하는 사고방식의 원천이다. 그러한 사고방식은 개인생활에서는 이기주의를, 국가에서는 독재정치를, 국제법의 세계에서는 기회 있을 때마다 불합리한 전쟁을, 학문에서는 경제적인 약자를 착취하는 학설을, 법률에서는 냉혹하고 무정한 이기주의를, 예술에서는 끝없는 관능의 지배를 이끌어낸다. 만약 인생이 이러한 기초 위에 서는 수밖에 없다고 한다면, 굳이 힘들게 살 필요가 없는 것일지도 모른다.

이와 같은 범신론적인 사고방식이 내리는 필연적 결론으로 볼 때, 이는 견딜 수 없는 것임을 인간다운 마음을 지닌 사람이라면 누구라도 알 수 있다. 살아 있는 하느님에 대한 적극적인 신앙에 도달하기 위해서는 더욱 크게 한 걸음 전진하지 않으면 안 된다. 그러기 위해서는 인생에 미치는 살아 있는 하느님의 작용을 실감하고 경험하는 것이 필요하다. 그런데 이 실제적 감각은 하나의 새로운 감각, 즉 순수하게 영적인 사물에 대한 정밀하고 묘한 지각력에 의해 비로소 얻을 수 있다. 그러한 능력이 없으면, 하느님에 대한 신앙은 연약하고 흔들리기 쉬운 감정에 지나지 않거나, 배워서 익힌 이론만 고집하는 설교에 지나지 않을 것이다.

또 하느님은 명백하게 우리 인간의 사고력으로 완전히 이해할 수 있거나 언어로 표현할 수 있는 것이 아니며, 어느 쪽이든 그보다 훨씬 위대하다. 인간의 이해력 속에서 하느님은 참으로 다양한 모습으로 나타난다. 그러므로 성서는 이에 대해, "두 마음을 품지 않고 당신을 받들면, 당신께서도 두 마음을 품지 않고 붙들어 주십니다. 그러나 당신을 속이려 드는 자는 꾀어 넘기시고"[*7]라는 대담한 말까지 사용하고 있을 정도이다. 인간이 더욱 선량해지고 순수해짐에 따라, 하느님의 존재에 대한 확신과 하느님에 대한 표상은 더욱 흔들림 없는 것이 된다. 이러한 확신을 얻기 위해서도 단호한 이상(理想)의 유지와 명확한 의지의 행위가 필요하다. 그러나 일단 그러한 확신을 획득할 수 있다면, 한 없이 깊어질 수 있다. 하느님에 대해 일찍이 이야기된 말, 그리고 아마 앞으로도 이야기될 말 중에서 가장 명료하고 뛰어난 것은 출애굽기 제33장, 34장에 있는 것일 게다. 그 뒤에 타락하여 단순한 형식주의에 빠지고 만 인류에게 그리스도가 오심으로써 하느님의 본질이 다시 명확해졌다. 그러나 그리스도도 요한복음 제4장 24절 이상으로 하느님을 설명할 수는 없었고, 또 설명하려고 생각하지도 않았다. 오늘날 교리문답서의 저자들은 모두, 나야말로 교리를 공식화하는 사명과 능력을 가지고 있다고 믿고 있지만, 그리스도는 그러한 공식화를 피했던 것이다.

대부분의 실제적인 경험에 비추어 보더라도 그리스도교 신앙은 없어도 철학이나 좋은 소질과 교육에 의해, 또 그 위에 환경의 혜택까지 주어진다면 더욱 뛰어난 인간이 태어나는 것은 충분히 있을 수 있는 일이라고 생각된다. 성 아우구스티누스는 이교도의 미덕을 화려한 악덕이라고 불렀는데, 이것은 그의 말에 자주 보이는 과장 가운데 하나이다. 대부분의 경우 이 말은 사실이기

---

*7 시편 18장 26절.

도 하지만, 반드시 그렇다고는 할 수 없다. 그러나 가장 어려운 역경에서도 결코 잃어버리는 일이 없는 흔들리지 않는 행복감, 이것이야말로 오직 그리스도교에 의해서만 얻을 수 있다고 믿는다.

특히 철학은 '인생의 뛰어난 지혜에 대한 사랑이며, 뛰어난 지혜에 대한 끊임없는 성실한 노력'이라고 하는 그 본래의 의의를 오래전에 잃어버리고, 대신 교양이 높은 사람들을 위한 학문적 사색의 수련장이 되고 말았다. 그리스도교도의 '무리'는 있을 수 있고, 있어야 하며, 또 실제로 이미 수없이 있었지만, 철학은 결코 철학자의 '무리'를 낳지 않을 거라는 것은 철학의 약점 가운데 하나이다. 그리고 또 하나의 약점은, 철학은 최상의 애호자에게도 실제로 지극히 건전하고 균형잡힌 정신을 낳는 것이 아니라, 오히려 그것을 전제로 하고 있다는 사실이다. 그래서 늙음이나 질병이 인간의 정신을 공격하여 그 일부를 파괴해버리면, 그것과 함께 철학도 힘을 발휘할 수 없게 된다. 따라서 철학에 의지하는 사람들에게서 마르지 않고 새롭게 생겨나는 샘이 되는, 영원히 변하지 않고 영원히 멸하지 않는 영적 존재에 의한 버팀목은 발견할 수 없다.

인간은 이 영을 현실의 작용 속에서 경험할 수 있고, 원래 그것은 경험할 수밖에 없다. 그리고 이 영이 일찍이 그런 경험을 가진 사람들에게, 자신의 존재와 그 접근을 부정할 수 없을 만큼 명백하게 나타내 보여주는 방법이 바로 비할 데 없는 행복감이다. 행복감은 이렇게 하느님 가까이 있는 것과 불가분의 관계에 있으며, 따라서 행복에 대해 실제적으로 느끼는 것은 현세에서 당연히 있을 뿐만 아니라, 하느님의 존재에 대한 가장 좋은 증명으로서 없어서는 안 되는 것이다.

"하느님 곁에 가까이 있는" 것은 성서의 수많은 대목에서만 가능한 일로 보장되어 있는 것이 아니다. 그것은 이미 수많은 사람들이 인생 행로에서 은혜로운 경험을 했으며, 오늘날에도 그것을 경험하고 싶어하는 한 사람 한 사람에게 증명되고 있는 일이다.

우선 소극적인 의미에서 하느님의 존재를 증명하는 것은, 하느님에게서 멀어진 인간의 생활은 언제나 불만을 동반한다는 사실이다. 인간의 생활은 상류 사회는 말할 것도 없고 일반 계층에서도 너무나 복잡하고 번거로워졌다. 많은 요소로 구성되어 있는 행복한 생활이라는 이 훌륭한 건물(더욱이 그것은 끊임없이 어딘가가 위험에 노출되어 있다)을 전 생애에 걸쳐, 나아가 가능하면 자손의 대에까지 안전하게 유지하기 위해서는 얼마나 많은 것을 깊이 생각하고, 기억하고, 계산하고, 미리 조심하지 않으면 안 되는 것일까? 또 얼마나 많은 것을 배우고, 보고 듣고, 고려하고, 나아가서 향락까지 하지 않으면 안 되는 것일까? 안락을 얻기 위해 이러한 생활을 끊는 자와 재력이 없어서 어쩔 수 없이 그것에서 떠나는 자는 당장 다른 사회계층으로 전락한다. 그러나 교육을 받은 자나 얼마간 제멋대로 자란 자가 거기서 반감을 느끼지 않고 사는 것은 거의 불가능하다. 또는 마음속으로 반항심을 품고 있으면서도, 자기보다 부자라는 이유만으로 교양도 없는 사람들을 어쩔 수 없이 섬기게 된다.

그러나 비교적 좋은 처지를 타고난 사람들에게도 체력이 약해지고 감각이 쇠퇴하기 시작하면, 저마다 정도는 달라도 인생의 마지막 절망이 갑자기 위협의 그림자를 드리우면서 엄습해온다. 그렇게 되면, 거의 항상 같은 비극이 되풀이된다. 즉, 어떤 사람들은 남겨진 마지막 향락에 체면도 돌아보지 않고 매달려, 카드클럽과 매일 마시는 맥주와 무언가의 즐거움에서 위안을 찾는다. 또는 일기와 편지와 생애의 회상기 등을 통해 젊은 날의 감상적인 추억에 빠진다.

그러나 만약 인생이 어떤 의의와 목적을 가진다면 청년 시절만 특별히 인생의 이상일 리는 없다. 그 중에는 늘 분노와 불쾌감의 포로가 되어, 가족과 아랫사람들에게 무거운 짐이 되고 있는 자도 적지 않다. 하기는 그들도 그것을 괴롭게 느끼고, 그것 때문에 더욱 마음의 평화를 잃는다. 늙은 몸에 그나마 남아 있는 힘을 '무리하게 짜내는' 것은 무익하며, 그만큼 힘을 일찍 다 써버리는 것일 뿐이다. 힘은 밖에서 주어져야 하는 것이지, 메말라가는 자신의 몸에 비축된 것에서 솟아나는 것이 아니다. 결국 피할 수 없는 운명으로서 어리석게도 퇴폐에 몸을 맡기는 사람들은 가장 불행한 사람들이다. 물론 그들도 때로는 좀더 나은 것을 추구하지 '않으면 안 된다'는 걸 느끼고 성서나 이런 종류의 책을 읽으려고 시도하지만 이미 힘이 없다. 아마 이것이 현대의 '교양 있는' 사람들 대다수의 모습일 것이다.

어느 누구도 하느님으로부터 주어지는 힘이 없으면 위에서 말한 어려움에서 완전히 벗어나는 것은 불가능하다. 이 힘은 육체가 스러졌을 때와 노년기에 전보다 더욱 강하게 발휘되어, 마지막 숨을 거둘 때까지 활력과 기운을 주며 항상 기쁨과 희망으로 마음을 채워준다.

이 기쁘고 강한 영을 굳이 우리 자신 속에서 낳을 필요가 없고, 그것이 밖에서 주어진다는 것은 멋진 일이다. 물론 그저 편리하고 일시적인 소원이나 불성실한 마음의 소원에 대해서는 이 힘이 주어지지 않는다. 그러나 진리를 찾아내어 그것에 따르려 하는 진지한 열망과 진실한 결의가 있는 경우에는 어떠한 공물(供物)이나 제사도 필요하지 않다. 오로지 하느님에게 '마음을 향하는' 것 외의 어떠한 행위도 필요하지 않다. 그러면 적어도 어느 정도 마음의 평화가 주어질 것이고, 또 그것을 점점 더 늘려가는 것도 가능하다.*8

"다만 그들이 항상 이 같은 마음을 품어 나를 경외하며 내 모든 명령을 지켜서 그들과 그 자손이 영원히 복받기를 원하노라"*9 하고 하느님은 한 사람의 입을 통해 말씀하셨다. 하느님은 그것을 강제할 수는 없다. 외적 또는 내적인 사건을 통해 이루어지는 하느님의 격려는, 때로는 온화한 강제의 일보 직전까지 가는 일도 있지만 그래도 전혀 저항할 수 없는 것은 아니다. 하물며 우리가 인간을 강제하는 것이 가능할 리가 있겠는가. 그렇지만 우리가 사랑하는 사람들을 위해 인생이 줄 수 있는 최상의 것, 즉 하느님 곁에 있으며 하느님과 평화 속에 있다고 하는 것을 느끼지 못하고 이 세상을 떠나는 일이 결코 없게 해달라고 간절하게 원하지 않을 수 없다.

한 번이라도 하느님 가까이 있는 것을 경험한다면 다시는 그것을 잊지 못할 것이다. 그리고 그때 중요한 것은 그 경험에서 마음을 떼어놓지 않는 것, 바꿔 말하면 그 영이 다시 떠나버리는 일이 없도록 몸을 유지하는 일이다. 영이 떠나는 것은 쉽게 일어나는 일이 아니지만 그렇다고 있을 수 없는 일도 아니다. 그런 경우, 일반적으로 설명할 수 없는 현상이 나타난다. 바로 암흑과 공포, 모든 기쁨이 사라지는 것이다. 더욱이 혼이 그러한 변화를 거스른다면 정신 생활 전체가 자주 어둠에 싸여 마침내 광기에 이르는 수도 있다.

더 나은 목소리에 따르는 사람들에게는 그 이후의 인생은 지극히 간단한 3단 논법으로 진행된다. 종종 무의식 중에 어쩌다가 마음이 하느님에게서 떠나면 당장 행복을 잃게 된다. 이것은 그들이 뭔가에 방해를 받아 하느님에게 가까이 있을 수 없기 때문으로, 그 방해물을 제거하지 않으면 안 된다. 그러나 그들이 기쁨의 영 곁에 있다면, 자신이 올바른 길을 나아가고 있다는 것, 그리

---

*8 이사야 45장 22절, 59장 1·2절.
*9 신명기 5장 29절.

고 그 길에서는 결코 나쁜 일을 만나지 않는다는 것을 깨달을 것이다.*10

그리하여 어두운 인생에도 태양의 빛이 비쳐든다. 인생이라는 연극이 끝날 때까지 겉으로만 밝은 가면을 쓰고 마음은 끊임없는 슬픔에 잠겨 있는 대신, 기쁨의 영이 태어난다. 이 기쁨의 영이 깃들인 사람은 그때부터 가벼운 발걸음으로 인생의 모든 어려움을 헤쳐 나간다. 먼저 그 사람에게 주어진 '이 세상에서의 직분'*11인 자신의 일에 대한 흥미가 솟아난다. 나아가서 전에는 많은 불안과 걱정 속에서 획득하고 취하려고 노력하지 않으면 안 되었던 그 밖의 모든 것이, 수고하지 않아도 하느님의 선물로서 주어지며, 더욱이 그것을 참으로 당당하고 여유로운 마음으로 즐길 수 있는 권위와 힘이 함께 주어진다.*12 이리하여 모든 소유가 정당한 것이 되고, 인간은 소유물의 노예가 아니라 그 주인이 된다. 또 대부분의 사람들이 헛되이 마음을 괴롭히기 쉬운, 이른바 '정당한 인생의 즐거움'도 없어지는 것이 아니다. 다만 더욱 뛰어나고 확실한 것, 공포와 양심의 거리낌이 전혀 없는 것이 될 뿐이다. 마태복음 제6장 32, 33절의 말이 그때부터 지극히 간단하고 명료하게 인생의 지혜가 되어 행복한 생활로 인도해준다.

그러나 그것을 위해서는 하느님에 대한 확고한 신앙을 지니고 언제나 하느님 가까이 있는 것이 중요하다. 그렇지 않으면, 마음을 괴롭히지 않는다는 것은 다만 어리석다는 것을 알려주는 것에 지나지 않을 것이다. 그래서 신앙을 가지지 않은, 지극히 정상적인 상식을 갖춘 사람들은 고민하지 말라는 계명에 반대한다. 또 신앙을 가지고 있다고 믿고 있는 자도, 그 신앙이 단지 겉으로의 신조에 지나지 않는 경우에는 역시 마찬가지이다. 하느님에 대한 진정한 신앙을 가지고 실제로 하느님 가까이 있지 않으면 이 계명에 따르는 것은 불가능하다.

하느님 가까이 있을 때는 어떠한 인간 숭배도 허용되지 않는다. 인간 숭배에 대한 어떠한 싹도 자랄 수 없다. 그런 조짐이 시작되려고 하면, 즉시 방해와 오해, 때로는 소외와 죽음까지 그것을 저지한다. 그렇지 않으면 마음의 기쁨이 감퇴해버린다. 하느님의 '질투'라는 구약성서의 해석은 의심할 나위없는 진리

---

*10 시편 119장 45절.
*11 전도서 3장 22절.
*12 역대상 29장 9절.

를 지극히 인간적으로 표현한 말이다. 인생에 있어 최고의 것은 두 마음을 허락하지 않고 절대적인 신봉자가 되기를 요구한다.

이상의 것을 다시 한번 종합하여 생각해보면, 이 세상에서 얻을 수 있는 영속적인 행복은 끊임없이 하느님 가까이 있는 것과 연관된 것이며, 마찬가지로 끊임없는 유익한 일에 있다. 독자 여러분 중에 하느님 가까이에 있다는 것이 '신비적'인 것에 지나지 않는다고 생각하는 사람이 있다면, '위대하고 진실한 사상에 산다'고 하는 표현으로 잠시 대체해도 무방하다. 다만 그러한 사상을 근원인 자기 이외의 샘에서 퍼내지 않고도 항상 계속 가지고 있는 것은 아마 어려워질 것이다.

이 두 가지의 중요한 요소가 함께 갖추어져 있으면, 어떠한 종류의 인간 생활이든 반드시 좋아진다. 그 조건이 완전히 채워지면 그만큼 더욱 좋아지고, 이 조건에서 생활이 멀어질수록 점점 나빠진다. 역사를 고찰함으로써, 또 사람과의 일상적인 교제에서 누구든지 그것을 실험할 수 있다.

그 밖의 모든 행복은 본질상 일시적인 것이거나 착각에 의한 것이다. 물론 그런 행복도 진정한 행복을 위해 보조적인 작용을 하여, 내적으로 존재하는 것을 외적으로도 완성하는 일이 있을 수 있지만, 내적 행복을 대신할 수는 없으며 또 외적 행복이 사라졌다고 해서 내적 행복까지 무너지는 일은 없다.

이것은 누구나 잘 알고 있는 사실이지만, 그것을 확실하게 인정하고 현실생활의 견고한 지반에 발을 들여놓을 수 있는 용기를 지닌 사람은 많지 않다. 대부분의 사람들은 오히려 이 세상의 슬픔으로 가득한 삶의 모습을 시와 산문으로 탄식하거나 찰나적인 향락으로 잠시 잊으려 하며, 오직 공상과 추억 속에서 살거나, 하다못해 남보다 혜택을 입은 '특별한' 계급이라는 오만한 의식에 도취하려 한다. 그러나 우리가 논하는 행복은 행복을 얻고 싶어하는 모든 사람에게 허락되는 것이며 '이 세상이 가져다 줄 수 없는 평화'이다.

3

"정말 저런 교회만 없으면—교회의 형식주의와 인간에 대한 예속, 반쯤 또는 완전한 위선과 정치적 야심, 신학상의 논쟁과 우리에게는 더 이상 너무나 무의미한 공리(空理)를 늘어놓는 그리스어의 나열만 없다면."

그렇게 생각한다면 교회를 떠나는 것이 좋다. 잠시 교회 없이 하느님에게 다가가는 것을 시도해보라. 하느님은 어떤 교회제도나 일정한 학문 안에만 한정되어 있지 않다. 그런 것이 없어도 하느님은 자신을 알게 해주신다. 하느님은 우리의 진지함과 성실한 소망을 아시면, 또 우리가 평소 익숙하게 걸어가던 길의 어려움이 이따금 너무나 커지고, 게다가 그것이 단순히 공상이 아니면, 그때 우리 곁에 오실 것이다. 그러므로 시험해 보라. 오직 하느님에게 '마음을 향하라.' 그 옛날 가장 위대했던 예언자도 오로지 마음을 향하는 것만 원했다. 그 밖의 것은 단순히 그 지속에 지나지 않는다. 그리스도를 믿는 것도 마찬가지이다. 그리스도를 믿는 것은 대부분의 사람들에게는 하느님을 믿는 것보다 훨씬 어려운 일이다. 그러므로 그들이 아직 그리스도를 믿고 있지 않는다 해도 그것 때문에 버림받는 일은 없다.

그리고 모든 외형적인 '예배'는 인간이 만든 것이다. 유대교의 희생에 의한 예배도, 또 그것을 대신한 그리스도교의 더욱 간단한 예배 방법도 마찬가지이다. 만약 예배에 지나치게 무게를 둔다면, 그것은 오늘날에도 역시 방해가 될 수 있다. 순수하게 역사적으로 말하면, 그리스도가 십자가에 달린 것도 인간을 형식적인 예배제도에 대한 지나친 존중에서 해방시키려 했기 때문이다. 하느님은 오직 인간의 마음만을 원하신다. 또는 구약성서의 감동적인 표현을 빌리면 '그것을 바라신다'. 외형적인 예배는 이 세상의 무거운 짐에 의해 너무나 심하게 짓눌려 그러한 버팀목이 일어설 수 없는 혼을 일으키기 위한 편의적인 수단이며, 또 그 자체로서는 표현할 수 없는 것의 상징이다. 하느님은 완전한 신뢰와 충실한 사랑 이외의 것을 원하지 않으신다. 그 밖의 모든 것은 하느님이 주시는 것이다.

복음 설교자들은 종교회의와 교회 당국이 정한 모든 종류의 의례나 그 밖의 인간의 머리로 생각해낸 것으로써 이러한 행복에의 길을 더욱 가기 힘든 것으로 만들고 있다. 고뇌하며 구원을 바라는 사람들이 더 나은 미래에 대해 극히 작은 희망조차 가지지 못하고 있는데도, 그것에는 아랑곳하지 않는 설교자들은 그저 성실하게 "하느님에게 마음을 향하라"고 말하는 대신, 이들에게 맹세와 감사, 또는 그 밖의 입장료를 요구한다. 이러한 복음 설교자에 대해 교회의 우두머리인 그리스도는 마태복음 23장 2~39절의 엄숙한 계명을 잇따라 보여주고 있다. 그러나 지금까지의 교회사를 보아도 알 수 있듯이, 설교자들은 때때로 이 계명을 불문에 부치거나, 그것을 자신들에게 적용하지 않는 것이 상책이라고 생각해왔다.

그러므로 자신이 지금까지 걸어온 길이 '평화의 길'이 아니었음을 깨닫고, '그 발길을 평화의 길로 향하려' 하고 있는 현대의 우리는, 그러한 설교자들에게 이렇게 말하고 싶다. 진정으로 위대한 하느님의 나라 대신 편협하고 새로운 바리새주의만 태어나는 일이 없도록 주의하라고. 이 바리새주의의 말로도 아마 옛날과 조금도 다르지 않을 것이다. '하느님의 집에서 시작되는 심판'의 징조는 이미 나타나고 있다.

그렇지만 옛날부터 인간은 하느님과 하느님의 존재에 대해 알 수 있는 것, 경험할 수 있는 것으로는 만족하지 않고, 뭔가 특별한 방법으로 더욱 하느님에게 다가가고자 하는 간절한 소망을 품어왔다. 이것에 대해 우선 말할 수 있는 것은, 그 목적을 위해 사용되는 모든 외적 수단은 완전히 미신적이라고는 할 수 없어도 지극히 위험하며, 특히 신경을 착란시키는 것이라는 사실이다. 또 대부분의 성도전(聖徒傳)에도 전해지고 있으며, 분명한 사실로 믿어지고 있는 황홀 상태에 대해서도 같은 말을 할 수 있다. 이러한 상태는 인간의 육체에 해를 주지 않을 리 없다.

아무런 위험도 손실도 없이 실제로 더욱더 하느님에게 다가가기 위해서는, 즉 그러한 상태에 대한 명료하고 실제적인 느낌과 하느님의 영원한 존재에 대한 투철한 통찰에 도달하기 위해서는 단 한 가지 방법이 있다. 그것은 마태복음 5장 8절에 얘기되어 있는 방법이다. 여기에서 하느님을 볼 것이라고 한 것은 단순히 내세에서만의 일은 아니며, 의심할 여지없이 이 세상에서도 가능하다는 의미이다. 따라서 내적 생활에서(또한 때로는 외적생활에서도) 뭔가 특별한 것, 굉장한 것을 경험하고 싶다면, 안심하고 이 방법을 시험해 보라. 이것은 허락된 방법이며, 또한 유감이지만 다른 모든 능력 또는 실제 기적을 행하는 타고난 재능이나 능력보다 훨씬 비범한 것이다.

4

또 다음과 같은 의문이 지극히 그럴듯한 이유에서 나올 것이다. 한 번도 거짓 행복의 환상을 좇은 적이 없고, 처음부터 진정한 행복을 발견하여 성장하면서 저절로 행복을 체득해 가는 것이 과연 인간에게 허용될까? 바꿔 말하면,

인간은 행복을 얻기 전에 반드시 착오와 후회와 회심을 경험해야 하는 것이 아닐까 하는 문제이다.

행복의 정상을 향해 올라가는 길은 모든 사람에게 동일하다거나, 그 길은 반드시 계통적이고 정연한 방법으로 걸어가지 않으면 안 된다는 의견(이것은 그 방법 때문에 '메서디즘'이라는 명칭을 얻고 있다)은 어떠한 경우에도 인정될 수 없다. 아마 독자 여러분은 각자 어릴 때부터 그 본성이 어떠한 방황에도 흐려지지 않고 순수한 통일을 계속 유지하고 있는 것처럼 보이는 사람을 몇 사람 알고 있을 것이다. 바로 그들이야말로 이 세상에서 평범한 사람이 보통 도달할 수 있는 것 이상의, 뛰어나게 진실한 인간성의 구체적인 계시이자, 이 세상에서는 예외로 보이는 것이 다른 세상에서는 일반적인 것이 될 수 있다는 증거이다. 우리는 그런 사람들을 감사하는 마음으로 맞이해야 한다. 그렇지만 이미 행복을 찾아낸 사람들도 적어도 한때는 그 행복에 희미한 애수의 기분이 함께 하기 쉽다. 이 기분이 항상 위태로운 지상의 '승리'로부터 사람들을 지켜준다. 안겔루스 질레지우스*[13]의 아름다운 시는 이 기분을 다음과 같이 노래하고 있다.

> "아, 명예로운 미(美)여,
> 이리도 늦게 너를 알았다니.
> 지극히 아름다운 행복, 진정한 평안이여,
> 너를 진작 내 것이라 부르지 않았다니.
> 내 마음은 아프고 또한 슬프구나,
> 너를, 아! 이리도 늦게 사랑한 것을.

모든 사람의 인생 행로에는 실러가 당시의 표현법으로 말한 것처럼*[14] 평소보다 훨씬 진리에 다가가서 운명을 향해 자유롭게 질문을 던질 수 있는 순간이 있다. 그런데 이 순간을 무의미하게 경험해버리면, 그 순간은 점점 빠르게 지나가고 그 자극도 점차 약해진다. 그때 사람들은 반신반의하는 사람들에게 더욱 강렬한 수단을 사용하여 어떠한 대가를 치르더라도 승리를 거두려

---

*13 1624~77년, 독일의 종교 시인.
*14 《발렌슈타인의 죽음》 제2막 3장.

고 노력하지만, 하느님의 영은 끝까지 그런 인간 정신의 실례에 따른다고는 할 수 없다. 그리스도 교회는 거의 2천 년 동안, '빛나는 각성'의 폭풍이 지나간 지 10년도 되지 않아 또다시 새로운 각성을 필요로 하는 상태를 거듭해 왔다. 그런데, 이렇게 교회가 부진했던 원인 가운데 하나는 그러한 강제적인 태도에 있다.

그러나 행복으로 가는 길을 발견하는 것은 내면적인 사건이며, 그 계기는 물론 인간(또는 현대에서는 특히 책)에 의해 주어지는 경우도 있지만, 실제로는 어디까지나 혼이 하느님만을 상대로 은밀하게 이루는 사항이다. 그리고 그 일이 엄숙하게 이루어진 경우, 그 사람은 나중에라도 결코 그것을 즐겨 얘기하려 하지 않는다. 때로는 외적인 커다란 사건 또는 혹독한 운명이 밖에서 충격을 가하여, 은근한 시사에 귀를 기울이지 않았던 사람들에게 무엇이 행복이고 무엇이 그렇지 않은지 확실하게 가르쳐주는 일도 있다. 그러나 그런 것도 인간을 강제적으로 행복으로 이끌지는 않는다. 일생 동안 그러한 계기를 몇 번이나 경험하면서도 대부분의 사람들은 그것에 따라 인도되는 일 없이, 행복에 대한 아무런 희망도 없는 어두운 미래의 나라로 옮겨가는 것이다.

더 나은 생활을 향한 길에 발을 들여놓은 뒤, 보통 맨 먼저 맞이하는 단계는 올바른 것, 선한 것을 진지하게 추구하며, 모든 종류의 향락 이상으로 그것들을 애호하는 방법을 배워가는 상태이다. 이것은 거짓 행복과 진짜 행복을 구별하는 일이다. 그때부터 우리가 받는 시련과 훈련은, 우리의 의지가 일단 확실하게 선으로 향해졌다면 그 결의를 자신의 감각적 부분에서, 나아가서는 다른 인간과 환경으로부터 완전히 독립시키기 위한 것이다. 그것은 오랜 기간을 요하는 것으로, 특히 친구를 좋아하는 감상적인 사람에게는 실생활의 길에서 만나는 위험보다 이 고독한 걸음이 더 견디기 힘들 정도이다.

그래서 마지막에 찾아오는 시련은 노년에 찾아오는 감각적 힘의 쇠퇴이다. 이것은 자연 그대로의 인간을 슬픔으로 채우고, 강한 성격의 사람도 종종 깊은 절망에 빠뜨리는 일이 있다. 그러나 성서에서 말한 대로 '육체를 위하여 심는' 일을 하지 않았던 사람은 체력의 쇠약, 시력과 청력의 감퇴, 일상의 사물에 대한 기억과 흥미의 감소 등과 함께 도덕적인 힘, 나아가서는 더욱 높고 뛰어난 영적 생명이 스러지는 것은 결코 아니라는 것을 바로 깨달을 것이다. 그뿐 아니라 이 불멸의 영은 한번 인간의 내부에 들어가면 최후까지 쉬지 않고 그 힘을 키워가는 법이다. 다만 인간 가운데 죽어야 할 부분만이 그 본성대로 쇠약해질 뿐이다. 이것을 직접 경험한 사람은 거기서 노년기의 쇠퇴에 대한 더할 나위 없는 위안과 영적 존재에 대한 흔들림 없는 확신을 얻을 수 있다.

따라서 당신과 하느님의 힘 사이에 있는 장애물을 먼저 제거하지 않으면 안 된다. 그것이 있는 한, 하느님은 뜻하는 대로 당신에게 다가갈 수 없다. 그리고 이것이야말로 당신이 자신의 의지로 스스로 하지 않으면 안 되는 일이다. 이것은 대신 해주는 것이 허용되지 않는다. 자신의 경우 특히 어떤 장애가 있는지 알고 싶다면, 스스로 확실하게 깨달을 일이다. 가장 일반적인 장애는 다음과 같다. 걱정, 탐욕, 허영심, 명예욕, 향락욕, 사람에 대한 공포심, 증오, 또는 적절하지 않은 애정, 그 밖에 맹목적인 이기심의 다양한 형태 등이다. 이기심은 이 모든 장애를 낳는 공통된 뿌리이기도 하다.

따라서 그것은 제거하지 않으면 안 된다. 자신은 그렇게 하고 싶지만 불가능하다고 말해서는 안 된다. 사실 불가능하다는 것이 그 자체로서는 아마 옳을지 모른다. 만약 우리가 위에서 말한 모든 장애에서 자신을 해방시킬 수 있다면, 종교 따위는 필요하지 않게 된다. 이성적 철학만 있으면 된다. 이러한 사고방식이 '윤리학자'의 견해인데, 그것은 실천적인 면에서 중대한 오류를 보인다.

문제는 가능한가 불가능한가가 아니라 원하는가 원하지 않는가이다. 16세기의 한 유명한 성녀(聖女)가, 우리가 자신의 의지를 하느님에게 바치는 순간 하느님은 모든 것을 이루신다고 한 것은 참으로 옳은 말이다. 자신의 의지를 바치는 것에서 더 나은 길이 시작된다. 그런 다음, 필요하다면 신앙도 그야말로 저절로 찾아온다.

당신의 경우, 과연 실제로 그런 상태에 있는지, 즉 하느님이 한층 더 다가가시는 것을 방해하는 모든 것에서 자유롭고, 그런 힘을 가진 누군가에 의해 당신이 해방되기를 정말 원하고 있는지, 한번 진심으로 자문해 보기 바란다. 그러면 바로 당신이 얼마나 성실한지 알 수 있고, 또 당신이 가장 괴로운 죽음을 두려워하고 있듯이, 여전히 하느님이 다가오는 것을 두려워하고 있음을 깨달을 것이다.

당신은 살아 있는 상태에서의 그러한 죽음을 언젠가 한번은 돌파하지 않으면 안 된다. 그렇지 않으면 구원받을 수 없다. 만약 돌파하고 싶지 않다면, 평범한 인생보다 훨씬 좋은 행복한 인생을 향해 열린 문 앞에서 서성거리는 것을 그만두는 것이 좋다. 당신은 그 문 안에 들어가기를 소망하면서도, 또 그곳에 가지고 들어가는 데 걸맞지 않은 것을 잘 알고 있으면서도 문 밖에서 그것들을 버릴 결심이 서지 않은 것이다.*¹⁵ 그렇다면 수많은 선조들과 마찬가지로 벗어날 수 없는 이 세상의 비참함을 탄식하고, 그때까지 원했던 이상을 하다 못해 잠시라도 잊기 위해 또다시 향락 속으로 뛰어드는 것이 좋다. 그러나 스스로 자신의 의지를 더 나은 것에 바치는 사람들에게는 이미 고대 이스라엘의 예언자가 말한 것처럼, 슬픔의 영 대신 머지않아 혼의 기쁨이 주어지고, 또 그들이 버린 모든 것에 대해 풍요로운 보상이 주어진다. "다시는 네 해가 지지 아니하며 네 달이 물러가지 아니할 것은 여호와가 네 영원한 빛이 되고 네 슬픔의 날이 끝날 것임이라."*¹⁶

마지막으로, 다음과 같은 것은 주의해야 한다.

뛰어난 그리스도교 신자조차 자신의 신앙에 대해 충분한 자신감을 가질 수 없게 되고, 일찍이 경험한 혼의 고양을 모두 공상(오늘날의 표현을 빌리면 자기 암시)이라고 해석하지 않을 수 없는 기분이, 세월이 지나도 여전히 가끔 나타나는 경우가 있다. 어디서 그런 기분이 일어나는지 하나하나 자세하게 알 수는 없다. 그러나 일반적으로는 자신의 생활 원칙을 무언가의 의미에서 어긴 결과이거나, 아니면 완전히 자신과 다른 생활을 하고 있는 사람들과 너무 깊게 교제한 결과이다. 어느 누구도 그런 기분에 절대 빠지지 않을 거라는 보장은 없다. 사도들에게도 그런 보장은 없었고, 그리스도의 생애에도 유혹의 사건이 있었으며 또 외적인 파국이 다가오기 직전에 지레 항복하는 일도 있었다. 이 항복은 분명히 일반적인 죽음의 공포로는 설명할 수 없다. 오히려 자신의 사명은 이제 이렇게 끝나지 않을 수 없지만, 그에 대한 자신의 신뢰는 과연 진실한 근거를 가지고 있는 것인가 하는 의문이 싹트기 시작했다고 해석해야 할 것이다.

이러한 때, 흔들리는 혼을 그 위기에서 구원해주는 것은 누구일까? 아마 사람들은 이렇게 말하리라. "그것은 하느님의 말씀과 약속이다. 이것이야말로 변하기 쉬운 자신의 감정보다 더욱 믿을 만한 것이다"라고. 분명히 그것은 사실

---

*15 마태복음 7장 13·14절, 창세기 35장 2절.
*16 이사야서 60장 20절, 61장 1~3절.

이다. 그러나 하느님의 말씀을 이해하려면 어떤 힘이 필요한데, 바로 현재 그것이 빠져 있는 것이다. 이러한 때 도움이 되는 것은 혼이 일찍이 맛보았고, 지금도 여전히 똑똑히 느끼고 있는 행복감과 현재 통감하고 있는 불만스러운 상태의 감정을 비교해보는 것이다. 그렇게 하면, '마음의 방향이 바뀌어', 이윽고 "주여 영생의 말씀이 주께 있사오니 우리가 누구에게로 가오리까"[17]라는 말, 또는 그것과 비슷한 말이 저절로 새어나올 것이다. 이 세상의 어떠한 '현실'이 이 힘과 기쁨과 행복의 깊은 실감보다 나을 것인가? 힘보다 더 '실재적'인 것이 과연 있을까? 그리고 인간이 힘을 필요로 할 때 주지 않고, 오히려 인간을 저버리고 절망으로 내모는 이론적 사상체계에 어떤 가치가 있단 말인가?[18]

　이상의 사실은 철저한 속인이 이러한 힘을 직접 경험한 경우에 느끼는 일이 종종 있다. 그러나 그들은 역시 그 자리에서 결단을 내려 그 번거로운 실제적 느낌을 뿌리치고, 자신의 길을 계속 걸어간다. 왜냐하면 그들은 무엇보다 자신이 지금까지 살아온 세계와 전혀 다른 세계에 실제로 자신을 맞추지 않으면 안 된다는 것을 잘 알고 있기 때문이다. 게다가 그것은 그들에게 가장 어려운 '마음의 겸허'라는 문을 들어가야 비로소 실현할 수 있는 일이다.[19] 왜냐하면 누가 뭐라 해도 보통 그 문이 진정한 행복에 도달하는 출발점이기 때문이다.

*　*　*

"내 가슴에는 끊임없이
악마가 태어나, 교란하고 미쳐 날뛰고 있나이다—
은혜로우신 주여, 저희를 당신의 길로 인도하시고
아, '용서한다'는 말씀을 내려주소서.

교만한 자에게 귀 기울이지 마옵소서,
주께서는 다만 인간의 나약함만을 아십니다.
회개한 사람의 무리는 기다리나이다,
자애로우신 주여, '용서한다'는 사랑의 목소리를.

---

*17 요한복음 6장 68절, 누가복음 7장 24~26절.
*18 시편 18장 30~32절.
*19 《신곡》 연옥편 제9곡.

불쾌한 자여, 침묵하라.
죄악에서 구원하는 자, 그 비원을 걸어,
사람의 영을 지배하시는 자께서
'용서한다'는 은혜의 말씀을 내리시려 하나니.

근원의 힘이여, 줄기에서 가지로 오르소서,
그러면 아름다운 꽃 피리니.
죄악이여, 사라져라. 아득히 높은 하늘에서
용서의 가락 감미롭게 울려 퍼져라.

오, 은혜를 주고 죄를 용서하시는 자여,
저희의 노래는 당신 곁으로
높이 올라가나이다. 기도의 합창에 화답하여
'용서한다'는 말씀을 내려주소서.

불타오르는 우리의 정염을
성난 폭포 속 깊이 던져 넣어
그 불꽃이 사라지게 하소서.
'용서한다'는 사랑의 말 한마디 내려주소서.

그 옛날의 백성 가운데
당신은 가난한 자들을 지켜주셨나이다.
그 백성은 고난에 지쳐
찢어질 듯 고통스러운 마음으로 용서를 기도하나이다.

저희는 소리 높이 기도하지 않고
겁에 질린 고백도 즐기지 않고
남몰래 탄식하노니—용서하소서,
이처럼 상처 입은 마음에, 용서를 내려주소서, 하고.

헤아려주소서, 저희의 공포를
저희의 얼굴에 타오르는 후회와 수치.
죄를 보지 않으시고 비통을 위로하신다면, 자비롭게
'용서한다'는 말씀을 내려주소서.

저희를 구원하여 소망을 이뤄주시고
젖은 눈의 눈물을 보시옵소서.
끝없이 계속되는 이 무거운 짐.
아, 저주의 운명을 제거하고, ─용서를.

흘러가는 구름처럼 재빨리
당신의 백성으로부터 제거하소서.
죄악과 불행을. 새로운 생명을 주시고,
내려주소서, 용서를."*20

---

*20 12세기 유대교의 '성자' 욤토프 벤 이자크의 회개의 기도. 그는 가장 이름 높은 토세피스트
《탈무드》의 주석자로 자신의 주석을 '부록'이라 부르는 사람들)의 한 사람이다. 요크의 유대
인 박해에 의해 1190년에 사망한 것으로 추정된다. 그의 작품으로 7편의 시가 알려져 있
다. 여기에 인용한 독어역은 헬라 편(編)《진정한 히브리 노래의 가락》(트릴, 1893년)에서 발
췌했다.

신앙이란 무엇인가

이것은 오늘날 다시 진지하게 문제가 되고 있다.[*1] 그것은 나면서부터 좋은 성질을 가지고 태어난 수많은 사람들이 신앙에 대해 잘못된 관념을 품고, 그로 인해 그들의 가장 깊은 요구에 응해줄 종교로부터 멀어졌기 때문만은 아니다. 수많은 사람들이 오로지 그들이 제멋대로 이해한 신앙 때문에 진정한 신앙에서 멀리 떠났으며, 더욱이 신앙을 가지고 싶어도 그것을 올바르게 파악할 수 없는 사람들의 경우보다 더 멀어진 실정 때문이기도 하다.

1

우선, 이런 말을 하는 사람들이 있다. 우리는 믿음이라는 것을 가질 수 없다. 현대인, 적어도 지식인과 학자에게 더 이상 그런 요구는 도저히 할 수 없다. 납득이 가는 합리적인 근거를 가지고, 이를테면 하느님이 존재한다는 것과 그리스도가 평범한 인간이 아니었다는 것을 증명해야 한다. 그렇게 하면 믿을지 모르지만 그렇지 않으면 믿을 수 없다는 것이다.

그런 말에 대해서 만약 믿음이 자연과학적 또는 철학적으로 증명될 수 있는 것이라면, 굳이 믿을 필요가 없다고 대답할 수 있다. 사실 그러한 증명은 이미 수없이 시도되었지만 끝내 결실을 거두지 못했다. 그런 일을 한다 해도 설득당하고 싶어하지 않는 자는 설득할 수가 없는 것이다.

이에 반해, 어떤 학문이라도 그것이 성실하다면 적어도 다음과 같은 가능성은 인정하지 않을 수 없을 것이다. 즉, 우리의 시간과 공간의 표상도 단순한 표

[*1] 이 논문은 원래 교양 있는 남녀들의 작은 모임에서 이루어진 강연 내용이며, 그 덕택에 여기에 그 형태가 남아 있다. 이 설교투의 강연의 근거가 된 성구(聖句)는 고린도전서 2장 5~14절이다. 그러나 그것과 관련하여 사도 바울이 같은 편지의 뒤쪽(15장 19절)에서 한 말을 문자 그대로 받아들여서는 안 된다. 또한 에스겔서 18장 31, 32절 및 로버트슨의 《설교집》(원서 제2권 97쪽)도 참조하기 바란다.

상에 지나지 않으며, 그 표상 외에 뭔가 존재할 수 있다는 사실이다. 즉, 그것은 인간의 정신이 보통의 인식 과정으로는 파악할 수 없는 것이다. 바꿔 말하면, 그것은 과학에 있어서 인식할 수 있는 것, 증명할 수 있는 것으로는 존재할 수 없지만 그럼에도 실제로는 존재할 수 있다. 한쪽이 다른 한쪽을 절대로 배제하는 것은 아니다.

그러나 문제의 어려움은 거기에만 있지 않다. 이 세상에 신앙이 부족한 것은 아니다. 세상 사람들은 자신에게 유리하거나 믿기 쉬운 핑계거리만 있으면 어떤 공상가의 말도 쉽사리 믿어버린다. 극히 최근까지 현세기의 가장 높은 교육을 받은 수많은 남녀들이 스스로는 음미할 수도 없으면서 소수 자연과학자들의 단순한 단언을 토대로 이렇게 믿고 있었다. 우리 인간은 모두 원숭이에서 유래했으며, 현재 원숭이와 인간 사이의 중간종은 멸종해버렸다고 말이다.

또 오늘날에도 역시 많은 사람들이 광기에 빠진 한 남자(니체)의 갈피를 잡을 수 없는 신의 계시를 믿고 있다. 그의 사상의 기괴한 비약을 보면, 그가 병적 소질을 가지고 있었다는 것을 이성이 있는 사람이라면 누구라도 추측할 수 있을 것이다.

그런데 세상 사람들은 어떤 말이라도 그 결론이 자신들에게 유리한 것이면 뭐든지 닥치는 대로 새로운 설을 믿는다.

그러므로 우선 중요한 것은 믿고자 하는 의지이다. 거기서부터 신앙이 시작된다.[2] 그런 의지가 있으면 신앙은 쉽게, 그리고 저절로 성장한다. 그렇지 않으면 신앙은 찾아내기 어렵고, 또 거의 가르칠 수도 없다.

그래서 그리스도도 확실히 이렇게 말했다. "사람이 하느님의 뜻을 행하려 하면 이 교훈이 하느님께로부터 왔는지 내가 스스로 말함인지 알리라."[3]

실제로 시험해 봐도 좋다(이해하고 싶어하는 사람에게는, 그렇게 말하지 않으면 안 된다). 잠시 정말이라고 생각하고 실천해 보라고. 지금까지 참으로 많은 진리가 오로지 이러한 가설의 설정과 실험 방법에 의해 발견되었다.

그러나 다른 모든 영역에서 적절한 방법으로 인정받고 있는 것을 이 종교의 영역에서는 실천하고 싶지 않다고 한다면, 그것은 당신에게 믿는 능력이 부족한 것이 아니라 믿고 싶은 의지가 없는 것이다. 당신과 더 이상 신앙에 대해 애

*2 마가복음 9장 23·24절.
*3 요한복음 7장 17절, 9장 25절.

기하는 것은 쓸데없는 일이다. 그럴 마음이 없는 자의 마음을 바꾸려고 하는 헛된 수고를 나에게 요구하지 말기 바란다.

그렇지 않아도 그리스도교는 이미 오래전에 너무나 단순한 '교의(教義)'로 타락해버려, 많은 사람들이 그리스도교의 참 능력을 보지 못했기 때문에, 더이상 교의에 귀를 기울이려고 하지도 않는다. 인간은 귀에 들리는 것보다 눈에 보이는 것을 믿기 때문이다.

그러나 다행히도 이제 또 다시 이 문제가 전과는 다르게 다루어지고 있어, 다음과 같이 말할 수 있는 시대가 찾아올지도 모른다. 즉, 당신들은 불신(不信)의 결과를 매일같이 생생하게 목격하고 있지만, 이제부터는 신앙의 성과도 보여주고 싶다고 말이다.

바로 이러한 신앙의 성과가 고대와 그 멸망한 신화에 대해 그리스도교가 승리한 원인이고, 후세에서는 세속화한 교회에 대해 '하느님의 친구'나 종교개혁, 그리고 원래의 경건주의, 동포교단, 퀘이커, 나아가 현재에는 구세군이 성공을 거둔 이유이기도 하다. 이들은 말하자면 역이용 전법을 취했다. 즉, 교의가 아니라 실천으로 시작한 것이다. 그리하여 세상 사람들은 그리스도교를 다시 믿게 되었다.

이 사실은 세상이 지속되는 한 영원히 변하지 않을 것이다. 실천적 그리스도교는 말한다. '올바르게 실천하라. 그러면 머지않아 신앙을 얻을 수 있을 것이다. 먼저 듣고 따르라, 그러면 볼 것이다.' 이에 반해 교리적 신학은 이렇게 말한다. '먼저 올바른 교의를 믿어라. 그러면 그것을 따라 실천할 수 있을 것이다.' 그리고 합리주의자는 이렇게 말한다. '먼저 이성적으로 이해하라. 그러면 믿고 그것에 따라 실천할 것이다. 만약 그것이 자신의 성향에 맞으면.'

행복에 도달하는 이 세 길 가운데, 당신은 시험삼아 자신이 걸어가고 싶은 길을 선택하면 된다. 그러나 내 생각으로는 첫 번째 길을 선택하는 경우에만 신속하게 목적지에 도달할 수 있을 것이다. 먼저 당신이 믿을 수 있는 것을 실천하는 것이 좋다. 그것도 어디까지나 빈틈없이 성실하게. 그런 다음 가끔씩 앞으로 작은 한 걸음을 내딛도록 하라. 단 그 경우, 전보다 상태가 좋든 나쁘든 상관하지 말고 행동으로 시험하라. 그러면 머지않아 신앙에 도달할 수 있지만, 그렇지 않으면 끝내 신앙은 얻을 수 없다.

2

이와 같이 신앙은 인생에서 한순간에 얻을 수 있는 것이 아니다. 신앙의 시작은 갑작스럽게 찾아올 수 있지만, 그것을 완전히 내 것으로 하는 것은 갑자기 되지 않는다.

신앙은 상속할 수 없고, 대학에서의 연구로 습득할 수도 없다. 또 어릴 때부터 학교에서 신앙문답으로 가르칠 수 있는 것도 아니다. 신앙은 오히려 인간의 입장에서 말한다면, 신앙이든 불신이든 어느 한 쪽으로 실제로 겪은 경험의 순수한 성과이다.

인간은 신앙을 가지는 것이 옳다는 것, 그리고 불신보다 신앙을 가지는 편이 행복하다는 것을 스스로 경험을 통해 알지 않으면 안 된다. 그것도 오랫동안에 걸쳐 고통을 겪으면서 말이다. 이러한 경험을 통해서만 단순히 표면적인 신앙 고백이 아니라 확고한 신앙과 진정한 확신이 태어난다.

이렇게 자신의 인생경험을 통해 신앙으로 인도된 자는 역사 속에도 다음과 같은 사실이 있는 것을 쉽게 발견할 수 있을 것이다. 인류에게 영속적인 영향을 미친 위대한 영웅은 대개 눈에 보이지 않는 무언가를 굳게 믿었던 사람들이며, 이에 반해 다른 사람들은 그들과 비슷하거나 그 이상의 재능을 가지고도 그다지 영속적인 의의를 가질 수 없었음을 말이다. 그것은 누가 뭐라 해도 신앙은 항상 하나의 힘이었고, 또 앞으로도 그러할 것이기 때문이다.

모세, 바울, 아시시의 프란체스코, 루터, 웨슬리 등(원한다면, 굉장히 독특하고 비판의 여지가 큰 신앙인, 이를테면 마호메트와 이그나티우스 로욜라도 거기에 넣어도 무방하다) 이들은 하나의 힘이며 영속적인 것을 창조한 인물들이다. 그들은 수백 년이 지나도 잊혀지지 않을 것이지만, 그때쯤이면 샤프츠베리, 볼테르, 포이어바흐, 니체 같은 사람들은 문학사 밖에서는 아무도 관심을 기울이지 않을 것이다.

실제로 신앙의 종류와 단계는 현재로서는 문제가 되지 않는다. 현대의 무신앙의 대표자와 우리가 근본적으로 다른 점은, 다음과 같은 우리의 주장에 있다. 즉, 인간이 일반적으로 인간적인 이기주의밖에 모르고, 특히 자기 자신의 동물적인 천성밖에 모르는 경우보다, 설사 대상을 잘못 이해한 신앙이나 극히 저급한 종류의 신앙이라도 역시 신앙을 가지는 편이 인간에게는 더 좋으며,

그 정신적 발달을 통해 많은 희망을 가질 수 있다는 것이다.

이 수수께끼 같은 인생을 헤쳐 나가는 데 길은 네 가지밖에 없다. 바로 숙명론, 극기주의, 이기주의, 신앙이 그것이다.

우리는 모두(혹은 의식하면서, 혹은 자신도 모르는 사이에) 위의 네 길 중 어느 한 길을 걸어가지만 그 결과는 각각 다르다.

첫 번째 길은 사람을 둔감하게 만들고, 두 번째 길은 냉혹하게 만들며, 세 번째 길은 사악하게 만든다. 오직 네 번째 길만이 사람을 가능한 한 선량하게 하고 또 행복하게 해줄 수 있다.

그렇지만 그것을 충분히 알고 있는 경우에도 올바른 신앙을 붙들고 언제나 굳게 지키는 것은 쉽지 않다. 그렇지 않다고 말할 수 있는 사람은 아무도 없을 것이다. 신앙에 있어 내적 모순도 없고, 인위적인 버팀목도 필요 없을 정도로 진정한 확신에 도달한 사람들도, 역시 그렇게 느낄 것이다.

3

'그렇다면 도대체 무엇을 믿으란 말인가' 하고 당신은 물을 것이다.

먼저 선을 믿어야 한다. 이 세상에는 선한 것이 존재한다는 것, 그리고 그것은 악에 대해 승리를 거두는 힘을 가지고 있다는 것을 믿어야 한다. 악의 힘과 영향은 항상 한정되어 있고 극복될 수 있는 것, 아니 원리적으로는 이미 극복된 것이라는 사실을 믿지 않으면 안 된다. 따라서 악(惡)이 아니라 선(善)에 봉사하려고 결심해야 하며 거기서 진정한 신앙은 시작된다.

신앙이 거기서 출발하지 않는 경우는 단순한 교의 형태의 신앙에 머물기 쉬우며, 실생활에서 진정한 의의를 가지지 않는다. 그러한 신앙을 가지고 있으면서도 한편으로 이 세상의 영에 충성을 바치는 것도 가능하다.

이와 같이 '선을 믿는 사람들'이야말로, 단적으로 말해 현대의 큰 교회이며, 이들이 굳게 단결하여 악에 봉사하는 자들에게 대항해야 할 것이다. 또, 설사 이러한 신앙의 제1단계에 머무른다 해도, 그 때문에 이 사람이 구원받지 못할 거라고는 말할 수 없다.*4 물론 이렇게 말했다 해서 우리가 이제부터 말하려 하는 것과 모순되는 것은 아니다.

---

*4 누가복음 9장 50절.

그러나 이 단계에 머무르는 것은 자연스럽지 않다. 오히려 그것을 진지하게 생각하고 또 자신에 대해 진지하게 생각하는 사람이라면, 괴로운 경험을 수 없이 거친 뒤 자신의 내부에는 그것을 실천할 힘이 부족하다는 것을 느끼게 된다.

그렇게 되면 아마 그는 선을 실천하는 힘을 기르기 위해 여러 가지 조치를 취할 것이다. 유명한 철학서와 윤리서를 읽고 도덕적인 단체나 인도주의적 또는 사회적인 결사를 만들어 뜻을 같이하는 사람을 찾는다. 그러나 동료들도 자신과 같은 단계에 있다면 아무도 그에게 힘을 빌려 줄 수 없을 것이다. 왜냐하면 힘이 없는 자들뿐이라면 아무리 수가 많다 해도 거기서는 결코 힘이 나오지 않기 때문이다.

그 다음에 오는 것이 영웅숭배이다. 이것은 자기보다 위대한 사람들에게 의지하는 것으로, 근대에서는 특히 칼라일이 이를 주창했다. 영웅숭배는 분명히 신앙의 길에서 진보를 보여주는 것이기는 하지만, 그것도 충분한 힘을 주지는 않는다. 왜냐하면 스스로 정신적으로 뛰어난 인간이 될 소질을 내면에 갖추고 있는 경우, 그러한 반신(半神)들인 영웅은 언제까지나 그에게 만족을 주지는 못할 것이고, 그렇지 않으면 끝내 영웅들을 따라가지 못하기 때문에 점차 숭배할 기력을 잃어버리기 때문이다. 따라서 영웅숭배는 회의주의로 끝나거나 아니면 완전히 제자리로 돌아갈 확률이 높은 길이다.

만약 순조롭게 나아간다면 이윽고 신에 대한 신앙에 도달하고 마지막에는 그리스도에 대한 신앙을 얻을 수 있다. 때때로 우리의 종교 교육은 먼저 그리스도를 믿어야 한다는, 원래와는 반대되는 길을 취하기 쉬운데, 그리스도는 그렇게 가르치지 않았다. 그리스도는 누군가가 아직 그리스도를 믿지 않는다고 말해도 한동안은 용서할 수 있는 것으로 했다. 그러나 선을 근본원리로, 즉 선의 성령 자체를 사실로, 또 힘으로 믿으려 하지 않는 사람, 나아가서 이 성령에 대해 원리적으로 반항하는 사람은, 그리스도의 말에 의하면 영원히 용서받을 수 없다.

위에서 말한 것에 비하면, 그 밖의 것은 그다지 중요하지 않다. 우리는 안심하고 이렇게 말할 수 있다. 그리스도 교회의 엄숙한 신앙개조 자체(모든 신도를 이어주는 유일한 것)도 설사 우리의 비난과 공격을 받는 정도는 아니라 하더라도, 일부를 삭제한다고 그리스도교가 멸망하는 일은 없을 것이라고 말이다.

그리스도교 신앙의 중심은 그리스도의 부활이다. 하느님을 믿는 것은 그나마 비교적 쉬운 편이다. 하느님은 근본적으로 전혀 파악할 수 없는 것, 생각할 수 없는 것이므로 여러 가지로 상상할 수 있다. 그리스도가 말한 것처럼 하나의 '영'이며, 어떠한 방법으로도 결코 정의할 수 없는 것이다.

이에 반해 그리스도는 의심할 여지없는 역사상의 인물이며, 영이 아니다. 또 이 인물은 다른 역사적 인격과 인간의 본성에 대한 우리의 일반적인 관념과는 일치하지 않는 비범한 존재이다.

당시의 유대인뿐만 아니라 현대인들 역시 벽에 부딪치게 되는 것이 바로 이 점이다. 또 대부분의 그리스도교 신자와 설교자조차 이른바 '그리스도론'이라는, 듣기에 그럴듯한 모든 학문적 언어를 구사하여 발뺌하려 해도, 매끄럽게 돌아가기 어려운 급격한 전환점이다.

그리고 이 경우(더욱 자세히 관찰하면) 그들이 피하고 싶어하는 것은 '하느님의 아들 그리스도'가 아니다. 이 말도 경우에 따라서는 여러 가지 해석을 내릴 수 있는 표현에 지나지 않는다. 특히 하느님이 영인 이상, 이 영이 깃든 자(이것은 있을 수 있고, 또 없어서는 안 된다)는 누구든지 당연히 하느님의 아들, 또는 오늘날의 더 겸손한 표현을 빌리면, '하느님의 자녀'로 불려도 상관없다. 더욱이 그리스도도 어떤 때는 구약성서 속에서 믿음 깊은 사람들이 '신'으로 불리고 있는 부분을 인용하기도 했다.*5

그러나 부활이라는 명백한 역사적 사실, 처음에는 일정한 수의 사람들이, 아니 5백 명이 넘는 사람들이 동시에 보았다고 주장하는*6 이 사실은 후세 사람들의 신앙에 부여된 지극히 엄중한 요구로, 아무리 머리를 굴려 해석의 수단을 준비해도 회피할 수는 없다. 따라서 오늘날에도 그리스도를 믿는다고 주장하는 대부분의 사람들이 이 문제에서 못마땅한 얼굴을 하며 신앙의 걸음을 멈춘 뒤 결국 원래의 자리로 돌아가는 것이다.

더욱이 이 역사적 사실이 원래 그리스도교의 모든 것이었다. 사도들에게 있어 그리스도가 십자가에 못 박혀 무덤에 묻힌 채 끝났다면, 그들은 그리스도교를 세상에 전할 용기를 가지지 못했을 것이다.

사도행전의 도입부에서 명료하게 엿볼 수 있듯이, 완전히 비현실적인 이 사

---

*5 요한복음 10장 34~36절.
*6 고린도전서 15장 6절.

실을 직접 가까이에서 경험한 것이 사도들에게 유대교의 사제제도에 대항하여 일어설 용기를 주었던 것이다. 또 처음에는 그들의 독특한 가르침이라는 것도 사실 이 부활을 전하는 것 말고는 없었고, 그 밖의 면에서는 그들도 단순히 유대교도로 있고 싶어했다.

부활에 대한 문제를 접어두고 생각한다면, 십자가에 못 박혀 죽고 그냥 묻혔을 뿐인 '하느님의 아들'이 우리에게 무슨 도움이 될 것인가? 그런 것이라면 아무도 믿지 않을 것이다. 반대로 부활이라는 사실에서 그리스도를 하느님의 아들로 결론짓는 것은 논리적으로 아주 일관된 추리이다. 만약 부활이 진실이 아니라면, 그리스도교는 오류나 착각(5백 명 이상의 사람들에게 동시에 그런 착각이 일어난다는 건 도저히 생각할 수 없는 일이다)을 근거로 한 것일 뿐만 아니라, 그야말로 거짓 위에 서게 된다. 왜냐하면 제자들 가운데 누군가가 그리스도의 시신이 어디로 운반되었는지 알고 있으면서 비밀로 한 것이 틀림없기 때문이다. 그러한 종교라면 나도 버리고 말 것이다. 또 이 세상에서 진리를 지키시는 하느님에 대한 신앙도 당연히 버리게 된다. 만약 그리스도가 굴욕에 찬 죽음을 당한 데다 올바른 심판을 내리는 하느님의 힘이 전혀 나타나지 않고 끝났다면, 누구도 그리스도와 같은 길을 걷고, 또 모든 것에 그리스도를 모범으로 삼을(이것만이 그리스도교이며, 그리스도를 모방하는 의미이다) 용기를 잃을 것이다. 그렇게 되면, 악이 승리를 거두어 이 세상에서 최고의 힘이 악이라는 것을 증명하게 된다. 인간은 악의 힘과 순순히 타협하고, 하느님을 해고하지 않을 수 없다.

따라서 부활이야말로 오늘날에도 진심으로 그리스도를 인식하고 안 하고를 판별하는 기준이며, 요한일서 4장의 "그리스도께서 육체로 오신 것"이 그 판별 기준이 아니다. 이것은 참으로 여러 가지 의미로 이해하고 해석할 수 있는 말이다. 그리고 개인적인 생각을 말한다면, 때때로 감탄의 대상이 된 요한복음의 서두 부분도 나에게는 결코 객관적인 진리라는 인상을 주지 않는다. 나의 견해로는 객관적인 진리는 언제나 역사적인 것이다.

하느님을 믿고, 그리스도를 믿고, 눈에 보이는 세계와 그 질서 밖에 존재하는 눈에 보이지 않는 세계와 그 질서를 믿는 것은, 처음에는 언제나 하나의 결의(決意)에서 시작된다. 그것은 사람에 따라서는 거의 절망적인 행위인 경우도 드물지 않다. 그러한 경탄할 만한 일의 진실성과 필연성에 대해 철학적으로 납득할 수 있을 때까지 기다릴 생각이라면, 결코 신앙에 도달할 수 없다. 그보다 오히려 단순한 우연에 지배되는 세계가 무(無)에서 현재의 완전(完全)에 이르기까지 발전해왔다는 것의 불가능성에 대해, 또 마찬가지로 인간처럼 높은 재능을 부여받은 자가 본래 무의미한 존재를 잠시 계속하기 위해 창조되었다가 영원한 허무 속에 구원도 없이 가라 앉아버린다는 것의 모순에 대해 부정적인 신념에 도달하는 편이 쉬울 것이다. 이미 수십억에 이르는 이성을 가진 인간이 한순간의 기쁨도 경험하지 못한 채 절망 속에 멸망해 버렸지만, 이러한 세계의 불쾌함은 누구의 마음에도 강하게 남아 있을 것이 틀림없다. 이러한 사실로부터 눈을 가리고 어깨를 한번 으쓱한 뒤 못 본 척 지나치면서, 한순간의 짧은 생명을, 하다못해 세상에서 말하는 것처럼 가능한 한 향락함으로써 만족하고 있는 사람이 아닌 한 말이다. 또 마찬가지로 하느님 질서의 신앙을 토대로 하는 이상주의적 세계관과는 반대로, 이 순전한 유물주의적 세계관이 지상의 모든 민족에게 어떠한 결과를 가져다 주었는지는, 역사에 조금만 밝은 사람이라면 쉽게 이해할 수 있을 것이다.

특별히 좋은 환경과 풍부한 소질을 가진 소수의 사람만이 유년시절의 신앙을 그대로 유지하며, 자신도 모르는 사이에 성인의 굳은 신앙으로 자라간다. 그러나 이러한 사람들도 먼 훗날 그때까지 안락했던 인생 행로에서 갑자기 사자(獅子)를 만나는 일이 종종 있다. 그런 일이 일어나지 않는 경우는 그들이 그 시련을 견딜 수 없을 거라는 이유에서, 하느님이 은총을 베풀어 위험에서 구해주신 것에 지나지 않는다. 그러나 그 사람들이 '어린이의 천국' 이외의 곳에 갈 수 있을 거라고는 도저히 상상할 수 없다. 다시 말해 그들은 자주적인 신앙에 도달하기 위해 반드시 필요한 시련을 나중에라도 받지 않으면 안 되는 것이다.

여기에 부언해 두고 싶은 것은 부활하여 계속 살아가는 그리스도에 대한 신앙도, 개인적으로는 행복을 주고 구원으로 이끄는 것이지만, 반드시 더 나은 신앙은 아니라는 점이다.

그리스도가 가지고 있었던 신앙, 즉 그리스도가 산도 옮길 수 있고 어떤 일도 할 수 있다고 말했던 강한 신앙은 나면서부터 가지고 있던 이기심을 버리고, 자신의 의지를 남김없이 하느님께 맡김으로써만 얻을 수 있다. 이것이 강한 신앙에 도달할 수 있는 유일한 길이다. 이 점에 대해 오해가 있어서는 안 된다.

이러한 신앙에 도달하는 것은 그리스도와 그 행위를 역사적으로 믿는 것보다 훨씬 어려운 일이다. 그 전에 먼저 진정한 죽음(자아의 죽음)이 없어서는 안 된다. 근대의 한 철학자(키에르케고르)가 참으로 적절한 말을 했다. 그리스도교는 분명히 나중에는 지극히 아름답고 부드럽지만, 그러한 진정한 죽음 직전에는 그렇지 않았다고. 거기서는 오히려 괴롭고 엄격하며, 많은 용기가 필요하다. 스스로 그리스도 교도로 자칭하고, 또 실제로 그렇게 자칭해도 무방한 많은 사람들이 하느님의 인도로 이러한 더 나은 신앙에 도달하는 것을 허락받지 못하고, 이 세상에서 한번도 그런 신앙을 모르는 채 끝나는 일이 있다. 그런 사람들은 언젠가 나중의 세상에서 거꾸로 돌아와 현재 가지고 있는 신앙마저 잃을 것이다.

4

신앙의 문제에 대한 애기는 여기서 끝내고, 신앙이 진보하는 각 단계에서 그것을 방해하는 몇 가지 장애에 대해 애기해보자.

우선, 신앙을 방해하는 것은 앞에서도 말했듯이 신앙을 가지지 않은 사람들의 뛰어난 지성이 아니다. 그런 이유만이라면 사람들은 얼마든지 신앙을 가질 수 있다.

또, 신앙의 대상이 단순히 믿기 어렵다는 점에만 있는 것도 아니다. 사람들은 그리스도교의 진리보다 더 알지 못하며 진실 같지 않은 것을 수없이 믿고 있다. 뭔가를, 아니 많은 것을 믿지 않으면 살아가기 힘들고, 사람들과 교제하고 인간사를 처리하는 것도 불가능할 것이다.

오히려 신앙의 첫 번째 장애는 보통 불합리한 교육에 있다. 교사들은 어린이들이 아직 스스로 경험하기도 전에, 그럴듯한 말만 들려주고 신앙을 가질 것을 요구한다. 더욱이 교사들 자신은 신앙을 가지고 있지 않거나 진정한 신앙심이 없기 때문에, 어린이들로부터 진정한 신뢰를 전혀 받지 못하고 있다. 어린이들은 그러한 거짓을 느낄 수 있는 어떤 본능적인 직감력을 가지고 있다. 그 경험이 세월이 흘러도 계속 신앙을 방해하는 경우가 많다.

두 번째로 큰 장애는 신앙에 걸맞지 않은 생활이다. 만약 생활이 그리스도교의 가르침에 합당한 것이라면, 설사 그것이 의지뿐이고 아직 여러 가지 취

약점이 남아 있다 해도, 보통의 생활에서는 참으로 어려운 신앙이 저절로 성장해 간다.

생활이 수반되지 않은 신앙이 진짜가 아니라는 것은 신앙을 부정하는 사람도 인정하고 있다. 그들은 신앙에 합당한 생활을 하고 싶지 않기 때문에, 또는 그러한 생활이 불가능하다고 생각하기 때문에 차라리 신앙 자체를 버리는 것이다. 이것이 그들이 믿지 못하는 주요 원인이다.

왜냐하면 신앙이라는 것은(이 점에 유의해주기 바라는데) 한편으로는 스스로 시험하여 그 진리를 점차 경험할 수 있고 또 그것이 필요하기도 하지만, 다른 한편으로는 처음부터 무조건적이 아니면 안 되기 때문이다. 즉, 신앙에 대해 이른바 타협을 하거나 시험까지 하면서 만약 이러이러한 것을 성취해 보이면 믿겠다고 해서는 안 된다.

대부분의 사람들은 자신이 기대하는 하느님의 도움에 대해서도 참으로 명확한 형태로 공상을 한다. 그리고 하느님의 도움이 자기가 예상한 대로 나타나지 않을 때는 아무런 이유도 없이 절망에 빠진다. 때로는 그 도움이 이미 주어져 있는데도 절망하는 사람도 있다.

한 점의 흐림도 없는 진정한 신앙은 불이 타오르고 있는 화로 속에 내던져진 다니엘을 비롯한 세 사람의 신앙 외에는 없다. 그들은 이렇게 말했다. "하느님은 어떠한 방식으로든 우리를 구원하실 수 있습니다. 설령 하느님이 그렇게 하지 않으신다 해도 우리는 이 세상의 황금상을 숭배하지 않겠습니다."

이러한 신앙을 얻을 수 있다면(분명 이렇게 말할 수 있다) 어떠한 생활이든, 이를테면 가장 단순한 생활 속에서도 놀라운 일을 수없이 체험하게 되어, 머지않아 눈에 보이지 않는 세계도 의심할 여지없이 확고한 것이 된다.

신앙의 장애 가운데 가장 흔하게 볼 수 있는 것은 탐욕과 일반적인 고민, 소유욕, 명예심이다. 이 모든 것이 전능한 하느님과 하느님의 수호를 믿는 진정한 신앙과는 거의 정반대의 성향에서 나오는 것이기 때문이다. 그러므로 어떤 종교가 금전과 재물과 명성을 지나치게 중시하는 것을 보면, 그 사람이 아무리 그와 반대되는 내용의 설교를 하더라도, 그 신앙이 아직 허약하고 불확실한 것으로 단정해도 좋다.

때때로 불신은 인간이 알 수 없고 또 알아서는 안 되는 사항, 이를테면 세상의 종말이나 내세(來世)의 모습, 만물의 부활 등에 대해 무턱대고 연구와 집착을 거듭하기 때문에 생기는 수도 있다. 이것은 종교상의 안일로 신앙의 영역에서도 역시 '안일은 모든 악덕의 시작'이다.

또는 종교적 향락벽에서 불신이 일어나는 경우도 있다. 이를테면 곳곳에 있는 온갖 종류의 교회와 집회에 시험 삼아 참석하며, 끊임없이 '믿음에 대한 위안'을 받으려고 한다. 처음부터 일에 대한 것은 안중에도 없다. 그러나 그리스도교 신앙은 오로지 활동적인 사람들을 위한 것이다. 늘 깊은 믿음에 잠기기 위해 모임을 찾아다니는 신사 숙녀를 만나더라도, 당신은 그런 사람들을 신뢰하지 않는 것이 좋다. 어떤 사람이라도 그런 생활을 오래 계속하면, 허식에 빠져 점차 정신생활의 알맹이를 잃게 되기 때문이다.

마찬가지로 어른이 되어서도 여전히 '어린아이 같은 신앙'을 가지고 있는 경우에도 나는 언제나 어떤 의혹을 느낀다. 지극히 뛰어난 사람들이 오히려 그 본질에서는 어린아이 같은 면을 계속 지니고 있기 쉽고, 또 신앙상의 사항에서는 현세의 우리는 어떤 의미에서 아직 어린아이이며, 내세에서 비로소 성년(成年)에 달한다는 것은 분명히 진실이다. 그럼에도 신앙은 원래 지극히 용감한 것이며, 그 용감함이 진짜라면 자연히 세상 사람들을 감탄시킬 것이고, 또 감탄시키지 않으면 안 된다. 결코 어린아이 같은 유치함이나 응석에 빠져서는 안 된다.

어떤 경우에는 학식도 신앙의 장애가 되는 수가 있다. 왜냐하면 학식은 인생의 중대한 문제를 단순히 학문적 연구대상으로 생각하기 때문이다. 그런 의미에서 그리스도도 하느님은 진리를 학문을 하는 자들에게는 숨기고 단순한 자들에게 밝혔다고 말했다. 이것은 학문을 하는 사람이 진정한 의미에서 단순해질 수 없다는 의미가 아니다. 오히려 어쭙잖은 학식을 가진 자가 완전한 학식을 갖춘 사람보다 훨씬 더 자신의 '학문'을 코에 걸고, 학문이라는 그럴듯한 말을 틈만 나면 함부로 입에 올리고 싶어하는 법이다. 현대에는 흔해 빠진 평범한 지식인보다 뛰어나게 총명한 사람들이 신앙에 접근하고 있다. 그래도 괴테가 《파우스트》에서 적절하게 말했듯이, 특히 신학에는 "숨겨진 독이 너무 많아서 대개 좋은 약과 구별하기가 어렵다."[7]

학문적으로 연구한다는 의미에서 하느님을 '인식하는' 것은 도저히 불가능

─────────────

*7 제1부, 1986~7행.

하다. 그러한 시도는 모두 공허한 공식으로 끝나고, 스스로 그것을 믿지 않으면 믿지 않을수록 더욱 기를 쓰고 남을 위압하려 한다. 그렇지 않으면 지나친 공상 때문에 자기 기만에 빠지기도 한다. 그러나 사람은 하느님을 사랑할 수는 있다. 그럼으로써 점차 하느님에 대해 완전한 확신을 얻고, 자신을 위해서는 더 이상의 확신은 필요하지 않게 된다. 그렇지만 원래 이것도 남이 가르쳐줄 수 없는 것으로, 각자 스스로 시험하여 체득(體得)하지 않으면 안 된다.

또 마지막으로 그리스도교 신앙을 단지 당파적 문제로만 생각하고, 모든 수단을 통해 이를 옹호하지 않으면 안 된다고 생각하고 있는 사람들이 있다. 그렇다고 해서, 이 사람들이 일반 세상 사람들보다 그리스도교를 더욱 엄밀하게 생각하고 있는 것은 아니다. 이와 같은 예는 오늘날에도 종종 볼 수 있으며, 또 우리 모두 이미 그러한 실례를 접하고 있다. 아마 이 종파(宗派) 근성이야말로 현대의 다수 사람들에게 신앙의 가장 큰 장애가 되고 있을 것이다.

진정한 그리스도교에 가장 적합한 자연적 성향은 태어나면서 갖추어진 건전한 양식이며, 그것이 다시 좋은 도덕교육에 의해 육성된 경우이다.

물론 그러한 성향과 교육과 아울러 생애의 어떤 단계에서, 사람에 따라서는 거의 느낄 수 없을 정도로 서서히, 또 다른 사람의 경우에는 놀랄 만큼 갑작스럽게 어떤 설명하기 힘든 현상이 일어나지 않으면 안 된다. 그것은 하느님의 은총, 소명, 구원, 성령의 부음이라고 부를 수 있는 것으로, 이것이 없으면 인간의 미덕과 지혜에도 항상 어딘가 변변치 못한 것이 따라다니고, 그것을 실제 이용할 때도 불안정을 면할 수 없다.

그러나 그것은 당신에게 그것을 원하는 의지가 있고, 또 그 의지를 하느님에게 맡긴다면 반드시 찾아오게 마련이다. 이것은 확신해도 좋다. 그 뒤에는 하느님이 지극히 개성적인 인간의 정신을 참으로 세세한 점에 이르기까지, 바로 그 사람의 올바른 진보에 가장 도움이 되는 길을 선택하여 이끌어주신다. 어떠한 총명함도 이보다 나은 길을 찾아낼 수는 없다.

만약 그러한 은총이 없을 경우, 그리스도 교도라 해도 실생활에서는 세속 사람들과 전혀 다르지 않다는 것은 우리가 매일 보고 있는 그대로이다. 그뿐 아니라 세속 사람들 중에는 훨씬 솔직하고 친절한 사람이 많이 있어, 오히려 그들과 교제하고 싶을 정도이다.

더욱이 그러한 그리스도 교도는 살아 있는 동안은 항상 그저 '가련한 죄인'

으로 지내다가 죽음에 의해 처음으로 그들의 전 존재가 갑자기 변화하여 더 나은 존재로 다시 태어나기만을 기대하려고 한다. 그렇지만 그러한 변화가 이 세상에서 확실하게 시작되지 않으면, 그 소망이 이루어질 거라고 믿기는 어려운 일이다.

현대의 그리스도 교도들은 대부분 현세의 생활에서 다른 사람들과 마찬가지로 실제 아무런 희망도 없이 살고 있다. 그들은 이 세상에서 좋은 인간이 되겠다는 소망은 품지 않고 그저 내세만 믿고 있으며, 그래서 그런 전망이 없는 길에 타인을 움직여서 끌어넣으려 해도 쉽게 될 리가 없다. 내세에 대한 기대만으로는 교회는 아무런 공헌도 할 수 없다. 교회는 지금 바로 여기에서 인간을 바꿀 수 있는 힘을 가지지 않으면 안 된다.

우선 세상에서 일반적으로 일어나고 있는 이익과 향락의 추구보다, 더 높고 행복한 삶을 살 수 있다는 신앙을 사람들의 마음에 다시 한번 일깨워야 한다. 그러면 사람들은 자연히 그것을 원하게 될 것이다. 현재 흔히 볼 수 있는 유물주의에는 사실 누구나 싫증을 내고 있고, 또 행복을 약속하는 것으로 알려진 미래의 무신론적 사회주의도 의식 있는 사람들 가운데 극소수가 믿고 있을 뿐이기 때문이다. 실제로 이러한 사회주의가 실현된다 해도 현재의 이기주의 사회제도보다 고작해야 나쁘지 않은 정도일 것이다. 가장 잘 되는 경우에도 그저 외부의 소유제도가 바뀔 뿐, 그것만으로 행복해지는 것은 결코 아니다.

그러나 완전히 건강하고 강력한, 그리고 기쁨으로 넘치는 그리스도교를 사람들 앞에 보여줄 수 있다면, 내가 보기에는 50년이나 100년 전보다 지금의 세계가 그것을 훨씬 더 받아들이기 쉽다고 생각된다.

이에 비하면 어떤 점으로 보아도 그때그때 교회의 종파와 형식과 조직 문제는 흔히 얘기되는 것처럼 그리 중요한 것은 아니다. 그렇다 해도 이들은 원래 단순히 형식적인 것이어서는 안 되며, 진실이 아니면 안 된다. 그러나 우리 프로테스탄트 교회도 역시 형식주의에 조금은 고민하고 있다. 그 장황한 데다 단조롭게 울리기 쉬운 교회의 기도(그것은 청중의 마음에 생생한 공감을 일으키지 못하고 허무하게 교회의 둥근 천장으로 사라질 뿐이다), 지루하게 이어지며 전혀 마음을 고양시켜 주지 못하는 찬송가, 또 지금은 대부분의 사람들이 이해하지 못하게 된 전례용어 등은, 교회가 새로운 생명을 얻고자 한다면 분명히 어떻게든 바꾸지 않으면 안 되는 시기에 와 있다. 그러나(또 한번 되풀이해 말하면) 그런 것이 중요한 문제는 아니다.

오늘날, 모든 종교적 또는 철학적 문제의 핵심은 눈에 보이는 세계 외에 눈에 보이지 않는 세계를 믿는가 믿지 않는가 하는 문제로 좁힐 수 있다. 왜냐하면 학문적 인식이라는 의미에서는 눈에 보이지 않는 세계를 아는 것이 불가능하기 때문이다. 원래 신학은 그저 학문으로만 생각하면 결실이 없는 것이다. 엄밀하게 말하면 다른 학문적 지식과 같은 의미에서는 하느님에 대한 '지식'은 거의 존재하지 않기 때문이다.

만약 눈에 보이지 않는 세계를 믿지 않는다면, 우리는 용의주도한 노력과 동시에 타인에 대한 많은 공포와 냉혹함으로, 이렇다 할 마지막 목표도 없는 인생을 살아가려고 힘겹게 시도하지 않으면 안 된다. 그리고 그때, 온갖 어려움을 일시적으로나마 보상하기 위해 뭔가 향락이 필요해진다.

이 경우 향락보다 나은 것은 없는데, 그나마 노령이나 병약함, 역경 등의 방해물이 끼어들면 그것조차 불안해진다.

반대로 눈에 보이지 않는 세계를 믿는 경우, 이미 현세에서 자기 존재의 일부를 가지고 더 나은 세계 질서 속에 살 수 있고, 지상의 모든 결함에 견디는 것을 배운다. 그것은 눈에 보이지 않는 이 세계에 의해 끊임없이 파멸에서 구원을 받고, 또 그 세계의 힘을 현재에 더욱 강하게 경험하기 때문이다. 그렇지만 우리는 이 길을 한결같이 나아가지 않으면 안 된다. 이 길을 걸으면서 동시에 다른 세계의 향락과 이익을 원해서는 안 된다. 그렇게 해야만 이 길의 경탄할 만한 축복을 가까이 경험할 수 있고, 그때부터는 더 이상 의심이 생기지도 않을 것이다.

그리스도교의 의의를 간단명료하게 말하자면, 요한복음 1장 9~12절에 이미 기록되어 있는 대로이다. 즉, 이 초현실적 관계를 비추어내는 비할 데 없이 완전한 빛이 일찍이 역사적 사실로서 이 세상에 나타난 일이다. 이 빛을 직접적으로, 또 그 이후 전승을 통해 받아들인 사람들이 다른 사람들은 겪어보지 못한 더 높고 기쁜 생명의 힘을 얻어왔다. 그러나 이 빛을 자신의 삶에 도입하고 안 하고는 사람들의 완전한 자유 선택에 맡겨져 있다. 그 누구도 교인이 될 것을 강요당하거나 기계적으로 교인이 될 수는 없다. 그런 일은 잘못된 것이다. 그 빛을 받아들이려 하지 않는 경우, 그들은 인생의 도덕적 요구와 임무를 다할 수 있는 진정한 힘을 가지지 못하고, 또 진정한 기쁨도 모른 채 삶을 끝낼 것이다. 그렇게 된다 해도 이 세상에서의 비참함을 탄식하는 것은 그만두는 것이 좋다. 그들 스스로 자신과 가족을 위해 그 비참함으로부터의 구원을 원하지 않았기 때문이다.

5

그러므로 마음이 기쁘다는 것은 항상 신앙이 참되다는 것을 증명한다.*8

마음에 기쁨이 없는 경우 신앙은 아직 초보단계이다.

인간 본성의 죄 많은 면과 나약함의 감정이 한 구석에 있다 해도, 그것은 이 마음의 기쁨과 완전히 양립할 수 있다. 또 한편으로 이미 오래전에 하느님의 도움이 주어졌을 뿐만 아니라 하느님의 도움은 항상 준비되어 있으며, 강한 것이라는 것, 또 자신이 끊임없이 확실하게 진보하고 있다는 것도 알고 있다. 이 모든 것들이 사람의 혼을 더욱더 용감하고, 기쁘고, 자신감에 찬 것으로 만든다.

신앙은 그 어느 단계에서도 결코 안전하고 확실한 소유는 아니다. 오히려 신앙은 혼의 깊은 내부에 있는 편안한 한 점으로 안팎의 수많은 어려움을 극복해 가는 하나의 습관이다.

따라서 다가오는 세기에서의 그리스도교의 존속에 대해서는 결코 절망할 필요가 없다. 설사 온갖 종류의 적들이 제아무리 단결하여 그리스도교에 대항하는 것처럼 보이더라도 말이다. 적은 100년 전 또는 그 전에 때때로 나타난 것 이상으로 그 수가 늘어나거나 위험해지고 있는 것은 아니다. 오히려 그 반대이다. 그러나 종교를 유지하기 위해 더 이상 고압적인 수단을 사용할 수 없는 20세기에는 단순히 말이나 형식만의 그리스도교는 그다지 존경받지 못할 것이라는 것만은 분명하다. 원래 우리는 언어와 형식만의 것을 미국에 철도가 있고 이 세계에는 어떤 외국이 있다는 것 등 보지 않아도 그 존재를 완전히 믿고 있는 것처럼 그렇게 믿는 것은 아니다. 눈에 보이는 후자의 경우를 진실로 믿는다.

마찬가지로 '하느님은 존재하는가? 그리스도는 부활했는가? 부활했다면 복음서와 초대 신자들이 말한 그대로 부활했는가?' 하는 물음에 대해 솔직하게

---

*8 시편 119장 45절.

대답하지 않으면 안 된다는 것도 명백하다. 그 대답 여부에 따라 그리스도교는 영원한 진리인지, 아니면 한 시대의 견해이며 인류의 교육을 위해 그 시기를 담당했다가 끝나면 다른 견해에 자리를 내주어야 하는 것인지 판명될 것이다. 다음 세기의 세계는 어떤 대가를 치르더라도 이 문제에 대해 진실을 확인하려 할 것이다. 그에 대한 각오를 미리 해두어야 한다.

따라서 이 논문 서두의 '신앙이란 무엇인가'라는 문제로 돌아가, 그것을 신학이나 너무나 잘 알려져 있는 신학적 공식의 담담한 말로 한마디로 대답하라고 한다면, 나는 이렇게 말할 것이다. "신앙이란 하느님에 대한 순종을 본체로 하는 이상적인 삶에 대한 용기(勇氣)이다." 원래 이 말은 최초이자 최고(最古)의, 또 그것만으로도 충분한 계율에서 이미 언명되었다. "너는 나 이외의 다른 신을 섬기지 말라."*9

언제나 불완전한 정의를 규정하는 시도를 그만두고 순수하게 실천적으로 생각한다면, 신앙이란 건전한 양식과 눈에 보이지 않는 것을 신뢰하는 용기, 그리고 실천력과 귀의의 올바른 혼합과 융화로 성립된다고 해야 할 것이다. 그러나 이것은 인생에서 스스로 경험한 사람만이 이해할 수 있다. 그리스도가 살아 있던 당시의 바리새인들은 교의적 신앙을 넘치도록 가지고 있었음에도 불구하고, 위의 것은 전혀 가지고 있지 않았다. 오늘날에도 바리새적인 생각이 조금이라도 나타날 경우, 그 생각을 하는 사람들 역시 그런 실천적 신앙을 가지고 있지 않다. 그러므로 그들에게는 자신의 마음과 생활을 채우는 기쁨이 언제나 결여되어 있고, 또 거기서 태어나는 인내가 부족하다. 즉, 올바른 길을 아직 확실하게 찾아내지 못한 사람들과 자신과 같은 단계에 있지 않은 사람들에 대한 인내가 부족한 것이다. 초심자(初心者)에 대해 너그럽지 못한 것도 언제나 신앙에 결함이 있다는 증거이다.

마지막으로 한 가지 확실하게 알아두어야 할 것이 있다. 무릇 현대인들은 자신의 모든 능력을 동원하여 이 세상을 위해 열심히 봉사하고, 이 세상의 사고방식에 순응하며 살아가거나, 아니면 하느님에 대한 흔들림 없는 신뢰를 바탕으로 한 강한 신앙을 가지거나, 둘 중의 하나를 선택해야 한다는 것이다. 그런데 현대의 대다수 사람들이 이 두 가지 입장의 중간에 서서 어쩔 줄 몰라

*9 모세 십계명의 첫 번째.

하며, 생의 절반 또는 일생을 허비하면서 꿈결처럼 지내고 있는 것은 모든 부조리 중에서 가장 끔찍한 것 가운데 하나이다. 왜냐하면 이러한 생활은 최대의 갈등을 낳을지언정 마음을 만족시키는 결과는 가져다주지 않기 때문이다.

그리스도교 신앙은 간단하게 다음과 같은 복음서의 네 마디 말을 토대로 설명할 수 있다. 이 말들의 진실성은 누구나 시험해볼 수 있기 때문에 결코 글자의 뜻 그대로 '믿지' 않으면 안 되는 것이다.

1. "너희는 먼저 그의 나라와 그의 의를 구하라. 그리하면 이 모든 것을 너희에게 더하시리라." 이것은 일의 성취를 바란다면 그것을 올바른 장소에서 시작해야 한다는 뜻이다.

2. "수고하고 무거운 짐 진 자들아 다 내게로 오라. 내가 너희를 쉬게 하리라." 이것은 이 세상에서 모든 사람이 혼의 휴식과 평안을 얻을 수 있지만, 그것을 올바른 장소에서 구해야 한다는 뜻이다.

3. "사람이 하느님의 뜻을 실천하려 하면 누구라도 내가 말하는 이 교훈이 영원한 진리인지, 아니면 다른 많은 교훈과 마찬가지로 인간의 그때그때의 생각이나 '주의'인지 알리라." 그러므로 그리스도교는 시험해 보는 것을 꺼리지 않는다. 먼저 시험해 보고, 그런 다음 판단해도 좋다. 다만 마음으로 진지하게 시험하고 그것이 진리임을 알게 되면, 그것에 따를 선의를 가지고 할 필요가 있다.

4. "내게 오는 자는 내가 결코 내쫓지 아니하리라, 그 사람은 영원히 진리에 목마르지 아니하리라." 이것은 이 세상에는 인간의 마음을 완전히 만족시키는 진리의 인식이 있고, 마찬가지로 행복한 인생도 있을 수 있다는 것, 또 어느 누구도 거기서 제외되지 않으며, 죄에 의해서도, 정신의 빈곤함에 의해서도, 또 물질적인 가난함에 의해서도 거부되지 않는다는 것을 뜻한다.

이와 같이 그리스도교는 이해하기 어려운 철학도 아니고, 우리의 손길이 미치지 않는 아주 높고 먼 곳에 있는 윤리(倫理)도 아니다. 그리스도교는 모든 사람들에게 인생의 행복에 도달하는 것을 가능하게 해주는 길이다. 이로 인해 현재 수많은 사람들의 짐이 되고 있는 인간생활이 새롭고 훨씬 쾌적한 것이 될 수 있다.

물론(쉽게 알 수 있듯이) 여기서는 '종교문제'가 이른바 '사회문제'보다 우위에

놓여져 있다. 이 때문에 그리스도교를 시험해 보고 싶지 않다는 사람이 있으면, 그만두는 것이 좋다. 오늘날에는 누구에게든 더 이상 종교가 강제되어서는 안 된다. 현대의 모든 문명국에서 신앙은 각 개인의 자유로운 의지에 의한 문제가 되어 있다. 앞으로 지상(地上)에 역사가 있는 한 이것은 영원히 변하지 않을 것이다. 그래서 인간의 자유 의지와 다가오는 세기의 중심 문제, 즉 '앞으로의 진보는 하느님과 함께할 것인가, 아니면 하느님을 버리고 할 것인가'는 서로 떼어놓을 수 없는 문제가 된다.

사도 바울은 자신의 평범하고 단순하고 형식적인 신앙에서 출발해 생애의 가장 신비로운 사건을 거치고 더 낮은 신앙에 도달한 뒤에 이렇게 말했다. "그러므로 내 사랑하는 형제들아, 견실하며 흔들리지 말고, 항상 주의 일에 더욱 힘쓰는 자들이 되라. 이는 너희 수고가 주 안에서 헛되지 않은 줄 앎이라"*10 이와 같이 현대의 교양 있는 대부분의 사람들에게도 부디 하느님이 행복(幸福)에 도달하고 싶다는 소망을 불어넣어주시어, 그들 생애의 사업 역시 헛된 것이 되지 않게 해주시기를.

* * *

"언제나 주의 병사들의 견고한 성채가 되어주소서.
그러면 어떠한 적의 대군(大軍)도 주의 무리에게 대적하지 못할 것입니다.
세상의 모든 사람이 알게 하소서, 우리 하느님의 나라야말로
더 강한 힘과 영과 생명을 가지는 것임을.

자, 서둘러라, 모든 이여, 주께 영과 힘을 바치고
주의 화살통의 깨끗한 화살이 되기 위해.
주의 포고자로 저를 선택하셨다면
제 손과 목을 강하게 하고, 마음과 귀를 열어주소서.

이와 같이 아멘, 참된 증거여, 말씀을 드높이 울려라,

---

*10 고린도전서 15장 58절, 독일어역에 의함.

은혜와 진리, 널리 사람의 마음을 복종시킨 것을.
그 올바른 증거에 저희를 맡기소서.
저희가 침묵하면, 반드시 돌도 소리치지 않으리니."

(동포교단 찬송가 177번)

놀라운 인도

"내가 너를 위하여 행할 일이 두려운 것임이니라."

(출애굽기 34장 10절, 독일어역에 의함)

19세기 말기에 세계적으로 팽배했던 분위기의 특징을 나타내기 위해 특히 '세기말'이라는 말이 나왔는데, 그 특징은 전염병처럼 퍼진 공포와 권태와 불쾌감이었다. 이러한 분위기는 증대한 삶의 향락 추구가 똑같이 일반화한 동시에, 또한 이 세기의 비할 데 없는 위업이 찬미된 뒤 탁한 앙금처럼 남은 것이다. 한편 새로 나온 여러 종파만이 여전히 대부분의 사람들을 구제하는 것이 분명히 가능하다고 믿고, 비교적 발랄하게 삶의 기쁨에 찬 모습을 보여주고 있다. 그것이 이들 종파에 매력을 느끼게 하는 주요 원인이다. 인간은 보통 누구나 희망과 용기를 마음에 지니고 싶어하지, 절망에만 빠져 있고 싶어하지 않기 때문이다.

이 상태는 이른바 고전적 고대의 말기, 즉 로마 제정시대의 최초의 2세기에 대해 알려져 있는 것과 비슷하다.*¹ 당시에 젊었던 그리스도교는 얼핏 절망적일 정도로 노쇠하여 거의 죽어가고 있는 것처럼 보였던 세계에 새로운 생명력을 쏟아 부었고, 또 관능미와 인간적인 지혜에 의한 즐거움보다 더 뛰어난 인생의 목적을 부여한다는 사명이 있었다. 이것은 어려운 과제였지만, 그럼에도 해결되었다. 이 세계는 다시 예상하지 못했던 정신력과 생명의 충만함을 되찾을 수 있었다. 이것은 몇몇 초기 신자들을 눈앞에서 본 당시 사람들 중 아무

---

*1 마르크스 아우렐리우스 황제의 일기《명상록》는 당시의 사회상을 뚜렷이 보여주고 있는데, 현대의 상황을 그대로 상기시켜 주는 내용이 적지 않다. 거기에는, 그리스도교를 이해하지 못했던 뛰어난 사람들이, 세계를 근본적으로 개선할 가능성이 없다는 것에 대해 얼마나 절망했는지 잘 나타나 있다. 그러나 그러한 시대는 그때까지도 수없이 있었다. 창세기 6장 3절에도 이미 그러한 시대가 그려져 있고, 동시에 그 타락의 원인도 설명되어 있는데, 그것은 모든 시대에 적용되는 것으로 현재, 특히 타락에 빠져 있는 모든 나라들에 존재하고 있다.

도 상상하지 못한 일이었다.

지금도 똑같은 과제가 다시 해결을 기다리고 있다. 게다가 이번에는 생명력과 용기를 크게 잃어버린 그리스도교 세계의 한복판에서다. 현대에 사는 모든 사람을 향해 다음과 같은 질문이 던져진다. 그것은 여러 종류의 질문자한테서 나오지만, 실제로는 똑같은 질문이다. 즉, 당신은 세계를 혁신하는 일에 참여할 생각인가, 아니면 방관자적 입장에 서서 거의 병적일 정도의 향락주의와 교대로 나타나는 '세기말'의 염세주의에 몸을 맡기는 사람들의 대열에 설 생각인가?

이것은 진정한 그리스도교도에게는 문제가 되지 않는 것이다. 그러나 복음서가 그리스도가 말한 것으로 보존하고 있는 최후의 말이 엄숙한 이정표처럼 길 입구에 세워져 있다.*² 그곳은 그리스도의 뒤를 따르는 자들의 수도원이 아니라 그들이 일하기 위해 파견되는 세계의 입구이다.

이 말은 복음서 중에서도 '위로'의 분위기보다는 격려하는 듯한, 더욱이 위협하는 듯한 울림을 가진 말 가운데 하나이다. 이러한 말을 이해하고 받아들이기 위해서는 그리스도교는 '견딜 수 있는 것'이라는 경험을 쌓아둘 필요가 있다. 그렇지만 이 말도 '이끈다*³'는 점에 역점을 두고 읽으면 그 불안한 느낌은 거의 사라져버린다.

'인도(引導)'의 정반대는 '출세주의'이다. 이것은 신앙도 사랑도 평화도 없이 다른 출세주의자가 자신에게 어떤 이익을 주고 어떤 손해를 가져다줄지 두려워하면서, 현기증이 날 정도로 험준한 길을 더듬어간다. 그 길의 끝에 이르러 설사 목적을 달성했다 해도, 결국 지칠 대로 지치고 환멸에 빠져 일찍이 인생의 길에서 만났던 사람들과 또 자신이 자주 방해를 한 사람들한테서 동정을 받지도 못하고 절망의 어둠 속에 빠져드는 것이다.

그러나 설령 이러한 절망적인 인생관을 품지 않는 경우에도, 인도함의 이념을 사실 이해할 수 없는 위험이 있다. 인도함은 항상 놀라운 것을 동반하기 때문이다. 실제로 현대의 인간은 가장 좋은 순간에도 항상 자신의 길을 가려 하며, 그가 믿는 하느님이 조언과 보호를 하면서 자신과 동행할 것임을 알고 있다. 현대인은 하느님을 언제나 그 자리에 붙잡아두고, 자기 마음대로 행동하는

---

*2 요한복음 21장 18절.
*3 우리말로 번역하면 '데려간다'.

것을 친절하게 도와주는 조수로 삼고 싶어한다. 자신이 하느님의 종이 아니라 오히려 하느님을 인간의 의지와 그 대단히 선하고 도덕덕인 결의(그렇게 해석하고 싶지만)의 하인으로 생각하려 한다. 그뿐 아니라 가능하다면 매일, 아니 더 자주 하느님을 생각하거나 황야를 여행하는 이스라엘 민족처럼*4 나날의 양식을 거둘 필요가 없도록, 차라리 곡창을 크게 새로 지었다가 그날 밤 안에 죽어버린 어리석은 자처럼 한꺼번에 평생 동안 쓸 수 있는, 아니면 하다못해 반생 동안 쓰기에 충분한 행복을 쌓아두는 것을 보장해주기를 바랄 것이다.*5 그 표면적인 구실은 이제부터는 '하찮은' 생각에 번민할 필요 없이 이 세상에서 하느님의 행위에 헌신하기 위해라는 것이다. 그러나 실제로는 '자본'을 소유하기 위해서이다. 그것만 있으면 더 이상 하느님의 도움을 필요로 하지 않게 되어 기도도 점차 형식만의 것으로 바뀌거나, 자신뿐만 아니라 자손의 대까지 절대로 '걱정할 일이 없는' 사람들의 대열에 들어간 것에 대한 감사의 기도로 바뀔 수 있다. 수없이 많은 그리스도교도가 이런 종류의 정신적 '자본주의' 때문에 멸망하거나, 그로 인해 적어도 그들이 가질 수 있고, 또 가져야 할 생명력과 그 작용을 발휘할 수 없는 상태에 빠지기도 한다.

그런데 앞에 나온 작별의 말*6에서 그리스도가 말하고자 한 것은, 사람이 내적 진보의 어느 단계에 도달하여 진실로 자각하고 그리스도의 뒤를 따라 걷기 시작하면, 그때부터 위에서 말한 것과 같은 잘못된 생각은 모두 불가능하게 된다는 것이다. 그 사람은 자신이 마음대로 선택한 것을 모두 버리고, 하느님의 인도와 명령 아래 들어가게 된다.

인간이 쉽게 포기하기 힘든 자립성이 이렇게 정지해버리면, 그 대신 인생에서의 공포가 사라지고 설명할 수조차 없는 내적인 안정감이 찾아온다. 이 감정은 경험해 보지 않으면 알 수 없지만, 일단 경험하면 영원히 잊어버릴 수 없다. 왜냐하면 그것은 혼을 힘과 용기로 채워서, 전에는 말할 수 없이 크게 느껴졌던 어려움을 작게 느끼게 해주고, 또 전에는 거의 절망에 사로잡힐 정도였던 자신의 나약함도 견딜 수 있게 해주기 때문이다.

---

*4 출애굽기 16장 1~4절.
*5 누가복음 12장 16절 이하.
*6 요한복음 21장 18절.

어떤 사람의 삶이든 자각이 시작되는 순간부터 사라지는 순간까지 공포에 시달리는 것은 당연한 일이다. 소년은 학교 과제가 갈수록 어려워지는 것을 두려워하고, 청년과 장년은 생존을 위해 필요한 것이 점점 많아지는 것을 두려워하며, 노년은 힘의 쇠약을 걱정하고, 더욱이 죽음을 두려워하는 사람이 매우 많다. 그것은 죽음이 어쩌면 알지 못하는 새로운 불길함으로 가는 입구에 지나지 않을지도 모르기 때문이다. 다만 맨 처음의 유년기만이 당연히 두려움을 모르며, 그렇기 때문에 때때로 행복한 시절로 찬양된다.

원래 모든 감정 가운데 인간이 가장 두려워하는 것은 바로 공포이다.

그래서 성서 속에 '두려워하지 말라'는 말만큼 자주 등장하는 말이 없다. 그러나 이 말은 하느님의 인도를 받아들이지 않는 사람에게는 한 번도 전해진 적이 없다.

모든 경우에 공포의 직접적인 원인이 무엇인지 간단하게 말할 수는 없다. 그렇지만 적어도 개별적 경우의 사정을 잘 알고 있는 사람은 다음과 같은 몇 가지 암시를 통해 대체적인 단서를 얻을 수 있을 것이다. 대개의 경우, 그 원인은 '모든 악의 뿌리'인 허영심으로, 이 허영심이 하느님 가까이 있는 것을 불가능하게 한다. 때로는 탐욕이 공포의 원인이 되기도 하는데, 성서도 탐욕에 대해 역시 그런 견해에서 말하고 있다. 또 때때로 걱정이나 많은 가지를 뻗고 있는 이기심이라는 나무의 완전히 제거할 수 없는 뿌리, 또는 향락욕(때때로 극히 고상하고 종교적인 것도 있다), 그리고 행위의 어딘가에 숨어 있는 불순과 허위 등도 그 원인이 된다. 이 불순과 허위는 인간의 눈에는 보이지 않지만, 그 사람에게 평온함이 사라지고 공포가 나타난다는 사실을 통해, 주의 깊은 사람들에게는 하느님이 틀림없이 보여주고 있다.

이와 같이 공포심이 일어난 경우, 스스로를 검토하거나 일기를 쓰고, 남에게 조언을 구하며, 게다가 여러 교회와 그 밖의 '하느님 나라의 소재지'를 순례하며 시간을 들여 철저하게 그 원인을 파헤치려고 하는 것은 쓸데없는 일이다. 그렇게 해도 마음이 불안한 상태에서는 잘 되지 않는다. 설사 할 수 있다 해도 충분하지 않아, 자칫 어떤 형태로 인간에게 예속되는 결과를 빚기도 한다. 오히려 원인 같은 것에 오래 구애받지 말고 순순히 마음을 바꾸는 것이 좋다. 그것은 자신의 의지를 버림으로써 가능한 일이다. 이것이야말로 짙은 안개로 차단된 것처럼 인간에게서 멀어진 하느님이 다시 인간에게 다가오도록 강요하기

(만약 이런 말이 허용된다면) 위한 유일한 길이다. 그러면 자아를 버리고 비운 마음이 하느님과 함께 있음으로써 채워져, 더 이상의 슬픔이나 공포가 끼어들 여지가 없게 된다.

인간은 무엇인가에서 살아갈 용기의 버팀목을 구하지 않으면 안 된다. 그것은 도대체 무엇일까? 젊음일까? 그것은 금방 지나가버린다. 자신의 마음일까, 자신의 힘일까? 힘은 질병, 노령, 인생의 고통스러운 경험에 의해 맥없이 부서지는 것이며, 마음은 어떤 때는 흥분하고 어떤 때는 겁을 먹기 쉽다.*⁷ 다른 사람이 버팀목이 되어줄 수 있을까? 예레미야서 17장 5절은 그것을 경계하고 있다. 그렇다면 돈일까? 돈은 현대에서는 참으로 흔들리기 쉬운 버팀목으로, 돈과 함께 따로 뭔가가 없으면 충분한 것이 될 수 없다. 거기에 남는 것은 미신, 운세, 행복, 아니면 하느님이다. 그러나 진정한 의지처는 오직 하느님이 진실로 하느님을 믿는 자에게 주시는 것 외에는 없다.

괴테의 시대 이후 인간의 생활은 더욱 복잡해졌다. 그래서 대부분의 현대인들에게는 어떤 인도함의 손길에 자신을 맡기거나, 아니면 심혈을 짜내는 듯한 생각 속에서 살거나 둘 중의 하나를 선택하는 길밖에 없다.

하느님을 믿는 사람들에게는 모든 근심이 점차 사라지고, 그 대신 어떤 확실한 신념이 태어난다. 즉, 모든 것은 반드시 좋아질 것이고, 또 어떤 일도, 이를테면 불행이나 남의 악의와 태만, 자신의 잘못도 진정한 재앙을 가져다주지는 않는다는 신념이 솟아난다. 이것이 사도 바울이 이미 몇 세기에 걸친 동안 번민하는 수많은 사람들에게 마음으로부터의 위안을 주었던 그 유명한 말을 통해, 얘기하려 했던 것이다. "하느님을 사랑하는 자, 곧 그의 뜻대로 부르심을 입은 자들에게는 모든 것이 합력하여 선을 이루느니라."*⁸ 이 말을 자신의 인생설계 속에 도입하여 무슨 일이 있어도 이 신앙을 버리지 않는 자는, 토마스 아 켐피스가 한 말처럼 '그 발을 평화와 안식의 땅에 들여놓은 것'이다.

1

사실 '인도'라는 것은 뭔가 신비스러운 것으로, 대부분의 독자들은 이 논문

---

*7 예레미야 17장 9절.
*8 로마서 8장 28절.

전체를 현대적인 것과는 거리가 멀다고 생각할지도 모른다. 나는 그런 사람들을 나쁘게 생각할 마음은 없다. 그러나 개개의 체험에서도 어떤 경이의 감정을 느끼는 일이 전혀 없다고는 할 수 없다. 그렇지만 인생의 다른 여러 가지 매력을 맛보지 못한 채 끝내야 하는 신앙생활에 있어서는, 그렇기 때문에 더더욱 이 인도의 경이로움이 주된 매력이 된다. 낭만주의는 인간의 마음속 깊은 곳에서의 요구이며, 이 생활 속에서는 경이가 그 낭만주의이다. 물론 '놀라운' 사건*⁹이라 해도 겉으로는 종종 단순한 모습을 하고 있어 우연의 일치처럼 보이기도 한다. 그러나 체험하는 자는 그것이 우연이 아니라는 것을 알고, 그 속에서 하느님에 대한 깊은 확신을 갖게 된다.

그 인도함에 있어 특히 눈에 띄는 점을 들면 다음과 같은 것이 있다. 때때로 꼭 필요한 시기에 책에서나 어떤 말을(때로는 사람도) 만날 때가 있다. 또 공포심을 조장하거나 그릇된 길로 유혹하는 많은 일들이 스치고 지나가버릴 때까지 모를 경우가 있어, 마치 눈가리개를 하고 있었던 것처럼 큰 위기를 모면할 때도 있다. 그런 일은 특히 허영심이나 관능의 유혹에 대해 일어나기 쉽다. 또 나아가서는 안 되는 길이 마치 가시나무 울타리를 둘러친 것처럼 닫혀 있는 일도 있고*¹⁰ 그 반대로 큰 어려움이 불현듯 없어지는 일도 있다. 또 무언가를 이루어야 할 때가 오면, 전에는 없었던 용기가 불끈 솟아나거나 전에는 숨어 있었던 문제의 핵심이 눈에 보이고, 어디서 오는 것인지 설명할 수는 없지만, 사상과 능력, 때로는 지식과 통찰력까지 자신 속에서 발견되기도 한다. 마지막으로, 당사자들은 전혀 의도하지 않았는데도 저절로 이쪽을 돕거나 혹은 돕지 않고, 호의를 보내거나 적의를 품지 않을 수 없게 되어, 결과적으로는 원래 무관심한 사람과 적대자조차 이쪽에 크게 도움이 되고, 또 그것을 촉진하는 경우가 있다.

인도에 대해서는 그 밖에도 언어로는 쉽게 얘기할 수 없는 신비로운 일들이 많이 일어난다. 그러나 인도함에 따르고 있으면, 언제든지 '열린 문'을 통해 가장 쉬운 길을 가장 적은 근심밖에 모르며 나아갈 수 있는 것만은 확실하다.

다음에는 일을 하는 데 있어서 지나치게 서두르거나, 또는 지나치게 늦장부

---

*9 이것이 19세기의 독일 저술가 훈케가 '하느님의 발자취'라고 부른 것이다. 사도행전 26장 24~26절.

*10 호세아 2장 8절.

리는 일이 없어진다. 시기를 놓치면 아무리 모든 준비가 되어 있어도 흔히 일을 망치게 되는 경우가 있다.

또 모든 일을 전보다 훨씬 더 침착한 기분으로 할 수 있게 된다. 마치 자신과는 아무런 상관도 없는 일을 제3자에게 부탁을 받아 하는 것처럼 할 수 있다. 이럴 때 사람은 자신의 일을 할 때보다 대체로 훨씬 더 평온한 상태에서 행동할 수 있다.*11

그리고 또 모든 일에서 기다릴 줄 알게 된다. 이것은 처세의 큰 비결이다. 또 사물은 언제나 하나하나 순서를 좇아 찾아오는 것임을 알고, 그래서 먼저 한 가지 일에 발판을 튼튼하게 굳힐 수 있는 여유를 얻는 경험도 소중하게 여기게 된다.

또, 해야 할 일이 언제나 꼭 필요한 때 생각난다. 그것도 때때로 마치 잊어버리고 있었던 것을 제3자가 적당한 때 상기시켜 주는 것처럼, 너무나 신기한 형태로 떠오른다.

때때로 정확한 시기에 사람을 보내주기도 한다. 이것은 꼭 해야만 하는 일인데도 스스로 할 용기도 결심도 전혀 하지 못하고 있을 때, 그 일을 요구하거나 명령하기 위해서 말이다.

이러한 경험을 거듭함으로써 우리는 어떤 인간이든, 이를테면 싫어하는 사람이나 변변치 못한 사람, 그리고 악한 사람도 참을성 있게 견딜 수 있다. 왜냐하면 그런 사람들도 하느님의 선을 이루기 위한 그릇이며, 때때로 가장 효과적인 그릇일 수 있기 때문이다. 이러한 생각이 없으면, 항상 일정한 침착함을 유지하는 것은 아주 선한 사람들에게도 어려운 일일 것이다. 인도를 일단 염두에 두고 자신의 인생을 돌아보면, 많은 것들이 사람의 힘에 의한 것이라고는 생각할 수 없을 만큼 완전히 달라 보이는 법이다.

지금까지 말한 것은 그런 경험을 조금이라도 해본 사람이라면 누구나 알 수 있는 일이고, 유용한 실례를 들 수도 있다. 사람은 스스로는 아무리 현명하게 행동하려 해도, 인도함으로 저절로 주어지는 성과를 모두 얻을 수는 없다. 고대의 한 예언자는 인도함을 "사랑의 줄로 이끈다"*12는 말로 아름답게 표현했다. 또 다른 예언자는 덧붙여서 이렇게 말했다. "내가 이 성읍에 베푼 모든 복

---

*11 요한복음 5장 30절.
*12 호세아 11장 3·4절.

과 모든 평안으로 말미암아 두려워하며 떨리라."*13

그런데 먼저 주의해야 할 것이 다음과 같은 여러 가지 점이다.

이와 같은 인도는 만약 당신이 그것을 원한다면, 당신의 능력에 걸맞은 어엿한 일을 당장 부여할 것이다. 이와는 반대로 고상하고 종교적인 오락이나 평범한 게으름은 허용되지 않는다. 마찬가지로 지나치게 섬세한 감정, 인간 혐오와 실천 기피, 또는 병약함, 신경질, 그 밖의 이와 비슷한 갖가지 '사정'을 구실로 삼는 것, 나아가서 냉정하게 존엄을 가장하는 일 등도 물론 허용되지 않는다. 이렇게 존엄한 척하는 태도 때문에 수많은 사람들이 세상의 일반적인 견해와 그 시대의 유행에 맞지 않는 것에서 멀어지는 것이다.*14

이 시기는 완전히 옳고, 따라서 완전한 기쁨의 삶으로 나아가는 길에 있는 '가파른 전환점'이기 때문에 그곳을 넘지 못하는 사람이 많다. 냉혹한 세상과 끊임없이 접촉하기 위해 자칫 모든 사람의 마음 주위에 얼어붙기 쉬운 얼음 알갱이가 그대로 점점 더 두꺼워지지 않도록, 더욱 쉬지 않고 시련이나 때로는 비방, 그리고 모든 종류의 고뇌로 인한 동결을 방지하지 않으면 안 된다. 그렇지 않으면, 하느님의 진리의 빛이 충분히 비쳐들 수 없기 때문이다. 많은 사람들이 고귀한 소질을 지니고 최상의 교육을 받고서도 언제까지나 뭔가 평범하고 천박한 점을 지니고 있어 깊은 통찰력이 너무 부족한데, 그것은 적당한 시기에 '연단'에 의하여 변화되지 않았기 때문이다.

또 마찬가지로 다른 많은 사람들은 일을 가지지 않아서, 또는 너무 적은 사랑밖에 주어지지 않거나 스스로 사랑을 가지지 않았기 때문에 정신적으로나 도덕적으로 멸망해간다. 이 두 가지 원인이 결부되어 있는 경우도 많다.

이러한 사실은 오래전부터 누구나 알고 있었고, 특히 그리스도교가 세상에 등장한 뒤로는 진부할 정도가 된 진리이다. 그런데도 그것을 실천적인 진리로 삼으려고 진지하게 노력하는 것은 개인은 물론 그런 의지를 가진 모임에서도 기적이라 할 수 있을 만큼 드문 일이다.

특별히 '조용한' 사람은 분명히 있다. 그들은 그러한 삶의 욕구 때문에 적극적인 활동에 순응할 수 없거나, 어느 한계 이상은 무리인 것 같다. 이러한 사

---

*13 예레미야서 33장 9절, 독일어역에 의함.
*14 열왕기상 19장 13·15절.

람들에게는 내면적인 기쁨을 향한 길이 열려 있다. 그것은 일반적으로 '신비주의'(진정한 그리스도교적 의미에서의)라고 불리는 것으로, 이것 또한 하느님의 인도이다. 물론 그 길은 중세의 세계관에 의해 찬미되고 두세 개의 교회에서 적어도 이론상 견지되어 온 유일하고 가장 좋은 길은 아니다. 그리고 그것이 진실이라면 쉽지 않은 길이기도 하다. 공상이나 종교적 오만, 때로는 광기를 건전한 양식에 의지하여 극복해가기 위해서는 가장 복잡한 외적인 인생 행로로 나아가는 경우보다, 오히려 더욱 끊임없는 인도가 필요하다. 우선 편하고 보자는 심정으로 이 길을 선택하는 사람이 있다면, 그것은 큰 착각이다. 인생을 잘 헤쳐 나갈 수 있는 가장 쉬운 길은 풍요로운 인도를 받으면서 열심히 일하는 것이다. 당신이 지금 그 길에 있다면 불평을 하지 않는 것이 좋다.

또 덧붙여 두고 싶은 것은, '놀라운 인도'를 행하시는 하느님 쪽에서 본 의도와 직접적인 목적이, 우리를 일반적으로 비슷한 의미에서 행복하게 하는 일이 아니라는 것이다. 오히려 두려움을 모르며 스스로 모든 선한 행위를 하려는 사람, 한마디로 말해 영웅적인 사람으로 만들기 위해서이다. 동시에 그것이 가장 큰 행복이기도 한 것은 이 일의 이차적인 면이다. 보통 인도함을 믿는 것은 행운이나 별에 대한 미신적인 신뢰, 또는 숙명론 같은 온갖 형태를 취하여 나타나는 일도 있지만, 어쨌든 무언가의 인도를 믿는 신앙이 없으면 이 세상에 놀랄 만한 일은 결코 일어나지 않는다. 그런 신앙을 가진 사람만이 동시대인을 적으로 돌리고 저항을 계속하다가, 결국 그 시대에 자신의 각인을 찍는 것이다. 또 그 사람은 자발적으로 그것을 하는 것이 아니며, 대개의 경우 고통스러운 강제에 따르기도 한다. 왜냐하면 "어쩔 수 없이 하는 자만이 큰일을 이루기" 때문이다. 그러나 그저 이해할 수 없는 숙명의 가차 없는 명령에 무조건 복종하는 것이 아니라, 우리도 잘 이해할 수 있고 구석구석 미치는 은혜로운 영의 눈길에 애정을 가지고 기꺼이 따르는 것이다(게다가, 행복과 의무가 항상 일치하는 것을 확신하면서). 그리고 바로 그것을 위해 그리스도교적 인생관이 필요하다.

그래서 오늘날 약간이나마 이상주의적인 생각과 교양을 지니고 있는 사람들에게 가장 중요한 문제는, 그들이 수없이 신봉하고 있는 불가지론으로 살기보다는 인도함을 믿고 사는 쪽이 실제로 더 기쁜 인생이 아닌가 하는 것이다. 우리는 그것을 확인해 보아야 하고, 또 그렇게 해도 괜찮다. 그것을 확인해보지 않는 사람은 알 수 없다. 그러나 지금 어떤 사람에게 '당신의 눈에는 바다밖에 보이지 않지만, 바다 저편에는 육지가 있다'고 수많은 사람들이 증언해도, 그 사람은 육지가 눈에 보이지 않기 때문에 믿지 않는다. 또 그것을 확인하러 나갈 생각도 없다고 대답한다면, 어떨까? 그 사람은 어리석은 사람이고, 더 나은 생활을 할 수 있는데도 그 기회를 놓치는 것이다.

신앙이 지극히 어려운 시련 앞에 섰을 때, 덮쳐오는 절망에 저항하는 데는 끝까지 버티는 것 외에 아무것도 할 수 없는 순간이 누구의 인생에나 있기 마련이다. 그리스도조차 십자가 위에서 그런 순간을 맞이했고, 아마 그 전에도 같은 일이 있었을 것이다. 엘리야는 한 여자[15]의 분노 때문에 그의 사명을 완전히 포기해야 했다. 사보나롤라는 죽기 직전에 깊은 슬픔에 사로잡혀 자신의 영감의 진실성을 의심했다. 또 잔 다르크는 그것을 부정하기까지 했다. 그러나 그들은 모두 굳게 신앙에 매달리거나, 한순간 주춤한 뒤에 다시 신앙으로 돌아감으로써 신앙을 지켜냈고, 또 그렇게 함으로써 이 세상의 출구를 영광의 빛을 받으며 빠져나갈 수 있었다. 신앙으로 사는 것은 다른 위험이 많은 큰 사업과 같다. 종종 위기일발의 순간에 더 이상 물러서지 않는다는 의식이 가장 큰 용기와 이론적으로 완전한 확신보다 훨씬 강하고, 또 사람을 강인하게 만드는 것임을 알 수 있다.

오늘날과 같은 관용의 시대에 그리스도교 신앙을 특히 동요시킨 것은, 큰 싸움의 장에서 신앙을 외부로 향해 증명할 기회를 찾을 수 없다는 사실이었다. 그 결과, 싸움은 오직 내면으로 옮겨져 이론적 고찰의 영역에서 이루어지게 되었지만, 이론의 영역에서는 신앙과 불신 가운데 어느 것을 선택할 것인가 하는 문제에 대한 충분한 확신을 얻을 수 없다. 왜냐하면 인간이 정말 믿을 수 있는 것은 오로지 행위를 통해 경험한 것에 한하기 때문이다. 행위가 되어 나타나지 않는 신앙은 신앙이 아니거나, 단순한 신앙의 시작에 지나지 않는다. 그러나 사람이 일단 하느님과 계약 관계에 서면, (그 계약은 우리 쪽에서가 아니라 하느님 쪽에서 제안하여 우리가 받아들이는 형태의 것으로, 현재 인간의 진보 단계에서는 하느님에 대한 인간의 혼의 관계를 아버지와 아들의 관계로 비교하는 것은 지나친 비유이며, 오히려 계약이라고 하는 편이 적절한 설명일 것이다)

*15 다른 신을 섬긴 왕비 이세벨. 열왕기상 19장 참조.

안심하고 모든 것을 그냥 내버려두어도 상관없다. 또한 때때로 겉으로 보아 가장 위험하고 꺼림칙한 것이 놀라운 방식으로, 그야말로 우리에게 최선의 것으로 변할 것이다.

상당한 분별력과 아울러 이러한 인생관을 지니고 있는 노인 가운데, 흘러간 일들을 마치 흥미로운 소설이라도 읽는 듯한 감흥으로 회상하지 않는 이는 아마 없을 것이다. 또 인생 이야기가 전개되는 도중에, 마지막 장이 아직 공개되지 않았는데도 미리(독서를 애호하는 젊은 세대처럼 참을 수 없는 호기심에 사로잡혀) 그것을 다 읽은 것처럼 결말을 확신하고 있을 수도 있다.

그러나 개개의 경우에 인도함은 언제나 각자 신앙의 정도에 좌우된다. "네 소원대로 되리라"*16 즉 당신이 원하는 대로 큰일이든 작은 일이든 이루어지는 것이다. 신앙이 없으면 그런 인도함은 도저히 기대할 수 없다. 또 신앙이 부족한 경우는 언제나 인간적인 수단, 그것도 흔히 수상한 성격의 수단을 사용하여 보충하고 싶은 유혹을 느낄 것이다. 또 인도에 대한 감수성도 점점 예민해지지 않으면 안 된다. 그러면 하느님도 그런 사람을 점점 엄격하게 다루게 되어, 결국 그 사람의 아주 사소한 부정도 벌하지 않을 수 없게 되며, 하물며 신앙이 부족한 것은 더욱 더 용납할 수 없게 된다. 그래서 나중에는 이러한 인도를 받은 사람은 누구나 자신의 생애를 돌아보며, 일생 동안 만난 모든 불행이 결국 신앙이 너무 부족했던 탓이라고 인정하지 않을 수 없게 된다. 어쩌면 그런 경험을 한 사람은 이따금 오히려 이렇게 말하고 싶을 때도 있을지 모른다. 모든 불행이 사실은 자신의 생애에서 진정한 행복이었다고.

항상 어떤 독자적인 것을 지니는 이 인생관은 누구에게나 태어나면서부터 주어지는 것이 아니고, 또 이른 시기에 한꺼번에 얻어지는 것도 아니다(분명히 나이가 들어서보다 유년시절에 더 얻기 쉽지만). 따라서 이 길에는 필연적으로 다양한 단계가 생긴다. 가장 높은 단계는 자신의 운명을 탓하지 않고 수동적인 인내심을 가지고 받아들일 뿐만 아니라, 그것이 올바른 운명이라는 기쁜 확신으로 맞이할 수 있는 경지이다. 그렇게 할 수 있는 사람은 그리스도와 함께 말할 수 있다. "이 세상에서는 고뇌가 있다. 그러나 나는 이미 세상을 이겼노라"고 말이다.

*16 마태복음 15장 28절 참조.

이러한 가장 단순한 인생이야말로 경탄할 만한 것이다. 만약 언제라도 자신도 그런 인생을 살고 싶어하고, 또 그렇게 해주기를 바라는 용기가 있다면, 이 세상의 어떤 예술품과도 비견할 수 없는 인생을 얻을 수 있을 것이다. 그러나 이 인생은 자신의 완전한 동의 없이는 이루어지지 않는 일이다. 당신이 나중에 결코 낙담하는 일이 없도록 평생 다음과 같은 것을 마음에 새겨두는 것이 좋을 것이다. 즉, 하느님에게 몸을 맡기는 사람들에게 하느님은 일반적인 행복, 다시 말해 부와 명예와 모든 종류의 향락을 보장하는 것은 아니다. 하기는 현세 생활에서의 가장 좋은 보물에 대해서도, 자신의 힘과 타인의 도움, 또는 어떤 재산에 의지하는 것보다, 하느님과 함께 있으며 하느님의 보호를 받는 편이 더 나은 결과를 얻을 수 있는 것은 물론이다.

또한 하느님은 이들에게 훨씬 신뢰할 수 있고, 또한 만족을 주는 행복을 내리며, 더욱이 그 행복이 내세까지 이어질 것이라는 희망도 주신다.

이 길을 선택하는 일은 스스로 하지 않으면 안 된다. 물론 그것은 대개 신앙에 기초하여 이루어지지만, 성실한 마음과 상당히 강한 인내심을 가질 수 있다면 시도해보는 것도 허용된다. 그런데도 많은 사람들이 그런 시도조차 해보려 하지 않는 것은 참으로 놀라운 일이 아닐 수 없다. 어쨌든 그것을 시도한다고 손해를 보는 것은 아니고, 고작 전과 다름없는 불만에 머무를 뿐이다.

이 세상에서 진정한 행복을 향해 길을 가는 것은 위험한 등산과 같다. 안내인을 두고도 반쯤 자기 멋대로 길을 가려 하거나, 자신과 똑같이 경험이 없는 사람의 조언에 귀를 기울이는 것은 아무런 도움도 되지 않는다. 안내를 받아 가거나 스스로 위험을 무릅쓰고 나아가거나, 둘 중의 하나이다. 그러나 안내인 없이 이 여행길에 나서면 정상에 도달할 가능성은 거의 없다.

적어도 다음의 것은 충분히, 그리고 확실하게 자각하고 있는 것이 좋다. 자신을 잘 알고 인도해주는 하느님을 가지지 않는 한, 모든 것에 영향을 주는 이 가장 위대한 사실이 당신에게는 빛바랜 '개념'으로 변해버릴 위험에 늘 노출되어 있다는 사실이다. 그러한 개념이라면 사람이 멋대로 만들거나 바꿀 수 있고, 인생에 있어 진정한 영향을 전혀 미치지 못한다. 그렇지 않으면 거기서 공포를 부추기는 괴물이 태어나 권력을 쥔 인간과 사회계층이 그 괴물을 이용하여, 우리를 그들의 의지에 복종하게 하는 위험이 끊이지 않는다. 그러므로 자유를 갈망하는 계몽된 정신은 어떤 대가를 치르더라도 그 괴물로부터 벗어나도록 노력할 것이다.

온유와 은총과 사랑으로 가득하고, 우리를 잘 이해해 주시는 하느님을 경험할 수 있는 것은, 오직 우리 자신의 생활을 통해서이다. 그것도 모든 인간적 명령과는 아무 상관 없이 우리에게 직접 개인적으로 주어지는 하느님의 끊임없는 도움이라는, 의심할 여지없는 수많은 사실을 통해서이다. 이리하여 이 사실은 세계도 더 이상 뒤흔들 수 없는 확고한 것이 된다. 그리스도는 이 사실을 다음과 같은 말로 얘기하려 했다. "너희가 환난을 당하나 담대하라, 내가 세상을 이기었노라."*17

스스로 이 세계의 한 조각에 지나지 않는 인간이 자연 그대로의 정신만으로 세계의 모든 영과 그것에 지배당하는 물질적 총력을 거스르려 하는 것은 확실히 어리석은 행위이다. 그러한 태도에 세계가 항의하고, 무수한 실례를 들어 그 '이상주의'가 아무런 효과가 없다는 것을 지적하는 것은 참으로 당연한 것이다.

그러나 개개의 인간 속에 깃들어 인간을 통해 작용할 수 있는 하느님의 영이 세계를 지배하는 힘으로도 존재한다면, 하느님의 의지에 의존하고 있는 세계가 반항까지는 아니더라도 하느님을 무시하려 하는 것 역시 마찬가지로 어리석은 짓이다. 그렇다면, 그나마 지력(知力)만이라도 충분히 갖춘 사람이 모두 진정한 힘 쪽에 서지 않으면 안 된다. 그 힘만이 그들의 인생행로를 행복하게도 불행하게도 할 수 있기 때문이다.

* * *

"오, 나의 사랑하는 그리스도인이여,
네가 언제까지나 자아를 버리지 못한다면
비록 겉으로는 하느님에게 영광을
바치는 일에 종사하더라도

---

*17 요한복음 16장 33절.

하느님의 뜻에 따르지 않는 한
네 자아는 바로 파멸의 씨앗이다.

사소한 일도 그때마다
너의 나약한 마음을 할퀴고
뜻대로 되지 않는 일이
너를 초조하고 화나게 한다면
말하라, 어떻게 하여 네가 염원하는
혼의 평안에 도달하려고 하는지를.

하느님은 자신에게 걸맞게
이미 오랫동안 지배하셨다.
그렇다면 너도 자신의 모든 것을
바쳐 창조주에게 맡기는 것이 좋으리라.
마침내 너도 깊이 돌이켜보며 말할 것이다,
하느님이 모든 것을 좋게 해주셨다고."

(동포교단 찬송가 제178번)

'참을 줄 아는 자가 용기 있는 자이다'
(Qui peut souffrir, peut oser.)

세상에는 왜 이렇게도 많은 고통이 있는 것일까? 이 지상은 그곳에 사는 대다수 사람에게 기쁘고 즐거운 장소이기보다 오히려 눈물의 골짜기인 것처럼 보이는데, 과연 그런 것일까?

지금도 대부분의 슬퍼하는 사람들, 또는 때때로 단순히 불쾌한 사람들이나 성격이 급한 사람들이 같은 물음을 던지고 있다. 그들에게는 자신의 운명이 수수께끼처럼 이해할 수 없거나 부당한 것으로 생각된다. 만약 자신이 그렇지 않았다면, 그들은 인류의 고통도 어쩌면 무관심하게 보고 지나치지 않았을까?

사실이 그러하며, 아마 앞으로도 그럴 것임은 더 이상 논하지 않더라도 수긍할 수 있는 일이다. 따라서 여기서는 논외에 두기로 한다. 마찬가지로 응보에 대한 문제도 제외하고, 독자 여러분이 이 세상에서의 어떤 죄에도 반드시 정의의 법칙대로 고통이 수반한다는 것에 진심으로 동의해 줄 것으로 기대한다. 이렇게 생각하면, 이 세상의 대부분의 고통과 어쩌면 우리 자신이 받은 고통도 왜 설명이 되지 않는가 하는 문제도 불문에 부치기로 한다. 그럼에도 불구하고 대부분의 경우, 어떤 사람에게 주어지는 고통이 그 사람의 죄에 의한 것이 아니거나, 적어도 죄와 정확하게 비례하지 않는 것처럼 여겨지는 것도 틀림없는 사실이다. 그렇다면 결국 다음과 같이 문제를 한정하여 제시하는 것이 정당할 것이다. "왜 이 세상에는 선한 사람들도 수많은 고통을 겪지 않으면 안 되는 것인가?" 하고.

이 문제에 대해 자세한 고찰이 중요한 것은, 실제 인생 문제가 어떻게 하면 행복을 가장 빨리 찾아낼 수 있을까 하는 것뿐만 아니라, 어떻게 하면 고통을 가장 잘 짊어지고 나아갈 수 있을까 하는 것이기도 하기 때문이다. 그것은 앞에서도 말했듯이 지상의 어떠한 삶에도, 설령 가장 행복한 삶에서도 의심할 여지없이 수많은 고통이 있기 때문이다. 만약 그 많은 고통이 강제적으로, 또는 자발적인 침묵의 덮개로 가려져 있지 않다면(더구나 그 덮개의 표면은 때때로 말할 수 없이 밝고 화려한 색으로 채색되어 있다), 우리는 인생에 얼마나 많은 고통이 있는지 더욱 깊이 확신할 수 있을 테지만 말이다.

어른의 경우에는 이 세상에서의 기분전환, 특히 쾌락의 대부분은 그렇게라도 하지 않으면 도저히 견딜 수 없는 것을 그저 몇 시간 동안 잊는 데 도움이 될 뿐이다. 그렇지 않으면, 그 외의 시간에는 무언가의 불행이 그들의 마음을 절망에 가까운 깊은 슬픔으로 채우는 일도 있기 때문이다. 그것을 위해 연극과 연주회, 그 밖의 오락이 만들어지고 있다. 그러한 것이 만들어지고 유지되는 것은 단순히 향락욕과 예술 취미에서만은 아니다. 또 여러 가지 사교와 클럽 활동, 즉 끊임없이 사람을 만나고 싶어하는 욕구의 진정한 동기도, 사실은 혼자가 되어 생각하지 않아도 되기 때문이다. 술도 그런 이유에서 어쨌든 이길 수 없는 힘을 가지고 있다. 그것은 술이 향락의 수단이며, 많은 사람들에게 향락이 인생의 목적이기 때문만은 아니다. 오히려 술이 시름을 잊게 해주는 현대의 레테의 강(망각의 강)이라는 것이 훨씬 큰 이유이다. 따라서 술이 해롭다는 것을 아무리 과학적으로 증명해 보여줘도 주당들에게는 효과가 없다. 설령 술이 널리 알려진 독이라 해도 그들은 마시지 않고는 견딜 수 없다. 그것은 단순히 술이 맛있는 독이어서가 아니라 모든 것을 잊을 수 있는 도취를 수반하기 때문이다.

그래서 문제는 결국 어떻게 하면 고통을 피할 수 있는가, 또는 어떻게 고통을 없앨 수 있는가 하는 것이 아니다. 그것은 단지 어느 정도까지밖에 할 수 없거나 이상한 수단을 사용하지 않으면 불가능하기 때문이다. 오히려 어떻게 하여 고통을 극복할까, 또 고통은 왜 선한 인간에게 좋은 것인가 하는 것이 문제가 된다. 왜냐하면 악한 인간은 스스로 선해지려고 하지도 않는데도 그들한테서 고통을 제거해 주는 것은 불가능하며, 또 그렇게 해야 할 의무가 누구에게도 없기 때문이다.

1

이미 고대 세계에서도 이 문제에 마음을 기울이고 있었다. 특히 성서의 욥기에서 이에 대해 여러 가지 인간적인 견해가 흥미롭게 교환된 뒤, 최후에 하느님의 심판이 내려짐으로써 이 문제에 대한 종교성 풍부한 해답이 주어졌다. 최후의 결말은 이러하다. 욥은 그때까지 매우 경건하기는 했지만 독선적이어서, 충분한 행복을 누리면서도 그 불안정과 남용의 가능(적어도 어린이들에 의한)을 두려워하며 항상 괴로워하고 있었다. 그 욥이 이제 행복을 초월한 인간이 된 것이다. 또 하느님은 그때부터는 넘칠 것 같은 축복을 그가 감당할 수 없을 거라는 걱정을 하지 않고 내려줄 수 있었다. 이리하여 하느님은 욥으로 인해 이 세상의 영에 대해 영원하고 결정적인 승리를 거두셨다. 그리고 그 승리는 슬픔에 잠긴 무수한 마음들을 다시 일으켜 세우고 격려해 온 것이다.

선한 사람의 고통을 인정하기 위해 할 수 있는 가장 간단하고 올바른 말은, 선한 사람은 고통으로 더욱 뛰어난 자가 된다는 것이다. 이들은 고통을 통해 행복한 사람들을 끊임없이 저속하게 만들기 쉬운 사물에 대한 집착에서 한층 자유로워지고, 또 좋지 않거나 아무래도 상관없는 다양한 교제와 일에서 벗어나 진정으로 확실한 보물을 더욱 소중히 하게 된다. 마찬가지로 고통을 받고 있는 타인에 대한 동정심을 키우며, 자신의 재물과 생명을 잃는 것도 두려워하지 않게 된다. 따라서 그들만이 이 세상에 이상주의의 깃발을 높이 치켜들고, 자신이 믿는 하느님을 위해 '모든 백성의 위에 깃발을 세우는'*1 데 어울리는 자가 된다.

한 번도 고통을 느낀 적이 없어 고통을 이해하지 못하는 사람은 결코 그런 일을 할 수 없다. 그런 사람들은 평범하고 보잘것없는 모습에서 벗어나지 못하고, 하느님을 완전하게 알 수도 없으며, 이 세상에서의 선에 대한 가장 큰 장애물인, 고통에 대한 공포에서 벗어날 수도 없다.

그래서 표제인 '참을 줄 아는 자가 용기 있는 자이다'라는 프랑스 격언은 진실이 된다. 그 밖의 사람들은 용감하게 일하는 데는 적합하지 않다. 복음서가 '이 세상의 왕'이라고 부르는 영으로부터 자신의 혼에 대한 지배력만이라도 빼앗는 것은 용감한 행위이다. 이 용감한 행위를 모르는 자는 이 세상에서 가장 큰 행복도 모른다. 즉, 사람을 용감한 이가 되게 하는 영도, 위대한 사업 때문에 고통스러워하는 영광도 모르는 것이다.

그러한 사람은 하느님의 의지도 모른다. 하느님은 우리를 단순히 향락적인

---

*1 시편 20장 6절, 이사야서 5장 26절.

인간으로 만들어 그저 '삶을 맘껏 향락하게' 하시려는 것이 아니다. 또 눈물이 많은 감상적인 인간이 모든 것을 힘겹고 고통스럽게 느끼며 늘 고개를 늘어뜨리고, 최선을 다해 악을 개선하기 위해 힘차게 손을 내밀려고 노력하지는 않고, 하릴없이 악의 존재만 탄식하게 하시려는 것도 아니다. 악을 개선하는 일에 참여하기 위해서는 가능한 한 엄격한 시련을 받지 않으면 안 된다. 왜냐하면 우리는 자신의 강한 면(이것만이 영원한 세계에 도움이 된다)을 이 세상의 삶에서 끝내지 않으면 안 되기 때문이다. 그것은 내세에서는 대부분의 사람들이 믿는 것보다 훨씬 과감한 일이 실행되고, 그것에 비해 쓸데없이 종교적인 담화에 빠지거나 하프 소리를 들으며 시간을 보내는 일은 아마 없을 것이기 때문이다.

고대 독일의 발할라(북구의 신화에서 전사한 영웅의 영이 사는 천국)는, 비록 사고방식은 무척 조악해도, 천국에 대한 단 하나의 올바른 상상이다. 아마 그곳에는 영웅만이 살고 있을 것이다. 그렇지 않은 자는 들어갈 수 없고, 들어가더라도 즐거움을 느끼지 못한다. 그리스도교의 가장 깊은 의미는 인간의 본성에 깃드는 강한 것(이것이 있기 때문에 인간은 고귀하다)을 강화하고 완성하는 것, 그리고 단순히 귀족계급뿐만 아니라 인간사회의 모든 계급에게 있어서 그것을 이룩하는 데 있다. 그리고 그리스도교는 이 목적을 달성할 수 있었다. 즉, 현대에서는 아득한 옛날의 영웅시대보다 더 많은 영웅적 정신을 보잘것없는 삶 속에서 볼 수 있는 것이다.

페스탈로치는 이에 대해 다음과 같이 말했다.

"부유한 자도 가난한 자도 행복하기 위해서는 마음이 정상적이어야 한다. 대부분의 사람들은 안식의 기쁨이 아니라 어려움과 근심에 의해 이 목표에 도달한다. 그러나 인간은 그 마음이 모든 것을 극복할 수 있도록 단련되어, 견고하고 강하고 인내력도 있고 총명해져야 비로소 행복과 안식과 기쁨을 얻을 수 있기 때문에, 이 세상에 많은 어려움과 고생이 있는 것은 틀림없이 필요한 일이다. 그렇지 않으면 사람의 마음이 정상적으로 평안을 유지하는 것은 지극히 어려운 일이기 때문이다. 그리고 그런 심경에 있지 않으면, 사람이 일을 가지고 있든 없든, 넘칠 정도로 재물을 가지고 있든 없든 같은 일이다."[*2]

[*2] 이사야 45장 3·7절 참조.

따라서 욥의 사건과 마찬가지로 누가복음 제4장의 그리스도에 대한 악마의 시험 사건은 오늘날에도 경험할 수 있는 일이다. 그리고 세상에서 영속적인 영향력을 가지는 사람은 누구나 그 힘을 얻기 전에 이와 비슷한 것을 내면적으로 경험한다. 이 세상의 영은 그를 시험하고, 무기인 재물로 유혹하여 자기편에 붙는 자에게는 그것을 나눠준다. 그러나 자신의 왕국을 분열시키려 하는 자에게는 위험으로 위협하는 것도 마음대로 할 수 있다.

하느님은 변함없이 하느님의 종에 대해 내기를 하신다. 때로는 적이 그 힘을 넓은 범위에 걸쳐 휘두르며 종의 생명까지 지배하는 것도 허용하신다. 하느님이 굳이 그렇게 하시는 것은 선량하고 용감한 사람이 하느님의 도움으로 어려움을 얼마나 이겨낼 수 있는지 실례를 통해 세상에 보여주지 않으면 안 되는 경우, 또는 선한 사람들이 시대정신을 좇을 우려가 보이는 경우, 또 그런 사람들이 자신의 사명과 천직에서 벗어나 적의 세력 범위 안에 떨어질 경우 등이다.

고난이라는 면에서는 풍부한 경험을 가지고 있었던 사도 바울은 선한 사람들의 고통에 대해 적절한 이유를 두 가지 더 들고 있다. 하느님이 선인에게 환난과 위안을 보내고 고통의 경험과 도움을 보내시는 것은, '우리 자신도 하느님에게서 받은 그 위안으로 환난 속에 있는 사람들을 위로할 수 있게 하기' 위해서이다. '위로의 아들*[3]'이 되는 것, 이 명예로운 칭호를 받는 것은 오늘날에도 여전히 고통을 겪으며 하느님의 힘과 도움을 경험해야만 가능하다. 고통을 받고 있는 사람들은 대개 그들을 위로하고 안심시키려는 사람이 그것을 경험하고 그 경험을 통해 그들의 고통을 진정으로 이해해 줄 수 있는지, 또 그들이 하기를 원하는 것을 그 사람 자신도 실천할 수 있는지 간파할 줄 아는 지극히 섬세한 감각을 가지고 있다. 만약 상대가 그렇지 않으면, 아무리 믿음이 깊은 말도 그들의 슬퍼하는 혼에는 전혀 와 닿지 않을 것이다.

다윗의 시편이 오늘날 우리의 마음에 공감을 불러일으키는 이유는 그것이 실제로 체험된 것이기 때문이다. 파울 게르하르트와 루터의 노래, 구스타프 아돌프의 전쟁의 노래도 마찬가지다. 이에 반해 다른 많은 종교시와 수없이 많은 '아름다운' 설교와 신앙서는 곧 사라져서, 아마 그 학식이 풍부한 저자들을 매

---

*3 사도행전 4장 36절.

우 의심스러워하게 만들 것이다. 실생활은 사람을 가르치는 힘, 나아가서 하느님의 소명과 그 신분 증명을 얻기 위한 학교이다. 그것을 거치지 않고 그저 자기의 힘으로 해보려 해도 남들은 결코 신뢰하지 않는다.[*4]

　바울은 선한 사람이 괴로워하는 이유로 또 한 가지를 들고 있다. 그가 그것을 배운 것은 '견딜 수 없을 정도로 극도의 압박을 받으며 살아갈 희망을 잃고 마음속으로 죽음을 각오했을' 때였다. 그것은 '자기를 의지하지 말고 오직 죽은 자를 다시 살리시는 하느님만 의지하게 하심이다. 그가 이같이 큰 사망에서 우리를 건지셨고 또 건지실 것이며 이 후에도 건지시기를 그에게 바라고 있다'[*5] 인간은 태어나면서부터 겁쟁이이다. 건강과 체력에서 나오는 동물적인 기운만으로는 매우 큰 위험이나 오랜 기간에 걸친 위험은 도저히 견딜 수 없다. 자기 직업의 위험을 이해하고 있는 노병 가운데 자신의 힘만 신뢰하고 있는 사람은 아무도 없을 것이다. 만약 하느님을 의지하지 않으면, 어떤 숙명관이나 자기 군의 대장의 확실한 행운, 또는 때때로 재난을 물리쳐주는 미신적인 부적에 의지한다. 겉모습도 결코 힘이 세 보이지 않고, 분명히 선병의 경향이 있는 약한 체질이었던 바울은 오로지 하느님의 도움을 끝없이 경험함으로써 영웅이 되었다. 그러고 보면, 그가 만났던 생명이 위태로울 정도의 위험은 대부분 그의 편지 가운데 적힌 우연한 말을 통해 알려졌을 뿐, 그 상세한 사정을 알 길이 없는 것도 이상한 일은 아니다.[*6]

　고통은 인간을 강하게 하거나 망쳐버린다. 어느 쪽이 될지는 그 사람이 자기 속에 가지고 있는 소질에 달려 있다. 행복할 때는 고통을 얼마나 견딜 수 있을지 전혀 자신이 없다. 고통을 겪고 나서야 비로소 자신을 아는 것이다. 그러므로 한 나라의 국민 가운데 교양인들의 의무는 인류를 위협하는 모든 고뇌에서, 그들이 현재 그렇게 하고 있는 것처럼 가능한 한 멀리 물러나서 특권계급을 형성하는 것이 아니다. 오히려 사람들과 함께 그 고뇌를 충분히 이해하고, 자신들의 교양의 힘으로 그 고뇌를 극복하여 다른 사람들에게도 그 길을 보여주어야 한다. 그들이 그런 자세를 가지지 않는다면, 아무리 교양이 높

---

*4 여호수아 1장 7·9·17절.
*5 고린도후서 1장 8~10절, 독일어역에서.
*6 고린도후서 11장 23~26절.

아도 세상에 쓸모있는 사람이 되지 못하며, 자기 보존 이외에 어떤 삶의 목적도 없는, 말하자면 귀족계급과 마찬가지로 언젠가는 없어질 운명에 있다고 할 수 있다.

2

고통으로 인해 얻을 수 있는 실제적 경험은 특히 다음과 같은 것이다. 누구든지 한번 그것을 얻으면 언제까지나 마음에 새겨두지 않으면 안 된다.

고통을 도저히 견딜 수 없을 것 같은 지극히 괴로운 기간은 대개 그리 길지 않다. 경험에서 말하면 사흘째에는 고통은 끝나거나 적어도 줄어들기 시작한다.

그러므로 그 생각을 처음부터 기대해도 좋을 뿐만 아니라, 실제로 고통은 결코 영원히 계속되는 것이 아닌데도 마치 그런 것처럼 느끼게 하는 자신의 공상을 가능한 한 없애지 않으면 안 된다. 하느님은 또 현실적으로 존재하는 고통만 도와주시지, 공상이 뻗어가는 대로 깊어지는 고통에서 구원해 주시지는 않기 때문이다.

괴로울 때는 자신과 얘기하거나 강박관념에 몸을 맡기지 말고, 하느님과 얘기를 나누어야 한다. 그것은 자신의 마음에도, 또 고통 자체에도 전혀 다른 작용을 미친다.

결코 인간을 두려워해서는 안 된다. 또 증오와 분노를 발산해서도 안 된다. 그것은 고통을 더욱 늘릴 뿐, 아무런 유익이 없기 때문이다.

더욱이 다음과 같은 경험도 일반적으로 흔한 일이다. 고통은 일단 정점을 넘어선 뒤에는 한꺼번에 사라지지 않고 서서히 물러간다. 그 뒤에 다시 한번 돌아와 잠시 동안 괴롭힐 때도 있는데, 그것은 사악함의 뿌리를 완전히 뽑아버리기 위한 것이다. 고통의 정점에서는 하느님의 의지에 귀의하게 된다. 이 경우, 특별히 힘을 얻은 마음은 오랫동안 영혼의 성실하고 은혜로운 길동무로서 익숙해진 십자가에서 떠나는 데 어떤 슬픔을 느끼는 일도 있다. 이와 같은 감사하는 마음이 있는 경우, 고통은 그 의무를 충분히 한 것이며, 확실히 그 끝에 가까이 다가와 있는 것이다.*7

*7 누가복음 18장 8·42절.

하느님과 함께 있으며 고통 속에 사는 것이 하느님 없이 살고, 하물며 하느님 없이 고통 속에 사는 것보다 항상 나은 운명이라는 것을 끊임없이 확실하게 인식하지 않으면 안 된다.

만약 고통이 자신의 죄에서 나온 것이라면, 모든 것을 제쳐두고 먼저 그 원인이 된 죄를 멀리 할 필요가 있다. 그렇게 하지 않으면 구원과 위안을 찾아낼 수 없기 때문이다.

이에 반해 그 고통을 하느님이 내리신 것인 경우, 그것은 틀림없이 다음과 같은 좋은 특성을 가지고 있다. 먼저 그 고통은 이쪽의 능력으로 충분히 감당할 수 있는 것이다. 또한 그 고통이 유익한 것이라는 확신에 근거한, 어떤 즐거운 기분까지 동반하는 경우가 있다.*8 다음에 그러한 고통은 결심(즉 실천과 귀의의 결의)으로 극복될 수 있으며, 올바른 결심이 이루어지면 고통은 물러가기 시작한다. 마지막으로 고통은 정신에 대해 전에는 갇혀 있었던 통찰을 새롭게 열어주고, 또 전에는 가지지 못했던 새로운 힘을 준다. 그것과 아울러 바르게 극복된 고통은 그 방향에서 장래에 주어져야 하는 행복의 가장 확실한 보장이며, 진정한 확약이 된다. 그러나 어떠한 고통도, 이를테면 자신의 죄에 의한 것이라도, 그 고통을 하느님의 손에서 나온 정당한 대가라고 인정함으로써, 위에서 말한 것과 같은 좋은 특성을 남김없이 갖추고 있는 '하느님이 내려주신' 고통으로 바꿀 수 있다.

인간에게 있어 큰 진보는 언제나 고통에 의해 그 길이 열린다. 그것과 마찬가지로 보통 다가올 고통에 앞서서 특별히 고양된 기분이 찾아와 정신을 강화해 준다. 그래서 이러한 경험을 거듭함으로써 마침내 가장 행복한 순간에는,

---

*8 베드로전서 3장 14절. 이런 의미에서 베르니에 루비니는 고통 속에서의 '즐거움'에 대해 말했다. 이 표현은 너무나 강렬하고, 그리스도의 수난 사건과도 모순된다. 그러나 고통 속에도 기쁨은 있을 수 있다. 시편 88장도 그 끝(19절)에서 이리저리 방황한 끝에 하느님이 그 고통을 만드신 것에서 기쁨을 찾아내고 있다. 셰익스피어도 세속적인 입장에서 이에 대해 다음과 같이 말했다.

"나쁜 일 속에도 약간의 선한 영혼이 들어 있다.
사람이 주의 깊게 그것을 찾아낸다면."

그러므로, 어떤 광신자들처럼 '고통을 동경할 필요'는 없다. 하느님이 보내시는 고통을 용감하게 견디면 그것으로 충분하다. 그러나 고통을 인생의 지극히 본질적이고 필수적인 부분으로 생각하고 이 확신과 함께 그것을 받아들이기 전까지는, 인간의 성격은 아직 충분히 성숙하지 않았음이 확실하다.

조용하고 엄숙한 마음으로 시련이 바로 눈앞에 다가와 있음을 생각하면서 지극히 겸손하고 신중하게 행동하고, 반대로 고통 속에 있을 때는 머지않아 인생의 새로운 통찰과 단계가 주어진다는 걸 확신하며 진심으로 기쁨을 느끼는 경지에 도달한다. 이렇듯 고통은 인간에게 절도를 가르쳐준다.

일반적으로 "고통(Leiden)"이란 말은 원래(지금은 완전히 사라지고 말았지만) '시험하는 것', 즉 적재력(積載力) 시험을 의미한다. 이것에 의해 시험 받는 자의 진정한 내적 가치가 드러나고, 단계를 더 나아가도 되는지 어떤지 그 힘이 밝혀진다. 따라서 시련이 찾아와도 '이제 좋은 시절은 지나가고 괴로운 시절이 도래한 것'이 아니며, 또 '조용히, 바꿀 수 없는 숙명을 용감하게 견뎌라' 라는 것도 아니다. 오히려 '굳게 버티고 서라, 그렇게 하면 큰 보물이 주어지지만, 그렇지 않으면 주어지지 않는' 것을 의미한다. 그래서 진정으로 뛰어난 사람의 생애는 시련의 연속이며, 그 마지막 시련은 부활에 대한 믿음을 가지고 죽음을 이기는 것이다. 생각을 하는 사람에게는 이러한 계통적인 인간 교육 이상으로 하느님의 존재를 증명해주는 것은 없다. 그런데 안타깝게도 사람이 이 교육을 깨닫는 것은 아주 늦을 뿐만 아니라 그것에 몸을 맡기려 하지 않고 오히려 반발한다.

3

지금까지 말한 것이 '선한 사람'이 받는 고통에 대한 주된 설명이다. 그리고 진정으로 선한 사람에게는, 다시 말해 이 세상에서의 자신의 안락한 생활이 모든 것의 주안점이라고 생각하지 않는 사람에게는 이 설명으로 충분할 것이다. 믿음은 깊으나 부와 가족의 애정에 젖어 있는 많은 사람들은 이런 말을 진정으로 이해하지 못하고, 더욱이 일종의 이기주의라고 약간 에두른 암시라도 받으면 몹시 화를 내기도 한다. 유감이지만 이것은 사실이다. 게다가 그들에게는 세상에 의의를 가진 것은 아무것도 없기 때문에 때때로 불행하고, 또 하느님이 그들에게 고통을 줌으로써 내리려 했던 최대, 최고의 일과 의의도 제멋대로 거부하고 있다는 것을 깨닫지 못한다.

더 이상 고뇌에 대해 말하는 것은 그리 중요하지 않고 또 모든 경우에 적용되는 것도 아니다. 어쨌든 다음과 같은 말을 할 수는 있을 것이다. 타인에 대해 충분히 동정을 느낄 수 있는 마음과 이 세상의 행복이 단지 혜택 받은 소수를 위한 것만은 아니라는 것을 통찰할 줄 아는 건전한 양식을 가진 사람들에게는, 타인의 고통(이것은 멀리서 찾을 것도 없다)에서 받는 강한 인상 하나만으로도 자신의 처지가 훨씬 더 견디기 쉽다고 납득하기에 충분한 경우가 많다.

고통스러울 때 가장 힘든 것은 하느님과 운명에 대해서이든, 또는 고통의 간접적인 원인인 인간에 대해서이든, 마음속으로 끊임없이 분노를 느끼는 일이다. 그것 때문에 흔히 사소한 고통도 견딜 수 없을 만큼 확대되는 일이 있다. 이에 반해 큰 고통도 완전한 불행으로 우연히 찾아온 것이 아니라, 어떤 목적에 의해 자비로운 손이 내린 것이라고 생각하면 훨씬 견디기 쉬워진다. 그것에 대해 깊이 생각하고, 목적을 물으며 이해하려고 시도하는 것 자체가 이미 고통을 가볍게 하는 효과를 가진다. 마찬가지로 만년이 되어서는 지금까지 이겨온 온갖 고통을 떠올리는 것이 현재의 고통을 줄여주는 작용을 한다. 과거의 고통들이 어떤 좋은 목적을 가지는 것이었고, 결국은 이겨낼 수 있었을 뿐만 아니라 그것이 인생의 큰 전환기가 되었음을 깨닫기 때문이다.

때로는 어느 쪽을 보아도 올바른 행동을 할 수 없게 되어 오직 고통스러워하는 것만이, 아니 때로는 죽는 것만이 할 수 있는 유일한 행위가 되는 상황도 물론 없는 것은 아니다. 그러나 그런 경우에도 내세를 믿는 자에게는 죽음은 그리 큰 재앙이 아니며, 오히려 더 이상 고통이 없고 훨씬 나은 존재로 향하는 입구에 지나지 않는다.[*9]

고통은 사람의 마음에 분노를 불러일으키거나 무감각하게 하지 않는 한, 인간을 깊어지게 하여 투철한 인품을 만든다. 이는 다음과 같은 인간 심리를 잘 관찰한 사람이라면 누구나 알 수 있는 일이다. 즉, 인간의 정신은 평상시에는 보통 천박한 생각과 호기심의 두꺼운 베일에 싸여 있지만, 고통스러울 때는 그 베일이 모두 제거되고, 그 대신 순수하게 정신적인 것을 쉽게 이해할 수 있고, 모든 인간관계를 올바르게 평가하며, 또한 감정이 진실해진다. 이것들은 전에는 아무리 노력해도 얻을 수 없었던 것이다. 이 점에 있어서 고통은 다른 좋은 행위보다 낫다고까지 말할 수 있다. 겨우 며칠 동안의 고통스러운 날과 잠 못 드는 밤에, 타고난 소질에서 보면 도저히 넘을 수 없는 내적 진보의 한계를

---

*9 요한계시록 21장 4·7·8절.

극복하고*[10] 결코 사라지지 않을 것 같았던 온갖 굳어진 성질들이 작열하는 고뇌 속에 녹아 사라진다.*[11]

"탄식은 하늘의 노래가 되지 않으리라, 너의 생명이 끝나기 전에.

성취한 모든 것은 아름답고, 선으로 끝나는 모든 것은 좋은 것."

그러나 고통스러울 때는 가능한 구원을 청하지 않으면 안 된다. 인내와 귀의는 아주 바람직하다. 하지만 "주여, 구원해주소서"라는 말(오만한 인간의 마음에는 약간 어울리지 않지만) 또한 좋다. 의사나 종교적인, 또는 세속적인 적절한 조언자도 괜찮다. 바꿀 수 있는 것은 바꿔라. 바꿀 수 없는 것은 참고 견뎌야 한다. 그 이상의 것은 우리의 이해가 미치지 않는 영역이며, 또 하느님이 원하시는 것도 아니다. 고통은 감수하지 않으면 안 된다. 그렇지 않으면 아무런 도움도 되지 않기 때문이다.

그러나 또 고통은 극복되고 활용되지 않으면 안 된다. 적어도 내면적으로는 완전히 처리되어야 한다. 그것이 고통의 목적이기 때문이다. 그리스도교에 비해 스토아주의의 큰 결함은 고통이 재앙이 아니라는 진실에 어긋나는 주장을 극단적으로까지 내세우거나, 아니면 '마지막 수단'으로서 '출구가 열려 있다'(자살은 허락되어 있다는 의미)는 것밖에 모르는 점이다. 더욱이 이것은 이 주의의 뛰어난 대표자들에 의해 이미 수없이 실천되었다.

그러므로 오직 고통만이 진정한 의미에서 사람을 겸손하게 만든다.*[12] 성녀 힐데가르트*[13]는 '하느님의 은총을 받은 사람들'에 대해 말하고 있다. 때때로 이들은 하느님으로부터 버림받아 그들에게 전혀 구원이 없는 것처럼 보이는 일이 있다. 그러나 "내(하느님)가 그렇게 하는 것은 그들의 외적 인간이 자만심 때문에 성장하지 않기 때문이다. 그러나 나는 강한 손으로 그들을 지탱해주며, 참으로 괴로워할 때 그들의 내면에 많은 결실을 맺게 해준다. 나는 가끔 그들이 악마적인 망상과 유혹에 사로잡히는 것을 허락하는데, 그것은 그들이 뛰어난 선교자가 되게 하기 위해서이다."

아무리 최고의 소질을 가진 사람도 고통이 없는 인생은 알맹이가 빠진 보잘

---

*10 고통만이 복음의 좋은 씨앗을 뿌릴 수 있는 밭을 만든다. 고린도전서 11장 30~32절.

*11 말라기 3장 1~3절.

*12 이사야 38장 15절.

*13 1098~1178년, 루페르츠 베르크 수도원의 창립자.

것없는 것이 된다는 것, 따라서 하느님이 사랑하는 자에게 적지 않은 고통을 '맡기시는'(고통은 그야말로 맡겨진다고 표현해야 하는 것이다) 것은 그들에 대한 순수한 은총이라는 것, 이것을 진정으로 깊이 깨닫는다면, 그는 인생에서 놀라온 진보를 이룩할 것이다.

그러나 이 세상에서 하느님의 행위가 손상되어서는 안 된다는 이유로, 왜 '하느님의 종'인 사람들이 남몰래 많은 고통을 받는 것만으로는 부족하단 말인가? 이것에 대해 가장 좋은 대답은 이사야서 48장 10, 11절이다. 고통은 그 사람들에게는 선택받았다는 증거이며, 그들의 사명에 대한 신분증일 뿐만 아니라, 또 지상에서 하느님의 행위가 너무나 불완전한 대리인(이것이야말로 주지하듯이 하느님의 행위를 가장 크게 손상시키는 것이다)에게 맡겨지는 일이 없도록 하기 위한 조치이기도 하다. 그래서 하느님의 행위에 실제로 약간이나마 도움이 될 만한 사람은 모두 용감하게 그 일에 임하는 자가 아니면 안 된다. 또 때로는 세상 전체가 한 목소리로, "우리의 신을 숭배하지 않을 뿐만 아니라 신을 공공연히 공격하는 당치 않은 짓을 하지 말라"고 하며 그 사람을 위협하는 것처럼 보이는 경우에도 '철의 이마'를 가지지 않으면 안 된다. 그렇게 되기 위해서는 오직 고통을 통해서만 교육을 받아야 한다. 그래서 한 나라에 대한 하느님의 심판도 언제나 악인이 아니라 먼저 선인에게서 시작된다.*14

마지막으로, 슬픔과 시련 속에 있을 때 위에서 주어지는 위안은 여러 가지 유익한 인생경험 가운데 가장 훌륭하고 좋은 것 가운데 하나이다. 그런 경험을 한 적이 없는 사람은 인간의 영혼이 얼마나 높아지고, 또 얼마나 넓어질 수 있는지 알지 못한다. 그러므로 이미 말한 것처럼, 이런 사람들은 결코 타인을 힘차게 격려하여 평범한 인생을 넘어서도록 향상시킬 수가 없다.

경험에 비추어, 사람은 대체로 행복할 때보다 괴로울 때 하느님 가까이에 있는 법이다. 하느님 가까이에 있는 것은 사람의 마음을 그 속에 완전히 잠기게 할 수 있는 풍요로운 행복을 낳아, 어떤 고통도 적어도 일시적으로는 견딜 수 있게 해준다. 이러한 경험은 우리가 체험할 수 있는 최선, 최고의 것에 속하며, 그 밖의 행복감은 이것에 비할 바가 못 된다. 그런데 '이 세상의 슬픔'은 죽음

---

*14 베드로전서 4장 17절.

외에 어떤 것도 낳지 않는다.

　인류가 출현한 이래, 그 중심 문제가 되어온 이 고통으로부터의 구원이라는 문제를 해결하여 고통 속에 있는 모든 사람들에게 도움이 되고자 한다면, 이렇게 말하지 않을 수 없다. "무엇보다 슬픔을 추방하라, 슬픔은 먼저 마음과 신경을, 다음에는 정신을 해치고, 다른 어떤 재앙보다 확실하게 죽음을 초래하기 때문이다." 그러나 슬픔은 물질적 수단으로는 추방할 수 없다. 이 방법으로는 한 개인의 고통도 모두 제거하는 것이 불가능하다. 고통은 인간 존재에게 있어 필연적인 부분이며, 모든 인생은 고통으로 시작되어 고통으로 끝난다. 대부분의 사람들의 삶은 거의 끊임없는 고통으로 가득 차 있다. 이 사실을 바꾸려 하거나 자기 혼자 이 법칙에서 예외가 되려 하는 것은 헛일이다. 뭐니 뭐니 해도 결국 문제는 오직 행복이라는 것에 귀착하지만, 행복은 고통의 한복판에서도 느낄 수 있다. 그리고 그것은 오로지 하느님과 함께 있음으로써 존재한다. 격노한 군주의 명령으로 몇 년 동안 삼엄한 요새에 갇혀 있어야 했던 뷔르템베르크 주의 법률고문 모젤은 그것에 대해 이렇게 말했다. "독방문이 내 등 뒤에서 닫혔을 때, 참으로 생생하게 느껴지는 그 무언가가 동시에 숨어들어 왔다. 그것은 한 번도 내 곁을 떠나지 않은 채 모든 일을 쉽게 견딜 수 있도록 도와주었다. 그것은 바로 '하느님의 평안'이었다."

　이미 무수한 사람들이 극도로 불행한 외적 환경 속에서 이와 비슷한 일을 경험했고, 오늘날에도 많은 사람들이 나날이 그것을 체험하고 있다. 인간생활의 비참함에 있어서 일반적으로 가능하고 또 확실한 구원은 하느님이 주시는 평안 외에는 존재하지 않는다. 또 가장 넓은 범위에 걸친 사회개혁이 성공한 경우에도, 그 개혁은 다만 인류의 비교적 작은 부분에 대한, 그것도 그 고통 전체의 극히 작은 부분에 대한 완화책에 지나지 않는다. 그것으로 완전히 만족하고 싶은 자, 즉 주로 공상으로 만족하고 싶은 자(왜냐하면 현실에는 극히 적은 만족밖에 경험할 수 없을 테니까)는 그렇게 하라. 그러나 우리는 모든 사람을 위해 훨씬 빠른 구원을 원하고 있다. 그리고 그 구원은 고통과 함께, 또 고통 속에서 행복감이 높아지며, 쉬지 않고 지속되는 것으로 바로 위에서 말한 길에서만 발견될 수 있다. 이것은 어떤 사람의 힘으로도 이룩할 수 없는 일이다. 따라서 '죽음을 낳는' 위안 없는 슬픔은 고통일 뿐만 아니라 항상 죄악이기도 하다.

그래서 고통의 문제를 푸는 비결을 다시 한번 간단하게 말하면, 하느님과 함께 있으면서 고통을 받는 것, 이것밖에 없다. 즉, 우리 내부의 비천하고 왜소한 것을 모조리 '삼켜버리는 불'로 없애버리시는 하느님 곁에 있는 것을 견딜 수 있도록 하기 위해 우리는 고통을 받는 것이다. 그러나 또 하느님과 함께 있으면, 다른 사람은 견디지 못할 것 같은 고통도, 그리고 자신의 비겁한 공상이 끊임없이 자신을 두려움에 떨게 하는 고통도 견뎌낼 수 있다.[15] 그래서 이 길을 진지하게 가고 싶은 사람에게 끊임없이 이정표가 되는 말은, "두려워하지 말고 오직 믿으라"[16]이다. 그렇지 않은 사람들에게 나타나는 현대인 전체의 특징인 고난 공포증은 하느님에 대한 불신에 따른 논리적 결과로 지극히 당연한 일이다.

그러므로 이 점에 대해서 우리는 결코 그들과 일치할 수 없을 것이다. 왜냐하면 우리는 때때로 자신의 생활 속에서 도움을 경험해 왔지만, 그들은 그런 도움을 알지 못하고, 따라서 그것을 믿을 수 없기 때문이다. 그런 의미에서도 항상 "십자가의 도가 멸망하는 자들에게는 미련한 것이요, 구원을 받는 우리에게는 하느님의 능력이다."[17]

---

[15] 시편 34장 19~22절.
[16] 마가복음 5장 36절.
[17] 고린도전서 1장 18절, 예레미야 1장 19절, 3장 25절, 6장 29절, 괴테는 이것에 대한 예감을 《파우스트》 제2부(11954~65행, 승천의 장, 천사의 노래)에서 다음과 같은 노래로 얘기했다.

"지상의 찌꺼기를 나르는 것은
언제나 고통스러운 일입니다.
아무리 그것이 석면으로 되어 있어도
결코 깨끗하다고는 할 수 없으니까요.
강한 정신의 힘이
모든 원소들을
내 몸에 끌어 모았을 때,
영혼과 육체가 밀접하게 합일을 이룬
이 이중의 존재는
어떤 천사도 분리할 수 없습니다.
오직 영원한 사랑만이
그것을 갈라놓을 수 있지요.

그것을 하는 것은 영원한 사랑이기는 하지만, 바로 이 세상에서, 게다가 고통을 통해서가 그러나 '고통의 이익'에 대한 아무리 훌륭한 생각도 실제로 고통을 절실히 느끼고 있는 순간에는 전혀 도움이 되지 않는다는 것도 우리는 경험을 통해 잘 알고 있다. 그 대신 고통의 전후, 즉 고통에 대한 준비 자세와 그 뒤의 회복을 위해서는 이 생각은 그만큼 더 도움이 된다. 고통의 한복판에서는 정의와 은총의 하느님에 대한 신앙을 무슨 일이 있어도 절대로 버리지 않는다는 결심을 영혼의 마지막 힘을 기울여 견지하는 것만이 도움이 될 때가 많다.

그러한 결심을 하고도 때로는 절체절명의 위기에 빠질 때가 있다. 이 세상의 영은 무너진 영혼에게 권고한다. "자, 네 생애의 가장 큰 방황(신앙)과도 작별을 고하고 죽는 것이 좋다"고. 만약 이런 말이 다른 역할을 할 가까운 사람들의 입에서도 새어나온다면, 그것은 한층 더 냉혹하게 들릴 것이다. 그러나 그것에 대한 대답은 욥 또는 그리스도의 말이 아니면 안 된다.*18 그러면 위험한 순간은 지나가고 승리는 쟁취되어 있을 것이다. 어쩌면 그것은 생명 자체를 대가로 한 것일지도 모른다. 그것은 결코 있을 수 없는 일은 아니다. 그러나 그 경우에도 그냥 '생명이 끝난' 것이 아니라 '성취한' 것이다.

따라서 고통 속에 있을 때도, 적어도 마음 깊은 곳에서는 항상 가능한 한 자신감을 가지고, 또 어떤 경우에도 용기를 내야 한다. 그렇게 하면, 경험에 비추어보아도 언젠가 하느님이 구원해주실 날이 찾아온다. 만일 하느님의 손길이 전혀 나타나지 않고, 우리를 압박하고 불안하게 하는 악조건이 제거되지 않는다 해도(특히 괴로울 때는 거의 이상할 정도의 설득력으로 그렇게 생각하지 않을 수 없게 마련이지만), 그래도 우리는 '기분전환'의 향락과 염세관, 분노와 무기력에 빠지기보다 자신의 용기와 선량함으로 싸우는 편이 훨씬 훌륭하게 극복해 갈 수 있을 것이다. 왜냐하면 우리는 결국 끊임없이(그리고 아마 영원히) 오직 자신으로 살지 않으면 안 되며, 타인이 아니라 바로 우리 자신이 어떤 인간인가 하는 그 모습이 결국 우리의 행복을 결정하기 때문이다.

아니면 불가능한 일이다. 따라서 고통 속에 있는 자 가운데 한 사람인 것은 위안이며, 또 그것이 진보할 수 있는 유일한 방법이다. 아모스 3장 2절, 4장 12절, 예레미야 1장 10절, 요엘 4장 21절, 이사야 28장 24~29절, 38장 15절, 사무엘하 24장 13~17절, 잠언 16장 4·7절 참조.
*18 욥기 2장 9·10절, 마태복음 4장 10절, 16장 23절.

* * *

"자, 네가 오래 사로잡혀 있던
슬픔과 고뇌에서 벗어나, 크게 숨을 내쉬어라.
네 위를 덮고 있던
어두운 시련의 시간은 지나갔다.
이윽고 어둠의 밤은 지나간다,
그 불안한 세월과 함께.
너는 그 고통을 통해
네 하느님의 진실을 알았다.

일찍이 네가 맹세한 것을 잊지 말고,
지금 행복에 안겨 용감하게 실천하라.
너와 함께 많은 것을 견디며
진가를 발휘한 사람들을 잊지 마라.
너의 적이 되어 맴돌면서
너를 괴롭힌 사람들을 잊어버려라.
그들이 그것을 선택한 것이 아니며,
더욱이 하느님을 위해 일한 자들이다.

인생의 최고 보물은 행복이 아니다,
맑고 조촐한 행복을 입는 일이다.
행복은 이내 지나가고
우리와 함께 묻혀 사라진다.
맑고 조촐한 행복은 영원한 피안에서
울려오는 하나의 아름다운 음악.
영원한 나라에 살기 위해
우리는 이승에서 준비하자."

〈부록〉 병자의 구원

1

질병은 유일한 고통은 아니다. 또 가장 괴로운 고통도 아니다. 그 대신 특히 자주 찾아오는 것으로, 때때로 가장 오래 지속되는 고통이기도 하다. 어쨌든 누구나 가능한 한 빨리 이 고통에서 구원받고 싶어한다.

그러나 인간에 의한 구원은 질병과는 거리가 먼, 비교적 가벼운 경우에만 가능하며, 그것도 극히 가까이 있는 병의 원인을 그저 물질적으로 제거할 수 있을 뿐이다. 중병에 걸린 경우, 우리 생명력의 완전한 조화를 수수께끼처럼 공격하는 것(이것이야말로 질병이라고 부를 수 있는 것이다)을 이기기 위해서는 모든 정신적인 힘이 함께 협력하는 것이 반드시 필요하다.

따라서 병자가 그렇게 할 수 없을 때 의사가 해야 할 첫 번째 의무는, 병자를 조용하고 안정된 기분이 되게 해주는 것이다. 그렇지 않으면, 물질적 치료 수단도 원래의 효과를 충분히 나타내지 못한다. 물론 그러기 위해서는 의사가 인간을 단순한 동물로 생각하지 않고, 인간에게는 동물에게는 없는 힘이 작용할 수 있음을 믿지 않으면 안 된다. 이러한 생각이 순수한 유물주의적 견해에 대해 확실한 승리를 거두지 않는 한(우리가 보는 바로는 아직 거기에서 상당히 먼 상태에 있지만), 훌륭한 의술도 최상의 성과는 올리지 못할 것이다. 그러나 그 승리를 얻는다면, 의료는 단순한 직업(사실 지금은 매우 광범위한 물질적 전문지식을 토대로 하고 있는 직업이기는 하지만)에 머무르는 대신 예술로까지 높아질 것이다.

그러나 모든 병자를 전혀 차별하지 않고 오로지 정신적이고 종교적인 방법만으로 살리는 것도, 순수한 유물적인 방식과 마찬가지로 불가능한 일이다. 그러기 위해서는 오히려 신중함과 특히 정확한 인간에 대한 지식이 중요하다. 질병은 그야말로 정신과 마음의 병일 때가 많고, 그 경우 건강한 정신이 작용하면 병든 정신은 그것에 저항하려는 경향이 있다. 명백하게 저항하지 않을 때도, 반쯤 또는 완전히 자신을 계속 속이는 무리가 마찬가지로 치유를 방해한다. 이러한 것이 병자 속에 작용하고 있는 경우에는 치료와 간호에 임하는 사람들의 사랑과 가능한 한 완전히 이기심을 버린 태도(이것에 대해 병자는 비정상적으로 날카로운 눈, 아니 오히려 본능적인 감각마저 지니고 있다)가 가장 효과적이다.

오직 위와 같은 경우에만 성서는 '질병의 영'에 대해 말하고 있다. 이런 때는 몸과 마음이 모두 완전히 건강한 사람과 교제함으로써 질병의 영으로부터 해방될 수도 있다. 또는 질병이 그 당사자가 지닌 하느님에 대한 옳지 않은 마음가짐과 알면서도 굳이 죄를 고집하는 것, 그리고 도덕적 세계질서에 대한 반항심 때문인 경우, 성서는 '죄의 용서'에서 치유가 시작된다고 말하고 있다.*19 그러나 이러한 일은 오늘날에도 자주 일어나고 있다.

그런데 현대의 자연주의적 세계관은 질병을 순전히 유물적으로 설명하는 것이 완전히 불가능한데도 불구하고 이 사실을 인정하려 하지 않는다. 미신적인 수단은 예외 없이 해롭다. 그것은 일시적이며, 이를테면 같은 종류의 치료법으로 병을 가볍게 할 수는 있지만, 그렇게 계속하다가는 신경계통, 또는 더 자주 정신생활 전체의 착란을 불러일으키는 일도 있다. 하느님을 그 영과 진리를 통해 파악하는 것, 죄라고 인정하면 그것을 그만두는 것, 자신과 관계있는 모든 부정을 버리는 것, 또 신뢰할 수 있는 사람에게 이따금 성실하게 고백하는 것, 다음에는 가능한 한 자신을 유익한 존재로 만드는 일을 하는 것, 아무것도 하지 않는 것, 또 이와 비슷한 단순한 독서와 설교 듣기를 그만두는 것, 남을 사랑하고 남으로부터 사랑받는 것. 이러한 것들이 건강을 얻는 데 필요한 올바른 마음가짐이며, 어떤 보양(保養)보다 더 효과적이다. 어떠한 보양도 그것만으로는 질병의 치료와 예방에 충분한 도움이 되지 못하기 때문이다.

이윽고 질병임이 확실해지면, 그 사람은 병을 앓는 동안 언제나 다음의 두 가지를 염두에 두지 않으면 안 된다. 첫째, 건강은 분명히 소중한 보물이며, 더욱이 그것을 잃고 나서야 비로소 그 진가를 실감하게 되지만, 그렇다고 건강을 잃으면 반드시 불행해진다고는 할 수 없다. 왜냐하면 모든 사람이 때로는 건강하지 않을 때가 있고, 또 질병 가운데 생애의 대부분을 보내는 사람도 적지 않기 때문이다. 만약 건강하지 않으면 행복할 수 없다고 한다면 참으로 슬픈 일일 것이다. 그러나 다행히도 그것은 진실이 아니다. 불행한 병자가 있는 것과 마찬가지로 행복한 병자도 있다. 질병과 행복은 결코 양립할 수 없는 것

---

*19 마가복음 2장 5절, 요한복음 5장 14절.

은 아니다. 둘째, 어떤 질병도 반드시 합리적인 목적을 가지고 있다. 깊이 생각하여 그 목적을 발견하고, 그것이 자신에게 부여된 의무인 한 그것을 촉진하지 않으면 안 된다. 다만 건강해지기 위해서 뿐만이 아니라 회복을 방해하고 있는 특수한 장애를 없애기 위해서도 이러한 의지의 협력이 필요하다. 그렇지 않으면 질병을 일으키는 정신적 요소는 물러가지 않는다.

이와는 반대로 의지의 협력이 있으면, 먼저 질병은 견딜 만한 정도로 좋아지고, 마지막으로 그 사람에 대한 목적이 달성되면 갑자기 낫는 경우도 드물지 않다. 우리는 위의 두 가지를 생각하며 확신을 얻기 위해 시험해 볼 수도 있다. 그러한 진지한 시도가 이루어질 때마다 먼저 내적인 인간의 힘이 커지고, 그로 인해 병고가 어느 정도 경감되는 효과를 얻을 수 있을 것이다. 반대로 그렇게 하지 않으면 비관적인 생각이 갈수록 강해지고, 가차 없는 운명에 대한 분노가 높아져서, 결국 질병 자체보다 더 큰 재앙이 될 수도 있다.

질병의 '이점'으로는 다음과 같은 것을 들 수 있다. 물론 그것은 나중이 되어야 비로소 깨닫게 되는 경우도 드물지 않지만.

너무나 바쁘게 사는 대부분의 현대인들에게는 아주 필요한 여가, 완전한 휴식, 과거와 미래를 침착하게 바라보는 것, 인생의 진정한 보물에 대한 올바른 인식, 여러 가지 좋은 사상들, 자신이 가지고 있는 모든 좋은 것에 대한 감사 등은 오직 질병에 걸려 있을 때만 주어진다. 이것들은 대체로 언제나 건강하면, 반듯하고 훌륭한 사람들한테서도 자칫 사라지기 쉽다.

질병 덕택에 인생 최대의 기쁨 가운데 하나인 질병의 쾌유와 생명의 새로운 충만함에 대한 만족감을 맛볼 수 있다. 고대인은 텔레스포루스라는 독특한 쾌유의 신을 가지고 있었는데, 이 신은 로마의 키아라몬티 박물관과 빌라 보르게제 공원에서 볼 수 있듯이, 만족스러운 듯이 미소 짓는 소년의 모습을 하고 있다.

이렇게 질병은 인간의 발전을 방해하는 경우도 있을 수 있지만, 마찬가지로 건강 또한 때때로 방해가 된다. 먼저 건강을 얻고, 그런 다음 비로소 올바른 생활과 일을 하려는 사람들은 대부분 잘못 생각하고 있는 것이다. 정신적인 해방을 수반하지 않고 신체만 질병에서 해방되는 것은, 그들에게 큰 장애가 될 수도 있다.

분명히 질병의 예방과 치료에 대해서는 앞으로도 수많은 업적이 나타날 것이고, 그런 종류의 지식과 설비가 진보하는 것은 모두 크게 환영할 만한 일이다. 그러나 우리 현대인들에게 중요한 문제는 그런 것이 아니다. 오히려 건강하지 않으면 아무것도 할 수 없고 의무도 다할 수 없다는 식의 나약하고 편협한 사고방식을 버릴 것, 두 번째로는 건강은 단순히 자연의 것일 뿐만 아니라 하느님의 선물이며, 따라서 하느님의 계율에 따르는 생활을 하지 않으면 오래 유지할 수 없다는 확신을(이것은 일반적으로 거의 잊어버리고 말았지만) 새롭게 다지는 것이 중요하다. 특히 이 두 번째는 문명국의 국민들이 향후 몇 세대에 걸쳐 점점 더 절실히 통감하다가, 결국 건전하게 번영하는 삶에 반드시 필요한 이 원리들을(이것은 거의 잊혀지고 있지만 확고부동한 원리이다) 다시 검토하고, 그것에 따라 살려고 결심하게 될 것이다.

현대에서 정말로 질병을 촉진하고 있는 것은 사치와 거기서 나오는 부자연스러운 생활방식이다. 그것은 하느님의 축복을 받지 못하고, 의사의 손으로도 살릴 수가 없다. 다음에는 한번 질병에 걸리면 다시 한번 '사는' 것이 불가능하기 때문에 오직 건강의 회복만을 원하는 태도이다. 현대인은(이것이 그들의 기본적인 생각이지만) 풍요로운 삶을 무한하게 향락하고 싶어하고, 그것 때문에 무한히 많은 힘을 얻고 싶어한다. 그러나 이 두 가지는 아무리 해도 일치할 수 없는 대립물이다. 그것은 누가 뭐라 해도 하느님의 세계질서로, 그것에 대한 어떠한 반항도 결코 성공하지 못하고 무력한 시도로 허무하게 끝날 뿐이다.

그러나 어쨌든 '자신의 건강을 위해 산다'는 것은 너무나 하잘것없는 인생목표이다. 우리는 진지하게 이렇게 묻지 않을 수 없다. 건강은 진정 사람이 그것을 위해 다른 것을 희생하고, 자신의 주변마저 모두 불행하게 만들면서까지 추구할 만한 가치가 있는 것일까? 그리고 그것은 도대체 어떤 목적을 위해서인가? 보통은 오직 삶의 향락을 더욱 누리기 위해서이지, 유익한 행위를 더 잘 하기 위해서가 아니다. 후자를 주장하는 것은 대개 스스로를 속이고 있는 것이다. 이미 수많은 사람들이 비참한 건강상태에 있으면서도, 더할 나위 없이 건강한 다른 수많은 사람들보다 세상을 위해 많은 일을 이룩해 왔다. 그들은, 단지 병으로 인한 괴로움 속에서의 인내력과 기쁨의 실례를 보여주고, 그러한 처지에서도 인간은 행복해질 수 있다는 것을 실증한 것만으로도, 대부분의 건강한 사람들보다 훌륭하다고 할 수 있다. 더욱이 이 건강한 사람들 중에는 건강을 누구에게도 감사할 필요가 없는 지극히 당연한 자신의 소유물로 생각하고, 건강을 누리는 데 누구의 방해도 받고 싶어하지 않으며, 병고에 시달리는 사람들의 모습은 보는 것조차 싫어하는 자들이 참으로 많다.

어쨌든 병으로 인한 괴로움 속에 있으면서 그것을(먼저 내면적으로) 극복할 수 있는 가장 확실한 방법은, 그 고통을 하느님의 섭리라고 생각하고, 거기서의 윤리적 귀결로서 그 고통이 언제든지 하느님의 힘에 의해 변할 수 있거나, 적어도 자신의 힘으로 견딜 수 있다는 확신을 가지는 것이다. 마구 날뛰는 고통의 큰 물결에 영혼이 뒤흔들려, 인간의 눈에 그 고통이 언제 끝날지 보이지도 않을 때, 이 확신이 끊임없이 등대불이 되어 영혼 속을 비춰준다면, 이보다 더 안도감을 주는 것은 없다.

어쨌든 적어도 다음 세 가지는 언제나 확실하다. 즉, 고통에는 반드시 끝이 있다는 것, 다만 조금 빨리 끝나고 조금 늦게 끝나는 차이가 있을 뿐이라는 것, 아무리 애태워도 소용없고, 그것은 오히려 자신에게나 타인에게도 그 고통을 더욱 견딜 수 없게 할 뿐이라는 것, 하느님의 힘은 강한 사람이 아니라 오히려 약한 사람에게 강하게 나타난다는 것 등이다. 그러므로 바울은 자신의 경험을 통해 "내가 약한 그때에 강함이라"라고 말했는데, 이 말은 자신의 무력함을 통감하고, 현재 반쯤 또는 완전히 절망하고 있는 수많은 사람들을 위로해 줄 수 있을 것이다.

자연 상태의 인간은 실제로 점차 약해지지 않을 수 없다. 그것은 피할 수 없는 자연스러운 과정이다. 그러나 인간 속에 깃들 수 있는 영원한 영은 이 법칙에 속박되지 않는다. 이미 수많은 병자들이 이 영이 신체도 건강하게 해줄 수 있다는 것을 체험해 왔다. 많은 사람들에게 괴로운 질병의 시기야말로 구원(치유)의 시작이고, 정화의 불이며, 그들은 그 불을 헤치고 지나가 지상의 낙원으로 나아갔다. 뿐만 아니라 무릇 살아있는 모든 자에게 질병은 대체로 더 나은 삶으로 향하는 통로이다.

2

만약 '병자의 구원'에 대해 말하고자 한다면, 지금까지 말한 생각, 또는 그것과 비슷한 생각에서 출발하지 않으면 안 된다. 오늘날에도 질병에 걸렸을 때 오직 '의사만 찾는다'면 구원의 길을 발견할 수 없다. 그렇지만 다른 재앙과 마찬가지로 질병에 대해서도, 모든 합리적이고 가능한 수단을 다하는 것이 확실히 우리가 해야 하는 의무이다. 반대로 의사와 약을 구할 수 있는데도 그것을 이용하려 하지 않는 지나치게 정적주의(靜寂主義)적인 사고방식은, 하느님에 대한 망은이요 하느님의 질서에 대한 반항이다. 일반적으로 하느님의 질서는 기적에 의하지 않고 오히려 인간적인 수단으로 돕는 것을 원하기 때문이다. 전체적으로는 정적주의적인 경향이 강하지만 충분히 신뢰할 수 있는 사람이, 이에 대해 다음과 같이 증언한 적이 있다.[20]

"하느님은 분명히 육체적 질병의 경우에도, 우리가 그 고통 속에서 유화와 평화와 사랑으로 그 고통에 순순히 동의하기를 원하신다. 그러나 하느님은 대부분의 경우, 단순히 우리가 고통스러워하는 것을 원하실 뿐 죽기를 원하시는 것은 아니기 때문에, 약을 사용하기를 바라신다. 그것은 우리가 고통에서 벗어나기 위해서라기보다 오히려 죽음에서 우리를 구원하려는 하느님의 뜻에 따르기 위해서이다. 왜냐하면 우리의 영혼은 하느님이 원하시는 것 외에는 그 무엇도 원해서는 안 된다는 것이 중요한 법칙이기 때문이다. 그래서 우리는 먼저 이 법칙에 따라 영혼을 다스리고, 그 뒤에 의술과 자신의 경험이 가르쳐주는 합리적인 수단을 사용해야 한다."

그러나 그 경우, 유감이지만 문제는 병자 자신에게만 있는 것이 아니다. 배려심이 있는 좋은 주변 사람과 간호는 치료에 매우 유익하지만, 그 반대는 아주 해롭다. 배려할 줄 모르고 불평이 많은 데다 질이 좋지 않은 심술궂은 간호인이나 간호사는 가끔 병자의 완쾌를 방해하는 경우가 있다. 그렇다고 너무 고지식한 간호인도 마찬가지로 좋지 않다. 또 병의 회복에 좋지 않은 것은 병자 가까이에 있는 융통성이 없는 사람, 진심어린 동정심을 가지지 않은 외골수 신앙인, 타고난 까다로운 사람 등이다. 이런 사람들은 자칫 그렇지 않아도 그런 것에 더 민감한 병자에게, 그를 위해 해주는 일 하나하나가 자신들에게 얼마나 큰 고통인지, 또 자신들의 수고가 병자에게 또는 간접적으로 하느님에게 얼마나 큰 희생을 바치는 것인지 암시하게 마련이다.

때로는 그러한 주위 사람들이 선의는 가지고 있지만, 유익한 교훈과 격려를 적절한 형태로 전하는 방법을 모르는 경우도 있다. 병자는 건강할 때와 달리 흔히 그런 것을 더 받아들이기 어려운 게 보통이다. 그런 경우에 억지로 설득

---

[20] 베르니에 루비니 《그리스도와 함께 하느님 안에 사는 평안한 생명》.

하려 하거나 기도와 찬송가 등으로 무리하게 압박을 가하는 것은 병자의 반감만 불러일으킬 뿐이다. 때로는 뭔가 악령 같은 것이 병자에게 깃들어 초인적인 날카로운 시력을 줌으로써, 종교적 방법을 시도할 것을 권하는 사람들의 개인적인 결함을 간파할 수 있게 하는 것처럼 보이는 일도 있다. 따라서 목사의 방문도 그리 유익하지 않을 때가 간혹 있다. 특히 목사의 신앙의 힘이 강하지 않은 경우에는 가장 효과가 약하다. 하지만 다른 사람들도 '위안의 선물(카리스마)'을 받지 않았다면 병자를 방문해도 아무 소용이 없다. 이 선물은 결코 누구에게나 주어져 있는 것은 아니다.

종교도 건강 증진이라는 점에서는 그 밖의 훨씬 가치가 적은 수단, 이를테면 술을 비롯하여 예술, 자연, 산속의 공기, 여행 등과 매우 닮은 데가 있다. 즉, 종교가 지금까지 향락 수단으로 사용되었거나, 어릴 때부터 교육을 받아 깊은 실제적 느낌이 수반되지 않은 단순한 습관적 행사가 되어 있는 경우, 종교를 아무리 치료수단으로 사용하려고 해도 거의 또는 전혀 효과가 없다.

병자에게는 종교와 철학에 대해서도 다만 짧은 금언풍의 얘기를 들려주는 것이 적당하다. 고난의 격랑이 그들의 영혼을 덮칠 때 단단히 매달릴 수 있는 단 하나의 사상이면 충분하다. 때로는 한 장의 아름다운 그림을 보거나 조촐한 음악을 듣는 것이 책을 읽거나 듣는 것보다 나을 때가 있다. 병자는 대개 낭독 같은 것을 끈기 있게 듣고 있을 수 없기 때문이다. 점점 병이 나아 체력이 어느 정도 회복된 경우에 비로소 책과 설교 속에서 발췌한 사상이 적당해진다. 그러나 그때도 아직은 대체로 너무 긴 설교 형식의 얘기는 반드시 최상이라고는 할 수 없다.

3

이 주제에 대해, 두서없는 생각을 몇 가지 더 얘기하고자 한다.

건강은 귀중한 보물이다. 건강한 사람은 그것에 대해 감사하고, 가능한 한 오랫동안 건강을 유지하도록 노력해야 한다. 그러나 질병도 또한 큰 행복이 될 수 있다. 즉, 질병은 일종의 정화작용(카타르시스)이며, 건강할 때는 불가능한 것으로 생각되는 더 높은 인생관으로의 돌파구가 될 수 있다.

자신의 건강 문제를 지나치게 걱정해서는 안 된다. 인간의 몸처럼 복잡한 유기체는 어딘가에 고장이 생기기 쉬운 것이 당연하다. 우리 몸의 자연스러운 작용이 손상되거나 너무 약해져 있지만 않다면, 인간의 몸은 대부분 자신의 힘만으로, 아니면 약간의 인간적인 치료의 힘을 빌림으로써 치유되도록 만들어져 있다.

치료 수단으로 해로운 것은 지나치게 강한 약, 특히 광물성의 것, 모든 미신적인 것(여기에는 암시와 최면술도 포함된다), 반드시 필요하다고 할 수 없는 경우의 기계적 '수술' 등이다. 또 의술에 있어서 각 전문분야의 고립주의도 역시 잘못된 것이라고 생각한다. 인간은 유기체이며, 서로 아무 관련이 없는 각 부분으로 구성되어 있는 것이 아니다. 병자에게 관심을 가지고, 모든 일에 예방적 배려도 게을리 하지 않는 옛날의 주치의 제도가 훨씬 뛰어났다. 물론 지금처럼 깊은 학식을 갖추고 있지는 않았지만, 병자에 대한 훨씬 큰 관심과 병상을 낱낱이 숙지하고 있음으로써 그것을 충분히 보완하고 있었다.

질병 치료의 정신적 수단 중에서는 '주여, 구원해 주소서'라는 짤막한 기도(그렇게 할 수 있는 신앙이 영혼 속에 있다면)가 가장 좋다. 스토아학파의 극기주의도 힘이 되어 주지만, 그다지 쉬운 방법은 아니고, 또 모든 경우에 효과가 있는 것도 아니다. 위안을 주는 책 중에서는 성서, 그 중에서도 특히 복음서, 욥기, 이사야, 시편이 최고이고, 그것만으로도 충분하다. 이에 반해 의학서를 읽는 것은 거의 언제나 유해하다.*21

거기에 덧붙이고 싶은 것은 '참고 견딘다'는 것이 반드시 단순히 수동적인 인내(이것도 때로는 배울 필요가 있지만)를 의미하는 것은 아니라는 점이다. 그러한 인내에 의해 하느님과의 끊임없는 유대에서 멀어진다고 생각하는 것은

---

*21 의학서를 읽는 것은 질병을 더욱 악화시키고, 건강한 사람도 상상으로 병에 걸리게 만든다. 의학서에는 대개 병의 진단밖에 적혀 있지 않고, 더욱이 문외한은 그것을 오해하기도 한다. 의학서에는 치료법이 들어 있지 않고, 없어서는 안 되는 정신적 치료 수단 같은 것은 더 말할 것도 없다. 또 앞에서 말한 것처럼, 각 전문 분야의 고립화는 오늘날 의술의 결정적인 결함이다. 개개 기관의 병은 대부분 신체조직 전체를 강화함으로써 물리칠 수 있다. 적어도 그렇게 하지 않으면 완전하게 낫지는 않는다.

커다란 자기 기만이다. 하느님과의 유대도, 고난 속에서는 주로 기원(祈願)을 그 내용으로 하기 때문이다. 인내는 기도와 병행해야만 좋은 것이며, 그때 인내는 기도에 없어서는 안 되는 보완이 된다. 우리는 하느님이 과연 구원을 내려주실지, 또 언제 어떻게 내려주실지에 대해 기다리는 힘과 의지를 가지지 않으면 안 된다. 그러나 그 힘이 주어지는 것은 우리가 그것을 위해 자신이 해야 할 일을 다한 경우에 한해서이다.

인간의 신체와 정신 건강에 가장 해로운 것은 도덕적 결함이다. 건강한 생활과 장수, 질병에 걸렸을 때 자연적인 회복을 원한다면, 그러한 결함은 반드시 제거되어야 한다. 그 밖에 질병의 가장 큰 원인은 술(적정한 양이 넘지 않는 경우와 약용으로는 무방하다), 과식, 공기가 나쁘고 운동이 부족해지기 쉬운 도시생활, 잠자는 시간까지 빼앗아가는 철야, 재물만 열심히 추구하는 것(만약 그것 때문에 돌이킬 수 없이 건강을 해치면, 어차피 사용하지도 못할 것을) 등이다.

세상에서 가장 건강한 삶은 깨끗한 마음과 뛰어난 사상을 가지고, 쉬지 않고 유익한 일을 하면서 단순한 생활을 하는 것이다. 다른 어떤 건강유지법도 효과 면에서는 이보다 나은 것이 없다. 노령으로 생명력이 자연스럽게 고갈되어 갈 때도 여전히 변함없이 커지는 영적인 힘은 노년기도 거의 깨닫지 못하는 사이에 넘기고, 마침내 새로운 생명에 들어갈 때까지 사람을 높여준다.

합리적인 의술의 주안점은 저항력을 높이는 것이다. 병균의 침입을 완전히 막는 것은 불가능하다고 한 것은 현대 세균학설의 장점이다. 단 한 가지 할 수 있는 일은 병균을 자연의 건전한 저항력으로 끊임없이 정복하는 일이다. 그것을 위해서는 신체가 스스로를 도와 어딘가에 위험이 있으면, 그것을 즉시 밖으로 나타내도록 길들여야 한다. 그러면 대부분의 경우, 그런 위험에 대해서는 휴식, 수면, 바깥공기, 운동, 보온, 충분한 영양, 또는 단식 등의 지극히 온화한 수단으로 저항할 수 있다.

이때 특히 다음을 잊어서는 안 된다. 적어도 우리 대부분은 혈통과 교육과 습관 때문에, 이미 완전한 자연 그대로의 인간이 아니게 되었다는 것, 따라서 자연 그대로의 인간으로서 극히 자연과 가까운 시골 사람들에게도 어울리지 않는 방법을 자신에게 적용해서는 안 된다는 것이다.*22 그래서 지나치게 잦은 냉수욕, 너무 힘든 등산, 과도한 운동, 수영, 승마 등은 그 이익과 마찬가지로 해로운 점도 매우 많다.

단련은 대체로 젊을 때가 적당하다. 반대로 노년에는 신중함과 조심성이 필요하다. 왜냐하면 노년은 그 자체가 일종의 만성적 질병이기 때문이다.

중년에는 훈련도 매우 효과가 있다. 그래서 '은퇴'하거나, 평생 몸에 밴 일을 완전히 그만두는 것만으로도 대단히 위험하다. 그로 인해 나타나는 결과를 현대의학은 '동맥경화'나 '뇌의 경화'라고 부르고 있다. 그러나 더 단순한 시각으로 보면, 그 징후들은 단순히 여러 기관의 적당한 훈련과 활동의 부족에 지나지 않는다. 그래서 어느 모로 보나 '일하다가 쓰러지는 것'이 가장 바람직하다.

노년의 큰 결점이자 다양한 쇠약의 원인이 되는 것은, 과거를 돌아보는 것이다. 설령 그것이 단순히 자신의 머릿속에서든, 타인과의 추억담이든, 일기와 회상록, 또는 그것과 비슷한 더욱 세상을 겨냥한 시도에서이든 다를 바가 없다. 성실한 마음과 그 위에 명석한 두뇌의 소유자라면, 그러한 회상은 단지 슬픈 기분만 자아낼 뿐이다. 왜냐하면 어떤 사람의 생애이든 수많은 실수를 범하고, 귀중한 시간을 허비하고, 선을 베풀 수 있는 재능과 기회를 이용하지 않은 채 남긴 경험이 없다고 말할 수 있는 자는 아무도 없기 때문이다. 노년기에 과거를 돌아볼 때는 다만 개괄적으로, 그리고 하느님에 대한 감사의 마음으로 하지 않으면 안 된다. 하느님은 우리를 수많은 불행과 부정에서 지켜주고, 허영심과 향락욕의 덫에서 해방시키고, 스스로는 도저히 이룰 수 없는 모든 일을 좋게 이루어주셨기 때문이다. 이러한 마음으로 임하는 것이 과거에 대한 올바른

---

*22 이것은 특히 크나이프 식의 수치료법(水治療法)에 대해 말하는 것이다. 이 방법은 오버바이에른의 농민을 대상으로 한 것으로, 처음부터 그들만 염두에 둔 것이었다. 이 문제에 대해, 역시 고대의 가장 뛰어난 의사 가운데 한 사람인 페르가몬의 클라우디우스 갈레누스가 이렇게 말한 적이 있다. 자신은 게르만인이나 곰이나 멧돼지를 위해 이 책을 쓰는 것이 아니며, 그리스인적 체질을 가진 사람들을 위해 쓰는 것이라고 말이다. 따라서 그는 양생법에 있어서도 일반적으로 통용되는 규칙을 믿지 않고, 나이, 기질, 풍토, 습관 등을 고려할 것을 주장했다. 그래서 루소 식의 '자연으로 돌아가라'는 주의 역시 문제 삼기에는 부족하다. 사람은 결국 상당히 건강하게 살고 있다면(특히 노년에는), 더 건강해지고 싶어하거나 다시 한번 젊음을 되찾고 싶어해서는 안 된다.

태도이다.

노년에는 전보다 더욱 나날의 생각과 행위가 현재와 미래를 향하고 있지 않으면 안 된다. 현재에도 할 수 있는 모든 선한 일을 이루고, 내세에서의 더 나은 활동을(그것이 어떠한 성질의 것인지에 대해서는 그리 집착하지 않고) 기쁨으로 믿으며, 과거에 집착하는 것도 죽음을 두려워하는 것과 마찬가지로 자유로운 인간에게는 어울리지 않는 것으로서 배척해야 한다. 이러한 태도는 나이를 먹는 것 자체는 막을 수 없어도(그것은 다른 여러 가지 사정에 좌우되기 때문에), 가능한 한 건강하고 정신적으로 발랄한 노년을 맞이할 수 있는 최상의 처방일 것이다.

신체의 모든 기능은 상당히 규칙적으로 움직인다. 따라서 손상되지 않은 신체라면 어렵지 않게 단련할 수 있을 것이다.

모든 휴식 가운데 가장 좋은 것은 수면이다. 이것은 오직 인간과 고등동물에게만 허락된 특징으로, 하등동물은 이따금 일종의 무감각 상태에 빠질 뿐인 것 같다. 어쨌든 수면에 대한 생리학적 연구는 아직 완성되어 있지 않다. 현재 확실한 것은 어떤 독일 시인이 노래한 것뿐이다.

"밤은 숭고한 하느님의 기적이다.

그러나 수면 속에 지나가는 밤은 더할 수 없이 즐겁다."

불면은 경우에 따라서는 무서운 고통이며, 오래 계속되면 정신 건강도 해칠 수 있다. 그러나 불면은 사람에게 반성을 촉구하는 무언가의 의미를 가지는 경우가 종종 있다. 잠자리에 들기 전에 좋은 생각을 하는 것, 하느님과 인간에 대한 평화를 마음속에 유지하는 것, 또 잠들기 직전에는 마음을 흥분시키는 모임이나 일, 독서, 더더욱 극장 등은 피하는 것 등으로 어느 정도 불면을 막을 수 있다. 그래도 잠을 이룰 수 없을 때는 불을 켜거나 일어나 뭔가를 보는 것이 좋다(다만 잠을 이룰 수 없을 만큼 내일을 걱정하고 있을 때는 아무 소용없다). 또 평소에 품고 있는 하느님에 대한 신뢰도 이용하는 것이 좋다. 인공적인 수면제는 언제나 위험하다. 습관적으로 술을 마시지 않는 사람에게는 좋은 포도주 한 모금으로 충분히 잠을 유도할 수 있을 때도 있다. 자리에 눕기 바로 전에 사과를 먹으면 좋다거나, 꿀을 먹으면 효과가 있다는 사람도 있다(어쨌든 해는 전혀 없다).

수면과 함께 일요일은 하느님의 뜻에 합당한 휴식 시간이다. 이것을 규칙적으로, 또 효과적으로 이용하는 사람은 휴가나 '잠시 휴식'은 반드시 필요한 것은 아닐 것이다. 어쩔 수 없는 경우는 1년을 통해 '주 6일 일하는 것'도 가능하다. 만약 하느님이 먼 옛날에 주신 율법의 진실성을 현대의 상류계급 사람들한테 다시 한번 명백하게 보여준다고 하면, 바로 이것에 대해서일 것이다. 이 평상시의 정해진 휴식을 올바르게 이용하면, 병을 앓고 난 후를 제외하고는 특별한 휴식을 필요로 하지 않는다. 그렇게만 하면, 언제나 건강한 수면 뒤에, 또는 합리적으로 보낸 1주일마다 체력은 저절로 완벽하게 회복된다. 이따금 그 이상의 휴식이 필요한 것처럼 느끼는 것은 잠시도 쉬지 않고 계속 일하는 공상 때문일 것이다. 그렇지 않으면 일에 대한 지나친 긴장이나 잘못된 생활방식에서 나오는 과로 때문이다.

수면이나 일요일의 휴식과 함께(너무 역설적으로 들릴지 모르지만) 일(즉 일 가운데의 기분전환)이 최상의 휴식이 된다. 일은 인간의 의무이자 사명이며, 그것을 완수하지 않으면 이 세상에서 정신적으로나 육체적으로 건강한 삶을 영위할 수 없다. 일을 피하고 그저 아무것도 하지 않고 한가한 생활을 보내려 하거나, 적어도 가능한 한 빨리 '은퇴'하고 싶어하는 사람은 가장 어리석은 자이다. 그것은 어처구니없는 착각이다. 적당한 일은 '우리에게 주어진 몫'이며, 아무것도 안하고 있는 것보다 건강을 훨씬 오래 유지할 수 있게 해준다.

다음의 여러 조건을 지키면 참으로 많은 일을 고령에 이르기까지 꾸준히 계속할 수 있다.

일찍 일어날 것, 단 해뜨기 전에는 안 된다. 오전을 하나의 통합된 중요한 일에 할애할 것. 언제나 중심이 되는 생업으로서 일을 준비하고, 그것을 완성하는 데 적당한(너무 장기에 걸치지 않는) 기간을 설정할 것. 그것과 함께 다른 일도 준비하여 기분 전환에 도움이 되게 할 것. 밤에는 집에서 시간을 보내고 일찌감치 잠자리에 들 것. 일요일은 휴식하는 데 이용할 것. 피곤할 때까지 너무 오랜 시간 일하지 않고, 약간의 운동을 하거나 신선한 공기를 마시면서 일 중간 중간에 휴식을 취할 것. 어떤 일이든 작은 부분으로 나눌 것. 그렇게 하면 전체적인 상황을 한 눈에 볼 수 있어서, 너무 큰 과제를 앞에 두고 질리는 기분 없이 일을 시작할 수 있다. 일을 일 자체를 위해, 그리고 의무감에서 할 것. 단순히 외적인 목적 때문에, 특히 명예욕과 공명심을 위해 일해서는 안 된다. 모든 불필요하고 무익한 일, 단순한 향락, 무의미한 사교와 통신, 단체와 당파 활동, 나아가서 극장과 술집 등을 자신의 생활에서 단연코 추방할 것. 특히 새벽까지 이어지는 밤의 사교는 건강과 활동력의 중요한 버팀목인 수면을 쫓는 최대의 방해물이라고 할 수 있다.

그러나 이 조건들이 도저히 불가능한 일이라고, 아마 대부분의 독자들은 말할 것이다. 그렇다면 좋다. 지금 말한 것은 단지 호의적인 조언을 벗어나지 못한다고 치자. 그렇다면 '일이 만족스럽지 못한 결과로 끝나지 않을까. 끝까지 완수할 수 있을까' 하고 끊임없이 노심초사하면서 제대로 일도 하지 못하다가, 결국 그럴 나이도 아닌데 겉늙어버리거나 병에 걸리는 것이 좋다. 참으로 많은 사람들이 실제로 그런 생활을 하고 있다. 그러나 분명히 알아두어야 할 것은 그런 생활을 하고 있는 것은 가혹한 운명 탓이 아니라, 자신의 의지가 부족하거나 통찰력이 모자라기 때문이라는 점이다. 적당한 시기에 건강을 증진하고 그것을 오래도록 유지하기 위해서는, 가능한 한 규칙적으로 지속할 수 있고, 충분한 힘을 낼 수 있게 해주는 유익한 일을 하는 것보다 더 좋은 방법은 없다.

마지막으로, 기쁨은 때때로 신체에 새로운 활력을 주고, 저절로 활동하고 싶어지도록 촉구하는 특효약이다. 마찬가지로 모든 사물과 인간을 끊임없이 조용한 기쁨으로 받아들이는 것도 건강한 태도이며, 그 효과는 즉각적이지 않더라도 아마 훨씬 더 오래 계속될 것이다. 기쁨은 건강이 밖으로 드러나는 것이다. 실제로 그 점에 있어서는 의사도 문외한도, 건강한 사람도 병자도 모두 의견이 일치하고 있다.*23 그러나 사람에 따라서는 이렇게 말할지도 모른다. "사실 그 점에는 조금의 의문도 없다. 기쁨은 확실히 좋은 것이다. 하지만 그것은

---

*23 이사야 66장 10~14절.

여간해서 우리의 손에 들어오지 않는다"고 말이다. 이에 대해 사람은 언제나 위를 보지 말고 아래를, 즉 더 불행한 사람들을 보지 않으면 안 된다고 하는 극히 상투적인 이야기를 할 생각은 없다. 그것은 인간성의 가장 비천한 성질을 이용한 서글픈 위안에 지나지 않는다. 또 고상한 마음에 호소하는 데가 없고, 또 그 밖의 사람에게도 거의 위안을 주지 않는 것이다. 오히려 그것 때문에 한 층 더 비관적이 될 뿐이다.

그러한 사람들에게는 오히려 다음과 같이 말하고 싶다. 즉, 기쁨은 어느 정도는 노력하여 만들어 낼 수 있다. 그것도 지극히 간단한 방법으로. 맨 먼저 자신이 가지고 있는 좋은 것으로 눈을 돌리고, 그 가치를 인정하고 감사하는 마음을 가지는 것이다. 감사는 기쁨과 아주 가까운 감정이다. 다음에는 타인에게 기쁨을 주는 일이다. 이것은 누구라도, 병자조차 할 수 있는 일이며, 남에게 친절을 베풀 기회는 언제 어디에나 있다. 그러므로 그것을 일부러 원할 필요는 거의 없고, 그쪽에서 먼저 다가오게 마련이다.

특히 유복한 사람들이 때때로 그저 스스로 그렇게 믿고, 또 대개 자신의 죄에서 비롯된 병의 괴로움을 피하기 위해 일년 내내 전 세계의 휴양지를 무거운 발걸음으로 돌아다니고 있는데, 만약 그 비용의 일부를 병으로 고통당하고 시달리는 다른 사람들을 위해 보탠다면, 약값에 사용하는 것보다 훨씬 좋은 결과를 얻을 수 있을 것이다. 그러나 "과연 맞는 말이기는 하지만, 그렇다면 어디서부터 시작하면 좋을 것인가? 그런 일에는 전혀 익숙하지 않아서"라고 말하는 사람이 있을 수 있다. 이 말의 뒷부분이 진실이라고 한다면, 확실히 좋지 않은 것이다. 이에 반해 앞부분은 '자신의 입장을 변호할' 생각으로 예수에게 물었던 그 율법학자의 말과 같다. 그리고 그것에 대한 대답도 항상 같다. 즉, 무조건 이웃에서부터 시작하라고. 만약 그럴 대상이 한 사람도 없다면(그런 경우는 좀처럼 없지만), 불쌍한 동물이나 식물에서 시작해도 좋다. 마음에 마르지 않는 사랑의 샘을 가지고 있으면, 이와 같은 생물에게도 그것을 부어줄 수 있고, 또 실제로 그렇게 할 것이다. 어쨌든 누구라도, 특히 어떤 병자라도 말 그대로 '이웃'을 얼마든지 가지고 있다. 자신이 병고를 견디는 그 인내력만으로도 이 이웃들에게 기쁨이 될 수 있는 것이다.

대부분의 사람들에게는 이것이 건강해질 수 있는 유일한 방법이다.

이상의 것과 직접적으로 관계가 있는 것은 오늘날 '신경의 힘'으로 불리고 있는 것과 그 반대인 '신경쇠약'이다. 현재 매우 확대된 이 신경계의 질병도 수면, 바깥 공기, 운동, 건전하고 합리적인 생활방식, 일 같은 자연적인 방법을 통해 완전히 나을 수 있지만, 건전한 철학 또는 종교의 힘이 그것에 작용한 경우에 한한다. 왜냐하면 신경쇠약은 단순한 육체의 질병이 아니며, 또 대개 육체적 원인만으로 일어나는 것이 아니어서, 오직 그 방면의 수단만으로는 결코 치유할 수 없기 때문이다.

특히 해로운 것은 아무것도 하지 않는 것, 따분함, 거기서 생기는 무력감과 무익한 생활을 하고 있다는 감정, 또 그 당연한 결과인 염세적인 인생관 등이다. 마찬가지로 대규모 신경병 요양소의 적절하지 못한 환경은 아무리 치료수단이 갖춰져 있어도 그것만으로는 보상할 수 없을 정도로 해롭다.*24 물론 이 질병이 진행되면, 제대로 설명할 수 없는, 거의 불길한 광기에 가까운 불안과 나약함이 나타나고, 거기에 '감금'이라는 피해망상까지 가해지는 경우도 있다. 이 감정은 이미 많은 사람들, 특히 참으로 위대한 사람조차 가졌던 것으로, 다른 모든 증상과 마찬가지로 이에 대한 위안도 구원도 분명히 존재한다.

심하게 손상된 신경조직에 과도한 노력을 기울여서는 안 된다. 그런 것은 너무 큰 손실을 부를 수 있다. 쇠약해진 신경에 무리를 가하는 것은 안 된다. 그러나 그래도 여전히 뭔가(그것도 가능한 한 많이) 하지 않으면 안 된다.*25 결코 병을 앓는 신경이 인간을 지배하게 해서는 안 된다. 신경은 인간에게 봉사하는 것이 되어야 한다.

---

*24 이러한 병자들이 많이 모여 있으면, 그것 때문에 병적인 분위기에서 빠져나오지 못하고, 또 건전한 삶을 눈앞에서 보지 못하기 때문에 자주적으로 일어서서 하느님의 도움을 청할 용기를 점점 잃어버리고, 그 대신 개개의 인간에게 의지하기 쉽다. 그 결과, 이런 병자들은 일종의 종교적 또는 의학적인 최면상태를 떠나서는 살 수 없는 것으로 잘못 생각한다. 그런데 그것은 신경 치유와는 거의 반대되는 것이다.

*25 신경은 훈련이 필요하다. 장애를 극복할 때마다 그 승리가 신경을 강화하는 결과를 가져다준다. 그러므로 신경쇠약은 일 같은 것은 '할 필요가 없다'고 오해하고, 삶을 그저 '향락'하려고만 하는 부자들에 대한 현대의 형벌이다. 일하는 계급의 사람들 중에는 신경쇠약 환자가 적으며, 설령 있다 해도 간단한 치료로 쉽게 낫는다. 원래 신경은 저절로 회복되는 것 외에 방법이 없는 것으로, 그것을 재생시키기 위한 인위적인 방법은 존재하지 않는다. 다만 신경이 스스로 회복되어 힘을 키울 수 있는 자연적 조건을 도와줄 수 있을 뿐이다.

신경계통이 단지 일시적으로 침울 상태에 빠졌을 뿐인 경우, 즉 아직 진짜 병이 아니고 한때의 과로와 슬픔에 빠져 있는 경우, 그러나 대개 정신적 및 육체적인 원인이 결부되어 일어난 경우에 유일하게 효과가 있는 방법은, 다음과 같이 육체적이고 정신적인 치료수단을 병행하는 것이다. 심신의 휴식(억지로라도 휴식을 취할 것), 수면, 식사(술이 없는), 바깥 공기, 또 가끔의 환기, 평소 이상의 운동, 또 마음을 강하게 하느님에게 보내고, 하느님의 도움에 끊임없이 새로운 신뢰를 보내는 것, 가능한 한 많은 기회에 정의와 선을 실천하려는 새로운 결의를 굳히고, 그 실천을 위해 누구나 스스로 숙지하고 있는 몇 가지의 특별한 장애를 제거하는 것. 이것이 유일하게 효과적인 방법으로, 어떤 치료법도 이것을 대신할 수는 없다.*26

가장 해로운 방법은 완전히 아무 일도 하지 않는 것, 또는 심령술과 최면술, 그 밖에 이와 비슷한 치료적 실험이다. 그 실험들은 전혀 효과가 없거나, 어쨌든 뭔가 실재하는 것이라면, 그것에 몸을 맡기는 사람들을 명백하게 하느님 이외의 어떤 영적인 힘으로 인도하는 것이 된다. 하느님을 믿는 자가 하느님이 적당하다고 생각할 때, 적어도 이 모든 실험수단에 못지않을 만큼 충분히 그 사람의 건강을 회복시킬 수 있다는 것을 믿지 않는 것은, 단적으로 말해 '하느님을 저주하는' 것에 해당한다. 병고의 시련을 받고 있는 마음이 그러한 유혹 속에서 남아있는 마지막 힘을 다해야 할 올바른 말은, 다니엘서에 적혀 있는 그 세 남자의 용감한 대답 외에는 없다. 당분간 적극적 행동에 나설 만한 용기가 전혀 없는 신경병자의 경우에도, 그런 수동적인 용기라면 낼 수 있을 터이고, 이것이 바로 한마디로 말해 이 무서운 병(그렇지 않으면 때로는 광기로까지 발전할 수 있다)에 대항할 수 있는 가장 좋은 수단이다.

그 밖의 여러 가지 질병의 큰 부분은 신경계보다 기후의 변화에 대한 민감한 피부 반응이나 소화 작용과 관련이 있다. 기후의 영향은 완전히 벗어날 수 없다. 나이를 먹을수록 기후의 변화에 대한 반응이 눈에 띄게 예민해진다. 계절 중에서는 겨울보다 여름이 영향을 받기 쉬운데, 특히 환절기가 그러하다. 그렇다 해도 심각한 질병의 경우가 아니라면, 나쁜 날씨를 피해 방 안에 틀어

---

*26 남에게 무엇을 주는 것만으로도 기쁨을 느끼고, 그것이 침울한 마음에 가장 직접적인 효과가 있는 치료수단이 된다(역대상 29장 9절). 누군가에게 진정한 기쁨을 주려고 한번 시도해 보라.

박혀 있거나, 심지어 추위를 피해 남쪽으로 옮기는 것은 결코 옳은 방법이 아니다. 계절의 자연스러운 변화는 부득이한 경우가 아니면 함부로 피해서는 안된다.

대부분의 경우 별다른 의미도 없는 생명을 그저 몇 달이나 몇 년 연장하기 위해, 그러한 이기적이고 인색한 경계심에서 자신의 민족과 태어난 환경을 떠나는 것은, 대개 그 사람의 성격에도 좋지 않은 결과를 초래할 수 있다. 오히려 충분한 바깥 공기(단, 바람과 먼지는 해롭다), 따뜻한 모직옷, 특히 발의 보온, 규칙적으로 냉수로 몸을 깨끗이 하는 것, 적당한 시간에 따뜻한 잠자리에 드는 것 등과 같은 자세로 기후에 대한 과민성을 방지할 수 있다.

또 많은 질병이 소화불량에 그 원인이 있다. 건강한 위장은 질병에 있어 가장 좋은 울타리이며, 체력 유지에 가장 좋은 수단이라고 할 수 있다. 많은 유물론자들은 위장을 구별하고 깨닫는 자리라고도 부르고 있다. 또 볼테르 같은 사람은 만약 살아있는 동안 튼튼한 위를 유지할 수 있다면, 그 대신 그의 '불멸'의 이름(아마 그는 이것을 너무 높이 평가하고 있었던 것 같다)을 붙인 1세기를 주어도 좋다고까지 말했다. 건강한 위를 유지하는 가장 좋은, 아니 유일한 방법은 절도 있고 규칙적인 생활태도이다. 그 밖의 모든 '위 약'은 그다지 효과가 없다.

위의 치료에는 우유요법을 철저하게 하는 것이 가장 빠른 길이다. 식욕이 없을 때는 아수 얇게 저민 햄을 소량의 포도주에 절인 것이나 잘 익은 양질의 과일이 보통 가장 먹기 쉽다. 육식을 완전히 피하는 것은 우리의 풍토에서는 아마 좋은 방법이 아닐 것이다. 그렇다 해도 현대의 교양인들은 지나치게 고기를 많이 먹고 있고, 또 그런 과식은 약간은 음주 습관에 의한 것임은 의심할 여지가 없다. 음주는 아무런 유익이 없고 불결한 야만민족의 흉내를 낸 끽연과 마찬가지로 완전히 끊어도 아무런 해가 없는 것이다.

게다가 피부를 잘 손질하는 것은 신체의 건강과 미용을 위해 필요한 일이다. 가장 좋은 방법은 차가운 물과 순수한 화장수 오드콜로뉴(극히 적량)을 사용하는 것이다. 그밖의 화장품은 습관적으로 사용하면 많든 적든 해롭

다.*27

　바깥 공기 속에서 적당하게 운동하는 것은 소화를 위해서나 피부의 건강을 위해서도 필요한 것이지만, 현대의 생활습관에서는 매일 실천하기가 상당히 어려워졌다. 그러나 앉아서 생활하는 사람들에게는 하루에 몇 번 잠깐씩 운동을 하는 것이 한 번에 오래 운동하는 것보다 낫고, 또 실천하기도 쉽다. 먼지와 바람은 해롭다. 그러므로 자전거를 타고 달리는 것은 건강에 좋다고 생각되지 않는다. 마사지는 운동 부족을 보충하고, 운동 부족 때문에 생긴 국소적인 고장을 해결할 수 있는 한 수단이다. 그러한 것은 스스로도 충분히 처리할 수 있다.

　현대에는 심장병이 매우 많아졌다. 이 병은 조금 과감하게 말하면 완전히 불치의 병이다. 그러나 적당한 시기를 택하여 다음과 같은 방법을 사용하면 이 병에 가장 좋은 효과를 얻을 수 있다. 즉, 신선한 바깥 공기를 충분히 마신다(단, 산의 공기는 오히려 흥분시키기 때문에 좋지 않다), 자주 옆으로 누워 있는다, 천천히 오르막길을 걷는다(특히 숲 속의 길이 좋다), 따뜻한 정도의 온탕에 들어간 뒤 적당히 휴식을 취한다, 격렬한 흥분을 피한다 등이다. 이러한 방법으로 심장병이 있는 사람도 상당히 장수할 수 있고, 완벽하게 일할 수도 있다. 술과 커피는 완전히 끊는 것이 좋다. 흥분제로라면 엷은 차 정도는 마실 수 있다. 심장협착이나 심계증은 가끔 변비와 관련이 있을 수 있다. 변비에 대해서는 운동 외에 어릴 때부터 우리의 오랜 친구인 사과를 자주 먹는 것이 가장 좋다.

　완전히 위생학 논문이 되어버리기 전에, 나머지는 아주 간단하게 얘기하기로 하자. 진통제는 유해한 것이다. 통증은 우리 몸에 대한 경고자이고, 나아가서는 인간의 가장 고상한 성질인 의지력과 용기를 강화하는 것이며, 또한 질병을 제거하는 데 없어서는 안 되는 치유자인 것은 아마 틀림없을 것 같다. 따라서 고통은 몸과 마음 어느 면으로 봐도 선을 이끌어내기 위한 고상한 안내자이다.

　그런데 현대의학에 특히 바라고 싶은 것은 병든 사람을 위해 조그마한 이기

---

*27 고대에는 향유를 피부에 바르는 것이 중시되었다. 요한복음 12장 3~8절은 유명한 예이다. 어쨌든 천연의 좋은 향기, 특히 장미향기는 말할 것도 없이 건강에 좋다.

적 자아 이외의 것에 대한 관심과 기쁨을 크게 환기시키고, 실제로 응용하는 일이다. 육체적이고 정신적으로 건강하지 못한 모습을 초래하는 가장 불행한 요인은 이기심이다. 이기심은 '순진무구한' 자(유아)에게조차 도저히 손쓸 방도가 없을 정도로 활개를 치고 있는 경우가 흔히 있다.*28 그것과는 반대로 가능한 한 질병의 침해를 받지 않고 살고 싶어하는 사람들을 위해, 지금까지 말한 좋은 규칙을 모두 다음의 셋으로 정리할 수 있을 것이다. 1. 모든 일에 절도를 지킬 것, 2. 종교적이거나 엄정하게 철학적인 견해를 토대로 마음의 평안을 얻을 것, 3. 일상생활 이상의, 아니 궁극적으로 생명 그 자체 이상에 대한 위대한 관심을 품을 것.

신체와 건강을 무엇보다 소중히 여기는 사람은 그 배려에 대해, 마치 제멋대로 자란 어린아이처럼 한없이 커지는 육체의 욕망으로 보상받는다. 육체를 소중한 하인으로 다루는 사람에게는 육체는 기꺼이 복종할 것이다. 이 세상의 생명보다 더 높은 것에 대한 인간의 사명이 육체를 필요로 하는 한, 또 그동안.

* * *

---

*28 특히 중증의 신경쇠약은 모두 그렇다고 해도 좋을 정도로, 마음대로 활개치는 이기심과 결부되어 있다. 이것을 한번 확실하게 입 밖에 내어 말해 보라. 만약 이 마신이 깃들어 있다면 당장 정체를 드러낼 것이다.

우리는 여기서 다시 한번, 특히 만성병 환자와 그 가족들이 빠지기 쉬운 이론상의 딜레마(그것이 양쪽에 다 곤란한 결과를 수반한다)와 마주치지 않을 수 없다. 장기적인 질병은 이기주의에 대한 큰 유혹이다. 질병에 대항해 자신을 지키고 또한 주장하기 위해서는 모든 생명력과 의지력을 투입하지 않으면 안 된다. 따라서 질병은 때때로 병자를 타인에게 친절하고 동정심 많은 사람이 아니라 완고하고 이기적인 인간으로 만들어 버린다. 그러나 그런 사정 하에서도 이기주의는 인생에 가장 큰 어리석음인 것에는 변함이 없다. 왜냐하면 그 이기주의보다 더, 아니 실제로 그것 말고는 인간의 내면을 손상시키는 것이 없기 때문이다. 그 해결은 다음과 같다. 이기심은 사랑으로는 극복할 수 없다. 이 점에 대해 종교 교사들이 가르친 것은 심리적으로 옳지 않았다. 왜냐하면 인간은 누구나 반드시 사랑할 만한 가치가 있다고는 할 수 없고, 또 사랑을 받아들이는 것도 아니다. 오히려 이기심은 동정에 의해서만 극복할 수 있다. 동정은 모든 사람이 원하는 것이고, 모든 사람이 예외 없이 그만한 가치가 있다. 이 생각(동정)이라면, 절망적인 병에 걸려 세상에서 외면당하고 있고, 또 이미 타인을 사랑할 힘도 없는 사람도 끌어안을 수 있고, 그것으로 그는 광기에 빠지는 것에서 보호받고 행복해질 수 있는 것이다.

"주여, 당신은 사랑하는 자에게 벌을 주십니다.
누가 그것을 고통으로 음미하지 않았나요?
또 누가 폭풍 속에서 아늑한 항구를 그리워하며,
신경 한 가닥 한 가닥을 떨지 않았나요?

치유되는 것만으로는 믿는 자에게 무슨 득이 될까요?
무엇보다 당신만 옆에 계시는 것이 중요합니다.
위대한 구원에 도달하기를 원하는 자는,
이따금 고통을 안내자로 삼지 않으면 안 됩니다."

현대의 성도(聖徒)

1

일반인들이 성도가 될 수 있는가, 특히 현대에 있어서 그것이 가능한가 하는 질문을, 모든 훌륭한 권위에 반대하여 말도 안 되는 질문이라고 우리는 감히 선언한다. 왜냐하면 그리스도는 자신을 '따르라'고 촉구하고 있는데, 그것은 바로 성도가 되는 것이기 때문이다. 또 어떤 주목할 만한 대목*¹에서 이와 같이 그리스도를 따르는 자들에게 그들이 그리스도와 같은 일, 아니 더 나아가서 더 큰일도 이룰 수 있을 것이라고 약속하고, 또 때로는 그들에게 '하늘의 아버지처럼 완전'할 것을 요구하고 있다. 이 말에 대해서는 물론 어떤 '조건'이나 '반대'는 허락되지 않는다. 또 한편으로는 현대의 인간에게는 옛날과 변함없는 능력이 주어져 있다. 소질도 교육도 처지도 특별히 나은 것도 없었던 고대와 중세 초기의 남녀들에게도 가능했던 일들을 훨씬 진보한 현대인들이 할 수 없을 리가 없다. 어쨌든 진보라는 말이, 진(眞)과 선(善)을 향해 인간의 힘을 높이는 것(이것이 바로 그 유일한 진실의 의미이다)을 의미한다면 말이다.

그러므로 '지상에서의 하느님 나라', 즉 그리스도 교회의 이상적인 모습인 '성도의 교제'는 1800년 전, 1000년 전, 또는 500년 전, 400년 전에는 오늘날 실현할 수 있는 것과는 완전히 달랐다거나, 성도가 되는 것은 테바이스 사막과 중세 수도원의 수도사나 수녀의 특권이었다고 믿어야 할 이유는 전혀 없다. 그러한 '겸손'에 빠지지 않도록 항상 하느님이 우리를 지켜주시기를! 오히려 이를 대신하여 위대한 목표에 도달하는 데 필요한 모험을 감행할 만한 적극적인 마음을 내려주시기를! 그리하여 우리는 이 점에서는 그 능력에 대해서나 의무에 대해 명백하다.

---

*1 요한복음 14장 12절.

이것과는 약간 방향이 다르고 훨씬 대답하기 어려운 문제는, 성도란 본래 무엇인가, 오늘날에는 어떤 모습으로 나타나는가, 또 도대체 '하느님의 나라'란 어떤 의미로 이해해야 하는가이다. 우리는 이 하느님 나라의 '도래'를 유감스럽게도 아직도 수백 가지의 언어로 계속 기도하고 있다. 그 나라는 이 세상의 것이어서는 안 되지만, 이 세상에서 실현되어야 한다. 그렇지 않으면 그것은 단순한 공상의 나라에 지나지 않게 될 것이다.

가장 확실한 것은 하느님의 나라는 존재하는 모든 것에 대한 하느님의 자연적인 지배는 아니라는 것이다. 그리스도 역시 그렇게 생각하지는 않았다. 그리스도는 수없이 되풀이하여 '이 세상의 왕'과 다른 영에 대해 얘기하며, 어떤 주목할 만한 비유 이야기 속에서 인간 세상의 모습은 어떤 시대가 되어도 변하지 않을 것임을 참으로 명료하게 묘사하고 있다. 그러므로 설령 그리스도교와 그것에 의해 일어난 문명이 언젠가 이 지구상의 모든 민족에게 널리 퍼지는 날이 온다 해도(그것은 가능한 일이고 또 진실이라고도 생각된다), 이 지상을 선만이 지배할 것이라고 그리스도는 말하지 않았다. '그리스도 교계'조차 아직 하느님의 나라가 되는 것과는 거리가 먼 점이 있다. 그리스도 교계는 자기들의 내부에 본질상 당연히 하느님의 나라를 내포하고 있다고 옛날부터 주장했고, 지금도 주장하고 있지만, 어떤 시대에도 그랬던 적이 없다.

오히려 하느님의 나라는 다음과 같은 사람들로만 성립된다. 즉, 가장 오래된 첫 번째 계율이 무조건적으로 요구하고 있는 대로, 오로지 하느님만 섬기고, 하느님을 진심으로 사랑하기(이러한 감정이 없으면 그렇게 섬길 수가 없다)위해 자유로운 의지와 결심으로 일어선 사람들이다. 이러한 사람들은 어떤 외적인 단체에 의해 결속되어 있거나, 서로 개인적으로 알고 있을 필요는 없다. 그러나 그렇게 흩어져 있어도 그들은 하나의 인간 종류를 형성하고 있고, 그들로 인해 하느님이 이 세상에 '깃드실' 수 있는 것이다. 하느님은 그 신성함때문에 전혀 종류가 다른 사람들 곁에서는 아마 살 수 없는 것 같다.

이렇게 하느님만 섬기는 사람들은 국가와 교회 안에서 결코 저명하지 않고, 표면적으로는 눈에 띄게 활동하지 않아도, 국가와 교회를 실제로 지탱하고 있다. 그들은 유명하기는커녕 오히려 그 반대인 경우가 훨씬 많다. 이러한 사람들은 어느 시대에나 있었다. 구약시대에도, 신약시대에도, 어떤 때는 한 사람씩, 또 어떤 때는 약간 많이, 최악의 시대에도 보통 사람들의 눈에 비친 것보다 많이 있었다. 오늘날에도 마찬가지이다. 이런 사람과 알고 지내는 것은 특별한 은총을 받은 경우이다. 남에게 알려지는 것이 이들에게는 행복이 아니며, 알려지기를 원하는 자는 이미 그 특성을 잃을 위험을 안고 있는 것이다.

그러나 이러한 사람들은 어떠한 시대에도 외부적으로 눈에 보이는, 자신들의 동료만으로 한정된 단체를 형성하는 일은 없을 것이다. 오히려 주의 말씀에 있는 것처럼, 언제나 누룩으로서 국가와 교회의 민중 속에 섞여들어 결실이 풍부하고 또 지주가 되는 요소를 이루고 있다.

2

하느님의 나라가 싸우는 나라인 한, 성도가 되려면 특별한 '부르심'이 필요하며, 우리의 생각에 의하면 이 사실은 의심할 여지가 없다. 또 그리스도의 유명한 말[*2]도 이런 의미로 해석되어야 한다. 그런데 이것을 오해했기 때문에, 특히 프로테스탄트 교회에서는 참으로 많은 재앙이 일어났다. 만약 이 그리스도의 말이 어떤 사람들이 구원을 받기 위한 일반적 규정이나 다른 사람들이 영원한 멸망에 이르는 선고를 의미한다면(칼뱅은 성 아우구스티누스의 선례를 본받아 그렇게 이해했고, 도르트레히트의 교회회의는 결국 그것을 명백한 부조리로까지 발전시키고 말았지만[*3]), 이것은 그야말로 생각할 수 있는 가장 자기 위주의, 또 가장 무서운 세계질서이다. 그리고 구원받을 권리가 없다고 규정된 사람들이 이에 대해 분개하는 것은 충분히 용납될 수 있는 일이다.

또한 이 일에 대해서는 사안의 성질상 풀기 어려운 수수께끼가 많이 남아 있다. 예를 들면 카르타고의 성자(아우구스티누스)와 제네바의 종교개혁자(칼뱅)에게 '은총의 선택'이라는 교리에 대해 그토록 지나친 행위를 하게 한 것은, 실제로는 그들의 독자적인 인생경험 탓이었는지도 모른다. 그러나 오늘날의 그리스도교계에는 어떤 사람의 영혼이 태어나기 전부터 구원받을 가능성

---

*2 마태복음 20장 16절.
*3 도르트레히트 교회회의(1618~19년)는 더할 수 없이 엄격한 예정설을 표명했다. 그뿐 아니라 '타죄(墮罪) 이전의 예정'이라는 견해는 선택되느냐 멸망하느냐가 인류의 타죄 이전에 정해져 있는 것이라고 주장하기에 이르렀다. 이들 신학자가 그러한 것을 어떻게 알 수 있었는지 묻고 싶을 정도이다(하우크 헤르초크 편 《프로테스탄트 신학과 교회의 사전(事典)》(제3판) 제4권 798쪽 참조). 현재로서는 이슬람교가 가장 강력하게 예정설을 표명하고 있다.

도 없이 영원한 멸망으로 정해져 있다는 것을 그대로 받아들이는 자는 아무도 없다. 아니, 모든 사람이 진리를 따라 영원한 생명에 이르도록 부르심을 받고 있다. 그러나 물론 진리를 더욱 깊이 인식하는 것은 적어도 이 지상에서는 누구나 다 할 수 있는 일은 아니다. 그것은 무엇 때문일까? 우리로서는 그 대답을 알 수 없다.

이 '더 높은 부르심'(가령 이렇게 명명한다면)은 사람이 스스로 손에 넣을 수는 없지만, 그것을 얻고자 하는 용기를 마음속에 느끼면 성실하게 기도할 수 있다. 그리고 그 부르심이 누군가에게 주어진다면 반드시 받지 않으면 안 되며, 인간 세계의 군대에서 일반적으로 이루어지는 것과 상당히 닮았다. 이러한 부르심을 우리는 '성도가 되는 것'이라고 부른다.

하느님은 어떤 경우에 우리를 부르시는가 하는, 결코 완전하게 구명할 수 없는 신학상의 수수께끼를 푸는 것보다 더 중요한 것은, 현대에서 성도가 되려면 우리 안에 무엇이 없어서는 안 되는지, 또 어떻게 하면 성도임을 확실하게 구별할 수 있는지 아는 것이다.

성도에게 반드시 없어서는 안 되는 것은 먼저 성서에서 말하는 '열린 눈과 귀'이다. 그리고 그 뒤부터는 이미 구약의 거의 모든 부분에 나와 있는 대로 일은 간단하다. 열린 눈과 귀를 위해서는 하느님을 사랑하는 것 외에는 원래 아무것도 필요하지 않다. 하느님을 사랑하면 그 이상의 일은 모두 그 결과로서 저절로 찾아온다. 왜냐하면 이 사랑의 영은 평소에 보이지 않는 모든 것을 인간에게 가르쳐주기 때문이다. 그러나 유일한 이 조건은 다른 어떠한 것으로도 대신할 수 없으며, 또 종교적 교의와 예배의 의무, 일종의 자선사업을 통해 계획적으로 불러일으킬 수도 없다. 이미 고대 이스라엘인들은 끊임없는 '예배'를 통해 그것을 시험하고자 했다. 즉, 그것을 통해 모든 행위, 아니 거의 모든 생각을 하느님의 봉사에 바치려 한 것이다. 정통파 유대교는 오늘날에도 그것을 위해 고심을 거듭하고 있다.

그리스도 교회는 성립된 이래 한편으로는 신앙의 개념을 규정하기 위해 미세한 부분까지 검토하는 데 힘쓰며, 또 한편으로는 신앙 사업에 매진했다. 또 현대의 여러 교회도 신앙 사업이라는 점에서는, 과거의 어떤 시대보다 더욱 노력하고 있다. 그럼에도 불구하고 그 신앙생활에는 진정한 만족이 부족하여, 그들은 신앙의 쇠퇴를 끊임없이 두려워하면서 살고 있다.

이 점에서는 복음서도 너무 높게 평가되어서는 안 된다. 뭐니뭐니해도 복음서는 하느님의 영이 특별히 나타난 것에 대한 충실한 보고 외에 아무것도 아니다. 그러나 그 단순하고 사람의 마음을 움직이는, 각각이 다르면서도 서로 보완하는 어법은 참으로 경탄할 만하다. 복음서를 모르는 자는 지금까지 존재하는 인류의 문헌 가운데 최고의 것을 모르는 것이다. 그러나 복음서가 그대로 그리스도교라고는 할 수 없다. 설령 그것을 암기할 정도로 알고 있다 해도 그리스도교를 아는 것은 아니다. 하물며 그 상세한 지식이 성도가 되는 전제 조건도 아니다.

성도가 되는 것은 글을 읽을 줄도 들을 줄도 모르고, 또 어쩌면 복음서에서 깊이 있는 것을 배운 적이 없는 사람이라도 충분히 가능하다. 하느님은 그 사람에게 하느님에 대한 사랑(그것은 동시에 하느님의 존재를 더욱 깊이 인식하는 유일한 길이기도 하다)을 더욱 직접적인 방법으로 주실 것이다. 사도 바울은 이러한 더 높은 하느님의 인식에 대해 명확한 관념을 가지고 있었음을 그의 저작 속에서 보여주고 있다. 그것은 고린도전서 제13장(이 장이 유명한 것은 당연하다)으로, 이 대목은 신학적 논의의 한가운데 마치 딴 세상에서 온 한 편의 시처럼 돋보인다. 또 예레미야도 유대교의 예배 전체가 사람에 의한 창조물이며, 이 '선택받은' 백성에 대해 처음 의도된 다른 것의 대용물에 지나지 않음을 잘 알고 있었다.

그러나 현대의 가장 뛰어난 종교서에도 그러한 것은 그 옛날 하느님이 더욱 가까이 있었을 때의 희미한 추억으로밖에 적혀 있지 않거나(참으로 하느님 가까이 있는 것이 바로 모든 종교, 또 모든 행복에 있어 단 하나의 중대한 일임에도), 그렇지 않으면 훨씬 나은 내세의 꿈으로밖에 애기되어 있지 않다. 이러한 통찰은 가련한 인류로부터 수없이 사라져버린 것이다. 그것은 인류가 이 통찰을 양립할 수 없는 형식에 의하지 않고서는 파악할 수도, 하물며 가르치거나 전할 수도 없기 때문이다. 만약 새롭게 태어나는 모든 아기가 언제나 하느님의 새로운 창조물이고, 그 생명이 어떤 가치를 지니고 있어야 한다면, 그 생명 속에서 언젠가는 하느님의 영과 하느님의 사랑이 저절로 눈을 뜨고 작용하지 않으면 안 된다. 이 중대한 사항에 있어서도 부모가 애써 얻은 성질이 약간은 아이들의 소질이 될 수 있다는 연속과 소질의 유전을 우리는 분명히 믿는다. 하지만 그것은 기계적으로 이루어지는 것은 아니다. 오히려 그 반대의 일이 무서운 형태로 일어나는 경우도 있다.

따라서 성도가 되는 것은 요컨대 하느님에 대한 사랑이 현저하게 높아지고, 인간의 다른 모든 감정을 능가하기에 이른 상태를 말한다. 참고로 하느님에 대한 사랑은 이 세상의 생명을 초월하여 무한하게 높아질 수 있는 것이다. 현대에서 성도가 되는 것은 오로지 이러한 사랑을 지니는 것이고, 그것은 지나간 시대의 모든 형식에서 떠나고 모든 형식 자체에서 가능한 한 떠나는 것이다. 그러나 그것은 형식에 대한 혐오와 반발에서가 아니라, 그 모든 형식이 각 시대의 하느님에 대한 사랑의 표현으로서 존경할 만한 것이고, 어느 정도까지 존속할 것이라는 인식을 가지는 가운데 하는 것이다. 다음에 올 세상에 가서야 비로소 성소(聖所)가 더 이상 존재하지 않게 될 것이라고 요한계시록 21장 22절도 말하고 있다.

어쨌든 모든 성도들은 항상 이러한 상태에 있었다. 죽은 형식을 없앨 사명을 지고 있었던 신앙과 예배의 열렬한 개혁자들은, 완전히 이런 부류에 속하는 사람들은 아니었다. 또 그들은 이것을 그들의 아류보다 아마 확실하게 자각하고 있었을 것이다.[4]

현대에 있어서도 하느님에 대한 사랑이 크게 증대되지 않으면, 개혁, 특히 오늘날의 프로테스탄트 교회의 개혁은 그저 낡은 형식을 대신하여 새삼스럽게 새로운 형식을 만드는 것으로 끝나거나, 16세기 종교개혁의 형식 속에서는 그래도 많은 사람들에게 활발하게 작용한 그 영을 희박한 것으로 만드는 결과로 이끌 뿐이다. 교회가 현재 필요로 하는 것(그리고 국가에도 마찬가지로 크게 필요한 것은)은 마음속에 하느님의 사랑이 빛을 발하는 사람, 복음서의 표현을 빌리면 땅의 소금인 사람이 더욱 늘어나는 것이다. 이 소금이 없으면 어떤 사회개혁도 축복과 힘이 빠진 죽은 행위가 된다.

또 모든 그리스도교 종파가, 아니 일반적으로 모든 종교가 내면적으로 서

---

[4] 루터와 츠빙글리는 교제하기 좋은 사람들은 아니었을 것이다. 칼뱅과 파렐(1489~1565년, 스위스 종교개혁자)과 녹스(1505~72년, 스코틀랜드의 종교개혁자)는 더 말할 것도 없다. 아시시의 프란체스코와 성녀 카타리나, 현대에는 골든과 블룸하르트가 확실히 훨씬 편한 교제 상대일 것이다. 이것이 지극히 많은 호의적인 사람들이 그리스도교에 진정으로 다가갈 수 없는 이유이다. 그들에게는 이미 집과 학교에서, 또는 견진성사 교육 때, 그리스도교의 사랑할 만한 면이 올바르게 제시되지 않았던 것이다. 실제로 특히 심하게 교회적인 사람들 중에는 그 방면의 대표자가 많지 않고, 오히려 그렇지 않은 사람이 많다.

로 유대를 가지는 것은 하느님에 대한 사랑에 의해서이며, 그것 말고는 아무런 이유가 없다. 오로지 이 사랑 속에서 프로테스탄트 교도와 가톨릭 교도, 유대 교도와 이슬람 교도가 서로 어느 정도의 유대를 느끼게 된다. 그들의 이 막연한 신에 대한 공경의 감각에 의해 종교 속의 가장 불완전한 것도 존경할 가치가 있게 되고, 또 발전하는 힘을 가지게 된다. 마찬가지로 이 사랑만이 모든 신분의 사람들을 신분상의 차별을 넘어 이어주고, 가장 비천한 사람을 가장 고귀한 태생의 사람과 진정으로 평등하게 해준다. 이 사랑이 현대의 권리 평등과 진정한 인도(人道)의 바탕인 것이다. 또 그것은 사랑을 모르는 이기주의, 당파 근성, 향락욕의 정신에 대한 유일하고 효과적으로 대항하는 힘이다. 하느님은 이러한 정신을 경멸할 수 있는 새로운 인간을 끊임없이 창조함으로써, 쉬지 않고 그것과 싸운다.

오늘날 이와 같은 사람들은 아마 수없이 많을 것이다. 어쨌든 100년 전, 그리고 50년 전보다는 많을 것이다. 다만 전보다 구별하기가 어려워졌을 뿐이다. 분명히 그들은 어떤 특징을 가지고 있다. 그것은 하느님에 대한 사랑이 많든 적든 사실이 되어 나타나기 때문이다. 다만 그것을 설명하기 어려울 뿐이다. 왜냐하면 설명은 대개 인간관계와 관련된 비유를 통해 이루어질 수밖에 없는데, 반드시 실상에 적용되지는 않기 때문이다. 단테는 《신곡》의 '천국편'에서 내세에서 지배하고 있을 것으로 생각되는 사랑의 일반적인 모습을 그려내려고 시도했다. 그러나 일찍이 이 작품을 읽은 적이 있는 사람은 누구라도, 이 '천국편'이 극도로 아름다운 몇 군데를 제외하면, 《신곡》 중에서 가장 감명이 적은 부분이라는 것을 인정할 것이다. 그것은 바로 인간의 말이 비물질적인 것을 표현하는 데 적합하지 않기 때문이다. 또 고상한 성질을 가지고 최선의 것을 동경하고 추구하는 많은 사람들이, 오늘날의 교회에 대해 망설이는 것도 역시 이 때문이다.

그러나 어쨌든 하느님에 대한 사랑을 더 많이 지니게 되면, 그들도 교회를 존중하게 될 것이다. 마치 하느님도 우리가 보는 것 이상으로 교회를 불완전한 것으로 보고 계시는 것이 틀림없는데도, 여전히 교회를 존중하시는 것처럼 말이다. 왜냐하면 모든 교회에는 여전히 축복이 주어지고 있고, 만약 교회가 완전히 생명을 잃고 축복을 잃었다면 저절로 멸망하고 없을 테니까.

만약 당신이 운 좋게 현대의 성도를 만나 그의 마음속 방황을 묻는다면, 그는 아마 그저 이렇게 대답할 것이다. "나는 분에 넘치는 하느님의 은총에 인도되어 무엇보다 더 하느님을 사랑하고, 하느님을 완전히 신뢰하게 되었다. 그리고 하느님과 다른 것을 같은 정도로 존중하거나 하느님의 뜻에 반하여 행동하는 것은 이제 전혀 생각하지 않게 되었다. 이것이 나에게 평화와 확신과 기쁨을 주어, 모든 사람들에게 친애하는 마음을 품고, 현세보다 한없이 나은 내세에 대한 확신을 가지게 해준다. 하느님이 우리에게 원하시는 것은 우리와 함께 있는 것, 하느님에게 마음을 보내는 자를 발견하여 그 마음을 하느님의 영으로 더욱 키우고 생기를 주는 것, 이것 말고는 없다. 그러기 위해서는 우리의 자유로운 내적 의지를 남김없이 바치지 않으면 안 된다. 그러한 의지가 도대체 있는지, 또 얼마나 있는지 헤아리는 것은 필요하지 않다. 그러면 하느님은 우리를 위해 그밖의 모든 것을 이루어 주신다. 그것은 차례차례 넘칠 듯한 선물이 되어 나타날 것이다."*5

그리스도 이래 참으로 많은 예민한 정신들을 집중시키고 이미 여러 번 피비린내 나는 종교전쟁도 일으킨 신학상의 여러 문제에 대해, 하느님을 사랑하는 사람들이 관심을 가질 것 같지는 않다. 하느님을 사랑하는 사람들은 그리스도의 '선재(先在)'(창조 이전의 존재)와 그 '신인양성(神人兩性)'의 비밀스런 의의, 그리고 그리스도의 '희생의 죽음'에 대한 해명과 그 효과에 대해, 또는 그 피가 가지는 정화의 힘에 대한 생각을 숨길 리가 없다. 오히려 다음과 같은 단순한 사실을 마음의 의지로 삼을 것이다. 즉, 지상에 그러한 놀라운 분이 출현함으로써 구약의 모든 예언이 성취되고, 악의 힘이 전체에서나 개개인에게 있어 경험상 명백하게 구축되었다는 사실, 그리고 하느님의 영이 이 어둠의 골짜기인 지상에, 또 사람들 각자의 마음속에 자유롭게 들어갈 수 있는 확실한 길이 열리고, 나아가서는 인간 존재의 가장 불가해한 수수께끼인 죽음까지 극복할 수 있음을 보여주었다는 사실이다.

---

*5 시편 81장 11절, 로마서 4장 5·8절, 6장 14, 22절.
 "대부분의 사람은 영적인 삶, 즉 천국에 도달하는 삶을 사는 것은 경건과 밖으로 드러난 거룩함, 세속의 단념이라고 믿고 있다. 그러나 사랑의 행위를 수반하지 않는 경건, 내적인 거룩함을 동반하지 않는 외적인 거룩함, 세상에서의 생활을 수반하지 않는 세속의 단념은 영적인 삶이 아니다. 이와는 반대로, 사랑의 행위에서 나오는 경건, 내적인 거룩함이 나타난 외적인 거룩함, 이 세상에서의 생활과 결부된 세속의 단념이야말로 영적인 삶이다." 스웨덴보르그 《새로운 예루살렘에 대하여》(라틴어판, 1758년)에서.

하느님을 사랑하는 사람은 또 말할 것이다. 이 종교는 이렇게 하여 인간의 정신이 일반적으로는 가질 수 없고, 자신에게서도, 또 세상 속에서 가장 광범위한 지식에서도 퍼 올릴 수 없는 어떤 깊이를 준다고 말이다. 자신의 지혜와 넓은 세상 가운데에서 얻은 지식의 무력함은 역시 현대의 대부분의 유명한 사람들에게서도 볼 수 있다. 그들에게는 중요한 뭔가가 빠져 있다. 더 높은 의미에서는 무엇보다도 천박함을 벗어날 수 없다. 이 하나의 것만 채워졌으면, 그들의 내적인 모습은 비로소 완전한 것이 되었을 텐데.

이러한 완성은 오늘날에도 가능하다. 하느님의 영은 그것을 방해하는 모든 것으로부터 사람들을 해방할 수 있고*6 또 끊임없이 그것을 위해 준비한다. 그렇게 하면 그 사람은 마치 오랜 감금에서 풀려난 것처럼 되살아나서, 모든 인간에 대해, 아니 모든 피조물, 즉 생명 있는 것뿐 아니라 생명 없는 것(아마 우리의 이해력으로 그렇게 보일 뿐일 것이다)의 세계에 대해서도 완전히 새로운 관계에 들어가, 이 세계에서 다시 기쁨을 발견해 낼 것이다. 이러한 실감을 모를 때는 어쨌든 아직 성도(聖徒)가 되지 못한 것이다.

3

오늘날 성도의 여러 특성을 일단 나누어 생각해 본다면, 책이나 관찰을 통해 확인할 수 있는 한 다음과 같다. 물론 그 특성들은 실제로는 완전히 나눌 수 없는 전체이며, 또 일반적으로 인간이 그러하듯이 참으로 개성적으로 되어 있다. 따라서 이 경우 '모방(模倣)'은 문제가 되지 않는다. 그것은 어느 누구도 결코 잘할 수 없는 것이다. 사람들 각자가 자신이 가지고 태어난 본성(本性)을 훌륭하게 완성하지 않으면 안 되며, 설령 전체적으로 인간을 다시 만들 필요가 있는 경우에도(언제나 어느 정도까지는 그렇지만), 자신과 다른 본성을 습득하려고 해서는 안 된다. 만약 각각의 문제에서 어떤 모범을 따르는 것이 필요한 경우, 그 모범으로 삼아야 하는 것은 오직 그리스도 한 사람이며, 다른 모범은 위험하다.

진정한 그리스도교(종종 볼 수 있는 것과 같은 것이 아니라)가 우리에게 상당한 호감을 주고 깊은 만족을 느끼게 하는 것은, 그것이(영국의 종교개혁자 존

---

*6 시편 130장 8절.

웨슬리의 경우를 제외하고) 조금도 틀에 박힌 성질을 가지고 있지 않고, 또 사람을 사로잡고, 지도하고, 교육하고, 나아가서 타인도 그 길로 끌어들이기 위해 훈련하는 방법이 아니라는 점이다.

모든 나라와 시대, 계급, 또는 교양의 수준 등의 차별 없이, 언제 어디서나 볼 수 있는 성도들의 공통적인 특징을 든다면 다음과 같다.

1. 겸손. 이것은 자기 비하를 의미하는 것은 아니다. 자기 비하는 일시적으로 성실한 경우에도 거의 숨겨진 허영심의 표시이며, 자기 비하의 방법으로 거꾸로 그것을 자극하려는 것이다. 겸손은 인간의 왜소한 힘과 하느님의 위대한 힘에 대한 올바르고 깊은 인식이며, 이 인식은 정신의 기쁨과 잘 이어질 수 있지만, 어떤 인간의 신격화, 특히 자아의 신격화는 결코 용납하지 않는다. 자기 경멸, 이른바 '세상을 경시하고 자신을 경시하는 것'은 과도적인 단계일 뿐이다. 또, 금욕이라는 것도 그리스도교의 가르침이 아니며, 그리스도에 의해 실천된 것도 아니었다. 금욕을 지키는 참회 수행자가 우리에게, 또 그 자신에게 무슨 도움을 줄 수 있을 것인가? 수행에서는 그들을 훨씬 능가하는 인도의 탁발승도 마찬가지로 아무런 유익이 없다. 그래도 그들의 내적 생명이 지극히 강하게 불타올라 어떤 순간에는 생생하게 하느님 가까이 있는 기분이 들고, 그것 때문에 모든 지상의 일이 꿈처럼 느껴지다가, 그 꿈에서 깨어나는 것이 사람의 사명이라는 걸 깨닫는 경지에 도달할 수는 있다. 그러나 그런 상태를 외적 수단을 통해 불러들이려 하거나, 오래 지속시키려 하는 것은 지극히 위험한 일이다. 그런 것은 육체의 장애를 수반할 뿐 아니라 하느님과의 영적 관계를 저해하기 쉽다.

2. 늘 변함없는 친애(親愛). 이것은 올바른 자에게도 그렇지 않은 자에게도 똑같이 태양의 빛을 비추고, 인간 가운데 있는 미약한 장점에도 눈을 돌려 격려하시는 하느님의 반영이다. 실제적으로 생각하면, 이 특질이 어쩌면 성도가 되는 가장 중요한 자격이라고까지 할 수 있을 것이다. 왜냐하면 그리스도교를 더욱 가까이 하고 싶어하는 지극히 많은 사람들이 그리스도교가 진정으로 요구하는 사항보다 오히려 그 표면적인 것과 신자들의 분별없는 행위에 반발을 느끼기 때문일 것이다. 특히 이미 사도 바울이 "신심에서 이득을 얻으려 한

다"*⁷고 한 행동이나, 그리스도의 명백한 계율에 어긋남에도 불구하고 수많은 종교가 '존경'을 받고 싶어할 뿐 아니라 요구하기까지 하는 태도가 사람들의 반감을 불러일으키기 때문이다. 또 융 슈틸링과 라바터에게서 볼 수 있는 감상적 태도와 미국식의 '신앙 부활파'의 이름을 파는 방식은 결코 영속성 있는 선전은 되지 못했다.

모든 그리스도교 신자가 그리스도와 마찬가지로, 지상에서 하느님의 자애를 인간적으로 구현했더라면(그러나 이미 사도들부터 그렇지 않았던 것 같다), 세계는 오래전에 그리스도교에 의해 정복되었을 것이다. 현재 무거운 짐을 지고 있는 자, 끊임없이 정열에 시달리고 있는 자가 그리스도교도 곁에서 즐거움을 느낀다면, 신자들은 교회가 쇠퇴하는 것을 한탄할 필요는 없을 것이다. 그래서 인도의 어떤 시는 단적으로 이렇게 말하고 있다. "그는 살아 있는 모든 것을 동정한다. 그러기에 성스러운 자로 불리고 있다."

3. 두려워하지 않는 것. 우리로서는 '분노하는 성도'라는 것을 결코 믿지 않는다. 분노는 두려움에서 오기 때문이다.*⁸ 성도가 되는 것의 가장 확실한 표시는 두려움이 없다는 것이다. 왜냐하면 두려움이 없는 것은 하느님에 대한 완전한 신뢰의 결과이며, 더욱이 그 신뢰는 인간이 스스로 하느님과 끊임없이 직접적으로 이어져 있는 경우에만 있을 수 있기 때문이다. 이 경우, 그 사람은 자신에게 다가오는 모든 고난과 위험이 자신에게 가장 큰 이익이 되는 것을 확신하고 있다. 30년 전생 당시 스웨덴군의 기병이 가죽 속옷 속에 부적(符籍)으로 몸에 지니고 있었다고 하는 저 멋진 시편 제91장은, 그것이 더욱 깊은 곳, 즉 마음속에 간직되어 있었더라면 정말 그러한 부적 역할을 했을 것이다. 성서 속에는(이미 앞의 논문에서 상세하게 설명한 것처럼) '두려워하지 말라'는 말 이상으로 자주 나오는 것은 없다. 그러나 이 말 이상으로 지켜지지 않고, 또 지키기 어려운 말도 없을 것이다. 왜냐하면 그것은 용감한 성격을 전제로 하는데, 그러한 성격은 확고한 신앙이라는 기반 위에서만 성장할 수 있기 때문이다.

4. 마지막으로는 일이다. 일하지 않는 성도는 있을 수 없다. 또 '끊임없는 기

---

*7 디모데전서 6장 5절.
*8 시편 37장 8절.

도'도 겉으로만의 행위라면 역시 자기 기만이라고 생각한다. 티베트 사람들이 사용하는 기도바퀴*⁹와 조금도 다를 바가 없다. 그리스도의 모습을 접하고 특히 호감을 느끼는 것은 한편으로는 완전한 안정감을 지니고 있었던 일이다. 거기에는 서두르거나 거칠게 돌진하는 일이 없고, 현대의 포교자들이 말하는 '영혼의 굶주림'이 거의 보이지 않는다. 그리스도는 우물 옆에서 모르는 여인과 천천히 얘기를 나누거나 자연을 자주 관찰하고, 때로는 혼자 조용한 곳으로 가기도 하며, 신앙을 가지지 않은 사람들의 집에도 손님으로 머무는 여유를 언제나 잃지 않고 있었다. 게다가 자신이 일할 기간이 짧게 한정되어 있다는 것에 대해(완전히 인간적으로 말해도) 조금도 의심을 품지 않았다. 그런데도 그리스도에게서는 현대의 선교운동과 그 성급함을 떠올리게 하는 것이 전혀 없었다. 그러한 성급한 선교는 초대 사도들의 시대에도 아직 시작되지 않았고, 바울에 이르러 처음으로 볼 수 있다. 그러한 성급함과 마찬가지로 그리스도에게는 아무것도 하지 않는 '명상벽(瞑想癖)' 같은 것도 전혀 느낄 수 없었다. 그리스도가 산이나 쓸쓸한 곳으로 물러간 것은 언제나 새로운 활동에 대비한다는 목적이 있었기 때문이지, 혼자만의 조용함을 즐기기 위해서는 아니었다. 그런 만큼 우리는 늘 명상에 잠겨 실천을 하지 않는 자를 성도라고 믿어서는 안 된다.

17세기의 프랑스의 성녀 엘리자벳 드 바이욘은 내적 생활에서의 심경 변화를 다음과 같이 말했다. "하느님 안에서 나가는 일이 있으면, 다시 하느님 안으로 들어가지 않으면 안 된다. 그러면 언젠가는 틀림없이 하느님 안에 매우 깊이 들어가 두 번 다시 거기서 나오는 일이 없게 된다." 그러나 그것을 외적 수단을 통해 구해서는 안 된다. 이 말 앞부분은 대다수의 사람들이 경험하는 내적 세계의 역사이다. 그리고 뒷부분에서 시작되는 영혼의 상태가 시대에 따라 다양한 이름으로 불리면서 그리스도교적 신비사상의 본질을 이루고 있다. 그러한 상태의 영혼은 마치 성 안에 있으면서 주위의 미쳐 날뛰는 세계를 바라보며, 사자를 통해 외부 세계와 교섭을 유지하는 것과 같다. 향락(享樂)은 바로 성 밖에 있는 적이다. 영혼이 유혹당해 그것에 굴복할 때는 자신을 지켜주는

---

*9 입으로 경문을 읽는 대신 기도 문구를 적어 넣고 돌리는 바퀴.(역자)

성벽을 버리고 적의 세력 안에 들어가게 되며, 영혼은 즉시 고통을 느끼고 다시 거기에서 돌아오지 않을 수 없게 된다. 이에 반해 성 안에서 끊임없이 싸우지 않으면 안 되는 적은, 오직 휴식과 '명상(瞑想)'만을 원하는 게으름이다. 단 하나의 유익하고 결실 있는 명상은, 경험으로 쉽게 알 수 있듯이, 일하는 동안이나 그 뒤에 저절로 솟아나는 법이다. 일은 하지 않고 일부러 시도하는 명상은 향기 없는 조화(造花)와 같다. 진짜 꽃과 겉모습은 닮았지만 아무런 가치도 없으며, 영혼에게 자신을 극복하게 할 수 있는 힘도 없다.

일에 힘쓰고 항상 직접 하느님 곁에 있으며, 단순한 향락은 모두 배척하거나 피하는 것, 이것이 햇빛과 생명의 빛이 우리 위에서 빛나는 한 하루의 의무이다. 휴식이 허락되는 것은 잠자는 동안과 일요일이다. 잠자는 동안에도 반드시 하느님이 우리를 계속 인도하며, 그 사이에도 쉬는 일이 없는 적의 공격으로부터 우리를 지켜주실 것이다. 또 일요일만은 일을 떠나 단순한 명상에 잠겨도 아무런 해가 없다. 오히려 필요하지도 급하지도 않은 일을 하는 것은 해롭다.

어떤 인간의 중개도 거치지 않고 직접 하느님의 인도와 가르침 안에서 그런 삶을 사는 기쁨보다 나은 것은 이 세상에 없다. 한번 그것을 진실로 경험한 사람은 마음을 채워주는 일이 없는 이 세상의 기쁨과 근심의 혼란 속에서, 또 단순한 교회주의의 기계적인 생활에서 떠나, 한없이 단순하고 진실한 이 생활로 돌아올 것이다. 그러나 진정으로 현명해진 사람이라면, 이 생활에서 완전히 떠나는 일은 더 이상 하지 않게 될 것이다.

4

이와 같은 점에서 다시 신비사상에 대한 문제, 즉 더욱 어려운 문제 가운데 하나와 부딪힌다. 어렵다고 하는 것은 이 사상이 건전한 양식에 대한 피할 수 없는 모순을 내부에 숨기고 있다고 생각되기 때문이다. 여기서도 또한 그리스도의 실례를 눈앞에 보지 않으면, 그러한 모순이 실제로 존재한다고 인정하지 않을 수 없을 것이다. 그러나 그리스도는 불건전한 의미에서의 신비가도 아니요*[10] 또 단순한 양식(良識)가도 아니었다. 따라서 신비사상의 어떤 점을 비난

---

*[10] 누가복음 7장 34절.

해야 할지는 언제나 그리스도를 기준으로 하여 헤아리지 않으면 안 된다. 또, 영적으로 어린 사람들과 그들이 아직 이해할 수 없는(대체로 경험하지 않은 것은 아무도 이해할 수 없다) 사항에 대해 얘기해서는 안 된다. 이들을 위해서는 오히려 삶을 사는 보람을 찾을 수 있는 유일한 것을 더욱 깊이 이해할 수 있도록 길을 열어주는 것이 필요하다.*[11]

'신비사상'은 원래 약간 높은 단계에 서서 이해된 그리스도교에 지나지 않지만, 이 사상에 들어 있는 가장 큰 문제는 하느님이 인간과 직접적으로 교류하는 것을 믿을 수 있는가 하는 점에 있다. 만약 그러한 신앙을 오늘날 대부분의 상식인이 그렇듯이 '미치광이'로 선고하지 않는다면, 다음의 문제가 일어난다. 즉 이러한 교류는 예외적인 상태이며, 어쨌든 '부자연스러운 것', 이상한 것, 오직 황홀 상태에 의해서만 도달할 수 있는 것, 아니, 개개의 경우에는 거의 정신장애와 가까운 것이 아닌가? 그렇지 않으면 정말 자연스러운 것이고, 하느님이 원하시는 것이며, 그러므로 끊임없이 또 모든 인간의 내부에 그야말로 없어서는 안 되는 것이며, 따라서 이따금 그것에 어울리고 스스로도 기꺼이 그것에 따르는 개인이 발견될 때는 항상 그것을 계시하려고 하느님 스스로 노력하신다는 것이 하느님의 뜻에 합당한가 하는 문제가 그것이다.

인간의 '내적 생활'이 항상 뭔가 '신비적인 것'을 내포하고 있는 것은 분명하다. 그것은 생리학이나 심리학의 일반적 견해에 따라 자연과학적으로 설명할 수는 없으며, 그것을 직접 경험한 적이 없는 사람들에게 이해시키는 것은 더욱 불가능하다. 그들은 언제나 "바울이여, 너는 미쳤다"거나 고작해야 "너는 좀더 나를 설득할 수 있을 것을"이라고 할 것이다. 그래도 만약 그 내적 생활이 진실이라면, 조금도 불건전한 것이 아니라 오히려 인간의 정신력을 총체적으로 강화하는 효과를 가지며, 그것을 흐리게 하는 일은 없으리라. 언제나 우리에게 깊은 안도감을 주는 것은 바로 이 사실이다. 또 한편으로 철학과 자연과학적인 박식함조차도 '물자체(物自體)'를 무언가의 방법으로 충분히 설명하는 데는 전혀 적합하지 않고, 커다란 시련을 맞이했을 때 인간을 지탱해 주는 힘은 아무것도 없다는 확신이 또한 이것을 돕는다. 그 중에서도 효과적인 그리스도교

---

*11 요한복음 16장 12~13절, 21장 18절.

신앙 가운데 뭔가 신비적인 것을 수반하지 않는 것은 생각할 수 없다.

원래 그리스도교는 단순한 교의인가, 아니면 흔들림 없는 사실에 기초한 것인가? 그리스도교는 누군가 뛰어난 인간 정신, 즉 처음에는 아브라함과 모세, 나중에는 다윗, 이사야, 그리스도, 바울 등에 의해 창안된 것, 또는 그 전부터 있었던 싹에서 발전된 교의에 지나지 않는 것인가? 만약 그렇다면 그것은 시대의 소산이라는 얘기가 된다. 그리고 각각의 시대가, 아니 각각의 생각하는 인간이 그리스도교를 천명하고, 인간에 의해 만들어진 이 교리를 자신의 요구에 따라 수용하든지 거부하든지, 아니면 새로운 형식으로 다시 만드는 권리와 의무를 가지는 것이다. 결과적으로 모든 시대에 각각의 뛰어난 신학자에 의해 새로운 그리스도교가 태어나게 된다.

이에 반해 그렇지 않다고 한다면, 그리스도교는 그 본질상 사실로 이루어진 것이다. 즉 그 시대 시대의 인간의 의지와 견해에 좌우되지 않고, 그렇게밖에 일어날 수 없었던 것, 다른 어디에도, 다른 어떤 방법으로도 일어날 수 없었던 사실이며, 그것을 본 사람들에 의해 단순히 증거의 형태로 보고된 것에 지나지 않는 사실이다. 이것이 초대 그리스도교였다는 것은 이 최초 시대의 확실한 증거인 사도행전과 사도들의 편지를 훑어보는 것만으로 충분하다. 모든 신학 체계에 싫증이 난 현대의 세계가 목마르게 원하고 있는 것은 실제로 일어난 일, 그리고 앞으로 일어날 일이지 새로운 교의의 체계나 철학이 아니다.

신비사상(神秘思想) 없이 성립될 수 있는 보통의 그리스도교적 경건과 신비사상(신비적 그리스도교)의 차이는 이런 것이다. 전자가 그리스도교를 원하는 것은 그 힘을 빌려 다른 길에서는 얻을 수 없는 행복하고 만족할 만한, 그리고 존경할 가치가 있는 삶에 도달하기 위해서이다. 이에 비해 신비사상에서는 하느님 곁에 있는 것 그 자체가 행복이다. 이 두 가지 그리스도교 신자 가운데 한쪽은 필요한 만큼 하느님을 원하지만, 다른 쪽은 가능한 한 하느님을 구하는 것이다. 이것은 큰 차이이며, 특히 실제에 있어서는 더 그러하다. 왜냐하면 결국은 완전히 하느님 안에서 사는 것이 아니면, 자연 그대로의 본성에 깃드는 관능성(官能性)을 모두 극복할 수는 없고, 또 인간과 사물에 대해 진정으로 올바르고 확고한 관계에 도달할 수도 없기 때문이다.

완전히 하느님 안에서 사는 것은 신비사상이다. 하느님은 실제로 체험하는 것 외에는 파악할 방법이 없기 때문이다. '설명된' 하느님은 언제나 인간의 단순한 관념에 머무른다. 그런 관념에서 말하면 인간이 하느님을 만드는 것이며, 하느님이 인간을 만드는 것이 아니라는 것이 진실이다. 그런 관념의 하느님은 우리에게 유익한 점이 조금도 없다. 실제로 예언자 이사야가 확실하게 애기한 것처럼, 그것은 우상보다 나은 데가 조금도 없다. 우상에도 뭔가의 관념을 부여할 수 있기 때문이다. 이렇게 다양하게 하느님의 개념을 만들어내는 것은 사실 우상숭배에 비해 그리 고상하다고 할 수도 없다.[*12] 우상 숭배의 경우에도 교육을 받은 그 대표자들은 외형과 그 저편에 있는 관념을 충분히 구별할 줄 알기 때문이다.

이러한 그릇된 길에서 인간을 지키는 것은 그러한 인간의 사변과 공상의 산물로서의 하느님이 아니라, 사실로서의 하느님, 진정으로 살아서 작용하는 하느님[*13]을 실제로 경험하는 것 말고는 없다.

높은 교양을 가진 사람들은 그 생애 가운데 다음의 두 가지 가운데 어느 한 가지에 도달하게 된다. 어떤 사람은 종교적 회의론(레싱은 진리를 소유하는 것보다 진리에 대한 영원한 탐구를 존중한다는 말을 남겼다) 또는 기껏해야 불가지론에 도달한다. 그들은 연구를 통해 인식할 수 없고, 오히려 '인식할 수 없는 것으로서 침묵 속에 존경해야' 하는 것이 '하늘과 땅 사이'에 과연 존재하는가에 대한 문제는 그대로 '미결정인 채로 두자'(괴테)는 생각에서 끝나버린다. 한편 다른 사람들은, 거짓 없는 자신의 인생 경험에 의지하며, 그 밖의 것은 그것과 동등한 의의를 가지지 않는 것으로 간주하는 일종의 신비사상에 도달하는 것이다.

인간은 신비사상을 통해서만 점점 하느님에게 다가갈 수 있다. 따라서 신비사상은 인간을 철저히 선(善)해지게 할 수 있는 유일한 사고방식이다. 왜냐하면 그 경우 더욱 뛰어난 하느님에 대한 인식과 하느님 가까이 있는 것에서, 무엇이 자신을 가로막고 있는지 점차 확실하게 깨닫고, 그것을 제거하려고 노력하기 때문이다. 그것과 달리 단지 철학적 또는 신비학적 개념을 규정하는 것만으로는 우리의 생활에 아무런 영향도 미치지 않고, 하물며 불가지론에 이르러서는 더 그 힘을 가지지 못한다.

---

*12 이사야 44장 9~20절.
*13 예레미야 10장 6절.

그러므로 그리스도교적인 사고를 할 경우, 신비사상을 완전히 빼고는 아무런 성과도 얻을 수 없다. 하물며 진정으로 발랄하고 활동력 있는 그리스도교는 신비적 요소를 상당히 강하게 띠지 않고는 생각할 수 없다.

"이런 것을 다 이해할 수는 없는 사람은 그 중에서 자신이 인정하는 것만 남겨두는 것이 좋다. 이런 것들이 전혀 마음에 들지 않는 사람은 그것을 애호하는 사람에게 맡기도록 하라. 그리고 자신이 아무것도 알지 못하는 일에 대해 감히 모독하지 않도록 조심해야 한다"고, 베르니에르 루비니는 그 설명의 끝에서 말했다.

5

이 신비사상의 문제는, 우리가 또는 그리스도가 가졌던 것과는 다른 더 복잡한 '하느님의 개념'을 내세우려 하지 않고, 오히려 그리스도와 그의 범례에 훨씬 많이 의지한다면, 더 간단하게 보일 것이다. 특히 상식적인 사람들이 실제로 신비적인 사고방식 이상으로 두려워하고 있는 '신비적 상태'(황홀 상태)는 그리스도교와 필연적으로 결부되는 것은 아니며, 또 결코 그런 상태가 성도(聖徒)가 되었다는 증명도 아니다. 만약 그런 상태가 성도가 되었음을 증명하는 것이라면, 그리스도도 이 상태를 그런 의미로 언급했을 것이다. 그 반대로 이 상태는 자의적(恣意的)인 것으로, 식사와 수면을 무리하게 억제함으로써 불러일으킬 수 있다. 만약 이 상태가 이렇듯 하느님의 행위가 아니라면, 그것은 죄를 수반한다고 할 수 있다. 그런 경우에는 보통 격렬한 반동이 나타나는데, 심지어 신앙 자체마저 잃을 정도의 극한까지 나아가는 광인(狂人)들이 많이 있다. 이러한 사태에 이르면, 그때부터 불건전한 영역에 발을 들여놓게 된다. 실은 이러한 불건전함은 다른 어떤 것보다, 대부분의 양식 있는 사람들이 신비사상과 그리스도교 자체에 대해 불신을 품게 되는 큰 이유로 작용했다.

그러므로 성도가 되는 것은 위와 같은 신비적 상태에 있는 것은 결코 아니다. 또, 보통 이상으로 하느님에 대한 훌륭한 인식을 가지는 것도 아니다. 성도가 되는 것은 오로지 하느님에 대한 더 큰 순종, 더 높고 순수한 내적 생활에 있다. 그 내적 생활은 사소한 점에 이르기까지 하느님의 엄격한 보호를 받게 된다. 한마디로 말하면, 우리의 유일한 모범인 그리스도를 한층 더 닮게 되는 일이다. 분명히 성도에게는 신비한 인도가 주어지고[*14] 수많은 위험에서 보호받는다. 그래서 그러한 위험을 전혀 깨닫지 못하거나, 그 위험이 지나가 버린 뒤에 비로소 깨닫기도 한다. 그렇다고 해서 성도는 유혹에, 하물며 죄에 빠지지 않도록 보호받는 것은 결코 아니다. 다만 그것이 유혹과 죄라는 것을 바로 알고, 하느님에게 더 강하게 의지함으로써 즉시 다시 일어서는 것이다. 따라서 하느님의 '선택'은 그저 의지의 방향에 대해서만 인간에게 많은 것을 요구하고, 게다가 갈수록 많이 또 최후까지 요구한다.

그러나 하느님은 이미 거의 완전에 가까운 인간이나, 적어도 그렇다고 잘못 생각하고 있는, 이른바 '완성된' 인간을 요구하시는 것이 아니라 그저 일반적이 아닌 방법으로 보통 이상의 사명에 인도되고, 또 사용되기를 스스로 원하는 사람들을 요구하시는 것이다. 그러나 그것을 스스로 원하는 것은 사실 위험하다. 이것은 미리 충분히 숙고해야 할 일이다. 그뿐 아니라 부르시지도 않는데 강요하듯이 나서는 것은 더더욱 위험하며 그런 사람들과 교제하는 것도 위험하다.

성도가 되는 것은 참으로 큰 요청이며(아마 이 세상에서 가장 큰 요청일 것이다), 달리 비견할 데가 없는 '예외적인 지위'일 것이다. 그러나 그것은 중세나 고대와 마찬가지로 오늘날에도 그렇게 될 수 있고, 소아시아와 이집트와 마찬가지로 독일에서도 역시 그렇게 될 수 있다. '근대적 세계관'이라 해도 이 사실은 털끝만큼도 바꿀 수가 없다. 근대적 세계관은 이러한 것들을 결코 이해할 수 없을 것이고, 하물며 이 예외적인 지위를 제거하는 것은 더더욱 어렵다.

지금까지 말한 것에는 성도가 되는 것이 본래 달리 찾아볼 수 없는 헤로이즘(영웅주의)이라는 것이 내포되어 있다. 성도가 되는 것은 당연히 쉽지 않은 그림자의 얼굴을 가지는데, 특히 그런 사람들에게는 아무도 그다지 동정하지 않는다는 것도 그 그림자의 얼굴 가운데 하나이다. 성도가 사람들의 도움이나 동정을 받지 못하고 고통을 극복해야 하는 것은, 그 사명으로 보아 당연한 일이다. 바로 그것 때문에 그들은 '성도'이기 때문이다.[*15]

또한 그 위에 때로는 고통스러운 최후까지 더해지는 일이 있다. 그리스도도

[*14] 시편 4장 3절.
[*15] 시편 22장 8절.

그러한 최후를 마쳤다. 그의 선구자인 세례자 요한도 마찬가지이고, 야고보도, 또 베드로와 바울 등 그리스도를 직접 따른 제자들도 역시 그러했다. 아시시의 프란체스코와 시에나의 카타리나도 정도는 약간 가벼웠지만 마찬가지였고, 나아가서 잔 다르크, 지롤라모 사보나롤라, 존 브라운, 골든 파샤, 그 밖에 일찍이 이 세상에 나타난 뛰어난 사람들의 대부분도 모두 같았다. 앞에서도 말했듯이 스스로 그 부르심을 받고 싶어하는 사람들에게, 성도가 되는 것이 얼마나 어려운 일인지 보여주는 것도 이들 사명 가운데 하나였다.

"성배를 찾으러 떠나는 사람들에게
그들 대부분이 도깨비불을 뒤쫓는 거라고 말했을 때
나는 너무나 어두운 예언자였던가?"*16

오늘날의 자연과학적, 유물주의적 세계관이, 성장하고 있는 세대의 개인 생활 및 민족 생활에 대해 그 영향력을 충분히 발휘하게 된다면, 극히 가까운 장래에 참으로 많은 사람들이 도깨비불을 뒤쫓을 것이다. 그렇게 되면, 우선 언제나 변함없는 대립과 요구의 법칙에 따라 이미 현실주의와 이기주의, 감정적으로 조악한 '초인주의(超人主義)'와는 다른 것을 갈망하기 시작한 세계 속으로, 그것들 못지않게 불건전한 심령술과 모든 종류의 미신의 시대가 찾아올 것이다. 그러나 최후에는 모든 것을 극복하는 진정한 현대적인 성도가 나타나리라. 그와 함께, 인류의 위대한 날의 새로운 서광이 비치기 시작할 것이다. 오늘날의 우리는 아직 그 최초의 희미한 빛을 보고 있을 뿐이지만.

* * *

"당신만이 은총으로 다가오소서,
당신의 자애, 남김없이 우리 위에 빛나기를.
당신의 성스러운 영혼, 우리를 이끌고
영원하고 덧없는 행복의 길을 가르쳐 주시기를."

---

*16 테니슨의 〈성배〉.

우리는 무엇을 해야 하는가

　사람들이 내적 또는 외적 생활 속에서 뭔가 중대한 사건을 만나고, 평범한 이 세상 삶의 게으른 잠에서 깜짝 놀라 눈을 떴을 때, 또는 더욱 진지한 삶이 가능하고 그것이 바람직하다는 감명을 받았을 때, 그들이 맨 먼저 던지는 질문은(그것을 분명하게 입 밖에 내든 안 내든) 언제나 "무엇을 해야 하는가?"이다. 그리고 모든 종류의 '방법주의'에 대한 답은 보통 다음과 같다. 즉, 그런 사람들의 말꼬리를 잽싸게 누르고 그들을 부추겨 어느 한 단체에 가입하게 하는, 더 이상 뒤로 물러날 수 없는 한 걸음을 실제로 힘차게 내딛게 한 뒤, 끊임없이 다른 사람들에게도 권하게 하여 집단적으로 활동하게 하는 방법이다. 그 덕분에 그런 사람들이 즉시 전과는 전혀 다른 생활태도에 도달할 수 있거나 자신에게 없었던 평화를 얻을 수 있다면, 아마 그들은 더 어려운 일도 마다하지 않을 테지만.

　그러나 그리스도교의 복음은 인간이 자신에 대해 아는 것 이상으로 인간을 잘 알고 있어서, 새로운 신자에게 처음부터 어떤 행위나 상태의 큰 변화를 요구하지는 않는다. 다만 선을 향한 자유로운 결심만을 바라며, 거기에 계속적인 좋은 의지, 그리고 마지막으로 신앙을 구하는 것이다. 이때가 되어서야 비로소 복음은 그에게 위로부터의 힘과 촉구를 약속한다. 이 힘과 촉구만이 하느님이 기뻐하시는 좋은 행위를 낳을 수 있다.

　이에 반해, 자신의 힘으로 자발적으로 하는 일은 그들의 뿌리인 자아성(自我性)을 새로운 생활 속에서도 계속 지니는 것으로, 실제로 역사 속에서 하느님이 원하는 최선의 일을 부분적으로 자주 파괴해 왔다. 그것은 하느님의 가장 위대하고 또한 더할 나위 없이 명백한 사업도 저절로 유지되는 것이 아니며, 각 세대의, 아니 한 사람 한 사람의 끊임없이 새롭고 자유로운 의지와 헌신을 필요로 하기 때문이다. 실제로 이러한 정신에서 이루어지는 일이 아니면 하느님의 사업을 지키는 데 아무런 도움이 되지 않는다.

그러나 결코 실천에 옮기는 일이 없는 단순한 신앙은, 흔히 주해(註解)되어 있는 사도 야고보의 말을 빌리면 죽은 것이 확실하다. 그리고 루터가 이 야고보의 편지를 그 시대의 요구에 적합하지 않다며 '지푸라기 편지'라고 부른 것에, 나는 동의하기 어렵다. 야고보의 편지는 바울의 편지 못지않게 좋은 것이며, 루터가(바울이 아니라) 로마서 3장 28절에 삽입한 '기도'는 오늘날의 모든 성서에서는 원래 괄호 안에 들어가야 할 것이다.

인생에는 그야말로 신앙과 행위의 두 가지가 함께하지 않으면 안 된다. 그러나 행위에는 사명의 지시가 필요하다. 극히 사소한 점에까지 미치는 끊임없는 지시가 필요하다고 말하고 싶을 정도이다.

그러므로 산상수훈에서 그리스도의 제자로, 또 그 나라의 적극적인 백성으로 걸맞는 마음자세가 설교된 바로 뒤에, 마태복음 제10장에서 그 같은 자세를 토대로 실천적인 생활을 영위하기 위한 일반적 훈령이 제시되는데, 그것은 분명히 군대의 일반적인 훈령과 똑같은 특징을 가진 것이다.

이 일반적인 훈령은 위안의 말로 시작되어 위안의 말로 끝난다. 행위를 명령받은 사람들이 세상에 나가는 것은 자신의 의지에서가 아니며, 마찬가지로 자신의 부담에 의해서도 아니다. 그들은 주의 이름과 명령에 의해, 또 틀림없이 주어지는 주의 보상을 얻어서 그 의무로 나아가는 것이다. 그 의무는 자신의 힘으로 하는 것이 아니며, 그들에게는 사람의 영혼이 무엇보다 추구하는 것, 즉 모든 영을 지배하는 힘이 주어진다. 그뿐 아니라 자연의 힘이 그들을 방해한다면, 그것을 이길 수 있는 힘도 주어진다. 마지막으로 그들은 친구와 제자들을 찾아내어, 이 사람들이 그들을 자신의 마음속에도 집에도 맞아들이며, 그것에 대해 이 사람들에게도 마찬가지로 큰 보상이 약속되는 것이다.

그러므로 이 세상 모든 인간의 진실한 요구는(또한 마찬가지로 영혼의 요구도) 이러한 의무 속에서 채워진다. 그것도 이 세상과 그 주인들에 대한 의무 속에서 좀더 훌륭하고 더 확실하게 채워지는 것이다. 그러므로 이상의 것을 먼저 터득한 뒤 귀를 기울이고 마음을 열어 다음의 지시를 듣기 바란다.

우선 여러분이 속해 있는 나라의 사람들 곁에 가는 것이 좋다. 왜냐하면 하느님은 '질서의 하느님'이고, 사람이 한 나라, 한 민족에 속하는 것은 하느님의 질서이며, 그 질서를 완전히 무시하려는 국제적인 것, 인도주의적인 것, 또는 사회주의적인 것은 진정한 성공의 유일한 원천인 하느님의 축복을 받을 수 없기 때문이다.

하느님의 나라를 권장하라. 치유하고, 정화(淨化)하고, 자각시키고, 모든 악을 정면으로 공공연히 반대하는 것이 좋다. 이것이 여러분이 매일 해야 하는 일이자 의무이며, 여러분은 그것을 완수하기 위해 부르심을 받은 것이다.

여러분의 활동 속에서 이득을 구하지 말고, 그것을 부수적인 것으로 마음에 깊이 두지도 말며, 필요한 것만으로 만족하라. 그것은 남는 것이 짐이 되거나 번거로움이 되어, 여러분이 모처럼 얻은 더 나은 사상을 방해하는 일이 없도록 하기 위해서이다. 또는 유약함과 지나친 편안함이 여러분에게 행위를 꺼리게 하지 않기 위해서이다. 그러나 필요한 것은 항상 얻을 수 있을 것이다.

비교적 좁은 범위에서 먼저 가까이 교제할 만한 사람들을 선택하여 그들과 교제하라. 그 밖의 사람들과는 다투지 않는 것이 좋다. 그들이 여러분의 말에 귀를 기울일 수도 없고 그것을 이해할 수도 없다는 것에, 이미 그들이 받아야 할 심판이 들어 있다.

성실에 반하지 않는 한 현명하라. 다툼이나 위험을 멋대로 구해서는 안 된다. 그러나 반대에 부딪혔을 경우, 게다가 그 반대가 가까운 쪽에서 나타나더라도 그리 놀랄 것은 없다. 또 그것에 어떻게 대항할지 걱정하지 않는 것이 좋다. 그리스도교는 최후까지 미움을 받지 않고는 끝날 수 없다. 그러나 그리스도교는 결국 모든 것을 이기고 또 그것에 편드는 자도 이기게 됨으로써, 이 신앙에서 자신의 생명의 진수를 발견해낼 것이다. 여러분의 주(主)께서 받으신 것 이상의 것, 더 나은 것을 구해서는 안 된다. 그 사실을 여러분은 극복하지 않으면 안 된다. 그렇지만 싸움은 결코 오래 계속되지는 않을 것이다.

그러므로 두려워하지 말라(세 번 거듭하여 말해둔다). 두려움은 항상 죄이거나 죄의 결과이다. 여러분의 내부에 있는 죄를 경계하라. 분명히 여러분에 대해 입으로는 이러쿵저러쿵 말들이 많겠지만, 여러분에게 적대하는 행동은 그리 많지 않을 것이다. 하느님의 허락 없이는 극히 사소한 일도 여러분에게 일어나지 않는다. 여러분의 적은 스스로 깨닫지는 못해도 모두 하느님의 그릇이며, 만약 여러분이 증오와 복수심을 품지 않고 그들을 볼 수 있다면, 그들은 여러분을 위해 가장 유익하게 일하게 된다. 증오와 복수심은 오히려 여러분을 손상시킬 수 있다.

그러나 하느님은 두려워하라. 하느님을 두려워해야 할 많은 이유가 있다. 말에서나 행위에서나 하느님을 결코 거부해서는 안 된다.

또 결코 끊임없는 평화와 안식을 기대해서는 안 된다. 그것은 인생 본연의 모습도, 법칙도 아니다. 오히려 인생의 의무를 결연히 받아들이는 것이 좋다. 만약 여러분이 이 세상에서 안락한 삶을 구한다면(이 세상의 영은 여러분이 이제라도 돌아와서 이 세상의 영을 주인으로 승인한다면, 그러한 삶을 쉽게 약속할 것이다), 그것으로 인해 틀림없이 영원하고 진실한 생명을 잃게 될 것이다.*¹ 그러나 여러분이 눈에 보이지 않는 것과 그 지시를 믿고 용기를 내어 눈에 보이는 많은 것을 버린다면, 그리고 인간이 생애에 이룩할 수 있는 이 최대의 약진을 날마다 그리고 모든 기회에 조용한 결심으로 새롭게 이행한다면, 그렇게할 수 있는 힘이 주어질 뿐만 아니라 여러분이 버린 모든 것이(그것이 높은 가치를 가지는 한) 백 배나 되어 다시 돌아오고*² 그와 아울러 영원한 생명도 얻을 것이다. 그때, 아니 그때라야 비로소 여러분의 인생은 진정한 내용과 영속적인 가치를 지니게 된다.

지금까지 말한 것은 올바른 인생의 모든 조건을 간단하게 표현한 것이다.

우리는 이 조건을 변경할 수는 없다. 그것을 감히 프로메테우스적인 반항심으로 시험한 사람들은 그들의 철학적 또는 사회적 이론과 실천으로도 늘 좌절하고 말았다. 주는 '그들을 비웃으신다*³ 또 그들의 반항이 극단적인 정도에 이르면, 그들은 그 때문에 건전한 양식(良識)을 잃게 된다. 양식은 오직 하느님의 세계질서와만 일치할 수 있고, 그 이외의 세계질서는 전혀 수용하지 않기 때문이다.

그런데 우리는 이러한 조건을 수용할 수 있거나 없거나 둘 중의 하나를 선택해야 한다. 왜냐하면 인간의 생활은 자유로운 의지를 토대로 하고, 더욱이 하느님은 자유로운 인간과 스스로 나아가 일하는 종을 원하고 계시기 때문이다. 하느님은, 사람들이 자신은 자유 의지를 가지고 있지 않다고 주장하거나

---

*1 누가복음 4장 6절. 존 번연 《천로역정》.
*2 마태복음 19장 29절, 마가복음 10장 29·30절, 욥기 42장.
*3 시편 2장 1~4절, 9장 15·16절.

그것을 포기하고 싶어해도 인정하지 않으신다. 이들도 올바른 길을 알고 있었을 텐데 단지 '그 길을 잘못 들어섰을' 뿐이다. 그것은 그들도 자의식의 바닥에서는 이 길을 똑똑히 느끼고 있었기 때문이다.

이 올바른 길은 실제로 큰 심연(深淵) 사이를 누비며 나아가는 것으로, 오늘에서 내일로 가는 길조차 확인할 수 없는 일도 있어서, 먼 미래의 거울에 비추어볼 때는 누구나 불안에 떨지 않을 수 없다. 그러나 처음에는 그저 무서워서 떨면서도 이 좁고 올바른 길로 들어서는 사람들을, 그 지시를 내리신 주께서 동정과 관용으로 지켜보신다. 그리고 필요할 때마다 내려주시는 무수한 조언을 통해, 또 가능한 한 고통을 줄이는 모든 방법을 통해, 그리고 일찍이 이 길을 따라가서 결코 헤매는 일이 없었고, 더욱이 그 인생의 마지막에 특별히 염세주의자가 되지 않았던 참으로 많은 사람들의 실례를 통해, 그들에게 용기를 주신다. 지금까지 세상에 있었던 어떤 철학, 어떤 다른 종교, 또는 과학에 대해서도 그들이 이러한 일을 이룩했다고는 행여라도 주장할 수 없을 것이다. 그래도 회의적인 사람들은 풍요롭게 번영하는 인생에 도달하는 길이 그 밖에도 있지 않을까 하고 때때로 의심을 품을지도 모르지만, 가장 확실하고도 가장 쉬운 길, 또 과거에도 미래에도 최상의 동행자를 얻을 수 있는 길은 어쨌든 이 길밖에 없다.

자, 이 논문의 서두를 읽고 "나는 무엇을 해야 하는가?" 하고 물었을 독자 여러분은 이상과 같은 일을 하면 된다. 이 길을 걸으며 이 일반적인 훈령에 따르는 것이 좋다. 그러면 앞으로 당신은 하느님의 통치 아래에서 어떠한 인간의 지도와도 다른 인도를 경험하게 된다. 그리고 하루의 명령은 그날그날 주어지며, 그 싸움 전체에 대한 명령이 미리 주어지는 일은 없다. 아마 여러분은 그러한 전체적 명령은 감당하지 못할 것이다. 왜냐하면 뭔가 큰 일이 전체로서 여러분의 마음을 차지해 버리면, 자신이 얼마만한 일을 할 수 있을지 또 그것을 견딜 수 있을지, 전혀 알 수 없게 되기 때문이다.

그러므로 이상은 누구에게나 적용되는 일반적인 훈령(訓令)이다. 그 밖의 점에서는 지상에서의 하느님 나라에 속한 모든 사람이 동일한 의무를 부여받은 것이 아니라는 것만 말할 수 있다. 이것은 어떤 군대에 속하는 모든 군인이나 시민, 또 직업적으로 일을 하는 모든 사람들에 대해서도 같은 말을 할 수 있으며, 그들은 뭔가 진정으로 쓸모있는 일을 할 수 있는 올바른 부서를 찾기 위해 특별한 임무를 지시받는 것이 가장 좋다.*4 왜냐하면 사람들의 영혼, 특히 젊은 사람의 영혼은 '지극히 다양한 소질에서 싹터서 자라나는' 것이며, 그 중에는 자신의 진정한 천직을 끝내 깨닫지 못하거나 생애의 마지막에 가서야 간신히 깨닫는 사람들, 또 타인에 의해 잘못된 방향으로 인도되는 사람들도 무수하게 많지만, 성실하게 하느님의 인도에 몸을 맡기는 자라면 누구에게도 그런 일은 일어나지 않기 때문이다. 올바른 항로(港路)로 들어가는 것은 그것만으로도 이미 중대한 일이다. 칼라일은 일찍이 자신의 모든 처세훈(處世訓)을 다음의 한마디로 정리했는데, 그것이 틀린 말이 아닌 것은 분명하다. "자신의 일을 알고, 그것을 하라."

이 일반적인 훈령에 대한 몇 가지 특별한 주의 사항을 든다면, 대략 다음과 같다.

우리가 학교에서 받는 일반적인 종교 교육은 고작해야 다른 수많은 공포에다가 하느님에 대한 공포를 덧붙여 주입하는 것뿐이다. 그러나 이 공포도 살아가는 동안 곧 더 흔하고 확실한 생활에서의 걱정거리 때문에 멀리 밀려나고 만다. 그리고 지극히 많은 사람들에게는 인생의 한낮에 이르기 전에 하느님이 그저 단순한 환상에 지나지 않게 된다. 그것은 어두운 미신시대가 인간과 자연적인 욕구 사이에 설정한 환상으로, 이제 '계몽의 태양' 앞에 흩어지지 않을 수 없게 되는 것이다. 현대의 문명인은 이제 공포의 길을 지나 하느님에게 도달하지는 않는다.

오늘날 하느님을 믿는 것은 오직 하느님을 사랑하고 하느님의 사랑을 실감하는 자뿐이다. 이 사랑의 실감은 결코 환상이 아니며, 이 세상에 존재하는 것 가운데 가장 확실한 것이다. 언젠가 여러분이 하느님의 영에 재촉되어, 성실하게 "주여, 나는 그 무엇보다 당신을 사랑합니다"라고 말할 수 있는 날이 온다면, 그때 여러분은 이 인생의 목적을 달성한 것이며, 어떤 영원한 것도 이것을 능가하는 것은 줄 수 없을 것이다. 그때야말로 '하느님과 함께 있는 것'이 실현되는 것이다. 그 전에는 여러분의 그리스도교도, 행복의 영속성도 그리 대

---

*4 창세기 6장 22절.

단한 것이 아니다. 오히려 뭔가 올바른 것을 실천하고 있지 않은 게 아닌가, 또 굳게 결의한 사항을 중요한 순간에 잊어버린 것은 아닌가 하는 공포가 사라지지 않는다. 또 그것은 전혀 근거가 없는 것은 아니다. 누구나 기억력만으로 자신이 완수해야 할 모든 의무를 기억하고 있을 수는 없고, 더욱이 모든 순간에 그것을 실천할 수 있는 충분한 의지를 가지고 있는 것도 아니다. 그러나 사랑은 결코 사랑하는 것을 잊게 하지 않으며, 또 사랑이 있는 사람을 일깨워 사랑에 걸맞고 그 사람에게도 필요한 것을 실천하게 하는 장점을 갖추고 있다. 그러므로 누군가 아주 간단한 처세훈(處世訓) 가운데 모든 경우에 잘 들어맞고, 각자의 요구대로 개성이 풍부한 활동을 허락하고, 또 확고하게 행복으로 인도하는 것을 찾는다면, 다음과 같이 말할 수 있을 것이다. "마음을 다하여 하느님을 사랑하라. 그리고 당신이 원하는 것을 하라."[*5]

그것이 과연 가능한지 한번 시험해 보라. 그렇게 하면 그 이상 어떤 규칙도 (교회의 것이든 시민의 것이든) 필요하지 않다는 것을 알게 되리라. 그러나 하느님을 사랑하는 것은 단순한 말만으로 되는 것이 아니며, 다른 모든 감정을 능가하는 뿌리 깊고 완전히 진실한 감정이 아니면 안 된다. 그러나 그 감정이 없을 때는 아직 버팀목이 필요하고 그 버팀목은 이 경우에는 가볍게 여겨서는 안 된다.

설교와 전도는, 아니 그런 방면의 강연과 집필만 해도 누구에게나 어울리는 직무는 아니다. 이러한 일에 의해 자기 내부의 가장 좋은 것을 잃는 사람과 자기 생명의 나무에서 나중에 더욱 맛이 들 과실을 채 익기도 전에 그대로 떨어뜨리는 사람들이 많다.[*6] 그러한 일에 부름을 받은 다른 사람들도 청중에게 강요당하거나 자신의 포교열에 사로잡혀, 무리한 노력을 거듭하다가 육체와 정신의 힘을 빼앗겨버린다. 외적인 사업에서는 그런 사태가 더욱 자주 일어난다. 그 사업은 점차 그들의 힘을 훨씬 넘어서는 것이 되고, 때로는 더 이상 깨끗하

[*5] 신명기 10장 22절.
[*6] 웨슬리는 이에 관해 좋은 충고를 주고 있다. 그것은 설교와 지도 교육에 부름을 받은 사람들에게도 유익하다. "당신이 영(靈)의 금화를 적절한 목적에 사용할 때는 자만심 강한 사람들의 허영심을 흉내내지 않도록 조심하라. 그들은 사소한 물건 값을 치를 때도 오로지 자신의 부(富)를 과시하기 위해 금화를 한 줌이나 꺼낸다."

다고 할 수 없는 모금(募金)을 끊임없이 함으로써만 간신히 유지되는 수도 있다. 이 점에 있어서도 바울(그리스도가 아니다)은 그 최초의 실례이다. 헌금을 모금하여 그것을 직접 예루살렘으로 가져가는 것이 반드시 바울의 사명은 아니었다는 것, 또 아테네 사람들 앞에서 펼친 철학적인 설교도 실패했다는 것을 지금 의심하는 자는 아무도 없다. 또 그가 처음 쓴 것으로 추정되는 데살로니가 사람에게 보낸 편지와 그 밖의 편지 속의 각 부분은 그가 마지막에 뜻밖의 여가를 보내던 중에 로마에서 써 보낸 편지처럼 깊은 내용을 가진 것이 아니었다. 오늘날의 우리는 바울이 몇 장의 편지를 쓰는 데 더 여유를 가졌더라면 하고 아쉬워하지 않을 수 없다.

이에 반해 그리스도의 경우 호감을 갖게 되는 것은, 그리스도나 제자들이나 모두 성급한 포교에서 벗어나 있었다는 것이며, 또 모든 '거창한 등장', '사람에게 알려지는 것', '전도 여행'[7] '대규모 활동', 그 밖의 영혼을 해치는 말로 표현되는 모든 것을 모조리 거절한 일이다. 더욱이 그리스도가 보여준 행위는 한 구석에 숨겨진 채 남아 있지 않고, 다른 어떤 것보다 더욱 전 세계를 채우게 되었다. 이것은 하느님의 배려에 의한 것이다. 스스로 그것을 위해 배려한 적이 없는 사람들을 대신하여.[8]

지금으로서는 그리스도 교회의 모든 제도와 예배, 그 관리, 국가와의 관계는 오히려 그냥 그대로 두는 것이 낫다. 그 대신 강한 신앙이 새롭게, 또 많은 사람들의 내부에 태어나도록, 여러분이 놓여 있는 지위에서 배려하는 것이 좋다. 그러면 나머지는 저절로 되어 간다. 그리스도도 당시 예배의 모든 제도에 대해서, 그것이 부도덕하지 않은 한 거의 문제삼지 않았다. 그리스도는 그 제도를 지배하고 있는 단순한 형식주의를 결코 간과한 것은 아닌데도 오히려 그 제도에 따랐다. 인간은 무엇보다 그런 외적인 사물에 집착하는 일이 많은 법인데, 그것을 제거하거나 본질적으로 변혁하면 동시에 신앙 자체도 상당 부분 잃지 않을 수 없다. 그래서 그런 경우에는 "그것을 상하지 마라, 거기 복이 있느니라"[9]고 말하게 된다. 또 외적인 개혁에 손을 대거나 그 일에 지나치게 무

---

[7] 요한복음 7장 3~8절 참조.
[8] 마가복음 4장 21절, 요한복음 8장 50절.
[9] 이사야 65장 8절.

게를 두는 사람들은 모두 야심가이며, 나중에는 자신의 신앙조차 잃어버린 경우를 역사에서 그리 어렵지 않게 볼 수 있다. 왜냐하면 이런 종류의 개혁에는 축복이 전혀 없기 때문이다. 어떤 교회에도 있게 마련인 말라죽는 것은 분명히 때가 오면 묻힌다. 그러나 그 매장(埋葬)의 의무를 완수하기 위해 부름을 받는 자는 대개 살아 있는 사람이 아니라 죽은 사람이다.*10

그러나 당신의 생활에서는 그만큼 더 확고하게 신앙에 합치하지 않는 것과 하느님과의 내적인 결합을 아직도 어딘가에서 방해하고 있는 것은 모조리 고치는 것이 좋다. 사실 교회의 외적 제도의 가치를 재는 경우보다, 자신의 생활에서는 잘못을 범하는 일이 적을 것이다. 제도가 존재하는 이유와 그 수명에 대한 문제는 무언가의 주관적인 요구와 혐오와는 다른 척도로 재지 않으면 안 된다. 일반적인 외적 의미에서의 종교개혁자와 종교개혁의 시대는 매일처럼 나타나는 것이 아니다. 그리고 그 시기도 아니고 그런 임무에 부름을 받은 것도 아닌데, 스스로 그것을 자청하고 나서는 사람들은 위험한 길을 걷는 것이다.

좋은 행위를 방해하는 가장 흔하고 뿌리 깊은 두 가지 장애물은 허영심(虛榮心)과 탐욕(貪慾)이다. 이 두 가지는 모두 자기밖에 염두에 두지 않는 습관을 원천으로 하는 점에서 내적으로 서로 연결되어 있다. 그러나 어쨌든 이 두 가지는 모든 미묘한 색조를 띨 수 있어서, 하느님의 나라에 속하는 사람들에게도 그 모습을 드러낸다. 허영심의 경우에는 특히 종교적 이기심이 생긴다. 즉, 언제나 오직 자신만의 신앙을 높이고, 강화하고, 위안받기를 원할 뿐, 그러한 개인적인 구원 외에는 전혀 관심을 가지지 않는 것이다. 마찬가지로 탐욕에 대해서도 남에게 무엇을 주는 데 그저 마지못해, 말하자면(이 문제에 대해 얘기한 어느 책 속의 지당한 말을 빌리면) '신념을 굽히고' 주거나, 팔 사람의 사정은 아랑곳하지 않고 물건 값을 싸게 후려서 산 것을 자랑하고, 또 절약해서는 안 될 것을 절약하고 싶어하는 동안은 여전히 이 욕구가 뿌리를 내리고 있는 것이다.

인간의 행복을 깨는 이 두 가지 큰 적으로부터 벗어나려면, 이에 가장 도움이 되는 하느님의 은총을 제외하면, 자신만 생각하기보다 더욱 위대한 사상을

---

*10 누가복음 9장 60절.

품는 것 말고는 달리 길이 없다. 또 허영심에서 벗어나기 위해서는, 결국 이쪽의 기대와는 달리 타인에게 역효과밖에 주지 않기 때문에 항상 어리석은 일이라는 이성적이고 깊이 있는 생각 또한 하나의 방법이다. 탐욕에 있어서는 더 많은 것을 얻기 위한 최상의 수단은 오히려 기꺼이 주는 것이라는 경험이 가장 확실한 효과가 있다.*[11] 그러나 이것은 세상의 일반적인 현명함과는 일치하지 않는, 더 높은 세계질서에 속하는 축복의 법칙 가운데 하나이다. 이 법칙은 직접 시험한 뒤에야 비로소 알 수 있는 것으로, 스스로 시험해보지 않은 자는 믿을 수 없다.

현대의 설교자들 가운데 어떤 사람들은 그리스도를 언제나 '가난한 목수'로 설명하고 싶어하는데, 그 그리스도가 지상의 재물을 다룰 때의 그 관대하고 풍요롭고 권위에 찬 태도는 직접적으로 그를 따른 모든 사람들에게 아주 확실한 기준이었다. 이와는 반대로 진정으로 믿음 깊은 사람들에게도 배어 있는 옹졸한 소시민적인 태도는, 무엇보다 '밖에 있는 사람들에게' 그리스도교를 완전히 하찮은 것으로 생각하게 하는 원인이 되고 있다.

그리스도교는 그 본성과 의도에서 말하면 가장 넓은 사상을 지닌 웅대한 인생관이다. 그 사상은 일상의 번잡함과 비참함을 완전히 극복한 것이면서도, 또한 그 불행들을 이해하고 단숨에 극복할 수 있는 힘을 가지고 있다. 만약 그리스도교가 진정으로 그런 것이었다면, 그리고 흔히 볼 수 있는 편협하고 인색하며 타인을 엄격하게 심판하는 신자의 모임이라는 희화적 존재나 단순한 구호시설의 일종이 아니었다면, 다시 말해 그리스도교가 주의 영을 항상 간직하고 있었다면*[12] 그것은 이미 아주 오래전에 웅대한 정신을 가진 모든 사람들을 자기 편으로 삼았을 것이다. 그런데 실제로는 그들은 그리스도교가 그들의 고매한 요구에 맞지 않거나, 더 이상 맞지 않게 되었다고 생각하고 그리스도교에서 멀어졌다.

따라서 현대의 혼란을 보통 이상으로 깊이 통감하고 있는 사람들은 종종 다음과 같은 선택밖에 남아 있지 않다고 생각한다. 즉, 그 프룬 바가드*[13]의 방식으로, 현재 아무런 만족도 주지 않는 '근대적 생활'에서 적당한 때 완전히 빠

---

*11 역대하 25장 8·9절.
*12 사도행전 5장 1~11절, 6장 1·2절.
*13 키플링 《정글북》의 등장인물.

져나와 오직 자신과 하느님만의 생활로 돌아가거나, 아니면 카르두치[14]처럼 '사탄의 찬가'를 노래하면서 근대 생활의 논리적 과정을 철저하게 더듬어가거나 둘 중의 하나이다.

한편, 시대의 요구를 너무 이해하지 못한 교회는 불안에 차서 마음의 평화를 애타게 구하는 사람들의 구원을, 다만 상투적인 몇 가지 선에서 끝내려 한다는 점에서 잘못을 범하고 있다. 단지 이 세 길 가운데 어느 한 가지를 선택할 수밖에 없다면, 우리로서는 어찌 되었든 걸어갈 수 있는 첫 번째의 금욕적인 길을 선택할 것이다. 그런데, 현대의 르네상스적인(향락주의적) 인생관은 대부분의 지식인이 지닌 사상의 배경을 이루고 있지만, 대다수 사람들을 위한 인생관이 아닐 뿐만 아니라, 모든 사람들에게 절망적인 결말을 가져다주는 것이다. 그렇지만 그리스도교의 진정한 모습인 단순한 복음의 밝은 빛과 우리의 힘이 아닌 영의 힘의 도움이 있으면, 내적 파산을 초래하지 않고 근대 생활을 잘 극복해낼 수 있다고 믿는다. 물론 그것은 사도 바울이 '끊임없이 기도하라'는 말로 표현하고자 한 경지로, 평범한 교회주의에 의해 거기까지 완전히 도달하는 것은 좀처럼 불가능할 것이다. 그러기 위해서는 단순한 '옛날부터'의 신앙으로는 부족하다. 어떤 시대에도 신앙은 초기 신자들이 가지고 있었던 것처럼 신선하고 자연스러운 것이 아니면 안 된다. 하느님 앞에 가치 있는 것은 명백하게 이러한 신선함과 진실함이며, 신앙의 방식이나 특정한 교회적인 교제에 소속하는 것 따위가 아니다. 살아 있는 신앙은 완전히 그 선언대로 작용하는 것이며, 우리가 이 신앙에 의해 얻고 싶어하는 인생의 행복을 틀림없이 우리에게 주는 것이다.

선한 행위를 방해하는 또 다른 큰 장애물은 우상이다. 한 성서 주석자는 야고보의 가정에서 일어난 수많은 악(惡)은 '드라빔'이라는 작은 우상(偶像) 때문이라고 했다. 이것은 야고보의 아내 가운데 한 사람이 메소포타미아를 출발할 때 훔친 것으로, 훨씬 나중에 가나안의 테레빈나무 밑에 묻혔다. 의심할 것도 없이 이러한 외적인 사물과 미개한 민족들에게 항상 따라다니는 자연숭배를 특별히 고려하여, 모세 십계명의 첫 번째 계명은 그토록 단호하게 '나' 이외

---

* 14 1835~1907년, 이탈리아의 서정시인.

의 우상을 배격한 것이다. 게다가 유대 교도와 이슬람 교도도 그리스도교에 반대하는 데 항상 이 점을 효과적으로 이용하려 했다. 그것은 그들에게는 그리스도교가 다른 신들도 믿는 종교로 생각되었기 때문이다. 이 첫 번째 계명은 오늘날에도 변함없이 사용되고 있는데, 이에 따라 가장 먼저 모든 종류의 '영교술(靈交術)', 즉 강령술과 심령술 등이 금지의 영역으로 쫓겨 간다.

그러나 그 밖에도 아직 여러 가지 우상이 있다. 고귀, 부유, 교양에 대한 자만, 학문, 예술(특히 음악), 때로는 자식, 부모, 배우자, 성직자, 지배적 인물, 역사상의 위인 또는 현대의 위인 등이다. 그러나 이 모든 것들이 하느님이나 그리스도와 나란히 서는 것은 결코 허용되지 않는다. 이따금 이것을 떠올리며 마음속에 깊이 새겨둘 필요가 있다. 인간의 마음은 단순히 '아무것이나 숭배하지 않는다'(nil admirari)는 것만으로 만족할 수 있다고 생각하거나, 모든 우상 가운데 가장 크고 또 가장 위험한 자아가 하느님을 진정으로 지극히 사랑하는 일 없이 그 우상의 왕좌에서 자아를 떨어뜨릴 수 있다고 믿어서는 안 된다. 이미 다른 데서도 말한 것처럼, 참으로 심각한 문제는 모두 이 점에 있다. 모든 인간이 우상이나 하느님 가운데 어느 한 쪽을 사랑하고 있고, 또 대부분의 사람들이(그리스도 교도도 포함하여) 둘 다 함께 사랑하고 있다. 그것으로 인해 수많은 불화와 다툼과 당파가 생기는 것이며, 이들은 그리스도 교도 속에도 존재하고 있다. 이러한 것은 우상이 사라지면서 동시에 남김없이 자취를 감출 것이다.

인간에 대한, 또 일반적으로 우리 주위의 세계에 대한, 나아가서는 동물과 식물에 대한 올바른 관계(이것은 우리의 행복감을 실제로 크게 좌우하는 것이다)는 끊임없이 선한 행위를 함으로써만 얻을 수 있다. 이와 같은 올바른 관계를 소홀히 하는 경우, 우리는 항상 인간을 과대평가하거나 경멸하며, 자신의 행복에 있어 타인의 영향을 너무 강하게 받게 된다. 또 인간에 대한 지식을 얻을 수 있는 것도 타인을 자신의 행복을 위해 반드시 필요로 하지 않고, 또 경멸도 하지 않는 경우에 한한다. 그렇지 않을 때는 모든 것이 인간에 대한 지식을 얻는 것을 방해하게 된다. 실제로 끊임없이 선한 행위를 함으로써 하느님과의 결합이 견고해졌을 때, 그때야말로 저절로 마음의 눈이 열려 같은 인간 형제의 마음속을 꿰뚫어보고, 하느님에게 적의를 품는 해로운 모든 것에 대해 지극히 확실한 경고를 받을 수 있다. 그렇게 되면 더 이상 착각하는 일도 없고, 또 심하게 속아 넘어가는 일도 없게 된다. 물론 그러한 관찰력은 동시에 뭔가 조금이라도 좋은 점을 가진 것을 허락하려는 인내심, 또는 모든 일을 견디기 쉽게 해주는 동정심이 갖춰져 있지 않으면, 위험한 성질의 것이 될 수도 있다.

인간에 대해 참으로 견딜 수 없는 느낌이 드는 것은(더 이상 속지 않게 된 사람들에게 그것은 아마 그런 종류의 것 가운데 가장 괴로운 일일 것이다) 인간이 대체적으로 타인의 친절을 전혀 이해하지 못하는 것이다. 인간에게는 고등동물에게만큼도 친절이 통하지 않는다. 친절을 이해하고 그것에 감사하는 점은 오히려 고등동물이 인간보다 낫다.

인간은 남의 친절을 믿지 않고, 상대의 행위 뒤에 (자신들의 사고방식에 일치하는) 비열한 동기가 숨어 있지 않은지 끊임없이 의심하거나, 상대의 친절을 그 사람의 나약함 탓으로 해석하고 그것을 때때로 야비하게 이용하기도 한다. 직업상 많은 사람과 교제하지 않으면 안 되는 사람들이 대개 마지막에는 냉혹한 폭군이 되는 것도 이런 면에서 충분히 이해할 수 있는 일이다. 이러한 폭군만이 살아 있는 동안 그에 상당하는 존경을 받고, 죽은 뒤에는 폭군이었기 때문에 많은 사람들로부터(교육을 받지 못한 사람뿐만 아니라 교육을 받은 사람으로부터도) 찬양받으며 영웅으로 숭배된다. 이 어려운 점에 있어서의 올바른 처세술은 다음과 같은 것이다. 즉, 상대로부터 어리석은 자라거나 나약한 자라고 멸시당하지 않도록 하고, 오히려 자신의 사고방식과 행위의 토대를 이루고 있는 전혀 다른 입장을 태연하고 명확하게 유지하며, 더욱이 스스로 친절한 마음을 잃지 않고 '훌륭함'을 중요하게 여기지 않는 것이다. 그러나 이것은 특별한 천재적 능력을 부여받은 사람 외에는 극히 만년(晚年)에 가서야 배울 수 있는 처세술이다.

또 많은 사람, 특히 여성들은 항상 누군가에게 '괜찮은 인물'이 되고 싶은 나머지 자신의 생명을 잃고, 온갖 노력을 다해 애쓰고 일하면서도 오히려 자신과 다른 사람을 함께 불행하게 만드는 일이 있다. 그들은 자신의 성실한 노력을 상대가 일종의 방자함으로 해석하고 불쾌하게 여기는 것을 도저히 이해하지 못한다. 그러나 만약 그가 실제로 괜찮은 사람이라면, 일부러 애쓰지 않아도 저절로 그 진가가 나타난다. 그리고 더 뛰어난 다른 성질은 부족하지만, 적어도 타인에게 기분 좋은 존재라는 타고난 장점이 있으면, 그것만으로도 크게 존중해야 한다. 왜냐하면 상대가 이쪽이 용인할 수 있는 한계를 넘지 않도록 끊임없이 주의하고 조심하지 않으면 안 되는 불쾌함은, 커다란 결점보다 더욱 남들이 싫어하는 성질이기 때문이다. 또 이웃의 친절과 신뢰감도 그러한 미덕이 허황되거나 번거로움을 수반하고 있는 한, 사람들은 그것을 신용하지는 않는다. 물론 기분 좋은 사람이라는 것은 선(善)으로 나아가는 최초의 조그마한 단서에 지나지 않지만, 그렇다 해도 거기서 출발하는 것이 좋다. 그렇지 않으면, 당신이 단순히 좋은 인간이 되고 싶어 할 뿐 아니라 정말로 그렇게 될 수 있다는 것을 남에게 납득시키는 것은 결코 불가능할 것이다. 왜냐하면 좋은 의지는 당신에게도, 또 그것을 보고 올바르게 심판하시는 하느님에게도 '최상의 것'임이 틀림없지만, 인간은 그 의지의 작용을 보고 싶어하여, 그 효과가 보이지 않으면 그 의지를 믿지 않기 때문이다. 그러나 어쨌든 사람은 항상 불쾌한 인간으로부터 가능한 한 빨리 벗어나려고 노력하며, 그들이 가진 미덕(美德)조차 멀리서 칭찬한다.

하느님의 의지에 따르는 행위의 가장 확실한 결과는 그것으로 인한 기쁨이다. 그것은 눈이 부시는 듯한 밝음(그것은 흔히 단순한 신경의 흥분에 지나지 않으며, 뒤에 애수를 남기기 쉽다)이 아니라 조용하고 밝은 쾌활함과 힘찬 기쁨이며, 그것도 예외적인 기분이 아니라 평상적인 마음의 상태이다. 이것은 사람의 마음이 본래 가장 강하게 동경하고 추구하는 것으로, 한번 그것을 실감했다가 나시 잃어버리면 견딜 수 없이 애석한 감정을 느낄 정도이다. 이 감정을 구약의 많은 시편이 참으로 감동적으로 표현하고 있다. 이에 반해 근대 문학은 정열적인 흥분이나 비애의 정서밖에 이해하지 못하고, 어쩌다가 조용한 기쁨을 얘기할 때도 뭔가 너무나 허술하게 표현해버린다.

우리가 진정한 '노래'를 더 이상 가지지 못하게 된 것은 현대 시 전체의 커다란 결함이다. 그런데 오늘날에도 여전히 어두운 인생을 햇빛처럼 걸으며, 자신이 들어가는 모든 방을 환하게 밝히는 사람들이 있다. 만약 그런 사람이 지상의 존재를 끝내고 다른 존재(우리의 상상에 의하면 그곳에는 영원한 쾌활함이 지배한다)로 옮겨가 버리면, 그들을 아는 모든 사람들에게 무엇과도 바꿀 수 없는 손실일 것이다. 도대체 그들은 타인에게도 나눠줄 수 있는 그런 끝없는 쾌활함을 어디서 얻었을까? 그것은 결코 정신적으로 특별한 재능을 타고났기 때문도 아니고, 특히 안정되고 높은 세속적 지위 때문도 아니며, 또 인생의 모든 어려움과 일반적인 슬픔을 모르기 때문도 아니다. 하물며 완성된 철학적 또는 윤리적인 인생관에 의한 것도 아니고, 각별히 교회에 열심이거나, 특히 널리 알려질 만한 신앙 때문도 아니다. 오히려 진실하고 단순한 마음에서 나오는 경건함 때문으로, 하느님은 바로 그런 경건함 옆에 다른 어떤 정신과 마음의 방향에 대해서보다 가까이 가시는 것이다. 그러나 동시에 이러한 경건한 마음은 반드시 실천을 수반하지 않으면 안 되며, 하느님으로부터 나오는 이 햇빛을 자신을 위해서만 저장해두고, 그것에 의해 자신만 끊임없이 신앙을 '고무' 받고 싶어하지 않고, 자신에게 다가오는 모든 사람에게 요구받지 않아도 그 빛을 나누어주어야 한다. 그것이 이들을 현대에서도 여전히 그리스도교의 살아 있는 상징이 되게 한다. 현대에 있어서 가장 부족한 것은 그러한 살아 있는 표명이다. 이 순수한 경건함은 요컨대 아무런 반성도 기다리지 않고 저절로 넘쳐나는 마음의 친절인데, 이것을 낳는 것은 어떤 종류의 철학이나 교양이 아니다. 하물며 모든 사람의 마음속에, 모든 사정 아래에서 그것을 낳는 것은 도저히 불가능한 일이다. 그것을 할 수 있는 것이 그리스도교만이 가지는 부정할 수 없는 특권이며, 그리스도교가 존속했던 모든 세기를 통해 그 원천이 하느님에 있음을 실제로 보여준 살아 있는 증거이다. 무언가의 방법으로 그리스도교를 대신하려는 어떠한 시도도 이 같은 쾌활함과 친절을 낳는 힘이 없기 때문에, 지금까지 수없이 실패를 거듭해 왔으며, 오늘날에도 역시 실패하는 것이다.

그러므로 당신은 이와 같은 진정한 그리스도교의 살아 있는 화신이 되겠다고 마음먹어야 한다. 그 밖의 일은 모두 지나치게 마음에 두지 않는 것이 좋다. '두려워하지 말고 오직 믿으라. 항상 선량하라, 그리고 일하라. 인생에 있어서는 용감하라. 죽음에 임해서는 기쁜 희망을 품어라.' 이것이 잘못된 것 없는 유일한 인생 설계이다.

그러나 여전히 다음과 같이 말하는 자도 있을 것이다.

"지금까지 말한 것은 모두 참으로 좋은 말이다. 그러나 그것을 우리가 어떻게 실천할 수 있겠는가? 우리는 이미 그것을 시험해보았고 그러한 의도를 품은 적도 있지만 달성할 수는 없었다. 그리고 지금은 그것을 할 수 있는 사람이 아무도 없다. 그것에 대해 말한 것은 모두 사실 그저 '위선적인 구실'에 지나지 않는다고 믿게 되었다."

이 말은 모두 진실이지만, 마지막 결론만은 다르다. 이 말에 대한 우리의 대답은 이런 것이다. 하느님 쪽에 서려고 결심하는 것이 좋다. 다음에는 당신의 능력과 개성에 맞춰 당신에게 개인적으로 내려지는 하느님의 명령에 따르라. 그러면 모든 것이 저절로 생기고 전보다 더 큰 힘이 주어진다. 그러나 물론 이 길 외에서는 그렇게 되지 않는다. 하느님의 영은 단순히 건강한 자뿐만 아니라 약한 자, 병든 자도 강해지게 만든다. 이것이 철학과의 차이점이다. 가장 뛰어나고 고상한 철학도 마찬가지이다. 철학은 언제나 어느 정도 현명한 자와 비교적 선량한 사람을 상대로 하는 것으로, 그 밖의 사람들에게는 별다른 도움이 되지 않는다.

당신이 해야 하는 의무는 길을 선택하는 것이다. 먼저 마태복음 6장 33절과 요한복음 7장 17절, 또는 이사야서 45장 22절 같은 간단한 말에 따라, 그것을 시험해 보는 것이 좋다. 아니면 사람은 오직 하느님에게 자신의 의지를 바치기만 하면 된다고 말한 제노아의 성녀 카타리나의 말에 따르도록 하라. "하느님이 한번 인간의 의지를 소유하면, 하느님은 그 사람 속에서 스스로 모든 것을 행하여 그를 완성으로 인도하신다." 그렇게 되면 한 불행한 예언자(그는 진리를 충분히 알면서도 그것을 따르지 않았다)[15]가 말한 것이 점차 실현되기 시작할 것이다. "아무도 야고보 안의 재앙을 보지 않는다. 또 이스라엘 안의 고뇌를 보지 않는다. 그들의 하느님 여호와가 함께 계시니 왕의 기쁨이 그 속에 들려오도다."(이 경우 세상의 칭찬을 구하지 말고 요한일서 4장 4~6절을 의지해야 한다)

모든 일이 하느님을 떠나서는 곤란하고, 하느님과 함께 있으면 가능하다. 이 원칙은 어떠한 사회주의 국가나 노동과 임금에 대한 개혁도 바꾸지 못할 것이다.

그리고 다음과 같은 질문을 받았다고 치자. 만약 우리가 그러한 가르침을 모두 그때그때 힘을 다해 충실하게 지킨다면, 그것에 대해 무엇이 주어질 것인

---

[15] 민수기 23장 19~24절.

가? 이것은 널리 알려진 바와 같이 이미 그리스도의 제자들이 했던 질문이다. 그런데 의외로 그들은 그 질문으로 인해 그리스도의 질책을 받지는 않았다. 이것은 우리에게도 교훈이 된다. 왜냐하면 이치에 있어서 우리는 언제나 과장하기 쉽고, 선에 있어서도 역시 그러하다. 이에 반해 그리스도교는 여기서도 또한 의기양양한 철학적 극기주의와는 먼 거리를 유지하고 있다. 이 주의는 고통을 재앙이 아니라고 말하고, 어떤 보상을 바라고 하는 행위는 고상한 인간에게는 어울리지 않는다고 선언한다. 그러나 그리스도교는 언제나 인간을 있는 그대로 받아들이며, 그들이 할 수 없는 일은 요구하지 않는다. 따라서 선한 사람에 대해서는 그 보상이 이미 이 세상에 존재하고, 외적인 보상도 주어진다. 게다가 복음은 그 보상이 어떤 내용의 것인지 아주 명료하게 말한다. 어쨌든 그것을 한마디로 더욱 분명하게 이렇게 말할 수 있을 것이다. 이 세상에서의 선에 대한 보상은 축복(祝福)이고, 악에 대한 보상은 저주(詛呪)라고. 그리스도교적으로 말하면 행복과 불행이 원래 어떠한 의미를 가지는지, 이 말 안에 고스란히 들어 있다. 그리고 역사에 대서특필된 무수한 실례뿐만 아니라, 누구나 가까이 알고 있는 많은 예가 실제로 그러하다는 것을 매일 끊임없이 증명하고 있다.

이를테면 대가족이 약간의 수입으로 연명하고, 가난한 과부들이 일정한 수입도 없으면서 구걸도 하지 않고, 해마다 무사히 생계를 꾸리며 자식도 훌륭하게 교육시키고 있는데, 이에 반해 어떤 사람들은 많은 소득을 올리면서도 조금도 윤택하지 않을 뿐만 아니라, 평생을 악착같이 일하다가 결국 걱정과 빚에 파묻혀 죽어가고, 자식들에게는 모든 갈등과 불만과 불행 말고는 아무것도 남기지 못하는 것은 그야말로 일상적으로 흔히 볼 수 있는 현상이다. 마찬가지로 자식과 손자들의 육체와 정신의 뛰어난 힘은 부모와 조부모의 도덕적으로 순결한 삶의 선물이며, 반대로 오늘날 신경병의 대부분, 나아가서는 광기와 범죄의 소질에 이르기까지 그 진정한 원인이 이 하느님의 질서를 경시하는 데 있다는 것은, 적어도 일반 의사와 정신과 의사들은 잘 알고 있는 사실이다.

그리고 진정으로 정직한 사람들은 신앙이 없어도 경제적으로 좀처럼 줄어들지 않는다는 것도, 분명히 수많은 경험을 통해 알고 있다. 또한 수천 년 전과 마찬가지로 오늘날에도 장수한 사람은 누구나 주저 없이 다음과 같이 말할 것이다. 나는 옛날 젊었을 때부터 늙은 지금에 이르기까지, 올바른 사람(성서적인 의미의)이 몰락하여 그 자식들이 걸식을 하지 않으면 안 되었던 경우를 한 번도 본 적이 없다고*16 반대로 부자의 자손이 축복을 물려받는 대신 오로지 재물만 물려받은 경우에는 당장 몰락해 버리는 것을 우리는 수없이 경험해 왔다.

또 다음과 같은 사실도 쉽게 관찰할 수 있다. 악인들은 그 사악한 의지에서 상상되는 것만큼 위험한 존재는 아니라는 것이다. 왜냐하면 그들은 언젠가는 타락하여, 그 결과 어이없을 정도로 갑자기 파멸해버리기 때문이다. 하느님의 의지에 반하는 일이 많이 일어나는 것은 사실이다. 그것은 세계의 질서가 의지의 자유를 토대로 하고 있기 때문이다. 그러나 하느님의 의지에 반하는 것은 오래가지 않는다. 하느님을 모르는 자가 세우는 모든 것은 이내 다시 무너지고 만다. 그뿐 아니라 그것은 민족 전체에도 적용된다. 민족도 하느님의 축복이 없으면 저주 아래 놓이는 것은 지극히 명백하며, 이것을 거스르고는 국가의 어떤 정책도 효과가 없다.

지금까지 말한 모든 문제에 대한 올바른 인식의 근원은 신약성서보다 오히려 구약성서이지만, 이 성서는 오늘날 너무나 존중받지 못하고 있다. 게다가 구약이 덕행에 대해 이 세상의 보상을 약속한다는 바로 그 이유에서, 구약에는 고상함이 부족하다고 생각하는 사람들도 있다. 그러나 그들은 사람은 오직 '선 자체를 위해' 선을 행해야 한다고 주장할 뿐, 결국 그 이치에만 만족하고 실천은 남에게 맡기고 있다.

우리로서는 이 구약의 약속을 기쁜 마음으로 받아들이고 싶다. 특히 그 약속 가운데 하느님으로부터 특별한 보호와 감독을 받고 있는 사람들의 친구와 자손, 나아가서 그 민족에게까지 축복이 주어진다는 부분도 감사하게 받아들이고 싶다.*17 왜냐하면 가장 중요한 것은 자신이 축복을 얻는 것이 아니라, 스스로 남에게 축복이 되고 싶은 것이기 때문이다. 이것이야말로 진정한 인간적 위대함이며, 그것에 비견할 수 있는 것은 아무것도 없다. 이른바 '영웅'이란, 바로 그 사람이 그 민족, 그 시대, 아니 어쩌면 모든 시대에 축복이 되었는지 아닌지에 따라 판단되어야 할 것이다. 그러므로 구약성서에서는 하느님의 심판

---

*16 시편 37장 25절.
*17 창세기 12장 2·3절, 26장 4절.

이 어떤 민족에게 내려지기 전에 축복 받은 사람들이 항상 먼저 제거되었다. 또 그러한 민족에게는 단 한 사람의 인간이 그 삶을 끝내는 것과 동시에 그 민족의 힘도 줄어들 거라고 확실하게 예감한 적도 드물지 않았다.

그래서 당신이 스스로 쓸모없는 인간이라고 생각하거나, 충분히 활동하고 있지 않다고 느낄 때는 위에서 말한 사상을 가지도록 노력하라. 그러한 감정에는 오직 논리적인 모순만 있는 것은 아니다. 왜냐하면 일단 살아서 작용하시는 하느님을 믿는다면, 당연한 귀결로서 그 종들에게 일을 나누어주는 하느님의 지혜도 믿어야 하기 때문이다. 그러나 그것은 제쳐두고, 언제나 겉모습은 가장 비천하게 보이는 사람이 모든 불순한 것을 태워버리는 불길인 하느님 바로 곁에 있는 것을 견딜 수 있는 자가 되고, 또 그것에 의해 주위 사람들, 또는 넓은 범위의 사람들을 위해 영원히 살아 있는 축복의 샘이 될 수 있다. 이와 같은 위대함은 누구나 달성할 수 있다. 설령 오랫동안 병상에 누워 있어서 자신은 아무것도 할 수 없다고 말하는 사람이 있다면, 그 사람은 아직 행위가 원래 무엇인지에 대해 올바른 견해를 가지고 있지 않다고 말할 수 있다.

모든 외적인 행복은 우리 노력의 결과, 즉 성공이라고 부르는 것, 또는 맹목적인 우연, 즉 도박자들이 말하는 행운, 그것도 아니면 하느님의 선물로서의 축복이다. 하느님의 세계질서를 믿을 때, 오직 마지막에 든 것만이 확실한 행복이 될 수 있다는 것은 분명하다. 이 축복을 우리에게 부르는 힘과 방법은 단순한 신앙고백이나 신앙을 수반하지 않는 행위, 심지어 무언가의 의식(일반적인 의미에서의 예배)이나 고행과 희생 등에 있는 것이 아니다. 오히려 오직 하느님을 현실적으로 자기 곁에 불러들이는 데 있다. 그러나 그것은(우리가 이해할 수 있는 한) 사람을 진심으로 자기 쪽으로 끌어당기는 것과 마찬가지로, 사랑과 성실과 상호 신뢰를 통해 가능한 일이다. 이에 반해 다른 모든 '종교적인 것'은 결코 영원하지 않으며, 하느님의 의지를 인간적으로 성취한 것으로, 그 속에 진정한 진리의 핵심이 내포되어 있는 동안만 아주 조금 '하느님의 허락' 아래 존재할 수 있을 뿐이다.

* * *

"하늘의 행복, 축복의 샘이여,

당신이 위에서 아래로 내려주시고
마르지 않는 샘에서 솟아나게 하시니
끝없이 물결치며 흐르도다.

당신이 만약 안 계시다면, 이 세상은 오직
두려움으로 가득한 아수라장
풍요롭게 내려주소서. '이루어질지어다'는 말씀을
기뻐하는 모든 신도에게 이르소서."

*

"기꺼이 당신의 뜻에 따라 살아가려는 마음을
저에게 내려주신 하느님이시여, 당신에게 감사하나이다.
제 마음을 지배하시며 아침에도 저녁에도 제 곁에 임하소서.
저의 행위에 언제나 당신의 조언과 행위를 곁들여주소서."

손자들에게 행복 있으라

우리는 자신의 행복에 대해서도 항상 어느 정도 희망에 의지하고 있다. 또 평생을 건 의의 있는 일을 확실하게 눈앞에 그리고 있는 사람은, 때때로 재치 있는 표현을 잘하는 프랑스어가 '후세에 대한 기대'(l'appel a la posterite)라고 부르고 있는 기분을 완전히 포기하지는 않는다. 오직 현대를 위해서만 일을 해 왔다고 명료하게 자각하고 있는 사람은 너무나 사소한 종류의 의미 없는 일을 시도한 사람이다.

그러므로 중요한 모든 사항은 희망을 토대로 이루어진다. 그리고 이것에 대해 경험상 널리 알려져 있는 것은 그 일을 가장 잘 이해할 수 있는 것이 보통 같은 세대도 다음 세대도 아니라 그 다음 세대라는 것이다. 같은 세대에 대해서는 오직 진리만을 말씀하시는 입을 통해 생각할 수 있는 한 최악의 증언이 이루어져 있다. 즉, 예언자는 자신의 조국이나 집에서는 환영받지 못한다고[1] 그러나 자식이 부모가 하는 일의 후계자가 되는 것도 사실은 극히 드문 일이다. 이에 반해 손자들은 다르다. 이미 구약성서에서도 그러한 후계자로 찬양되어 있고, 또 일상의 경험에서 보아도 조부모와 손자들의 관계는 그 친밀함과 상호 이해라는 점에서, 아버지와 자식의 관계보다 훨씬 나은 경우가 참으로 많다. 이러한 사실에 대해서는 딸은 아버지를 닮고, 아들은 어머니나 어머니쪽 조부를 닮는다는 법칙과 마찬가지로 어떤 자연법칙을 인용할 수 있는 것인지, 아니면 어떤 위대한 일은 필연적으로 되풀이되며, 정체는 물론 때로는 후퇴의 단계까지 거쳐 다시 많은 싸움을 수반하는 발전단계를 지나고, 마지막으로 간신히 그 성과를 이성적으로 확인할 수 있는 단계에 도달하는데, 그리하여 비로소 그 위대한 일이 인류의 확실한 수확이 된다는 법칙에 기초하는 것인지, 우리로서는 알 수 없다. 인류가 대대로 물려받은 사상(思想)도 때로 근본적으

---

*1 마태복음 12장 48절, 13장 57절.

로 재검토될 필요가 있다.*² 특히 그러한 시기에는 한 세대는 단지 물려받은 성스러운 유산을 지키는 사명을 띠고 있다. 또 다른 세대는 그 유산을 단순한 시대적인 것에서, 아니 어쩌면 이미 죽은 것이 되어버린 것에서 정화(淨化)한다는 사명을 지니고 있기 때문에, 이 두 세대의 견해가 완전히 일치하는 것은 도저히 기대할 수 없는 일이다.

국가와 교회와 인도와 교육에 관한 우리의 위대한 근본 사상은 어느 것을 보든 새롭게 검토하고 수정*³함으로써 그러한 갱신(更新)을 도모할 필요가 없는 것은 단 하나도 없다. 그리고 그 재검토는 우선 이 사상들이 최근에 완성한 결론에 대한 반발의 형태로 나타난다.

따라서 그리스도교에 대해서도, 오래도록 변하지 않는 고유한 이해 외에 시대적 이해 방법이 있다는 것도 부정할 수 없을 것이다. 그리고 그리스도교를 그 원전에서, 또 충분한 주의를 기울여 알아보고자 하는 노력을 하지 않는 사람들은 대부분 그러한 시대적 이해를 부당하게도 그리스도교 자체로 믿고 있다.

오늘날 기대할 수 있는 것은 다음과 같은 것이리라. 즉, 자연과학적인 무신앙의 시대 바로 뒤에 심령주의적 또는 상징주의적 미신의 시대*⁴가 찾아와서 미미하나마 사람들에게 활기를 불어넣을 것이다. 그러나 그것이 지나간 뒤에는 양식적이고 건전하며, 역사적 기초를 충분히 갖추고 확고한 신앙을 가진 용감한 그리스도교가 20세기 후반에 진정으로 교양 있는 사람들을 지배하는 종교가 될 것이다. 물론 이 신앙은 하느님과 그리스도를 '설명'할 수 있다거나, 그것을 '현대의 교양'을 통해 뜻대로 다룰 수 있다고 자만하지는 않는다. 또한 그리스도교는 이것에 의해 현재의 국가 이상에 대한 정당성을 가지고 '하느님의 나라'로 불릴 수 있는 국가의 기초가 될 것이다.

---

*2 시편 145장 4절, 잠언 17장 6절.

*3 이것은 현대에서는 그리스도교적 세계관과 완전히 이교적인 문화(이를테면 르네상스 시대에 전쟁을 일으킨 문화)의 싸움이라는 형태로 이미 일어나고 있다. 오늘날에도 이 싸움은 주로 이탈리아에서 일어나고 있는데, 그것은 이 나라의 문화가 민중들 사이에서나 지식계급 사이에서 그리스도교 이전의 요소를 줄곧 유지해 왔기 때문이다. 이러한 경향을 가진 현대의 가장 재능 있는 예언자는 카르두치이다. 예를 들면 클리툼누스 강(고대의 성역)에 바친 그의 송시(頌詩. 이것은 시 자체로는 아름답다)에서 볼 수 있는 바와 같다.

*4 데살로니가후서 2장 11·12절, 3장 2·3절.

공동의 교회생활을 특히 어느 방향으로 쌓아올리는 것이 바람직한가는 쉽게 결정하기 어려운 문제이다. 특히 그리스도가 이 문제를 더 면밀하게 고려했다면, 진정한 조직을 어떻게 생각했을지 우리는 전혀 알지 못하기 때문에 더욱 그렇게 생각되는 건지도 모른다.

그리스도는 하느님과 그 자신에 대한 신앙을 중요한 것으로 생각했다. 그리고 이러한 신앙을 가지고 사고방식이 다른 세계를 완전히 정복해야 하는 사명을 띤 제자들에게, 인간적이고 자연과학적인 관념을 초월한 진리의 영을 통해 끊임없는 도움을 약속했다. 이 영은 그들을 한 사람 한 사람, 또 전체로서 친절하게 이끌며, 그들이 그때는 아직 이해하지 못했던 진리까지, 모든 진리를 깨닫게 할 거라고 계시했다. 오늘날에도 그리스도 교회의 기초는 오로지 이 약속에 있지, 제자들 자신의 힘이나 지혜, 또 그들의 현명한 조직에 있는 것이 아니다. 이 약속이 실현되지 않았더라면, 그리스도 교회는 이미 그 최초의 시대에 살아남지 못했을 것이다. 그리고 그 종교적 지도자들의 배려는 자유롭고 정묘하며 민감하기까지 한 하느님의 영을 쫓아내는 일 없이, 오히려 더 가까이 불러들이는 것에 기울어져야 했을 것이다. 이것은 다른 모든 신학과 교회법에 대한 문제보다 중요하다고 할 수 있다. 이 점에서 우리가 알고 있는 것(그것은 다만 개인적인 경험에서만 알 수 있으며, 경험이 없는 자는 아무리 설명해도 납득하지 못하고, 페스트 식의 비판을 받을 뿐이다)은 다음과 같은 것이다.

먼저, 사람은 이 영을 스스로 획득할 수 없다. 또 이 영은 타고난 재능이 아니며, 인간적인 전승에 의해 도달할 수 있는 것도 아니다. 그것은 밖에서 찾아오는 사실이며, 그 자체로는 설명하기 어려운 것이다. 그러나 이 영이 주어질 때, 그것은 그리스도교의 가장 중요하고 유일하며 완전한 증거가 된다. 이 영을 지닌 자는 더 이상 그리스도교의 진리성을 의심하는 일이 없다.

사람은 이 영이 찾아오기를 기다리지 않으면 안 된다. 그것은 1800년 전과 같다. 인간 마음의 상태가 그것을 맞이할 수 있을 만큼 성숙하고 그것을 원하는 기분이 간절하다면, 이 영은 바로 찾아올 것이다. 그러나 어쨌든 이 영은 순수하게 하느님의 선물이다. 학문이 있든 없든, 노인이든 젊은이든, 남자든 여자든, 모든 사람이 이 영을 받을 수 있다. 이 영은 인간 사이에 외적인 차별을 조금도 두지 않는다.

그러나 이 영은 인간을 잘 알고 있어 속는 일이 없다. 단순히 기적을 행하거나 화려한 일을 하고 싶어서 이 영을 얻고 싶어하는 자를 능히 꿰뚫어보고, 그러한 사람에게는 찾아가지 않는다. 또 이 영을 받기에는 아직 너무 약하거나 다시 배반할 수 있는 자에게도 주어지지 않는다. 왜냐하면 이 영을 두 번 다시 받는 것은 어렵기 때문이다.

마지막으로 이 영(靈)은 영생(永生)에 대한 유일하고 완전하며 확실한 보장이기도 하다.*5

또 이 영을 받기 위해 우리 쪽에서 필요한 것은 다음과 같다.

일반적으로 하느님과 그 영이 존재하며, 하느님은 그 영을 통해 지상의 우리에게 깃들 수 있다는 확고한 믿음이 있어야 한다. 이 믿음이 없으면 영을 기다려도 아무 소용이 없다. 처음부터 그런 믿음을 가질 수는 없다고 사람들은 말할 것이다. 그것은 어느 정도 진실이다. 성령(聖靈)에 의하지 않으면, 누구도 진정으로 믿을 수 없기 때문이다. 그래도 당신은 믿으려고 마음먹고, 그것을 간구하며, 그것을 위해 다른 모든 것을 희생할 각오를 하지 않으면 안 된다. 당신이 만약 그렇게 하고 싶다면, 지금 당신의 신앙을 방해하고 있는 장애물을 제거하라. 그것은 남은 알 수 없어도 자신은 충분하고 확실하게 알고 있을 것이다.

또한, 하느님의 영을 받기 위해 필요한 것은 겸손이다. 사람은 있는 그대로의 자신을 똑바로 바라보고, 더 이상 자신의 힘에 의지하지 않으며, 나아가서 다른 것으로부터의 힘을 받아들일 마음의 자세를 갖추지 않으면 안 된다.*6

그 다음에, 사람이 하느님의 힘을 무턱대고 받아들이는 것은 아니다. 그저 명상을 위해, 조용한 성자로서 온화한 은둔생활을 보내기 위해 그것을 받는 것이 아니고, 일하기 위해 받는 것이다.*7 그런데 많은 사람들이, 더욱이 뛰어난 사람들조차 사실은 아직도 하느님의 힘을 원하지 않고 있다. 그들은 자신의 일이나 타인과 관련된 일을 지금까지 자신의 힘으로 해 왔고, 당연한 결과로 그것에 지칠 대로 지쳐 있다. 그런 일은 사람을 죽을 만큼 피곤하게 하는 법이다. 그러나 하느님의 힘에 의한 일은 그렇지 않다. 그것은 사람에게 활기를

---

*5 갈라디아서 6장 8절 참조.
*6 야고보서 4장 10절, 로마서 8장 2·7·14~16절.
*7 시편 107장 28~32절.

불어넣고 힘을 강화한다. 그러므로 당신은 일하는 것을 두려워해서는 안 된다. 다만 자신의 힘으로 사는 것을 두려워해야 한다.

사람은 하느님의 영에 스스로 복종할 마음자세를 갖추지 않으면 안 된다. 이 영은 인간에게 많은 것을 허용하지만, 반역이나 의식적 또는 고의적인 불복종과 비겁함, 또 그 일을 할 수 있는 힘을 가지고 있으면서도(그러므로 성령은 그것을 요구한다) 그것을 원하지 않는 것은 용납하지 않는다. 이 영의 지휘 아래 들어갈 때는 적이나 아군의 정황을 돌아보지 않는 군대식의 무조건적인 복종이 필요하다. 성령이 명령을 내릴 때, 그것을 방해하는 '사정' 따위는 생각하지 않는다. 성공할 가능성이 불투명한 경우에도, 그 명령에 따를 수 있는 용기와 결의를 충분히 가지고 있어야 한다.

하느님의 영에 따르면 도대체 무엇이 주어질까? 우선 정신의 건강은 물론이고, 때때로(항상 그렇다고는 할 수 없지만) 신체의 건강까지 얻을 수 있다. 그리고 어쨌든 다음의 세 가지는 주어진다. 첫째로, 뭐라 형용할 수 없는 삶의 기쁨, 즉 인간과 사물에 대한 공포로부터의 해방(보통 이것은 아무나 얻을 수 있는 것이 아니다)이나, 이 땅에서의 행복의 대부분을 이루고 있는 근심 없는 경지이다. 두 번째로, 흥분을 수반하지 않는 일종의 불같은 정열과 생기로, 이 또한 다른 길에서는 찾아도 구할 수 없는 것이다. 세 번째는 인간에 대한 힘이다. 세상에서 특별한 지위에 서지 않아도 개인으로서 권위를 가진 자가 어느 시대에나 있었던 것처럼 현대에도 역시 있다. 그런 사람에게서는 뭔가 생기가 넘쳐흘러, 다른 어느 누구도 따르지 않는 사람들마저도 이 사람은 기꺼이 따르는 법이다.

그러나 성령은 외면적인 기괴함이나 무언가 지나친 행위와는 무릇 인연이 먼 법이다. 이러한 성질을 특히 좋아하는 자 쪽에서 보면, 이 영을 지닌 사람은 오히려 '평범'하거나 열정이 없는 사람으로 보일 수도 있다. 교회생활에서 사람들의 눈에 띄는 화려한 인물 가운데 오히려 성령을 받지 못한 경우가 많은 것은 이 때문이다.

성령이 무엇보다 원하는 것은 의도의 완전한 순수함과 조심성이다. 성령을 가장 확실하게 쫓아내는 것은 허영심, 향락욕, 탐욕, 허위, 투쟁심, 또는 참된 진지성이 결여된 경우이다.

성령이 없으면, 교회생활에 대해, 나아가서 교회의 혁신에 대해 아무리 논한다 해도 결국 헛된 일이다. 이 영을 지니면 교회생활의 확실한 진보, 또 그것에 필요한 모든 통찰력의 끊임없고 확실한 증진 및 모든 반대세력에 대해 극복할 수 있는 힘이 틀림없이 주어지며, 그것에 의해 모든 '문제'의 해결이 가능해진다.

> "불타오르는 성령이여, 피곤을 모르고
> 때와 장소에 구애받지 않는 성령이여,
> 모든 부유한 자, 만족하는 자에게
> 다시 한번 이르소서, 불의 말씀을.
>
> 깊이 잠든 자를 일깨우고
> 고민하는 자를 데려가며
> 안심하는 자를 항구에서 쫓아내고
> 구하는 자를 항구로 인도하소서.
>
> 작열을 견디는 자를 지키고
> 우상을 다시 불태우고
> 생명을 잃은 차가운 그리스도교를
> 다시 뜨겁게 달궈주소서."

———————

하느님의 나라에 닿는 길은 결코 멈추는 일 없는 전진이다. 전에는 그저 믿고 예감하고 있었을 뿐인 일이 단계적으로 점차 눈에 보이기 시작하고, 또 몰랐던 것도 새롭게 발견하게 된다. 신앙과 용기가 없으면 어느 단계도 통과할 수 없지만, 쉬지 않고 앞으로 나아가지 않으면 안 된다. 정지는 항상 후퇴이다. 또 이 진보가 노령과 질병 때문에 실제로 쇠퇴하는 일이 있으면, 그것은 원래부터 확실하게 존재하고 있지 않았던 것이다. 그리스도교의 역사는 지금까지 위대한 행위의 연속이었다. 처음에는 오직 개인의 자유롭고 순수한 의지를 토대로 하는 것으로 인습적으로, 다시 말해 그저 자연적으로 되풀이해온 관습에 반발하는 것이었다. 그래서 그리스도교가 세상 사람들에게 천박하게 받아들여지는 인습적 궤도에 빠져들 위험이 있을 때마다, 끊임없이 그 위대한 행위가 되풀이되지 않으면 안 된다.

그리스도교의 역사는 보통 사람들보다 비범한 사람들이 좋아하는 거창한 요소를 이 세상이 끝날 때까지 계속 가질 것이다. 그러나 동시에 이 역사를 더욱 깊이 이해한다면, 그것으로 인해 일반 민중들도 점차 높은 도덕적 수준으로 높아질 것이다. 이에 반해 단순한 '교회사'보다 더 무서운 것은 없다. 그리고 유감스럽게도 우리 게르만 민족에게 그리스도교는 하나의 공식으로, 또 기성의 고정된 교회의 형태로 전해졌다. 억지로 강요되었다고는 할 수 없어도, 더 깊은 심정을 가진 독일정신은 오랜 노력 끝에 가까스로 이러한 그리스 로마식의 이론만 내세우는 공식적 껍질 속에서, 자신들도 완전히 공감할 수 있는 그리스도교의 영원한 진리를 서서히 발견하는 데 성공했다. 그리고 오늘날에도 여전히 이러한 껍질을 깨고 내부의 진리를 발견하는 일이 계속되고 있다. 사실 이 일은 종종 오랜 기간에 걸쳐 수없이 중단되지 않을 수 없었지만(바로 지금이 그러하듯이), "주께서는 그 부드러운 손을 언젠가 다시 모든 국민 위에 내밀 것이다."*8

또한 하느님의 말씀도 성장하지 않으면 안 된다.*9 그 성장은 단순히 신학적 연구의 진보와 교회 예배의 개선에 의해서가 아니라, 하느님의 말씀의 진리에 대한 내용과 축복(그것은 오직 하느님의 말씀에 따라 사는 것을 통해서만 주어진다)을 더욱 깊이 인식함으로써 이룩할 수 있다. 단, '하느님의 말씀'이라는 것은 우리가 외적으로 손에 잡히는 활자로 인쇄된 성서에 한하는 것은 아니다. 종교개혁 시대에는 당시의 모든 전통이 위기에 처한 것을 보고, 그것을 두려워한 나머지 성서를 지나치게 강조했다고 할 수 있다. 몇 세기라는 오랫동안 그리스도 교도 가운데 많은 사람들은 그것을 하느님의 말씀을 기록한 것으로서 읽을 수 없었다. 그래도 하느님의 말씀은 분명히 존재했고, 더욱이 원전의 말을 이해한 사람들에게만 존재했던 것도 아니었다. 특히 그리스도는 오직 현재의 성서 속에서 볼 수 있는 형태만으로 그의 말을 전하는 것은 추호도 생각하지 않았다. 오히려 미래의 세대마다 각각 성령으로 채워진 사람들에 의해

---

*8 블룸하르트의 마지막 말.
*9 사도행전 6장 7절, 12장 24절.

자신의 말이 개인적으로 대신 진술되는 것을 훨씬 더 염두에 두고 있었다. 그리고(이것은 우리 프로테스탄트의 사고방식에 약간 어긋나지만) 만약 모든 시대에 여론과 시대정신과 신학보다 신뢰할 수 있는, 거기에 걸맞게 하느님의 인증을 얻은 진리의 대변자가 발견된다면, 그것은 은총으로 인정하지 않으면 안 된다. 어쨌든 하느님은 언제나 그렇게 배려하셨다.*10 지금은 하느님의 말씀이 그러한 사람들에 의해 명료하게 대변되는 것이 다시 '귀중하게', 즉 드물게 되었지만, 그런 사태는 언제 어느 때라도 쉽게 바뀔 수 있는 것이다. 지금보다 훨씬 절망적인 시대에, 오직 독생자의 탄생으로 크나큰 변화가 일어난 것과 마찬가지로. 그러한 변화가 일어나기 위한 전제는 언제나 같다. 이 진정한 이상주의의 대변자가 앞으로도 계속 출현하는 것이 수많은 성실한 마음들이 한결같이 열망하는 일이다.

이상이 교회, 즉 모든 진실된 신자들로 이루어진, 겉으로는 보이지 않는 모임인 진정한 교회의 미래이다. 이런 신자들은 지금도 많이 있다. 어쨌든 7천 명*11보다 훨씬 많다. 알아야 할 그 옛날 구약의 예언자들이 그랬던 것처럼*12 우리도 그들을 모두 다 알아야 할 필요는 없다. 서로 알게 되면, 거기서 무익한 인간 숭배와 각 파의 집회제도가 생기기 쉽다. 그러나 갈수록 성장하며 내적으로 고상함을 더해가는 미래의 교회는 어떠한 영적 내용을 가질 것인가? 이것을 고대 세계의 또 한 사람의 예언자가 처음으로 파괴된 예루살렘의 폐허 위에 앉았을 때, 예견적인 힘으로 꿰뚫어보았다. 우리는 다른 일은 모두 내던지고 오로지 그것을 기다리지 않으면 안 된다. 이제 문제는 다시 그리스도교 각 종파간의 차이를 어떻게 하느냐보다 훨씬 깊은 곳에 숨어 있다.

만약 우리에게 미래를 한번 들여다보는 것이 허락된다면, 눈앞에 불안을 느끼게 하는 문제가 언제나 한없이 있음에도 불구하고(이를테면 100년 전에는 지금보다 그래도 적었다), 오히려 이렇게 말하지 않으면 안 될 것이다. 당장 다시 수많은 사람들을 위해 문호를 활짝 열어라! 왜냐하면 머지않아 '놋문이 깨지고 쇠빗장이 꺾어질 것*13이기 때문이다. 귀머거리는 다시 듣고, 불행한 자는

---

*10 사도행전 20장 28절.
*11 열왕기상 19장 8절.
*12 열왕기상 19장 18절.
*13 시편 24장 7절, 107장 16절, 이사야 45장 2절, 17장 11~14절, 29장 18~24절, 동포교단 찬송

다시 기쁨을 얻으리라. 또 '마음이 그릇된 자도 깨달음을 얻을 것'이다. 요컨대 그들도 결국은 어떤 인생 행로를 밟으면 훨씬 많은 확신과 행복을 얻을 수 있는지 깨달을 것이 틀림없기 때문이다. 그러나 문을 열어주지 않는 한, 그들은 다시 이 길로 돌아가지 않을 거라는 것도 확실하다.

교회와 그 미래의 발전의 길에 대한 그리스도의 생각보다, 국가에 관한 그리스도 본래의 사상이 더욱 더 이해되지 않고 있다. 분명히 그리스도는 당시의 국가, 즉 세계적인 로마제국의 통치권 반을 나누어받은 봉건영주의 치하에 있었던 특수한 유대 나라에 대해서도, 또 로마제국에 대해서도 그다지 호의적인 의견은 가질 수 없었을 것이다.*14 이러한 혐오는 그 뒤에도 종교개혁 이전의 교의(敎義)에 조금은 그대로 남아 있었다. 이윽고 종교개혁이 국가를 교회의 수장(首長) 및 통치자로서 받듦으로써 그것과 화해한 것은 반드시 교회의 명예라고는 할 수 없다. 칼뱅과 크롬웰조차 이 견해를 신약성서에 의해 이론화하는 것은 불가능했다. 신약에는 그러한 사상이 전혀 포함되어 있지 않기 때문이다. 오히려 그들의 국가제도는 구약의 하느님에 의한 통치를 의식적으로 모방한 것이었다. 그것은 단명하기는 했지만, 그 영향은 먼 장래에까지 미치고 있다.

가 제968번. 그러나 현재는 더 이상 '행복한 작은 무리'가 아니라 하나의 커다란 운동이 중요하다. 시편 75장 4·9절, 135장 14절, 아모스 9장 11절. 전 시대가 하나의 틀에 박힌 신학사상에 따라 생활을 형성하려고 수없이 어리석은 시도를 하다가 실패한 뒤, 오늘날 우리 생활은 이제 실제적 무신론에 따라 이루어지고 있다. 그러나 '계몽주의'만으로는 기대한 만큼 복지에서 좋은 결과를 얻을 수 없었다. 지금 그것에 대한 반동이 나타나는데, 이것 때문에 다시 수많은 잘못이 일어날 것이다. 그러나 마지막으로 진리가 '봇물 터지듯' 밀려와 모든 인위적인 장애물을 제거하고, 메말라버린 밭을 다시 결실이 풍부한 토지로 바꿀 것이다. 이것을 체험하는 자는 행복하다. 그것을 억지로 달성하는 것은 불가능하며, 모든 무리한 선교는 거꾸로 그것을 방해할 뿐이다. 이사야 59장 19절, 35장 5~10절, 예레미야 50장 4~7절, 51장 6·7절.

*14 그리스도의 고려 안에는 의심의 여지없이 로마 대제국이 있었다. 적어도 그 황야의 유혹에 대한 이야기(마태복음 4장 1~10절)를 현실 사건으로 해석하는 한은 그러하다. 순수한 로마인이 아닌 지배자라도 세계를 통치하는 것은 로마제국의 성질상 그 당시에도 불가능하지는 않았다. 동시에 그리스도는 나중의 유대인 반란, 즉 티투스의 예루살렘 공략과 발코흐바의 하드리아누스 황제에 대한 최후의 반란도 예견하였다. 그의 나라의 특수한 '장관'을 그리스도는 경시했다(누가복음 7장 25절, 13장 32절, 21장 12절, 23장 9절). 이것은 때때로 인용되는 사도 바울의 가르침(로마서 13장 1~7절)과 완전히 일치한다고는 말할 수 없다.

어쨌든 국가의 미래는 분명히 이러한 방향(그러나 더 자유롭게, 더 정신적으로 해석하여)에 있다. 무릇 국가보다 더 나은 미래를 원한다면, 그것은 '하느님의 나라', 즉 하느님이 끊임없이 '머무는' 공동체가 되지 않으면 안 된다. 원래 의미의 '그리스도교적 국가'는 항상 사명(使命)만 지나치게 크고, 약간 불완전한 것에 머물 것이다. 그러나 그리스도교 정신에 의해 자유롭게 침투된 공동체는 실현 가능하며, 실제로 서서히 나타나기 시작하고 있다. 만약 '행복'에 대한 올바른 관념이 실제로 존재하고, 세상 사람들에게 널리 퍼져 있다면, 틀림없이 많은 일들이 모든 사람을 위해 훨씬 더 선(善)하고 아름다워질 수 있을 것이다.

그러나 현재의 세계는 역사상 어떤 세계(모든 것을 통틀어)보다 뛰어난 것도 사실이다. 바로 이 점에, 교회와 국가의 제각각 정당한 요구의 대립을 해소할 수 있는 가능성이 있다. 현재 그리스도교 국가의 국민들은 이 두 가지 공동체 속에서 살고 있으며, 그들의 감정 생활은 이따금 이 두 가지 사이에서 더할 수 없는 고통과 손실을 입고 있다. 이 대립의 해소는 다가올 세대(바로 다음 대는 아니다)의 훨씬 높은 진정한 문화에서 구하는 수밖에 없다. 만에 하나, 현존하는 이 두 공동체 가운데 어느 하나가 완전하고 일방적인 승리를 거둔다면(도저히 생각조차 할 수 없는 일이지만), 진정한 문화 발전에 회복할 수 없는 손실을 초래할 것이다.

본래 그리스도교는 '국가 관념'을 전혀 가지지 않으며, 그 창시자가 되풀이하여 충분히 언명한 것처럼 완선히 영석인 나라이다. 이 영적인 나라는 모든 인간관계, 따라서 국가적 관계도 그 영으로 채우고 침투해야 하며, 그 관계를 외적으로 지배해야 하는 것은 아니다. 이러한 것이 시도된 경우, 교회는 언제나 '이 세상의' 나라, 즉 일종의 경쟁국가가 되어버렸다. 이것은 교회의 영적 내용을 피상적인 것으로 타락시키는 결과 외에, 교회가 자유의 적이 되는 훨씬 나쁜 결과까지 초래했다. 왜냐하면 신정제도(神政制度)는 그 본질상 절대주의적이어서 어떠한 반대나 진보도 허용하지 않기 때문이다. 그러나 진보는 모든 생명의 근본법칙이다.

하나의 '도덕적 세계질서'가 엄존하고 있고, 그 밑에 개인은 물론 인간생활의 영위 전체가 종속되어 있다는 것은 명백하게 알 수 있는 사실이다. 왜냐하면 이것은 직접적인 경험에 기초하는 것으로, 이 질서와 반대로 행동하면 누구나 그것을 경험할 수 있고, 또 반드시 경험할 것이기 때문이다.

이와 같은 도덕적 세계를 관리하는 상세한 구조에 대해 우리는 아무것도 모르고 있고, 또 알아야 하는 것도 아니다.*15 이것에 대해 설명하고 기록한 것은 모두 공상을 토대로 한 것이다. 마찬가지로 이 세계의 관리에 대해 신뢰가 가도록 전달할 수 있는 지상의 대리자가 임명된 적도 없다. 오히려 개개의 영혼이 가능한 한, 또 필요한 한 이 일에 대해 자주적으로 알지 않으면 안 된다.*16 이것이 바로 모든 종교적 권위에 대항하는 우리 근대 사상의 핵심이다. 현실의 도덕적 세계질서에 관한 이러한 사상이 국가와 법률뿐만 아니라 가정과 그 밖의 모든 종류의 사회 집단에 침투하여, 자연 그대로의 결합에서 하느님의 영으로 채워진 결합으로 끊임없이 개선되는 것만이, 현대에서 '하느님의 나라'를 실현하는 길이다. 물론 이것은 오로지 하느님의 뜻에 의한 것이며, 다른 방법(단순히 외적인 방법)으로는 불가능한 일이다.

이것은 또 '민주주의의 이상화(理想化)'를 위한 유일한 길이기도 하다. 이와 같은 민주주의가 바로 현대에서의 올바른 '국가의 이상'이다. 왜냐하면 하느님은 자신의 의지가 지상에서 인간의 자유로운 의지의 기초가 되어 최대한 널리, 또 모든 사람들에게 균등하고 동일한 권리로 성취되기를 원하시기 때문이다. 만약 비인격적으로 생각된 '세계법'이라는 것이 실제로 존재한다면, 그것은 '선과 정의를 추구하는 모든 사람의 자유로운 지성'이라는 것 말고는 부를 이름이 없을 것이다. 이것이 오늘날 각 민족에 대한 하느님의 뜻으로, 민족의 '행, 불행'은 주로 여기에 달려 있다. 현대는 민족의 행복을 특히 그 계몽과 개화의 정도로만 판단하는 관점을 이제 포기하지 않을 수 없게 되었거나 적어도 포기하려 하고 있다. 일반적인 의미에서의 계몽은 어느 시대나 민족의 극히 적절하게 요약된 단순한 시대적 요구에 지나지 않는 것으로, 결코 최고의 세계법은 아니다.

마찬가지로 현대의 우리는 프랑스 혁명 사상도 포기한다. 이 사상은 국가는 오직 개인만으로 구성되며, 단순히 개인을 총괄하는 권능을 가질 뿐이라는 사고방식이었다. 그러나 인간의 '자연적인 조직'은 가족이다. 그뿐 아니라 개인의 생명은 너무 짧아서, 가족이라는 형태 또는 자신의 인격을 확대할 수도,

*15 출애굽기 33장 18~20절.
*16 신명기 4장 29절.

또 이미 계승한 소질을 토대로 그것을 더욱 쌓아올려 인간의 사명인 완성(完成)에 도달할 수도 없다. 사물은 항상 최초부터 시작되어야 하는 것은 아니며, 주어진 것을 계승해갈 수도 있어야 한다. 그런 의미에서는 세계사는 분명히 약간 '귀족주의적'이다. 이러한 요소는 인간의 피 속에 깊이 숨어 있어, 결코 완전히 근절되는 일은 없을 것이다. 그러나 어떠한 귀족계급도 인위적으로 옹호하는 것은 좋지 않다. 이것은 현재 실제로 지배하고 있는 '교양 있는 귀족'에 대해서도(그 전의 어떤 귀족과 마찬가지로) 말할 수 있다. 오히려 귀족계급은 끊임없이 진리에 기초를 두어야 한다. 다시 말하면 그 속에 국민 가운데 가장 뛰어난 사람들을 실제로 포함하고 있지 않으면 안 된다.

또 각 세대도 항상 상승이나 하강의 선을 더듬어간다. 몇 세대를 거쳐 인간의 완성이 일정한 높이에 도달하면, 그 가계는 자식이 없는 자나 어리석은 개인으로 인해 멸망해버린다. 그렇지 않으면 다시 넓은 서민계급의 '젊어진 샘'으로 전락하여, 다시금 상승의 길을 밟기 시작하지 않으면 안 된다. 훌륭한 귀족의 가계는 예외로서 인위적으로 유지되고 있지만, 그것도 다만 겉모습일 뿐이다. 그것이 그 가계에 있어서 정말로 유익한지 어떤지는 또 다른 문제이다.

개인의 교육에는 이러한 연속의 법칙이(그것과 마찬가지로 깊은 근거를 가진 대립과 그것에 의한 발전의 법칙에 비해) 훨씬 큰 비중을 차지하게 된다. 그리고 교육에 있어서도 그 모든 원칙과 방법이 앞으로 크게 수정될 것이다. 또 아마 현대 학교제도의 이상인 교육의 평등(그것은 부분적으로만 옳다)을 대신하여 교육의 개성화라는 노선을 택할 것이다.

모든 교육의 목적은 다음의 세 가지밖에 없다. 첫째로 정신이 발랄하게 유지되고 지식을 받아들일 준비가 되어 있는 동안 유익한 지식을 얻는 것. 두 번째로는 빠르고 훌륭하게, 또 기꺼이 일하는 법을 배울 것. 그리고 마지막으로 언제나 고귀한 것을 지향하며 전체적으로 균형이 잘 맞는 성격을 기르는 것이다.

이 목적의 어느 한 가지를 보아도, 교육을 받는 모든 사람이 한결같이 완벽하게 달성할 수 있는 것은 아니다. 첫 번째 목적조차 그러하다. 왜냐하면 그 경우 이미 일찍부터 장래의 사회적 지위를 고려하지 않으면 안 되기 때문이다. 마지막 목적에 대해서는 학생의 개성을 충분하고도 명확하게 검토하는 것이 필요하다. 그러나 그렇게 하기에는 현재의 학급은 너무 규모가 크고, 또 교사들의 진용도 충분히 갖춰져 있지 않다. 자신의 성격이 학교에서 완성되었다고 주장하는 사람은 거의 없다. 오히려 학교에서 성격이 좋아진 경우보다 나빠진 경우가 더 많을 것이다. 인간 교육의 이상은 완전히 똑같은 인간을 만들어내는 것이 아니다. 오히려 독자적인 인간을 만드는 것, 그러나 이기주의를 버리고 항상 선을 지향하는 인간을 만드는 일이다.

유익한 지식만 해도 무책임하고 획일적인 순서로 그저 암기식으로 집어넣기만 한다고 손쉽게 자기 것이 되는 것이 아니다. 그것을 소화함으로써 자신의 정신적 소유로 만들어야 한다. 최고학부에 이르기까지 현대의 학교는 그러한 기대와는 대체로 거리가 먼 느낌이 있다. 오늘날 자신의 학교 시절을 회상하며 유감으로 생각하지 않는 사람은 아마 한 사람도 없을 것이다. 학교 시절에 배운 것은, 곧 잊어버려도 자신의 인생에 아무 지장이 없는 사항이나 그저 이론일 뿐인, 잠시 동안 머리를 스쳐 지나가는 지식에 불과하기 때문이다. 지금 성장 중인 세대에게서 늘어가는 경향을 보이고 있는 신경쇠약과, 그럼에도 불구하고 어쩔 수 없이 그들에게 부과되는 커다란 과제는, 언젠가는 교육의 개혁을 촉구하게 될 것이 분명하다. 그러나 그것은 이미 인생의 반이 지난 사람들의 아들 대가 아니라 손자 대가 되어서야 가까스로 실현될 것이다.

미래의 교육이 무엇을 목표로 하고 있는지 가장 잘 보여주는 것은 한 세대의 이론적 이상이다. 100년 전의 이상은 자유와 평등, 또는 인도(人道)였고, 종교개혁 시대의 이상은 진리(眞理)였다. 현대의 이상은 힘이다. 이상은 실제로 소유하고 있는 것의 표현이 아니라, 지금 당장 부족한 것에 대한 동경의 표현이다. 따라서 이상이란 그 시대의 모든 견해가 오직 그 한 점에서는 완전하게 일치하는 그 문제를 가리킨다.

그러나 인류는 위대한 발전의 시기에 임할 때마다 자신이 필요로 하는 것을 가장 먼저 다양한 길을 통해 탐구할 것이다. 그리고 그것을 얻을 수 있는 유일한 원천을 새롭게 발견한다. 그래서 우리의 손자들 또한 그 힘을 맨 먼저 그 책(성서) 속에서 찾을 것이다. 이 책은 끊임없이 논란의 대상이 되어 의심받으면서도 빛나는 승리 속에 계속 엄존하며, 이미 대부분의 세대 사람들에게 가장 위대한 업적을 이룩할 수 있는 능력을 주어왔다.

그런 일이 당연히 일어난다고 하면, 이미 성서는 학교나 교회의 책일 뿐만 아니라, 문명으로 개화한 인류에게 다시금 인생의 책이 될 것이 틀림없다.

* * *

"이 책이야말로 읽는 게 아니라 먹어야 하는 것.
단지 읽기만 하는 자는 귀에 들어온 것을 너무나 빨리 잊어버린다.
그러나 하느님의 말씀이 나의 피와 살이 되는 사람은
그것에 의해 힘을 얻어 하느님과 하나가 된다.
거기에 적힌 역사상의 일들을 아무리 암기해도
오직 겉모습뿐, 오히려 마음에 깊이 새기지 않으면 안 되리라.
정신이고 또한 생명인 것이야말로 성령의 본성을 갖추어
골수를 관통하며 살아 있는 실재를 낳는다.
그것은 언어 없이도 얘기하고, 병든 자를 치유한다.
그것에 의해 예언자의 안광과 이지와 밝은 정신이 태어나
깨끗한 그릇을 통해 타인에게도 깨끗하게 흘러들어간다."

더 높은 곳을 향하여

더 높은 곳을 향하여! 부스 부인의 소론에 이런 얘기가 실려 있다.

런던 거리에서 한 낯선 여성이 부인에게 갑자기 말을 걸더니, 어떻게 하면 '더 높은 곳을 향하는 신앙'에 도달할 수 있느냐고 물었다고 한다. 아마도 그 낯선 여성은 그리스도 교도의 상투적인 태도에 진력이 나서, 복음서의 다음과 같은 이색적인 말에 깊이 감명을 받은 자 가운데 한 사람일 것이다. "천국은 침노를 당하나니 침노하는 자는 빼앗느니라."*1

두말할 필요도 없는 일이지만, 인생의 행복에 도달할 수 있는 가장 좋고 빠른 길을 가고 있으면서도 역시 불안과 공포에 사로잡힐 때가 있으며, 평소에는 참으로 확실한 모든 것에 또다시 회의가 들 때도 있다. 때때로 지금의 모습 그대로의 그리스도교 전체가 꺼림칙하게 느껴질 수도 있다. 그리고 인생에서는 영혼이 열망하는 대로는 전혀 되지 않고, 곳곳에서 끊임없이 새로운 장애에 부딪히기 때문에, 거기서 벗어나고 싶어지기도 한다. 이와 같은 심경에서 '더 높은 곳을 향하는' 동경이 태어나거나, 반대로(이 또한 쉽게 있을 수 있는 일이지만) '낮은 곳으로 내려가는' 기분이 된다. 즉, 교회의 최면상태에 빠지거나, 오직 개개의 '목적'을 위한 사업 활동, 그리고 비밀스러운 작은 모임과 분파적 생활에 들어가고 싶은 마음에, 옛날에는 훨씬 뛰어난 삶을 향한 힘찬 약속으로 영혼을 채웠던 자주적인 사상을 포기해버린다. 이 상태야말로 사도 바울이 갈라디아와 고린도의 교인들을 보며 통감했던 깊은 고통의 원인이었던 것으로, 이는 현재 남아 있는 그의 편지에 참으로 적나라하게 표현되어 있다. 따라서 오늘날에도 이 편지들은 그들 개개의 그리스도교회에 보내져도 조금도 이상하지 않을 정도이다. 그들은 바울의 언어를 문자적인 의미로는 잘 알고 있지만 현상에 적용하지는 않는다.

---

*1 마태복음 11장 12절.

자연 그대로의 인간은 결코 변하지 않는다. 언제까지나 이기주의자이자며 향락주의자 그대로이다. 이런 점에서는 유물론이나 비관론의 주장은 확실히 옳은 것이다. 인간은 교양을 얻더라도 그저 훨씬 세련될 뿐, 더 선해지지는 않는다. 그러나 이러한 자연적인 인간과 함께 하느님의 힘에 의해 다른 인간이 성장하고 강해져 가는 것은 가능하다. 이 새로운 인간이 끊임없이 자연적인 인간과 싸워 굴복시키고, 점차 사멸시켜 가는 것이다. 한편 이 새로운 인간은 점점 힘과 기쁨에 넘쳐 하느님과 하나를 이루는 삶에 들어간다.

이것이 인간이 더욱 선해지는 진정한 순서이며, 그리스도교의 교과서도 그렇게 가르치고 있다. 그러나 우리는 대개, 어린 시절 종교 교사에게서 아주 그릇된 방식으로 배웠고, 또 현대 교육은 그리스도교의 가르침과 근본적으로 상반되는 것이기 때문에, 보통 우리는 수많은 경험을 거듭하고 훨씬 뒤에 가서야 가까스로 그리스도교의 진리를 새롭고 신기한 것으로 배우게 된다. 그뿐 아니라 더 염려되는 것은, 오늘날의 교양 있는 사람들은 이 진리를 확실하게 깨닫지도 못한 채 인생을 마감하게 될지도 모른다는 점이다.

그러나 '더 높은 곳을 향하는' 길에서 큰 장애가 되는 것은 자기를 질책하는 버릇이다. 이것은 노력가 대부분이 자신에 대해 인내심을 가질 수 없는 경우에 이따금씩 찾아오게 마련이다. 이 자기 가책 때문에 그들은 자신에게도 타인에게도 거추장스러운 짐이 된다. 특히 그들이 간절히 환심을 사고 싶은 사람들에게 더욱 그러하다. 이러한 결점의 원인은 허영이나 유용한 일이 부족해서가 아니며, 또 신경쇠약(이것은 일반적으로 자기 가책과 결부된다) 때문만도 아니다. 그것은 오히려 일종의 자제력, 즉 도덕적 완성을 향한 공명심이라는 고상한 야심을 통제할 수 있는 자제심이 부족하기 때문이다. 또 때때로 지도자들의 저작이 오해받거나 잘못 적용되고, 아니면 그 적용에 과장이 있는 것 등에도 약간의 책임이 있다고 할 수 있다. 이 점에서 토마스 아 켐피스나 웨슬리가 대부분의 사람들에게 항상 적합한 안내자라고는 할 수 없다. 만약 최고의 목표를 향한 성과 있는 노력과 일반적으로 달성할 수 있는 인생의 여러 목적에 대한 노력을 어떤 점에서 비교할 수 있다면, 그것은 다음과 같은 점일 것이다. '균형이 잘 잡힌' 정신, 즉 건전한 양식과 의지력, 인내, 감격, 모든 비속한 것에 대한 자연적인 혐오 등을 균형 있게 갖추고 있는 정신은 '하느님의 나라'에서도 가장 좋고 진실한 진보를 이룩할 것이라는 점이다.

쓸데없이 인간성의 비참함에만 사로잡혀 있기보다 오히려 인간성은 선(善)한 것이며, 신성한 삶을 보내도록 정해져 있다고 생각하고, 그것을 그렇게 형성하려고 노력함으로써 내적 생활의 어느 단계에서는 훨씬 크게 전진할 수 있다. 인간성은 근본적으로 부패해 있어, 하느님의 은총에 의해서만 구원받을 수 있는 것인지도 모른다. 우리 자신도 그것을 믿고 있다. 이 점에서 인도주의자와 도덕가들과는 반대 의견을 제시한다. 그들은 그것을 믿지 않기 때문에, 자신의 일이든 타인의 일이든 아무것도 성취하지 못한다. 그러나 훨씬 높은 단계로 진보하면, 당연히 자신에 대해 신뢰를 가지게 되어, 이렇게 말하지 않을 수 없을 것이다. 자, 전진*²하는 거야, 단호하게 '더 높은 곳을 향해' 라고.

1

'더 높은 곳을 향하는' 길은 존재하고, 또 그것을 발견할 수도 있다. 그러나 그 길은 황홀 상태가 신경의 흥분 같은 것이 아니며, 단식과 과도한 기도, '영지' 순례(진정한 하느님의 나라에는 그런 특별한 장소는 없다), 또는 양심의 지도자에 대한 참배 같은 외형적인 것도 아니다. 그 길은 맨 먼저 그리스도교의 간단한 가르침과 명백한 명령을 어느 누구보다 성실하게 지키는 것, 다음에는 일반적으로 그리스도 교회 안에서 볼 수 있는 것 이상의 사랑을 지니는 것, 마지막으로 완전한 침착을 유지하는 것이다.

이에 대해 베르니에 루비니*³는 이렇게 말했다.

"인생은 비참하고 고통스럽다. 우리는 하느님의 모습을 장막 저편에서만 볼 수 있다. 우리의 진정한 삶은 눈앞에 계시는 하느님과의 성스러운 교류에 있다. 이것을 통해 영혼은 쾌적한 평안 속에서 강화되고, 깊은 평화로 가득 찬다. 하느님의 소명을 받지 않고는, 또는 하느님의 재촉이 없이는, 설사 좋은 행위라 해도 무슨 일이든 시도해서는 안 된다. 그러므로 우리는 하느님의 마음을 깨달을 수 있기를 기원하며, 자신의 의지를 버리고 하느님의 명령을 기다려야

---

*2 히브리서 5장 12~14절, 8장 10~13절.

*3 장 드 베르니에 루비니는 노르망디 출신의 프랑스 귀족으로, 1602년에 태어났다. 그는 한동안 칸에서 왕실의 세수장(稅收長)이라는 관직을 지낸 뒤, 명상과 자선 가운데 조용한 생활을 보냈다. 그의 사상 가운데 인쇄된 것은 대부분 편지에서 발췌한 것으로, 17세기 프랑스에서 상당히 널리 읽혔다. 독일에서는 주로 테르슈테겐의 소개로 알려졌지만, 지금은 그리 읽히지 않는 저술가 가운데 한 사람이다.

한다. 그것은 영혼 속에 아무런 그림자도 남기지 않는다."

"사람은 일 속에서 고독과 기도 속에서 느끼는 평안을 얻으려고 노력한다. 즉, 마리아와 마르다를 결합하려는 것이다. 그러나 우리의 나약함으로는 그것을 그렇게 성급하게 달성할 수는 없다. 상당히 오랫동안 충성에 힘쓴 뒤에야 하느님은 비로소 영혼에 그러한 자기 초월의 힘을 주신다. 그리하여 바쁜 일에 몰두하면서도 정신의 독립과 평화와 자유를 유지할 수 있다."

또 다른 대목에서 루비니는 이렇게도 말했다.

"사람은 피조물 안에서 이상적인 모습의 하느님을 발견할 수는 없다. 분명히 하느님은 그 피조물 안에도 깃들어 계시고, 영혼은 하느님을 그곳에서 발견할 수 있지만, 하느님은 우리의 정신과 의지의 깊은 곳에 더욱 잘 나타나신다."

"우리가 잘못 때문에 하느님과 하나되는 것을 잃었을 때는, 즉시 하느님 곁으로 돌아가지 않으면 안 된다. 불안한 마음속에서 오랫동안 그 고통을 견뎌서는 안 된다."

이 교훈은 오직 '더 높은 곳을 향하는 종교'에만 적용된다. 그리고 그 경우 이 교훈은 더할 나위 없이 올바른 것이다.

"나는 이따금 내가 너무 게으르고, 행동하지 않는 게 아닌가 하고 걱정한다. 그러나 내가 생각하지 않아도 하느님이 모든 일을 배려해 주심을 언제나 경험한다."

"하느님에게 몸을 맡기는 즐거움이여. 그것을 체득한 자는 영(靈)의 위대한 자유에 대해 미칠 듯한 기쁨을 느낀다. 이것이야말로 가장 좋은 마음의 경지이다. 이것으로 마음속에 얼마나 위대한 것이 태어나는지, 언어로 표현할 수 있는 사람은 아무도 없으리라."

침착한 영혼을 향해 주님은 때때로 말씀하신다(시에나의 성녀 카타리나에게 말씀하신 것처럼). "나를 위해 생각하라, 나는 너를 위해 생각하리니."

"영혼이 하느님 이외의 모든 것을 버리려고 결심할 때까지는 끊임없이 불안을 느낀다. 그리스도교도가 창끝과 같은 십자가와 고난 속에서도 확고하고 온화하게 하느님의 의지를 따르는 모습은 얼마나 멋진 광경인가!"

"기도는 성도가 되는 길의 발걸음을 재촉하지만, 성도가 완성되는 것은 십자가이다. 분명히 우리는 기도를 하고, 명상의 쾌감을 경험하는 것을 좋아하지만, 고통스러운 것은 원하지 않는다. 그것은 속임수이다."

"암흑 속에 있을 때, 영혼은 자신의 모습을 거의 볼 수 없다. 영혼은 순종하는데도 스스로는 그것을 모른다. 왜냐하면 영혼은 그 깊은 곳의 의지가 하느님과 완전히 일치하는 것을 보지 못하고, 다만 자연의 본성과 관능이 하느님을 거스르고 반항하는 것만 보기 때문이다. 그리하여 영혼은 자신의 상태에 대해 회의에 빠져 자신을 혐오하게 되어버린다. 사실은 그 영혼은 하느님을 매우 기쁘게 하고 있는데도 말이다. 왜냐하면 이러한 암흑 속에서 영혼은 빛에 싸여 있었던 때보다 더 큰 성실을 증명하기 때문이다."

우리가 살아 있는 한, 우리의 영혼 속에서 틀림없이 빛과 기쁨에 찬 상태와 어둠과 자기 파괴의 상태가 서로 번갈아 나타난다는 것, 그리고 어느 한쪽만이 너무 오래 지배하고 있을 때 우리의 내적 생활은 건전하게 성장하지 않고 착각에 사로잡히기 쉽다는 것, 이것은 틀림없는 사실이다. 그럼에도 불구하고 하느님에게 향하는 의지와 영혼의 밑바닥에 튼튼하게 뿌리내린 하느님과의 결합은 인간이 도달할 수 있는 일종의 완전함이며, 거기서 점차 정신의 평화도 태어난다. 이 경지는 예언자 이사야가 '혼인의 땅'이라 불렀던 것으로, 영혼은 오랫동안 황야를 방황한 뒤 결국 영원히 그곳에 들어간다. 이것은 점차 정화되는 인간이 지상생활의 마지막 단계에서 도달할 수 있는 경지이며, 더 높은 곳에 준비된 내세의 존재에 대한 자연스러운 과도기를 이룬다. 이 경지에서는 이미 선(善)과 진(眞)에 대한 저항은 그 사람의 내부에서 완전히 사라지고, 모든 반항은 단지 외부로부터만 온다. 마음의 내부에서는 이미 하느님과의 사이에 완전한 평화가 이어지며, 따라서 자신과의 사이에서도 평화가 태어난다. 이것은 '믿지 않는 사람들'은 이해할 수 없고 경험할 수도 없는 경지이다. 이것에 도달하는 것은 불행과 시련이 '타오르는 용광로' 속에서 마지막으로 철저하게 용해가 된 뒤의 일이다. 즉, 그것은 먼저 이 시련이 하느님에 대한 신앙에 의해 극복되고, 인간의 '이기성(利己性)'의 모든 요소가 이 세상에서 가능한 한 완전히 제거되어 없어진 뒤에 일어난다.[*4]

---

*4 이사야 48장 22절, 62장 3~5절, 예레미야 33장 3절, 로마서 6장 22절. "아, 나의 영혼이여. 하느님이 기뻐하시는 일 외에 어떤 일에도 마음을 두지 말라. 하느님이 원하시는 것을 행하라. 그 밖의 것은 모두 경시하라. 네 방식이 아니라 하느님의 방식에 따라 하느님에게 봉사하라"(루비니). 그러면 당신은 '더 높은 곳을 향해' 오를 수 있다. 그렇지 않으면, 평범한 종교심이라는 골짜기의 밑바닥에 머무르게 된다. 이미 2천 년 동안 그리스도 교도들은 그들의 시조가 죽음을 무릅쓰면서까지 보여준 구원에 도달하지 못한 채 이 골짜기를 방황하고 있다. 오

예언자가 뷸라(배필)의 땅이라고 불렀고*⁵ 존 번연이 《천로역정》 제16장에서 그리운 듯이 그렸던 이 경지는 어쨌든 실재하는 것으로, 참으로 독특한 성격을 가지고 있다. 그리고 이 경지에 대해 얘기하는 지극히 많은 사람들이, 과연 자신의 경험에서 얘기하고 있는 것인지 자못 의심스럽다. 왜냐하면 그 경지에 도달하려면 중세의 신비가가 '멸망의 황야'라고 이름붙인 지극히 암담한 시기를 거치지 않으면 안 되며, 또한 그곳에 머무는 것은 보통 극히 짧은 기간으로, 머지않아 그 뒤에 이 인생에서의 완전한 이별이 찾아오기 때문에, 그곳에 들어갈 수 있었던 자도 대개 그 체험을 상세하게 기록할 시간이 없기 때문이다.*⁶ 오직 확실하게 말할 수 있는 것은 첫째 그러한 경지가 존재한다는 것, 다음에는 그곳에 도달하는 길에서는 미세한 점까지 오로지 하느님에게 순종하지 않으면 안 된다는 것, 특히 모든 이기심과 향락욕을 내적으로 완전히 극복하는 것이 필요하다는 것 등이다. 그러나 인간성을 다소나마 알고 있는 대부분의 사람들은 그 말을 듣기만 해도 진저리를 치며 그 이상 도무지 귀를 기울이려 하지 않고, 이러한 말을 어둡고 불가능하며(위선이라고까지는 하지 않더라도) 바른길을 벗어난 종교적 공상이라고 비난한다. 실제로 그러한 위험은 아주 가까운 곳에 있다. 왜냐하면 '옛 사람'은 자신에게 주어지는 요구(그것은 결국

늘날 일반적으로 볼 수 있는 믿음과 행위에 의한 의(義) 정도만이라면, 당시의 바리새인도 마음에 들어 했을 것이다. 또 우리 상류계급이 신봉하는 차갑고 완전히 형식적인 그리스도교에 대해서라면, 사두개인도 로마인도 아무런 이론(異論)이 없었을 것이다. 또한 미래의 이론적 신학에서는 그리스도를 인류에게서 완전히 떼어내어, 그 독특한 인품으로 인해 가까이 다가가기 어려운 높은 곳으로 옮겨놓고, 반대로 모든 인간은 오직 그리스도의 '공훈'에 의해 기계적으로 구원받을 수 있는 것처럼, 오직 그리스도에 의지하라고 가르치는 것은 더이상 중요하지 않게 된다. 그리스도에 의한 하느님과의 유화(宥和) 사상과 동포교단의 '그리스도의 피에 의한 의(義)'에 대한 생각도 내면적으로 해석하면 진실하지만, 그것에 대한 표면적인 신앙고백과 안이하게 의지하는 것 때문에, 그들의 사상은 오히려 교회의 침체를 초래하는 중대한 원인이 되고 있다. 그리스도가 악의 가장 깊은 원리를 파헤치며, 인류를 위해 생애를 건 활동을 통해 악을 극복한 것(이것은 그의 고난과 죽음이 없었으면 완전히 불가능했을 것이다), 또 우리가 그리스도의 행위를 더욱 발전시키는 의미에서의 그의 후계자가 아니라, 오직 그의 발걸음을 뒤따르는 자가 아니면 안 되는 것도 진실이다. 그러나 또한 우리는 그리스도의 후계자가 될 수도 있고, 현대 인간에게는 사도 시대 이래 일찍이 없었을 정도로 큰 힘이 갖추어져, 하느님과 함께 있을 수도 있을 것이다(동포교단 찬송가 제534번 2절).

*5 이사야 62장 4절.
*6 누가복음 9장 11절, 마가복음 4장 29절.

면할 수 없는 요구이기는 하지만, 결코 내 몸의 완전한 파멸을 의미하는 것은 아니다)를 어떤 방법으로든 벗어나려고 항상 새로운 구실과 속임수를 생각해낸다. 또는 '옛 사람'이 그 중에서도 예수회 교단을 무서운 자기 기만의 그릇으로 만든 수단과 방법을 사용하여 어떤 '환상'을 만들어낸다. 그것은 이 교단이 비슷한 방법으로 겉으로는 완전히 똑같은 것(최고의 경지의 유사품)에 도달할 수 있고, 이 교단 사람들 중에 자신의 영혼이 진정한 평화에 도달할 수 있는 유일하고 올바른 지름길을 걷고 있다고 진심으로 믿고 있는 자가 적지 않은 것 같기 때문이다. 그리고 또 실제로 "자유로운 인간의 자유로운 결사"로 자처하는, 이 소문이 자자한 교단의 진상을 그곳에 소속되지 않은 채 완전히 이해할 수 있는 사람은 아마 많지 않을 것이다.

바로 여기에 최고의 경지를 추구하여 노력하는 사람이 그 생애의 마지막 길에서 부딪히는 위험이 있다. 이 위험을 면하고 싶으면, 무조건적으로 단호하게 '하느님의 말씀'에 의지하지 않으면 안 된다. 우리가 인간의 중재를 통해서만 하느님의 말씀을 접할 수 있다는 것은 분명한 사실이며, 또 그때그때의 사정에 따라 하느님의 말씀을 현명하게 적용하는 사명을 받는 것도 언제나 인간이다. 이것은 베드로를 불렀을 때 예수가 했던 생각으로, 베드로뿐만 아니라 그 당시의(또는 미래의) 모든 제자들이 이 역할을 위해 부름을 받는 경우도 역시 그러하며, 그때는 아무래도 인간적인 잘못을 면할 수가 없다. 그러나 하느님의 말씀을 진지하게 알기 위한 노력을 아끼지 않는 자라면, 누구나 다음과 같은 감명을 받지 않을 수 없을 것이다. 즉, 이 기록된 말에는 영혼 속의 영의 성장을 방해하는 것은 없지만, 그 성장을 통제하는 것은 분명히 존재한다는 것, 또 교회와 학교와 비슷한 다른 어떤 인간적 제도로도 대신할 수 없는 것이 존재한다는 것을 인간이 알고 있다는 것이다. 하느님의 영은 모든 시대에 똑같이 모든 사람에게 임하며, 또 현대인의 생활에도 깃들어 그 사람을 필요한 모든 진리로 인도하려 하고, 또한 인도할 수 있으며, 이러한 성령과 역사상 하느님의 말씀의 결합에 그리스도 교회 및 개인적인 그리스도교 생활의 '구조'가 존재한다. 이 중 어느 한쪽만으로는 광신에 빠지거나 신앙의 정체를 초래하는데, 어느 쪽이든 '더 높은 곳을 향하는' 길이 아니다. 그러나 이 높은 곳을 향하는 길이야말로 현대 세계가 한층 진지하게 추구하고 있는 것이다. 현대의 세계가 원하는 것은 뭔가 새로운 형식으로 장식된 교회주의도, 새 것과 헌 것을 불문하고 재기에 넘치는 교의도, 또 일반적으로 학문으로 여겨졌던 새로운 '신학'도 아니다. 반대로 오직 선하고 행복한 생활에 도달하는 길과 힘이다.

우리에게 주어진 하느님의 말씀에는 하느님의 영(靈)이 함께 있지 않으면 안 되는데, 그 영이 선물인 것은 분명하다. 사람은 자신의 내부에서 이 영을 낳을 수 없고, 또 델포이의 권좌에 앉은 여사제 퓨티아처럼 외적 수단이나 강령(降靈)의 주문에 의해 억지로 신의 영을 부를 수도 없으며, 하물며 그것을 누구나 '받을' 수는 더더욱 없다. 이 영은 사람을 지배하는 힘이지만, 사람은 그 힘을 다른 방법으로는 얻을 수 없고, 또 학식이나 웅변으로 그 힘을 휘두를 수도 없다. 그 영은 진리가 아니며 진리의 완전한 확신도 아니다.*7 그 영이 확신이라면, 사도들은 이미 오래전부터 가지고 있을 것이다. 또 그 영은 충분한 진보를 이룩한 신앙도 아니다. 그것은 선에 대한 강한 힘이다. 어떻게 하면 그러한 힘이 솟아나느냐고 물어도 우리는 대답할 수 없다. 이 힘은 갑자기 나타나고, 마찬가지로 갑자기 사라지기도 한다. 그리고 그 힘을 얻기 위한 준비와 자격에 대해 우리가 알고 있는 것은, 오직 그 힘이 자신 외에 우리 인간을 지배하는 어떠한 다른 힘도 허용하지 않는다는 것뿐이다. 자신이 이 영을 지니고 있는지 어떤지에 대해서는 누구도 의문의 여지가 없다. 이 영을 지니고 있는 것은 그 힘을 느끼는 타인의 태도로 알 수 있을 뿐만 아니라, 인간이나 사물의 진상을 간파하는 완전히 다른 힘이 주어지는 것으로도 알 수 있다. 마찬가지로 정신은 물론 육체의 모든 조직도(더욱이 가끔 심각한 침체기 직후에도) 기쁨과 강함으로 한순간에 채울 수 있는 것으로도 그것을 알 수 있다. 두말할 것 없이 이러한 생명을 낳는 영은 우리 안에 깃들어 죽음을 극복하고 새로운 생명을 가능하게 한다. 더 분명하게 말하면, 원래 이 새로운 생명은 지금까지의 생명에는 속해 있지 않기 때문에, 이미 있던 오랜 생명과 함께 죽는 일은 있을 수 없다. 그것은 영생(永生)에 대해 줄 수 있는 유일한 '설명'이며, 이 영을 가진 자는 이 세상의 생명을 의심하지 않는 것과 마찬가지로 영생도 의심할 수 없을 것이다.*8

---

*7 마태복음 16장 17절, 요한복음 6장 69절.
*8 고린도후서 5장 1~5절.

그러한 것은 원래 이미 믿는 것이 아니라, 이 세상의 짧게 한정된 생명과 존재를 초월한 어떤 것을 살짝 들여다보고, 적어도 그것을 생생하게 체험하고 실감하는 일이다.*9 이것이 그리스도가 가지고 있었던 신앙이며, 또 그리스도가 세상을 이기고, 그것만이 하느님과 하나*10라고 선언할 수 있었던 바로 그 신앙이다. 오늘날 우리는 대부분, 당시의 그리스도의 말을 믿지 못하고 그것을 단순히 터무니없는 자만이나 자기 기만이라고 생각했던 유대인의 죄를 용서하고 싶은 유혹을 느끼고 있다. 그때 처음으로 그 시대의 저급하고 평범한 종교와 독창적인 '더 높은 곳을 향하는' 종교 사이의 싸움이 표면화되었고, 그 후이 싸움은 교회사 전체를 지배해 왔다. 그러나 그 유대인들의 죄는 용서할 수 없는 것이다. 왜냐하면 이 영은 결코 잘못 보는 일이 없으며, 잘못된 것에 대해서는 오직 저항하는 수밖에 없기 때문이다. 그러나 이 경우, 자신의 모든 정신생활의 위험을 걸게 된다. 그 저항은 그 속에 숨어 있는 모독을 의식하고, 그것을 원하면서도 감연히 행해지기 때문이다.*11

---

*9 단테 《신곡》 천국편 제1곡 67~72행(포흐해머의 번역에 의함)
"글라우코스도 바다 속에 가라앉았을 때,
그가 신이 된 경위를 밝히지 않았다.
그렇게 내 몸에 일어난 일도,
같은 은혜를 입은 사람만이 이해할 수 있으리라."
또한 천국편 제7곡 58~66행, 동포교단 찬송가 138번 참조. 이에 반해 신학이 '종말론'이라고 명명한 것은 이해할 수 없고, 또 이해해야 하는 것도 아닌 사항에 대한 쓸데없는 사변의 혼합물이다. 살아 있는 인간 가운데 종말에 대해 객관적이고 확실한 것을 조금이나마 얘기할 수 있는 자는 아무도 없다. 다만 복음서는 이것에 대해 너무 많은 말을 했다고 덧붙이고 싶을 정도이다.

*10 요한복음 10장 30절, 골로새서 2장 8·9절. 사람은 자신의 경험을 통해 어떤 고통에도 언제나 위로와 도움이 있다는 것을 아는 순간, 이 불완전한 세계에서도 다시 더 많은 만족을 느끼게 될 것이다. 이것이 욥기 19장 25절(루터에 의해 잘못 번역되었지만)의 의미일 것이다.

*11 마태복음 12장 30~32절, 18장 7절, 에스겔 13장 22, 23절. 다시 한번 여기서 강조해 두고 싶은 것은, 이 영은 '양심'과는 전혀 다른 것이라는 점이다. 우리는 어렸을 때, 어중간한 신앙밖에 가지지 않은 종교 교사로부터 양심은 우리의 행위에 대한 정확한 지침이라고 배웠다. 수없이 많은 사람들이 '자신의 가슴의 목소리', 또는 '마음의 목소리는 운명의 목소리'(독일 속담)라고 한 그 '마음의 목소리'에 따르다가 정신적으로도 육체적으로도 파멸하고 만다. 특히 여성의 경우에 그러한데, 여성들은 그것 때문에 생각지도 않던 잘못에 빠지기 쉽다. 우리는 '더 나은 자아'나 그것과 비슷한 표현을 알고 있지만, 그것은 흥분과 격정에 사로잡힌 순간에는 당장 무력함을 폭로한다. 단순히 그러한 공허한 말뿐만 아니라 우리한테서 완전히 독립한, 속임수가 통하지 않는 영이 존재한다는 것을 알지 않으면 안 된다. 이 영은

이것은 오늘날에도 마찬가지이다. 그러한 저항에서 개인의 경우에는 먼저 선에 대한 증오가, 다음에는 확실한 형태, 또는 눈에 띄지 않는 형태의 광기가 태어난다.*¹² 이에 반해 민족의 경우는 뭐라 설명할 수 없고 피할 수 없는 불행이 일어난다. 이 불행은 그 민족들이 진리의 영에 정면으로 저항하며, 그 증인들을 십자가에 걸어 불태워 죽인 이후, 저주처럼 그들의 머리 위를 무겁게 내리덮고 있다.

이러한 영의 힘은, 예기치 않게 저절로 사람들에게 미치는 감화(이것이야말로 인간의 진정한 위대함의 표시이다)를 제외하면, 기도의 힘으로 발휘된다. 기도가 우리 자신의 정신에서 나오는 것이 아니라 이 영에서 나올 경우에만, 그 기도가 진실한 힘이 되어 '자연적'인 과정에서는 바뀔 리가 없는 사물을 바꿀 수 있다. 이것을 한번 경험한 적이 있는 사람이라면 누구나 자신의 생애에서 분명한 실례를 들 수 있다. 더욱이 이것은 성서의 가르침과도 일치하고 구약의 사고방식에도 들어맞는다.

성서 속에서는 하느님의 영을 지니고 있는 사람들의 기도에, 때로는 하느님 쪽이 어떤 의미에서 따르고 계시는 것처럼 보이는 일도 있다. 또 하느님이 사람들에게 그 소원을 들어줄 수 없거나 들어주고 싶지 않다면, 먼저 그들에게

사탕발림에 넘어가지 않고, 우리에게 강하게 경고하여 붙잡아주고 의연하게 해주는데, 그것도 생애의 가장 좋은 때뿐만 아니라 가장 나쁜 때에도 그러하며, 또 우리가 애초에 원하지 않았던 것도 거의 강제적으로 하게 할 수 있다. 자신과 자신의 나쁜 의지 사이에, 이 영에서 나오는 어떤 말이든 행동이든 즉시 끼어들게 하는 것이 상책이다. 그렇게 하면 이 영이 그 자리에서 나쁜 의지의 승리를 불가능하게 만들어버린다. 다른 방법은 모두 비참한 무능함을 드러낼 뿐으로, 특히 애정의 경우가 그러하다. 사랑의 비극은 테니슨의 《국왕목가》(특히 '에레인' 편과 '기네비아' 편)에 가장 훌륭하게, 오히려 《파우스트》보다 더 감동적으로 그려져 있다.

*12 이러한 예는 유다와 율리아누스(로마 황제, 그리스도교 박해자)에서 니체에 이르기까지 과거와 현재를 막론하고 많다. 또 누구나 주위에서 많든 적든 그러한 실례를 알고 있다. 이것을 이해할 정도로 현명한 사람이라면 누구든지, 확실하게 입 밖에 내든 안 내든, "갈라디아인이여(그리스도), 네가 이겼다"(율리아누스의 임종의 말로 전해지고 있다)라는 말이면 끝날 것이다. 어떤 사람도 그리스도교의 영에 대해 의식적인 싸움을 붙여 이길 수는 없다. 일반적으로 대부분의 사람들, 특히 학자들은 그리스도교에 대해 잘못된 관념을 만들어낸 뒤 그것을 이길 수 있다고 생각하고, 평생 오직 그 거짓 그리스도교를 상대로 싸우고 있다.

명하여 더 이상 원하지 않게 하신다. 이른바 '중재(仲裁)의 기도'의 가치와 의미도 거기에 있다. 신자들 중에는 간혹 다른 도움보다 이 기도를 훨씬 더 흔쾌하게 맡는 자가 있다. 물론 자신의 기도가 하느님에게 닿지 않는 사람들에게는 이 중재 기도를 해 줘도 아무 소용이 없다. 이 경우, "하늘은 스스로 돕는 자를 돕는다"는 속담이 진리이다.

당신은 스스로 하느님과의 솔직한 교류와 접근을 원해야 한다. 그러면 하느님이 종들에게, 또 당신에게 일러야 할 것과 해야 할 것을 명할 것이다. 당신이 그들에게 특별히 그렇게 해달라고 부탁할 필요가 없다.

진정한 기도는 '이루어질 수 있는 것'을 그 속에 내포하고 있지만, 먼저 인간의 마음이 하느님에게 완전히 자신을 맡기고자 하는 의지 행위이다. 거기서 상황에 따라 하느님의 의지와 정화된 인간의 의지에 정확하게 합치하는 기도가 저절로 나온다. 그러한 기도는 이 땅의 가장 위대한 두 가지 힘을 처음부터 내편으로 끌어들이며, 그렇기 때문에 스스로 실현의 보장을 가지는 것이다.

그리스도가 이루어지는 기도에 대해 얘기한 것도 위와 같은 것을 의미하고 있다. 그리스도의 기도로서, 그 말 그대로 전해지고 있는 기도도 그런 성질의 것이다. 마찬가지로 바울이 데살로니가 사람에게 '끊임없이 기도하라'고 한 말의 의미도 그러하다. 그렇지 않으면, 이 말은 쉽게 마음이 들어 있지 않은 기도로 이끌 것이고, 또 이미 때때로 그래 왔다.

하느님의 의지와 인간의 의지가 그 사람의 내부에서 완전히 하나가 되었을 때, 이 지상생활의 목적은 달성된 것이다. 그리고 그리스도를 닮는 것, 또 거기서 저절로 나오는 그리스도를 '따르는 것'(이것이 인간의 최고 이상이다)이 실현된다. 그렇게 되면 이러한 사람의 기도가 모두 이루어질 확률은, 오늘날에도 그리스도가 나자로의 무덤 옆에서 경험한 것에 가까워질 것이다. 또 그렇게 되면 하느님의 교훈은 어렵지 않다고 말한 요한의 말(이것은 신앙의 초보자에게는 지극히 의심스럽게 생각되는 모양이지만)도 마찬가지로 옳은 것이 된다. 그 경우, 하느님의 교훈이 그대로 인간의 의지가 되기 때문에 이를 따르는 것은 결코 어렵지 않다. 그러나 거기에 도달할 때까지의 전제는 쉽지 않아서, 여전히 엇갈리는 하느님의 의지와 오랫동안 싸우게 된다. 이 싸움은 적어도 그 사람이 인생에서 진정한 목적과 내용을 가지고 싶다면, 반드시 하느님의 의지의 완전한 승리로 끝나지 않으면 안 된다.

　끝으로 한 가지 더, 친애하는 독자여, 우리가 (이번에는 영원히) 작별하기 전에 말씀드리고 싶은 것이 있다. 앞으로 나아가는 데에는 불쾌한 것이 따르게 마련이다. 만약 당신이 많은 사람들보다 더 높은 곳을 지향한다면 고통을 각오해야 한다. 이것은 "나를 따르려는 사람은 누구든지 자기를 버리고 제 십자가를 지고 따라야 한다"는 그리스도의 비장한 말을, 무뚝뚝하고 약간 차가운 표현으로 바꾼 것이다. 우리는 이 말을 어릴 때부터 질릴 정도로 수없이 듣고, 또 그 뒤에도 자주 읽어왔지만, 성서의 말 가운데 단순한 신학이 되어버린 다른 말과 마찬가지로, 이 성구도 일상의 말로 되돌리지 않는 한, 더 이상 올바른 감명을 주지 않게 되었다. 따라서 '십자가'니 '배움'이니 하는 교의적 용어는 모조리 집어치우고, 간단하게 다음과 같이 말하면 아마 훨씬 이해하기 쉬울 것이다. 만약 당신이 지금까지보다, 또 대다수의 일반인들보다 높은 곳을 향해 전진하고자 한다면, 다른 일과 함께 그것보다 훨씬 더 불쾌한 일도 경험하지 않으면 안 된다. 불쾌한 일이 실제로 찾아왔을 때, 그것을 피할 것이 아니라 이치에 따라 그것을 활용하고 극복하지 않으면 안 된다. 하느님은 그 일을 당신에게 보내지 않을 수 없었던 것이다. 그렇게 하지 않으면 하느님은 당신을 정신적으로 더 높은 사람으로 키울 수 없기 때문이다.
　따라서 고통을 만나면 먼저 감사하라. 그런 다음, 그 고통이 무엇에 쓰이는지 물어보라. 고통을 그서 피하려 하지 않고 그 의미를 진심으로 이해하기를 원한다면, 언젠가 반드시 그것을 발견하게 될 것이다. 그리고 변명이나 불평을 늘어놓지 말고 그 길을 나아가라. 그러면 틀림없이 다른 연구와 수양보다 당신을 훨씬 더 앞으로, 훨씬 더 빨리 인도해줄 것이다.
　이것이 바로 높은 곳을 향하는 최고의 지름길이다. 이 경우, 하느님의 인도를 신뢰하는 것 외에는 아무것도 필요하지 않다. 그리고 좁은 '덕행(德行)의 오솔길'과 그것에 인접한 세속의 미궁 사이에 경계를 정하기 위한 수많은 규칙을 복잡하게 검토하는 것은 아무런 소용이 없다. 하느님을 굳게 믿는 것, 그리고 그 신앙이 단순한 장식물이 될 염려가 없도록 나날이 신앙을 사용하지 않을 수 없도록 하는 것, 이것이 높은 곳에 가장 빨리 도달할 수 있는 길이다.
　철학적으로 표현한다면, 의지가 그 목적에 완전히 도달하여 거기서 충분한 만족을 느끼는 것이 곧 행복이다. 그러나 이 의지는 막스 슈티르나와 입센, 니체 같은 이들이 말하는 이기적인 의지는 아니다. 이러한 의지는 이길 수 없는 세계질서에 의해 오히려 방해받기 때문이다. 반대로 여기서 말하는 의지는 사랑에 찬 세계질서(이것은 스피노자와 괴테의 범신론적 사상에서는 발견할 수 없다. 그들의 사상은 가혹하게도 인간에게 자신과는 이질적인 맹목적 우주법칙에 굴복하기를 요구한다)와 완전히 내적으로 일치하며, 인격적인 하느님과 친밀한 우애 관계에 서는 것이다. 복잡하기 이를 데 없는 학문의 길(이것이 바로 수천 년 동안 학문적 의미에서의 종교학의 본질을 이루고 있다)을 통해 모든 지상의 것에 대한 승리를 추구해온 가장 교양 있는 사람들에게도, 어린 시절부터 외운 단순한 언어(성구)가 갑자기 도움이 되는 일이 자주 있다. 지금까지의 모든 사색과 지식보다 이러한 단순한 언어가, 그들에게 모든 악과 보잘것없이 작음을 끊임없이 극복할 수 있는 힘을 준다. 그리고 더 높은 곳으로 가기를 원하는 모든 인생에는 본래 이것만이 중요하다.

> "오로지 하느님의 뜻에 따라
> 어떠한 때라도 하느님에게 희망을 거는 자,
> 모든 고뇌와 슬픔에 부딪쳐도
> 하느님은 그 사람을 신비하게도 지켜주시네.
> 참으로 지고한 하느님을 의지하는 사람은
> 모래 위에 그 집을 짓지 않네."
>
> (동포교단 찬송가 제172번)

그러므로 인생의 모든 뛰어난 지혜가 도달할 수 있는 마지막 단계는 '하느님과 함께 있는가, 아니면 하느님으로부터 떨어져 있는가'가 인생에서 유일하고 중요한 문제임을 통찰하는 경지이다. 이에 따라 선과 악, 좋은 보상과 벌, 시간과 영원(永遠) 등 일반적으로 거의 해결할 수 없는 모든 문제가 올바르게 해명된다. 이론적 인식으로는 누구도 그 이상 도달할 수 없다. 그러나 실제로는 우리가 이 땅에 있는 한 하느님 곁에 있는 것은 언제나 한결같이 계속되는 상태가 아니며, 햇빛처럼 구름이나 적어도 안개 같은 것에 방해를 받을 때마다 그것에 따라 밝아지거나 어두워질 수도 있다. 단, 어디까지나 확고한 진리는 바로 이 영(靈)의 태양이 실재하고 있고, 만약 태양과 우리 사이에 방해물이 없으면 그것은 언제나 빛나고 있다는 것, 또 그 방해물이란 하느님의 의지를 거스르는 우리의 의지 외에 아무것도 아니라는 사실이다.

이것은 종래의 신학에 의해 '죄'라는 이름으로 불려왔다.*13 이 근본적인 진리는 얼마나 단순하단 말인가! 그런데도 이 진리에 도달하는 것은 또 얼마나 더딘 것인가! 더욱이 그것은 학식이 부족해서가 아니라 오히려 아는 것이 너무 많기 때문이다. 그리하여 과학만능의 유물주의(唯物主義) 시대가 찾아와, 먼저 생명을 잃은 교의(敎義)에서 어느 정도 해방시키고, 대부분의 영혼 속에 하느님과의 진정한 합일을 추구하는 염원을 새롭게 자각시키지 않으면 안 되었다. 대

---

*13 죄에 대해, 또 죄를 없애거나 가능하면 잊기 위한 방법에 대해 헤아릴 수 없이 많은 문헌이 등장했다. 죄의 문제에는 수천 년 동안 가장 가혹했던 인간의 예속상태에 대한 문제가 결부되기 때문에, 이 말 자체까지 무수한 사람들에게 꺼림칙한 것, 증오해야 하는 것이 되고 말았다.

그러나 이 문제는 사실은 참으로 간단하다. 인간이 하느님보다 다른 무언가를 더 바람직하다고 생각할 때 죄는 성립된다. 하느님의 세계질서를 어기는 행위를 실제로 의식적으로 감행하면서 생활하는 것만이 죄가 아니다. 다만, 죄가 실행에 옮겨져서 사실이 되어버린 경우에는, 거기서 돌아서는 것이 단순히 머릿속의 죄에서 돌아서는 것보다 훨씬 더 어려운 일인 것만은 확실하다. 그러나 죄에서 돌아서는 것은 언제 어떤 상황에서도 쉽게 실천할 수 있다. 그리고 하느님에게 돌아가는 사람은 누구나 반드시 받아들여진다. 아니, 믿고 이렇게 덧붙일 수도 있다. 인간의 정신은 오직 유혹의 시련을 통해서만 점차 자연적인 부분에 대한 지배력을 획득하는 것이라고. 이것을 달성하는 데는 도덕적 세계질서가 엄존하며, 그것에 반하는 모든 행위는 반드시 외적인 불행이나 내적인 불만으로 끝난다는 것을 스스로 경험을 거듭하여 깨닫는 것 외에는 길이 없다. 그러나 어려운 것은 인간의 내부에는 선과 악이 강하게 얽혀 있다는 것, 특히 완전히 똑같은 힘과 충동이 최고의 정점으로도, 최저의 바닥으로도 인도할 수 있다는 점이다. 인간에 대한 애정, 명예욕과 충성심, 자부심, 지식욕, 진실에 대한 욕구, 미적 감정, 또는 신앙도 그러하다. 그래서 하느님이 끊임없이 보호하며 곁에서 인도해주지 않으면, 올바른 길을 찾지 못하는 경우가 많다. 거기서 인생의 비극적인 상황과 갈등이 시작된다. 이것이 바로 《파우스트》 속에서 그레트헨이 감옥에서 비탄했던 일이며, 또 테니슨이 랜슬로트와 기네비아의 '불의(不義) 속의 진심'의 관계에서 지극히 감동적이고 박진감 있게 묘사했던 것이다. 마찬가지로 니벨룽겐의 노래의 여러 대목에도 그것이 표현되어 있다. 이리하여 한 시대의 도덕관념 전체가 큰 혼란에 빠져, 불의가 정의로 보이고 죄가 아름답고 예술적이고 위대하게 느껴지는 경우도 일어난다. 그러한 상황에서 개개의 인간을, 특히 교양 있는 사람들을 지키기 위해서는 '하느님의 개인적인 은총'이라는 것에 의지하는 수밖에 없다. 어떤 국가와 교회제도도, 또 어떤 인간적인 덕성도 이것을 완전히 이룩할 수는 없다. 그럴 수 있다고 주장하는 자가 있다면, 그것은 아직 그러한 갈등을 겪어본 적이 없기 때문이며, 이 문제에 대해 함께 논할 상대가 못되는 것이다.

부분의 사람들에게 하느님은 이제 틀에 박힌 공허한 이름이거나, 아니면 사랑은커녕 오히려 두려워해야 하는 존재, 결국 미워해야 하는 존재가 되어버렸기 때문이다.*14

위와 같은 통찰을 얻은 뒤에 인간이(그리고 예외 없이 한 사람 한 사람이) 할 수 있는 가장 소중한 체험은, 다시 찾아낸 이 하느님이 자신을 기쁘게 여기신다는 분명한 느낌이다. 인간이 하느님을 기뻐하는 것이 아니라 하느님이 인간 자신의 있는 모습 그대로를 기뻐하고 또 기뻐해줄 수 있는 것, 이것이 바로 훌륭하게 성취된 인생의 올바른 완결이다. 더욱이 이것은 오직 그리스도교에서만 완전하게 도달할 수 있는 경지이다. 이에 반해, 다른 모든 유신론적 인생관은 어떤 특정한 문화 단계와 불가분의 관계에 있거나, 노쇠 또는 질병에 의해 자연의 정신적 능력이 쇠퇴하면 소멸해버릴 위험이 항상 있다. 이것이 그리스도교의 장점으로, 단순한 철학 가운데 이에 필적할 수 있는 것은 아마 없을 것이다.

오직 도덕적 생활로 자신을 만족시키거나 타인의 갈채를 얻거나, 아니면 하느님을 기쁘게 해드리는 이 세 가지 길은, 실제 생활에서 큰 차이가 있다. 어느 정도라도 현명한 사람이라면, 괴로운 경험을 통해 비로소 다음과 같은 것을 배울 것이다. 즉, 위에서 든 세 번째 길만이 자신 속에 변하지 않는 기준을 두어 사람의 마음을 진정으로 만족시키며, 끊임없이 환멸에 빠지는 것을 피하는 데 필요한 힘을 준다는 사실이다. 그런데 이와는 정반대되는 것도 주장할 수 있고, 또 실제로 그런 일이 일어날 수 있다는 것 역시 우리는 잘 알고 있다. 이 사실을 전면적으로 부정하기 위해서는 역사에 대해 거의 무지하지 않으면 안 된다. 그러나 그러한 일이 일어나는 것도, 그 근저에 가로놓여 있는 하느님에 대한 견해가 올바르지 않았기 때문이다. 요컨대 종교에서는 모든 것이 바로 하느님에 대한 견해에 달려 있다.

---

*14 현대의 유명한 은자인 가브리엘 드 보몬의 비망록이 최근에 출판되었는데, 그 속에 다음과 같은 말이 있다. "많은 사람들은 하느님에게도 자신이 상처를 준 사람을 대할 때와 똑같은 태도를 취한다. 즉 상대와 부딪치면 피하려고 고개를 돌리는 것이다." ……"세상에는 일단 해버리면 그만인 일이 많이 있다. 그러나 기도는 그렇게 생각해서는 안 된다."
하느님과 진정으로 친밀한 관계 속에 있지 않으면, 기도하는 것은 전혀 무의미하다.

따라서 친애하는 독자들이여, 만약 언젠가 하느님이 당신에게 무엇을 줄까 하고 물으신다면(이것은 오늘날에도 여러 가지 방법으로 일어날 수 있는 일이다), 당신이 대부분의 사람들보다 '더 높은 곳을 향해' 나아가기를 원하는 한, 오로지 하느님이 당신을 가상히 여기시는 것과 그것을 방해하는 모든 것으로부터의 '하느님의 아들로서의 존엄한 자유' 외에는 아무것도 원해서는 안 된다.

그러나 이 경우, 그것에 필요한 것도 당연한 일로서 기쁜 마음으로 받아들이는 것이 좋다. 그리고 이 말을 거의 '행복'에 대한 우리의 결론으로 들어주기 바란다. 이것을 능가하는 행복은 이 세상에도, 또 상상할 수 있는 한의 어떤 미래 세계에도 존재하지 않는다. 그래서 진실하고 신뢰할 수 있는 행복에 대한 길 안내는 이 말이면 충분하다.

"이 말을 받을 만한 자는 받을지어다."*15

2

노년이 되기 전에 '더 높은 곳을 향하는' 경지에 도달하는 것은 아무래도 대부분의 사람들에게는 가능할 것 같지 않다. 그것은 원래 백발을 이고 있는 사람들의 특권이다.*16 젊은 시절에는 단테의 이른바 '날렵한 표범'*17(정욕의 상징)을 상대하느라 바쁘고, 장년 시절에는 최고의 것을 향해 노력하지만 명예심과 활동욕이라는 사자가 이따금 '머리를 쳐들고' 방해한다.

그러나 틀림없는 노년이라는 실제적인 느낌이 찾아온다면 지금까지의 수많은 일들과 결별하고, 그 대신 이 인생의 마지막 시기에 어울리는 단 한 가지 새롭고 위대한 목표를 향해 간절한 눈길을 보내야 할 것이다. 그렇지 않으면 화를 잘 내거나 염세주의(이것은 인간과 사물에 대한 올바른 판단력의 쇠퇴를 동반

---

*15 마태복음 19장 12절.

*16 따라서 이 마지막 장은 모든 것을 이미 내적으로 경험한 뒤인 노년층을 위해 쓴 것이다. 물론 예외도 있을 수 있다. '몸은 여자지만 성격은 남자'라는 말을 들었던 시에나의 성녀 카타리나는 29세에 사망했고, 그리스도는 33세에 세상을 떠났다. 이렇게 특별한 은총을 받은 사람들은 보통 사람과는 다른 인생의 시계를 가지고 있어, 그들의 성숙은 다른 사람들보다 훨씬 빠르고, 또 그 내적 진보의 자연적인 단계도 보통보다 빠르게 나아간다. 같은 이유에서 고령이 반드시 특별한 은총의 표시는 아니다. 그뿐 아니라 오히려 하느님의 인내의 표시, 즉 결실을 느긋하게 기다리면서 그것을 위해 시간을 주는 것이다. 모든 백발이 '명예와 함께' 얻어져서 머리 위에 얹혀 있는 것은 아니다. 하물며 대머리는 더더욱 그렇지 않다.

*17 《신곡》지옥편 제1곡 32행. 특히 진지한 청년은 반대로 인간 경멸로 기운다.

한다)에 빠지고, 아니면 마지막 남은 생명력을 더욱더 삶의 향락에 쏟아 부으려 하는 혐오스러운 시도의 포로가 되어 구제받을 수 없는 지경에 빠진다.

물론 노년이 되어서도 여전히 제대로 전진할 수 없는 시기가 찾아오는 경우도 때로는 있다. 단지 더 높이 올라가지 못하는 정도가 아니라 전혀 진보하지 않는다. 그런 때에는 사상도 완전히 사라진 것이나 다름없고, 가장 뛰어난 책에도, 마찬가지로 남의 말과 설교와 기도 같은 것에도 완전히 흥미를 잃게 된다. 이러한 마음이 어디서 오는 것인지는 확실하게 알 수 없다. 그것은 흔히 우연한 육체적 원인 때문일 수도 있기 때문에 휴식을 취하거나 신선한 공기를 접하고 적당한 치료를 받음으로써 원인을 제거하면, 그런 기분이 사라지는 경우도 있다. 그러나 언제나 그렇게 되는 것은 아니다. 그런 경우에는 억지로 책을 읽고, 기도를 하고, 사람들과 종교적인 교류를 나눈다 해도 그다지 효과가 없을 것이다. "마음을 하느님에게 향하여 열심히 기도하라"는 교회의 기도문도 오히려 그 책을 편찬한 사람의 지극히 빈약한 인간에 대한 지식을 증명할 뿐이다. 의기소침 속에서 유혹에 시달리는 사람들은 바로 그 일을 할 수 없는 것이다.

그런 때의 단 하나의 방법은 선한 행위를 하는 것인데, 그것이 단순한 결의나 단념, 또는 남을 용서하는 일이라도 상관없다. 그렇지만 실제상의 행위가 아니면 안 된다. 그럼으로써 냉담하고 무기력하며 때로는 고통스러운 기분이, 마치 햇살 앞에 안개가 걷히는 것처럼 사라져버린다. 마음은 다시 넓어지고, 더 높은 것, 더 선한 것에 대한 흥미가 되살아나, 조금 전까지는 읽지 못했고 읽고 싶지도 않았던 것이 다시 우리의 마음에 감명을 주게 된다. 무엇보다 가장 좋은 것은 늘 가까이 있는 수단이다. 왜냐하면 선한 행위를 할 기회는 언제 어디에나 충분히 있고, 또 누구든지 극히 가까운 주위에 그 기회를 가지고 있기 때문이다. 그리고 또 이렇게 말할 수도 있다. 달리 도저히 설명할 길 없는 이 불쾌한 기분에도 불구하고 우리가 쉬지 않고 빛나는 전진을 계속하고 있었을 때는, 전혀 생각지도 않았던 것을 통해 우리의 주의를 촉구하는 의미와 사명이 있었다.*18고.

---

*18 변함없이 우리에게 그 힘을 발휘하고 싶어하는 악에 대해서는 당당하게 정식으로 절교를 선언해야 할 것이다. 더욱이 그것은 실제적인 행위를 통해서 해야 하며, 단순한 '계획'만으로는 안 된다. 계획은 쉽게 취소하거나 피할 수 있기 때문이다. 일반적으로 우리는 이러한

그러나 그 뒤에는 오로지 앞쪽만 보도록 유의하고 뒤돌아봐서는 안 된다.*[19] 나이를 먹은 뒤에 과거를 돌아보는 것은 타인에게는 번거롭고 자신에게

'시험'을 통해서 항상 진보한다. 시험에 합격할 때마다 다음의 새로운 내적 단계로 나아가는 것이다. 그렇지 않고, 단순한 공부만으로는 다음 단계로 올라갈 수 없다. 이것을 위해서는 또한 다음과 같은 주의가 필요하므로, 여기서 그것을 다시 한번 일러두고자 한다.

악에 대한 '증오의 힘'이 없으면 가장 좋은 소질을 가진 사람들도 아무것도 할 수 없다. 모든 것이 계획과 고상한 감동, 원망, '숭고한 동경'에 머무를 뿐, 거기서 아무런 행위도 나오지 않는다. 이러한 증오의 힘은 아무도 남에게 줄 수 없다. 사랑은 (위에서) 주어지지만, 증오는 스스로 품지 않으면 안 된다. 증오는 지상의 존재에서 태어나는 지상의 힘이다.

살아 있는 자라면 누구를 막론하고 마음이 약해지는 순간을 겪지 않는 자는 없을 것이다. 진정으로 고상하고 의기왕성하며 인류에게 소중한 인간은 그러한 약해지는 순간을 전혀, 또는 거의 가지지 않은(이것은 보통 우둔한 기질과 관계가 있다) 사람이 아니다. 오히려 그러한 순간을 훌륭하게 극복한 사람들이었다. 그 싸움에서 승리를 거둘 때마다 그들은 점점 성숙해갔고, 그래서 그들의 국민 전체와 지상에서의 모든 선한 일도 그 덕을 입게 되었던 것이다.

지상에서의, 그리고 인간 내부에서의 선과 악은 따로따로 나타나는 것이 아니라 반드시 유기적으로, 때로는 믿을 수 없을 만큼 굳게 결합하여 나타난다. 그러나 언젠가는 하느님의 은총에 힘입은 커다란 결의에 의해 그것을 분리하는 데 착수하지 않으면 안 된다. 그러기 위해서는 보통 고통스럽고 강렬한 분리의 불이 필요해진다.

이러한 선악의 순수한 분리와 효과적인 향상의 모든 노력은 하느님에 대한 신앙에서 시작된다. 그러나 이 신앙은 사람이 그것에 따라 살려고 결심하지 않으면 실제로 얻을 수 있는 것이 아니다. 따라서 모든 것은 본래 이 의지 행위에 달려 있다. 만약 어떤 사람이 처음에는 아주 작은 목소리로 조심스럽게, 그것도 가장 깊은 내적 생활의 극히 은밀한 곳에서, "주여, 이제 제 마음을 가져가십시오" 하고 중얼거리거나 그렇게 생각하는 섯만으로도, 그 뒤의 모든 것이 저절로 찾아온다. 그 사람은 결코 발견할 수도 선택할 수도 없지만, 그 사람에게 가장 어울리는 방법으로 모든 것이 주어지는 것이다.

그때부터 그는 느리기는 하지만 꾸준히 향상의 길을 걸어가며, 결국 자신뿐만 아니라 타인도 도와줄 수 있다. 왜냐하면 이제 그는 로엔그린(독일 서사시의 영웅, 고통스러워하는 자를 돕는 백조의 기사)과 마찬가지로, "나는 암흑과 번민 속에서 온 것이 아니다. 광명과 환희 속에서 찾아왔다"고 말할 수 있다(그것은 상대에게도 느껴진다). 설교하는 사람도 그런 말을 할 수 있게 될 때까지는 힘이 약하여 어떤 설교와 지도도 거의 효과를 거두지 못한다.

이 단계에 도달한 사람들에게는 한 영국 저술가가 다음과 같이 술회한 심정이 찾아온다 (바울도 같은 말을 했지만, 현대인에게는 이 편이 알기 쉽다). "악의 하향(下向)으로 율법을 무시하는 것과 마찬가지로, 선의 상향(上向)으로 율법 초월이 있다. 모든 율법을 초월한 생명과 사랑을 열렬하게 추구함으로써, 우리는 대부분의 율법을 초월할 수 있다." 그러나 이와 같은 경지에 도달했다고 성급하게 판단하지 않도록 주의해야 한다.

*19 생각을 하는 사람들의 경우, 인생이란 힘찬 진보, 즉 자신의 본질적 변화를 필연적으로 수반해야 한다. 그러므로 과거를 회고하는 것은 거의 언제나 퇴보를 의미한다. 단 하나 유익

는 슬픈 일이 될 뿐이다.

마지막 숨을 거둘 때까지 정신적으로 활발하게 활동하면서, 결국 하느님의 완성된 그릇이 되어 '열심히 일하다가' 쓰러지는 것, 이것이야말로 정상적인 노년의 올바른 과정이며, 또한 인생의 가장 바람직한 종결이다.

이러한 노년을 맞이하면, 전에는 참으로 어렵게 보였던 대부분의 일들이 지극히 쉬워진다. 정신은 더욱 자유로워져서 육체에 좌우되지 않고 투명할 정도로 맑아지며(바로 저녁놀 속에서 모든 모습이 선명하게 떠오르는 것처럼) 많은 경험을 축적하여 더욱 원숙해진다. 한편, 육체는 점차 힘과 영향력을 잃어간다. 이것은 인간의 정신적인 부분이 신체의 단순한 기능이 아님을 '인간적인 방법으로' 증명하기 위한 것인 듯하다. 무릇 즐거운 일을 좋아하는 노년보다 더 나은 유물론의 반증은 없다. 물론 그 반대의 경우도 있을 수 있다. 그런 경우에는(대부분 인생의 마지막이 되어서야 비로소) 인생 전체의 설계가 옳았는지 분명해진다.

특별한 외적 원인 때문에 죽는 것이 아니라 노쇠하여 자연사할 경우, 순수하게 육체적인 힘과 기능이 쇠퇴하는 것을 피할 수 있는 사람은 아무도 없다. 그러나 정신력의 쇠퇴는 절대로 피할 수 없는 것은 아니다. 인생의 전성기를 넘기면 체력은 증진할 수 없지만, 정신력은 무제한으로 증진할 수 있기 때문이다. 이것이 노년을 맞이하는 자에게 진정한 위안이 된다.

사도 바울은 어떤 사람들에게 "멸망하는 것이 아니라 멸망하지 않는 것으로 눈을 돌리는 사람들은, 육체는 점차 늙어가도(해체되어도) 정신은 날마다 새로워진다"고 말하고, 또 다른 사람에게는 이렇게 말했다. "자기의 육체에 심는 자는 (마지막에) 육체에서 멸망을 거두고, 성령에 심는 자는 성령에서 영원한 생명을 거둘 것이다." 현대에도 우리 모두가 많든 적든 목격해 온 많은 사람들의 노경(老境)과 병력(病歷)은 바울의 말이 진실이라는 것을 증명해준다. 또

한 회고는 하느님에 대한, 그리고 우리를 위해 선을 행한 모든 사람에 대한 감사이다. 그것 외에는 눈길을 미래로 향하는 것이 노년기에 정신을 발랄하게 유지하고 싶은 한, 전보다 더욱 필요하다. 그러므로 저술가와 예술가들이 지난날의 작품을 이래저래 회상하는 것은 언제나 병적인 징후이거나 이미 노쇠한 징조이다. 나무는 튼튼한 동안에는 그 해의 결실을 끝내면, 즉시 새싹을 피울 준비를 시작한다.

아름다운 맺음말(에필로그)에 속아, 사실 그들도 가능하면 삶을 바꾸고 싶었지만 그렇게 하지 못했던 것을 간과해서는 안 된다.

이리하여 마지막으로 죽음이 찾아오는 거라면, 어째서 죽음은 누구에게나 '공포의 왕'이 아니면 안 된단 말인가? 아니면, 그 죽음의 춤에 나타나는 꺼림칙한 해골이란 말인가? 오히려 죽음은 대부분의 사람들에게 고대의 아름다운 표현처럼, 오직 경건하고 조용한 젊은이의 모습으로 나타나, 부드러운 손으로 영혼과 육체의 이음매를 풀고, 해방된 영혼을 수면을 통해 피안의 존재로 인도하는 것이리라. 만약 '더 높은 곳을 향하는' 길을 아는 자라면, 이 새로운 존재는 오래 전부터 '미지의 나라'*20가 아니라, 이미 생각 속에서 수없이 머문 장소이다. 그뿐 아니라 상당히 신뢰할 수 있는 증언에 의하면, 선한 사람들의 경우에 때로는 이 세상에서, 즉 죽기 전에 거의 눈앞에서 보는 것처럼 내세의 상태를 확실하게 통찰할 수도 있다고 한다.

죽은 뒤에 사람들이 어떻게 되는지 우리는 알 수 없다. 성서에서도 이것에 대해서는 많은 말을 하지 않았고, 게다가 모순이 없는 것도 아니다. 어쨌든 좋

---

*20 잘리스(1762~1834년, 스위스의 시인)의 아름다운 노래 '분묘'에 나오는 말이다. 이 노래는 노년의 올바른 정신을 표현한 것은 아니다. 이보다 훨씬 아름다운 말은 이사야 55장 12, 13절과 동포교단 찬송가 1152번이다. 이것은 융 슈틸링의 첫 번째 부인이었던 크리스티네가 임종 때 남긴 노래이다. 또 널리 알려진 마이파르트(1642년 사망) 작 동포교단 찬송가 1198번과 17세기에 만들어진 자케르(1635~95년, 독일 시인)의 다음의 시도 아름답다.

"방황으로 가득한 이 세상을 아직도 걷고 있는 자는
영원한 기쁨을 흥얼거릴 수도 없네.
평화로운 죽음은 이 세상의 삶보다 훨씬 나으리니.
나를 에워싸고 있던 나약함도 마침내 물러갔도다.

그러기에 눈앞이 흐려져도 나는 두렵지 않네,
내 곁에 서 계신 분을 아직도 볼 수 있으니.
머지않아 당신은 내 무덤을 덮는 돌을 제거해 주시리니,
그날에야말로 나를 소생시키신 분을 우러러볼 수 있으리라."

그러나 우리는 모든 죽은 자가 나중에 한결같이 부활할 거라고 믿지는 않는다. 그것으로는 충분한 위안이 되지 않는다. 오히려 그리스도의 부활과 십자가 위의 죄인에게 분명하게 한 말(누가복음 23장 43절)에서 생각하건대, 죽음 직후나 적어도 극히 가까운 시간 안에 개인으로서 부활하는 것으로 보인다.

은 일은 하나도 없는 게 분명하다. 왜냐하면 그들이 지상에서 최후까지 계속해 온, 그리고 그들에게 가능했던 유일한 삶의 방식을 내세에서도 계속할 수 없는 것이 당연하기 때문이다. 그리고 실제로 그런 것을 믿고 있는 사람은 아무도 없다. 대부분의 사람들은 그런 생각과 화제를 애써 피하는 것으로 만족한다. 그러나 그러한 태도를 취해도(언젠가는 나타나는 죽음이라는 피할 수 없는 사실에 직면해서는) 속담에서 말하는 '타조의 지혜'(위험을 보지 않으려고 모래 속에 머리를 숨기는 것)와 마찬가지로 아무런 효과가 없다. 이들에게 죽음이란, 말하자면 함정에 빠져 절망적으로 몸부림치고 있는 사냥감을 향해 비정한 눈길로 다가가는 사냥꾼*21이나, 홀바인의 명화(名畵) '죽음의 춤'에 그려져 있는, 사람들을 재촉하여 전혀 내키지 않는 춤을 억지로 추게 하는 추악한 광대 같은 것이다.

　더 높은 교양을 갖추고도 신앙과 희망을 가지지 않은 자의 경우에는 죽음이 지극히 슬픈 것이다. 죽음은 구원받을 길도 없이 서서히 나락으로 떨어지는 일이다. 능력은 하나하나 사라지고 결국 흔적도 없이 심연에 빨려들고 만다. 그런 다음 약간의 꽃으로 장식되지만 그것으로도 재능 풍부한 일생이 이러한 최후를 마친 것에 대한 전율을 숨길 수는 없다. 이에 반해 재능이 훨씬 부족한 사람들이 깊은 감사 속에서 시편 31장 6절의 말로 삶을 마칠 수도 있다. 동포교단 찬송가 1159번 4절 및 제 138번 5절을 참조할 것. 스웨덴의 여류가수 예니 린트는 이러한 올바른 삶을 보낸 사람에 대해 깊은 진실이 담긴 말을 했다. "그 사람의 얼굴에는 마치 전혀 딴사람 같은 표정이 나타납니다. 그리스도의 그림자가 그 사람에게 비쳐든 것입니다."

　또 '불멸'이라는 것도, 이를테면 그것이 어떤 사람의 '위대한 명성',*22 또는

---

*21 테니슨의 《국왕목가》 '이너드' 편.
　　"그때 이너드는 극도의 곤혹에 빠져
　　갑자기 날카롭고 격렬한 소리를 질렀다.
　　그것은 함정에 빠진 야수가
　　숲을 헤치고 다가오는 사냥꾼을 보았을 때와 흡사했다."
*22 이것은 실러가 네오프톨레모스의 입을 통해 한 말이다(시 '승리의 잔치'). 아킬레우스는 《오디세이아》에서 자신은 저승에서 영웅이나 왕으로 찬양받기보다는, 빛이 비치는 나라에서 거지로 사는 편이 낫다고 단언하며, 이 네오프톨레모스의 말과 그와 같은 종류의 현대의

그 사람의 무언가의 업적이 계속 살아 있을 뿐, 그 명성의 소유자는 그것을 조금도 모르고 있다면 당사자에게는 아무런 가치도 없다. 설령 가치가 있다 해도 그것은 기껏 그 사람이 살아 있는 동안 앞일을 예상하며, 즉 공상에서 그러한 미래의 명예를 맛보는 정도이지 그다지 큰 만족을 주는 것은 아니다. 이 것은 고대의, 또 우리 시대의 실례가 충분하고도 남을 정도로 보여주고 있는 바와 같다.[*23]

더욱이 그것은 정치와 예술, 실업, 과학의 영역에서 평생을 명성이라는 환상에 바친 수많은 유명인들의 서글픈 위안이다. 그들은 그런 것을 극복하고 미래의 존재를 응시하려 하지 않는다. 거기서는 그들의 것은 아무런 가치도 인정할 수 없고 오직 다른 자격만이 문제가 되고 있다.

죽은 뒤에는 생명이 존속하거나 멸망하거나 둘 중의 하나로 제3의 경우는 존재하지 않는다. 그러나 생명의 존속은 지상의 존재를 토대로 해야만 가능하다. 현세의 존재가 이미 내세의 영적 내용과 그 이상적인 모습을 싹의 형태로 잉태하고 있기 때문이다. 멸망하는 경우에는 단숨에 멸망하든 서서히 멸망하든, 아무런 '희망도 없이' 사는 사람이 노경에 다가가는 것보다 훨씬 더 암담한 상태[*24]에 빠져드는 것이다.

따라서 뛰어난 지혜가 노년의 가장 존엄한 특질이며 선물인 것이 사실이라면, 그 뛰어난 지혜는 생명력의 부족에서 어쩔 수 없이 품는 체념에 있는 것이 아니며, 또 돌이킬 수 없는 과거에 대한 쓸데없는 회고에 있는 것도 아니다. 하물며 그저 수고만 많고 목적이 없는 인생에 대한 무력한 반항과 불평에 있는

수많은 명성 애호가들의 생각에 반대했다. 구약은 아직 개인으로서의 영생에 대한 사상을 모른다는 주장을 이따금 듣지만, 그건 타당한 설이 아니다. 특히 전도서 12장 7절, 욥기 19장 25~27절을 참조하기 바란다. 이미 그리스도부터 그런 설에 반대하고 있다. 마가복음 12장 26, 27절 참조.

[*23] 이를테면 빌로트(1829~94년, 독일 의학자)의 서간집 마지막 부분과 페텐코퍼(1818~1901년, 독일 위생학자)의 자살 사건을 참조하기 바란다.

[*24] 이것은 서사시 '헬리안트'에 나오는 '통한의 영들의 고향'이다. 이 세상에 부활하여 위를 향해 노력하는 것이 가능한지 어떤지를 우리는 모른다. 그러나 그 노력 자체가 이미 돌아감을 의미하고 있어, 확실한 희망에 대한 근거가 될 것이다. 왜냐하면 아직은 희미하지만 하느님을 동경하고 원하는 마음을 하느님은 결코 외면하지 않으시기 때문이다. 이와 같은 전제에 서면, 이른바 '영겁의 벌'이라는 말은 하느님에 대한 모독이다. 이것은 오늘날에도 많은 사람들에게 위안이 될 수 있다. 물론 편한 잠을 위한 베개는 아니지만.

것은 더더욱 아니다. 이것은 무자비한 신들이 죽어야 하는 자인 인간에게 그러한 무의미한 존재를 짐 지워 놓고, 한편으로 신들은 마찬가지로 무의미한 영원의 영광에 에워싸여 '황금 탁자'에서 잔치를 벌이며 지상의 벌레들을 냉담하게 내려다보고 있다는 생각이다. 그러나 이와 같은 견해는 모두 불합리한 것이다. 그리스도교가 행한 가장 큰 해방은 죄와 근심을 없앤 것 외에 이러한 고대의 신들을 영원히 그 왕좌에서 추방하고, 그 대신 사랑을 주는 것, 즉 완전히 정의롭고 완전히 자비로운 세계의 주인을 오직 한 분뿐인 진실한 신으로 선포해 알린 것이다.

만약 인생이 반드시 어떤 의미를 가져야 한다면, 우리 지상생활의 마지막 시기는 내리막길이 아니라, 훨씬 높은 존재의 가능성을 지향하는 오르막길이 아니면 안 된다. 이것이야말로 인생에 대한 실수도 속임수도 없는 심판이다. 그리고 이 심판은 노년에 달한 모든 자가 스스로 내리지 않으면 안 되는 것이며 그것에 대한 재심리는 없다.*25

그러나 지금까지 말한 것이 진실이라면 노년기가 시작되는 데는 합리적인 하나의 사상, 인간에게 어울리는 단 하나의 결의, 행복에 도달하는 단 하나의 길이 있을 뿐이다. 그것은 바로 '더 높은 곳을 향하여' 나아가는 것이다.

* * *

더 높이, 더 높이, 오로지 오를지어다.

---

*25 이 한 가지 사실, 즉 최후의 심판이 인생의 내적 가치를 가장 올바르게 통찰하게 한다. 이에 반해 추도문의 고인 약력이나 전기 같은 것은 때때로 그런 통찰을 오히려 방해한다. 그런 이유로 전기 등의 마지막 장은 대개 몹시 격조가 낮아지거나(당연한 이유에서) 간략하게 정리된다. 끝까지 외관을 꾸미고, 그것을 사후까지 고수하려는 것이다. 아마 《파우스트》의 가장 심각한 사상도(작자의 뜻에 반해) 그 점에 있을 것이다. 파우스트는 결코 살아 있는 동안에는 신성한 세계에 전면적으로 가까이 갈 수 없었다. "나는 '은혜로운 방문'의 소리가 들려오는 그 세계를 향해 굳이 노력할 생각은 없다"(767~8행). 삶의 향락도 단순한 사업의 성공도, 그의 모든 동경을 만족시키지는 못한다. "나는 오로지 열망하고, 오로지 이룩하고, 또 희망을 품으며 강인하게 인생을 달려왔을 뿐이다"(1437~9행). 이리하여 그는 마지막으로 '근심'의 영에 의해 장님이 되어, 진정한 만족을 알지 못한 채 의지할 데 없이 죽고 만다. "세상 사람들은 평생을 장님으로 살아간다. 자, 파우스트여, 너도 마지막으로 장님이 되어라"(11497~8행). 앞에서도 말했듯이, 파우스트의 사후에 이루어지는 구원은 이 위대한 극시 전체의 단순히 기계적인 결말일 뿐, 심리적으로도 도덕적으로도 결코 올바른 결말은 아니다.

언젠가 땅은 그림자를 모두 거두고
올라간 하늘의 사다리 끝에서
영혼의 동경이 남김 없이 채워질 때까지
이미 시야는 널찍하게 트이고
사람들이 가벼운 발걸음으로 그대를 이끈다.
이제 마지막 한 걸음을 남겨두었을 뿐
그렇다면 그대, 이승의 모든 근심을 웃어주어라.
고통은 모두 안개 저편에 있고
그 옛날의 태양도 지금은 지상의 작디작은 별이 된다.
성령은 가로막는 것 없이 모든 시간을 꿰뚫어보고
어둠은 남김없이 밝게 비춰지리니.
정화의 시간에 우러러보는 빛은 일상의 것이 되어
옛날에 예감한 것, 이제 실감이 된다.
이 땅의 재물 가운데 순금만 남아
앙금은 작열하는 불길에 태워지지 않으니.
유혹은 이제부터 그대에게 다가가는 것을 허락하지 않고
사랑의 힘 앞에 모든 것은 물러나지 않을 수 없다.
병든 자는 영원히 건강해져서
잃어버린 것을 새롭게 발견한다.
지상의 짐에서 해방되어
승리자로서 이기시는 분을 찬양한다.
은빛 갑옷은 하늘의 날개옷으로 변한다.
고통은 짧고, 기쁨은 영원하리라.

카를 힐티의 생애와 사상

생활의 발견

힐티는 자신의 마음을 상세히 살펴 개인적인 수양에 노력을 기울였던 사람입니다. 또한 사회문제도 언제나 주시하고 있었습니다. 힐티는 그즈음 유럽에서 신장하고 있던 사회주의에 대해서는 '결국 사회주의는 질투이다'라고 말했습니다. 그로부터 50년이 지난 다음 연세대학교 총장 백낙준 선생이 '공산주의라는 것은 결국 조직화된 질투이다'라고 말했습니다.

제2차세계대전 이후 대학의 철학이나 사회과학계열의 교수는 대부분 마르크스주의자(Marxist)가 많았고 '사회주의는 질투이다'라고 한 힐티는 대학과는 맞지 않게 되었다고 할 수 있겠지요. 그러나 힐티가 남긴 영향력이 컸던지라 스위스는 유럽국가 중에서는 드물게 오늘날까지 거의 사회주의의 영향을 받지 않은 나라이며 어느 나라보다도 앞선 풍요로운 국가입니다. 스위스에는 상속세라는 것이 거의 없습니다. 부모가 계속 세금을 내다가 죽었을 때 재산이 남아 있으면 '그런 건 모두 국가가 징수하여라'라고 주장하는 것은 질투심입니다. 사회주의적이라는 것은 아무리 훌륭한 말을 할지라도 결국에는 질투심이라는 것을 힐티는 꿰뚫어보고 있었습니다.

네덜란드 헤이그는 국제법의 중심지로, 힐티는 스위스를 대표해서 이곳에 나가 있었습니다. 그가 가 있었던 때는 러일전쟁이 끝날 즈음인데 그때 '나라와 나라의 전쟁도 질투이다'라고 그는 지적했습니다.

그즈음 유럽에서 가장 위험한 존재는 카이저 빌헬름 2세라는 독일 황제였습니다. 독일 육군은 세계최강이며 비스마르크가 만든 제국은 굳건하였지만 황제는 영국 같은 해군도 갖고 싶은 마음에 영국 해군에게 질투심을 일으켰던 것입니다. 그것이 제1차 세계대전을 일으킨 간접적인 원인이 된 것입니다. 정치학자나 역사학자는 제1차 세계대전에 대해 이런저런 이유를 붙이지만 힐티는 이전부터 계속 '독일 황제의 질투심이 가는 곳에는 대단한 사건이 일어나기 쉽다'는 것을 지적하고 있었습니다. 확실히 그 말을 듣고 보면 매우 알기 쉬운 일입니다. 황제가 질투심을 일으키지 않았더라면 독일은 해군을 만들지 않았을 것입니다. 그러면 영국과 사이가 벌어지지도 않았을 테고 전쟁은 일어나지 않았을 것입니다.

이런 점은 역사학자도 사회학자도 국제관계자 또한 말하지 않습니다. 인간의 마음, 또 자신의 마음을 줄곧 지켜보고 있고 사회적으로 중요한 역할을 했던 힐티만이 잘라 말할 수 있었던 것이라 생각합니다.

마지막까지 말과 행동이 일치한 힐티의 생애

《잠 못 이루는 밤을 위하여》는 성서를 많이 인용하고 있으므로 성경 대신 읽으면 잠이 잘 오리라는 용도로 읽혔으리라 생각합니다. 하지만 이른바 청년교육의 현장에서 힐티는 거의 멀어져 버리고 말았습니다.

나는 세상에는 참고가 될 만한 두 종류의 사람이 있다고 생각합니다. 하나는 매우 훌륭한 말을 했지만 자신의 인생은 그다지 행복하지 않았던 사람입니다. 예를 들어 공자는 《논어》와 같은 최고의 고전을 남겼지만 그 자신은 어디에서도 일자리를 가질 수 없었고 직업을 얻어도 삼일 안에 해고를 당해 마지막까지 방랑을 하며 살았습니다. 소크라테스도 매우 훌륭한 인물이지만 최후에 독배를 마시고 죽었습니다. 그리스도는 신이라고 말하는 사람도 있지만 십자가에 못 박혀 죽었습니다. 이들은 굉장히 훌륭한 말을 남겼습니다. 그 가치는 지금까지도 빛나지만 그 말을 한 그들은 그다지 행복하지 않았다고 생각합니다.

그런데 훌륭한 말을 남기고 본인도 죽을 때까지 훌륭한 생활을 한 사람도 있습니다. 손자가 바로 그런 사람입니다. 손자의 장점은 전쟁에서 지지 않았다는 것입니다. 손자는 전쟁에 대한 고전 중의 고전을 썼습니다. 훌륭한 책을 써도 전쟁에 지면 소용없겠지만 그 자신 또한 승리한 사람입니다.

그리고 힐티도 그렇습니다. 대대로 의사 집안에서 태어난 풍요로운 중산계급 출신입니다. 아버지는 의사로 꽤 크게 성공해서 그즈음 낡아서 아무도 사지 않던 성을 사서 꾸미고 그곳으로 이사했습니다. 그 성의 산기슭에 저택이 있었지만 성도 사들여 그곳으로 옮겨가 살았습니다.

힐티는 청년시절 그 성에서 여름휴가를 보냈고 책을 읽으며 명상에 빠져 지

냈던 것 같습니다. 힐티는
변호사로 성공해 그 뒤 베
른 대학 교수로 일하면서
스위스 군의 최고재판소
소장이 되었고 스위스를
대표해서 국제회의에 나가
는 자격도 갖게 되었습니
다. 외면적으로는 매우 평
온하며 아무 일도 일어나
지 않은 채 아이들에게 둘
러싸여 지냈으며, 만년에
는 하이델베르크 대학과
제네바 대학으로부터 명예
박사를 받고 학자로서 마
지막까지 영예로운 삶을
살았습니다.

카를 힐티(1833~1909)

만년의 힐티는 딸들과
제네바 호수 별장에서 살
았습니다. 어느날 아침, 77세의 힐티는 언제나처럼 일을 마치고 산책을 하고 돌
아와 딸에게 '조금 피곤하니 따뜻한 우유를 가져다 주렴'하고 말했습니다. 딸
이 우유를 데워 가지고 와서 보니 힐티는 잠이 든 것처럼 죽어 있었습니다. 그
리고 책상 위에는 〈평화론〉이라는 그날 아침에 작성한 원고가 남겨져 있었습
니다.

힐티는 손자와 같은 인물로 자신이 했던 훌륭한 말과 함께 그 생애 또한 매
우 성공적이었던 사람입니다.

모범적인 어린시절

이 책에서 처음으로 힐티를 접한 독자도 있을 것이라 생각합니다. 여기에서
힐티의 생애를 좀 더 자세히 소개해 보겠습니다. 카를 힐티(Carl Hilty)는 1833년
2월 28일 스위스의 장크트갈렌(프랑스어로는 생갈이라고 합니다) 주의 작은 도

시 베르덴베르크에서 태어났습니다. 아버지 요한 울리히 힐티는 교양 있는 유명한 의사였는데, 안타깝게도 1858년 힐티가 25세가 되던 해 세상을 떠났습니다. 어머니 엘리자베스 칼리아스는 킬 시의 유서 깊은 집안 출신으로 재능이 풍부하며 신앙심이 깊은 현명한 여성이었습니다. 그녀의 전기를 쓴 전기 작가는 이렇게 말하고 있습니다. '그녀의 얼굴은 투명한 마음의 창문과 같이, 창을 통해 그녀의 고상한 정신이 은은히 비쳐 나왔다. 그리고 그녀의 맑고 푸른 눈동자는 자애와 평화로 반짝이고 있었다.'

이런 간단한 사실만으로도 부모의 인품이나 자질이 힐티에게 큰 영향을 주었을 것이라는 점을 미루어 짐작할 수 있습니다. 힐티의 신비적인 경향, 고상한 근면성, 순수한 사랑, 역경에 처했을 때 굽힐 줄 모르는 정신력, 쾌활함, 질박함, 풍부한 재능 등 그의 뛰어난 자질은 모두 어머니로부터 물려받거나 감화받은 것입니다. 특히 그는 유년시절 어머니로부터 커다란 영향을 받았습니다. 그 또한 태어나서 여섯 살이 되던 해까지가 그의 생애를 결정지었다고 고백하고 있습니다. 하지만 불행히도 그는 14세의 나이에 어머니를 저세상으로 떠나보냈습니다.

그는 또한 외할머니에게 적지 않은 영향을 받았습니다. 외할아버지가 프랑스 군 연대의 군의관이었기 때문에 외할머니는 프랑스혁명시대부터 나폴레옹 몰락시대까지의 전란의 고통을 온몸으로 버텨온 현실적이고도 훌륭한 인격을 가진 여성이었습니다.

힐티는 6세에 킬의 초등학교에 입학했습니다. 이곳에서는 그는 최초로 인생의 소중한 경험을 합니다. 즉, 그는 가난한 집 아이들과 사귀면서, 자기 몫에 만족하며 성실하고 근면한 빈곤한 가정의 생활 방식을 볼 수 있었습니다. 이때 그는 그의 생애를 걸쳐 단 한 번도 흔들림이 없었던 민주주의에 대한 신념, 소외당한 계층에 대한 따뜻한 동정과 이해심을 길렀습니다.

그는 11세에 김나지움에 입학해 주로 고전학을 공부하고, 영문학과 불문학도 틈틈이 배웠습니다. 이 무렵부터 힐티는 열렬한 학구파로 마지막 3, 4학년이 되어서는 밤 12시나 1시가 되기 전에는 결코 침대에 눕지 않았을 만큼 학업에 열중했습니다. 그럼에도 건강을 해치지 않았던 것은 뛰어난 두뇌를 타고난데다가 청년다운 건강함을 지니고 있던 덕분이었습니다. 또한 그는 산천의 공기를 마음껏 마실 수 있었으며 술과 담배를 멀리했습니다. 그러나 무엇보다도

카를 힐티의 생가

고전의 위대함과 강건함에 감화받고, 고상한 독일문학을 연구하면서 정신력을 길렀기 때문이라고 힐티는 말합니다. 또한 이때의 경험으로 힐티는 뒷날 교양에 대해 논했을 때, 청년시절에 너무 일찍부터 신앙 서적의 영향을 받기 보다는 도리어 고전들을 읽고 자유롭게 자기 자신을 키우는 기간이 필요하다고 지적합니다.

김나지움 7학년, 18세에 학교를 졸업하고 독일 괴팅겐 대학에 입학해 법률학을 전공하였는데, 철학이나 역사 강의를 듣기도 하였습니다. 그러나 그 무렵 세력 있던 헤겔철학에는 그다지 공감하지 못하고 오히려 칸트에 깊은 흥미를 느꼈습니다. 그는 뒷날 칸트의 《순수이성비판》을 가리켜 진정 기초적인 지식을 가르쳐 주는 단 한 권의 철학서라고 말합니다.《행복론》 제1부)

이 시기에는 그 또한 보통 쾌활한 학생들과 마찬가지로 자유분방한 생활 속에서 술도 마시고 결투를 하기도 하면서 방학에는 국내 도보여행을 즐기며 견문을 넓히기도 했습니다. 그러나 다음해 하이델베르크 대학으로 옮긴 다음부터는 학생의 향락적인 생활방식을 버리고 법률 연구에 전념하면서 오로지 독서에만 파묻혀 지냈습니다. 그리하여 1854년 4월, 21세의 나이로 학업을 마치고 박사학위를 취득하였고, 나아가 런던, 파리 유학길에 올랐습니다.

존경받는 법률가·학자·정치가로

다음해 그는 킬 시로 돌아와 곧바로 변호사 일을 시작하고 18년간 줄곧 그 직업에 종사하였습니다. 그는 변호사라는 직업의 사회적인 의의를 매우 높게 평가하고 '어느 국가의 일반적인 도덕 상태는 그 나라 대다수의 법률가의 수준을 통해 측정할 수 있다'고 말합니다. 직무에서 그가 주안점을 둔 것은 착하고 정직한 사람의 권리가 교활하고 부정한 사람들 손에 놀아나다가 그들의 희생양이 되지 않도록 있는 힘을 다해 그들을 정당히 보호하는 일이었습니다. 그리고 그러기 위해서는 법의 본질에 대한 보다 높고, 올바른 견해를 가진 법률가, 일반대중보다 높은 도덕적 정신과 교양이 몸에 밴 법률가가 모든 나라에 셀 수 없이 많아야 한다고 생각했습니다. 그가 바쁜 업무 속에서도 시간을 쪼개어 열심히 독서하고 공부에 매달리며 인격을 갈고 닦는 것을 게을리하지 않았던 것도 첫째로는 이러한 이유에서였습니다. 그는 또 불쌍한 사람들이나 공익단체를 위해서는 무보수나 아주 적은 보수로만 일하면서도 비도덕적인 사건은 절대로 받지 않는 것을 신조로 삼았습니다.

이러한 사상을 갖고 뛰어난 재능과 학식으로 성심성의껏 열심히 자신의 직무를 다한 그는 이윽고 킬 시에서 꽤 유명해졌으며 여러 사람에게서 신임과 존경을 받게 되었습니다. 그는 본디 매우 유능했으며 이해력과 기억력이 뛰어났으므로 서기나 사자생(寫字生 : 글씨를 베껴 써 주는 일을 업으로 삼는 사람)을 고용할 필요가 없었습니다. 그들의 굼뜬 일처리와는 속도가 맞지 않았기 때문입니다. 그러나 그를 만족시킨 단 한 사람의 예외가 있었습니다. 그의 친구들은 때때로 그의 서류에 적힌 수려하고 또렷한 필적을 보고 남몰래 그를 부러워했지만, 그 서기를 넘겨받을 수는 없었습니다. 그 사람은 바로 그의 부인이었기 때문입니다.

힐티는 1857년 요한나 게르트나와 결혼했습니다. 그녀는 힐티와 40년간 행복한 결혼생활을 한 다음 남편보다 12년 일찍 먼저 세상을 떠났습니다. 부인이 얼마나 재덕을 겸비한 훌륭한 여성이었는지, 또 힐티가 얼마나 이 부인을 사랑하고 존경하였는지는 다음과 같은 그의 말을 통해 확실히 느낄 수 있습니다. '만약 내세라는 것이 있다면 나는 나의 반쪽이었던 단 한 명의 여성 말고는 과거 지상에서 알던 그 누구와도 무조건적으로, 그리고 절실히 재회하고 싶다는 생각을 하지 않는다. 이것은 그녀가 나의 가장 좋은 본질의 일부를 형성하고 있었다는 증거이며, 그녀가 죽음으로서 이 본질은 더 이상 완전하지 않다.' 또

괴팅겐 대학교 카를 힐티는 이 대학에서 법률학을 전공했다.

여성해방의 가능성을 믿는 용기를 얻고 여성참정권운동에 온힘을 다했던 것도 이 뛰어난 여성의 생활을 너무도 잘 알고 있었던 것이 주원인이었다고 그는 고백합니다.

힐티는 스위스 관습에 따라 일찍이 군대에 몸을 담고 죽기 전까지 이 지위에서 활동했습니다. 1856년 보병장교로 법에 관한 업무를 맡았고, 차츰 승진하여 1892년에는 스위스 육군 재판장이 되었습니다. 그 이후 17년간 모범적인 용의주도함, 성실함으로 육군사법의 지도자로서 바쁘게 일에 몰두하여 모든 재판관들로부터 큰 존경을 받았습니다. 더구나 재직 중에는 마지막 3주를 제외하고는 단 한 시간의 휴가도 받지 않았다고 합니다.

그는 바쁜 생활을 보내는 가운데에서도 독서와 연구를 게을리하지 않았습니다. 1868년에는 〈민주정치의 이론가와 이상가〉라는 논문을 발표하고 스위스 민주정치의 개선을 논했습니다. 그런데 이 논문이 학계의 이목을 끌어 1873년에 수도 베른 대학의 정교수로 초청받게 되었습니다.

처음에는 스위스 국법을 강의했지만 나중에는 일반 국법학이나 국제법 강의도 하게 되었습니다. 그는 대학은 학문의 불씨가 그 시대 상황에 이리저리 이끌려 다니지 않는, 늘 은근히 타오르는 아궁이이어야 하며, 그 불씨는 단순히 향상해 나가는 청년들뿐만 아니라 모든 사람의 마음을 따뜻하게 비춰주어야 하는 것이라 생각했습니다. 단순히 과학이나 기술, 직업상의 지식이라면 다른 곳에서도 얼마든지 배울 수 있습니다. 그러나 대학은 본래의 존재의의에 따라 실제로 유익한 기능을 하지 않으면 안 된다는 것이었습니다. 즉, 학생들에게 대학(大學)다운 폭넓은 교양을 물려주고 시대의 문화 전체와 정신적 접촉을 하도록 만들어 주는 것이 그 자신의 임무라고 믿었습니다. 그러나 이것은 보통의 흔해빠진 강의만으로는 이룰 수 없었습니다.

그는 학자라는 직업은 하늘이 주신 직업이라고 생각했습니다. 이 천직을 완성하기 위해서는 투명한 양심에서 생기는 용기가 필요하며, 원대한 근면과 강한 극기심을 갖고 스토아주의적인 또는 종교적인 인생관을 기본으로 삼아 세속적인 향락과 사회생활로부터 자기를 분리해 낼 줄 알아야 한다고 믿었습니다. 더구나 학자다운 학자는 자기의 전문분야에만 외곬으로 파묻혀 다른 것에 대한 감각을 잃어버려서는 안 되며, 또 세속적인 마음에 학문을 장식용으로 과시하거나 단순히 화려한 강의로 지식의 부족함을 속여서는 안 된다고 생각했습니다. 진정한 학자는 반드시 한 시대의 스승의 표본이 되어야만 한다는 것입니다.

대학 및 학자에 대한 이러한 생각은 그의 의견이었을 뿐만 아니라 동시에 그의 행동의 기록이기도 했습니다. 그는 교수의 직분과 교육가의 직분을 구분하려고 하지 않았습니다. 무미건조한 법률학적 재료조차 청년들에게 고상한 인생의 진리를 가르쳐주는 교재였습니다. 그는 타고난 총명함과 오랜 세월의 실무경험에서 얻은 풍부한 인간지식, 거기에 시대와 세속에서 초연함으로써 얻은 우수한 견식과 흔들림 없는 신념으로 세상을 이끌었습니다. 또 깊은 학식, 동서고금의 문학에 걸친 박식한 지식, 어학에 대한 조예, 이 모든 것으로 청강자들을 경탄하게 만들었습니다. 본디 법률가적인 명석한 이론에 천성적인 웅변력이 더해져 학생들은 넋을 잃고 강의에 빠져들었으며, 강의실은 언제나 사람들로 가득찼다고 합니다.

1890년 힐티는 고향 선거구에서 대의원으로 선출되었고, 1909년에는 국제법의 대가로서 헤이그 국제중재재판소 스위스위원으로 임명되었습니다. 그는 죽기 얼마 전에 이 평화회의를 이렇게 말했습니다. '이 회의는 매우 규모가 커서 둔중하므로 민활한 활동이 불가능하다. 영국과 독일 사이의 경제경쟁이나 일본과 미국 사이의 야심이나 세력의식의 대립에서 오는 깊은 틈새는 어떤 평화회의를 개최한다 해도 도저히 제거할 수 없다. 평화는 우선 마음으로부터 평

화를 사랑하고 평화롭게
살 수 있는 개개인들 사이
에서 성립되어야만 한다.
그러면서 점차 국민 사이
에 평화가 실현되는 것이
다. 그러기 전까지는 절대
평화는 성립되지 않는다.'

1909년 10월 12일 힐티
는 향년 76세의 나이에 심
장마비로 세상을 떠났습니
다. 그의 유해는 베른으로
옮겨지고 국민들의 애도를
받으며 사랑하는 부인 곁
에 묻혔습니다. 힐티의 묘
비에는 '사랑은 모든 것을
이긴다'라는 구절이 라틴어
로 새겨졌습니다.

칸트(1724~1804)
카를 힐티는 칸트철학에 심취하여 《순수이성비판》이 기초적
인 지식을 가르쳐주는 단 한 권의 철학서라고 말했다.

실천하는 자세로 쓴 힐티
의 저작들

힐티는 노년에 이르기까지 활발한 활동력을 유지했고 매우 부지런했습니
다. 대학 강의도 아침 시간을 택해 겨울에는 8시, 여름에는 7시에 시작했습니
다. 대학에서 그의 75세 생일을 축하해 주기 위해 좋은 시간을 묻자 '아침 7시
가 가장 좋다'고 대답한 일화는 유명합니다. 극기심이 강하고 성실하며 규칙적
인 생활을 했으며 무익한 오락행위는 아예 삼가고 시간을 아껴 끊임없이 독서
에 매달렸습니다. '오늘날처럼 양서를 싼 가격으로 구할 수 있는 시대에, 누구
에게나 공개되는 이 최상의 쾌락을 제쳐두고, 생애의 단 한 시간이라 하더라도
헛되게 써버리고 정신적으로 무가치한 기분전환만을 추구하는 것은 어리석고
게으른 사람이나 하는 짓이다.'

그는 좋은 책을 골랐고 그것의 원전을 일정하게 정독해 나갔습니다. 특히

그리스·로마고전을 좋아하고 스토아 철학 최고의 대표자로서 에픽테토스와 마르쿠스 아우렐리우스를 즐겨 읽었습니다. 특히 에픽테토스의 어록은 스스로 새롭게 번역하고 세상에 널리 추천했을 만큼 좋아했습니다.(《행복론》제1부, 에픽테토스) 그러나 무엇보다도 그가 가장 열심히 정독하고 깊은 감화를 받은 책은 《성서》이며, 그 다음으로 단테, 타울러, 스펄전의 저작 등이었습니다. 프랑스어로는 많은 백과사전과 철학자들의 글을 읽고, 영어로는 칼라일이나 테니슨을 애독했습니다. '산 사람보다 죽은 사람과 정신적 교제를 했으며 현재 생존하는 사람보다도 수백 년 전에 살던 인물들을 더 깊이 이해했다. 내가 가장 깊이 이해한 사람들은 그리스도, 요한, 단테, 토마스 아 켐피스, 타울러, 크롬웰, 또 최근 사람은 칼라일, 블룸하르트, 부스부인, 똘스또이다.'(《잠 못 이루는 밤을 위하여》제1부) 그가 그토록 여러 방면에 걸친 활동과 봉사를 한 것도, 첫째는 이러한 다양한 독서 덕분이었습니다.

그러나 그는 물론 서재 안에 틀어박혀있기는커녕 오히려 실천가였습니다. 학자일 뿐 아니라 정치가였으며 역사가이기도 했습니다. 《스위스 연방정치에 관한 강의》(1875)에서는 스위스 건국 이래 이 나라를 지배해 온 다양한 정치사상을 소개하고, 가장 마지막에 장래의 올바른 정치는 어떠해야 하는가에 대해 구체적으로 시사해 주고 있습니다. 이어서 1878년에 공개된 《스위스에 관한 공개강연》은 스위스 연방성립의 특수적인 시기(1798년 프랑스신공화국의 무력 간섭시대부터 스위스국민의 저항에 대해 1803년 나폴레옹이 조정적 헌법을 공포하기에 이르는 시기)에 관한 획기적이며 새로운 연구였습니다. 그는 이 정치적 조건이야말로 과거의 스위스 정치는 오래 이어지지 않았다는 것, 국가는 그 이상을 외국에서 빌려와서는 안 된다는 것, 또 추상적인 사변으로 그것을 결론지어서는 안 된다는 것의 증거로 들고 있습니다. 특히 이 연구는 역사가로서의 그의 의견에 귀 기울이게 만든 명저로 인정받고 있습니다.

그의 저술 가운데 정치적으로 가장 중요한 것은 《스위스연방정치연감》입니다. 1886년 이후 매년 그의 편집 아래 규칙적으로 발행된 6~700쪽 가량의 광범위하고도 정밀한 연보입니다. 이것은 국가에서 어떠한 원조도 받지 않았음에도 진정한 의미의 국민적 사업이었습니다. 그 내용은 정치, 법률, 사회문제는 물론 종교, 철학, 문학, 예술 등 사회 및 문화 각 부문에 걸친 연구·보고이자 특특한 비평이었으며, 대부분의 집필이 그의 손을 거쳐 이루어졌습니다.

하이델베르크 대학교 카를 힐티는 이 대학에서 법률연구에 전념하고 박사학위를 취득했다(1854).

그는 또 대학교수와 육군법무관의 공직 외에 여러 종류의 공익사업에도 최선을 다했습니다. 여성참정권운동에 참가하여 일반 여성문제에도 관여하고, 나아가 부녀자매매방지를 위해 싸우고 논문을 쓰면서(《백인노예매매》) 국민의 각성을 촉구하였습니다. 또 자주 금연의 필요성을 설파해(《금연운동에 대한 대학생의 사명》 〈금연운동에서의 주된 장애에 대하여〉), 1908년 스위스 국회 대다수가 압생트금주령을 가결한 것에도 크게 영향을 미쳤다고 합니다. 그는 또 구세군에 깊은 애정을 품었으며, 이 운동에 대한 세상의 조롱과 박해에 맞서 공공연히 이것을 변호하고(《최선의 길》), 이를 위해 여러 모로 애썼습니다.

힐티가 세계적인 명성을 얻고 스위스 성자, 현대의 예언자로 널리 추앙받게 된 것은 주로 그 종교적이며 윤리적인 저작에 의해서였습니다. 그중에서도 가장 널리 읽힌 것은 《행복론》(3권, 1891~1899)이었으며, 이것은 일찍이 프러시아, 프랑스, 영국 그 밖에 여러 나라말로 번역되었습니다. 그 외 《잠 못 이루는 밤을 위하여》(2부, 1901~1919), 《서간집》(1903), 《신서간집》(1906)(교육의 기술, 우정, 단테, 신의 나라는 어떻게 도래하는가─정의인가 동정인가, 불행에 있어서의 행복, 부인의 찬부론, 보다 강한 그리스도교, 낙원 등의 주제를 다룬 논문집), 《독서와 연설》(1895), 《신경쇠약에 대하여》(1897), 《병든 정신》(1907)(모두 신에 대한 신앙에 의한 영혼의 평화와 정신의 강건함을 장려하고 있으며, 그것과 병행하여 주로 섭생적인 생활법을 설명한 특색 있는 요양서),《영원한 생명》(1908),《힘의 비밀》(1909),《그리스도의 복음》(1910) 등이 주요저서입니다.

그 외에도 정치, 법률 또는 사회 문제를 매우 다방면에 걸쳐 다룬 서적이나 논문도 꽤 많습니다. 그러나 그들의 근본은 모두 일관적으로 그리스도교의 신앙에 바탕을 둔 이상주의적, 도덕주의적, 사회개선주의적인 색채가 깊이 흐르고 있습니다.

힐티의 깨달음

종교적이며 윤리적인 저술을 쓴 것은 비교적 말년의 일이었습니다. 오랜 세월 매진해온 독서로 기른 깊은 학식, 풍부한 인간지식, 점점 깊고 확고해진 신앙, 그 깊고도 높은, 그리고 건전하고 원숙한 사상을 힐티는 절대로 학문적으로 연결짓지 않았습니다. 오히려 수필식으로 자유롭고 간결하며 시원스러운 필치로 힘차게 써내려 가고 있습니다. '힐티 저서의 어느 부분, 어떤 책, 어떤 페이지를 펼쳐도 우리는 명석하고 단순하게 결연한 논의를 하고 있는 탁월한 사상가와 만나게 된다'고 케벨 박사는 《속소품집》에서 말합니다. 그의 사상은 물론 단순한 연구나 사색의 성과가 아니라 타고난 지혜로움과 성실한 체험에 의해 그의 전인격이 직접 분출된 것입니다. 따라서 그의 설명과 주장은 그대로 그의 행위이며, 생활이고 그 사이에는 한 치의 틈도 없었습니다. 그러므로 그의 모든 저서는 모두 확신과 진실로 가득 차 강렬하게 독자의 마음을 뒤흔드는 것입니다.

그는 세상의 사교나 오락 등은 모두 단념하고 〈시간을 얻는 기술〉을 연구했으며, 전공 공부 이외에는 독서와 사색에 열중하고 내적 생활의 길을 여는 데 힘을 쏟았습니다. 이리하여 그의 진리를 향한 열성과 노력이 드디어 열매를 맺을 때가 찾아왔습니다. F. 제바스의 저서 《카를 힐티》에 따르면 힐티는 1863년 무렵 중대한 신앙상의 깨달음을 경험했다고 합니다. 그리하여 1866년의 일기에서 힐티는 '그리스도와 그의 가르침에서 반가운 믿음을 발견했다'고 했으며, 이윽고 '새 생명'으로 소생했다고 합니다. 그 이후로 그의 정신적 발전은 새로운 단계에 접어듭니다.

힐티는 그의 전문분야보다도 그의 인생론적·종교적 저술로써 많은 독자에

베른 대학교 1873년 카를 힐티는 이 대학의 정교수로 취임했다.

게 친숙해졌습니다. 그 까닭은 한마디로 말해서 그의 저서 곳곳에 풍부한 인생의 지혜가 담겨져 있기 때문입니다. 그의 지혜는 날카롭지만, 냉철하지만은 않으며 도리어 사랑과 선의에 차 있습니다. 세속적인 얕은 현명함이 아닌, 구체적이고 실제적인 고상한 영혼에서 나온 지혜입니다. 그의 말은 얼핏 보기에 일상적인 흔한 지혜로 생각하기 쉬우나 실은 확고한 신앙의 깊이에서 솟아나온 것입니다.

앞에서도 말했듯이 젊은 시절의 그는 그 왕성한 진리 탐구심으로 많은 책을 탐독했습니다. 철학·문학·종교·역사, 나중에는 특히 그리스도교 신학이나 신앙서 등 많은 것들을 읽었으나 그의 영혼의 목마름을 축여 주지는 못했습니다. 얼핏 보기에 심원하고 위대한 것 같은 철학이론도 삶과 죽음의 큰 문제를 어떻게 풀 것인가 하는 저울에 얹어 놓으면 허무하게 흔들려 떨어지고 말았던 겁니다. 진리를 추구하여 이렇게 먼 길을 찾아다닌 끝에 힐티는 30여 세가 된 무렵 진리의 샘에 이르렀습니다. 그것은 예수 그리스도의 복음을 믿고 사는 기쁨이었습니다. 이 옛 가르침은 더없이 간명하고 한없는 생명을 주는 것임을 깨달았습니다. 힐티는 그 자신이 신앙을 얻은 경험을 바탕으로 하여 옳은 길을 찾아 헤매는 사람들이 괜한 헛수고를 하지 않고 옆길로 잘못 들거나, 막다른 골목에 들지 않도록 어떻게 조언할 수 있는가를 생각했습니다.

일반적으로 교회 등에서는 예로부터의 교리, 그것도 이성으로서는 이해하기 어려운 교리를 처음부터 다짜고짜로 믿게 하려고 하므로 고지식한 많은 신자를 좌절시킵니다. 그래서 스스로 진리를 찾고자 하는 구도자들은 깊은 신학 속으로 들어가 헤매기도 합니다. 이것에 대해 힐티는 복음서의 예수의 가르침을 솔직히 받아들여 실행해 보라고 말합니다. 그 진실을 시험하고 그것으로써 마음에 기쁨이 주어지는 것을 경험하거든 그 가르침을 믿으라고 힐티는 권합니다. 이와 같이 신앙에 대해 경험이나 사실을 중요시하는 힐티의 태도는 현대인에게도 시사하는 바가 큽니다.

실제로 힐티 자신의 정신생활·종교생활을 보면 그는 처음부터 늘 생활과 실행에 의한 경험을 쌓은 다음 차츰 내적 진보의 단계를 밟고 올라간 사람임을 알 수 있습니다. 그러므로 그의 정신생활이나 신앙에 대해 이야기한 말은 조금도 공리공론이 아니라, 모든 것이 아주 실제적이며 간명하고 정확한 것입니다. 진실되고 살아 있는 신앙을 파악한 힐티는 주위의 그리스도 교회나 많은 신자들의 신앙생활의 실체를 살펴볼 때 그들에게 고언을 하지 않을 수 없었습니다.

교회가 과거에 이룩한 역할과 그 큰 공적은 높이 평가하면서도 현재의 상황은 너무도 마땅히 있어야할 모습과는 멀리 떨어져 있다고 힐티는 생각했습니다. 그래서 그는 교회가 다시금 근본적인 개혁이 필요하다는 것을 주장하고 그것에 대해 제언을 합니다.

힐티와《잠 못 이루는 밤을 위하여》

1909년 힐티는 거의 완성단계에 이르렀던《잠 못 이루는 밤을 위하여》제2부 초고를 끝맺지 못하고 생을 마감했습니다. 조금 모자랐던 부분은 딸 멘타 힐티가 아버지의 저서 가운데에서 채워 이 책을 완성하였습니다. 그러나 제1차 세계대전과 전후의 혼란 때문에 이 명작은 1919년에야 빛을 보게 됩니다.

《잠 못 이루는 밤을 위하여》제2부는《행복론》제3권이나, 힐티가 죽은 뒤 발표된《그리스도의 복음》의 상세한 주와 마찬가지로 만년의 힐티가 마지막에 다다른 사상을 이해하는 데 빼놓을 수 없을 만큼 중요합니다. 그리고 이 책을 읽은 사람은 누구나 힐티가 여기에서 사랑에 대해 많은 것을 이야기하고 있다는 점을 알게 될 것입니다.

▲카를 힐티 기념우표

▶군복차림의 카를 힐티 (우편엽서)
1856년 스위스 보병 법무장교로 임
관하여 1892년 육군 재판관이 되었
으며, 죽기 전까지 이 지위에서 활동
했다.

　힐티는 사랑이라는 말이 세상에서 흔히 남용되고 있기 때문에 그 말을 피
하고, 도리어 선을 행한다는 표현을 쓰고 싶다고 말한 적이 있습니다. 그랬던
힐티가 이 책에서는 이전까지의 조심성을 버리고 사랑의 문제에 대해 되풀이
해서 말합니다. 참사랑은 하느님으로부터 오는 것이며, 그릇된 행동도 그것이
사랑에서 생긴 것이라면 하느님의 용서를 받을 수 있다는 것, 이 모든 주장에
그의 깊은 통찰이 드러나 있습니다. 여기서도 그는 사랑의 이론을 펼치는 것
이 아니라 단지 구체적인 조언을 할 뿐입니다.

　또 하나 제2부에서 그가 다룬 주제는 죽음과 죽음 뒤의 문제입니다. 힐티
자신도 많은 나이가 든 이상 마음 깊이 이 문제를 생각했을 겁니다. 그리하여
사색을 거듭하다가 얻은 확신을 남겼습니다. 그것은 내세에 관한 장밋빛 미래
를 그린 동화가 아니라, 양식 있는 사람이라면 거의 이해할 수 있는 온당한 사

상입니다. 누구나 맞닥뜨리고 있는 죽음의 문제를 회피만 하고 있어서는 불만을 극복할 수 없습니다. 어떻게 해서든 어떤 해결책이 주어져야 합니다. 이 책에서 이야기하고 있는 힐티의 사상은 우리가 겸허하게 귀를 기울일 만한 가치가 있습니다. 이 책을 읽는 독자는 늘 성서를 옆에 놓고 저자의 인용부분을 참조하기를 권합니다.

일이란 '하면 할수록 재미있어지는' 것

이제 힐티가 주장하는 것을 좀 더 구체적으로 알아보도록 하겠습니다. 힐티가 하고 있는 말에는 여러 가지 중요한 것이 있습니다. 먼저 첫 번째로는 노동에 대한 생각입니다. 이것은 〈일하는 기술〉이라는 부분에서 매우 자세히 다루고 있습니다.

거기에서 힐티는 우선 '일과 일이 아닌 것과의 구별'을 간결하게 가르치고 있습니다. 즉, 열심히 하다보면 갈수록 재미있어지는 것이 일이며 그렇지 않은 것은 참된 일이 아니라는 것입니다.

일이란 오래 해도 질리지 않는 것입니다. 영화도 보면 즐겁습니다. 하지만 세 편쯤 보면 더 이상 한동안은 보고 싶어지지 않게 됩니다. 그런데 전문 서적은 한 권 읽으면 또 보고 싶고 전혀 질리지 않습니다. 더더욱 보고 싶어지고 전혀 질리지 않습니다. 과연 이것이 일의 본질이구나 하는 것을 깨닫게 됩니다.

빨리 시작하면 문제점이 눈에 들어오기 시작한다

다음은 '일을 시작할 때는 너무 세세하게 준비만 하지 말라'라고 말하고 있습니다. '어느 정도 준비했으면 일단 시작해 보라. 시작하지 않으면 모른다'라는 것입니다. 이것은 그가 책을 쓸 때의 요령이므로 모든 경우에 맞아 떨어질는지는 알 수 없지만 나에게는 뼈저린 충고입니다.

결국 준비만 하고 있으면 안 된다는 것입니다. 그는 농사의 예를 들어 싫어도 가래로 한 번 밭을 갈지 않으면 안 되며 어찌 되었든 시작하지 않으면 안 된다고 쓰고 있습니다.

힐티는 '준비에만 너무 힘을 들이지 말라'고 충고하는 것입니다. 그리고 '책도 서문만 정성들여 쓰면 내용이 부실하다'는 등 재미난 예도 여럿 들고 있습니다.

국제중재재판소 네덜란드의 수도 헤이그 소재. 1909년 힐티는 국제중재재판소 스위스 위원으로 임명되었으나, 그해 10월 76세로 생을 마쳤다.

'계속해 나가다' 보면 결과가 나온다

힐티는 또 '실제로 일을 하고 있을 때 가장 좋은 아이디어가 떠오른다'라는 것도 지적하고 있습니다. 성경 속에는 천사가 나타나 여러 가지 좋은 말을 해주는 장면이 있는데, 천사가 나타나 좋은 말을 해주는 장면에 나오는 사람은 모두 일하고 있는 사람뿐이었다고 합니다.

확실히 생각을 하다보면 여러 영감이 떠오르는데, 이것은 꿈속에서 하는 생각과 그다지 다르지 않습니다. 실제로 일을 하고 있을 때 떠오르는 생각은 바로 현실화될 수 있는 발상이 많습니다. 공상가와 실무가가 다른 점은 이런 부분에 있지 않나 싶습니다.

에디슨은 잇따라 여러 가지 발명을 했지만 그것은 생각을 하고 발명한 것은 아니었습니다. 예를 들어 전등의 경우 거듭해서 무엇을 써야 필라멘트가 타서 끊어져 버리지 않을까 하는 것을 실험해본 결과 선물로 받은 부채에 있는 대나무를 쓰면 좋다는 것을 발견한 것입니다. 그것도 수십 개의 대나무를 시험해 보고 나서야 영감이 떠오른 것입니다.

노벨상을 받은 분들도 일단 언제나 실험을 하고 있습니다. 그러는 동안 생각이 나오는 것입니다. 머리만으로는 노벨상을 받을 수 있을 만한 생각이 절대 나오지 않습니다. 아침부터 밤까지 평범하다고 할 수 있는, 지루하기 짝이 없는 것을 반복하다보면 언젠가 영감이 번뜩 떠오르는 경우도 있습니다. 그렇게 하지 않으면 절대 나오지 않는 것이므로 계속 반복하는 수밖에 없습니다.

이러한 것은 특히 이공계열 분들이 잘 알고 있습니다. 연구발표라는 것은 정리된 이론이 나오지 않아도 '실험해 보았습니다'라는 보고만으로도 가치를 인정받습니다. 실험에서 뭔가 대단한 결과가 나오느냐 나오지 않느냐는 우선 논외로 하고 이러이러한 실험을 해 보았더니 이러이러한 결과가 나왔습니다라는 것에 가치를 두고 있는 것입니다.

미국은 그런 점을 잘 알고 있는 나라로 논문 수를 매우 중요하게 여깁니다. 대학교수도 논문 수로 결정됩니다. 논문을 내지 않으면 교수도 될 수 없고 교수가 된 사람이라도 계속 논문을 내지 않으면 해고당합니다. 노벨상을 받은 위대한 교수들도 5년간 새로운 실험 데이터를 꾸준히 발표하지 않으면 그 뒤로는 연구비가 아무 데서도 나오지 않게 된다고 합니다. 그 만큼 투철합니다. 아무튼 꾸준히 해나가지 않으면 소용없다는 것을 철저하게 알고 있는 나라입니다. 미국 논문은 시시한 것이 많다고 말하는 사람이 있지만 시시한 논문이라도 계속 내지 않으면 좋은 논문도 나오지 않는다는 것입니다. 그 덕에 미국에서는 해마다 꾸준히 노벨상을 받고 있습니다. 그것은 교수로 하여금 끊임없이 논문을 쓰도록 하기 때문입니다.

풍요로워질수록 '좋은 습관'이 중요해진다

'인간은 본디 나태한 존재이므로 내버려두면 끝도 없이 나태해진다'고 힐티는 말하고 있습니다.

아침에는 일찍 일어나야 합니다. 그러나 너무 일찍 일어나도 안 됩니다. 해가 뜨기 전이 아니라 해가 뜰 때 해와 같이 일어나야 합니다. 그리고 일요일은 반드시 쉬도록 합니다. 일하는 것도 좋지만 엿새 일하고 하루 쉬어야 합니다. 이것이 첫번째 지혜이며 그 이상 쉴 필요가 없다고 그는 말합니다. 서유럽이 빠르게 번영한 것도 이 가르침을 지켰기 때문이라고 그는 지적합니다.

여기에서 중요한 것은 '습관'이라고 합니다. 습관론은 요즈음 그다지 활발히

논해지지는 않지만, 이것은 힐티
만이 아니라 18세기 무렵부터 19
세기, 20세기 첫무렵까지 영국과
미국, 스위스와 독일 어디에서나
매우 중요하게 여겨졌습니다. '어
떤 습관을 붙이느냐가 중요하다'
라는 말처럼 교육의 목적은 좋은
습관을 어떻게 붙여주느냐는 것
에 한정되어 있습니다.

Carl Hilty

Von der Kraft,
die aus der Stille
kommt
Vorwort
Veronica Carstens

Für schlaflose Nächte

HERDER

《잠 못 이루는 밤을 위하여》(1901~1919) 표지

이것은 그즈음 유럽에 중산계
급을 포함해 풍요로운 계급이 출
현했다는 것과도 관계가 있습니
다. 풍요로운 계급이 나타나자 아
이들 교육이 얼마나 어려운 것인
지를 알게 되었습니다. 몹시 가난
해서 일해도 먹고 살기 어려울 때
는 의외로 아이들 교육에 골치를
썩지 않습니다. 아이들은 부모의 고생을 지켜보므로 그다지 나쁜 짓을 하지
않게 됩니다.

조금 지난 일이지만 KBS에서 1970년 강원도 도계의 산속 숯 만드는 마을에
있는 분교 모습을 방영해주었습니다. 분교였으므로 아무것도 없고 물론 텔레
비전도 들어오지 않았던 때였습니다. 그 프로그램에서 매우 인상적이었던 것
은 그곳 아이들이 선생님이 말하는 것을 모두 예의바르게 듣고 있었던 점입니
다. 그것은 가난한 점 자체에, 아니면 가난한 사회 환경 자체에 교육의 힘이 있
기 때문입니다.

풍요로워지면 아이들에 대한 교육의 힘이 사회에서 사라져 버립니다. 부모
가 일로 집을 비웁니다. 아이들에게는 돈을 주고 편의점에서 사 먹으라고 말합
니다. 사회가 가난할 때는 편의점도 없었습니다. 좋아하는 것을 먹으라고 해도
주변에 있는 떫은 감이라도 따든가, 아니면 밤이라도 주어오는 정도였습니
다. 그래서 가난해도 아이들은 부모와 끈끈하게 이어져 있었습니다.

그런데 풍요로워지면 굶어죽지는 않기 때문에 부모의 관심도 해이해지고 아이들도 어떻게 해서든 먹고 살 수 있다는 생각이 듭니다. 오늘날 비행청소년들의 마음속에는 여러 생각들이 있겠지만, 그 가운데에는 '어차피 굶어죽지는 않는다'라는 생각도 있을 것입니다.

그러한 상황이 유럽에서는 한국보다 200년 정도 앞서 일어나지 않았나 싶습니다. 어떻게 교육할 것인가는 매우 중요한 문제입니다. 참된 교육은 지식을 가르치기 이전에 먼저 좋은 습관을 붙여주는 것이라 할 수 있습니다.

오늘날 한국에는 기숙학교가 필요하다

습관론의 결론은 '풍요로운 사회에서는 아이들을 부모 곁에 두면 제대로 길들이지 못한다'입니다. 그리하여 경제적으로 여유로운 계급은 아이들을 기숙사학교에 입학시키게 되었습니다. 그렇기 때문에 기숙학교는 공부도 시키면서 좋은 습관을 길들이는 것 또한 중요시합니다. 영국에서는 퍼블릭 스쿨이 그것입니다.

힐티 또한 기숙학교에 들어갔습니다. 기숙학교는 아침 일찍 일어나 공부하는 좋은 습관을 들이게 합니다. 이러한 습관이 없을 때는 사는 게 괴롭습니다. 하지만 익숙해지기만 하면 아무것도 아닙니다. 이것은 정말 그렇습니다.

앞으로 자녀 교육이 어떻게 될지 알 수 없지만 이렇게 윤택해지면 아무래도 기숙사가 좋은 학교가 필요할 것 같은 생각이 듭니다. 밥을 굶을 걱정이 없으니 부모는 좋은 생활 습관을 길러줄 수 없게 됩니다. 부모는 부모대로 마음대로 행동하기 때문에 죄의식이 들어 아이들에게 용돈을 조금 많이 줍니다. 이것은 '불량아가 되어라'고 말하는 것과 같은 짓입니다.

교육의 본질은 좋은 습관을 붙이는 데에 있다

아침 일찍 일어나는 것은 특히 청년에게 매우 중요한 미덕입니다.

습관의 힘은 무서운 것입니다. 교육이란 습관임을 다같이 생각해 보아야 하는 시대가 왔습니다. 가난한 시절에는 그런 생각을 하지 않아도 괜찮았습니다. 풍요로워졌기 때문에 습관이 중요해진 것입니다.

아침 일찍 일어나 여유를 갖고 아버지 어머니에게 '안녕히 주무셨어요' 하고 말하는 습관, 다같이 모여 아침식사를 하며 '잘 먹겠습니다'고 말하는 습관, 이것을 하지 않으면 기분이 개운치 않아 하루를 시작할 수 없을 것 같을 정도가 되지 않으면 습관이라 할 수 없습니다. 또 집에 돌아오면 공부할 시간을 어떻게 할까 하는 것도 습관의 문제입니다. 습관이 되면 편하겠지만 그렇지 않으면 엄청난 노력을 기울이지 않으면 안 됩니다. 결국 귀찮아서 그만두어 버립니다. 그래서 해이한 생활을 하게 되는 것입니다.

어떤 분야에서 남달리 뛰어난 사람은 그 직업에 맞는 습관을 갖고 있을 것입니다. 그렇지 않으면 성공할 수 없습니다. 그 습관이 무엇인가, 아이들을 위해서는 어떤 습관이 중요한가를 생각해 그 습관을 길러주는 학교를 다같이 만들어 나가야 한다고 생각합니다. 그러한 풍조가 만들어지기를 바랍니다.

생각해 보면 유럽에서는 그 역할을 맡은 것은 개신교나 신부님이나 목사님들이었습니다. 한국에서는 기숙학교를 경영하는 교회나 절이 거의 없다는 사실이 이상합니다. 종교인이 기숙학교를 세우지 않는다는 것이 젊은 청년들 보기에 부끄러운 것이라고는 생각지 않지만 새롭게 시작할 수 있는 힘을 주기에는 모자랍니다.

풍요로운 시절 유럽과 미국에서는 그것이 잘 이루어지고 있었습니다. 오늘날은 그것이 대부분 무너져 내리고 있기는 하지만 그래도 여전히 조금 좋은 점이 남아 있어 엘리트 교육을 받은 사람은 특수한 습관을 교육받은 사람이라는 느낌을 받습니다. 그래서 예의도 바르고 신체도 튼튼하고 공부도 잘합니다 이 '좋은 습관'에 대한 통찰은 힐티가 거듭 말하고 있는 요점입니다.

에너지를 쓸데없는 일에 낭비하지 마라

힐티는 '일을 하기 위해서는 에너지가 필요하므로 에너지를 쓸데없는 일에 쓰지 않는 것이 현명하다' 말하고 있습니다.

우리는 하고 싶은 일이 있습니다. 그것과 집안일을 동시에 할 수는 없습니다. 하고 싶은 것이 있으면 에너지를 다른 일에 빼앗겨서는 안 됩니다.

예전과 비교해 보면 지금은 인터넷도 있겠다, 책도 비교적 싸겠다, 연구 설비까지 갖추어져 있습니다. 그런데도 기대하는 만큼의 뛰어난 인물이 나오지 않고 있습니다. 인문계열 젊은 세대에서 특히 그렇습니다.

왜 그럴까요? 이공계열 사람은 집에서 일을 할 수 없으므로 반드시 연구실에 갑니다. 따라서 집안일을 하지 않습니다. 그런데 인문계열 사람은 많은 시간을 집에 있게 됩니다. 책만 읽고 있으니까 그가 무엇을 하고 있는지 다른 사람들은 알 수 없습니다. 그러니 가족이 '이것 좀 해 주세요' 하고 말하면 나가서 하게 됩니다.

이공계 사람들이 갈수록 업적을 쌓아가는 것도 집에 있지 않기 때문입니다. 회사 사람이 업적을 올리는 것은 회사에 있기 때문입니다. 회사에 있으면 일에만 열중할 수 있습니다. 집에 있는 사람이 잡일까지 한다면 모든 것을 망치게 됩니다. 그러니 회사라는 조직에 있는 사람은 매우 덕을 보는 셈입니다. 조직에 들어가 있지 않는 사람의 잡무 정리라는 것은 하지 않는 것보다는 하는 것이 낫지만 비서나 조수가 있다면 할 필요가 없는 것이라고 나는 생각합니다.

평등주의의 밑바닥에는 질투심이 있다

평등주의의 근본에는 질투가 있다고 생각하며 높은 사람은 평등하게 할 수 없기 때문에 낮은 사람만이 평등하지 않다고 생각하는 것이라 생각합니다. 흔한 비유를 들어 말하자면 미녀와 추녀의 불평등은 매우 심합니다.

그럼 한국인은 평등을 추구해 모든 한국 여성을 미인으로 만들 수 있을까요? 그럴 수는 없습니다. 그럼 모든 여성을 추녀로 만들 수 있느냐. 이것은 법률 하나만 만들면 가능합니다. 극단적으로 말하자면 이제부터 태어나는 여자아이를 사흘 안에 뜨거운 인두로 코를 짓눌러야 한다고 법률로 정하는 것입니다. 이렇게 하면 낮은 쪽 사람들에게 얼마든지 맞춰줄 수 있습니다.

오늘날 학교에서도 가장 문제가 되는 것이 평등주의입니다. 모두를 깨우치게 하려면 모르는 학생에게 수준을 맞출 수밖에 없습니다.

달리기도 마찬가지입니다. 똑같이 달리기 시작해 결승점 바로 앞에서 멈추어 기다리다가 뒤에 오는 사람의 손을 잡고 같이 들어가는 학교조차 있습니다. 느린 아이가 발 빠른 아이에게 맞추는 것은 불가능합니다. 그래서 두 사람을 평등하게 맞추려면 빠른 아이를 제자리걸음을 하도록 할 수밖에 없는 것입니다.

결국 노동의 질에는 차이가 있는 것입니다. 차이는 좋은 것이라고 인정하지 않으면 안 될 것 같습니다. 하지만 차별을 받는 쪽이 비인간적인 상황까지 가지 않도록 사회나 국가가 보호해주어야만 할 것입니다. 그것은 마땅한 일입니다. 그러나 모든 것을 평등하게 만들어 버리면 뛰어난 학자나 위대한 예술가도 없어져 버리는 것을 아닐까 하는 생각이 듭니다.

실업가의 경우 회사가 있음으로 해서 회사를 좋아하는 사람이 생기게 됩니다. 집에만 있으면 아무도 차를 가져다주지 않지만 회사에서는 '차 한잔'을 부탁하면 가져다줍니다. 집에 있으면 앉아 있을 곳도 마땅하지 않지만 회사에 가면 기분 좋은 의자와 책상이 있습니다. 그러한 것을 통해 노동을 매우 좋아하는 사람이 생기는 것이라고 생각합니다. 나는 힐티의 충고에 따라 무조건 자기 일 이외의 것은 전부 전문적인 사람들에게 맡기는 것도 하나의 방법이라고 생각합니다.

재간 있는 사람은 대성하지 못한다는 말이 있습니다. 아주 재간 있는 사람은 모든 일을 스스로 처리합니다.

공자라는 사람은 모든 일을 잘하는 사람이었던 것 같습니다. 그의 제자가 '어째서 스승님은 모든 일을 그렇게 잘하십니까'라고 묻자 '나는 젊은 시절 신분이 비천했기 때문에 여러 가지 일을 해야만 했다. 하지만 이것은 너희들에게 자랑할 만한 것은 못 된다'라는 말을 하고 있습니다. 이것을 근대적으로 말하면 힐티와 똑같은 충고가 되지 않을까요?

지치면 다른 일을 하는 것이 좋다

힐티 가르침의 중요한 하나의 기둥은 일하는 기술, 습관론입니다. 그리고 노동에 대한 깊은 통찰입니다. 그는 이렇게 말했습니다.

'노동은 피곤한 것이다. 피곤할 때 쉬는 것보다 더 빨리 피로를 회복시켜 주는 것이 있다. 그것은 다른 노동을 하는 것이다.'

즉, 노동의 종류를 바꾸어 보는 것, 여러 가지 일을 많이 해보는 것입니다. 화가는 하나의 그림만을 줄곧 그려 작품을 완성시키지는 않습니다. 화폭을 여러 개 세워놓고 한쪽에는 풍경화를 그리다 지치면 다른 쪽에 누드화를 그립니다. 그러면 계속 그림을 그려 나갈 수 있습니다.

미켈란젤로도 그렇지만 티치아노도 여든이 넘어서까지 계속 그림을 그렸습니다. 피곤해지면 다른 소재의 그림을 그렸기 때문입니다. 일을 할 때 시선을 조금 바꾸어 보는 것은 완전한 휴식을 취하는 것보다 더 빨리 피로를 회복시켜 줍니다.

그래서 '노동도 하지 않고 휴식을 취하는 것은 배가 고프지 않은데도 식사를 하려는 것과 같으며 전혀 즐거울 리가 없다'는 것도 지적하고 있습니다. 힐 티는 노동에 대한 통찰이 매우 깊었던 것 같습니다. 《성지순례》라는 책을 읽고 과연 그렇다고 동감했습니다. 순례라는 것은 90%는 유희라고도 할 수 있는데 신에 대한 경배심이 들어 있으면 더욱 즐거워집니다. 그래서 그곳은 모두 유람 지입니다. 단순히 놀기 위한 장소라고 하면 섭섭하게 여길 사람이 많을지 모르 지만, 고생하며 걸어가 예배를 드린 다음 즐기는 오락은 더욱 재미있습니다. 중 세시대의 순례는 그러한 것이었다고 합니다.

힐티 가르침의 커다란 기둥은 습관을 중심으로 한 노동이라는 것에 대한 본질적인 통찰입니다. 가장 불행한 사람은 자기가 좋아하는 일을 발견하지 못 한 사람입니다. 하지만 힐티는 '열심히 하기만 하면 대부분의 일은 모두 재미있 어진다. 이것이 일의 본질이다' 말합니다.

자유로워질 수 있는 일과 자유로워질 수 없는 일을 구별한다

또 하나 힐티가 크게 영향력을 준 것은 에픽테토스의 재발견입니다. 에픽테 토스는 그리스 철학자지만 노예였습니다. 주인은 매우 난폭한 남자로 에픽테 토스의 팔을 비틀었습니다. 에픽테토스는 '그런 짓을 하면 팔이 부러집니다. 보세요, 부러졌지요' 대답했다고 합니다. 에픽테토스는 철저한 스토아학파였던 지라 '이것은 나의 팔이지, 나 자신은 아니다' 태연히 말했다고 합니다.

에픽테토스의 가르침 가운데 가장 핵심이 되는 것은 '자신의 힘으로 자유롭 게 할 수 있는 일과 자유롭게 할 수 없는 일을 끊임없이 구별하라'는 말입니다. 예를 들어 남에게 칭찬을 받으려고 해도 남이 칭찬해 주느냐 안 해주느냐는 자기 마음대로 할 수 있는 일이 아닙니다. 그러므로 칭찬을 받으려고 또는 받 지 않으려고 머리를 써보았자 아무 소용이 없습니다.

결국 문제는 자신이 무엇을 할 수 있느냐 입니다. 예를 들어 자기 일을 어떻 게 하면 보다 훌륭하게 해낼 수 있는가 하는 궁리는 자기 힘으로 자유롭게 할 수 있는 것입니다. 그리고 그것을 해낸 결과 칭찬을 받는다면 그것은 그것대 로 좋은 일이고, 칭찬을 받지 못한다 하더라도 그것은 자기 힘으로 어떻게 할 수 있는 일이 아닙니다. 그는 이것을 확실히 구별하라고 말했습니다.

인간에게는 여러 고민이 있지만 분명한 것은 자유로이 할 수 없는 일과 할 수 있는 일이 있다는 점입니다. 그것을 확실히 구분하면 구체적인 삶의 방식들에 화가 나게 되더라도 해결책을 제대로 발견해나갈 수 있습니다.

요컨대 자신의 자유대로 할 수 있는 일과 할 수 없는 일을 구별해서 자유롭게 할 수 없는 일은 체념하라는 것입니다.

이 가르침을 현대적으로 철저하게 실천한 사람은 미국의 웨인 다이어라는 심리분석자입니다. 그는 여러 가지 심리분석의 예에서 '자신이 할 수 있는 일과 할 수 없는 일을 명확히 구분하라' 말했습니다. 그는 철학은 잘 몰랐지만 정신분석으로 수많은 환자를 다루는 가운데 그러한 결론에 이르렀던 것 같습니다. 그의 책은 미국에서 〈뉴욕 타임스〉에 오랜 기간 동안 베스트셀러 1위에 올랐습니다.

'체념한다'는 것은 '도리를 깨닫는' 것이므로 상황을 분명히 분별하게 될 때 가능한 것입니다. '꽃은 붉고 버드나무는 푸르다'라는 명제는 참입니다. 그러므로 버드나무가 빨갛게 되는 것은 말도 안 되고 벚꽃에게 '파랗게 되라'고 하는 것도 불가능합니다. 그렇게 생각하면 있는 그대로 받아들여야 합니다. '있는 그대로 받아들이는 것이 가장 중요하다'라는 것을 웨인 다이어는 말합니다.

자기의 힘이 미치지 않는 것을 고민할 필요는 없다

자기가 무엇을 할 수 있고 무엇을 할 수 없는지를 계속 물어보는 마음의 자세와, 그렇지 않고 발끈 화를 내거나 고민하는 것에는 매우 커다란 차이가 있습니다. 나 자신도 언제나 그런 것을 잊고 살지만 가끔 생각해 내서 실천해 보았을 때는 매우 좋은 성과가 있었습니다. 지금 나에게 무엇이 가능할까를 물어보고 불가능한 것은 포기하는 것입니다. 이것은 어떤 일에나 통한다고 생각합니다. 중요한 것은 '명확히 판별하는' 일입니다.

끊임없이 자기가 할 수 없는 일과 할 수 있는 일을 확실히 구별해야 합니다. 예를 들어 애인에게 차였다면 그녀를 되돌리는 것은 자기 힘으로는 안 됩니다. 그러면 '아아, 이것은 내 힘이 미치지 않는 일이다. 괴로워해봤자 소용없다'고 생각하면 될 것입니다. 또는 그전에 사랑이 식은 애인의 마음을 다시 되돌리기 위해 구체적으로 무엇을 할 수 있을까 하는 방책을 생각하는 것까지는 할 수 있습니다. 울며 매달리기 전에 무엇을 하면 효과가 있을지 생각하는 것은 가능하지만 효과적인 수가 떠오르지 않을 때는 궁극적으로 '소용없다'고 포기해야 한다고 생각합니다. 이것이 '명확히 판별하는' 일입니다.

힐티는 만년에 이르기까지 늘 윤택한 환경에서 풍요롭게 살았기 때문에 자선사업을 하려고 생각했습니다. 자선사업에 손을 대면 본업인 베를린 대학 법률학 교수나 정부 일, 스위스 육군의 업무를 볼 수 없게 됩니다. 그래서 그는 어느 특정한 나라에 자선사업을 실시하기로 결심했습니다.

그래서 그는 아르메니아를 돕기로 했습니다. 그는 아르메니아의 고아원에 사는 고아에게 상당한 액수의 돈을 지원했습니다. 그 아이가 한 사람의 성인이 되어 취직할 수 있을 때까지 지원했습니다. 한 사람뿐입니다. 그 아이가 취직하면 이번에는 다른 고아 한 명을 지원했습니다. 한 사람당 십몇 년 동안 돈이 나가게 되어 있지만 그는 그것을 죽을 때까지 계속했습니다. 사람 수는 적었지만 개인이 한 자선이니 그 정도로도 충분할 것입니다.

자기의 일을 계속하면서 자선을 한다는 건 좋다고 생각합니다. 자신이 할 수 있는 이상의 것을 하려고 하면 그것은 비현실적인 것이 됩니다.

로버트 오언이라는 이름을 들어보았을지 모르겠습니다. 그는 지금으로부터 200년쯤 전에 세계에서 가장 존경받는 인물 가운데 한 사람이었습니다. 그는 실업가로 섬유공장을 운영하고 있었고 꽤 큰 성공을 거두고 있었습니다. 공장 직원들을 위해 학교를 짓고 온갖 복지시설을 세웠기 때문에 그의 공장은 교통이 불편한 스코틀랜드 시골에 있었음에도 세계적으로 유명졌습니다. 온 세계에서 왕족이나 귀족, 학자들이 견학을 하러 찾아와 모두들 깜짝 놀랐습니다.

그즈음 빈민계급은 모두 공장 및 그 주변 마을 사람은 모두 로버트 오언의 학교에서 공부하고 로버트 오언의 병원에 다녀서 혈색이 좋았습니다. 무례하고 교양이 없다는 통념이 있었던 노동자의 아이들도 모두 반듯한 모습으로 인사도 예의바르게 잘하고 말도 곱게 썼습니다. '영국의 명문학교 학생과 똑같다' 다들 경탄하고 스코틀랜드의 시골까지 온 세계에 사는 수천 명의 사람들이 견학을 하러 몰려오게 되었습니다. 거기까지는 좋았습니다. 대성공이었습니다.

그런데 로버트 오언은 이어서 사업 성공에서 번 돈으로 미국에 큰 대지를 사들여 자신이 생각한 유토피아를 만들기 위해 이주민을 모집했습니다. 그는 농장을 하거나 공동작업을 하리라는 이상에 불타오르고 있었지만 곧바로 실패로 돌아가 모든 것이 끝나 버리게 되었습니다.

로버트 오언이 자신의 공장을 번성케 하면서 그 수익으로 그러한 사업을 실시했으니 그렇게 성공적으로 일할 수 있었던 것입니다. 그런데 그것을 팔고 이상을 좇아가자마자 더 이상 이상은 이상이 아니게 된 것입니다. 마침내 3년 안에 모든 것이 흔적도 없이 사라져 버리게 되었습니다. 이것은 우리가 좋은 일을 할 때 무엇을 기준으로 삼아야 하는가라는 것을 생각해 보게 하는 하나의 교훈입니다. 힐티의 방법은 자신의 생활을 망가뜨리지 않고 조금이나마 좋은 일을 한다는 점에 있어 다른 사람의 모범이 될 만하다고 생각합니다.

개인의 재산 용도는 개인의 재량에 맡기는 것이 좋다

　　다시 한번 세금 이야기를 하겠습니다. 어째서 세금을 내려야만 하느냐 하면 돈을 개개인의 주머니에 두고 싶기 때문입니다. 그래서 힐티처럼 자기가 할 수 있는 일을 조금씩 해야 합니다. 그러는 편이 좋다고 생각합니다.

　　미국은 그것이 발달된 나라입니다. 미국은 세금은 비싸지만 한국보다 훨씬 세금을 면제받기 쉽게 되어 있다고 합니다. 알다시피 빌 게이츠는 어마어마한 재산이 있는데, 그 가운데 많은 부분을 자신이 쓰고 싶은 일에 기부를 하는 데 쓴다고 합니다. 그 사람은 특별하다고 치고, 미국에서는 수없이 많은 작은 부자들이 뭔가 좋은 일을 하기 위해 여러 가지 보조금(장학금, 연구보조금 등)을 만들어 줍니다.

　　그러므로 미국에서는 조금이라도 고등학교 성적이 좋았거나 운동에 소질이 있으면 대학을 졸업할 수 있습니다. 수많은 후원자가 있기 때문입니다. 모두 저마다 조금씩이라도 '이러한 연구를 하는 사람에게 한 달에 백 달러쯤 보태 주면 좋겠다'고 생각하는 사람이 있기 때문입니다.

　　국가가 권력으로(즉 세금으로) 돈을 모아 함부로 쓰는 것은 좋을 것 같기는 해도 그건 잘못된 일입니다. 아마 그런 조직을 생각한 사람은 스스로 좋은 일을 해본 적이 없는 사람일 것입니다. 스스로 좋은 일을 한 적이 있는 사람이라면 모든 것을 관료들이 모아 관료 손으로 마구 써 버리는 것이 얼마나 낭비가 많은지 알고 있을 것입니다. '이만큼 거둔 세금을 내가 생각하는 대로 쓰게 해주면 잘 쓸 수 있을 것 같다'고 생각하는 사람이 많을 것입니다. 그러므로 되도록 국민의 재산은 국민이 갖고 국민이 쓰게 한다면 좋은 일을 생각해 낼 수 있는 사람이 많이 나올 것입니다.

힐티처럼 언제나 한 명의 고아만을 도와준다거나 자이르에 여행가서 우연히 비참한 광경에 마음이 움직여 자이르 아이 한 명을, 아니면 태국이 좋아서 태국 학생을 한 사람 유학시켜 석사가 될 때까지 보조해 준다든가 하는 식으로 쓰는 것입니다. 한 사람이라도 좋습니다. 졸업해서 돌아가면 또 한 사람을 도와줍니다. 그런 사람이 한국에서 십만 명, 이십만 명, 오십만 명 나오면 단기적인 외교정책보다 훨씬 외국과 한국과의 연대를 강하게 만들어 주는 방향이 될 것이라 생각합니다.

생로병사란 '하늘이 주는 충격'

마지막으로 힐티의 《병 치료법》이라는 책이 있습니다. 그는 따로 의학 공부를 한 것은 아니었지만 이 책은 그즈음 전문가도 주목했습니다.

이것에도 매우 상식적인 것이 쓰여 있습니다. 예를 들어 잠을 못 이루는 사람은 어떻게 하면 좋으냐에 대해선 '늘 술을 마시지 않으면 잠이 오지 않을 때 아주 조금만 마셔도 잠이 잘 옵니다. 그러므로 날마다 마시면서 잠이 오지 않는 사람은 금주해야 합니다. 그러다가 잠이 안 올 때 술을 마시면 반드시 잠이 옵니다'라는 태어나서 살며 늙으며 병들어 죽는 '생로병사'를 말하고 있습니다.

그리고 '아침에 너무 일찍 일어나서는 안 됩니다. 저녁에도 너무 늦게 자서는 안 된다는 것을 반드시 지키세요' 말하고 있는데 그것은 모두 체험에서 우러나온 말이라고 생각합니다. 그러므로 구체적입니다. 그리고 잠이 오지 않을 때는 따뜻한 우유에 꿀을 조금 타서 마시라고 말합니다.

그 무렵 스트레스라는 개념이 없었지만 힐티는 쓸데없는 스트레스가 쌓이지 않도록 해주는 생활법을 구체적으로 가르쳐주고 있습니다. 그리고 만일 병이 났을 경우의 마음 자세도 가르쳐줍니다.

병은 이런 바쁜 세상에서 조용히 자신의 인생을 돌아보고 지금까지 잊고 지냈던 가치 등을 다시 생각해 보는 데 매우 좋은 기회입니다. 그것이야말로 하나의 축복으로 받아들여도 좋습니다. '병은 하늘이 주는 충격과도 같은 것으로 그것을 원망하거나 당황하면 끝이 없지만, 받아들이는 방법을 통해 평소에는 절대 할 수 없을 것 같은 조용한 반성이나 안정하는 시간을 받았다고 생각하고 그것에 응답하라'고 구체적으로 쓰고 있습니다.

그리고 나이가 들어 죽을 때의 일입니다. 그때에도 수명 연장책이 있었던 것 같지만 힐티는 이에 부정적이었습니다. 그래서 나이가 들어 죽을 때 무리하게 한 달이나 두 달을 연장하기 위해 막대한 비용을 들여 자손을 괴롭히지 말라고 했으며 존엄한 죽음을 권유하였습니다. 하지만 존엄한 죽음도 모든 근대적인 방법은 쓰지 않습니다. 죽음은 옛날부터 누구도 피해갈 수 없는 것입니다. 요컨대 자신의 힘이 미치는 범위에 있지 않습니다. 보통 건강을 지키기 위해서는 여러 시도를 해볼 수 있지만 어느 정도 나이가 되면 모든 것이 효과가 없어지는 시기가 옵니다. 그때는 분명히 무리한 행동을 하지 말라는 것입니다.

　어느 모로 보나 구체적인 가르침입니다. 그것은 힐티 자신이 평생 성공을 거듭한 사람이며 매우 반성적인 인물이었기 때문일 것입니다. 사회적인 반성도 합니다.

　이러한 책이 차츰 읽히지 않게 된 것은 매우 안타까운 일입니다. 읽어보면 사람에 따라 와닿는 부분이 저마다 다르겠지만 반드시 도움이 되는 부분을 발견할 것입니다.

　힐티는 이런 말도 하였습니다. '그리스도교 신학서는 수없이 많지만 그러한 것은 현실과 관계가 없다. 실제로 그리스도가 말한 것은 매우 간단하며 신약성서는 쉽다. 덧붙여 말하자면 신약성서 안에서도 그리스도가 말하는 부분만은 알아두는 것이 좋다.'

　힐티는 매우 신앙심이 깊은 사람으로 그리스도 신자가 아니면 이해할 수 없는 부분도 있는데 그런 부분은 일반 독자는 그냥 넘겨도 상관없습니다. 그런 부분은 모두 빼고 정수만 읽으면 됩니다. 잠깐이라도 좋습니다. 힐티 자신도 '책은 읽기 시작해서 맨 처음 30분쯤만 집중할 수 있는 것이다' 말하고 있습니다. 시간이 비었을 때 10분이나 5분이라도 이 책을 읽으면 훌륭한 가르침을 얻을 수 있을 것입니다.

카를 힐티 연보

1833년   스위스 장크트갈렌의 베르덴베르크에서 태어나다.

1844년(11세) 주립 김나지움 입학. 종교교육을 받으며 고전학, 영문학, 불문학을
              배우다.

1851년(18세) 독일 괴팅겐 대학교에 입학. 법률학, 철학, 역사를 배우다.

1852년(19세) 하이델베르크 대학교에서 법률 연구에 전념하다.

1854년(22세) 박사 과정을 마친 뒤 런던, 파리로 유학하다.

1855년(23세) 킬 시에서 변호사 개업하다.

1856년 (24세) 보병장교로 법무에 종사하다.

1857년(25세) 요한나 게르트나와 결혼하다.

1873년(40세) 베른 대학교 교수가 되어 스위스 국법, 국법학, 국제법을 강의
              하다.

1890년(57세) 베르덴베르크 구 대의원으로 선출되다.

1892년(59세) 스위스 육군 재판장이 되다.

1909년(76세) 헤이그 국제중재재판소 스위스 위원으로 임명되다. 그해 10월 12
              일 심장마비로 숨을 거두다.

곽복록(郭福祿)

일본 조치(上智) 대학교 독문학과 수학. 서울대학교 독문학과 졸업. 미국 시카고 대학교 대학원 독문학과 졸업(석사). 독일 뷔르츠부르크 대학교 독문학과 졸업(독문학 박사). 서울대학교·서강대학교 독문학과 교수 역임. 한국독어독문학회 회장. 한국괴테학회 초대회장. 서강대학교 명예교수 역임. 지은책《독일문학의 사상과 배경》옮긴책 에커먼《괴테와의 대화》프리덴탈《괴테 생애와 시대》요한 볼프강 괴테《파우스트》《젊은 베르테르의 슬픔》《빌헬름 마이스터의 수업시대·편력시대》《친화력》《헤르만과 도로테아》《이탈리아 기행》《시와 진실》《괴테시집》《괴테전집(12권)》토마스 만《마의 산》카를 힐티《잠 못 이루는 밤을 위하여》니체《차라투스트라는 이렇게 말했다》《비극의 탄생》《즐거운 지식》《권력에의 의지》안데르센《안데르센 동화전집》등이 있다.

세계사상전집081
Carl Hilty
GLÜCK
행복론
카를 힐티 지음/곽복록 옮김
동서문화사창업60주년특별출판
1판 1쇄 발행/2017. 2. 20
발행인 고정일
발행처 동서문화사
창업 1956. 12. 12. 등록 16-3799
서울 중구 다산로 12길 6(신당동 4층)
☎ 546-0331~6 Fax. 545-0331
www.dongsuhbook.com
*

이 책의 출판권은 동서문화사가 소유합니다.
의장권 제호권 편집권은 저작권 법에 의해 보호를 받는 출판물이므로
무단전재와 무단복제를 금합니다.

사업자등록번호 211-87-75330
ISBN 978-89-497-1596-4 04080
ISBN 978-89-497-1514-8 (세트)